2021 年全国监理工程师(交通运输工程专业)职业资格考试用书

Jiaotong Yunshu Gongcheng Mubiao Kongzhi

交通运输工程目标控制

(Gonglu Gongcheng Zhuanye Zhishi Pian)

(公路工程专业知识篇)

交通运输部职业资格中心　组织编写

人民交通出版社股份有限公司

北京

内 容 提 要

《交通运输工程目标控制(公路工程专业知识篇)》为2021年全国监理工程师(交通运输工程专业)职业资格考试用书之一。本书全面阐释了交通运输工程(公路工程专业)目标控制科目考试大纲的专业知识内容,重点介绍了公路工程施工质量监理工作的一般程序、基本方法、常用监理工作表式以及路基工程、路面工程、桥涵工程、隧道工程、交通安全设施工程、机电工程的施工技术、质量控制要点与质量监理工作。

本书可供交通运输工程(公路工程专业)的考生复习备考,也可作为公路水运工程建设单位、施工单位、监理(咨询)单位和大中专院校师生的学习参考书。

图书在版编目(CIP)数据

交通运输工程目标控制. 公路工程专业知识篇 / 交通运输部职业资格中心组织编写. — 北京 : 人民交通出版社股份有限公司, 2021.3

2021年全国监理工程师(交通运输工程专业)职业资格考试用书

ISBN 978-7-114-17139-0

Ⅰ. ①交… Ⅱ. ①交… Ⅲ. ①公路运输—运输工程—目标管理—资格考试—自学参考资料 Ⅳ. ①U②U49

中国版本图书馆CIP数据核字(2021)第043299号

2021年全国监理工程师(交通运输工程专业)职业资格考试用书

书　　名:**交通运输工程目标控制**(公路工程专业知识篇)
著 作 者:交通运输部职业资格中心
责任编辑:刘永超　周佳楠
责任校对:赵媛媛　卢　弦
责任印制:张　凯
出版发行:人民交通出版社股份有限公司
地　　址:(100011)北京市朝阳区安定门外外馆斜街3号
网　　址:http://www.ccpcl.com.cn
销售电话:(010)59757973
总 经 销:人民交通出版社股份有限公司发行部
经　　销:各地新华书店
印　　刷:北京市密东印刷有限公司
开　　本:787×1092　1/16
印　　张:25.25
字　　数:609千
版　　次:2021年3月　第1版
印　　次:2021年3月　第1次印刷
书　　号:ISBN 978-7-114-17139-0
定　　价:120.00元
(有印刷、装订质量问题的图书由本公司负责调换)

2021 年全国监理工程师(交通运输工程专业)职业资格考试用书

编 写 人 员

主　编　章剑青

副主编　杨玉胜　单煜辉　秦仁杰　文　韬　周　河　苑芳圻　顾新民

成　员　秦志斌　黄汉昌　罗　娜　张友利　娄忠应　陈海燕　张瑞坤　何　琦　赵超超

审 定 人 员

主　审　黄　勇

成　员　黄　波　习明星　张　毅　邢　波　孔　军　邵昌浩　徐建军　周继辉

前　言

根据住房和城乡建设部、交通运输部、水利部、人力资源社会保障部2020年2月联合印发的《监理工程师职业资格制度规定》和《监理工程师职业资格考试实施办法》，为适应交通运输工程专业的监理从业人员备考全国监理工程师职业资格考试，交通运输部职业资格中心组织业内资深专家，依据《全国监理工程师职业资格考试大纲》（交通运输工程专业科目），新编了2021年版全国监理工程师（交通运输工程专业）考试用书。全套用书包括《交通运输工程目标控制（基础知识篇）》《交通运输工程目标控制（公路工程专业知识篇）》《交通运输工程目标控制（水运工程专业知识篇）》《交通运输工程监理案例分析（公路工程专业篇）》《交通运输工程监理相关法规文件汇编（公路工程专业篇）》五本，由章剑青（江苏华宁工程咨询有限公司）任主编、黄勇（原交通运输部安全与质量监督管理司）任主审。

全套用书贯彻落实国家关于建设监理改革要求，结合近期颁布的新法规、新规范和新标准进行了修订。主要有四个特点：一是吸收了最新颁布的《中华人民共和国民法典》（合同编）、建设工程法律法规、部门规章、规范性文件等内容，积极适应新时代交通运输工程监理（全过程工程咨询）发展需求，旨在引导监理从业人员强化履职尽责、尽职免责的意识，提高现场监理工作能力、规范监理工作行为；二是突出了交通运输工程监理工程师考试的专业技术特色，基础知识篇强化公路工程、水运工程考生的适用性、通用性，专业知识篇强化公路工程、水运工程考生的针对性、专业性；三是删除了2020年版考试用书中的一般概念介绍、基本原理说明和复杂公式推演计算内容，删去了与造价工程师等职业资格考试用书相重合的内容；四是补充了新实施的《公路路基施工技术规范》《水运工程工程量清单计价规范》等内容。

本书由秦仁杰、苑芳圻主编。其中，第一章由苑芳圻编写；第二章由苑芳圻、秦仁杰编写；第三章由秦仁杰编写；第四章由单熠辉编写；第五章由娄忠应编写；第六、七章由顾新民编写。

全书审定时，黄勇、习明星、邢波等专家学者提出了宝贵意见和建议，在此表示感谢！

由于编写时间仓促，书中许有纰漏，敬请批评指正。

交通运输部职业资格中心

2021年3月

目　　录

第一章　公路工程监理工作概述

第一节　公路工程监理工作的阶段划分与监理工作原则

一、公路工程监理工作阶段划分

为规范公路工程施工监理人员的工作行为，提高监理工作质量，公路工程的监理单位、中标项目的监理机构及其监理人员应依法依规、遵照交通运输部颁发的《公路工程施工监理规范》(JTG G10—2016)的规定开展监理工作，按照《公路工程标准施工招标文件》(2018 年版)和《工程项目监理招标文件》《工程项目监理合同》约定的职责和权限，代表建设单位对公路工程的施工质量、安全、环保、费用和进度等实施监理。

根据工程建设项目的运行规律，《公路工程施工监理规范》(JTG G10—2016)将公路工程监理工作划分为三个阶段。

(1)施工准备阶段的监理。

监理合同签订之日至工程开工令确定的合同工程开工之日为施工准备阶段的监理工作。

(2)施工阶段的监理。

合同工程开工之日至合同工程交工验收申请受理之日为施工阶段的监理工作。

(3)验收与缺陷责任期阶段的监理。

合同工程交工验收申请受理之日至缺陷责任期终止证书签发之日为验收与缺陷责任期阶段的监理工作。

另外，对于公路机电工程的监理，还包括试运行期阶段的监理。

二、公路工程监理工作的原则

工程监理人员开展公路工程监理工作，应遵循的监理工作原则包括：

(1)公正、科学、诚信、自律的原则。

在实施工程监理和相关服务时，监理单位、监理机构和监理人员应公正地处理工作中的问题，独立地进行判断和行使职权，科学地为建设单位提供专业化、智慧化、诚信的服务，既要维护建设单位的合法权益，也不能损害施工单位和监理单位的合法利益。

(2)总监理工程师负责制原则。

公路工程监理应实行总监负责制，总监是监理项目的总负责人，对内向监理单位负责，代表监理单位履行监理合同、主持监理机构工作，对外向建设单位负责，代表监理单位或者和监理单位一起协调建设单位、施工单位、设计单位、质量安全监督机构等单位或机构的工作关系。

(3)监理职责权限一致的原则。

监理机构履行监理职责、承担监理责任,需要建设单位授予相应的权力,也需要工程监理单位给予总监、监理机构相应的权力,以体现权责一致,尽职担责。

(4)预防为主、超前监理的原则。

由于工程建设项目具有一次性、单件性等特点,工程建设过程中存在着风险因素,监理机构和监理人员要有预见性,将监理工作的重点放在预先控制、主动控制上,超前规划、超前控制,防患于未然。

(5)实事求是、审慎决定的原则。

在工程监理过程中,尊重事实,监理机构的要求、判断、指令、决定等应以事实为依据。监理工程师在商定、确定有关合同事宜的过程中应当时时审慎,必要时可以做出暂时决定,待日后商定一致后再决定或确认。

(6)综合效益最大化的原则。

建设工程的监理工作既要考虑建设单位的经济利益、政治利益,也必须考虑社会效益和安全、环保效益,只有在符合宏观经济效益、社会效益和环境效益的前提下,建设单位的投资效益才能实现,监理单位的服务获利才能实现。

(7)严格监理、热情服务的原则。

严格监理就是要求监理人员秉公执法、一丝不苟,依照规定的监理程序和制度开展监理工作,严把工程质量、安全、环保、费用和进度控制关。

热情服务就是要求监理人员运用自己学习、掌握的技能,勤奋、认真、廉洁地为建设单位提供等值、超值服务,让建设单位感到委托监理代管工程建设是值得的。

第二节　公路工程监理工作的实施程序

按照监理机构开展监理工作的时间先后,公路工程施工项目的监理工作实施程序大致包括以下内容:

一、设立监理机构

《公路工程施工监理规范》(JTG G10—2016)规定,工程监理单位应在中标工程项目现场设立履行监理职责的组织,包括总监理工程师办公室(以下简称总监办)及驻地监理工程师办公室(以下简称驻地办)。

设立监理机构,应符合下列规定:

(1)公路工程项目监理均应设总监办,100km 以上的高速公路、一级公路工程可设驻地办。当不设驻地办时,总监办应同时履行监理规范规定的驻地办职责。

(2)监理机构内部的组织和规模,可根据工程特点、规模、环境、技术复杂程度和合同约定的服务内容、服务期限等因素确定。

(3)总监应根据监理合同和监理投标书的承诺以及建设单位的新要求等因素,在工程监理单位的指导和配合下,确定监理机构的监理人员及其岗位职责。

(4)监理机构完成监理合同约定的服务工作后方可撤销。

二、收集与工程监理有关的资料

监理机构应收集与开展工程监理工作有关的资料，包括：

(1)反映工程施工项目特征的有关资料，如工程建设项目的批文、工程项目地形图、路线图、工程地质勘察报告成果文件、工程施工的设计图纸以及工程招标文件、补遗书、答疑书等。

(2)工程所在地的地方政府发布的工程建设政策、法规资料。

(3)工程所在地的气象资料、工程地质水文资料、交通运输能力价格等资料、建筑材料半成品的生产供应情况，以及供水、供电、供热、供燃气等情况。

(4)类似工程监理的资料等。

三、编制监理计划和监理实施细则

在《公路工程施工监理规范》(JTG G10—2016)中，“由总监主持编制、开展监理工作的指导性文件”称为“监理计划”。需要公路工程监理人员注意的是，在《建设工程监理规范》(GB/T 50319—2013)和《水运工程施工监理规范》(JTS 252—2015)等工程监理规范中，“由总监主持编制、开展监理工作的指导性文件”称为“监理规划”。

公路工程施工项目监理计划的主持编写人、参加编写人、编写时间、编写内容及其作用、意义等，与《建设工程监理规范》(GB/T 50319—2013)和《水运工程施工监理规范》(JTS 252—2015)中“监理规划”的相关内容大致相同，只是其审核人、批准人等审批流程不同。

《公路工程施工监理规范》(JTG G10—2016)在施工准备阶段的监理工作第4.1.1条规定：“监理计划应由总监主持编制，经监理单位审核后报建设单位批准。当工程监理实施情况发生重大变化时，监理计划应及时修订。”其中规定，监理计划应包括下列内容：

(1)工程概况。

(2)监理工作的依据、范围、内容和目标。

(3)监理机构的组织形式、监理人员岗位职责、监理人员和设备配备及进退场计划。

(4)监理工作制度、监理程序及工作用表。

(5)监理工作方案，包括工程质量、安全、环保、费用和进度等监理工作方案，应明确巡视、旁站、抽检、验收等具体计划要求。

(6)合同事项管理和信息管理的工作方案。

(7)监理设施等。

在《公路工程施工监理规范》(JTG G10—2016)中，“根据监理计划，针对技术复杂、专业性较强的工程或某一方面监理工作编制的操作性文件”称为“监理细则”。

《公路工程施工监理规范》(JTG G10—2016)在施工准备阶段的监理工作第4.1.2条规定：“对技术复杂、专业性较强的分部分项工程，尚应编制专项监理细则，并报总监审批。监理细则应根据工程实际变化情况进行补充、修改。”其中规定，监理细则应包括下列内容：

(1)工程内容和特点。

(2)监理工作流程。

(3)监理工作要点。

(4)监理工作方法和措施。

(5)巡视、旁站和抽检等计划。

四、规范化地开展监理工作

规范化地开展监理工作是指监理机构应按照监理合同的约定,依据批准的监理计划、监理细则等规范监理人员的工作行为,规范化地开展监理工作,包括施工准备阶段、施工阶段、验收和缺陷责任期阶段的监理工作。监理工作的规范化应体现在以下几个方面:

(1)工程目标的坚定性。在明确并坚定完成监理合同约定的监理工作总目标的前提下,将监理工作总目标分解到每一项具体的监理工作,明确责任人、目标值、工作方法、工作流程和完成的时间限定,以便于监理工作质量的检查和考核。

(2)监理岗位职责分工的严密性。在总监负责制、监理人员岗位职责分工明确的基础上,促成不同阶段、不同专业、不同层级的监理人员既要独立完成监理工作,又要团结协作。总监有权根据工程进展及监理工作情况调配监理人员和检查监理人员的工作质量、工作进度、工作记录等。

《公路工程标准施工招标文件》(2018 年版)通用合同条款第 3.2 款规定:"发包人应在发出开工通知前将总监理工程师的任命通知承包人,总监短期离开施工场地的应委派代表代行其职责并通知承包人。"第 3.3 款规定:"总监不得将约定的应由总监作出确定的权力授权或委托给其他监理人员,总监可以授权其他监理人员负责执行一项或多项监理工作;当承包人对总监授权的监理人员发出的指示有疑问时,可向总监提出书面异议,总监有权对该指示予以确认、更改或撤销。"

(3)遵守监理程序原则、审慎决定的原则。规范化的开展监理工作要求按照监理工作程序、以书面为准的原则,在对合同管理事项进行商定或确定时,应当平等地、主动地、实事求是地与合同当事人协商,尽量达成一致;不能达成一致的,总监应认真研究、综合判断、公正地进行审慎确定。

(4)规范监理行为。就是要求监理人员按照《中华人民共和国建筑法》《建设工程质量管理条例》《建设工程安全生产管理条例》《生产安全事故调查和报告处理条例》《危险性较大的分部分项工程安全管理规定》以及公路工程施工技术规范、公路工程安全施工规范、公路工程监理规范等规定的"监理动作"开展监理工作,做好计划、旁站、巡视、抽检、见证、试验、检测、验收和监理记录、报告等监理工作。

五、参加公路工程的交工验收

《公路工程施工监理规范》(JTG G10—2016)规定,监理机构应参加建设单位组织的交工验收工作,应完成的监理工作包括:

(1)监理机构应按照规定审查施工单位提出的合同段交工验收申请并签署意见。

(2)监理机构应完成合同段工程质量评定、归集整理工程监理资料、编写监理工作报告并提交建设单位。

(3)监理机构应参加交工验收工作,签署交工验收证书,协助建设单位检查施工合同执行情况,并接受建设单位对监理合同执行情况的检查。

(4)合同段交工验收证书签发后,监理机构应审核施工单位提交的交工结账单,并签认合同段交工结账证书,报建设单位审批。

六、开展缺陷责任期阶段的监理工作、参加公路工程的竣工验收

公路工程交工验收合格后即开放交通,亦即进入缺陷责任期。通车运营两年后,由建设单位组织竣工验收,监理机构应参加竣工验收工作,提交监理工作报告和工程监理资料,配合竣工验收检查,总监参与签署竣工验收证书。

《公路工程施工监理规范》(JTG G10—2016)规定,监理机构应完成缺陷责任期内的监理工作,包括:

(1)在缺陷责任期内,监理机构应检查施工单位遗留问题的整改情况;检查工程质量,对出现的工程质量缺陷问题,及时要求施工单位修复,并调查缺陷产生的原因,确认责任归属和修复费用。

(2)在合同段缺陷责任期结束、收到施工单位向建设单位提交的终止缺陷责任申请后,监理机构应进行审查。对符合合同约定的,总监办应在规定期限内签署合同段缺陷责任终止证书,并向建设单位提交缺陷责任期监理工作总结。

《公路工程施工标准招标文件》(2018 年版)通用合同条款规定,缺陷责任期终止证书签发后,监理人应审核承包人提交的最终结清申请单,并向发包人出具最终结清证书。

七、移交监理资料,撤销项目监理机构

在公路工程的竣(交)工阶段,监理机构负责监理资料的收集、整理、归档工作,并向建设单位移交全部监理资料,包括监理工作(总结)报告。

监理机构在完成监理合同约定的服务工作、交工验收合格后,应报告建设单位同意后撤销监理机构。缺陷责任期结束后再撤销缺陷责任期阶段的监理机构。

八、总监签认保修期终止证书

《公路工程施工标准招标文件》(2018 年版)的“公路工程专用合同条款”规定,保修期自实际交工日期起算起,保修期与缺陷责任期重叠的期间内,承包人的保修责任同缺陷责任。

工程保修期终止后 28 天内,监理人应向承包人签发保修期终止证书。

第三节　公路工程监理的主要工作方式及其主要工作内容

《中华人民共和国公路法》第二十三条规定,公路建设项目实行法人负责制度、招标投标制度和工程监理制度。

《中华人民共和国建筑法》第三十二条规定,工程监理单位对施工单位在施工质量、建设工期和建设资金使用等方面,代表建设单位实施监督。工程监理人员认为工程施工不符合工程设计要求、施工技术标准和合同约定的,有权要求施工单位改正。工程监理人员发现工程设计不符合质量标准或合同约定的,应当报告建设单位要求设计单位改正。

《建设工程质量管理条例》第三十八条规定,监理工程师应当按照工程监理规范的要求,采取旁站、巡视和平行检验等方式,对建设工程实施监理。

《建设工程安全生产管理条例》第十四条规定,工程监理单位和监理工程师应当按照法律、法规和工程建设强制性标准实施监理。

《公路工程施工监理规范》(JTG G10—2016)规定,公路工程监理工作应当遵循公正、科学、诚信、自律的原则,规范公路工程施工监理行为,代表建设单位对公路工程施工质量、安全、环保、费用和进度等实施监理。监理机构发现施工存在质量问题或安全事故隐患的,应要求施工单位整改,未整改或整改不合格的不得进行下一道工序的施工,不得进行计量支付;施工单位拒不整改的,监理机构应及时向建设单位或监管部门报告。

一、施工准备阶段的监理工作方式(手段)及其主要工作内容

1. 编制监理计划和监理细则

《公路工程施工监理规范》(JTG G10—2016)第4.1.1、4.1.2条规定,监理机构应编制公路工程的监理计划,经监理单位审核后报建设单位批准;之后编制监理细则,由总监审核批准。

2. 填写工程质量责任登记表,审核施工单位的工程质量责任登记表

《公路工程施工监理规范》(JTG G10—2016)第4.1.5条规定,监理机构应填写工程质量责任登记表,如实登记监理人员。

第4.2.3条的规定,监理机构应审核施工单位的工程质量责任登记表,对施工单位的技术、质量、安全、环保等保证体系的建立情况进行检查。

3. 审批施工组织设计、审查施工组织设计中的安全技术措施或专项施工方案、应急预案

《公路工程施工监理规范》(JTG G10—2016)第4.2.1条规定,监理机构审查施工单位报审的施工组织设计,总监应在规定的期限内批复并报送建设单位。

第5.3.2条规定,安全监理工程师应审查施工组织设计中的安全技术措施或专项施工方案是否符合工程建设强制性标准,应同时审查应急预案、桥梁隧道施工安全风险评估报告。

4. 参加危大工程的专项施工方案的专家论证、审查

《公路工程施工监理规范》(JTG G10—2016)第5.3.2条规定,对危险性较大的分部分项工程的专项施工方案中需要组织专家论证、审查的,应督促施工单位组织并检查施工单位的组织实施情况。

5. 审核工程划分

《公路工程施工监理规范》(JTG G10—2016)第4.2.2条规定,监理机构应审核施工单位提交的单位、分部、分项工程划分,并报送建设单位和质量安全监督机构。

6. 参加设计交底

《公路工程施工监理规范》(JTG G10—2016)第4.2.5条规定,监理机构应参加建设单位组织的设计交底,掌握工程设计意图、设计标准和要点,了解对施工质量、安全和环保控制的要求,澄清有关问题。

7. 参加设计交桩,核查工程量清单

《公路工程施工监理规范》(JTG G10—2016)第4.2.6条规定,监理机构应参加建设单位组织的设计交桩工作,对施工单位提交的原始基准点的复测结果进行核查和平行复测,对工程量清单复核结果及土石方工程量计算资料进行核查。

8. 召开监理交底会

《公路工程施工监理规范》(JTG G10—2016)第4.2.8条规定,总监应在合同段开工前主持召开监理交底会,介绍监理计划的相关内容。

9. 召开第一次工地会议

《公路工程施工监理规范》(JTG G10—2016)第4.2.9条规定,总监应主持召开第一次工地会议,会签并签发会议纪要。

10. 签发合同工程开工令

《公路工程施工监理规范》(JTG G10—2016)第4.2.10条规定,监理机构应审查施工单位提交的合同段开工申请,具备开工条件的,总监应签发开工令,并报建设单位。

二、施工阶段的监理工作方式(手段)及其主要工作内容

1. 审批分部工程、主要分项工程的开工申请

《公路工程施工监理规范》(JTG G10—2016)第5.1.1条规定,监理机构应对施工单位提交的分部工程、主要分项工程的开工申请进行审查,并在规定期限内批复。

《公路工程施工监理规范》(JTG G10—2016)没有给出分部工程、分项工程开工报审表的格式。

2. 监督检查质量安全保证体系

《公路工程施工监理规范》(JTG G10—2016)第5.1.2条规定,监理机构应对施工单位主体责任落实情况、施工合同执行情况和质量安全等保证体系的运行情况进行监督检查。

3. 审批、旁站、总结"试验段(首件工程)"

《公路工程施工监理规范》(JTG G10—2016)附录A"监理旁站项目表"中给出了"试验段、试桩、首盘混凝土浇筑、首次张拉、首次压浆、首件施工"等项目应实施旁站监理的规定。

现场监理过程中,监理机构应审批"首件工程"的开工报审表,明确"试验段(首件工程)"的施工目标和目的,现场旁站并见证"试验段(首件工程)"的施工过程、施工资源投入、施工进度、质量检验等,督促施工单位及时总结"试验段(首件工程)"的施工参数,及时审批施工单位提交的"试验段(首件工程)"施工总结。

4. 巡视监理

《公路工程施工监理规范》(JTG G10—2016)第5.1.3条规定,监理工程师应采取以巡视为主的监理方式进行施工现场监理,按计划定期或不定期地巡视施工现场,对施工的主要工程每天不少于1次巡视,并填写巡视记录。

可见,巡视监理的行为主体是监理机构,行为人是监理工程师(而非监理员),行为的依据是巡视计划或巡视方案,行为的对象是施工现场,行为的方式是定期或不定期的巡视施工现场,行为的频次是对施工的主要工程每天不少于1次巡视,行为的结果是填写巡视记录。

对于巡视监理的主要内容,《公路工程施工监理规范》(JTG G10—2016)第5.1.3条给出了如下规定:

(1)施工现场管理人员是否到位,特别是质量、安全管理人员;特种作业人员是否持证上岗。

(2)使用的原材料、混合料、构配件、主要施工机械设备等是否与批准的一致。

(3)是否按技术标准、工程设计文件、批准的施工组织设计和方案施工。

(4)质量、安全、环保和施工标准化等措施是否落实,施工自检和工序交接是否符合规定等。

巡视监理记录的主要内容:

(1)巡视人姓名、巡视合同段、巡视时间。

(2)巡视的范围。

(3)主要施工情况,如是否批准开工、施工工艺、施工顺序、主要施工机械投入情况等。

(4)质量、安全、环保和施工标准化等情况。

(5)发现的问题及处理意见。

《公路工程施工监理规范》(JTG G10—2016)给出了巡视记录格式,如表1-1所示。

巡视记录表 表1-1

工程名称: 编号:

施工单位		合同段	
巡视人		巡视时间	20 年 月 日
巡视的范围			
主要施工情况			
质量、安全、环保等情况			
发现的问题及处理意见			

5. 旁站监理

《公路工程施工监理规范》(JTG G10—2016)第5.1.4条规定,监理机构应安排监理人员对附录A所列的旁站项目的施工过程进行旁站,对主要工程的关键项目进行检测见证,并填写旁站记录、签认检测见证结果。

可见,旁站监理的行为主体是监理机构,行为人是监理人员(即包括监理员),行为的依据和对象是《公路工程施工监理规范》(JTG G10—2016)附录A所列的旁站项目中经识别、包含在并适宜于本工程项目的旁站项目，行为的方式是对规定实施旁站监理的施工项目的施工过程进行旁站、对关键项目进行检测见证，行为的频次是针对规定实施旁站监理方式的施工项目，行为的结果是填写旁站记录、签认检测见证结果。

需要公路工程监理人员注意的是，《公路工程施工监理规范》（JTG G10—2016）关于巡视监理工作方式提到了巡视计划，而旁站监理工作方式就没有提到旁站计划或旁站方案。

对于旁站监理的主要内容，《公路工程施工监理规范》（JTG G10—2016）中没有给出规定。

旁站监理记录的主要内容：

（1）旁站的基本情况。包括旁站人姓名、旁站项目名称、工程概况、旁站起止时间。

（2）施工过程情况。包括开工报审是否批准，是否按照强制性标准、施工技术规范、监理机构批准的施工方案（施工工艺）施工，主要的施工人员和机械设备是否到位，施工过程是否符合技术规范、施工方案的规定等。

（3）旁站工作情况。包括检查、检测、见证和督促、要求、协调、报告等情况。

（4）主要数据记录。包括人员、机械设备、材料、构配件或半成品的数据（包括工序检测、施工结果检测数据等）。

（5）发现的问题及处理结果。包括随时发现施工过程中的问题、要求并督促施工单位整改，对于危及工程质量、安全环保的事件及时向上一级监理人员报告直至报告总监、建设单位，记录发现的或报告的问题的整改、最终整改结果等，使之闭合。

《公路工程施工监理规范》（JTG G10—2016）附录 A 给出了监理旁站项目，如表 1-2 所示。

监理旁站项目表　　表 1-2

<table>
<tr><th>单位工程</th><th colspan="2">分部工程</th><th>分项工程</th><th>旁站项目</th></tr>
<tr><td rowspan="2">路基工程</td><td colspan="2" rowspan="2">土石方工程</td><td>土方路基、石方路基</td><td>试验段</td></tr>
<tr><td>软土地基处治、土工合成材料处治层</td><td>试验段</td></tr>
<tr><td rowspan="3">路面工程</td><td colspan="2" rowspan="3">路面工程</td><td>基层、底基层</td><td>试验段</td></tr>
<tr><td>沥青面层</td><td>试验段</td></tr>
<tr><td>水泥混凝土面层</td><td>试验段，摊铺</td></tr>
<tr><td rowspan="12">桥梁工程</td><td colspan="2" rowspan="3">基础及下部结构</td><td>桩基</td><td>试桩，钢筋笼安放、首盘混凝土浇筑</td></tr>
<tr><td>地下连续墙</td><td>首盘混凝土浇筑</td></tr>
<tr><td>沉井</td><td>定位、下沉、浇筑封底混凝土</td></tr>
<tr><td rowspan="6">上部结构</td><td rowspan="3">预制和安装</td><td>预应力筋加工和张拉</td><td>试验工程，首次张拉、首次压浆</td></tr>
<tr><td>转体施工梁、拱</td><td>桥体预制、接头混凝土浇筑</td></tr>
<tr><td>吊杆安装和制作</td><td>穿吊杆、预应力束张拉、首次压浆</td></tr>
<tr><td rowspan="3">现场浇筑</td><td>预应力筋加工和张拉</td><td>张拉，首次压浆</td></tr>
<tr><td>悬臂浇筑梁、主要构件浇筑</td><td>主梁段混凝土浇筑、首次压浆</td></tr>
<tr><td>劲性骨架混凝土拱、钢管混凝土拱</td><td>混凝土浇筑</td></tr>
<tr><td colspan="2" rowspan="3">桥面系及附属工程</td><td>桥面铺装</td><td>试验段</td></tr>
<tr><td>钢桥面上沥青混凝土铺装</td><td>试验段，沥青混凝土摊铺</td></tr>
<tr><td>大型伸缩装置安装</td><td>首件安装</td></tr>
</table>

续上表

单位工程	分部工程	分项工程	旁站项目
隧道工程	洞身衬砌	支护、钢支撑	试验段
		混凝土衬砌	试验段
	路面	面层	同路面工程
交通安全设施	护栏	混凝土护栏	首段混凝土浇筑
机电工程	监控、通信、收费、配电、隧道机电设施的主要分项工程		首件施工
附属设施	服务区、收费站等建筑工程的地基与基础、主体结构		首件施工

《公路工程施工监理规范》(JTG G10—2016)给出了旁站记录格式,如表1-3所示。

旁站记录表

表1-3

工程名称: 编号:

施工单位		合同段	
旁站人		旁站时间	20 年 月 日
旁站的项目			
施工过程简述			
旁站工作情况			
主要数据记录			
发现的问题及处理结果			

6. 监理抽检

《公路工程施工监理规范》(JTG G10—2016)第5.2.3、5.2.4条规定,监理机构应在施工单位自检合格的基础上按照下列规定进行抽检,并填写抽检记录:

(1)对钢筋、水泥、沥青、石灰和碎石等原材料,以及水泥混凝土、沥青混合料和无机结合料等混合料,抽检频率按批次应不低于规定施工检验频率的10%。

(2)对分项工程中的关键项目和结构主要尺寸,抽检频率不低于规定施工检验频率的20%。

(3)当监理工程师对工程材料或实体质量有疑问时,应进行抽检。

(4)对施工单位外部采购和委托制作的主要工程构配件或设备,监理工程师应核查产品合格证明文件、施工单位的自检报告,进场后应对关键项目进行抽检。

可见,监理抽检行为的主体是监理机构,行为人包括实施监理抽检的抽检人、审核人(即非个人独立行为,是有组织的集体行为),行为的依据和对象施工自检合格的项目,行为的方式和频次是按规定频率进行抽样检测,行为的结果是填写抽检记录。

监理抽检的主要内容:

(1)钢筋、水泥、沥青、石灰和碎石、砂等原材料,以及水泥混凝土、沥青混合料和无机结合料等混合料。

(2)分项工程中的关键项目和结构主要尺寸。

(3)监理工程师有疑问的工程材料或实体质量。

(4)施工单位外部采购和委托制作的主要工程构配件或设备的关键项目。

监理抽检记录的主要内容:

(1)抽检人、抽检合同段、抽检时间等基本情况。

(2)抽检的工程部位、项目及其指标。

(3)检测、检查的结果、结论。

(4)处理意见。

(5)审核人审核认可后的签字等。

《公路工程施工监理规范》(JTG G10—2016)给出了抽检记录格式,如表1-4所示。

抽检记录表　　　　表1-4

工程名称:　　　　　　　　　　编号:

施工单位		合同段	
抽检人		抽检时间	20　年　月　日
工程部位			
抽检的项目			
检查结果			
检查结论			
处理意见			
审核人		审核日期	20　年　月　日

7. 签发监理指令单

《公路工程施工监理规范》(JTG G10—2016)第5.2.8条规定,在监理工作过程中,监理机构发现工程施工不符合法律法规、技术标准、技术规范及施工合同约定的,应当要求施工单位改正。对质量不合格的材料、对工程质量缺陷、对质量不合格的工程,监理机构应签发监理指令单,要求施工单位整改或返工。

第5.3.4条规定,监理机构应检查施工单位危险性较大工程的专项施工方案实施的实施情况,发现未按专项施工方案实施的,应签发监理指令单,要求施工单位整改。

第5.3.5条规定,监理机构发现存在安全事故隐患的,应要求施工单位整改。

第5.4.4条规定,监理机构发现施工违反有关环保法律法规、未按合同要求落实环保措施的,应要求施工单位整改。这里,要求施工单位整改的监理工作方式(手段)应是签发监理指令单。

第5.6.4条规定,对总体进度起控制作用的分项工程的实际施工进度严重滞后时,监理机构应签发监理指令单,要求施工单位采取措施保证工程进度,并向建设单位报告工期延误的风险。

《公路工程施工监理规范》(JTG G10—2016)给出了监理指令单的格式,如表1-5所示。

监理指令单 表1-5

工程名称: 编号:

施工单位		合同段	
监理机构			
签发人		日期	20 年 月 日
致__________: (说明监理指令的依据、施工单位不符合规定的事实及整改要求等内容) 请于20 年 月 日 时前回复。 抄送单位:			
签收人		日期	20 年 月 日

8. 签发停工令,编写专题监理报告

《公路工程施工监理规范》(JTG G10—2016)第5.2.8条规定,对可能危及结构安全或存在重大隐患的质量问题,监理机构应签发停工令,并向建设单位报告。当发生工程质量事故时,监理机构应依法按照有关规定报告和处理。

第5.3.5条规定,监理机构发现存在安全事故隐患,情况严重的,应要求施工单位停止施工并报告建设单位。施工单位拒不整改或拒不停止施工的,监理机构应及时向有关监管部门报告。

第5.4.4条规定,监理机构发现施工违反有关环保法律法规、未按合同要求落实环保措施,情况严重的,应签发停工令要求施工单位停工,并向建设单位报告。

第5.6.4条规定,对总体进度起控制作用的分项工程的实际施工进度严重滞后时,监理机构应签发监理指令单,要求施工单位采取措施保证工程进度,并向建设单位报告工期延误的风险。

《公路工程施工监理规范》(JTG G10—2016)没有给出停工令、监理报告的表式。

9. 评定工程质量、签发分项工程(中间)交工证书

《公路工程施工监理规范》(JTG G10—2016)第5.2.6、5.2.7条规定,监理机构在收到施

工单位提交的分项工程交工或中间交工验收申请后，应检查施工单位的检验评定资料，组织施工单位进行质量评定，对评定合格的工程由监理工程师签发分项工程（中间）交工证书。

驻地办应对已完成的分部工程进行质量评定，总监办应对单位工程和合同段工程进行质量评定。

分项工程交验时，安全事故的现场处理未完成的，监理工程师不得签发分项工程（中间）交工证书。

《公路工程施工监理规范》（JTG G10—2016）给出了分项工程（中间）交工证书的格式，如表1-6所示。

分项工程（中间）交工证书　　表1-6

工程名称：　　编号：

施工单位		合同段	
监理机构			
分项工程		单位、分部工程	
中间交工内容及工程数量等			
施工自检结果			
施工负责人		申请日期	20　年　月 日
监理接收人		接收日期	20　年　月　日
质量保证资料及检评资料情况			
监理抽检情况及评述意见和结论			
监理工程师		批准日期	20　年　月　日
施工负责人		签收日期	20　年　月　日

10. 计量支付

《公路工程施工监理规范》（JTG G10—2016）第5.5.1条规定，监理机构应以质量合格、手续齐全且符合结构安全和环保要求作为计量支付的先决条件。

监理机构应及时审核施工单位提交的支付申请，编制支付证书，经总监审核签发后报送建设单位。监理机构编制的支付证书，未经总监签字，建设单位不得向施工单位支付工程款。

11. 审批进度计划

《公路工程施工监理规范》（JTG G10—2016）第5.6.2条规定，监理机构应审批施工单位提交的进度计划，总体进度计划由总监审批，月进度计划等由驻地监理工程师审批并报总监办。

12. 建立监理台账

《公路工程施工监理规范》（JTG G10—2016）第5.2.8条规定，监理机构应建立质量问题处理台账。

《公路工程施工监理规范》（JTG G10—2016）第5.3.7条规定，监理机构应建立安全监理台账。

《公路工程施工监理规范》（JTG G10—2016）第5.5.5条规定，监理机构应建立计量支付台账。

三、验收和缺陷责任期阶段的监理工作方式及其主要工作内容

1. 参加建设单位组织的交工验收

《公路工程施工监理规范》(JTG G10—2016)第6.0.3条规定,在交工验收、缺陷责任期阶段,监理机构应参加建设单位组织的交工验收、签认合同段交工验收证书和合同段交工结账证书。

在缺陷责任期内,监理机构应经常巡视工地,督促并检查验收施工单位整改质量缺陷。对新发现的质量缺陷,建立清单,明确责任,督促并巡视整改情况、检查验收整改质量。

2. 参加建设单位组织的竣工验收

《公路工程施工监理规范》(JTG G10—2016)第6.0.7条规定,在工程验收、缺陷责任期阶段,监理机构应参加建设单位组织的竣工验收,签认合同段缺陷责任终止证书,并将剩余的质量保证金退还施工单位。

第四节　公路工程监理工作用表的表式及其应用说明

公路工程监理工作是一项为建设单位提供技术咨询服务性很强的工作,其工作成果体现在两个方面:一方面体现在合格的工程产品,即具备通车条件的公路工程或独立的桥梁、隧道工程;另一方面体现在监理过程中形成的监理文件资料。《公路工程施工监理规范》(JTG G10—2016)给出了开展监理工作应使用的或完成监理工作应提交的基本表式。

一、公路工程监理记录的表式及其应用说明

《公路工程施工监理规范》(JTG G10—2016)的附录给出了三部分表式,共7个附表。其中附录A给出了旁站监理项目表,附录B给出了监理记录表,附录C给出了分项工程(中间)交工证书表,附录D给出了监理指令单。

《公路工程施工监理规范》第9.1.2、9.1.3、9.1.4条规定,监理资料应齐全、真实、准确、完整,监理机构应建立监理资料管理制度,宜采用信息化手段进行管理,除了人员签字部分和现场抽检记录外,监理资料可以打印,原始记录应留存备查。

1. 附录B.1　巡视记录

巡视记录的表式见第三节表1-1。巡视监理是监理工程师应采取的监理工作方式(手段)之一。巡视记录是《公路工程施工监理规范》(JTG G10—2016)特有的一项记录,并规定由监理工程师负责填写,而非由监理员、试验员等非专业监理工程师及其以下的监理人员填写。

《公路工程施工监理规范》(JTG G10—2016)第5.1.3条规定,监理工程师应按计划(巡视计划)定期或不定期地巡视施工现场,对施工的主要工程每天不少于1次巡视,并填写巡视记录。第9.2.6条规定,巡视记录应经驻地监理工程师审核,即每天(次)的巡视都要填写巡视记录,按月进行整理装订,驻地办的监理工程师应在次月上旬报请驻地监理工程师审核签认,总监办的监理工程师应在次月上旬报请总监理工程师审核签认。

2. 附录 B.2　旁站记录

旁站记录的表式见第三节表 1-3。旁站记录是《公路工程施工监理规范》(JTG G10—2016)以及其他工程监理规范均规定的一项监理记录,其中《公路工程施工监理规范》(JTG G10—2016)第 5.1.4 条规定由实施旁站的监理人员负责填写,而非只是现场监理员填写。

旁站记录中的旁站项目,应是合同工程开工前经识别的、批准的、符合《公路工程施工监理规范》(JTG G10—2016)附录 A 规定的本工程项目的旁站项目,也包括项目建设单位明确提出的增加的旁站监理项目(如台背回填项目)。

旁站监理人员应重点对规定的旁站项目施工工艺、施工方案、施工过程控制措施的合理性进行监督检查,对发现的问题立即责令施工单位整改;当可能危及工程质量、安全、环保时,应予制止并及时向监理工程师、驻地监理工程师或总监理工程师报告。

《公路工程施工监理规范》(JTG G10—2016)的正文和条文说明中,没有给出旁站记录应经驻地监理工程师或总监理工程师审核签认的规定或说明。

3. 附录 B.3　抽检记录

抽检记录的表式见第三节表 1-4。抽检记录是《公路工程施工监理规范》(JTG G10—2016)新增的、特有的一项监理记录,其中《公路工程施工监理规范》(JTG G10—2016)第 5.2.3 条规定,监理机构应在施工单位自检合格的基础上,按照监理规范的规定项目及其频率进行抽检,并填写抽检记录。

抽检记录需由专业监理工程师或驻地监理工程师或总监进行审核签认。

4. 附录 B.4　监理日志

《公路工程施工监理规范》的"术语"中第 2.0.13 条给出了"监理日志",规定监理日志是指监理机构每日对监理工作及施工情况所做的记录。

《公路工程施工监理规范》(JTG G10—2016)给出了监理日志的表式,如表 1-7 所示。

监 理 日 志　　表 1-7

工程名称:　　编号:

监理机构			
记录人		日期	20　年　月　日
审核人		天气情况	
主要施工情况			
监理主要工作			
问题及处理情况			

监理日志是《公路工程施工监理规范》(JTG G10—2016)以及其他工程监理规范均规定的一项监理记录,其中《公路工程施工监理规范》(JTG G10—2016)第 9.2.6 条规定,监理日志应按附录 B.4 的格式填写,并经合同段驻地监理工程师或总监审核、签认。

《公路工程施工监理规范》(JTG G10—2016)的条文说明中特别指出:

(1)监理日志是反映监理机构履行监理职责重要的过程记录资料。

(2)驻地办或总监办应安排专人负责汇总、整理、填写,分别由总监、驻地监理工程师或其授权人负责审核。

(3)工程监理过程中将监理日志打印整理或编印成册再填写的形式,在封面统一填写工程项目名称、监理机构名称等,是允许的。

(4)监理日记是监理人员个人化的、非规范的资料,经审核确认有效的属于对监理日志的补充。

鉴于监理日志是监理机构中集体的、汇总编写的而非个人的、分散的监理记录,它与巡视记录、旁站记录、抽检记录、监理指令、监理报告、监理会议纪要等文件资料之间的关系是互补关系、互证关系,每一项监理记录都应实事求是,都不得虚构、造假和恶意修改。

5. 附录C　分项工程(中间)交工证书

分项工程(中间)交工证书的表式见第三节表1-6。抽检记录是《公路工程施工监理规范》(JTG G10—2016)新增的、公路工程监理机构特有的一项监理记录,其中《公路工程施工监理规范》(JTG G10—2016)第5.2.6条规定由驻地办的监理工程师负责填写和签发,同时规定同一个分项工程的中间交工验收不宜超过2次。

6. 附录D　监理指令单

监理指令单的表式见第三节表1-5。监理指令单是《公路工程施工监理规范》(JTG G10—2016)规定的公路工程监理机构特有的一项监理权力、监理记录。公路工程监理指令单的目的、作用、运转流程与《建设工程监理规范》(GB/T 50319—2013)的监理通知单和《中华人民共和国标准施工招标文件》(2007年版)中的监理人的指示是大致相通和等同的。

监理机构发出的监理指令(监理指示)是合同管理的重要文件,具有法律效力。

《公路工程施工监理规范》(JTG G10—2016)规定,监理指令单应由签发人、签收人签字,同时抄送建设单位等。一般情况下,施工单位应在执行完毕监理指令单后进行回复,监理机构应进行现场检查验收其执行情况,并视情况决定是否签认其回复单。

《公路工程标准施工招标文件》(2018年版)中第3.1款、3.3款、3.4款中“监理人的指示”的有关规定如下:

(1)监理人发出的任何监理指示,应视为已取得发包人的批准。

(2)被授权的监理人员发出的指示,视为已取得总监的同意,与总监发出的指示具有同等效力。

(3)承包人对总监授权的监理人员发出的指示有疑问的,可向总监提出书面异议,总监应在48小时内对该指示予以确认、更改或撤销。

(4)监理人应按第3.1款的约定向承包人发出指示,监理人的指示应盖有监理人授权的施工现场机构章,并由总监或总监授权的监理人员签字。

(5)监理人发出的监理指示,承包人应签收,并遵照执行。

(6)在紧急情况下,总监或被授权的监理人员可以当场签发临时书面指示,承包人在收到上述临时书面指示后24小时内向监理人发出书面确认函,监理人在收到书面确认函后24小时内未予答复的,该书面确认函应被视为监理人的正式指示。

(7)由于监理人未能按合同约定发出指示、指示延误或指示错误而导致承包人费用增加或工期延误的,由发包人承担赔偿责任。

二、其他工程监理规范规定的监理工作表式及其应用说明

这里介绍与公路工程监理工作相关的其他工程监理规范(如建设工程监理规范、水运工程施工监理规范)规定的监理工作表式,主要目的是使得报考公路工程专业的考生了解、区别不同表式的来源及其不同使用要求,避免与公路工程监理规范或交通运输部的有关法规、办法文件规定的表式、要求相混淆。

1. 总监理工程师任命书

《建设工程监理规范》(GB/T 50319—2013)和《水运工程施工监理规范》(JTS 252—2015)给出了表式(略),规定由法定代表人在签订监理合同后任命总监理工程师,并在第一次工地会议前报送建设单位。

《公路工程标准施工招标文件》(2018 年版)通用合同条款第 3.2 款规定,发包人应在发出开工通知前将总监理工程师的任命通知承包人。

《公路工程施工监理规范》(JTG G10—2016)没有给出规定的表式。公路工程监理项目一经中标,工程监理单位就应按照监理招标文件的规定、监理投标书的承诺将拟任的总监理工程师派驻到工地现场,一是接受建设单位根据《公路工程标准施工招标文件》(2018 年版)规定而进行的任命,二是代表工程监理单位履行监理合同。

2. 工程开工令

《建设工程监理规范》(GB/T 50319—2013)和《水运工程施工监理规范》(JTS 252—2015)给出了表式(略),规定由总监理工程师签字并加盖执业印章,加盖监理机构印章。

《公路工程施工监理规范》(JTG G10—2016)没有给出规定的表式。公路工程施工监理过程中,多用监理机构的红头文件的形式印发,总监签字,加盖监理机构印章。

3. 监理通知单、监理通知回复单

《建设工程监理规范》(GB/T 50319—2013)和《水运工程施工监理规范》(JTS 252—2015)给出了监理通知单、监理通知回复单的表式,以事中处理已经发生的不履约事件以及质量、安全、环保等问题或事故为主,进行警告性、强制性整改。其中,规定监理通知单由总监理工程师/专业监理工程师签字,并加盖监理机构印章。表式略。

《公路工程施工监理规范》(JTG G10—2016)没有给出监理通知单的表式,而且条文中只字未提监理通知单。公路工程施工监理过程中,多用监理机构的红头文件印发监理通知。监理通知具有事前提示性、告知性的特点,目的是防范质量、安全、环保等问题或事故的发生;而非用此表式对事中已经发生的不履约事件以及质量、安全、环保等问题或事故进行警告、强制整改处理。

4. 监理报告

《建设工程监理规范》(GB/T 50319—2013)给出了监理报告的格式,如表 1-8 所示。《水运工程施工监理规范》(JTS 252—2015)给出了重大安全/质量隐患报告书的格式,与表 1-8 基本一致。

监理报告单 表1-8

工程名称: 编号:

致(主管部门): 由 (施工单位) 施工的 (工程部位) ,存在安全事故隐患。 我方已于20 年 月 日发出编号为_____的《监理指令单》/《停工令》,但施工单位未进行整改/停工。 特此报告。 附件:1. 监理指令单。 2. 停工令。 3. 其他证明文件资料。 监理机构(盖章) 总监理工程师(签字) 20 年 月 日 时

这里的"监理报告"是指针对某一特定事件而专题编写的、随时报送的专题监理报告,而非监理月报式的监理报告,是根据下列法规、规范的规定而由监理机构即时编写报送的。

《建设工程安全生产管理条例》第十四条规定,工程监理单位在实施监理过程中,发现存在安全事故隐患的,应当要求施工单位整改;情况严重的,应当要求施工单位暂时停止施工,并及时报告建设单位。施工单位拒不整改或者不停止施工的,工程监理单位应当及时向有关主管部门报告。

《公路工程施工监理规范》(JTG G10—2016)中没有给出监理报告的表式。公路工程施工监理过程中,多用监理机构的红头文件印发监理报告。但是,《公路工程施工监理规范》第5.2.8条规定,对可能危及结构安全或存在重大隐患的质量问题,监理机构应签发停工令,并向建设单位报告。当发生工程质量事故时,监理机构应依法按照有关规定报告和处理。第5.3.5条规定,监理机构发现存在安全事故隐患,情况严重的,应要求施工单位停止施工并报告建设单位;施工单位拒不整改或拒不停止施工的,监理机构应及时向有关监管部门报告。第5.4.4条规定,监理机构发现施工违反有关环保法律法规、未按合同要求落实环保措施,情况严重的,应签发停工令要求施工单位停工,并向建设单位报告。第5.6.4条规定,对总体进度起控制作用的分项工程的实际施工进度严重滞后时,监理机构应要求施工单位采取措施保证工程进度,并向建设单位报告工期延误的风险。

5. 监理日志

《公路工程施工监理规范》(JTG C10—2016)的"术语"中给出了"监理日志"及其表式:监理机构每日对监理工作及施工情况所做的记录。正文和附表均没有提及监理日志的编写、审核、签署等规定。

《水运工程施工监理规范》(JTS 252—2015)质量控制部分没有给出编写监理机构的监理日志的规定,但是,在第5.4.12条中规定安全监理工程师应将施工安全监督检查情况按时记入"安全监理日志",总监或总监代表应对安全监理日志进行审阅并签认。安全监理日志的格式应符合《水运工程施工监理规范》(JTS 252—2015)附录表A.0.11的规定。表式略。

6. 工程暂停令、复工令

《建设工程监理规范》(GB/T 50319—2013)和《水运工程施工监理规范》(JTS 252—

2015）给出了表式（略），规定由总监理工程师签字并加盖执业印章，加盖监理机构印章。

《公路工程施工监理规范》（JTG G10—2016）没有给出规定的表式。公路工程施工监理过程中，多采用监理指令单的形式处理。

7. 工作联系单

《建设工程监理规范》（GB/T 50319—2013）给出了表式（略），适用于工程建设三方沟通、联系有关工程事宜，由发文单位加盖印章，由其负责人签字。

《公路工程施工监理规范》（JTG G10—2016）没有给出规定的表式。公路工程施工监理过程中，多用监理机构的红头文件联系有关事宜。

8. 工程变更单

《建设工程监理规范》（GB/T 50319—2013）给出了表式（略），适用于工程施工单位、设计单位、监理机构、建设单位四方沟通、处理工程变更事宜，由各单位加盖印章，由其负责人签字。

《公路工程施工监理规范》（JTG G10—2016）没有给出规定的表式。公路工程施工监理过程中，多用监理机构的红头文件处理工程变更事宜。

9. 工程质量评估报告

《建设工程监理规范》（GB/T 50319—2013）第5.2.18条规定，监理机构应审查施工单位提交的单位工程竣工验收报审表，组织工程竣工预验收。工程竣工预验收合格后，监理机构应编写工程质量评估报告，并经总监和监理单位技术负责人审核签字后报送建设单位。监理机构应参加建设单位组织的竣工验收。但是，《建设工程监理规范》中未给出"质量评估报告"的表式或格式。

《公路工程施工监理规范》（JTG G10—2016）第6.0.1、6.0.2条规定，监理机构应审查施工单位提交的合同段交工（工程拟投入使用、运营前的）验收申请，按照工程验收办法等规定完成合同段工程质量评定、归集整理工程监理资料、编写监理工作报告，并参加建设单位组织的交工验收工作，签认交工验收证书。但是，没有给出工程质量评估报告的编写规定。

10. 旁站监理交底记录

《水运工程施工监理规范》（JTS 252—2015）第5.1.8条规定：

（1）对完工后无法或难以进行检验并确认其质量的工序或部位，监理人员应进行全过程旁站。

（2）监理规划或监理细则中应明确旁站项目，专业监理工程师应对旁站人员进行书面交底，书面交底应包括下列主要内容：①旁站项目概况；②旁站执行的检验标准及其检验项目、方法和控制指标；③旁站主要工作内容和要求；④旁站记录的填写要求等。

（3）旁站交底文件应经总监审批，专业监理工程师和旁站人员应在旁站书面交底记录上签字。在《水运工程施工监理规范》中未给出"旁站监理交底"的表式或格式。

《公路工程施工监理规范》（JTG G10—2016）没有给出监理机构应进行旁站监理交底的规定。

第二章 路基工程施工质量监理

第一节 路基工程的基础知识

一、路基的功能、分类及基本要求

1.路基的功能

公路是一种线形工程构造物，一般由路基、路面、桥涵、隧道和交通安全设施构成，还包括必要的收费广场、管理养护用房、加油站等。

路基是按照公路路线位置和一定的技术要求修筑的带状构造物，是路面的基础，承受由路面传来的行车荷载。路基贯穿公路全线，并与沿线的桥涵、隧道等构造物相连接。

2.路基的基本分类

路基的基本分类形式有多种，不同的分类方式有不同的路基称谓。

(1)根据路基的横断面形式划分，路基的形式分为路堤和路堑两种，介于两者之间的路基又分为半填半挖路基和零填路基。

①填方路基。公路纵断面设计高程高于原地面的填方路基称为路堤。在结构上，路堤分为上路堤、下路堤，上路堤是指路床以下0.7m厚度范围内的填方部分，下路堤是指上路堤以下的填方部分。

路床是指路面结构层以下0.8m或1.2m范围内的路基部分，分为上路床和下路床两层。上路床厚度为0.3m；下路床厚度在轻、中及重交通公路为0.5m，特重、极重交通公路为0.9m。

②挖方路基。公路纵断面设计高程低于原地面的挖方路基称为路堑。

(2)根据路基的填筑高度、挖方深度划分，路基的形式分为高路堤、陡坡路堤和深挖路堑。

①路基高度划分的依据。由于原地面横向往往有倾斜，在路基宽度范围内，两侧的相对高差常有不同。通常，路基高度是指路中心线处的设计高程与该处原地面高程之差，但对路基边坡高度来说，则指坡脚或坡顶边缘高程与路肩边缘高程之差。所以，路基高度有中心高度与边坡高度之分。

②高路堤。高路堤是指路基填土边坡高度大于20m的路堤。

③陡坡路堤。陡坡路堤是指地面斜坡陡于1∶2.5的路堤。

④深挖路堑。深挖路堑是指边坡高度超过20m的土质路堑或边坡高度超过30m的岩石路堑。

(3)根据路基的填筑材料划分,路基的形式分为填石路堤、土石路堤和填土路堤。

①填石路堤。填石路堤是指用粒径大于40mm且含量超过总质量70%的石料填筑的路堤。

②土石路堤。土石路堤是指用石料含量占总质量30%～70%的土石混合材料填筑的路堤。

③填土路堤。填土路堤是指用石方材料含量占总质量30%以下甚至纯土方材料填筑的路堤。

(4)另外,位于特殊土地段、不良地质地段,受水、气候等自然因素影响强烈的路基,被称为特殊路基。特殊路基分为若干种,主要包括沿河地段路基、滑坡地段路基、崩塌地段路基、雪害地段路基、涎流冰地段路基和黄土地区路基、膨胀土地区路基、风沙地区路基、泥石流地区路基、采空区路基、软土地区路基、岩溶地区路基、红黏土与高液限土地区路基、多年冻土地区路基、季节性冻土地区路基等。

3.路基的干湿类型

路基在最不利季节的干湿状态被称为路基的干湿类型,共分为四类,即干燥、中湿、潮湿和过湿。原有路基的干湿类型可根据路基的分界相对含水率或分界稠度划分;新建公路路基的干湿类型可用路基临界高度来判别。

高速公路的路基应保持干燥或中湿的状态,不得处于潮湿和过湿状态。

4.路基应满足的基本要求

为保证路基的全寿命周期质量和路面的正常使用功能,除要求路基断面尺寸必须符合设计规范外,路基还应满足下列基本要求:

(1)足够的整体稳定性。路基是在天然地面上填筑或挖去一部分而建成的工程构造物。路基修建后,改变了原地面的天然平衡状态,当地质不良时,修建路基可能加剧原地面的不平衡状态而发生沉陷、滑塌、崩塌等病害,造成路基损害。为防止路基在行车荷载及自然因素作用下发生较大的变形或破坏,必须因地制宜采取一定措施来保证路基的整体稳定性。

(2)足够的强度。路基强度是指在行车荷载作用下,路基抵抗变形的能力。行车荷载及路基路面自重同时对路基下层及地基形成一定压力,这些压力都可能使路基产生变形,直接影响路面结构的使用性能。为保证路基在外力及自重作用下,不致产生超过容许范围的变形,要求路基具有足够的强度。

(3)足够的水稳定性。水稳性差的路基在地面水及地下水的作用下,其强度将会显著降低。特别是在冰冻地区,由于水温的变化,路基发生周期性冻融作用,形成冻胀与翻浆,路基的强度急剧下降。因此,路基不仅要求有足够的强度,还应采取措施确保路基在不利的水状况下强度不致过度降低,这就要求路基应具有一定的水稳定性。

5.构成路基的几何要素

构成路基的几何要素,主要是指路基宽度、路基高度和路基边坡坡度。

(1)路基宽度。路基宽度指路基某一横断面上两路肩外缘之间的距离,一般为行车道与路肩宽度之和。当设有中间带、变速车道、爬坡车道、紧急停车带时,尚应包括这部分的宽度。公路等级越高,路基的宽度越大。

(2)路基高度。路基高度是指路堤的填筑高度或路堑的开挖深度,是路基设计高程与原地面高程之差。

(3)路基边坡坡度。为保证路基稳定而在其两侧做成的具有一定坡度的坡面,称为路基边坡。路基的边坡坡度,可用边坡高度 H 与边坡宽度 b 之比值表示。路基边坡坡度对路基的稳定有重要影响,边坡坡度的大小取决于边坡的土质、岩石的性质及水文地质条件等自然因素和边坡的高度。

二、路基土的分类和工程性质

1. 路基土的分类

根据《公路土工试验规程》(JTG 3430—2020)中土的工程分类方法,依据土的颗粒组成特征、土的塑性指标和土的有机质含量的情况,将土分为巨粒土、粗粒土、细粒土和特殊土四大类,并进一步细分为13种土。巨粒土分为漂石土、卵石土,粗粒土分为砾类土、砂类土,细粒土分为粉质土、黏质土、有机质土,特殊土分为黄土、膨胀土、红黏土、盐渍土、冻土、软土。

2. 路基土的工程性质

各类工程用土具有不同的工程性质,在选择路基填料以及修筑稳定路面结构层时,应根据不同的土类分别采取不同的工程技术措施。

巨粒土具有很高的强度和稳定性,是良好的填筑路基的材料。

砾类土级配良好时,密实程度好,强度和稳定性均能满足要求。砂类土无塑性,透水性强,毛细水上升高度小,具有较大的内摩擦角,强度和水稳定性均好,但砂类土黏结性小,易于松散,压实困难。经充分压实的砂类土路基,压缩变形小,稳定性好。为了加强压实和提高稳定性,可以采用振动法压实,并可掺加少量黏土,以改善级配组成。砂类土级配较好时,既含有一定数量的粗颗粒,又含有一定数量的细颗粒,强度、稳定性等都能满足要求,是理想的路基填筑材料。

粉质土含有较多的粉土颗粒,干时虽有黏性,但易于破碎,浸水时容易成为流动状态。粉土毛细作用强烈,毛细水上升高度大。在季节性冰冻地区容易造成冻胀、翻浆等病害。粉质土属于不良的公路用土,如必须用粉质土填筑路基,则应采取技术措施改良土质并加强排水或隔离水等。

黏质土中细颗粒含量多,土的内摩擦系数小而黏聚力大,透水性小而吸水能力强,毛细现象显著,有较大的可塑性。黏质土干燥时较坚硬,施工时不易破碎。浸湿后能长期保持水分,不易挥发,因而承载力小。对于黏质土,如在适当含水率时加以充分压实,并设置良好的排水设施,筑成的路基也能获得稳定。

高液限黏土工程性质与黏质土相似,但其含黏土矿物成分不同时,性质有很大差别。黏土矿物主要包括蒙脱土、伊利土、高岭土。蒙脱土主要分布在东北地区,其塑性大,吸湿后膨胀强烈,干燥时收缩大、透水性极低、压缩性大、抗剪强度低。高岭土分布在南方地区,其塑性较低,有较高的抗剪强度和透水性,吸水和膨胀量较小。伊利土分布在华中和华北地区,性质介于上述两者之间。高液限黏土不透水,黏聚力特别强,塑性很大,干燥时很坚硬,施工时难挖掘与破碎。

总之,土作为路基建筑材料,砂类土最优,黏质土次之。粉质土属不良材料,最容易引起路基病害。高液限黏土特别是蒙脱土也是不良的路基土。黄土属大孔和多孔结构,有湿陷性;膨胀土受水浸湿发生膨胀,失水则收缩;红黏土失水后体积收缩量较大;盐渍土潮湿时承载力很低。因此,这几种土如用于填筑路基,必须采取相应的技术措施加以改善。

第二节 路基施工准备

一、施工测量

公路工程测量的方法应根据公路等级和测量精度要求,选择适宜的测量方法。控制性桩点,应组织相关单位现场交桩,在复测原控制网的基础上,根据施工需要加密、优化,建立施工测量控制网,控制桩点要妥善保护。

1. 平面控制测量的规定

根据《公路路基施工技术规范》(JTG/T 3610—2019)的规定,平面控制测量应符合下列规定:

(1)平面控制测量应采用卫星定位测量、导线测量、三角测量或三边测量方法进行。

(2)平面控制测量等级与技术要求应符合现行《公路路基施工技术规范》(JTG/T 3610)的规定。

(3)卫星定位测量、导线测量、三角测量或三边测量的主要技术指标应符合相关规定。

2. 高程控制测量的规定

根据《公路路基施工技术规范》(JTG/T 3610—2019)的规定,高程控制测量应符合下列规定:

(1)高程控制测量应采用水准测量或三角高程测量的方法进行。

(2)高程控制测量等级与技术要求应符合相关规定。

(3)水准测量、光电测距三角高程测量的主要技术要求应符合相关规定。

对于路基施工与隧道、桥梁施工共用的控制点,尚应符合现行《公路隧道施工技术规范》(JTG/T 3660)、《公路桥涵施工技术规范》(JTG/T F50)的有关规定。

在施工期间,施工单位应保护好所有控制桩点,及时恢复被破坏的桩点,根据情况和需要对控制桩点进行复测。

3. 导线复测的规定

根据《公路路基施工技术规范》(JTG/T 3610—2019)的规定,导线复测应符合下列规定:

(1)导线测量精度应符合相关要求。

(2)原有导线点不能满足施工需要时,应增设满足相应精度要求的附合导线点。

(3)同一建设项目内相邻施工段的导线应闭合,并满足同等级精度要求。

(4)可能受施工影响的导线点,施工前应加固或改移,并应保持其精度。

(5)监理工程师应要求对导线桩点进行不定期检查和定期复测,复测周期应不超过6个月,并做好抽检工作。

4.水准点复测与加密的规定

根据《公路路基施工技术规范》(JTG/T 3610—2019)的规定,水准点复测与加密应符合下列规定:

(1)水准点精度应符合要求。

(2)同一建设项目应采用同一高程系统,并应与相邻项目高程系统相接。

(3)公路沿线每500m宜有一个水准点。高速公路、一级公路宜加密,每200m一个水准点。在结构物附近、高填深挖路段、工程量集中及地形复杂路段,宜增设水准点。临时水准点应符合相应等级的精度要求,并与相邻水准点闭合。

(4)对可能受施工影响的水准点,要求施工前应加固或改移,并应保持其精度。

(5)水准点应进行不定期检查和定期复测,复测周期应不超过6个月,监理工程师应做好抽检。

5.路基中线放样的规定

根据《公路路基施工技术规范》(JTG/T 3610—2019)的规定,路基中线放样应符合下列规定:

(1)路基开工前,施工单位应进行全段中线放样并应固定路线主要控制桩,宜采用坐标法进行测量放样。

(2)中线放样时,应注意路线中线与结构物中心、相邻施工段的中线闭合,发现问题应及时查明原因,进行处理。

(3)发现实际放样与设计图纸不符时,应查明原因后进行处理。

6.路基放样的规定

根据《公路路基施工技术规范》(JTG/T 3610—2019)的规定,路基放样应符合下列规定:

(1)施工前应对原地面进行复测,核对或补充横断面。

(2)施工前应设置标识桩,将路基用地界、路堤坡脚、路堑坡顶、取土坑、护坡道、弃土堆等的具体位置标识清楚。

(3)对于深挖高填路段,每挖填3~5m或者一个边坡平台应复测一次中线和横断面。

二、路基填料选择及其试验检测

1.路基填料选择

路基填料的选择应符合下列规定:

(1)宜选用级配好的砾类土、砂类土等粗粒土作为填料。

(2)含草皮、生活垃圾、树根、腐殖质的土严禁作为填料。

(3)泥炭土、淤泥、冻土、强膨胀土、有机质土及易溶盐超过允许含量的土等,不得直接用于填筑路基;确需使用时,应采取技术措施进行处理,经检验满足要求后方可使用。

(4)粉质土不宜直接用于填筑二级及二级以上公路的路床,不得直接用于填筑冰冻地区的路床及浸水部分的路堤。

路基填料最小承载比和最大粒径应符合表 2-1 的规定。

路基填料最小承载比和最大粒径要求 表 2-1

<table>
<tr><td colspan="4" rowspan="2">填料应用部位
（路面底面以下深度）(m)</td><td colspan="3">填料最小承载比(CBR)(%)</td><td rowspan="2">填料最大粒径
(mm)</td></tr>
<tr><td>高速公路、
一级公路</td><td>二级公路</td><td>三级、四级公路</td></tr>
<tr><td rowspan="7">路堤</td><td colspan="2">上路床</td><td>0~0.3</td><td>8</td><td>6</td><td>5</td><td>100</td></tr>
<tr><td rowspan="2">下路床</td><td>轻、中及重交通</td><td>0.30~0.80</td><td rowspan="2">5</td><td rowspan="2">4</td><td rowspan="2">3</td><td rowspan="2">100</td></tr>
<tr><td>特重、极重交通</td><td>0.30~1.20</td></tr>
<tr><td rowspan="2">上路堤</td><td>轻、中及重交通</td><td>0.80~1.50</td><td rowspan="2">4</td><td rowspan="2">3</td><td rowspan="2">3</td><td rowspan="2">150</td></tr>
<tr><td>特重、极重交通</td><td>1.2~1.9</td></tr>
<tr><td rowspan="2">下路堤</td><td>轻、中及重交通</td><td>大于 1.50</td><td rowspan="2">3</td><td rowspan="2">2</td><td rowspan="2">2</td><td rowspan="2">150</td></tr>
<tr><td>特重、极重交通</td><td>大于 1.90</td></tr>
<tr><td rowspan="3">零填及
挖方路基</td><td colspan="2">上路床</td><td>0~0.30</td><td>8</td><td>6</td><td>5</td><td>100</td></tr>
<tr><td rowspan="2">下路床</td><td>轻、中及重交通</td><td>0.30~0.80</td><td rowspan="2">5</td><td rowspan="2">4</td><td rowspan="2">3</td><td rowspan="2">100</td></tr>
<tr><td>特重、极重交通</td><td>0.3~1.2</td></tr>
</table>

注：1. 表列承载比是根据路基不同填筑部位压实标准的要求，按《公路土工试验规程》(JTG 3430—2020)试验方法规定浸水 96h 确定的 CBR。

2. 三级、四级公路铺筑沥青混凝土和水泥混凝土路面时，应采用二级公路的规定。

3. 表中上、下路堤填料最大粒径 150mm 的规定不适用于填石路堤和土石路堤。

2. 路床填料

路床填料应符合下列规定：

(1)高速公路、一级公路路床填料宜采用砂砾、碎石等水稳性好的粗粒料，也可采用级配好的碎石土、砾石土等；粗粒料缺乏时，可采用无机结合料改良细粒土。

(2)零填、挖方路段的路床施工应符合下列规定：

①路床范围原状土符合要求的，可直接进行成形施工。

②路床范围为过湿土时，应进行换填处理。设计有规定时按设计厚度换填。设计未规定时按要求换填，高速公路、一级公路换填厚度宜为 0.8~1.2m，若过湿土的总厚度小于 1.5m，则宜全部换填；二级公路的换填厚度宜为 0.5~0.8m。

③高速公路、一级公路路床范围为崩解性岩石或强风化软岩时，应进行换填处理，设计有规定时按设计厚度换填，设计未规定时换填厚度宜为 0.3~0.5m。

(3)路床填筑的每层最大压实厚度宜不大于 300mm，顶面最后一层压实厚度应不小于 100mm。

3. 试验检测

(1)路基施工前，监理机构应根据监理合同约定建立中心试验室，监理工程师应要求施工单位建立具备符合现场试验检测能力的工地试验室。

(2)路基清表后填前碾压前，监理工程师应要求施工单位对路基基底原状土进行取样试验，每公里应至少取 2 个点，并应根据土质变化增加取样点数。

(3)施工单位应及时对拟作为路堤填料的材料进行取样试验。土的试验项目应包括天然含水率、液限、塑限、颗粒分析、击实、CBR 等,必要时还应做相对密度、有机质含量、易溶盐含量、冻胀和膨胀量等试验,监理工程师做好平行试验。

(4)使用特殊材料作为填料时,应按相关标准进行相应试验检验,经监理工程师批准后方可使用。

三、地表处理

1.原地面清表后地基碾压的压实度

原地面清表后碾压处理的压实度控制标准:二级及二级以上公路一般土质应不小于90%;三、四级公路应不小于85%。低路堤应对地基表层土进行超挖、分层回填压实,其处理深度应不小于路床厚度,必要时进行翻拌晾晒或者洒水湿润。

2.特殊地表的处理

(1)原地面坑、洞、穴等,应在清除沉积物后,用合格填料分层回填、分层压实,压实度应符合相关规范规定。对可能存在空洞隐患的,应结合具体情况采取相应的处置措施。

(2)泉眼或露头地下水,应按设计要求采取有效导排措施,将地下水引离后方可填筑路堤。

(3)地基为耕地、松散土质、水稻田、湖塘、软土、过湿土等的,应按设计要求进行处理,局部软弹的部分应采取有效的处理措施。

(4)陡坡地段、填挖结合部、土石混合地段、高填方地段地基等应按设计要求进行处理。

(5)地下水位较高时,应按设计要求进行处理。

(6)特殊地段路基应先核对地勘资料,确定设计资料与实际的符合性、处理方法的适用性,必要时重新补勘地质、水文资料,根据结果重新确定处理方案。

第三节　路基填方试验路段

一、试验路段的目的

根据《公路路基施工技术规范》(JTG/T 3610—2019)的规定,为了保证路基填筑质量,检验施工方案和机械设备,为随后的施工积累经验和取得有关参数,检验和提高施工人员的施工水平和管理水平,在大面积施工前施工单位应进行路基填方工程的试验段施工。进行试验路段的主要目的有:

(1)确定压路机型号以及各种机械的使用最佳配合;

(2)确定松铺厚度、压实厚度;

(3)确定压实工艺、碾压遍数;

(4)确定不同含水率的压实工艺;

(5)检验施工组织管理和相关人员的配合情况。

二、需要进行试验路段的情形

根据《公路路基施工技术规范》(JTG/T 3610—2019)第3.5.1条的规定，下列路基情形应进行试验路段施工，监理工程师要做好审查，并严格审批试验段的开工报告：

(1)二级及二级以上公路的路堤；

(2)填石路堤、土石路堤；

(3)特殊填料路堤；

(4)特殊路基；

(5)拟采用新技术、新工艺、新材料、新设备的路基。

三、试验路段的长度

根据《公路路基施工技术规范》(JTG/T 3610—2019)第3.5.2条的规定，路基填方试验路段应选择地质条件、路基断面形式等具有代表性的地段，试验路段的长度宜不小于200m。

四、试验路段的施工流程与路基压实原则

路基填方试验路段的施工流程包括：确认清表填前压实的质量→路基中线和边线测量放样→选择并挖运适宜填筑的土方材料→摊铺整平→碾压至符合技术规范要求的压实度。

为了测试松铺系数，试验路每一层填土的松铺厚度和压实厚度必须有详细的测量记录。每层填料铺设宽度应超出每层路堤的设计宽度30cm以上，以保证完工后的路堤边缘有足够的压实度。

填土方路基的碾压原则为“先压边缘后压中间，先慢后快，先静压后振动”。第一遍静压，然后先慢、后快，由弱振至强振，由外向内、纵向进退式进行。现场施工技术员应跟随压路机随时检查，并做好记录，确保无漏压，无死角，压实的表面做到平整密实，无松散、无“翻浆”现象。碾压前，技术人员应向压路机驾驶员进行技术交底和安全交底，内容包括碾压范围、压实遍数、行驶速度、碾压顺序等。

五、试验路段的总结

根据《公路路基施工技术规范》(JTG/T 3610—2019)第3.5.3条的规定，路基填方试验路段的施工总结应包括以下内容：

(1)试验路段的基本情况；

(2)填料试验、检测报告；

(3)压实工艺主要参数；

(4)过程工艺控制方法；

(5)质量控制标准；

(6)施工组织方案及工艺的优化；

(7)原始记录、过程记录；

(8)对施工图的修改建议；

(9)安全保证措施;

(10)环保措施等。

试验路段的基本情况应包括试验路段的施工时间、施工队伍名称以及试验路段的位置、起止桩号、长度等。

压实工艺主要参数是指压实机械组合与压实机械规格、松铺厚度与压实厚度、碾压遍数及其碾压速度、最佳含水率与碾压时含水率范围等。

监理机构应对试验路段进行全过程旁站、巡视,并进行平行检验和质量数据分析、质量评定,形成的监理记录包括旁站记录、巡视记录、抽检记录和质量检测试验记录表等。

施工试验路段的总结应由施工单位编写,经监理机构审核批准后报送建设单位。监理工程师认为必要时可召开一次工地会议进行总结,并对下一阶段进入路基填筑分项工程的开工、施工的有关问题进行研讨和提示。

第四节 一般路基施工质量监理

一、路基取土与弃土

1. 取土

取土应符合下列规定:

(1)取土应根据设计要求,结合路基排水和土地规划、环境保护、公路建设要求进行,并要做好土石综合调配方案,经监理工程师和环境保护部门批准。

(2)取土应不占或少占耕地,取土深度应结合地下水等因素综合考虑,原地面耕植土应先集中存放。取土应随时检查土质情况,必要时进行质量检验和试验,根据情况随时调整土的最大干密度等指标。

(3)桥头两侧不宜设置取土场。

(4)取土场与路基之间的距离,应满足路基边坡稳定的要求。

(5)线外取土场与排水沟、鱼塘、水库等设施连接时,应采取防冲刷、防污染措施。

(6)取土场周边坡度应满足稳定性要求。

(7)对取土造成的裸露面,应采取整治或防护措施。

2. 弃土

弃土应符合下列规定:

(1)施工前应对设计提供的弃土方案进行现场核对,如有问题应及时反馈处理,并应满足环境保护和安全防护要求。

(2)弃土宜集中堆放,并与周边环境相协调。

(3)严禁在贴近桥梁墩台、涵洞口处弃土。

(4)不得向水库、湖泊、岩溶漏斗及暗河口处弃土。

(5)弃土宜分层填筑,分层压实,弃土场的边坡不得陡于1:1.5,顶面宜设置不小于2%的排水坡。

(6)弃土作为路基反压护道时,宜与路基同步填筑。

(7)在地面横坡陡于1∶5的路段,路堑顶部高侧不得设置弃土场。

(8)弃土场应及时施作防护和排水工程,坡脚应按设计要求进行加固。

二、挖方路基施工

(1)土方开挖应符合下列规定:

①应自上而下逐级进行,严禁掏底开挖。

②开挖至边坡线前,应预留一定宽度,预留的宽度应保证刷坡过程中设计边坡线外的土层不受到扰动。

③拟用作路基填料的土方,应分类开挖、分类使用。非适用材料作为弃方时,应按规范规定处理。

④开挖至零填、路堑路床部分后,应及时进行路床施工;如不能及时进行,宜在设计路床顶高程以上预留至少300mm厚的保护层。

⑤应采取临时排水措施,施工作业面不得积水。

(2)土方开挖遇到地下水时,应按下列规定处理:

①应采取排导措施,将水引入路基排水系统,不得随意堵塞泉眼。

②路床土含水率高或为含水层时,应采取设置渗沟、换填、改良土质等处理措施。路床填料应符合《公路路基施工技术规范》(JTG/T 3610—2019)规定,应具有好的透水性和水稳定性。

(3)石方开挖的方式如下:

①钻爆开挖。此方法为当前广泛采用的开挖施工方法。

②直接用机械开挖。使用带有破碎锤的挖掘机开挖,一次性破碎深度0.6~1.0m,适用于场地开阔、大方量的软岩石。

③静力爆破法。将膨胀剂放入钻好的孔内,利用化学膨胀产生的力,缓慢作用孔周围土石方,使周围土石破裂破碎。

(4)爆破施工。

爆破是石质路基施工最有效的施工方法,亦可用以爆松冻土,炸除软土、淤泥,开采石料等。山区公路路基石方工程量大而且集中,据统计一般约占土石方总量的45%~75%,采用爆破法施工,不但大大提高工效、缩短工期、节约劳动力,而且可以改善线形、提高公路使用质量。路基施工常用的爆破方法有光面爆破、预裂爆破、微差爆破、定向爆破和硐室爆破等。

(5)石方开挖施工应符合下列规定:

①应根据岩石的类别、风化程度、岩层产状、岩体断裂构造、施工环境等因素确定开挖方案,监理工程师应按程序审批。

②应逐级开挖,逐级按设计要求进行防护。

③施工过程中,每挖深3~5m应进行边坡边线和坡率的复测。

④爆破作业应符合现行《爆破安全规程》(GB 6722)的有关规定。

⑤严禁采用硐室爆破,靠近边坡部位的硬质岩应采用光面爆破或预裂爆破。

⑥爆破法开挖石方,应先查明空中缆线、地下管线的位置,开挖边界线外可能受爆破影响

的建筑物结构类型、居民居住情况等,对不能满足安全距离的石方宜采用化学静态爆破或机械开挖。

⑦边坡应逐级进行整修,同时清除危石及松动石块。

(6)石质路床清理应符合下列规定:

①欠挖部分应予凿除,超挖部分应采用强度高的砂砾、碎石进行找平处理,不得采用细粒土找平。

②路床底面有地下水时,可设置渗沟进行排导,渗沟应采用硬质碎石回填。

③路床的边沟应与路床同步施工。

(7)深挖路堑施工应符合下列规定:

①应根据地形特征设置边坡观测点,施工过程中应对深挖路堑的稳定性进行监测。

②施工过程中,应核查地质情况,如与设计不符应及时反馈处理。

③每挖深3~5m应复测一次边坡。

三、填土路基施工

(1)路基填筑应符合下列规定:

①性质不同的填料,应水平分层、分段填筑,分层压实。同一层路基应采用同一种填料,不得混合填筑。每种填料的填筑层压实后的连续厚度宜不小于500mm。路基上部宜采用水稳性好或冻胀敏感性小的填料。有地下水的路段或浸水路堤,应填筑水稳性好的填料。填料的选择要经过监理工程师批准。

②在透水性差的压实层上填筑透水性好的填料前,应在其表面设2%~4%的双向横坡,并采取相应的防水措施。

③每种填料的松铺厚度应通过试验确定。

④每一填筑层压实后的宽度不得小于设计宽度。

⑤路堤填筑时,应从最低处起分层填筑,逐层压实。

⑥填方分几个作业段施工时,接头部位如不能交替填筑,先填路段应按1∶1~1∶2坡度分层留台阶;如能交替填筑,应分层相互交替搭接,搭接长度应不小于2m。

(2)湿黏土路堤施工应符合下列规定:

①应按设计要求对基底湿黏土层进行处理。

②湿黏土填料宜采用石灰进行改良,石灰宜采用消石灰或磨细生石灰粉。石灰粒径应不大于20mm,质量宜符合三级及三级以上标准。

③施工前应取现场有代表性的土做石灰掺配试验,确定石灰用量。

④灰土拌和可采用路拌法,翻拌后填料的块状粒径超过15mm的含量宜小于15%,填筑层厚度宜不超过200mm。

⑤改良后的湿黏土路堤质量应采用灰剂量与压实度两个指标控制,灰剂量应不低于设计掺量,压实度应符合表2-2的规定。应采用设计灰剂量的击实试验确定最大干密度。

(3)土质路基压实度应符合表2-2的规定。

土质路基压实度标准　　表 2-2

填料部位(路面底面以下深度)(m)				压实度(%)		
				高速公路、一级公路	二级公路	三级、四级公路
填方路堤	上路床		0~0.3	≥96	≥95	≥94
	下路床	轻、中及重交通	0.30~0.80	≥96	≥95	≥94
		特重、极重交通	0.30~1.20			—
	上路堤	轻、中及重交通	0.80~1.50	≥94	≥94	≥3
		特重、极重交通	1.2~1.9			—
	下路堤	轻、中及重交通	>1.50	≥93	≥92	≥90
		特重、极重交通	>1.90			
零填及挖方路基	上路床		0~0.30	≥96	≥95	≥94
	下路床	轻、中及重交通	0.30~0.80	≥96	≥95	—
		特重、极重交通	0.3~1.2			

注:1. 表列压实度以《公路土工试验规程》(JTG 3430—2020)重型击实试验法为准。

2. 三级、四级公路铺筑水泥混凝土路面或沥青混凝土路面时,其压实度应采用二级公路的规定值。

3. 路堤采用特殊填料或处于特殊气候地区时,压实度标准在保证路基强度要求的前提下根据试验路段和当地工程经验确定。

4. 特殊干旱地区的压实度标准可降低 2~3 个百分点。

(4)填土路堤施工过程质量控制应符合下列规定:

①施工过程中,每一压实层均应进行压实度检测,压实度检测可采用灌砂法、环刀法等方法,检测应符合现行《公路路基路面现场测试规程》(JTG 3450)的有关规定,监理工程师必须进行确认和抽检。

②施工过程中,每填筑高 2m 宜检测路线中线和宽度。

(5)路堤填筑至设计高程并整修完成后,其施工质量应符合表 2-3 的规定。监理工程师必须进行抽检和中间交工确认,并报质监部门检查认可。

土质路堤、土石路堤施工质量标准　　表 2-3

项次	检查项目	规定值或允许偏差			检验方法和频率
		高速公路、一级公路	二级公路	三级、四级公路	
1	压实度	符合表 2-2 规定	符合表 2-2 规定	符合表 2-2 规定	密度法:每 200m 每压实层测 2 处
2	弯沉(0.01mm)	满足设计要求	满足设计要求	满足设计要求	—
3	纵断高程(mm)	+10,-15	+10,-20	+10,-20	水准仪:每 200m 测 2 点
4	中线偏位(mm)	50	100	100	全站仪:每 200m 测 2 点,弯道加测 HY、YH 两点
5	宽度(mm)	≥设计值	≥设计值	≥设计值	尺量每 200m 测 4 处
6	平整度(mm)	≤15	≤20	≤20	3m 直尺:每 200m 测 2 处×5 尺
7	横坡(%)	±0.3	±0.5	±0.5	水准仪每 200m 测 2 个断面
8	边坡坡度	满足设计要求	满足设计要求	满足设计要求	每 200m 测 4 点

四、填石路堤施工

(1)填料应符合下列要求:

①硬质岩石、中硬岩石可用于路堤和路床填筑;软质岩石可用于路堤填筑,不得用于路床填筑;膨胀岩石、易溶性岩石和盐化岩石不得用于路基填筑。

②路基的浸水部位,应采用稳定性好、不易膨胀崩解的石料填筑。

③路堤填料粒径应不大于500mm,并宜不超过层厚的2/3。路床底面以下400mm范围内,填料最大粒径不得大于150mm,其中小于5mm的细料含量应不小于30%。

(2)填筑应符合下列要求:

①填石路堤应分层填筑压实。在陡峻山坡地段施工特别困难时,三级及三级以下砂石路面公路的下路堤可采用倾填方式填筑。路基的填筑方案必须上报监理工程师审批。

②岩性相差大的填料应分层或分段填筑,软质石料与硬质石料不得混合使用。

③填石路堤顶面与细粒土填土层之间应填筑过渡层或铺设无纺土工布隔离层。

④压实机械宜选用自重不小于18t的振动压路机。

⑤填石路堤采用强夯、冲击压路机进行补压时,应避免对附近构造物造成影响。

(3)中硬、硬质石料填筑路堤时,应进行边坡码砌。码砌防护的石料强度、尺寸应满足设计要求。边坡码砌与路基填筑应基本同步进行。

(4)采用易风化岩石或软质岩石石料填筑时,应按设计要求采取边坡封闭和底部设置排水垫层、顶部设置防渗层等措施。

(5)填石路堤压实质量标准应符合表2-4的规定。

填石路压实质量标准　　表2-4

分　区	路床顶面以下深度(m)	硬质石料孔隙率(%)	中硬石料孔隙率(%)	软质石料孔隙率(%)
上路堤	0.8~1.50	≤23	≤22	≤20
下路堤	>1.50	≤25	≤24	≤22

(6)施工过程质量控制应符合下列规定:

①施工过程中每一压实层,应采用试验路段确定的工艺流程、工艺参数控制,压实质量可采用沉降差指标进行检测。

②施工过程中,每填高3m宜检测路基中线和宽度。

(7)填石路堤填筑至设计高程并整修完成后,其施工质量应符合表2-5的规定。成形后的质量检验程序同填土路基。

(8)成形后的外观质量标准应符合下列规定:

①路堤表面应无明显孔洞。

②大粒径石料应不松动。

③边坡码砌紧贴、密实无松动,砌块间承接面向内倾斜,坡面平顺。

④路基边线与边坡不应出现单向累计长度超过50m的弯折。

⑤上边坡不得有危石。

填石路堤施工质量标准　　表 2-5

项次	检查项目		规定值或允许偏差		检查方法和频率
			高速公路、一级公路	其他公路	
1	压实		孔隙率满足设计要求		密度法：每 200m 每压实层测 1 处
			沉降差≤试验路段确定的沉降差		精密水准仪：每 50m 检测 1 个断面，每个断面检测 5 点
2	纵段高程(mm)		+10，-20	+10，-30	水准仪：每 200m 测 2 点
3	弯沉(0.01mm)		满足设计要求		—
4	中线偏位(mm)		≤50	≤100	全站仪：每 200m 测 2 点，弯道加 HY、YH 两点
5	宽度(mm)		满足设计要求		尺量：每 200m 测 4 处
6	平整度(mm)		≤20	≤30	3m 直尺：每 200m 测 4 处点 ×5 尺
7	坡度(%)		±0.3	±0.5	水准仪：每 200m 测 2 个断面
8	边坡	坡度	满足设计要求		尺量：每 200m 抽查 4 点
		平顺度	满足设计要求		

五、土石路堤施工

(1)填料应符合下列规定：

①膨胀岩石、易溶性岩石等不宜直接用于路基填筑，崩解性岩石和盐化岩石等不得用于路基填筑。

②天然土石混合填料中，中硬、硬质石料的最大粒径不得大于压实层厚的 2/3；石料为强风化石料或软质石料时，其 CBR 值应符合规定，石料最大粒径不得大于压实层厚。

(2)填筑应符合下列规定：

①压实机械宜选用自重不小于 18t 的振动压路机。

②应分层填筑压实，不得倾填。

③应使大粒径石料均匀分散在填料中，石料间孔隙应填充小粒径石料和土。

④土石混合料来自不同料场，其岩性或土石比例相差大时，宜分层或分段填筑。

⑤填料由土石混合材料变化为其他填料时，土石混合材料最后一层的压实厚度应小于 300mm，该层填料最大粒径宜小于 150mm，压实后表面应无孔洞。

⑥中硬、硬质石料填筑土石路堤时，宜进行边坡码砌，码砌与路堤填筑宜同步进行，软质石料土石路堤的边坡按土质路堤边坡处理。

⑦采用强夯、冲击压路机进行补压时，应避免对附近构造物造成影响。

(3)施工过程质量控制应符合下列规定：

①中硬及硬质岩石的土石路堤填筑施工过程中每一压实层，应采用试验路段确定的工艺流程、工艺参数，压实质量可采用沉降差指标进行检测。

②软质石料的土石路堤填筑质量标准应符合规范规定。

③施工过程中,每填筑3m高宜检测路线中线和宽度。

(4)路基成形后质量应符合表2-3的规定。

(5)外观质量标准应符合下列规定:

①路基表面无明显孔洞。

②大粒径填石应不松动。

③中硬、硬质石料土石路基边坡应码砌紧贴、密实无松动,砌块间承接面应向内倾斜,坡面平顺。

六、高路堤与陡坡路堤施工

(1)高路堤路段应优先安排施工,宜预留1个雨季或6个月以上的沉降期,然后施工路面。

(2)高路堤宜采用强度高、水稳性好的材料。路堤浸水部分应采用水稳性和透水性好的材料。

(3)高路堤施工中应按设计要求预留高度与宽度,并进行动态监控。

(4)高路堤宜每填筑2m冲击补压一次,或每填筑4~6m强夯补压一次。

(5)高路堤填筑过程中应进行沉降和稳定性观测。

(6)在不良地质路段的高路堤与陡坡路堤填筑,应控制填筑速率,并进行地表水平位移监测,必要时应进行地下土体分层水平位移监测。

七、台背与墙背填筑施工

(1)填料宜采用透水性材料、轻质材料、无机结合料稳定材料等,崩解性岩石、膨胀土不得用于台背与墙背填筑。

(2)台背与墙背填筑施工应符合下列规定:

①二级及二级以上公路应按设计做好过渡段,过渡段路堤压实度应不小于96%;二级以下公路的路堤与回填的联结部,应预留台阶。

②台背和锥坡的回填宜同步进行。

③台背与墙背1.0m范围内回填宜采用小型夯实机具压实。

④分层压实厚度宜不大于150mm,填料粒径宜小于100mm,涵洞两侧回填填料粒径宜小于50mm,压实度应不小于96%。

⑤部位狭窄时,可采用低强度等级混凝土、浆砌片石等材料回填。

⑥涵洞两侧应对称分层回填压实。

⑦回填部分的路床宜与路堤路床同步填筑。

⑧台背与墙背回填,应在结构物强度达到设计强度的75%以上时进行。

八、粉煤灰路堤施工

(1)粉煤灰可用于各级公路路堤填筑,不得用于高速公路、一级公路的路床和二级公路的上路床。

(2)用于路基填筑的粉煤灰的烧失量应不大于20%，SO_3含量宜不大于3%，粉煤灰中不得含团块、腐殖质及其他杂质。

(3)储运粉煤灰应符合下列规定：

①调节粉煤灰含水率宜在储灰场或灰池中进行。

②粉煤灰的装卸、运输和堆放，应采取洒水封盖等防止扬尘的措施。

③粉煤灰填料宜从厂家或渣场直接运输至施工作业面使用。

(4)粉煤灰路堤填筑应符合下列规定：

①大风或气温低于0℃时不宜施工。

②有显著差别的灰源应分别堆放，分段填筑。

③路堤高度超过4m时，可在路堤中部设置土质夹层。

④粉煤灰路堤应进行包边防护，包边土应与粉煤灰同步施工，宽度宜不小于2m。

⑤施工过程中，作业面应及时洒水润湿，并应合理设置行车便道。

⑥施工间歇期，作业面应洒水润湿，并应封闭交通；间隙期长时，应在粉煤灰压实层顶面覆盖封闭土层。

(5)粉煤灰路堤压实度标准应通过试验路段确定，并应符合表2-6的规定。包边土和顶面封层土的压实度应符合《公路路基施工技术规范》(JTG/T 3610—2019)的规定。粉煤灰路堤压实度可采用填上层检下层的方式进行检测。

粉煤灰路堤压实度标准　　表2-6

填料应用部位(路面底以下深度)(m)		压实度(%)	
		高速公路、一级公路	二级及二级以下公路
下路床	0.30～0.80	—	≥92
上路堤	0.80～1.50	≥92	≥90
下路堤	>1.50	≥90	≥88

注：表列压实度以《公路土工试验规程》(JTG 3430—2020)重型击实试验法为准。

九、土工泡沫塑料路堤施工

(1)土工泡沫塑料可用于软土地基上路堤、桥涵与挡土墙构造物台背路堤、拓宽路堤和修复失稳路堤等。

(2)土工泡沫材料密度宜不小于20kg/m^3，10%应变的抗压强度宜不小于110kPa，抗弯强度宜不小于150kPa，压缩模量宜不小于3.5kPa，7d体积吸水率宜不大于1.5%。

(3)土工泡沫塑料块体在工地堆放时，应采取防火、防风、防鼠、防雨水滞留、防有机溶剂及石油类油剂的侵蚀等保护措施，并应采取措施避免阳光直接照射。

(4)土工泡沫塑料块体铺筑应符合下列规定：

①铺筑前应对材料进行检测。

②非标准尺寸土工泡沫塑料块体宜在生产车间加工。现场加工时，宜用电热丝进行切割。

③铺筑前应设置垫层，垫层宽度宜超过路基边缘0.5～1.0m，垫层顶面应保持干燥。

④最底层块体与垫层之间、同一层块体侧面联结、不同层块体之间的联结应牢固，联结件

应进行防锈处理。

⑤应逐层错缝铺设,缝隙或高差可用砂或无收缩水泥砂浆找平。

⑥严禁重型机械直接在土工泡沫塑料块体上行驶。

⑦与其他填料路堤或旧路基的接头处,土工泡沫塑料块体应呈台阶铺设,台阶宽度与坡度应满足设计要求或监理工程师的指示。

⑧顶面的钢筋混凝土薄板、土工膜或土工织物等,应覆盖全部土工泡沫塑料块体,并向土质护坡延伸0.5~1.0m。

⑨土工泡沫塑料路堤两边应进行土质包边,包边法向厚度应不小于0.25m,并应分层夯实,防渗土工膜宜分级回包。

(5)土工泡沫塑料路堤质量应符合表2-7的规定。

土工泡沫塑料路堤质量标准 表2-7

项次	检查项目		允许偏差	检查方法和频率
1	土工泡沫塑料块体尺寸	长度	1/100	尺量,抽样频率:< 2000m^3,抽检2块,2000~5000m^3抽检3块,5000~10000m^3抽检4块,≥10000m^3每2000m^3抽检1块
		宽度	1/100	
		厚度	1/100	
2	土工泡沫塑料块体密度		≥设计值	天平,抽样频率同项次1
3	基底压实度		≥设计值	环刀法或灌砂法,每1000m^2检测2点
4	垫层平整度(mm)		10	3m直尺,每20m检查3点
5	土工泡沫塑料块体之间平整度(mm)		20	3m直尺,每20m检查3点
6	土工泡沫塑料块体之间缝隙、错台(mm)		10	尺量,每20m检查1点
7	土工泡沫塑料块体路堤顶面横坡(%)		±0.5	水准仪,每20m检查6点
8	护坡宽度		≥设计值	尺量,每40m检查1点
9	钢筋混凝土板厚度(mm)		+10,-5	尺量,量板边,每块2点
10	钢筋混凝土板宽度(mm)		±20	尺量,每100m检查2点
11	钢筋混凝土板强度		符合设计要求	按《公路工程质量检验评定标准 第一册 土建工程》(JTG F80/1—2017)附录D检查
12	钢筋网孔间距(mm)		±10	尺量

注:路线曲线部分的土工泡沫塑料块体缝隙不得大于50mm。

十、泡沫轻质土路堤施工

(1)用于公路路基的泡沫轻质土的无侧限抗压强度应满足设计要求,设计未规定时应符合表2-8的规定。

泡沫轻质土无侧限抗压强度　　表2-8

路基部位		无侧限抗压强度(MPa)	
		高速公路、一级公路	二级及二级以下公路
路床	轻、中及重交通	≥0.8	≥0.6
	特重、极重交通	≥1.0	
上路堤、下路堤		≥0.6	≥0.5
地基置换		>0.4	

注:无侧限抗压强度为龄期28d、边长100mm的立方体抗压强度。

(2)泡沫轻质土施工湿重度应符合设计要求,设计未规定时泡沫轻质土施工最小湿重度应不小于5.0kN/m^3,施工最大湿重度宜不大于11.0kN/m^3。

(3)泡沫轻质土施工流动度宜为170~190mm。特重、极重交通高速公路及一级公路路床部位的泡沫轻质土配合比宜采用掺砂配合比,流动度宜为150~170mm,且砂与水泥的质量比宜控制在0.5~2.0。

(4)泡沫轻质土的原材料应符合下列规定:

①水泥应符合现行《通用硅酸盐水泥》(GB 175)的规定,其强度等级宜为42.5级。

②用水应符合现行《混凝土用水标准》(JGJ 63)的规定,且温度应不低于5℃。

③泡沫剂应符合现行《泡沫混凝土用泡沫剂》(JC/T 2199)的规定。

④外加剂、掺合料应符合相关规范要求,使用前应进行效果试验,确认对泡沫轻质土无不良影响。

(5)泡沫轻质土的施工设备应符合下列规定:

①水泥浆拌和设备应具有配合比自动配置及记录功能,且单台套产能宜不低于35m^3/h。

②泡沫轻质土拌和设备应具有配合比自动配置及记录功能,且单台套产能宜不低于90m^3/h。

(6)泡沫轻质土配合比试验应符合下列规定:

①泡沫轻质土配合比应进行湿重度、流动度、抗压强度试验,并应满足设计要求。

②泡沫轻质土抗压强度试件为100mm×100mm×100mm的立方体,试件应采用保鲜袋密封养护,养护温度应为20℃±2℃。

③泡沫轻质土的设计强度不大于1.0MPa时,试配强度应为设计强度的1.1倍;设计强度大于1.0MPa时,试配强度应为设计强度加0.05MPa。试配7d龄期抗压强度应在合格标准的50%内。

(7)泡沫轻质土路堤地基应按设计高程和尺寸进行开挖、清理、整平、压实,设置排水沟或其他排水设施。当在地下水位以下浇筑时,应有降水措施,不得在基底有水的状态下浇筑。

(8)泡沫轻质土路堤施工应符合下列规定:

①泡沫轻质土路堤施工前,应将路基划分为面积不大于400m^2、长轴不超过30m的浇筑区,每个浇筑区单层浇筑厚度宜为0.3~1.0m。轻质土路堤每隔10~15m应设置一道变形缝。

②泡沫宜采用压缩空气与发泡剂水溶液混合的方式生产,不得采用搅拌发泡法生产泡沫。

③原材料配合比计量应采用电子计量,泡沫剂、水泥、水、外加剂和外掺料计量精度均为

±2%。

④用于制备泡沫轻质土的料浆在储料装置中的停滞时间宜不超过1.5h。

⑤泡沫轻质土应在出料软管的前端直接浇筑,出料口宜埋入泡沫轻质土中。

⑥单个浇筑区浇筑层的浇筑时间不得超过水泥浆的初凝时间。上下相邻两层浇筑间隔时间宜不少于8h。

⑦泡沫轻质土不得在雨天施工。已施工尚未硬化的轻质土,在雨天应采取遮雨措施。

⑧泡沫轻质土浇筑至设计厚度后,应覆盖塑料膜或无纺土工布进行保湿养护,养护时间宜不少于7d。

⑨不宜在气温低于5℃时浇筑,否则应采取保温措施。

⑩泡沫轻质土顶层铺筑过渡层之前,不得直接在填筑表面进行机械或车辆作业。

(9)旧路加宽老路堤与泡沫轻质土交界的坡面,清理厚度宜不小于0.3m,从老路堤坡脚向上按设计要求挖台阶。土体台阶必须密实、无松散物。泡沫轻质土浇筑应采用分层分块方式,不宜沿公路横向分块浇筑。纵向填挖结合段,应合理设置台阶。

(10)泡沫轻质土分区施工时,分区模板应安装拼接紧密,不漏浆。宜在分区浇筑施工缝处设置变形缝。变形缝宜采用18mm胶合板或20~30mm聚苯乙烯板,上下可不贯通。

(11)泡沫轻质土路基路床强度应符合表2-8的规定,对CBR值、弯沉值可不作要求。

(12)泡沫轻质土在浇筑过程中应做湿重度现场检测,检测方法应采用容量筒法,每一浇筑区浇筑层检测次数应不低于6次。

(13)泡沫轻质土应在固化后28d进行无侧限抗压强度和密度检测。抗压强度和密度应按现行《公路工程水泥及水泥混凝土试验规程》(JTG E30)进行检测,并满足一般路基设计要求。

(14)泡沫轻质土施工质量应符合表2-9的规定。

泡沫轻质土施工质量标准 表2-9

项次	检查项目	规定值或允许偏差	检查方法和频率
1	强度	在合格标准内	2组/400m^3
2	干重度	≤设计值	2组/400m^3
3	顶面高程(mm)	+10,-15	水准仪:每20m测1点
4	轴线偏位(mm)	20	全站仪:每20m测1点
5	宽度	≥设计值	尺量:每10m测1点

(15)泡沫轻质土的外观质量应符合下列规定:

①面板应光洁平顺,线形平顺,沉降缝上下贯通顺直。

②表面不得出现宽度大于2mm的非受力贯穿缝。

十一、煤矸石路堤施工

(1)煤矸石可用于公路路堤填筑,不宜用于高速公路、一级公路上路堤,不得用于路床。需要保护的水源地区域不宜采用煤矸石进行路堤填筑。

(2)用于路堤填筑的煤矸石填料应符合下列规定:

①经过充分氧化或存放 3 年以上的煤矸石可直接用于路堤填筑。

②煤矸石填料 CBR 值应大于 8%，耐崩解性指数应大于 60%，硫化铁含量宜小于 3%。

③遇水崩解的软质煤矸石不得用于路堤浸水部位的填筑。

(3)来源不同的煤矸石填料，性能相差大时，应分段填筑。

(4)未经充分氧化与陈化的煤矸石用于路堤填筑时应采取封闭措施，并应符合下列规定：

①每填筑 2～3m 应设置 300mm 厚的细粒土隔离层，路堤顶面应进行封闭处理。

②应采用细粒土进行包边防护，包边土应与煤矸石同步施工，宽度宜不小于 2m，包边土底部 0.5m 范围宜采用透水性填料。

③煤矸石路堤发生自燃时可灌注石灰浆、水泥浆进行封闭处理。

(5)煤矸石路堤及包边土压实度标准应符合表 2-2 的规定。当煤矸石填料粒径大时，施工控制及压实质量标准可参照填石路堤。

十二、工业废渣路堤施工

(1)工业废渣可用于公路路堤填筑，不得用于高速公路、一级公路路床和路堤浸水部位。

(2)工业废渣填料用于路堤填筑时，必须符合国家现行环境保护等的有关规定，严禁采用有害物质超标的工业废渣作为路堤填料。

(3)储运工业废渣应符合下列规定：

①调节工业废渣含水率应在渣场中进行。

②工业废渣的装卸、运输和堆放，应采取洒水封盖等防止扬尘措施。

③工业废渣填料宜从厂家或渣场直接运输至施工作业面使用。

(4)工业废渣路堤填筑应符合下列规定：

①有显著差别的填料应分段填筑。

②应采用细粒土进行包边防护，包边土应与工业废渣同步施工，宽度宜不小于 2m，包边土底部 0.5m 范围宜采用透水性填料。

③每填筑 2～3m 应设置 300mm 厚的细粒土隔离层，路堤顶面应进行封闭处理。

④施工间歇期作业面应封闭交通，洒水润湿。施工间隔长时，应在工业废渣压实层顶面覆盖封闭土层。

(5)工业废渣路堤压实度标准应通过试验路段确定，并应符合表 2-10 的规定。包边土的压实度应符合表 2-2 的规定。工业废渣路堤压实度可采用填上层检下层的方式进行检测。

工业废渣路堤压实度标准　　表 2-10

填料应用部位	压实度(%)	
	高速公路、一级公路	二级及二级以下公路
下路床	—	≥93
上路堤	≥93	≥90
下路堤	≥90	≥88

注：表列压实度以《公路土工试验规程》(JTG 3430—2020)重型击实试验法为准。

十三、填砂路堤施工

(1)砂料可用于公路路堤填筑,不宜直接用于路床填筑。

(2)含草皮、生活垃圾、树根、腐殖质的砂料不得作为路基填料,砂料中有机质含量应不超过5%。

(3)填砂路堤施工应符合下列规定:

①在填筑前先填筑黏土或石灰改良土下封层,下封层厚度宜不小于400mm,应分两层施工。

②应全断面分层填筑和压实,最大松铺厚度宜不超过400mm,施工作业段长度宜为400~500m,超填宽度每侧宜不小于50mm。

③不宜土砂夹层混填,如用时填筑时要充分拌和均匀。

④宜采用洒水压实法或水沉法逐层密实。受条件限制只能采用小型压实机具时,最大松铺厚度应不大于150mm,并充分灌水后压实。

⑤应经常洒水,保持表层湿润,形成的车辙应及时整平、碾压。

(4)填砂路基压实度应符合表2-2的规定。

(5)填砂路基边坡防护应符合下列规定:

①边坡防护可采用包边土,包边土宽度宜为3m,应先填筑包边土,与填砂交错进行。

②应考虑坡面排水能力、整体抗冲刷能力,以及与周边环境的协调性。路基坡脚应设干砌片石护脚。

③雨季施工边坡防护不能及时完成时,宜采取油毛毡或塑料薄膜覆盖等临时防护措施。

十四、路基拓宽改建施工

(1)不中断交通路基拓宽施工时,应采取交通管制和安全防护措施,施工组织方案要经过监理工程师和相关部门论证通过。

(2)施工前应截断流向拓宽作业区的水源,开挖临时排水沟。施工期间应在水流汇集的路肩外侧设置拦水带,根据水流情况在拓宽路基中合理设置临时急流槽与泄水口。

(3)拓宽路堤的填料宜与老路基相同,或选用水稳性好的砂砾、碎石等填料,且应满足表2-1的要求。路床应采用水稳性好的粗粒土或无机结合料稳定材料填筑。

(4)一般路堤拓宽施工应符合下列规定:

①拓宽路堤填筑前,应拆除原有排水沟、隔离栅等设施。拓宽部分的基底清除原地表土应不小于0.3m,清理后的场地应进行平整压实。老路堤坡面,清除的法向厚度应不小于0.3m。

②拓宽路基的地基处理应符合设计和有关规定。

③上边坡的既有防护工程宜与路基开挖同步拆除,下边坡的防护工程拆除时应采取措施保证既有路堤的稳定。

④既有路堤的护脚挡土墙及抗滑桩可不拆除。路肩式挡土墙路基拼接时,上部支挡结构物应予拆除,宜拆除至路床底面以下。

⑤既有路基有包边土时,宜去除包边土后再进行拼接。

⑥从老路堤坡脚向上开挖台阶时，应随挖随填，台阶高度应不大于1.0m，宽度应不小于1.0m。

⑦拼接宽度小于0.75m时，可采取超宽填筑再削坡或翻挖既有路堤等措施。

⑧宜在新、老路基结合部铺设土工合成材料。

⑨路基拼接部位碾压。将拼接结合部作为施工控制重点，填筑时应加强拼接台阶结合处的碾压，宜采用高吨位的静力压路机进行碾压，同时应较普通路段多碾压3～4遍。应达到无漏压、无死角，确保碾压均匀。重型压路机压不到的施工作业面边角部位，须采用小型振动夯夯压密实。

⑩消除和减小新旧路基不均匀沉降，可适当将拼宽路基压实度提高。

(5)高路堤与陡坡路堤拓宽施工应符合下列规定：

①原坡脚支挡结构不宜拆除，结构物邻近处可用小型机具薄层夯实。

②老路堤底部设置有渗沟或盲沟时，应做好排水通道的衔接施工。

③高路堤与陡坡路堤拓宽施工，尚应符合相关规定。

(6)挖方路基拓宽施工应符合下列规定：

①应在既有路基边缘设置防止飞石或落石的安全防护措施，并应设置警示标志。

②边通车边施工时，宜采用机械开挖或静力爆破方式进行开挖。

③采用爆破方式时，应按爆破施工单位上报方案组织施工，宜统一规定爆破时间段，爆破时应临时封闭交通。

④拓宽施工中的挖方路基施工，尚应执行相关规定。

(7)拓宽路基应进行沉降观测，观测点应按设计要求设置。高路堤和陡坡路堤路段尚应进行稳定性监测。

第五节　特殊路基施工质量监理

我国幅员辽阔，存在着各种各样的气候、地形、地貌、地质、水文等自然条件，如岩溶、黄土、泥沼、软土、冻土、盐渍土、雪崩、泥石流等。随着公路等级的提高，按路线线形的要求，公路往往需要穿越这些不良的工程地质与水文地质地区；同时还可能出现填挖值超过规范规定的高路堤、深路堑，这类路基称为特殊路基。特殊路基包括特殊土(岩)路基、不良地质路段路基和特殊条件下路基。路线通过特殊路段，应进行综合地质勘察，查明特殊地质体的性质、成因类型、规模、稳定状况及发展趋势；特殊路基设计所需要的物理力学参数宜采用原位测试数据，并结合室内试验资料综合分析确定。

一、一般要求

(1)特殊路基施工前，应进行必要的基础试验，核对地质资料、设计处理范围、设计参数等，编制专项施工方案，并经过监理工程师批准后实施。

(2)实际施工中如地质状况与设计不符或设计处置方案因故不能实施，应及时反馈监理工程师，采取进一步的处理措施批准后处理。

(3)特殊路基施工宜进行动态监控,并编制监控方案。

(4)采用新技术、新工艺、新设备、新材料时,必须制定相应的工艺、质量标准。存在多种特殊土(岩)或特殊地质条件路基的工点应进行综合设计。

二、滑坡地段路基施工质量要求

(1)滑坡整治施工应符合下列规定:

①施工前,应核查滑坡区段的地形、地貌、地质、滑坡性质、成因类型和规模,应编制滑坡段的专项施工方案和应急预案,并报监理工程师审批,必要时要经过论证通过。

②滑坡整治措施实施前,严禁在滑坡体抗滑段减载、下滑段加载。

③滑坡整治不宜在雨期施工。

④施工时,应进行稳定监测、地质编录并核查实际地质情况,发现地质与设计不符、有滑坡迹象或其他异常情况时,应及时反馈处理。滑坡发生时应立即采取应急措施。

⑤滑坡整治施工时,应对滑坡影响区内的其他工程和设施进行保护。

⑥降雨期间及雨后,应加强滑坡区段的巡查工作,发现问题及时采取措施。

(2)应采取截水、排水、减载、反压与支挡等措施进行滑坡整治,整治措施可单独使用,也可综合使用。滑坡整治应先施工截水、排水设施,减载、反压与支挡措施的施工顺序应结合滑坡具体情况予以确定。

(3)截水、排水施工应符合下列规定:

①应在滑坡后缘的稳定地层上,修筑具有防渗功能的环形截水沟、排水沟。

②滑坡体上的裂隙和裂缝应采取灌浆、开挖回填夯实等措施予以封闭,滑坡体的洼地及松散坡面应平整夯实。

③滑坡范围大时,应在滑坡坡面上修筑具有防渗功能的临时或永久排水沟。

④有地下水时,应设置截水渗沟。反滤材料采用碎石时,碎石粒径应符合要求,含泥量应小于3%。

(4)削坡减载施工应符合下列规定:

①应自上而下逐级开挖,严禁采用爆破法施工。

②开挖坡面不得超挖,开挖面上有裂缝时应采取灌浆封闭等措施。

③支挡及排水工程在边坡上分级实施时,宜开挖一级、实施一级。

(5)填筑反压施工应符合下列规定:

①反压措施应在滑坡体前缘抗滑段实施。

②反压填料不得堵塞地下水出口,地下排水设施应在填筑反压前完成。反压填料宜予以压实。

③应采取措施使受影响的天然河沟保持排水顺畅。

(6)抗滑支挡工程施工应符合下列规定:

①抗滑支挡工程施工应符合现行《公路路基施工技术规范》(JTG/T 3610)有关规定。

②应在滑坡体处于相对稳定的状态下施工,滑坡体具有滑动迹象或已经发生滑动时,应采取反压填筑等措施。

③抗滑桩与挡土墙共同支挡时,应先施作抗滑桩。挡土墙后有支撑渗沟及其他排水工程

时应先施工。

④抗滑桩、锚索施工应从两端向滑坡主轴方向逐步推进。

⑤采取微型钢管桩、山体注浆等加固措施或注浆作为其他处置方案的配套措施时，应采用相应的成孔设备和注浆方式。

⑥各种支挡结构的基底应置于滑动面以下，并应嵌入稳定地层。

(7)滑坡区段的路基施工应在支挡工程完成后进行，开挖工程可结合减载措施进行施工，填筑工程可结合反压措施进行施工。路基的排水及防护工程应及时施工。

(8)大型滑坡段应进行山体和边坡的稳定性监测。监测点、网的布置，监测内容及监测精度应符合现行《工程测量规范》(GB 50026)的有关规定。施工完成后宜进行长期监测。

三、崩塌与岩堆地段路基施工质量要求

(1)施工前应核查崩塌地段地形、地貌、地质情况，查明危岩、崩塌的类型、范围及危害程度，查明岩堆的物质组成、类型、分布范围、物质来源、成因，分析崩塌体与岩堆的稳定性，复查设计处置方案的可行性并编制专项施工方案，监理工程师应及时审批。

(2)施工时应做好崩塌与岩堆地段渗入水及地下水的截水、排水及防渗设施。

(3)岩堆地区路基施工，应进行动态监控和巡视。填筑路基时，不宜使用振动碾压设备。

(4)危岩崩塌体应采取下列处置措施：

①应根据地形和岩层情况对单个危岩采取处置措施。地面坡度陡于1∶1.5时，应对孤石进行处理。

②有岩块零星坠落的边坡或自然坡面，宜进行坡面防护。

③危岩崩塌体小时，可采取清除、支挡、挂网喷锚、柔性防护等措施，或采取拦石墙、落石槽等拦截措施。拦石墙与落石槽宜配合使用，设置位置可根据地形确定，拦石墙墙背应设置缓冲层。

④对路基有危害的危岩体，应清除或采取支撑、预应力锚固等措施。在破碎带或节理发育的高陡山坡上不宜刷坡。

⑤当崩塌体大、发生频繁且距离路线近，而设拦截构造物有困难时，应按设计要求采用明洞、棚洞等遮挡构造物，洞顶应有缓冲层。

(5)处于发展中的岩堆地段路基，应减少开挖，并按设计要求采取挡土墙、坡面封闭等防护措施，也可设置拦石墙与落石槽或修建明洞、棚洞等遮挡构造物。

(6)稳定的岩堆地段路基，宜采取下列处置措施：

①位于岩堆上部时，宜沿基岩面清除路基上方的岩堆堆积物。

②位于岩堆中部时，挖方边坡宜按设计要求设置挡土墙等支挡构造物。

③在岩堆上进行路堤施工，宜清除表层堆积物并挖台阶，宜控制填筑速率并进行稳定观测。

(7)对大而稳定性差的岩堆，应按设计要求采取综合治理措施。应先进行抗滑挡土墙或抗滑桩等支挡工程施工，再分阶梯形修筑边坡或护面墙，然后在岩堆体内分段注入水泥砂浆。

四、泥石流地区路基施工质量要求

(1)施工前应结合设计,详细调查泥石流的成因、规模、特征、活动规律、危害程度等相关情况,核实泥石流形成区、流动区和堆积区,编制专项施工方案,监理工程师批准方可实施。

(2)泥石流地区路基施工,应采取措施加强监测,遇有异常情况及时处理,确保施工安全。

(3)采用桥梁形式跨越泥石流地段时,应按设计要求及时完成防护加固设施。

(4)采用排泄道、排导沟、明洞、涵洞、渡槽等排导功能为主的构造物进行泥石流处置时,排导构造物应符合下列规定:

①构造物基础应牢固,强度、断面与高度应满足设计要求。

②构造物平面线形应圆滑、渐变,上下游应有足够长的衔接段,行进段沟槽不宜过分压缩,出口不宜突然放宽。流向改变处的转折角不宜超过15°,避免因急弯突然收缩和扩大而造成淤塞。

③构造物通流段和出口段的纵坡应满足设计要求或大于沟槽的淤积平衡坡度。

(5)永久性调治构造物采用浆砌片石时,应采用质地坚硬、不易风化的片石,基础应置于设计要求的深度,强度应满足设计要求。

(6)利用植被治理泥石流时,植物物种应选择生长期短、见效快、根须发达、适宜本地区生长的品种。

五、岩溶地区路基施工质量要求

(1)施工前应核查岩溶分布、地形、地表水、地下水活动规律,编制专项施工方案。

(2)不得堵塞与地下河连通的岩溶漏斗、冒水洞、溶洞等地下通道。对影响路基稳定的岩溶水的疏导、引排措施,应符合下列规定:

①对路基上方的岩溶泉和冒水洞,应采用排水沟将水截流至路基外。

②对出水点多、水流分散的岩溶水,可设置渗沟、截水墙与截水洞等截流设施。截流位置应设置得当,截排顺畅。

③对水流集中的常流或间歇性岩溶水,可设置明沟、涵管与泄水洞等排水设施。过水断面应设置合理,引排顺畅。

④对路基基底处的岩溶泉和冒水洞,宜设置桥涵等排水设施将水排出路基外。

⑤截流和引流后需在洼地排水时,应设置排水沟涵将水引至洼地的消水洞,若无明显的消水洞,应排至洼地最低处。不得随意改变洼地的汇雨面积,若需改变洼地消水量,应专题论证。

(3)对路基基底下的干溶洞处置,应采取下列措施:

①应铲除溶洞石笋、石牙、孤石以及不规则的碳酸钙沉积物,整平基底,并应采用一定级配的砂砾石、碎石、片块石等渗水性好的填料回填。

②应挖除石林、石牙、溶槽、溶沟间、洼地内的湿软细粒土。

③对失去排水功能的浅层漏斗、落水洞、土洞以及规模小且无地下溶水联系的溶沟、溶槽等干溶洞,可采用片碎石、混凝土等填塞。

④位于路基基底的裸露和埋藏浅的溶洞,可采取回填封闭、钢筋混凝土盖板跨越、支撑加

固或结构物跨越等处理措施。

⑤对有充填物的溶洞,可采取注浆法、旋喷法等加固措施。不能满足要求时,宜采用结构物跨越。

⑥覆盖层中土洞埋藏浅时,可采取回填夯实或强夯等处理措施;覆盖层中土洞埋藏深时,宜采取注浆、复合地基等处理措施。

(4)在溶蚀洼地填筑路基时,应采用渗水性好的砂砾、碎石土等材料填筑,并应高出积水位0.5m。

(5)对岩溶洼地或地下水丰富处的软土地基,软土厚度小时可采用片石、碎石或砾石等换填处理;软土厚度大时可采取旋喷桩、CFG桩、粉喷桩等其他软基处理措施。

(6)当路基跨越具有顶板的溶洞时,应根据设计要求确定处理方案。

(7)对岩溶地段的边坡处置,应采取下列措施:

①对土石相间的石牙、石林边坡以及开挖覆盖层与基岩交界的溶蚀破碎带形成的土夹石边坡,应清除石牙、石林间溶槽溶沟内的充填土壤及坡面上的孤石,清除至坡体自然稳定坡度,保留露出坡面的石林、石牙的自然形态。

②对未严重风化,节理发育、破碎但稳定性好的岩溶岩石边坡,宜采取喷浆、喷射混凝土等措施。

③对岩溶路堑开挖后有潜在滑动危险的岩质边坡,应采取支挡或锚固措施。

④对路堑边坡上的干溶洞和洞穴,宜清除洞内沉积物,宜采用干砌或浆砌片石、钢筋混凝土板封堵。当干溶洞和洞穴影响到边坡的稳定性时,应采取浆砌片石、混凝土支柱支顶等加固措施。

⑤对边坡陡、裂隙发育、易风化、剥落破碎的岩溶边坡,或规模大的土夹石岩溶边坡,应采取浆砌片石护面墙等防护措施。

⑥开挖整体稳定性好的硬质岩溶岩石边坡时,宜采用光面爆破或预裂爆破。

六、软土地区路基施工质量要求

(1)软土地基处置前,应了解工程地质、地下管线、构造物等情况,进行必要的土工试验,复核设计处置方案的可行性,编制专项施工方案。

(2)软土地基处置应因地制宜、就地取材。

(3)浅层置换施工应符合下列规定:

①厚度小于3.0m的软土宜采用浅层置换。

②置换宜选用强度高的砂砾、碎石土等水稳性和透水性好的材料。施工时,应分层填筑、压实。

(4)浅层改良施工应符合下列规定:

①对非饱和黏质土的软弱表层,可添加石灰、水泥等进行改良处置。

②施工前应先完善排水设施,施工期间不得积水。

③石灰、水泥等应与土拌和均匀,严格控制含水率。施工时,应分层填筑、压实。

(5)抛石挤淤施工应符合下列规定:

①应采用不易风化的片石、块石,石料直径宜不小于300mm。

②当软土地层平坦,横坡缓于1∶10时,应沿路线中线向前呈等腰三角形抛填,渐次向两侧对称抛填至全宽,将淤泥挤向两侧;当横坡陡于1∶10时,应自高侧向低侧渐次抛填,并在低侧边部多抛投形成不小于2m宽的平台。

③当抛石高出水面后,应采用重型机具碾压密实。

(6)爆炸挤淤施工应符合下列规定:

①宜采用布药机进行布药。当淤泥顶面高、露出水面时间长,且装药深度小于2.0m时,可采用人工简易布药法。

②爆炸挤淤施工应采取控制噪声、有害气体和飞石,减少粉尘、冲击波等环境保护措施。

③爆炸挤淤后应采用钻孔或物探方法探测检查置换层厚度、残留混合层厚度。置换层底面和下卧地基层设计顶面之间的残留淤泥碎石混合层厚度应不大于1m。

(7)砂砾、碎石垫层施工应符合下列规定:

①砂砾、碎石垫层宜采用级配好的中、粗砂、砂砾或碎石,含泥量应不大于5%,最大粒径宜小于50mm。

②垫层宜分层铺筑、压实,垫层应水平铺筑。当地形有起伏时,应开挖台阶,台阶宽度宜为0.5~1m。

③垫层宽度应宽出路基坡脚0.5~1m,两侧宜用片石护砌或采用其他方式防护。

(8)铺设土工合成材料应符合下列规定:

①土工合成材料技术指标应满足设计要求。土工合成材料在存放及铺设过程中不得在阳光下长时间暴露。与土工合成材料直接接触的填料中不得含强酸性、强碱性物质。

②施工中应采取措施防止土工合成材料受损,出现破损时应及时修补或更换。

(9)袋装砂井施工应符合下列规定:

①宜采用中、粗砂,粒径大于0.5mm颗粒的含量宜大于50%,含泥量应小于3%,渗透系数应大于5×10^{-2}mm/s。

②套管起拔时应垂直起吊,防止带出或损坏砂袋。发生砂袋带出或损坏时,应在原孔位边缘重打。

③砂袋在孔口外的长度应不小于300mm,并顺直伸入砂砾垫层。

④袋装砂井施工质量应符合表2-11的规定。

袋装砂井施工质量标准 表2-11

项 次	检 查 项 目	规定值或允许偏差	检查方法和频率
1	井距(mm)	±150	抽查2%且不少于5点
2	井长(mm)	≥设计值	查施工记录
3	井径(mm)	+10,0	挖验2%且不少于5点
4	灌砂率(%)	-5	查施工记录

(10)塑料排水板施工应符合下列规定:

①塑料排水板技术指标应满足设计要求,露天堆放时应有遮盖。

②施工中应防止泥土等杂物进入套管内。

③塑料排水板不得搭接,预留长度应不小于500mm,并及时弯折埋设于砂垫层中。

④塑料排水板施工质量应符合表 2-12 的规定。

塑料排水板施工质量标准　　表 2-12

项　　次	检 查 项 目	规定值或允许偏差	检查方法和频率
1	板距(mm)	±150	抽查 2% 且不少于 5 点
2	板长(mm)	≥设计值	抽查 2% 且不少于 5 点

(11)真空预压、真空堆载联合预压施工应符合下列规定:

①密封膜应采用抗老化性能好、韧性好、抗穿刺能力强的不透气材料。

②密封膜连接宜采用热合黏结缝平搭接,搭接宽度应不小于 15mm。

③滤管应不透砂。滤管距泥面、砂垫层顶面的距离均应大于 50mm。滤管周围应采用砂填实,不得架空、漏填。

④密封膜的周边应埋入密封沟内。密封沟的宽度宜为 0.6 ~ 0.8m,深度宜为 1.2 ~ 1.5m。

⑤真空表测头应埋设于砂垫层中间,每块加固区应不少于 2 个真空度测点。

⑥真空预压施工应按排水系统施工、抽真空系统施工、密封系统施工及抽气的顺序进行。

⑦采用真空堆载联合预压时,应先抽真空,当真空压力达到设计要求并稳定后,再进行堆载,并继续抽气。堆载时应在膜上铺设土工布等保护材料。

⑧施工监测应符合下列规定:

a. 预压过程中,应进行膜下真空度、孔隙水压力、表面沉降、深层沉降及水平位移等预压参数的监测。膜下真空度每隔 4h 测一次,表面沉降每 2d 测一次。

b. 当连续五昼夜实测地面沉降小于 0.5mm/d,地基固结度已达到设计要求的 80% 时,经验收,即可终止抽真空。

c. 停泵卸荷后 24h,应测量地表回弹值。

(12)粒料桩施工应符合下列规定:

①砂桩宜采用中、粗砂,粒径大于 0.5mm 颗粒含量宜占总质量的 50% 以上,含泥量应小于 3%,渗透系数应大于 5×10^{-2}mm/s;也可使用砂砾混合料,含泥量应小于 5%。

②碎石桩宜采用级配好、不易风化的碎石或砾石,最大粒径宜不大于 50mm,含泥量应小于 5%。

③施工前应进行成桩工艺和成桩挤密试验。

④粒料桩可采用振冲置换法或振动沉管法,宜从中间向外围或间隔跳打。邻近结构物施工时,应沿背离结构物的方向施工。

⑤粒料桩施工质量应符合表 2-13 的规定。

粒料桩施工质量标准　　表 2-13

项　　次	检 查 项 目	规定值或允许偏差	检查方法和频率
1	桩距(mm)	±150	抽查桩数的 2% 且不少于 5 点
2	桩长(m)	≥设计值	查施工记录
3	桩径(mm)	≥设计值	抽查 2%
4	粒料灌入率	≥设计值	查施工记录
5	地基承载力	满足设计要求	抽查桩数的 0.1% 且不少于 3 处

⑥碎石桩密实度抽查频率应为2%,用重Ⅱ型动力触探测试,贯入量为100mm时,击数应大于5次。

(13)加固土桩施工应符合下列规定:

①加固土桩的固化剂宜采用生石灰或水泥。生石灰应采用磨细Ⅰ级生石灰,应无杂质,最大粒径应小于2mm。水泥宜采用强度等级不低于32.5级的普通硅酸盐水泥。

②加固土桩施工前应进行成桩试验,桩数宜不少于5根,且应满足下列要求:

a.应取得满足设计喷入量的各种技术参数,如钻进速度、提升速度、搅拌速度、喷气压力、单位时间喷入量等。

b.应确定采用能保证胶结料与加固软土拌和均匀性的工艺。

c.掌握下钻和提升的阻力情况,选择合理的技术措施。

d.根据地层、地质情况确定复喷范围。

③施工中发现喷粉量或喷浆量不足,应整桩复打,复打的量应不小于设计用量。中断施工时,应及时记录深度,并在12h内进行复打,复打重叠长度应大于1m;超过12h,应采取补桩措施。

④加固土桩施工质量应符合表2-14的规定。

加固土桩施工质量标准　　表2-14

项　次	检查项目	规定值或允许偏差	检查方法和频率
1	桩距(mm)	±100	尺量:抽查桩数的2%且不少于5点
2	桩径(mm)	≥设计值	尺量:抽查桩数的2%且不少于5点
3	桩长(m)	≥设计值	查施工记录
4	单桩每延米喷粉(浆)量	≥设计值	查施工记录
5	强度(MPa)	≥设计值	取芯法:抽查桩数的0.5%且不少于3根
6	地基承载力	满足设计要求	抽查桩数的0.1%且不少于3处

(14)水泥粉煤灰碎石桩施工应符合下列规定:

①集料可采用碎石或砾石,泵送混合料时砾石最大粒径宜不大于25mm,碎石最大粒径宜不大于20mm;振动沉管灌注混合料时,集料最大粒径宜不大于50mm。水泥宜选用32.5级普通硅酸盐水泥。粉煤灰宜选用Ⅱ、Ⅲ级粉煤灰。

②施工前应进行成桩试验,成桩试验需要确定施工工艺、速度、投料数量和质量标准。

③群桩施工,应合理设计打桩顺序、控制打桩速度,宜采用隔桩跳打的打桩顺序,相邻桩打桩间隔时间应不小于7d。

④水泥粉煤灰碎石桩施工质量应符合表2-15的规定。

(15)现浇混凝土大直径管桩施工应符合下列规定:

①粗集料宜优先选用卵石。采用碎石时,宜适当增加含砂率。集料最大粒径宜不大于63mm。混凝土坍落度宜为80~100mm,在运输和灌注过程中无离析、泌水。

②桩尖、桩帽混凝土强度等级宜不低于C30。桩尖表面应平整、密实,桩尖内外面圆度偏差不得大于1%,桩尖端头支承面应平整。

③邻近有建筑物或构造物时,应采取有效的隔振措施。

④群桩施工,应合理设计打桩顺序、控制打桩速度,防止影响邻桩成桩质量。

⑤现浇混凝土大直径管桩施工质量应符合表 2-16 的规定。

水泥粉煤灰碎石桩施工质量标准　　表 2-15

项　次	检查项目	规定值或允许偏差	检查方法和频率
1	桩距(mm)	±100	尺量:抽查桩数的 2% 且不少于 5 点
2	桩径(mm)	≥设计值	尺量:抽查桩数的 2% 且不少于 5 点
3	桩长(m)	≥设计值	查施工记录
4	强度(MPa)	≥设计值	取芯法:抽查桩数的 0.5% 且不少于 3 根
5	复合地基承载力	≥设计值	抽查桩数的 0.1% 且不少于 3 处

大直径管桩施工质量标准　　表 2-16

项　次	检查项目	规定值或允许偏差	检查方法和频率
1	混凝土抗压强度(MPa)	在合格标准内	每根桩 2 组,每台班至少 2 组
2	桩距(mm)	±100	尺量:抽查桩数的 2% 且不少于 5 点
3	桩径(mm)	≥设计值	尺量:抽查桩数的 2%
4	桩长(m)	≥设计值	查成孔记录
5	竖直度(%)	1	查成孔记录
6	单桩承载力	满足设计要求	抽查桩数的 0.1% 且不少于 3 根
7	桩身完整性	无明显缺陷	低应变测试:抽查桩数的 10%

(16)预制管桩施工应符合下列规定:

①管桩堆放场地应平整、坚实,应有排水措施,不得产生不均匀沉陷。

②管桩进场后要先进行检验和检查,包括质保材料、外观检查、现场检测,先张法薄壁预应力混凝土管桩应符合现行《先张法预应力混凝土管桩》(GB 13476)、《先张法预应力混凝土薄壁管桩》(JC 888)的规定。

③预制管桩宜采用静压方式施工,也可采用锤击沉桩方式施工。

④桩的打设次序宜由路基中心线向两侧打设,由结构物向路堤方向打设。

⑤沉桩过程中应严格控制桩身的垂直度。

⑥每根桩宜一次性连续沉至设计高程。沉桩过程中如有停顿,停歇时间不应过长。

⑦中止沉桩宜采用贯入度控制。

⑧桩帽钢筋笼应插入管桩内,连接混凝土应与桩帽混凝土一起灌注。

⑨预制管桩施工质量应符合表 2-17 的规定。

预制管桩施工质量标准　　表 2-17

项　次	检查项目	规定值或允许偏差	检查方法和频率
1	桩距(mm)	±100	尺量:抽查桩数的 2% 且不少于 5 点
2	桩长(m)	≥设计值	尺量:抽查桩数的 2% 且不少 5 点
3	竖直度(%)	1	抽查桩数的 2%
4	单桩承载力	满足设计要求	抽查桩数的 0.1% 且不少于 3 根

续上表

项　次	检 查 项 目	规定值或允许偏差	检查方法和频率
5	桩帽高度(mm)	+20，-10	尺量:抽查桩数的2%
6	桩帽长度和宽度(mm)	+30，-20	尺量:抽查桩数的2%
7	桩帽位置(mm)	50	尺量:抽查桩数的2%

(17)强夯与强夯置换施工应符合下列规定:

①强夯置换材料应采用级配好的片石、碎石、矿渣等坚硬的粗颗粒材料,粒径宜不大于夯锤底面直径的0.2倍,含泥量宜不大于10%,粒径大于300mm的颗粒含量宜不大于总质量的30%。

②应采取隔振、防振措施消除强夯对邻近建筑物的有害影响。

③施工前应选择有代表性并不小于500m^{2}的路段进行试夯,确定最佳夯击能、间歇时间、夯间距等参数。

④夯点可采用正方形或等边三角形布置,间距宜为5~7m。在强夯能级不变的条件下,宜采用重锤、低落距。

⑤强夯和强夯置换施工前应在地表铺设一定厚度的垫层。强夯施工垫层材料宜采用透水性好的砂、砂砾、石屑、碎石土等,强夯置换施工垫层材料宜与桩体材料相同。垫层宜分层摊铺压实。

⑥施工前应检查锤重和落距,单击夯击能量应满足设计要求。

⑦强夯施工结束30d后,应通过标准贯入、静力触探等原位测试,测量地基的夯后承载能力是否达到设计要求。

⑧强夯置换施工结束30d后,宜采用动力触探试验检查置换墩着底情况及承载力,检验数量不少于墩点数的1%,且不少于3点。检查置换墩直径与深度,应满足设计要求。

(18)软土地区路堤施工应符合下列规定:

①软土地区路堤施工应尽早安排,施工计划中应考虑地基所需固结时间。

②填筑过程中,应严格控制填筑速率,并应进行动态观测。

③施工期间,路堤中心线地面沉降速率24h应不大于10~15mm,坡脚水平位移速率24h应不大于5mm。应结合沉降和位移观测结果综合分析地基稳定性。填筑速率应以水平位移控制为主,超过标准应立即停止填筑。

④桥台、涵洞、通道以及加固工程应在预压沉降完成后再进行施工。

⑤应按设计要求的预压荷载、预压时间进行预压。堆载预压的填料宜采用上路床填料,并分层填筑压实。

⑥在软土地基上直接填筑路堤,应符合下列规定:

a. 水面以下部分应选择透水性好的填料,水面以上可用一般土或轻质材料填筑。

b. 填筑路基的土宜从取土场取用。在两侧取土时,取土坑距路堤坡脚的距离应满足路堤稳定的要求。

c. 反压护道宜与路堤同时填筑。分开填筑时,应在路堤达到临界高度前完成反压护道施工。

(19)旧路加宽软基处理应符合下列规定:

①软基路段路基加宽台阶应开挖一层、填筑一层,上层台阶应在下层填筑完成后再开挖,台阶开挖应满足台阶宽度和新老路基处理设计要求。

②确定加宽软基处理施工工艺和方案时,应考虑软基处理时挤土、振动对老路堤或邻近构筑物的影响。

③施工期间应对旧路开挖边坡进行覆盖,并设置必要的临时排水设施。

④旧路加宽路段应同步进行拼宽路基和老路基的沉降观测,观测点宜布置在同一断面上。观测点设置宜为老路路中、老路路肩、拼宽部分中部、拼宽部分外侧。老路路中、老路路肩沉降观测点设置可采用在路表埋设观测点的方法,拼宽部分宜采用埋设沉降板的方法。

(20)路堤施工沉降和稳定观测应符合下列规定:

①二级及二级以上公路路堤施工,应进行沉降和稳定的动态观测,观测项目、内容和频率应满足设计要求,动态观测方案要经过监理工程师审批。

②应观测地表沉降与地表水平位移,土体深层水平位移可根据工程需要确定是否观测,观测要求应符合表 2-18 的规定。

沉降和稳定动态观测　　表 2-18

观测项目	常用仪器	观测内容及目的
地表沉降量	沉降板	根据测定数据调整填土速率;预测沉降趋势,确定预压卸载时间和结构物及路面施工时间;提供施工期间沉降土方量的计算依据
地表水平位移量及隆起量	地表水平位移桩	监测地表水平位移及隆起,确保路堤施工的安全和稳定
土体深层水平位移	测斜仪	监测土体深层水平位移,推定土体剪切破坏的位置

③观测仪器应在软土地基处理后埋设,并在观测到稳定的初始值后再进行路堤填筑。

④地基条件差、地形变化大、差异变形大的部位应设置观测点。同一路段不同观测项目的测点宜布置在同一横断面上。

⑤如地基稳定出现异常,应立即停止加载,分析原因并采取处理措施,待路堤恢复稳定后,方可继续填筑。

⑥施工期间,应按设计要求进行沉降和稳定跟踪观测,观测频率应与路基(包括地基)变形速率相适应,变形大时应加密,反之亦然。填筑期每填一层应观测一次。两次填筑间隔时间长时,每 3 ~ 5d 观测一次。路堤填筑完成后,堆载预压期间第一个月宜每 3d 观测一次,第二、第三个月宜每 7d 观测一次,从第四个月起宜每 15d 观测一次,直至预压期结束。

⑦各类观测点、基准点在观测期均应采取有效措施加以保护,并在标杆上涂设醒目的警示标志。

七、红黏土与高液限土地区路基施工质量要求

(1)红黏土与高液限土具有膨胀性时,应按膨胀土路基施工要求控制。

(2)红黏土与高液限土的适用范围应符合表 2-19 的规定。高填方、陡坡路基不宜采用红黏土与高液限土填筑;路基浸水部分、桥台背、挡土墙背、涵洞背等部位不得采用红黏土与高液限土填筑。

红黏土与高液限土的适用范围　表 2-19

高速、一级公路			二级公路			三级、四级公路		
路床	上路堤	下路堤	路床	上路堤	下路堤	路床	上路堤	下路堤
×	×	○	×	○	○	×	○	○
×	×	○	×	○	○	×	○	○

注:表中"○"为可用,"×"为不可用。

(3)红黏土与高液限土路基宜在旱季施工。路基填筑宜连续施工,碾压完一层经检测合格后随即进行下一层的摊铺,以防止路基表面因水分蒸发而开裂。路基填筑施工间歇期长时,可采取顶层掺配不少于30%的碎石后碾压成形等防裂措施。顶层开裂明显的路基应重新翻拌碾压。

(4)路基底部采用填石路堤基底时,填石料应水稳性好。填石料应从最低处开始沿路基横向水平分层填筑。

(5)红黏土与高液限土的击实、CBR试验应采用湿法试验。

(6)红黏土与高液限土路基填筑前,应先铺筑试验路段,确定相应的施工工艺与压实标准。

(7)红黏土与高液限土路堤宜采用轻型压路机碾压,压实标准应由试验路段结合工程经验确定,且满足压实度不得低于重型压实标准的90%。

(8)红黏土与高液限土路堤边坡防护可采用拱形护坡等常规的防护方式。

(9)高速公路、一级公路红黏土与高液限土零填及挖方段可按下列方式换填处理:

①宜将地表下1.5m范围内的石柱、石笋予以清除。

②红黏土与高液限土厚度不大于1.5m时,应将红黏土与高液限土全部清除并换填。

③红黏土与高液限土厚度大于1.5m时,应将路床范围内的红黏土与高液限土挖除并换填。

④换填材料应采用砂砾、碎石等水稳性好的材料,填料粒径应符合表2-1的规定。

⑤路堑路段开挖至底部后,应及时进行换填施工,否则宜在底面高程以上预留300mm的土层。

(10)路堑边坡应按设计要求及时进行防护和综合排水施工。工程防护与生物防护相结合时坡率宜为1∶1.25～1∶1.5;工程防护时坡率宜为1∶1～1∶1.25;采用生物防护时坡率宜为1∶1.75～1∶2。

(11)路堑边坡开挖后应及时进行防护,不得长时间暴露。坡脚应按设计要求及时施工支挡结构物。

(12)施工期间坍塌的路堑边坡宜采用清方放坡或设置挡土墙进行处理。

八、膨胀土地区路基施工质量要求

(1)膨胀土地区路基施工应符合下列规定:

①宜在旱季施工,要加强现场排水,基底和已填筑的路基不得被水浸泡。

②路堑施工前,应先施工截水、排水设施,将水引至路幅以外。

③应分段施工，各道工序应紧密衔接，连续施工，完成一段封闭一段。

④大规模施工前应核实膨胀土的分布、数量与膨胀等级，明确其路用性能，施工过程中应及时关注膨胀土的变化。

⑤膨胀土的击实、CBR 试验应采用湿法试验。

(2)膨胀土分级应符合表 2-20 的规定。

膨胀土分级 表 2-20

项次	分级指标	弱膨胀土	中等膨胀土	强膨胀土
1	自由膨胀率 F_s(40%)	$40 \leqslant F_s < 60$	$60 \leqslant F_s < 90$	$F_s \geqslant 90$
2	塑性指数 I_p	$15 \leqslant I_p < 28$	$28 \leqslant I_p < 40$	$I_p \geqslant 40$
3	标准吸湿含水率 w_f(%)	$2.5 \leqslant w_f < 4.8$	$4.8 \leqslant w_f < 6.8$	$w_f \geqslant 6.8$

注：标准吸湿含水率指在标准温度(通常 25℃)和标准相对湿度(通常为 60%)时，膨胀土试样恒重后的含水率。

(3)膨胀土作为路基填料时应符合下列规定：

①中等膨胀土、弱膨胀土的适用范围应符合表 2-21 规定。膨胀土掺拌石灰改良后可用作路基填料，掺灰处置后的膨胀土不宜用于高速公路、一级公路的路床和二级公路的上路床。

中等膨胀土、弱膨胀土的适用范围 表 2-21

位置	高速公路、一级公路	二级公路	三级公路
上路床	—	—	—
下路床	—	—	弱
上路堤	—	中、弱	中、弱
下路堤	中、弱	中、弱	中、弱

②高填方、陡坡路基不宜采用膨胀土填筑。

③强膨胀土不得作为路基填料。

④路基浸水部分不得用膨胀土填筑。

⑤桥台背、挡土墙背、涵洞背等部位严禁采用膨胀土填筑。

(4)二级及二级以上公路路堤填土高度小于路床厚度时，应按路床要求进行处理。

(5)试验路段铺筑应符合下列规定：

①膨胀土路基填筑前，应先铺筑试验路段，总结施工工艺与压实标准，经监理工程师批准后实施。

②应将试验路段测定的含水率、压实度与室内试验结果进行对比分析，采用插值方法确定现场路基的 CBR 值。应根据路基不同层位对 CBR 值的要求，确定膨胀土的可用范围、碾压含水率、施工工艺和压实标准等。

③采用掺灰处理的膨胀土，应根据设计掺灰量进行灰土的击实试验。击实试验的掺灰方法、掺灰间隔时间、闷料时间等制件步骤应与现场实际施工状况一致。

④应通过施工总结，确定掺灰工艺，掺灰间隔时间，闷料时间，土块粉碎、翻拌设备与工艺要求，土块粒径控制和碾压遍数等。

(6)物理改良的膨胀土路基填筑工艺应符合下列规定：

①位于斜坡路段的膨胀土路基应从最低处开始逐层填筑。当沟底有涵洞等结构物时，应

在结构物两侧对称进行填筑。

②碾压时填料的含水率应符合试验段确定的范围,稠度宜控制在1.0~1.3之间。

③每层厚度不得大于300mm。

④采取包边处理时,应先填筑非膨胀性包边土或石灰处置后的膨胀土,然后再填筑膨胀土,两者交替进行。包边土的宽度宜不小于2m,以一个压路机宽度为宜。

⑤路床采用粗粒料填筑时,应在膨胀土顶面设置3%~4%的横坡,并采取防水隔离措施。

(7)掺灰处理膨胀土时,若土的天然含水率偏高,宜采用生石灰粉处置,掺石灰宜分两次进行。拌和深度应达到该层底部,拌和后的土块粒径应小于37.5mm。

(8)路基完成后,应做封层,其厚度应不小于200mm,横坡应不小于2%。

(9)物理处置的膨胀土填筑时的压实度标准应根据试验路段与各地的工程经验确定,且压实度应满足不低于重型压实标准的90%。化学处置后填筑的中等膨胀土、弱膨胀土路基的压实度应符合表2-2的规定。

(10)填筑膨胀土路堤时,应及时对路堤边坡及顶面进行防护。

(11)路堑开挖应符合下列规定:

①边坡施工过程中,必要时可采取临时防水封闭措施保持土体原状含水率。

②边坡不得一次挖到设计线,应预留厚度300~500mm,待路堑完成后,再分段削去边坡预留部分,并立即进行加固和封闭处理。

(12)路堑边坡防护应符合下列规定:

①路堑边坡防护施工应根据施工能力,分段组织实施。

②采用非膨胀土覆盖置换或设置柔性防护结构进行防护时,边坡覆盖置换厚度应不小于2.5m并满足机械压实施工的要求,压实度应不小于90%。覆盖置换层与下覆膨胀土层之间,应设置排水垫层与渗沟。

③采用植物防护时,不应采用阔叶树种。

④圬工防护时,墙背应设置缓冲层,厚度应不大于0.5m。支挡结构基础厚度应大于气候影响深度,反滤层厚度应不小于0.5m。

⑤路堑边坡防护的防渗层、排水垫层、渗沟、反滤层、圬工结构等不同类型的结构施工工艺应符合相应规定。

(13)零填和挖方路段路床应符合下列规定:

①高速公路、一级公路零填和挖方路段路床0.8~1.2m范围的膨胀土应进行换填处理,对强膨胀土路堑,路床换填深度宜加深到1.2~1.5m。在1.5m范围内可见基岩时,应清除至基岩。

②二级公路、三级公路的零填和挖方路段路床0.3m范围的膨胀土应进行换填处理。换填材料为透水性材料时,底部应设置防渗层。二级公路强膨胀土路堑的路床换填深度宜加深至0.5m。

③路堑超挖后应及时进行换填,不得长时间暴露。

九、黄土地区路基施工质量要求

(1)施工前应核对湿陷性黄土的分类区段、基底处理种类并进行确认与标识,编制专项施工方案。

(2)路基边坡坡率应符合要求,坡面应顺适平整,防护及支挡工程施工应与路堤填筑和路堑开挖施工合理衔接。排水沟渠铺砌加固时,应对基底采用夯实或掺石灰夯实的方法进行处理,压实度应达到90%以上。

(3)湿陷性黄土地基处理应符合下列规定:

①基底为非自重湿陷性黄土地基时,地表处理应符合本章第二节“地表处理”相关规定。

②湿陷性黄土地基处理前,应完成截水及临时排水设施,并应完成路堤基底的坑洞和陷穴回填。低洼积水地段或灌溉区的路堤两侧坡脚外5~10m范围内,应采用素土或石灰土填平并压实,并应高出原地表200mm以上,路基两侧不得积水。

③地基处理前均应进行试验段施工。基底处理场地附近有结构物时,场地边缘与结构物的最小水平安全距离应满足规定要求。冲击碾压或强夯处理段,地基土的压实度、压缩系数和湿陷系数应在施工结束7d后进行检测,强度检验应在15d后进行。

④地基处理所用原材料应满足设计要求。石灰宜采用Ⅲ级及以上等级的消石灰;水泥宜选用32.5级以上的普通硅酸盐水泥;土料宜采用塑性指数为7~15的不含有机质的黏质土,土块粒径宜不大于15mm。

⑤换填法处理湿陷性黄土地基时,宜采用石灰土垫层或水泥土垫层,也可采用素土垫层。垫层应分层摊铺碾压,每层厚度宜不大于300mm,压实度应符合所在部位的标准要求。

⑥冲击碾压法处理湿陷性黄土地基时,冲压处理的施工长度应不小于100m;与结构物的安全距离不满足要求时宜开挖隔振沟;地基土的含水率应控制在最佳含水率±3%范围内;应采用排压法进行冲压;过程中应对地基的沉降值、压实度进行检测。

⑦强夯法处理湿陷性黄土地基时,同一强夯能级宜采用重锤、低落距的方式进行;地基土的含水率宜控制在8%~24%之间;宜分主夯、副夯、满夯三遍实施,两遍夯击之间宜有一定的时间间歇;夯点的夯击次数应按试夯得到的夯击次数和夯沉量关系曲线确定;与结构物安全距离不满足要求时应开挖隔振沟。

⑧挤密桩法处理湿陷性黄土地基,深度在12m之内时,宜采用沉管法成孔;超过12m时,可采用预钻孔法进行成孔。石灰土挤密桩不得采用生石灰。干拌水泥碎石挤密桩所用石屑粒径宜为0~5mm,碎石粒径宜为5~20mm,含泥量应不大于5%。填料前应夯实孔底。成桩回填应分层投料分层夯击,填料的压实度宜不小于93%。挤密桩完成后,应及时进行桩顶石灰土垫层的施工。

⑨采用桩基础法进行湿陷性黄土地基处理时,桩顶的桩帽应采用水泥混凝土现场浇筑,桩顶进入桩帽的长度宜不小于50mm;桩帽顶的加筋石灰土垫层应及时施工,土工格栅应采用绑扎连接,铺设时应拉紧并锚固,铺设后应及时用石灰土覆盖;过程中应对桩位偏差、桩体质量、桩帽质量、土工格栅的原材料及铺设质量、垫层的质量进行检验;有要求时应进行单桩承载力试验,预制桩应在成桩15d后进行,灌注桩应在成桩28d后进行。

(4)黄土陷穴处理应符合下列规定:

①路堤坡脚线或路堑坡顶线之外,原地表高侧80m范围内、低侧50m范围内存在的黄土陷穴宜进行处理,对串珠状陷穴与路堑边坡出露陷穴应进行处理,对规定距离以外倾向路基的陷穴宜进行处理。

②陷穴处理前,应对流向陷穴的地表水和地下水采取拦截引排措施。

③采用灌砂法处理的陷穴,地表下0.5m范围内应采用6%~8%的石灰土进行封填并压实。

④对危及路基安全的黄土陷穴,应根据其埋藏深度和大小选用适当的方法进行处理,陷穴处理方法见表2-22。

⑤处理后仍暴露在外的陷穴口,应采用石灰土等不透水材料进行防渗处理,防渗层厚度应不小于500mm,穴口表面应高于周围地面。

陷穴处理方法 表2-22

处理方法	回填夯实	明挖回填夯实	开挖导洞或竖井回填夯实	实注浆或爆破回填	灌砂
适用条件	明陷穴	陷穴埋藏深度≤3m	3m<陷穴埋藏深度≤6m	陷穴埋藏深度>6m	陷穴埋藏深度≤3m,直径≤2m,洞身较直

(5)黄土路堤填筑应符合规定:

①当CBR值不满足要求时,可掺石灰进行改良。

②黄土不得用于路基的浸水部位,老黄土不宜用作路床填料。

③填挖结合处应清除表层土和松散土层,顶部宜开挖成高度不大于2m、宽度不小于2m的多层台阶,并应对台阶进行压实处理。

④黄土碾压时的含水率宜控制在最佳含水率±2%范围内。

⑤路床区换填非黄土填料时,应按本章第三节“填土路基施工”相关要求执行。

⑥雨水导致的边坡冲沟应挖台阶夯实处理。

⑦高路堤应采用冲击碾压或强夯方式进行补充压实。

(6)黄土路堑施工应符合下列规定:

①施工前应对路堑顶两侧有危害的黄土陷穴进行处理,堑顶的裂缝和积水洼地应填平夯实,地表平坦或自然坡倾向路基时应在堑顶设置防渗截水沟或拦水埂。

②接近路床高程时宜顺坡开挖。路床需要处理时,应在处理后进行成形层施工。

③施工中应记录坡面的地层产状及地下水出露情况,存在不利于边坡稳定的状况或发现边坡有变形加剧迹象时,应及时反馈处理。

④路基边沟宜在基底处理后、路床成形层施工前完成。

(7)黄土填筑的高路堤、陡斜坡地段的路堤、湿陷性黄土地基上的路堤、深路堑段的边坡及坡顶宜进行沉降及位移监测。监测点的布置、观测频率及监测期应符合要求。

十、盐渍土地区路基施工质量要求

(1)原地面和基底处理应符合下列规定:

①路基填筑前应对照设计资料,复测基底表土的含盐量和含水率,明确地下水位,与设计资料不符时应反馈处理。

②应将浅层地表盐壳清除干净,并碾压密实。

③过湿或积水的洼地、软弱地基,应做好排水,进行清淤换填、强夯置换、碎石桩等地基

处理。

④干涸盐湖地段填筑路堤可利用岩盐作为填料。发育有溶洞、溶塘、溶沟的地段应换填砂砾、风积沙、片卵石或盐盖等材料。

(2)盐渍土路堤填料应符合现行《公路路基施工技术规范》(JTG/T 3610)有关规定。

①填料不得夹有草根、盐块及其他杂物,有机质含量宜不大于1%。

②同一料源时,路床填料每5000m^3、路堤填料每10000m^3应做一组含盐量测试,不同料源应分别测试。

③利用石膏土作填料时,应先破坏其蜂窝状结构,石膏含量一般不予限制,但应确保压实度。

(3)路堤填筑应符合下列规定:

①沿线路侧取土坑应按设计要求做好排水,并符合环保要求。

②盐渍土路堤应分层填筑压实,松铺厚度宜不超过300mm,碾压时宜按最佳含水率±2%控制。粗粒土的压实层厚宜不超过300mm,风积沙的压实层厚宜不超过400mm。雨天不宜施工。

③桥、涵两侧台背不宜采用盐渍土填筑。

④盐渍土的压实标准应符合表2-2规定。

⑤盐渍土路堤的施工,应从基底处理开始连续施工。在设置隔断层的地段,宜连续填筑到隔断层的顶部。

⑥地下水位高的黏性盐渍土地区,宜在夏季施工;砂性盐渍土地区,宜在春季和夏初施工;强盐渍土地区,宜在表层含盐量低的春季施工。

⑦设有护坡道的路段,护坡道也宜分层填筑,压实度应不小于90%。

(4)土工合成材料隔断层应符合下列规定:

①土工合成材料应符合设计与现行《公路土工合成材料应用技术规范》(JTG/T D32)的有关规定。

②路基表面平整度与横坡应符合要求。路基表面不得有尖硬棱角的碎、砾石块凸出,以免扎破土工膜。

③土工合成材料应按路基横断面的宽度全断面铺设,铺设平展紧贴下承层,不得有褶皱。铺筑后应检查破损状况,对破损处应在上面加铺大小能防止破损处漏水的土工合成材料进行补强。

④土工合成材料铺设完成后,严禁行人、牲畜和各种车辆通行,并应及时填筑上层路基,避免阳光暴晒。

⑤在土工膜上填筑粗粒土的路段,应设上保护层,上保护层厚度宜不小于200mm。保护层摊平后先碾压2~3遍,再铺一层粗粒土,与上保护层一起碾压,两者的厚度之和应不超过400mm。

(5)砂砾、碎石隔断层应符合下列规定:

①反滤层宜采用具有渗透功能的土工织物。

②砂砾、碎石隔断层应先铺设包边砂砾土,再全层一次铺填,路拱横坡应为2%~5%。

③砂砾、碎石隔断层压实应由路基两侧向中间碾压。

(6)风积沙隔断层应符合下列规定:

①厚度宜不小于400mm,粉黏粒含量应在5%以下。

②填筑与压实可采用干压实工艺。

③设计厚度大于600mm时,应采用分层填筑,每层松铺厚度宜为300~400mm;设计厚度不大于600mm时,可一次全厚度填筑。

(7)土质路堑的路床换填时,填料应符合现行《公路路基施工技术规范》(JTG/T 3610)有关规定。

(8)路基排水应符合下列规定:

①施工中应及时合理地布置好排水系统,路基及其附近不得有积水。

②在排水困难地段或取土坑有被水淹没可能时,应在路基一侧或两侧取土坑外设置高度不小于0.5m、顶宽不小于1m的纵向护堤。

③在地下水位高地段,除应挡导表面水外,还应加深两侧边沟或排水沟。

十一、采空区路基施工质量要求

(1)施工准备应符合下列规定:

①应核查采空区埋深,覆岩的岩性、厚度及完整程度,冒落带和裂隙带的发育程度,裂隙的连通性等情况,确认并标识路基范围内采空区的类型、处置方式及相应的范围边界或支撑位置,编制专项施工方案。

②测量控制点应设置在采空区影响范围之外,并加以防护。

③地表有出露渗水时,应设置暗沟或截水渗沟将水流引离路基。

(2)采空区的处置方式、长度、宽度及深度应满足设计要求,处理后的地基强度及稳定性应满足设计要求。

(3)注浆法处理采空区时应符合下列规定:

①施工前应在典型地段进行试验路段施工,试验注浆孔数应不小于总孔数的3%。成孔钻机、压浆设备、试验检测设备、成孔和注浆工艺、浆液的各种参数应通过试验路段选择确定。

②注浆区邻近巷道时,应按设计要求在巷道内修建止浆墙。

③采空区呈大体水平状况时,同一地段的成孔和注浆,应按先帷幕孔、后注浆孔的顺序进行施工;采空区呈倾斜状况时,应按先深层部位、后浅层部位的顺序进行施工。帷幕注浆应分序间隔进行。

④钻孔的孔径、孔深、垂直度及孔位偏差应符合要求;钻孔至裂隙带及冒落带时应清水钻进;容易塌孔的区域宜跟管钻进;成孔后应对钻孔进行冲洗;不易软化岩层中的空隙和裂隙,注浆前应采用压力水进行冲洗;钻孔未注浆前,孔口应加盖防护。

⑤处理区宜分2~3个批次进行间隔成孔和注浆。孔壁稳定时宜分批成孔、分批注浆,孔壁难以稳定时宜逐孔注浆。

⑥注浆浆液宜采用水泥、粉煤灰、黏土等材料加水拌和而成,浆液应在集中搅拌站机械拌和。浆液的水固比、外加剂的种类及加入量,应通过现场试验确定。

⑦单层采空区或层间间隔小且已坍塌无明显分界的多层采空区,宜采用一次成孔、自下而上、一次灌注的方式注浆;层次分明、层间距大的多层采空区,宜采用分段成孔、自上而下、分段

注浆的方式注浆；当采空区空洞大、裂隙发育或采空区充水且水的流速大时，宜先灌注砂、石屑等集料进行填充，再进行间歇式注浆，注浆浆液宜掺加水玻璃等添加剂。

⑧注浆时应采取止浆措施。注浆过程中发生冒浆或相邻孔串浆时，应进行处理。注浆达到结束条件后方可终止注浆并封孔。

⑨处理结束后，应检测岩体原有空洞及裂隙内浆液的充填情况、岩体注浆后的完整程度、浆液结石体的抗压强度等；宜采用取芯钻机进行钻探检测，钻探孔径应不小于91mm；当采空区埋深小于30m时，宜采用开挖探井、探坑方式进行检测。检测钻探及岩土测试应在采空区处置施工结束一段时间后进行。

(4)干砌片石或浆砌片石支撑法处理采空区时应符合下列规定：

①施工时应采取通风措施，并按从里到外的顺序进行。

②片石的最小尺寸应不小于100mm，母岩抗压强度应不小于30MPa，砌筑所用砂浆的强度等级应满足设计要求。

③应分段、分层台阶式砌筑，砌体顶面应填塞紧密。

(5)强夯法处理采空区时应符合下列规定：

①施工前应在典型地段进行试夯，经检测满足要求后方可正式施工。施工时应按要求的夯点间距、夯击能、点夯次数、夯击遍数进行控制。

②施工过程中的各项测试数据应符合要求，否则应进行补夯或采取其他有效措施进行处理。

③处理完成并放置一段时间后，应对地基深部的松散体密实程度及处理效果进行检测。

(6)开挖回填法处理采空区时，基坑应按要求坡率进行放坡开挖，回填料应分层压实。

(7)衬砌加固法处理巷道时，应符合现行《公路隧道施工技术规范》(JTG/T 3660)有关规定。

(8)处理效果应按要求进行检测，检测指标达不到规定要求的，应分析原因并反馈处理。

(9)施工期间及完工后，处理区段宜进行水平位移和沉降监测。监测点布置和监测精度应符合设计和现行《工程测量规范》(GB 50026)的有关要求。一般情况下，采空区处理期间及路基正常施工期间，半年内每周监测一次；半年后至交工验收前每月监测一次；通车两年内，每两个月监测一次；变形显著时，增加监测频次。

(10)采空区路基基底采用砂砾石、碎石、片石等回填时，填料质量和填筑压实度应满足设计要求。路基正常填筑应符合本章第四节有关规定。

十二、季节性冻土地区路基施工质量要求

(1)季节性冻土地区路基施工应符合下列规定：

①应复核路基填料的冻胀率、天然含水率等参数。

②季节性冻土地区路基宜在非冰冻季节施工。冻胀和弱冻胀材料路基不应在冰冻季节施工，非冻胀材料冰冻季节施工应通过试验确定具体指标要求。

③高速公路、一级公路的土质路堤不得在冰冻期施工。半填半挖地段、填挖交界处不得在冰冻期施工。

④临时排水应与永久排水结合施作。

⑤已完工路基，越冬时应覆盖素土并碾压，并做好顶面及地表排水等保护措施。

⑥越冬路基压实度应满足设计及规范要求。

⑦春融期路基宜在完全解冻融化后施工。

(2)地基处理应符合下列规定:

①填筑前应将基底范围内的积雪和冰块清除干净并进行压实,压实度应符合表2-2的规定。

②需要换填处理的地段应开挖至设计深度,选用合适填料及时整平压实。

(3)路堤填料应符合下列规定:

①应根据冻胀率将季节性冻土分为不冻胀、弱冻胀、冻胀、强冻胀和特强冻胀五类,冻胀性分级应符合现行《公路路基施工技术规范》(JTG/T 3610)有关规定。

②路基冻深范围内土质填料应符合规范和设计的规定。

③取土场取土时应将未融化的冻土夹层清除,含有冻结块的路基填料,应充分晾晒融化后使用。

(4)路堤填筑应符合下列规定:

①填筑前应在路基两侧挖出排水沟或边沟,并结合永久排水先做渗沟、渗井等地下排水设施。

②冻深范围内的填土不得混杂,冻胀性不同的土应分层填筑,抗冻性强的土宜填在上部层位。

③每层路基填土顶面应设2%~4%的横坡。

(5)挖方路段施工应符合下列规定:

①挖方路段应提前填筑拦水埂,并及时疏通排水沟渠。

②路床部位挖除换填砂砾等粗粒土时,填料中粒径小于0.075mm的颗粒含量宜小于5%。

③石质挖方段不宜超挖,超挖和清除软层后的凸凹面宜采用水稳性好的砂砾料或混凝土回填找平。

(6)边坡防护应符合下列规定:

①冰冻期挖方土质边坡不得一次挖到设计线,应根据坡面土质强度预留100~400mm的覆盖层,到正常施工季节后再修整到设计坡面。路基挖至路床顶面以上1m时应停止开挖,并完成临时排水沟,待冬季过后再施工。

②边坡植物防护应选择耐寒、抗旱、耐贫瘠、根系发育的草种和灌木。

③护面墙基础应埋置在冻结线以下不小于0.25m,基础应采用砂砾或碎石垫层处理,厚度不应小于0.15m。

④挡土墙基础最小埋置深度应不小于1m,且应设置在冻结线以下不小于0.25m。应将基底至冻结线以下0.25m深度范围内的地基土换填为非冻胀材料。

⑤挡土墙背填料应采用砂性土等透水性好的材料填筑,严禁采用淤泥、腐殖土等。

⑥圬工及砌石边沟等应在冰冻前完成施工。

(7)防排水施工应符合下列规定:

①施工过程中应及时排走地下渗水和地表流水。

②临时性排水设施施工质量应满足抗冻融破坏的要求。

③冰冻前未完成的内部排水设施应采取保温措施,避免冻结。

④冻结前应完善路基及其影响范围的地表排水系统,疏干路基,以防冻胀。

第六节　路基排水工程、防护与支挡工程施工质量监理

一、路基排水工程质量要求

由于各种地面水与地下水对路基的强度和稳定性影响极大，必须修建路基排水设施，保证危害路基的地面水和地下水排出路基范围之外。在施工中应不断完善排水系统，使全线沟渠、管道、桥涵组成完整的排水系统。

路基排水工程主要分为地面排水设施和地下排水设施。地面排水设施包括边沟、截水沟、排水沟、跌水、急流槽、拦水缘石、蒸发池和油水蒸发池等；地下排水设施包括排水垫层、暗沟暗道、渗沟、渗井、排水隧道等，渗沟也可分为填石渗沟、管式渗沟和洞式渗沟三种形式。

(1)施工前要根据路基施工的现场情况核对路基排水设计，如设计与现场情况相符时，应检查各类排水设施的位置、断面、尺寸、坡度、高程。如有问题应及时反馈处理。全线的沟渠、桥涵等应形成完整的排水系统。

(2)各类排水设施的砌石工程应符合规范及设计要求。

(3)各类防渗、加固设施要坚实稳固。

(4)地表排水。

①截水沟。一般要求截水沟先行施工，与其他排水设施衔接平顺，纵坡宜不小于0.3%。不良地质路段、土质松软路段、透水性大或岩石裂隙多地段的截水沟沟底、沟壁、出水口应检查防渗处理。

②排水沟施工应检查线形平顺，转弯处宜为弧线形。排水沟的出水口应设置跌水或急流槽，水流应引出路基或引入排水系统。

③急流槽施工的基础应检查嵌入稳固的基面内，底面应按设计要求砌筑抗滑平台或凸榫，对超挖的或局部的坑洞应采用相同材料与急流槽同时施工。急流槽进水口的喇叭口应与排水设施衔接平顺，汇集的水簸箕底口不得高于接口的路肩表面。

④跌水的施工应参照急流槽施工。无消力池的跌水，其台阶高度应小于600mm，每个台阶高度与长度之比应与原地面坡度相协调。消力池的基底应检查防渗措施。

⑤蒸发池施工。蒸发池与路基之间的距离应满足路基稳定要求。底面和侧面应检查防渗措施。池底要设0.5%的横坡，入口处应与排水沟连接平顺。蒸发池应远离村镇等人口密集区，四周应采用隔离栅进行防护，高度应不低于1.8m，并设置警示牌。

(5)地下排水。

①地下排水的垫层厚度不宜小于300mm，垫层材料应采用天然砂砾或中粗砂，含泥量不大于5%。垫层宜分层摊铺压实或夯实。垫层的两侧已采用浆砌片石或其他防护方式。

②隔离工程的要求应符合设计及规范要求，其采用的土工合成材料要符合要求。

③暗沟、暗管施工应符合下列要求：

a.应检查沟底埋入不透水层内，沟壁最低一排渗水孔高出沟底200mm，进口截水措施。

其设置在路基侧时,宜沿路基方向布置。设在低洼地带或天然沟谷时,宜沿沟谷走向布置。

b. 寒冷地区的暗沟应检查保温处理,出水口坡度宜不下于5%。

c. 暗沟顶面应检查设置的混凝土盖板或石料盖板,板顶填土厚度应不下于500mm。

d. 施工时应严格检查暗管的所用材料,设置的渗水孔及反滤层,对回填施工应检查是否为透水性材料,填筑厚度不大于150mm,材料粒径不大于50mm。

④渗沟施工:

a. 应检查设置的排水层、反滤层和封闭层。检查渗水材料的洁净度,粒径小于2mm的颗粒含量不大于5%,检查反滤层的透水土工织物材料和透水管。透水材料的顶面不得低于原地下水位。

b. 粒料反滤层应分层填筑,渗沟顶部封闭层应采用干砌片石或浆砌片石。

c. 填石渗沟和管式渗沟应符合规范要求。

⑤渗井施工:

a. 应检查渗井的开挖支撑,以及采取的照明通风、排水设施。

b. 填充料应在开挖后及时回填,不同区域的填充料应采用单一粒径分层填筑,填筑料和反滤层要同步施工。渗井顶部四周要用黏土围护,并加盖封闭。

⑥中央分隔带采用铺面封闭时,铺面层下应采取防水措施,铺面层的横坡与道路横坡一致。中央分隔带未采用铺面封闭时,施工时排水管应采用反挖法。应检查铺设高度、横坡及防水布的铺设,不得破坏漏水。沟槽回填应采用种植土,施工中应做好临时排水。

(6)质量验收:

①严格检查排水工程的高程及尺寸,确保地下排水设施的埋设深度、高度符合设计要求。

②对于回填要选择适宜的材料,回填密实度符合要求。

③检查护面砌体的质量(包括砂浆饱满程度和密实程度),要求砌体咬扣紧密,勾缝平顺无脱落,缝宽大体一致。

(7)严格控制地下排水设施的施工程序,上一道工序的质量未经施工监理检查认可,不得进行下一道工序的施工。

(8)地下排水设施的施工后,对施工单位填报的各种记录进行审核检查,确认符合设计要求方能认可。

二、涵洞工程质量要求

涵洞按照形式可分为管式涵、盖板涵、拱涵与箱涵等。每座涵洞由基础、涵身与进、出洞口组成。洞口的建筑形式有八字翼墙式、直墙式、端墙式,必要时尚需铺砌进洞口处的路堤,以防水流冲刷。涵洞的施工一般可分为基础开挖、涵身砌筑与进、出洞口砌筑几道工序。

1. 基础开挖

(1)基础开挖应符合设计要求。开挖基坑时,应核对地质情况,检查基底土质的均匀性、地基稳定性及承载力(小桥和涵洞的地基检验,一般采用直观或触探方式,必要时可进行土壤分析试验和试压试验)。

(2)检查基底表面位置、尺寸大小、基底高程,并检查施工原始记录。

(3)基坑开挖后,应紧接着进行垫层铺设,并紧接着进行下一工序的施工。承包人应采取措施,保护基坑的暴露面不致破坏。

(4)砂砾垫层应为压实的连续材料层,应分层摊铺压实不得有离析现象,其压实度应在90%以上。混凝土基座浇筑时,应防止混凝土中的水分被基底吸收或积水渗入混凝土中而降低混凝土的强度,基座的尺寸应符合设计要求,并按图纸要求设置沉降缝。

2. 涵管敷设与涵身砌筑

1)涵管敷设

(1)管节安装宜从下游开始,使接头面向上游,每节涵管应紧贴于垫层或基座上,使涵管受力均匀,所有管节应按正确的轴线和坡度敷设,如管壁厚度不同,应使内壁齐平。

(2)涵管接缝宽度不应大于10mm,并应用沥青麻絮或其他具有弹性的不透水材料填塞接缝的内、外侧,以形成一柔性密封层,不得有裂缝、空鼓、漏水等现象。

(3)如果图纸有规定,在管节接缝填塞好后,应在其外部设置C20混凝土箍圈。箍圈环绕接缝浇筑好后,应给予充分养护,且不产生裂缝、脱落等现象。

(4)当管节采用承插式接缝时,在承口端应先坐以干硬性水泥砂浆,在管节套接以后再在承口端的环形孔隙内塞以砂浆使接头紧密,并将内壁表面抹平。

2)盖板涵施工

(1)混凝土的涵台及基础分别浇筑时,基础顶面与涵台相接部分应拉毛。涵台或盖板可按图纸设置的沉降缝处分段修筑,盖板必须与墙身沉降缝对齐,不得跨沉降缝安装。

(2)当设计有支撑梁时,应在安装或浇筑盖板之前完成,应按图纸规定或监理工程师批准的其他方法固定锚栓。

(3)盖板安装前,应检查成品及边墙尺寸。并检查涵台强度是否达到设计强度的70%以上。盖板安装时必须坐浆稳固。

(4)盖板安装后,盖板上的吊装装置应用砂浆填满,相邻板块之间采用1:2水泥砂浆填塞密实。

3)箱涵现场浇筑

(1)在浇筑底板以前,应清除基座上的杂物,然后按设计立模板,绑扎钢筋,浇筑混凝土。

(2)底板达到设计强度后,方可在底板上绑扎钢筋、立模浇筑侧板及顶板。

(3)为保证搭板与箱体的连接,在浇筑侧板上的牛腿时,应按图纸预埋锚固筋。

(4)严格按图纸所示的高程,纵坡和预拱度设置垫层、基座以及立模和浇筑混凝土。

4)石拱涵施工

(1)拱架、支架、模板等由施工设计,经监理工程师批准后进行施工。

(2)拱圈圬工砌筑,应由两端的拱脚向中间同时对称进行,砌筑时拱圈或支架不得出现变形。

(3)拱圈砂浆强度达到设计强度70%时方可拆除拱架;拱顶填土,必须达到设计强度后方可进行。

(4)沉降缝、防水层应按设计规定进行施工。

(5)涵身直顺,涵底铺砌密实平整,拱圈圆滑。

3. 进出水口

(1)进出水口应采用混凝土或圬工修筑。所用原材料及砂浆应符合设计及规范要求。

(2)帽石及一字墙应表面平整、轮廓清晰、线条平直。

(3)进出水口与上下游沟槽连接顺适,流水畅通。

4. 回填

(1)回填所用材料,应采用透水性土,严禁使用含有淤泥、杂草、腐殖物、冻土块的土。

(2)回填材料的压实,应在接近最佳含水率时分层填筑和夯实。

(3)对圆管涵在检验管节安装及接缝符合要求后,在管节两侧分层回填至与涵管中心齐平。夯实作业方式应不使涵管和接缝部位引起任何损坏或扰动。

(4)盖板涵及箱涵台背填土必须在支撑梁(或涵底铺砌)及盖板安装且砂浆强度达到70%以后方可进行,填土时应在两个台背同时对称填筑,盖板上面填土时,第一层土的摊铺及碾压厚度分别不得少于30cm和20cm,并防止剧烈的冲击。

(5)拱涵拱顶填土必须在拱圈砂浆达到设计强度后方可进行。

三、防护工程及支挡质量要求

支挡构造物可利用墙身自重支撑墙背土压力,以防止路基变形或支挡路基本身,保证路基稳定性。常用的支挡构造物有各种挡土墙、护肩、砌石、石垛等。砌石、石垛多用干砌,护肩、挡墙则多为浆砌。

石砌防护构造物主要起隔离作用,以防止冲刷和风化。常用的石砌防护构造物有护坡和护面墙。

支挡及石砌防护构造物施工一般分为挖基、构造物砌筑和回填等工序。

挖基与回填的质量控制与涵洞的相同。构造物施工时应注意:

(1)沿构造物长度方向地面有纵坡时,应沿纵向挖成台阶。

(2)用于修筑构造物的片石、砂浆、混凝土等材料应满足规范要求。

(3)砌筑基础的第一层时,如基底为基岩或混凝土基础,应先将其表面加以清洗、湿润、坐浆砌筑。

(4)砌体工程应符合设计和规范规定。

(5)沉降缝、伸缩缝、防水层、泄水孔的位置和数量应符合设计规定。

(6)墙背填料应符合设计要求。用作挡土墙泄水孔进口处的反滤层和墙背渗水层,其材料为砾石、砂石、砂或其组合,其级配应符合设计要求。

(7)各类路基防护与支挡工程的质量标准应符合规范规定。

第七节　路基工程常见质量问题

路基在建成后使用过程中,在自重、行车荷载及许多自然因素的作用之下,都会产生变形。路基产生的变形有弹性变形和非弹性变形,有的可以恢复,但非弹性变形大多不可恢复。这些不可恢复的变形发展到一定程度,将会产生路基病害,进而影响路面使用,以致影响道路使用,严重的会影响路基稳定,危及路基及其各部分的完整性,甚至丧失使用功能。

路基在复杂作用下,常见的路基质量问题主要有路堤的沉陷、边坡塌方、路基沿坡面滑动及特殊地质水文情况的损坏。

一、路基常见质量问题及其原因

1.路堤沉陷

路基沉陷是指路基在垂直方向产生的较大沉落。沉陷主要有两种情况:一是路基本身的压缩沉降,二是路基原地面以下承载力不足造成的沉陷。产生路基沉陷的主要原因有:

(1)路基填料不当。主要是在路基填料选择的过程中采用非适宜路基填料。

(2)填筑方法不合理。主要包括不同土混杂、未分层填筑和压实、土中含有未经打碎的大土块或冻土块等。填石路堤亦因石料规格不一、性质不匀,或就地爆破堆积,乱石中空隙很大,在一定期限内亦可能产生局部的明显下沉。

(3)压实不足。主要采用不合适的压实工艺、压实功率不足、碾压遍数不够,造成局部路段破坏。

(4)填土因季节性交替地发生含水率变化及温度变化的物理作用,使土体发生膨胀、收缩以及冬季冻胀、春季融化,强度减弱,形成翻浆而破坏。

(5)原地面比较软弱,比如软土路段、池塘河海水库边上、垃圾堆积路段等,在填筑路基前没能处置或没完全处置得当。

2.路基边坡塌方

路基边坡塌方是最常见的路基病害,亦是水毁的普遍现象。按照破坏规模与原因的不同,路基边坡塌方可以分为剥落、碎落、滑塌、崩塌及坍塌等。

(1)剥落是指边坡表土层或风化岩层表面,在大气的干湿或冷热的循环作用下,表面发生胀缩现象使零碎薄层成片状从边坡上剥落下来,而且老的剥落后,新的又不断产生。此种破坏现象,对于填土不均匀和易溶盐含量大的土层,以及泥灰岩、泥质页岩、绿泥岩等松软岩层而言,较易产生。路堑边坡剥落的碎屑堆积在坡脚下,堵塞边沟,影响路基稳定,妨碍交通。

(2)碎落是岩石碎块的一种剥落现象,其规模与危害程度比剥落严重。产生的主要原因是路堑边坡较陡(大于45°),岩石破碎和风化严重,在胀缩、振动及水的侵蚀与冲刷作用下,块状碎屑沿坡面向下滚落。如果落下的岩块较大(直径在40cm以上),以单个或多块落下,此种碎落现象可称为落石或坠落。落石的石块较大,降落速度极快,所产生的冲击力可使路基结构物遭到破坏,亦会威胁到行车和行人的安全,有时还会引起其他病害同时发生。

(3)滑塌是指路基边坡土体或岩石,沿着一定的滑动面成整体状向下滑动,其规模与危害程度较碎落更为严重,有时滑动体可达数百立方米以上,造成严重的阻车。产生滑塌的主要原因是原山坡具有倾向公路的软弱构造面,由于施工不当以及水的侵蚀、冲刷改变了原山坡平衡状态,使山坡在重力作用下沿软弱面整体滑动。如岩层倾向公路,层间又有软弱夹层或风化层、覆盖层,基岩的界面倾向公路,特别是有地下水时,均可能形成滑塌。

(4)崩塌是整体岩块在重力作用下倾倒、崩落。主要原因是岩体风化破碎,边坡较高。崩塌是比较常见,而且危害较大的路基病害之一。它同滑塌的主要区别就在于崩塌无固定滑动面,坡脚线以下地基无移动现象,崩塌体的各部分相对位置在移动过程中完全打乱,其中较大石块翻滚较远,边坡下部形成倒石堆或岩堆。

此外,还有坍塌(亦称为堆塌)等。其成因与形态同崩塌相似,但坍塌主要是土体(或土石混杂的堆积物)遇水软化,在45°~60°的较陡边坡无支撑情况下,自身重力所产生的剪应力超过黏聚力和摩擦力所构成的抗剪力,沿松动面坠落散开。坍塌的变形速度比崩坍慢,很少有翻滚现象。

3.路基沿山坡滑动

在较陡的山坡上填筑路基,如果原地面未清除杂草、凿毛或人工挖台阶,坡脚又未进行必要支撑,特别是又受水的润湿时,填方与原地面之间的抗剪力很小,填方在自重和荷载作用下,有可能使路基整体或局部沿原地面向下移动。此种破坏现象虽然不普遍,但亦不应忽视,如果不针对产生上述破坏的原因采取相应预防措施,路基的稳定性就得不到保证,破坏将难以避免。

4.特殊地质水文情况的毁坏

公路通过不良地质和水文地带或遇较大的自然灾害,如滑坡、岩堆、错落、泥石流、雪崩、岩溶、地震及特大暴雨等,均能导致路基结构的严重破坏。

在季节性冰冻地区,由于冻融影响而产生冻胀。由于路基含水率的增大,路基土饱水而强度降低,在荷载作用下产生翻浆。

二、路基损坏控制要点

产生路基病害的原因是多方面的,各种病害既有各自的特点,又往往具有共同原因,在路基施工监理过程中要做到以下几点:

(1)做好不同地质和环境条件下的调查,掌握第一手资料,包括不良工程地质、水文地质条件、不利气候因素等。

(2)做好设计审查,杜绝设计不合理现象。如断面尺寸不合要求,其中包括边坡取值不当,挖填布置不符要求,最小填土高度不足,以及排水、防护与加固不妥等。以及不利的水文与气候因素,如降雨量大、洪水猛烈、干旱、冰冻、积雪或温差特大等。

(3)审查好施工组织设计,选择适宜的施工工艺和施工组织。

(4)重视试验段,做好总结。不同地质和环境条件下要跟施工单位的施工力量要紧密结合,选择最佳的施工组合,找出最佳的施工单位案,总结经验并推广。

(5)做好施工组织管理。施工不符合规定,如填筑顺序不当、土基压实不足、盲目采用大型爆破,以及不按设计要求和操作规程进行施工、工程质量不合标准等。

(6)做好检查和验收,杜绝不符合规范及设计要求的现象发生。

(7)加强观测,严格按照批复的观测方案进行。

(8)出现苗头及时处理,杜绝问题发生。出现问题时尽早处理,防止隐患扩大,杜绝再出现。

地质条件是影响路基工程质量和产生病害的基本前提,水是路基病害的主要原因。为此,必须强调设计前进行地质与水文的勘察工作,针对具体条件及各种因素的综合作用,采取正确的设计方案与施工方法,才能消除和尽可能减轻路基病害,确保路基工程达到规定的质量要求。

第三章　路面工程施工质量监理

第一节　路面工程概述

一、路面的功能与构造

1. 路面的功能

路面是用各种筑路材料铺筑在路基上供车辆行驶的层状构造物。路面不仅直接承受车辆荷载的作用，而且要经受自然因素（日光、温度和水等）和其他人为因素的作用。因此，高速公路、一级公路的路面必须具备下述功能：

(1)全天候地、稳定地供汽车行驶，即应保证路面良好的行车性能，使之不受任何季节和气候的影响。

(2)保证汽车高速和舒适地行驶，即路面应具有和保持较好的平整度，使汽车在高速行驶时不发生颠簸。

(3)保证汽车安全和经济地行驶，即路面表面应具有和保持一定的粗糙度。使汽车在高速行驶中需要紧急制动时不致因路滑而产生侧向或超长的纵向滑移，乃至冲撞事故。

2. 对路面的基本要求

路面应具有下述一系列性能：

(1)强度和刚度：指路面整体结构能够抵抗各种外力综合作用，而不发生破坏和过大变形的性能。

(2)稳定性：指路面在日光、大气、温度、湿度等自然因素影响下，其整体强度不致迅速降低的性能。

(3)耐久性：指路面在自然因素和行车荷载多次重复作用下，材料不致迅速衰变、结构不致因疲劳而破坏的性能。

(4)表面性能：指路面表面的平整度和粗糙度，平整度用路面纵向凹凸量的偏差值表示，而粗糙度则用路面与轮胎的摩擦系数和路表纹理深度表示。

3. 路面构造及结构层次的划分

路面结构层次自上而下可分为面层、基层、功能层，有时在面层之下还设有联结层。各结构层次的作用如下：

(1)面层。面层是直接同行车和大气接触的表面层次，它承受较大的行车荷载的垂直力、水平力和冲击力作用，同时还受到降水的浸蚀和气温变化的影响。因此，同其他层次相比，面层应具备较高的结构强度，抗变形能力好，较好的水稳定性和温度稳定性，而且应当耐磨，不透水,其表面还应有良好的抗滑性和平整度。

修筑面层所用的材料主要有:水泥混凝土、沥青混凝土、沥青碎(砾)石混合料、砂砾或碎石掺土或不掺土的混合料以及块料等。

(2)基层。基层主要承受由面层传来的车辆荷载的垂直力,并扩散到下面的功能层(垫层)和土基中去。实际上基层是路面结构中的承重层,它应具有足够的强度和刚度,并具有良好的扩散应力的能力。基层遭受大气因素的影响虽然比面层小,但是仍然有可能经受地下水和通过面层渗入雨水的浸湿,所以基层结构应具有足够的水稳定性。基层表面虽然不直接供车辆行驶,但仍然要求有较好的平整度,这是保证面层平整度的基本条件。

修筑基层的材料主要有各种结合料(如石灰、水泥或沥青等)稳定土或稳定碎(砾)石、贫水泥混凝土、天然砂砾、各种碎石或砾石、片石、块石或圆石,各种工业废渣(如煤渣、粉煤灰、矿渣、石灰渣等)和土、砂、石所组成的混合料等。

(3)功能层(垫层)。它的功能是改善土基的湿度和温度状况,以保证面层及基层的强度、刚度和稳定性不受土基水文状况变化所造成的不良影响。另一方面的功能是将基层传下的车辆荷载应力加以扩散,以减小土基产生的应力和变形。同时也能阻止路基土挤入基层中,影响基层结构的性能。

修筑功能层(垫层)的材料,强度要求不一定高,但水稳定性和隔温性能要好。常用的功能层(垫层)材料分为两种,一类是由松散粒料,如砂、砾石、炉渣等组成的透水性垫层;另一类是用水泥或石灰稳定土等修筑的稳定类垫层。

二、路面分类

路面类型可以从不同的角度来划分,但是一般都按面层所用的材料划分,如水泥混凝土路面、沥青路面、砂石路面等。但是在工程设计中,主要从路面结构的力学特性和设计方法的相似性出发,将路面划分为柔性路面、刚性路面和半刚性路面三类。

1. 柔性路面

柔性路面的总体结构刚度较小,在车辆荷载作用下产生较大的弯沉变形,路面结构本身的抗弯拉强度较低,通过各结构层将车辆荷载传递给土基,使土基承受较大的单位压力。路基路面结构主要靠抗压强度和抗剪强度承受车辆荷载的作用。柔性路面主要包括各种未经处理的粒料基层和各类沥青面层、碎(砾)石面层或块石面层组成的路面结构。

2. 刚性路面

刚性路面主要指用水泥混凝土作面层的路面结构。水泥混凝土的强度高,与其他筑路材料比较,它的抗弯拉强度高,并且有较高的弹性模量,故呈现出较大的刚性。在车辆荷载作用下,水泥混凝土结构层处于板体工作状态,竖向弯沉较小,路面结构主要靠水泥混凝土板的抗弯拉强度承受车辆荷载,通过板体的扩散分布作用,传递给基础上的单位压力较柔性路面小得多。

3. 半刚性路面

用水泥、石灰等无机结合料处治的土或碎(砾)石及含有水硬性结合料的工业废渣修筑的基层,在前期具有柔性路面的力学性质,后期的强度和刚度均有较大幅度的增长,但是最终的强度和刚度仍远小于水泥混凝土。由于这种材料的刚性处于柔性路面与刚性路面之间,因此把这种基层和铺筑在它上面的沥青面层统称为半刚性路面,这种基层称为半刚性基层。

刚性路面、柔性路面和半刚性路面,这种以力学特性为标准的分类方法主要是为了便于从功能原理和设计方法出发进行分区,并没有绝对的定量分界界线。

三、路面工程材料选择

(一)沥青面层材料选择

1. 沥青的分类

沥青材料是由一些极其复杂的高分子碳氢化物和这些碳氢化物的非金属(O、S、N 等)衍生物所组成的混合物,其中 C 占 80% ~87%,H 占 10% ~15%,O、S、N 小于 3%,此外还有少量的金属元素。石油沥青的化学组分按三组分法分为油分、树脂和沥青质;按四组分法分为饱和分、芳香分、胶质和沥青质。

沥青路面采用的沥青结合料,主要有两大类:一类来源于石油系统,或天然存在,或经人工提炼而得到,称为地沥青;另一类为各种有机物干馏的焦油,经过再加工而得到,称为焦油沥青。

地沥青按其产源又可分为天然沥青和石油沥青。天然沥青是天然条件下,地球物理因素作用而形成的产物,其中又包括以湖状、泉状等存在的纯地沥青,渗透于岩石中的岩地沥青,与岩石和砂石相混的地沥青岩等。石油沥青是指石油经过精制加工成油品后,最后加工而得到的产品。

焦油沥青按其为获得焦油所加工的有机物的名称而命名,如煤焦油获得的沥青叫煤焦油沥青,其他还有木沥青、泥炭沥青等。我国常用的焦油沥青是煤沥青。

石油沥青的性质不仅与产源有关,而且与制造沥青的石油基属有关。据此,可将石油沥青分为石蜡基沥青、中间基沥青和环烷基沥青。

按状态可分为液体沥青和黏稠沥青。

按照交通标准分,可分为重交通沥青、轻交通沥青和中交通沥青。

按照使用的道路等级和层位,可分为 A 级沥青、B 级沥青和 C 级沥青。

目前我国在炼油厂中生产沥青的主要工艺方法有:蒸馏法、氧化法、半氧化法、溶剂脱沥青法和调配法等,由于制造方法不同,沥青性质亦产生很大差异。

2. 沥青路面材料的选择

1)沥青

拌制沥青混合料用的沥青材料的技术性质,随气候条件、交通性质、沥青混合料的类型和施工条件等因素而异。通常在较热的气候区、较繁重的交通情况下,细粒式或砂粒式的混合料应采用黏度较高的沥青;反之,采用黏度较低的沥青。在其他配料条件相同的情况下,较黏稠的沥青配置的混合料具有较高的力学强度和稳定性,但如果黏度过高,则沥青混合料的低温变形能力较差,沥青路面容易产生裂缝。反之,在其他配料条件相同的条件下,采用黏度较低的沥青,虽然配置的混合料在低温时具有较好的变形能力,但在夏季高温时,往往稳定性不足而使路面产生推挤现象。

根据《公路沥青路面施工技术规范》(JTG F40—2004)规定,道路石油沥青适用于各类沥青面层。根据《公路沥青路面施工技术规范》(JTG F40—2004)表4.2.1-1的规定,A级沥青适用于各个等级的公路和各个层次。B级沥青适用于高速公路、一级公路沥青的下面层及以下的层次,二级及二级以下公路的各个层次。C级沥青适用于三级及三级以下公路的各个层次。

沥青路面采用的沥青标号,宜按照公路等级、气候条件、交通条件、路面类型及在结构层中的层位及受力特点、施工方法等,结合当地的使用经验,经过技术认证后确定。

(1)按照沥青路面气候分区的条件综合选择沥青的标号,通常情况下按表3-1选用。对夏季温度高、高温时间长的地区,宜采用黏度大的沥青,也可提高一个高温气候分区选用沥青等级;对冬季寒冷的地区,宜选用黏度小、低温延度大的沥青;对温度日温差、年温差大的地区应选用针入度指数大的沥青。

(2)根据交通条件调整选择的沥青标号。对重载交通量路段、高速公路等实行渠化交通的路段、山区及丘陵区上坡路段、服务区、停车场等行车速度慢的路段,宜采用黏度大的沥青,也可提高一个高温气候分区选用沥青等级,同时炎热地区可以提高两个气候分区选择沥青等级;对交通量小、公路等级低,混合交通的路段选用黏度较小的沥青等级;对旅游公路应选用黏度较小的沥青等级。

(3)根据沥青路面的类型及施工工艺选择沥青的标号,对于热拌沥青混合料使用的沥青的标号根据气候分区及交通条件按表3-1选用,不满足要求时宜采用改性沥青;对于SMA(沥青玛蹄脂碎石)结构的沥青黏度在按表3-1选择的基础上黏度大一个等级或采用改性沥青。

沥青面层用的沥青标号,应根据气候、路面类型、施工方法和矿料类型等来选用。通常面层的上层采用较稠的沥青,下层或黏结层采用较稀的沥青。对于渠化交通的道路,宜采用较稠的沥青。其他各层的沥青可采用相同的标号,也可采用不同标号。当沥青标号不符合使用要求时,可采用不同标号的沥青掺配,但掺配后的技术指标应符合要求。

2)粗集料

沥青混合料用的粗集料,可以采用碎石、破碎砾石和矿渣等。所用粗集料应该洁净、干燥、无风化、不含杂质。在力学性质方面,压碎值和洛杉矶磨耗率应符合道路等级的要求(表3-2)。

对于用于抗滑表层的沥青混合料中的粗集料,应该选用坚硬、耐磨、韧性好的碎石或碎砾石,矿渣及软质集料不得用于防滑表层。在坚硬石料来源缺乏的情况下,允许掺加一定比例普通集料作为中等或小颗粒的粗集料,但掺加比例不应超过粗集料总质量40%。

破碎砾石的技术要求与碎石相同。但破碎砾石用于高速公路、一级公路、城市快速路、主干路沥青混合料时,5mm以上的颗粒拥有一个以上破碎面的含量不得少于100%(质量)。

钢渣作为粗集料时,仅限于一般道路,并应经过试验论证取得许可后使用。钢渣应有6个月以上的存放期,质量应符合表3-2的要求。

道路石油沥青技术要求

表 3-1

指标	单位	等级	沥青标号																试验方法[1]
			160 号[4]	130 号[4]	110 号			90 号					70 号[3]					50 号[3]	30 号[4]	
针入度(25℃,5s,100g)	0.1mm		140 ~ 160	120 ~ 140	100 ~ 120			80 ~ 100					60 ~ 80					40 ~ 60	20 ~ 40	T 0604
适用的气候分区[6]			注[4]	注[4]	2-1	2-2	3-2	1-1	1-2	1-3	2-2	2-3	1-3	1-4	2-2	2-3	2-4	1-4	注[4]	附录 A[6]
针入度指数 PI[2]		A	-1.5 ~ +1.0																	T 0604
		B	-1.8 ~ +1.0																	
软化点(R&B)不小于	℃	A	38	40	43			45			44		46		45			49	55	T 0606
		B	36	39	42			43			42		44		43			46	53	
		C	35	37	41			42					43					45	50	
60℃动力黏度[2]不小于	Pa·s	A	—	60	120			160			140		180		160			200	260	T 0620
10℃延度[2]不小于	cm	A	50	50	40			45	30	20	30	20	20	15	25	20	15	15	10	T 0605
		B	30	30	30			30	20	15	20	15	15	10	20	15	10	10	8	
15℃延度不小于	cm	A、B	100															80	50	
		C	80	80	60			50					40					30	20	
蜡含量(蒸馏法)不大于	%	A	2.2																	T 0615
		B	3.0																	
		C	4.5																	
闪点 不小于	℃		230					245					260							T 0611
溶解度 不小于	%		99.5																	T 0607
密度(15℃)	g/cm³		实测记录																	T 0603
TFOT(或 RTFOT)后[5]																				T 0610 或 T 0609
质量变化 不大于	%		±0.8																	

续上表

指　标	单位	等级	沥青标号							试验方法[1]
			160 号[4]	130 号[4]	110 号	90 号	70 号[3]	50 号[3]	30 号[4]	
残留针入度比(25℃)不小于	%	A	48	54	55	57	61	63	65	T 0604
		B	45	50	52	54	58	60	62	
		C	40	45	48	50	54	58	60	
残留延度(10℃)不小于	cm	A	12	12	10	8	6	4	—	T 0605
		B	10	10	8	6	4	2	—	
残留延度(15℃) 不小于	cm	C	40	35	30	20	15	10	—	T 0605

注:1. 试验方法按照现行《公路工程沥青及沥青混合料试验规程》(JTG E20)规定的方法执行。用于仲裁试验求取 PI 时的 5 个温度的针入度关系的相关系数不得小于 0.997。

2. 经建设单位同意,表中的 PI 值、60℃动力黏度、10℃延度可作为选择性指标,也可不作为施工质量检验指标。

3. 70 号沥青可根据需要要求供应商提供针入度范围为 60 ~ 70 或 70 ~ 80 的沥青,50 号沥青可要求提供针入度范围为 40 ~ 50 或 50 ~ 60 的沥青。

4. 30 号沥青仅适用于沥青稳定基层。130 号和 160 号沥青除寒冷地区可直接在中低级公路上直接应用外,通常用作乳化沥青、稀释沥青、改性沥青的基质沥青。

5. 老化试验以 TFOT 为准,也可以 RTFOT 代替。

6. 气候分区见《公路沥青路面施工技术规范》(JTG F40—2004)附录 A。

沥青混合料用粗集料质量技术要求　　表 3-2

指　　标	单位	高速公路及一级公路		其他等级公路	试验方法
		表面层	其他层次		
石料压碎机,不大于	%	26	28	30	T 0316
洛杉矶磨耗损失,不大于	%	28	30	35	T 0317
表观相对密度,不小于		2.60	2.50	2.45	T 0304
吸水率,不大于	%	2.0	3.0	3.0	T 0304
坚固性,不大于	%	12	12	—	T 0314
针片状颗粒含量(混合料),不大于 其中粒径大于 9.5mm,不大于 其中粒径小于 9.5mm,不大于	% % %	15 12 18	18 15 20	20 — —	T 0312
水洗法 <0.075mm 颗粒含量,不大于	%	1	1	1	T 0310
软石含量,不大于	%	3	5	5	T 0320

注:1. 坚固性试验可根据需要进行。

2. 用于高速公路、一级公路时,多孔玄武岩的视密度可放宽至 2.45t/m³,吸水率可放宽至 3%,但必须得到建设单位的批准,且不得用于 SMA 路面。

3. 对 S14 即 3~5 规格的粗集料,针片状颗粒含量可不予要求,<0.075mm 含量可放宽到 3%。

经检验,属于酸性岩石的石料如花岗岩、石英岩等用于高速公路、一级公路、城市快速路、主干路时,宜使用针入度较小的沥青,并采用下列抗剥离措施,使其对沥青的黏附性符合要求:

(1)用干燥的生石灰或消石灰粉、水泥作为填料的一部分,其用量宜为矿料总量的 1%~2%。

(2)在沥青中掺加抗剥离剂。

(3)将粗集料用石灰浆处理后使用。

3)细集料

用于拌制沥青混合料的细集料,可以采用天然砂、人工砂或石屑。

细集料应洁净、干燥、无风化、不含杂质,并有适当的级配范围。对于细集料的技术要求见表 3-3。

沥青混合料用细集料质量要求　　表 3-3

项　　目	单位	高速公路、一级公路	其他等级公路	试验方法
表观相对密度,不小于	—	2.50	2.45	T 0328
坚固性(>0.3mm 部分),不小于	%	12	—	T 0340
含泥量(小于 0.075mm 的含量),不大于	%	3	5	T 0333
砂当量,不小于	%	60	50	T 0334
亚甲蓝值,不大于	g/kg	25	—	T 0349
棱角性(流动时间),不小于	s	30	—	T 0345

注:坚固性试验可根据需要进行。

热拌沥青混合料的细集料宜采用优质的天然砂或人工砂,在缺砂地区,也可使用石屑,但用于高速公路、一级公路、城市快速路、主干路沥青混凝土面层及抗滑表层的石屑用量不得超过砂的用量。

细集料应与沥青有良好的黏结能力,高速公路、一级公路、城市快速路、主干路沥青面层使用与沥青黏结性能差的天然砂及用花岗岩、石英岩等酸性岩石破碎的人工砂或石屑时,应采用前述的粗集料的抗剥离措施。

细集料的级配,天然砂宜按表3-4中的粗砂、中砂或细砂的规格选用,机制砂或石屑宜按表3-5的规格选用。但集料的级配在沥青混合料中的适用性,应以其与粗集料和填料配置成砂制混合料后,判定其是否符合矿质混合料的级配要求来决定。当一种细集料不能满足级配要求时,可采用两种或两种以上的细集料掺和使用。

沥青混合料用天然砂规格 表3-4

筛孔尺寸(mm)	通过各筛孔的质量百分率(%)		
	粗砂	中砂	细砂
9.5	100	100	100
4.75	90~100	90~100	90~100
2.36	65~95	75~90	85~100
1.18	35~65	50~90	75~100
0.6	15~30	30~60	60~84
0.3	5~20	8~30	15~45
0.15	0~10	0~10	0~10
0.075	0~5	0~5	0~5

沥青混合料用机制砂或石屑规格 表3-5

规格	公称粒径(mm)	水洗法通过下列筛孔(mm)的质量百分率(%)							
		9.5	4.75	2.36	1.18	0.6	0.3	0.15	0.075
S15	0~5	100	90~100	60~90	40~75	20~55	7~40	2~20	0~10
S16	0~3	—	100	80~100	50~80	25~60	8~45	0~25	0~15

4)填料

沥青混合料地矿粉必须采用石灰岩或岩浆岩中的强基性岩石(憎水性石料)经磨细得到,原石料中泥土杂质应除净。矿粉应干燥、洁净,其质量应符合表3-6的技术要求。

沥青混合料用矿粉质量要求 表3-6

项　目	单位	高速公路、一级公路	其他等级公路	试验方法
表观密度,不小于	t/m^3	2.50	2.45	T 0352
含水量,不大于	%	1	1	T 0103 烘干法
粒度范围 <0.6mm <0.15mm <0.075mm	% % %	100 90~100 75~100	100 90~100 70~100	T 0351
外观	—	无团粒结块	—	
亲水系数	—	<1	T 0353	
塑性指数	—	<4	T 0354	
加热安定性	—	实测记录	T 0355	

粉煤灰作为填料使用时，烧失量应小于12%，与矿粉混合后塑性指数应小于4%，其余质量要求与矿粉相同。粉煤灰的用量不宜超过填料总量的50%，并应经试验确认与沥青有良好的黏附性，沥青混合料的水稳定性能满足要求。高速公路、一级公路的沥青面层不宜采用粉煤灰作填料。

拌和机采用干法除尘，石粉尘可作为矿粉的一部分回收使用。湿法除尘、石粉尘回收使用时应注意干燥粉尘处理，且不得含有杂质、回收粉尘的用量不得超过填料总量的25%，掺入粉尘填料的塑性指数不得大于4%，其余质量要求与矿粉相同。

由粗集料、细集料和填料组成的矿质混合料，应保证具有足够的密实度和高的初始内摩擦角，其组成级配应符合现行《公路沥青路面施工技术规范》(JTG F40)的规定。密级配沥青混合料宜根据公路等级、气候及交通条件按表3-7选择采用粗型(C型)或细型(F型)混合料，并在表3-8范围内确定工程设计级配范围，通常情况下，工程设计级配范围不宜超出表3-8的要求，其他类型的混合料宜直接以表3-9～表3-13作为工程设计级配范围。

粗型和细型密集配沥青混凝土粗级配和细级配的关键性筛孔通过率 表3-7

混合料类型	公称最大粒径(mm)	用以分类的关键性筛孔(mm)	粗型密级配		细型密级配	
			名称	关键性筛孔通过率(%)	名称	关键性筛孔通过率(%)
AC-25	26.5	4.75	AC-25C	<40	AC-25F	>40
AC-20	19	4.75	AC-20C	<45	AC-20F	>45
AC-16	16	2.36	AC-16C	<38	AC-16F	>38
AC-13	13.2	2.36	AC-13C	<40	AC-13F	>40
AC-10	9.5	2.36	AC-10C	<45	AC-10F	>45

密集配沥青混凝土混合料矿料级配范围 表3-8

级配类型		通过下列筛孔(mm)的质量百分率(%)												
		31.5	26.5	19	16	13.2	9.5	4.75	2.36	1.18	0.6	0.3	0.15	0.075
粗粒式	AC-25	100	90～100	75～90	65～83	57～76	45～65	24～52	16～42	12～33	8～24	5～17	4～13	3～7
中粒式	AC-20		100	90～100	78～92	62～80	50～72	26～56	16～44	12～33	8～24	5～17	4～13	3～7
	AC-16			100	90～100	76～92	60～80	34～62	20～48	13～36	9～26	7～18	5～14	4～8
细粒式	AC-13				100	90～100	68～85	38～68	24～50	15～38	10～28	7～20	5～15	4～8
	AC-10					100	90～100	45～75	30～58	20～44	13～32	9～23	6～16	4～8
砂粒式	AC-5						100	90～100	55～75	35～55	20～40	12～28	7～18	5～10

沥青玛瑞脂碎石混合料矿料级配范围 表3-9

级配类型		通过下列筛孔(mm)的质量百分率(%)											
		26.5	19	16	13.2	9.5	4.75	2.36	1.18	0.6	0.3	0.15	0.075
中粒式	SMA-20	100	90～100	72～92	62～82	40～55	18～30	13～22	12～20	10～16	9～14	8～13	8～12
	SMA-16		100	90～100	65～85	45～65	20～32	15～24	14～22	12～18	10～15	9～14	8～12
细粒式	SMA-13			100	90～100	50～75	20～34	15～26	14～24	12～20	10～16	9～15	8～12
	SMA-10				100	90～100	28～60	20～32	14～26	12～22	10～18	9～16	8～13

开级配排水式磨耗层混合料矿料级配范围　表3-10

级配类型		通过下列筛孔(mm)的质量百分率(%)										
		19	16	13.2	9.5	4.75	2.36	1.18	0.6	0.3	0.15	0.075
中粒式	OGFC-16	100	90~100	70~90	45~70	12~30	10~22	6~18	4~15	3~12	3~8	2~6
	OGFC-13		100	90~100	60~80	12~30	10~22	6~18	4~15	3~12	3~8	2~6
细粒式	OGFC-10			100	90~100	50~70	10~22	6~18	4~15	3~12	3~8	2~6

密级配沥青稳定碎石混合料矿料级配范围　表3-11

级配类型		通过下列筛孔(mm)的质量百分率(%)														
		53	37.5	31.5	26.5	19	16	13.2	9.5	4.75	2.36	1.18	0.6	0.3	0.15	0.075
特粗式	ATB-40	100	90~100	75~92	65~85	49~71	43~63	37~57	30~50	20~40	15~32	10~25	8~18	5~14	3~10	2~6
	ATB-30		100	90~100	70~90	53~72	44~66	39~60	31~51	20~40	15~32	10~25	8~18	5~14	3~10	2~6
粗粒式	ATB-25			100	90~100	60~80	48~68	42~62	32~52	20~40	15~32	10~25	8~18	5~14	3~10	2~6

半开级配沥青碎石混合料矿料级配范围　表3-12

级配类型		通过下列筛孔(mm)的质量百分率(%)											
		26.5	19	16	13.2	9.5	4.75	2.36	1.18	0.6	0.3	0.15	0.075
中粒式	AM-20	100	90~100	60~85	50~75	40~65	15~40	5~22	2~16	1~12	0~10	0~8	0~5
	AM-16		100	90~100	60~85	45~68	18~40	6~25	3~18	1~14	0~10	0~8	0~5
细粒式	AM-13			100	90~100	50~80	20~45	8~28	4~20	2~16	0~10	0~8	0~6
	AM-10				100	90~100	35~65	10~35	5~22	2~16	0~12	0~9	0~6

开级配沥青碎石混合料矿料级配范围　表3-13

级配类型		通过下列筛孔(mm)的质量百分率(%)														
		53	37.5	31.5	26.5	19	16	13.2	9.5	4.75	2.36	1.18	0.6	0.3	0.15	0.075
特粗式	ATPB-40	100	70~100	65~90	55~85	43~75	32~70	20~65	12~50	0~3	0~3	0~3	0~3	0~3	0~3	0~3
	ATPB-30		100	80~100	70~95	53~85	36~80	26~75	14~60	0~3	0~3	0~3	0~3	0~3	0~3	0~3
粗粒式	ATPB-25			100	80~100	60~100	45~90	30~82	16~70	0~3	0~3	0~3	0~3	0~3	0~3	0~3

5)沥青改性剂的性能和要求

改性沥青可单独或复合采用高分子聚合物、天然沥青或其他改性材料制作。各类聚合物改性沥青的质量应符合表3-14的技术要求,当使用表列以外的聚合物及复合改性沥青时,可通过试验研究制定相应的技术要求。

聚合物改性沥青技术要求　表3-14

指　标	SBS类(Ⅰ类)				SBR类(Ⅱ类)			PE、EVA类(Ⅲ类)			
	Ⅰ-A	Ⅰ-B	Ⅰ-C	Ⅰ-D	Ⅱ-A	Ⅱ-B	Ⅱ-C	Ⅲ-A	Ⅲ-B	Ⅲ-C	Ⅲ-D
针入度(25℃,100g,5s)(0.1mm)	>100	80~100	60~80	30~60	>100	80~100	60~80	>80	60~80	40~60	30~40
针入度指数PI,不小于	-1.2	-0.8	-0.4	0	-1.0	-0.8	-0.6	-1.0	-0.8	-0.6	-0.4

续上表

指　标	SBS 类(Ⅰ类)				SBR 类(Ⅱ类)			PE、EVA 类(Ⅲ类)			
	Ⅰ-A	Ⅰ-B	Ⅰ-C	Ⅰ-D	Ⅱ-A	Ⅱ-B	Ⅱ-C	Ⅲ-A	Ⅲ-B	Ⅲ-C	Ⅲ-D
延度(5℃,5cm/min)(cm),不小于	50	40	30	20	60	50	40	—	—	—	—
软化点 $T_{R\&B}$(℃),不小于	45	50	55	60	45	48	50	48	52	56	60
运动黏度(135℃)(Pa·s),不大于	3										
闪点(%),不小于	230				230			230			
溶解度(℃),不小于	99				99			—			
离析,48h 软化点差(℃),不大于	2.5				—			无改性剂明显析出、凝聚			
弹性恢复(25℃)(%),不小于	55	60	65	70	—			—			
黏韧性(N·m),不小于	—				5			—			
韧性(N·m),不小于	—				2.5			—			
TFOT(或 RTFOT)后残留物											
质量损失(%),不大于	1.0				1.0			1.0			
针入度比(25℃)(%),不小于	50	55	60	65	50	55	60	50	55	58	60
延度(5℃)(cm),不小于	30	25	20	15	30	20	10	—			

天然沥青可以单独与石油沥青混合使用或与其他改性沥青混融后使用。天然沥青的质量要求宜根据其品种参照相关标准和成功的经验执行。

用作改性剂的 SBR 乳胶中的固体物含量不宜少于 45%,使用中严禁长时间暴晒或遭冰冻。

改性沥青宜在固定式工厂或在现场设厂集中制作,也可在拌和厂现场边制作边使用,改性沥青的加工温度不宜超过 180℃。胶乳类改性剂和制成颗粒的改性剂可直接投入拌和缸中生成改性沥青混合料。

用溶剂法生产改性沥青母液时,挥发性溶剂回收后的残留量不得超过 5%。

现场制作的改性沥青宜随配随用,需做短时间保存,或运送到附近的工地时,使用前必须搅拌均匀,在不发生离析的状态下使用。改性沥青制作设备必须设有随机采样的取样口,采集的试样宜立即在现场灌模。

工厂制作的成品改性沥青到达施工现场后存储在改性沥青罐中,改性沥青罐中必须加设搅拌设备并进行搅拌,使用前改性沥青必须搅拌均匀。在施工过程中应定期取样检验产品质量,发现离析等质量不符要求的改性沥青不得使用。

(二)水泥混凝土面层材料选择

普通混凝土(简称为混凝土)是由水泥、砂、石和水所组成。在混凝土中,砂、石起骨架作用,称为集料;水泥与水形成水泥浆,水泥浆包裹在集料表面并填充其空隙。在硬化前,水泥浆起润滑作用,赋予拌合物一定的和易性,便于施工。水泥浆硬化后,则将集料胶结成一个坚实的整体。

1. 水泥

极重、特重、重交通荷载等级公路面层水泥混凝土应采用旋窑生产的道路硅酸盐水泥、硅酸盐水泥、普通硅酸盐水泥,中、轻交通荷载等级公路面层水泥混凝土可采用矿渣硅酸盐水泥。高温期施工宜采用普通型水泥,低温期施工宜采用早强型水泥。

1)定义

(1)硅酸盐水泥。

凡由硅酸盐水泥熟料、0~5%石灰石或粒化高炉矿渣、适量石膏磨细制成的水硬性胶凝材料,称为硅酸盐水泥(即国家通称的波特兰水泥)。硅酸盐水泥分两种类型,不掺加混合材料的称为Ⅰ型硅酸盐水泥,代号P·Ⅰ;在硅酸盐水泥熟料粉磨时掺加不超过水泥质量5%的石灰石或粒化高炉矿渣混合材料的称为Ⅱ型硅酸盐水泥,代号P·Ⅱ。

(2)普通硅酸盐水泥。

凡由硅酸盐水泥熟料、6~15%混合材料和适量石膏磨细制成的水硬性胶凝材料,称为普通硅酸盐水泥(简称普通水泥),代号P·O。

掺活性混合材料时,最大掺量不得超过15%,其中允许用不超过水泥质量5%的窑灰或不超过水泥质量10%的非活性混合材料来代替。掺加非活性混合料时最大掺量不得超过水泥质量的10%。

2)组分材料

(1)硅酸盐水泥熟料:凡以适当成分的生料,烧至部分熔融,所得以硅酸钙为主要成分的产物称为硅酸盐水泥熟料(简称熟料)。

(2)石膏:天然石膏必须符合现行《天然石膏》(GB/T 5483)的规定。工业副产石膏是工业生产中以硫酸钙为主要成分的副产品。采用工业副产石膏时必须经过试验,证明对水泥性能无害。

(3)活性混合材料:系指符合现行《用于水泥和混凝土中的粉煤灰》(GB/T 1596)的粉煤灰、符合现行《用于水泥中的火山灰质混合材料》(GB/T 2847)的火山灰质混合材料和符合现行《用于水泥中的粒化高炉矿渣》(GB/T 203)的粒化高炉矿渣。

(4)非活性混合材料:活性指标低于现行《用于水泥和混凝土中的粉煤灰》(GB/T 1596)、现行《用于水泥中的火山灰质混合材料》(GB/T 2847)和现行《用于水泥中的粒化高炉矿渣》(GB/T 203)要求的粉煤灰、火山灰质混合材料和粒化高炉矿渣以及石灰石和砂岩。石灰石中 Al_2O_3 含量不得超过2.5%。

(5)窑灰:从回转窑窑尾废气中收集下来的粉尘,品质指标应符合现行《掺入水泥中的回转窑窑灰》(JC/T 742)的规定。

硅酸盐水泥熟料主要由 CaO、SiO_2、Al_2O_3 和 Fe_2O_3 四种氧化物组成,其含量总和通常都在95%以上。现代生产的硅酸盐水泥熟料,各氧化物含量的波动范围为:CaO 为62%~67%,

SiO_2 为 20% ~24%，Al_2O_3 为 34% ~37%，Fe_2O_3 为 2.55% ~6.0%。

硅酸盐水泥熟料中 CaO、SiO_2、Al_2O_3 和 Fe_2O_3 不是以单独的氧化物存在，而是以两种或两种以上的氧化物经高温化学反应而生成的多种矿料的集合体。其结晶细小，一般为 30 ~ 60μm。它主要有以下四种矿物：硅酸三钙（$3CaO \cdot SiO_2$，简写为 C_3S）、硅酸二钙（$2CaO \cdot SiO_2$，简写为 C_2S）；铝酸三钙（$3CaO \cdot Al_2O_3$，简写为 C_3A）、铁相固溶体（通常以铁铝酸四钙 $4CaO \cdot Al_2O_3 \cdot Fe_2O_3$ 作为代表式，简写成 C_4AF）。此外，还有少量游离氧化钙、方镁石（结晶氧化镁）、含碱矿物及玻璃体。

另外，水泥粉磨时还允许加入主要起助磨作用而不损害水泥性能的助磨剂，其加入量不得超过水泥质量的 1%。使用助磨剂、工业副产石膏时，需经省级以上建材行业主管部门批准，投产后定期进行质量检验。

3）强度等级

硅酸盐水泥分为 42.5、42.5R、52.5、52.5R、62.5、62.5R 六个强度等级；普通硅酸盐水泥分为 42.5、42.5R、52.5、52.5R 四个强度等级。R 型水泥属于快硬型，对其 3d 强度有较高的要求。

4）技术要求

（1）不溶物：Ⅰ型硅酸盐水泥中不溶物不得超过 0.75%；Ⅱ型硅酸盐水泥中不溶物不得超过 1.50%。

（2）氧化镁：水泥中氧化镁含量不得超过 5.0%。如果水泥经压蒸安定性试验合格，则水泥中氧化镁含量允许放宽到 6.0%。

（3）三氧化硫：水泥中 SO_3 含量不得超过 3.5%。

（4）烧失量：Ⅰ型硅酸盐水泥中烧失量不得大于 3.0%，Ⅱ型硅酸盐水泥中烧失量不得大于 3.5%。普通水泥中烧失量不得大于 5.0%。

（5）细度：硅酸盐水泥比表面积大于 $300m^2/kg$，普通水泥 80μm 方孔筛的筛余量不得超过 10.0%。

（6）凝结时间：硅酸盐水泥初凝不得早于 45min，终凝不得迟于 6.5h。普通水泥初凝不得早于 45min，终凝不得迟于 10h。

（7）安定性：用沸煮法检验必须合格。

（8）强度：水泥强度等级按规定龄期的抗压强度和抗折强度来划分，各标号水泥各龄期强度不得低于表 3-15 中数值。

各龄期、各类型水泥强度　　表 3-15

品　种	强度等级	抗压强度（MPa）		抗折强度（MPa）	
		3d	28d	3d	28d
硅酸盐水泥	42.5	≥17.0	≥42.5	≥3.5	≥6.5
	42.5R	≥22.0		≥4.0	
	52.5	≥23.0	≥52.5	≥4.0	≥7.0
	52.5R	≥27.0		≥5.0	
	62.5	≥28.0	≥62.5	≥5.0	≥8.0
	62.5R	≥32.0		≥5.5	

续上表

品　种	强度等级	抗压强度(MPa)		抗折强度(MPa)	
		3d	28d	3d	28d
普通硅酸盐水泥	42.5	≥17.0	≥42.5	≥3.5	≥6.5
	42.5R	≥22.0		≥4.0	
	52.5	≥23.0	≥52.5	≥4.0	7.0
	52.5R	≥27.0		≥5.0	
矿渣硅酸盐水泥	32.5	≥10.0	≥32.5	≥2.5	≥5.5
	32.5R	≥15.0		≥3.5	
火山灰硅酸盐水泥	42.5	≥15.0	≥42.5	≥3.5	≥6.5
	42.5R	≥19.0		≥4.5	
粉煤灰硅酸盐水泥	52.5	≥21.0	≥52.5	≥4.0	≥7.0
复合硅酸盐水泥	52.5R	≥23.0		≥5.0	

(9)碱:水泥中含量按 $Na_2O + 0.658K_2O$ 计算值来表示,若使用活性集料,用户要求提供低碱水泥时,水泥中碱含量不得大于0.60%或由供需双方商定。

2.粗集料的技术性质

普通混凝土常用的粗集料有碎石和卵石,由天然岩石或卵石经破碎、筛分而得。

1)物理性质

(1)物理常数。

①表观密度。粗集料表观密度是单位体积(含颗粒固体及其闭口孔隙体积)物质颗粒的干质量。测定方法见现行《公路工程集料试验规程》(JTG E42)。

②毛体积密度。粗集料的毛体积密度同石料的毛体积密度。测定方法见现行《公路工程集料试验规程》(JTG E42)。

③堆积密度。粗集料的堆积密度是单位体积(含物质颗粒固体及其闭口、开口孔隙体积及颗粒间空隙体积)物质颗粒的质量。测定方法见现行《公路工程集料试验规程》(JTG E42)。

④空隙率。粗集料空隙率是集料的颗粒之间空隙体积占集料总体积的百分比。

(2)级配。

粗集料中各组成颗粒的分级和搭配称为级配,级配是通过筛分试验确定的。筛分试验和有关参数的计算详见细集料技术性质中的内容。

(3)坚固性。

粗集料坚固性按现行《公路工程集料试验规程》(JTG E42)选取规定数量,分别装在金属网篮中浸入饱和硫酸钠溶液再进行干湿循环试验,经一定的循环次数后,观察其表面破坏情况,并用质量损失百分率来计算其坚固性。

(4)针片状颗粒含量。

粗集料颗粒的最大长度(或宽度)方向与最小厚度(或直径)方向的尺寸之比大于3倍的颗粒含量。

(5)含泥量和泥块含量。

①含泥量是指颗粒小于0.08mm颗粒的含量;

②泥块含量是指颗粒大于5mm,经水洗,手捏后可破碎成小于2.5mm的颗粒含量。

2)化学性质

(1)有害杂质含量。

有害杂质含量主要指硫化物和硫酸盐的含量。

(2)碱活性反应。

当水泥混凝土中碱含量较高时,应鉴定集料与碱是否发生潜在有害反应,即水泥混凝土-硅酸盐反应的可能性。

3)力学性质

(1)强度。

通常岩石的抗压强度由碎石生产单位提供。试验方法见现行《公路工程岩石试验规程》(JTG E41)。

(2)压碎值。

压碎值是按规定方法测得的石料抵抗压碎的能力,以压碎试验后小于规定粒径的石料质量百分率表示,试验方法见现行《公路工程集料试验规程》(JTG E42)。

3. 细集料的技术性质

普通混凝土中的细集料一般采用天然砂,它是岩石风化后所形成的大小不等、由不同矿物散粒组成的混合物,一般有河砂、海砂及山砂。

1)物理常数

细集料的表观密度或堆积密度和空隙率等物理常数的含义与粗集料完全相同。

2)级配

级配是集料各级粒径颗粒的分配情况,砂的级配可通过砂的筛分试验确定。砂的筛分试验是取试样500g,在整套标准筛上进行筛分,分别求出试样存留在各筛上质量的一种试验方法。级配有关参数按如下方法计算:

(1)分计筛余百分率:在某号筛上的筛余质量占总质量的百分率。

(2)累计筛余百分率:某号筛的分计筛余百分率和大于某号筛的各筛余百分率的总和。

(3)通过百分率:通过某筛的质量占试样总质量的百分率,亦即100与累计筛余百分率之差。

(4)细度模数 M_x:

$$M_x = \frac{(A_2 + A_3 + A_4 + A_5 + A_6) - 5A_1}{100 - A_1} \tag{3-1}$$

式中:A_1、A_2、A_3、A_4、A_5、A_6——5mm、2.5mm、1.25mm、0.63mm、0.315mm、0.16mm各筛上的累计筛余百分率。

通常砂的粗细程度用细度模数来表示。

3)有害杂质含量

砂中常含有的有害杂质主要有泥、泥块、云母轻物质、硫酸盐硫化物和有机质。

4. 粗集料的技术要求

配制混凝土时所采用的粗、细集料的技术要求有以下几个方面：

1)粗集料技术要求

水泥混凝土用粗集料的技术要求应符合表 3-16 的规定。

水泥混凝土用粗集料的技术要求　表 3-16

项次	技术指标	技术要求			试验方法
		Ⅰ级	Ⅱ级	Ⅲ级	
1	碎石压碎值(%),≤	18	25	30	T 0316
2	卵石压碎值(%),≤	21	23	26	T 0316
3	坚固率(按质量损失)(%),≤	5	8	12	T 0314
4	针片状颗粒含量(按质量计)(%) ≤	8	15	20	T 0311
5	含泥量(按质量计) (%),≤	0.5	1.0	2.0	T 0310
6	泥块含量(按质量计)(%),≤	0.2	0.5	0.7	T 0310
7	吸水率(按质量计)(%),≤	1	2	3	T 0307
8	硫化物及硫酸盐含量(按 SO_3 计) (%),≤	0.5	1.0	1.0	GB/T 14685
9	洛杉矶磨耗损失(%),≤	28	32	35	T 0317
10	有机物含量(比色法)	合格	合格	合格	T 0313
11	岩石抗压强度(MPa)	岩浆岩≥100、变质岩≥80、沉积岩≥60			T 0221
12	表观密度(kg/m^3),≥	2500			T 0308
13	松散堆积密度(kg/m^3),≥	1350			T 0309
14	空隙率(%),≤	47			T 0309
15	磨光值(%),≥	35			T 0321
16	碱活性反应	不得有碱活性反应或疑似碱活性反应			T 0325

2)粗集料的坚固性

碎石或卵石的坚固性是指集料在气候、环境变化或其他物理因素作用下抵抗碎裂的能力。用硫酸钠溶液法检验，试样经 5 次循环后，其质量损失应符合表 3-16 的规定。

3)有害物质含量

碎石或卵石中的硫化物和硫酸盐含量，以及卵石中有机质含量，应符合表 3-17 规定。

碎石或卵石中有害物质含量　表 3-17

项　目	品质指标
硫化物及硫酸盐含量折算成 SO_3 按质量计(%),不大于	1
卵石中有机质含量(用比色法试验)	颜色不深于标准色。如深于标准色,则应配置混凝土进行强度试验,抗压强度应不低于95%

注:如含有颗粒硫酸盐或硫化物,则要进行混凝土耐久性试验,确认能满足要求时方能采用。

4)碱活性反应

当水泥混凝土中碱含量较高时,应采用下列方法鉴定集料与碱是否发生潜在有害反应,即水泥混凝土碱-硅酸盐反应和碱-硅酸反应的可能性。

(1)用岩相法检验(T 0324)确定哪些集料可能与水泥中的碱发生反应。当集料中下列材料含量为1%或更少时即有可能成为有害反应的集料,这些材料包括下列形式的二氧化硅:蛋白石、玉髓、鳞石英、方石英;在流纹岩、安山岩或英安岩中可能存在的中性重酸性(富硅)的火山玻璃;某些沸石和千枚岩等。

(2)用砂浆长度法检验(T 0325)集料产生有害反应的可能性。如果用高碱硅酸盐水泥制成的砂浆长度膨胀率3个月低于0.05%或者6个月低于0.10%即可判定为非活性集料。超过上述数值时,应通过混凝土试验结果做出最后评定。

5)水泥混凝土用粗集料级配规格

(1)混凝土用碎石或卵石的颗粒级配应符合表3-18的规定。

(2)根据工程要求,连续粒级可与单粒级配合使用,也允许直接采用单粒级,但必须避免混凝土离析。

(3)2.5mm以下的石屑、石粉,易黏附在颗粒上,对水泥混凝土和易性影响很大,因此,这种细料含量不宜超过5%。

(4)若生产的集料规格不符合表3-18的规定,但确认与其他材料掺配后的级配符合规格时,可以使用。

碎石或卵石的颗粒级配规格 表3-18

级配情况	公称粒径(mm)	累计筛余,按质量计(%)											
		方孔筛筛孔尺寸(mm)											
		2.5	5	10	16	20	25	31.5	40	50	63	80	100
连续级配	5~10	95~100	80~100	0~15	0								
	5~16	95~100	90~100	30~60	0~10	0							
	5~20	95~100	90~100	40~70	—	0~10	0						
	5~25	95~100	90~100	—	30~70	—	0~5	0					
	5~31.5	95~100	90~100	70~90	—	15~45	—	0~5	0				
	5~40	—	95~100	75~90	—	30~60	—	—	0~5	0			
单级配	10~20	—	95~100	85~100	—	0~15	0						
	16~31.5	—	95~100	—	85~100	—	—	0~10	0				
	20~40	—	—	95~100	—	80~100	—	—	0~10	0			
	31.5~63	—	—	—	95~100	—	—	75~100	45~75	—	0~10	0	
	40~80	—	—	—	—	95~100	—	—	70~100	—	30~60	0~10	0

5.细集料技术要求

1)分类、等级和规格

(1)用于水泥混凝土中的砂是指粒径小于5mm的岩石碎屑,主要是在江河湖海水域中水流冲刷自然形成的,也可以是在破碎岩石的过程中形成的岩石碎屑(人工砂)。其技术要求应符合表3-19和表3-20的要求。

天然砂的质量标准 表3-19

项次	项目	技术要求			试验方法
		Ⅰ级	Ⅱ级	Ⅲ级	
1	坚固性(按质量损失计)(%),≤	6.0	8.0	10.0	T 0340
2	含泥量(按质量计)(%),≤	1.0	2.0	3.0	T 0333
3	泥块含量(按质量计)(%),≤	0	0.5	1.0	T 0335
4	氯离子含量(按质量计)(%),≤	0.02	0.03	0.06	GB/T 14684
5	云母含量(按质量计)(%),≤	1.0	1.0	2.0	T 0337
6	硫化物及硫酸盐含量(按 SO_3 质量计)(%),≤	0.5	0.5	0.5	T 0341
7	海砂中的贝壳类物质含量(按质量计)(%),≤	3.0	5.0	8.0	JGJ 206
8	轻物质含量(按质量计)(%),≤	1.0			T 0338
9	吸水率(%),≤	2.0			T 0330
10	表观密度(kg/m³),≥	2500.0			T 0328
11	松散堆积密度(kg/m³)≥	1400.0			T 0331
12	空隙率(%),≤	45.0			T 0331
13	有机物含量(比色法)	合格			T 0336
14	碱活性反应	不得有碱活性反应或疑似碱活性反应			T 0325
15	结晶态二氧化硅含量(%),≥	25.0			T 0324

机制砂质量标准 表3-20

项次	项目		技术要求			试验方法
			Ⅰ级	Ⅱ级	Ⅲ级	
1	机制砂母岩的抗压强度(MPa),≥		80.0	60.0	30.0	T 0221
2	机制砂母岩的磨光值,≥		38.0	35.0	30.0	T 0321
3	机制砂单粒级最大压碎指标(%),≤		20.0	25.0	30.0	T 0350
4	坚固性(按质量损失计)(%),≤		6.0	8.0	10.0	T 0340
5	氯离子含量(按质量计)(%),≤		0.01	0.02	0.06	GB/T 14684
6	云母含量(按质量计)(%),≤		1.0	2.0	2.0	T 0337
7	硫化物及硫酸盐含量(按 SO_3 质量计)(%),≤		0.5	0.5	0.5	T 0341
8	泥块含量(按质量计)(%),≤		0	0.5	1.0	T 0335
9	石粉含量(%),<	MB 值 <1.4 或合格	3.0	5.0	7.0	T 0349
		MB 值 >1.4 或不合格	1.0	3.0	5.0	
10	轻物质含量(按质量计)(%),≤		1.0			T 0338
11	吸水率(%),≤		2.0			T 0330
12	表观密度(kg/m³),≥		2500.0			T 0328
13	松散堆积密度(kg/m³),≥		1400.0			T 0331
14	空隙率(%),≤		45.0			T 0331
15	有机物含量(比色法)		合格			T 0336
16	碱活性反应		不得有碱活性反应或疑似碱活性反应			T 0325

(2)按国家标准,用于水泥混凝土中的砂按其细度模数分为三大类,见表3-21。

水泥混凝土中的砂按其细度模数分类 表3-21

分类	粗砂	中砂	细砂
细度模数 M_x	3.7~3.1	3.0~2.3	2.2~1.6

注:细度模数主要反映全部颗粒的粗细程度,不完全反映颗粒的级配情况,混凝土配制时应同时考虑砂的细度模数和级配情况。

2)颗粒级配

面层水泥混凝土使用的天然砂细度模数宜在2.0~3.7。面层水泥混凝土使用的机制砂细度模数宜在2.3~3.1。

天然砂的级配范围,见表3-22。

天然砂的级配范围表 表3-22

砂分级	细度模数	方孔筛尺寸(mm)							
		9.5	4.75	2.36	1.18	0.60	0.30	0.15	0.075
		水洗法通过各筛孔的质量百分率(%)							
粗砂	3.1~3.7	100	90~100	65~95	35~65	15~30	5~20	0~10	0~5
中砂	2.3~3.0	100	90~100	75~100	50~90	30~60	8~30	0~10	0~5
细砂	1.6~2.2	100	90~100	85~100	75~100	60~84	15~45	0~10	0~5

机制砂的级配范围,见表3-23。

机制砂的级配范围表 表3-23

机制砂分级	细度模数	方孔筛尺寸(mm)						
		9.5	4.75	2.36	1.18	0.60	0.30	0.15
		水洗法通过各筛孔的质量百分率(%)						
Ⅰ级砂	2.3~3.1	100	90~100	80~95	50~85	30~60	10~20	0~10
Ⅱ、Ⅲ级砂	2.8~3.9	100	90~100	50~95	30~65	15~29	5~20	0~10

3)细集料坚固性

用于水泥混凝土的砂的坚固性是指砂在气候、环境变化或其他物理因素作用下抵抗破碎的能力。用硫酸钠溶液法检验,试样经5次循环后,其质量损失应符合表3-24的规定。

砂的坚固性指标 表3-24

混凝土所处的环境条件	循环后的质量损失(%)	试验方法
在寒冷地区室外使用,并经常处于潮湿或干湿交替状态下的混凝土	≤8	T 0340
在其他条件下使用的混凝土	≤10	

注:1.寒冷地区系指最寒冷月份的月平均温度低于-5C的地区。
2.当同一产源的砂,在类似的气候条件下使用已有可靠经验时,可不作坚固性试验。
3.对于有抗疲劳、耐磨、抗冲击要求的混凝土用砂,或有腐蚀介质作用或经常处于水位变化区的地下结构混凝土用砂,其坚固性质量损失率应小于8%。

4)有害物质含量

用于水泥混凝土的砂中云母、轻物质(表观密度小于2.0,如煤和褐煤等)、有机物、硫化物和硫酸盐等有害物质,其含量应符合表3-19和表3-20的规定。

6. 水

符合现行《生活饮用水卫生标准》(GB 5749)的饮用水可直接作为混凝土搅拌与养护用水。非饮用水应进行水质检验,并应符合表3-25的规定,还应与蒸馏水进行水泥凝结时间与水泥浆强度的对比试验;对比试验的水泥初凝与终凝时间差均不应大于30min,水泥胶砂3d和28d强度不应低于蒸馏水配制的水泥胶砂3d和28d强度的90%。

非饮用水质量标准

表3-25

项次	项目	钢筋混凝土及钢纤维混凝土	素混凝土	试验方法
1	pH值,≥	5.0	4.5	JGJ 63
2	Cl^-含量(mg/L),≤	1000	3500	
3	硫酸盐含量(mg/L),≤	2000	2700	
4	碱含量(mg/L),≤	1500	1500	
5	可溶物含量(mg/L),≤	5000	10000	
6	不溶物含量(mg/L),≤	2000	5000	
7	其他杂质	不应有漂浮的油脂和泡沫;不应有明显的颜色和异味		

7. 外加剂

外加剂的质量应符合现行《水泥混凝土外加剂》(GB 8076)的规定。

滑模摊铺施工的水泥混凝土面层宜采用引气高效减水剂;高温施工混凝土拌合物的初凝时间短于3h时,宜采用缓凝引气高效减水剂;低温施工混凝土拌合物的初凝时间长于10h时,宜采用早强引气高效减水剂。

第二节 路面基层(底基层)施工质量监理

一、基层的作用及对材料的基本要求

路面基层与底基层主要承受由面层传来的车辆荷载的垂直力,并扩散到下面的垫层(功能层)和土基中去,实际上基层与底基层是路面结构中的承重层,一般应有足够的强度和刚度、有足够的水稳定性和冰冻稳定性、有足够的抗冲刷能力、收缩性小、有足够的平整度、与面层结合良好等性能。公路路面常用的基层与底基层材料可分为三大类:柔性基层、半刚性基层、刚性基层。也可以分为:无机结合料稳定类、有机结合料稳定类和粒料类。

1. 用于路面基层材料土的一般定义

按照土中单个颗粒(指碎石、砾石和砂颗粒)的粒径大小和组成,将土分为细粒土、中粒土和粗粒土。

(1)细粒土:颗粒的最大粒径小于10mm,且其中小于2mm的颗粒含量不少于90%。

(2)中粒土:颗粒的最大粒径小于30mm,且其中小于20mm的颗粒含量不少于85%。

(3)粗粒土:颗粒的最大粒径小于50mm,且其中小于40mm的颗粒含量不少于85%。

2. 无机结合料稳定土组成材料要求

无机结合料稳定土的力学特性取决于材料组成,因此首先应对其材料的基本性质有所了解。

1)土

(1)水泥稳定土。

凡能被经济粉碎的土都可用水泥稳定,其最大颗粒和颗粒组成应满足规范的要求。对于细粒土而言,土的均匀系数应大于5,液限不应超过40,塑性指数不应大于17。

集料的压碎值要求为:对于二级及二级以下公路基层不大于35%;对于二级及二级以下公路底基层不大于40%;对于高速公路和一级公路底基层不大于30%,基层不大于26%。

(2)石灰稳定土。

塑性指数15~20的黏性土以及含有一定数量黏性土的中粒土和粗粒土均适宜于用石灰稳定。用石灰稳定不含黏性土或无塑性指数的级配砂砾、级配碎石和未筛分碎石时,应添加15%左右的黏性土。硫酸盐含量超过0.8%的土和有机质含量超过10%的土,不宜用石灰稳定。

石灰稳定土中集料压碎值要求:一般公路的底基层不大于40%;高速公路和一级公路的底基层不大于30%,二级及二级以下公路的基层不大于35%。

(3)石灰工业废渣土。

宜采用塑性指数12~20的黏性土(亚黏土),有机质含量超过10%的土不宜选用。最大颗粒和颗粒组成应满足规范的要求。集料压碎值要求同水泥稳定土。

2)水泥

普通水泥、矿渣水泥、火山灰水泥等都可使用,但应选用终凝时间较长(宜在6h以上)的水泥,快硬水泥、早强水泥以及已受潮变质的水泥不应使用。宜采用强度等级较低(如强度等级为32.5MPa)的水泥。

3)石灰

石灰质量应符合Ⅲ级以上的生石灰或消石灰的技术指标,要尽量缩短石灰的存放时间。石灰在野外堆放时间较长时,应妥善覆盖保管,不应遭日晒雨淋。对于高速公路和一级公路,宜采用磨细生石灰粉。

4)粉煤灰

粉煤灰中SiO_2、Al_2O_3和Fe_2O_3的总含量应大于70%,烧失量不应超过20%;其比面积宜大于2500cm^2/g。干粉煤灰和湿粉煤灰都可以应用,干粉煤灰如堆在空地上应加水,防止飞扬造成污染。湿粉煤灰的含水率不宜超过35%。使用时,应将凝固的粉煤灰块打碎或过筛,同时清除有害杂质。

5)煤渣

煤渣是经锅炉燃烧后的残渣,它的主要成分是SiO_2和Al_2O_3,它的松干密度在700~1100kg/m^3之间。煤渣的最大粒径不应大于30mm,颗粒组成宜有一定级配,且不含杂质。

6)强度标准

水泥稳定类、石灰稳定类、石灰粉煤灰稳定类的无机结合料稳定土强度标准见表3-26。

强度标准(MPa)　　表 3-26

<table>
<tr><td colspan="10">水泥稳定类</td></tr>
<tr><td rowspan="3">层位</td><td rowspan="3">稳定材料类型</td><td colspan="4">高速公路及一级公路</td><td colspan="4">二级及二级以下公路</td></tr>
<tr><td rowspan="2">压实度(%)</td><td colspan="3">抗压强度(MPa)</td><td rowspan="2">压实度(%)</td><td colspan="3">抗压强度(MPa)</td></tr>
<tr><td>极重、特重</td><td>重</td><td>中、轻</td><td>极重、特重</td><td>重</td><td>中、轻</td></tr>
<tr><td rowspan="2">基层</td><td>集料</td><td>≥98</td><td>5.0~7.0</td><td>4.0~6.0</td><td>3.0~5.0</td><td>≥97</td><td rowspan="2">4.0~6.0</td><td rowspan="2">3.0~5.0</td><td rowspan="2">2.0~4.0</td></tr>
<tr><td>细料土</td><td>—</td><td>—</td><td>—</td><td>—</td><td>≥95</td></tr>
<tr><td rowspan="2">底基层</td><td>集料</td><td>≥97</td><td rowspan="2">3.0~5.0</td><td rowspan="2">2.5~4.5</td><td rowspan="2">2.0~4.0</td><td>≥95</td><td rowspan="2">2.5~4.5</td><td rowspan="2">2.0~4.0</td><td rowspan="2">1.0~3.0</td></tr>
<tr><td>细粒土</td><td>≥95</td><td>≥93</td></tr>
<tr><td colspan="10">石灰稳定类</td></tr>
<tr><td rowspan="3">层位</td><td rowspan="3">稳定材料类型</td><td colspan="4">高速公路及一级公路</td><td colspan="4">二级及二级以下公路</td></tr>
<tr><td rowspan="2">压实度(%)</td><td colspan="3">抗压强度(MPa)</td><td rowspan="2">压实度(%)</td><td colspan="3">抗压强度(MPa)</td></tr>
<tr><td>极重、特重</td><td>重</td><td>中、轻</td><td>极重、特重</td><td>重</td><td>中、轻</td></tr>
<tr><td rowspan="2">基层</td><td>集料</td><td>—</td><td rowspan="2" colspan="3">—</td><td>≥97</td><td rowspan="2" colspan="3">≥0.8</td></tr>
<tr><td>细料土</td><td>—</td><td>≥95</td></tr>
<tr><td rowspan="2">底基层</td><td>集料</td><td>≥97</td><td rowspan="2" colspan="3">≥0.8</td><td>≥95</td><td rowspan="2" colspan="3">0.5~0.7</td></tr>
<tr><td>细粒土</td><td>≥95</td><td>≥93</td></tr>
<tr><td colspan="10">石灰粉煤灰稳定类</td></tr>
<tr><td rowspan="3">层位</td><td rowspan="3">稳定材料类型</td><td colspan="4">高速公路及一级公路</td><td colspan="4">二级及二级以下公路</td></tr>
<tr><td rowspan="2">压实度(%)</td><td colspan="3">抗压强度(MPa)</td><td rowspan="2">压实度(%)</td><td colspan="3">抗压强度(MPa)</td></tr>
<tr><td>极重、特重</td><td>重</td><td>中、轻</td><td>极重、特重</td><td>重</td><td>中、轻</td></tr>
<tr><td rowspan="2">基层</td><td>集料</td><td>≥98</td><td>≥1.1</td><td>≥1.0</td><td>≥0.9</td><td>≥97</td><td rowspan="2">≥0.9</td><td rowspan="2">≥0.8</td><td rowspan="2">≥0.7</td></tr>
<tr><td>细料土</td><td>—</td><td>—</td><td>—</td><td>—</td><td>≥95</td></tr>
<tr><td rowspan="2">底基层</td><td>集料</td><td>≥97</td><td rowspan="2">≥0.8</td><td rowspan="2">≥0.7</td><td rowspan="2">≥0.6</td><td>≥95</td><td rowspan="2">≥0.7</td><td rowspan="2">≥0.6</td><td rowspan="2">≥0.5</td></tr>
<tr><td>细粒土</td><td>≥95</td><td>≥93</td></tr>
</table>

二、路面基层的类型

基层(底基层)可分为粒料类和无机结合料稳定类。

1. *粒料类基层(底基层)*

粒料类常分为嵌锁型和级配型,目前常用的有填隙碎石(嵌锁型)、级配碎(砾)石、天然砂砾(级配型)几种。粒料类基层(底基层)的主要特点是透水性大、施工方便。我国大都将此类结构作为高速公路、一级公路的底基层或垫层,有些国家用级配碎(砾)石修筑基层或底基层,还用作沥青面层与半刚性基层间的联结层。

嵌锁型粒料基层的整体强度主要依靠碎石颗粒之间的嵌锁和摩阻作用,颗粒间的黏结力很小,即这种结构层的抗剪强度主要取决于剪切面上的法向应力和材料的内摩擦角。内摩擦角由三项因素构成:粒料表面的相互滑动摩擦、剪切时体积膨胀而需克服的阻力、粒料重新排列而受到的阻力。因此,嵌锁型结构强度主要取决于石料的强度、形状、尺寸、均匀性、表面粗糙度以及施工时的压实程度。当石料强度高,形状接近立方体、有棱角、尺寸均匀、表面粗糙、压实度高时,结构层的强度就高。

级配型粒料基层的强度和稳定性取决于内摩擦角和黏结力的大小。即其强度与稳定性在很大程度上取决于集料的类型(碎石、砾石或碎砾石)、集料的最大粒径和级配以及混合料中0.5mm以下细粒的含量及塑性指数,同时还与其密实程度有关。因此,对级配型粒料,主要控制最大粒径、细粒含量及其塑性指数和现场压实度。

2.无机结合料稳定类基层(底基层)

无机结合料稳定类基层又称半刚性基层,常用的半刚性基层的类型包括:

(1)水泥稳定类。主要有水泥稳定土、水泥稳定碎石(或砂砾)及水泥稳定为筛分碎石(或石屑、石渣)等。

(2)石灰稳定类。主要有石灰土、石灰碎石土、石灰砾石土以及石灰土稳定级配碎石和级配砂砾等。

(3)综合稳定类。主要有水泥石灰综合稳定土、水泥石灰稳定碎石(或砾石)、水泥石灰稳定煤渣等。

(4)石灰工业废渣类。主要有石灰粉煤灰(以下简称二灰)土、二灰砂、二灰砂砾、二灰碎石等,石灰煤渣、石灰煤渣土、石灰煤渣碎石(或砂砾)、石灰煤渣矿渣等。

半刚性基层(底基层)具有良好的力学性能,强度高、水稳定性好、板体性好。其强度不仅与使用材料的本身性质有关,更主要的是混合料加水拌和碾压后发生的一系列物理-化学作用,强度随时间增长而逐渐提高。但这类基层的最大缺点是干缩或低温收缩时易产生裂缝。为减少开裂,可在混合料中掺入60%~80%的粒料。无机结合料稳定粒料基层中,水泥稳定碎石(或石屑)的强度较高,适宜用作大交通重轴载道路的基层,而无机结合料稳定土(如水泥土、石灰土、二灰土等)仅适宜用作高级路面的底基层。由此可见,无机结合料稳定类基层的力学特性不仅与各组成材料本身的性质有关,而且与混合料的配合比有关。

三、基层(底基层)混合料配合比设计

1.混合料试验项目

1)重型击实试验

确定最佳含水率和最大干密度,以规定工地碾压时的合适含水率和应达到的最大干密度;确定制备强度试验和耐久性试验的试件所应该用的含水率和干密度;确定制备承载比试件的材料含水率。

2)承载比

根据工地预期干密度下的承载比,确定材料是否适宜作基层或底基层。

3)抗压强度

进行材料组成设计,选定最适宜用于水泥或石灰稳定的材料(包括土),规定施工中所用的结合料剂量,为工地提供质量评定标准。

4)耐久性

用于湿循环或冻融循环试验确定适宜于用石灰或水泥稳定的材料,探索石灰水泥稳定材料在潮湿冰冻条件下的使用性能。

2. 混合料配合比设计的一般方法

1)一般原则

混合料配合比设计要求达到的目标是:所设计的混合料组成在强度上满足设计要求,抗裂性达到最优且便于施工,而配合比设计的基本原则是结合料剂量合理,尽可能采用综合性能稳定的集料,且集料应有一定的级配。

混合料组成中,结合料剂量太低则不能成为半刚性材料,剂量太高则刚度太大,容易脆裂。实际上,限制低剂量是为了保证整体材料具有基本的抗拉强度,以满足荷载作用的强度要求,限制高剂量可使模量不致过大,避免结构产生太大的拉应力,同时降低收缩系数,使结构层不会因温度变化而引起拉伸破坏。

采用水泥、石灰综合稳定时,混合料中掺入一定数量的水泥可提高早期强度,掺入一定数量的石灰可使刚度不会太大,掺入一定数量的粉煤灰可以降低收缩系数,必要时可根据材料性质和施工季节,加入早强剂或其他外掺剂。

集料应有一定的级配,集料数量以达到靠拢而不紧密为原则(骨架密实结构),其空隙让无机结合料填充,形成各自发挥优势的稳定结构。因此,较为理想的基层材料应是石灰、粉煤灰、水泥综合稳定粒料等半刚性材料。半刚性基层材料中结合料和集料的种类繁多,应以就地取材为前提,并根据以上原则通过试验求得合理组成,以充分发挥其优势。

2)配合比设计方法

混合料配合比设计的主要内容是根据表3-26的强度标准值,通过试验选取适宜于稳定的材料,确定材料的配比及最大干密度和最佳含水率。表中所列数值指7d(湿养6d、浸水1d)的无侧限抗压强度。

具体设计步骤如下:

(1)制备同一种土样、不同结合料剂量的混合料,水泥和石灰的剂量可参考表3-27、表3-28所列数值。

水泥剂量参考值 表3-27

土类	层位	水泥剂量(%)				
中粒土和粗粒土	基层	3	4	5	6	7
	底基层	3	4	5	6	7
塑性指数小于12的土	基层	5	7	8	9	11
	底基层	4	5	6	7	9
其他细粒土	基层	8	10	12	14	16
	底基层	6	8	9	10	12

二灰稳定类混合料试件的制备可根据不同情况进行。对于石灰粉煤灰,采用石灰粉煤灰作基层或底基层时,石灰与粉煤灰之比可以是1∶2~1∶9。采用石灰粉煤灰土作基层或底基层时,石灰与粉煤灰之比常用1∶2~1∶4(对于粉土,以1∶2为宜)。石灰粉煤灰与细粒土的

比例可以是30∶70～90∶100。采用石灰粉煤灰粒料作基层或底基层时，石灰与粉煤灰的配比常用1∶2～1∶4，石灰粉煤灰与级配粒料（中粒土和粗粒土）的配比可以是1∶4～1∶6，石灰粉煤灰与粒料的配比也可以用1∶1左右，但后者可能强度较低，裂缝较多。

石灰剂量参考值　　表3-28

土　类	层　位	石灰剂量（%）				
砂砾土和碎石土	基层	3	4	5	6	7
塑性指数小于12的黏性土	基层	10	12	13	14	16
	底基层	8	10	11	12	14
塑性指数大于12的黏性土	基层	5	7	9	11	13
	底基层	5	7	8	9	11

（2）采用重型击实试验确定各种混合料的最佳含水率和最大干密度。至少做三个不同水泥或石灰剂量混合料的击实试验，即最小剂量、中间剂量和最大剂量。其他剂量混合料的最佳含水率和最大干密度用内插法确定。

（3）按工地预定达到的压实度，分别计算不同结合料剂量时试件应有的干密度。

（4）按最佳含水率和计算得到的干密度制备试件，进行强度试验。作为平行试验的试件数量应符合表3-29中的规定。如试验结果的偏差系数大于表中规定的值，则应重做试验，并找出原因，加以解决。如不能降低偏差系数，则应增加试验数量。

最少的试验数量　　表3-29

稳定土类型	下列偏差系数时的试验数量		
	小于10%	10%～15%	15%～20%
细粒土	6	9	
中粒土	6	9	13
粗粒土		9	13

（5）试件在规定温度下保湿养护6d，浸水1d，进行无侧限抗压强度试验，试验温度为：冰冻地区20℃±2℃，非冰冻地区25℃±2℃。计算试验结果的平均值和偏差系数。

（6）根据强度标准，选定合适的结合料剂量。此剂量条件下，试件室内试验结果的平均抗压强度R应满足式（3-2）的要求：

$$R \geqslant \frac{R_d}{1 - Z_\alpha C_V} \tag{3-2}$$

式中：R_d——设计抗压强度；

C_v——试验结果的偏差系数（以小数计）；

Z_α——标准正态分布中随保证率（或置信度α）而变的系数，高速公路和一级公路应取保证率95%，即$Z_a=1.645$；二级及二级以下公路应取保证率90%，即$Z_a=1.282$。

工地实际采用的石灰或水泥剂量应较室内试验确定的剂量多0.5%～1.0%。

石灰土稳定碎石和石灰土稳定砂砾，仅对其中的石灰土进行组成设计，对碎石和砂砾，只要求其具有较好的级配。石灰土与碎石砂砾的质量比宜为1∶4。二灰稳定粒料的组成设计，则应包括全部混合料（或25mm以下的粒料）。条件不具备时，可仅对二灰进行组成设计，确定二灰的配合比后,在二灰中掺入一定比例的粒料。

四、基层(底基层)施工准备阶段的质量控制

基层(底基层)施工前,监理工程师应检查审核以下几个方面:

(1)施工机械设备。主要指摊铺设备、压实机械及其他机械设备的数量、型号,生产能力等。

(2)混合料拌和厂的位置、拌和设备以及运输车辆能否满足质量要求及连续施工的要求。

(3)路用原材料:检查土、粗细集料、结合料等各种原材料,要求满足现行《公路路面基层施工技术准备细则》(JTG/T F20)的要求。

(4)混合料配合比设计试验报告,检查原材料的试验结果及混合料的击实试验、承载比、抗压强度的试验结果。

(5)试验路段施工与总结报告。在正式开工前至少一个月,承包人应在监理工程师批准的地点自费铺筑一段面积为400～800m^2的基层(底基层)试验路段。如经验收合格,可作为主体工程的一部分。

承包人应提供用于试验路段的原材料、混合料组成设计,以及备料、拌和、摊铺、碾压、养护设备一览表和施工程序、施工工艺及操作计划等详细书面说明,并报监理工程师审核批准。

铺筑试验路段的目的是:检验承包人提出施工方案和施工方法的适用性,检验拌和、摊铺与压实机械所具有的实际效果,检验和确认基层(底基层)施工中各道工序的质量控制指标,并提出保证质量的有效措施及质量检验的试验方法。最终获得大面积基层(底基层)施工时的各项技术参数。

通过试验路段的修筑,需提交正式施工的技术参数包括:

①用于正式施工的基层(底基层)材料的配合比。

②材料的松铺系数。

③水泥稳定类材料施工的允许延迟时间。

④标准的施工方法:

a. 混合料的数量控制方法;

b. 混合料摊铺方法和适用的机具;

c. 拌和机械是否适用,正确的拌和方法、拌和深度及拌和遍数;

d. 混合料最佳含水率的控制方法;

e. 压实机械的选择和组合,压实的顺序、速度和遍数;

f. 现场密实度的检查方法,初定每一作业段的最小检查数量;

g. 整平和整型的合适机具和方法。

⑤确定每一作业段的合适长度。

⑥确定一次铺筑的合适厚度。

(6)签发路面底基层和基层开工通知单。

路面基层(底基层)质量监理工作流程图如图3-1所示。

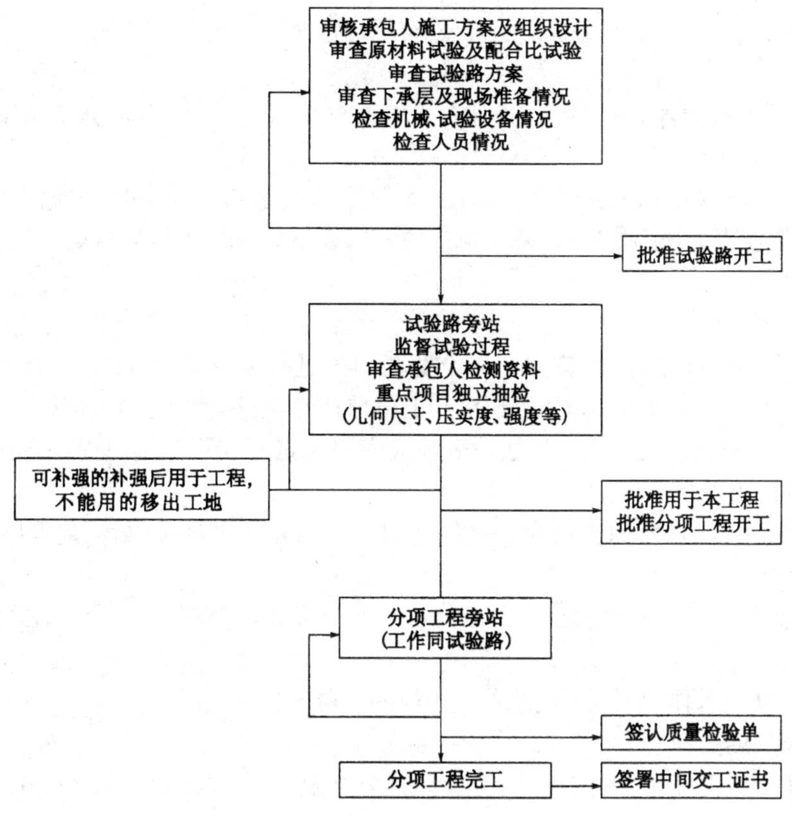

图 3-1 路面基层(底基层)质量监理工作流程图

五、基层(底基层)施工阶段的质量控制

1. 水泥稳定砂砾(碎石)、石灰粉煤灰稳定砂砾(碎石)施工

1)拌和与运输

(1)水泥稳定混合料或二灰稳定混合料的拌和应采用厂拌法(振动拌和)。

(2)厂拌的设备及布置位置应在拌和以前提交监理工程师并取得批准。水泥、石灰、粉煤灰与集料应准确过秤,按质量比例掺配,并以质量比加水。拌和时加水时间及加水量应有记录,以提交监理工程师检验。

(3)当进行拌和操作时,稳定料加入方式应能保证自始至终均匀分布于被稳定材料中。应在通向称量漏斗或拌和机的供应线上为抽取试样提供安全方便的设备。拌和机内的死角中得不到充分搅动的材料,应及时排除。

(4)运输混合料的运输设备,应分散设备的压力,均匀地在已完成的铺筑层整个表面上通过,速度宜缓,以减少不均匀碾压或车辙。

(5)当厂拌离摊铺距离较远,混合料在运输中应加以覆盖以防水分蒸发,保持装载高度均匀以防离析。应注意卸料速度、数量与摊铺厚度及宽度。拌和好的混合料要尽快摊铺。

2)摊铺和整型

(1)摊铺必须采用监理工程师批准的机械进行,使混合料按要求的松铺厚度,均匀地摊铺在要求的宽度上。

(2)摊铺时混合料的含水率宜高于最佳含水率0.5% ~1.0%,以补偿摊铺及碾压过程中的水分损失。

(3)当压实层厚度超过20cm时,应分层摊铺,最小压实厚度为10cm。先摊铺的一层应经过整型和压实,经监理工程师批准后,将先摊铺的一层表面翻松后再继续摊铺上层,并按规定的路拱进行整型。

3)碾压

(1)混合料经摊铺和整型后,应立即在全宽范围内进行碾压。直线段,由两侧向中心碾压;超高段,由内侧向外侧碾压。每道碾压应与上道碾压相重叠,使每层整个厚度和宽度完全均匀地压实到规定的密实度为止。压实后表面应平整无轮迹或隆起,且断面正确,路拱符合要求。

(2)碾压过程中,混合料的表面应始终保持潮湿。如表面水蒸发得快,应及时补洒少量的水。

(3)严禁压路机在已完成的或正在碾压的路段上掉头和紧急制动,以保证结构层表面不受破坏。

(4)施工中,从加水拌和到碾压终了的延迟时间不应超过规定时间。

4)接缝和掉头的处理

施工接缝和压路机掉头,应按现行《公路路面基层施工技术细则》(JTG/T F20)的规定处理。

5)养护

碾压完成后应立即进行养护。养护时间不应少于7d。养护方法可视具体情况采用洒水,或采用沥青乳液等。养护期间应封闭交通,不能封闭时,应将车速限制在30km/h以下,且应禁止重型车辆通行。

6)气候条件

工地气温低于5℃时,不应进行施工。雨季施工,应特别注意天气变化,勿使水泥和混合料受雨淋。降雨时应停止施工,但已摊铺的混合料应尽快碾压密实。

7)取样和试验

混合料应在施工现场每天取样一次或每拌和250t混合料取样一次,并按《公路工程无机结合料稳定材料试验规程》(JTG E51—2009)标准方法进行含水率、稳定剂用量和无侧限抗压强度试验。按《公路工程无机结合料稳定材料试验规程》(JTG E51—2009)规定进行压实度试验,并检查其他项目。所有试验结果,均报监理工程师审批,所发生的一切费用,由承包人负责。

2. 石灰土稳定砂砾基层、水泥石灰稳定土基层施工

1)一般要求

(1)石灰土稳定砂砾、水泥石灰稳定土基层应在热季到来之前和热季组织施工,施工期最低气温应在5℃以上。多雨地区,应避免在雨季进行施工。

(2)石灰土稳定砂砾、水泥石灰稳定土宜用中心站集中拌和的办法施工,也可用路拌法施工。

(3)当基层压实采用12～15t三轮压路机碾压时,每层的压实厚度不应超过15cm,用18～20t三轮压路机碾压时,每层的压实厚度不应超过20cm。压实厚度超过上述规定时,应分层铺筑,分层最小压实厚度为10cm。

(4)当铺筑层不只一层时,先铺筑的一层,应将表面轻轻地耙松,并在铺筑下一层之前洒水湿润使后铺的一层相互结构良好。

2)准备工作

(1)在新完成并经验收的下承层上测量恢复中线,直线段每20～25m设一排桩,平曲线每10～15m设一排桩,并进行水平测量以确定基层的铺装厚度。

(2)根据监理工程师批准的配合比在料场用强制式拌和机或双转轴桨叶式拌和机生产集料,拌和时应做到:土块要粉碎;配料要准确;含水率要略大于最佳含水率;拌和要均匀。

3)摊铺

(1)混合料堆置时间不应过长,尤其雨季施工一定要做到当天堆置,当天摊铺、整型、碾压。

(2)用平地机或摊铺机按摊铺厚度将混合料摊铺均匀,如发现有粗细颗粒离析现象,应用机械或人工补充拌匀。

4)碾压

(1)整型后,当混合料处于最佳含水率±1%时进行碾压,如表面水分不足,应适当洒水。

(2)用12t以上三轮压路机、重型轮胎压路机或振动压路机在路基全宽内进行碾压。直线段,由两侧路肩向路中心碾压;平曲线段,由内侧路肩向外侧路肩进行碾压。碾压时,后轮应重叠1/2的轮宽,并必须超过两段的接缝处。后轮压实路面全宽时,即为一遍,进行碾压直到要求的密度为止。一般需碾压6～8遍。压路机的碾压速度,头两遍以采用1挡(1.5～1.7km/h)为宜,以后用2挡(2.0～2.5km/h)。

(3)在路面的两侧,应多压2～3遍。

(4)严禁压路机在作业段上掉头和紧急制动。

(5)在碾压结束前,用平地机终平一次,使其纵向顺适,路拱及超高均符合设计要求,终平应仔细进行。

5)养护

(1)每一段碾压完成并经压实度检查合格后,即开始进行养护。

(2)应用湿砂进行养护。用砂覆盖时,砂层应厚7～10cm。砂铺均匀后,立即洒水。在整个养护期间都应使砂保持潮湿状态。也可以用潮湿的帆布、粗麻布、草帘或其他合适的材料覆盖,但不得用湿黏性土覆盖。养护结束后,必须将覆盖物清除干净。

(3)也可用洒水车经常洒水,每天洒水次数,应视气候而定。要求在整个养护期间始终保持表面潮湿,不应时干时湿。

(4)养护不宜少于7d。除洒水车外,应封闭交通。

(5)养护期满后,进行工程质量验收,立即喷洒透层沥青,并在5～7d内铺筑沥青面层。

3. 粒料基层(底基层)施工

1)级配碎石施工

级配碎石施工的一般要求如下:

(1)用于二级及二级以上公路底基层的级配碎石应预先筛分成几组不同粒径的碎石(如37.5~19mm,19~9.5mm,9.5~4.75mm的碎石)及4.75mm以下的石屑组配而成。

(2)在其他等级公路上,级配碎石可用未筛分碎石和石屑组配而成。

(3)缺乏石屑时,可以添加细砂砾或粗砂。也可以用颗粒组成合适的含细集料较多的砂砾与未筛分碎石组配成级配碎砾石。

(4)级配碎石可用于各级公路的基层和底基层。

(5)级配碎石可用作较薄沥青层与半刚性基层之间的中间层。

(6)当级配碎石用作二级及二级以下公路的基层时,其最大粒径应控制在37.5mm以内;当级配碎石用作高速公路和一级公路的基层以及半刚性路面的中间层时,其最大粒径宜控制在31.5mm以下。

(7)级配碎石层施工时,应遵守下列规定:

①颗粒组成应是一条顺滑的曲线;

②配料必须准确;

③塑性指数应符合规定;

④混合料必须拌和均匀,没有粗细颗粒离析现象;

⑤在最佳含水率时进行碾压,直到达到按重型击实试验法确定的要求压实度:中间层100%;基层98%;底基层96%;

⑥应使用12t以上的三轮压路机碾压,每层的压实厚度不应超过15~18cm。用重型振动压路机和轮胎压路机碾压时,每层的压实厚度可达20cm;

⑦级配碎石基层未洒透层沥青或未铺封层时,禁止开放交通,以保护表层不受破坏。

(8)级配碎石用作半刚性路面的中间层以及用作二级以上公路的基层时,应采用集中厂拌法拌制混合料,并用摊铺机摊铺混合料。

级配碎石中心站集中厂拌法施工:

①级配碎石混合料可以在中心站用多种机械进行集中拌和,如强制式拌和机、卧式双转轴桨叶式拌和机、普通水泥混凝土拌和机等。

②对于高速公路和一级公路的级配碎石基层和中间层,宜采用不同粒级的单一尺寸碎石和石屑,按预定配合比在拌和机内拌制级配碎石混合料。

③不同粒级的碎石和石屑等细集料应隔离,分别堆放。

④细集料应有覆盖,防止雨淋。

⑤在正式拌制级配碎石混合料之前,必须先调试所用的厂拌设备,使混合料的颗粒组成和含水率都能达到规定的要求。

⑥在采用未筛分碎石和石屑时,如未筛分碎石或石屑的颗粒组成发生明显变化,应重新调试设备。

⑦将级配碎石用于高速公路和一级公路时,应用沥青混凝土摊铺机或其他碎石摊铺机摊铺碎石混合料,摊铺机后面应设专人消除粗细集料离析现象。级配碎石用于二级及二级以下

公路时，如没有摊铺机，也可用摊铺箱或自动平地机进行摊铺施工。

⑧在任何情况下，拌和的混合料都应均匀，含水率适当，无粗细颗粒离析现象。

(9)级配碎石应在最佳含水率时遵循先轻后重的原则进行碾压，并碾压至要求的压实度。用振动压路机、三轮压路机进行碾压。

①摊铺后，当混合料的含水率等于或略大于最佳含水率时，立即用12t以上三轮压路机、振动压路机或轮胎压路机进行碾压。直线和不设超高的平曲线段，由两侧路肩开始向路中心碾压；在设超高的平曲线段，由内侧路肩向外侧路肩进行碾压。碾压时，后轮应重叠1/2轮宽；后轮必须超过两段的接缝处。后轮压完路面全宽时，即为一遍。碾压一直进行到要求的密实度为止。一般需碾压6~8遍，应使表面无明显轮迹。压路机的碾压速度，头两遍以1.5~1.7km/h为宜，以后以2.0~2.5km/h。

②路面的两侧应多压2~3遍。

③严禁压路机在已完成的或正在碾压的路段上掉头或紧急制动。

(10)级配碎石基层，如没有摊铺机，也可用自动平地机(或摊铺箱)摊铺混合料。

①根据摊铺层的厚度和要求达到的压实干密度，计算每车混合料的摊铺面积。

②将混合料均匀地卸在路幅中央，路幅宽时，也可将混合料卸成两行。

③用平地机将混合料按松铺厚度摊铺均匀。

④设一个三人小组跟在平地机后面，及时消除粗细集料离析现象。对于粗集料“窝”和粗集料“带”，应添加细集料，并拌和均匀；对于细集料“窝”，应添加粗集料，并拌和均匀。

(11)用平地机摊铺级配碎石基层混合料后的整型应按下列步骤进行：

①混合料拌和均匀后，立即用平地机初步整平和整型。在直线段，平地机由两侧向路中心进行刮平；在曲线段，平地机由内侧向外侧进行刮平。必要时，再返回刮一遍。

②用推土机、平地机或轮胎压路机立即在初平的路段上快速碾压一遍，以暴露潜在的不平整。

③用平地机再进行整型，再碾压一遍。

④对于局部低洼处，应用齿耙将其表面层5cm以上耙松，并用新拌的水泥混合料进行找补整平。

⑤再用平地机整型一次。

⑥每次整型都应按照规定的横坡和路拱进行。应特别注意接缝必须顺适平整。

⑦当用人工整型时，应用揪和耙先将混合料摊平，用路拱板进行初步整型。用推土机初压1~2遍后，根据实测的压实系数，确定纵横断面的高程，并设置标记和挂线。利用揪耙按线整型，并再用路拱板校正成型。

⑧在整型过程中，严禁任何车辆通行，并配合人工消除粗细集料窝。

(12)集中厂拌法施工时的横向接缝按下述方法处理：

①用摊铺机摊铺混合料时，靠近摊铺机当天未压实的混合料，可与第二天摊铺的混合料一起碾压，但应注意此部分混合料的含水率。必要时，应人工补充洒水，使其含水率达到规定的要求。

②用平地机摊铺混合料时，两作业段的衔接处，应搭接拌和。第一段拌和后，留5~8m不进行碾压，第二段施工时，前段留下未压部分与第二段一起拌和整平后进行碾压。

(13)应避免纵向接缝。如摊铺机的摊铺宽度不够,必须分两幅摊铺时,宜采用两台摊铺机一前一后相隔5~8m同步向前摊铺混合料。在仅有一台摊铺机的情况下,可先在一条摊铺带上摊铺一定长度后,再开到另一条摊铺带上摊铺,然后一起进行碾压。

(14)在不能避免纵向接缝的情况下,纵缝必须垂直相接,不应斜接,并按下述方法处理:

①在前一幅摊铺时,在靠后一幅的一侧应用方木或钢模板作支撑,方木或钢模板的高度与级配碎石层的压实厚度相同;

②在摊铺后一幅之前,将方木或钢模板除去;

③如在摊铺前一幅时未用方木或钢模板支撑,靠边缘的30cm左右难于压实,而且形成一个斜坡,在摊铺后一幅时,应先将未完全压实部分和不符合路拱要求部分挖松并补充洒水,待后一幅混合料摊铺后一起进行整平和碾压。

2)级配砾石施工

级配砾石施工一般要求如下:

(1)天然砂砾符合规定的级配要求,而且塑性指数在6~9以下时,可以直接用作基层。

(2)塑性指数偏大的砂砾,可加少量石灰降低其塑性指数,也可以用无塑性的砂或石屑进行掺配,使其塑性指数降低到符合要求,或塑性指数与细土(粒径小于0.5mm的颗粒)含量的乘积符合要求。

(3)可在天然砂砾中掺加部分碎石或轧制碎石,以提高混合料的强度和稳定性。天然砂砾掺加部分未筛分碎石组成的混合料的强度和稳定性介于级配碎石和级配砾石之间。

(4)级配砾石可适用于轻交通的二级及二级以下公路的基层以及各级公路的底基层。

(5)级配砾石层施工时,应遵循下列规定:

①颗粒级配应符合规定;

②配料应准确;

③塑性指数应符合规定;

④混合料应拌和均匀,没有粗细颗粒离析现象;

⑤在最佳含水率时进行碾压,直到达到下列按重型击实试验法确定的要求压实度:基层为98%;底基层为96%。

⑥级配砾石应用12t以上三轮压路机碾压,每层的压实厚度不应超过15~18cm。用重型振动压路机和轮胎压路机碾压时,每层的压实厚度不应超过20cm;

⑦级配砾石基层未洒透层沥青或未铺封层时,禁止开放交通,以保护表层不受破坏。

(6)级配砾石施工。

①级配砾石施工的工艺流程如下:准备下承层──→施工放样──→运输和摊铺主要集料──→运输和摊铺掺配集料──→洒水拌和──→整型──→碾压。

②准备下承层,同半刚性基层施工的要求。

③施工放样,同半刚性基层施工的要求。

④计算材料用量。根据各路段基层或底基层的宽度、厚度及预定的干密度,计算各段需要的集料数量。如级配砾石系用两种集料合成时,分别计算两种集料的数量;根据料场集料的含水率以及所用运料车辆的吨位,计算每车材料的堆放距离。

⑤运输和摊铺集料。

a. 集料装车时,应控制每车料的数量基本相等。

b. 同一料场供料的路段内,由远到近将料按前述计算的距离卸置于下承层上。卸料距离应严格掌握,避免料不够或过多。采用两种集料时,应先将主要集料运到路上,待主要集料摊铺后,再运另一种集料并摊铺。如粗细两种集料的最大粒径相差很多,应在粗集料处于潮湿状态下摊铺细集料。

c. 料堆每隔一定距离应留一个缺口。

d. 集料在下承层上的堆置位置,堆置时间不宜过长。运送集料较摊铺集料工序宜只提前数天。

e. 应通过试验确定集料的松铺系数,并确定松铺厚度。人工摊铺混合料时,其松铺系数为1.40~1.50;平地机摊铺混合料时,其松铺系数为1.25~1.35。

f. 用平地机或其他合适的机具将料均匀地摊铺在预定的宽度上,表面应力求平整,并有规定的路拱。应同时摊铺路肩用料。

g. 检查松铺材料层的厚度是否符合预计要求,必要时,应进行减料或补料工作。

(7)拌和及整型。

①用平地机拌和时,每一作业段的长度宜为300~500m。

a. 拌和时,平地机刀片的安装角度宜符合规定。一般需拌和5~6遍。拌和过程中,用洒水车洒足所需的水分。拌和结束时,混合料的含水率应均匀,并较最佳含水率大1%左右。应无粗细颗粒的离析现象。

b. 使用符合级配要求的天然砂砾时,如摊铺后混合料有粗细颗粒离析现象,应用平地机进行补充拌和。

c. 用平地机将拌和均匀的混合料按规定的路拱进行整平和整型。

d. 用拖拉机、平地机和轮胎压路机在已初平的路段上快速碾压一遍,以暴露潜在的不平整。

e. 再用平地机进行整平和整型。

②用拖拉机牵引四铧犁或五铧犁进行拌和时,每一作业段的长度宜为100~150m。第一遍由路中心开始,将混合料向中间翻,同时机械应慢速前进。第二遍则应从两边开始,将混合料向外翻。拌和过程中,用洒水车洒足所需水分。拌和遍数以双数为宜,一般需拌和6遍。

拌和结束时,混合料含水率应均匀,并较最佳含水率大1%左右,且无离析现象。用平地机或用其他机具按规定的路拱进行整平和整型。在整型过程中,严禁任何车辆通行。

(8)碾压的有关要求同级配碎石施工。

(9)横缝的处理同级配碎石施工。

(10)纵缝的处理同级配碎石施工。

3)填隙碎石

填隙碎石施工的一般规定:

(1)填隙碎石可采用干法或湿法施工,干旱缺水地区宜采用干法施工。

(2)单层填隙碎石的压实厚度宜为公称最大粒径的1.5~2.0倍。

(3)缺乏石屑时,可以添加细粒砂或粗砂等细集料。

(4)填隙碎石可用于各等级公路的底基层和二级以下公路的基层。

(5)填隙碎石施工时,应遵循下列规定:

①细集料应干燥。

②应采用振动轮每米宽质量不小于1.8t的振动压路机进行碾压。填隙料应填满粗碎石层内部的全部孔隙。碾压后,表面粗碎石间的孔隙应填满,但不得使填隙料覆盖粗集料而自成一层,表面应看得见粗碎石。碾压后基层的固体体积率应不小于85%,底基层的固体体积率应不小于83%。

③填隙碎石基层未洒透层沥青或未铺封层时,禁止开放交通。

填隙碎石的施工:

(1)填隙碎石施工时,应符合下列规定:

①填隙料应干燥。

②宜采用振动压路机碾压,碾压后,表面集料间的空隙应填满,但表面应看得见集料。填隙碎石层上铺沥青面层时,宜使集料的棱角外露3~5mm。

③碾压后基层的固体体积率宜不小于85%,底基层的固体体积率宜不小于83%。

④填隙碎石基层未洒透层沥青或未铺封层时,不得开放交通。

(2)填隙碎石施工前,应按《公路路面基层施工技术细则》(JTG/T F20—2015)的要求准备下承层和施工放样。

(3)应根据各路段基层或底基层的宽度、厚度及松铺系数,计算各段需要的集料数量,并应根据运料车辆的车厢体积,计算每车的堆放距离。填隙料的用量宜为集料质量的30%~40%。

(4)材料装车时,应控制每车料的数量基本相等。

(5)应由远到近将集料按计算的距离卸置于下承层上,应严格控制卸料距离。

(6)用平地机或其他合适的机具将集料均匀地摊铺在预定的范围内,表面应平整,并有规定的路拱。应同时摊铺路肩用料。

(7)应检验松铺材料层的厚度,不满足要求时应减料或补料。

①干法施工。

a.初压宜用两轮压路机碾压3~4遍,使集料稳定就位,初压结束后,表面应平整,并具有规定的路拱和纵坡。

b.填隙料应采用石屑撒布机或类似的设备均匀地撒铺在已压稳的集料层上,松铺厚度宜为25~30mm;必要时,用人工或机械扫匀。

c.应采用振动压路机慢速碾压,将全部填隙料振入集料间的孔隙中。如无振动压路机,可采用重型振动板。路面两侧宜多压2~3遍。

d.再次撒布填隙料,松铺厚度宜为20~25mm。应用人工或机械扫匀。

e.同c,再次振动碾压;局部多余的填隙料应扫除。

f.碾压后,应对局部填隙料不足之处进行人工找补,并用振动压路机继续碾压,直至全部空隙被填满,应将局部多余的填隙料扫除。

g.填隙碎石表面孔隙全部填满后,宜再用重型压路机碾压1~2遍。在碾压过程中,不应有任何蠕动现象。在碾压之前,宜在表面先洒少量水,洒水量宜不少于为3kg/m^2。

h.需分层填筑时,应将已压成的填隙碎石层表面集料外露5~10mm,然后在其上摊铺第二层集料,并按上述a~g要求施工。

基层(底基层)完工验收阶段的质量控制要求 表 3-30

项次			水泥土基层和底基层				水泥稳定粒料基层和底基层				石灰土基层和底基层				石灰稳定粒料基层和底基层				石灰、粉煤灰土基层和底基层				石灰、粉煤灰稳定粒料基层和底基层				级配碎(砾)石基层和底基层				填隙碎石(矿渣)基层和底基层				检查方法和频率
基本要求			(1)土质应符合设计要求,土块应经粉碎;(2)水泥、石灰、土的用量应按设计要求控制准确;(3)路拌深度应达到层底;(4)混合料处于最佳含水率状况下,用重型压路机碾压至要求的压实度,水泥稳定类从加水拌和到碾压终了的时间不应超过3~4h,并应短于水泥的终凝时间;(5)碾压检查合格后应立即覆盖或洒水养护,养护期应符合规范要求;(6)粒料应符合设计和施工技术规范要求,并应根据当地料源选择质坚干净的粒料;矿渣应分解稳定,未分解渣块应予剔出;(7)矿料级配应按设计控制准确;(8)摊铺时应注意消除离析现象;(9)石灰质量应符合设计要求,灰块需经充分消解才能使用,未消解的生石灰块必须剔出;(10)混合料配合比应准确,不得含有灰团和生石灰块;(11)二灰稳定类应先用轻型压路机稳压,再用重型压路机碾压至要求的压实度;(12)级配碎(砾)石基层和底基层配料必须准确,塑性指数必须符合规定;(13)填隙碎石(矿渣)基层应用振动压路机碾压,使填封料(5mm以下的轧制细料或粗砂)填满粗粒料空隙																																		
实测项目	检查项目		规定值或允许偏差																																
			基层		底基层		基层		底基层		基层		底基层		基层		底基层		基层		底基层		基层		底基层		基层		底基层		基层		底基层		
			高速公路一级公路	其他公路	高速公路一级公路	其他公路	高速公路一级公路	其他公路	高速公路一级公路	其他公路	高速公路一级公路	其他公路	高速公路一级公路	其他公路	高速公路一级公路	其他公路	高速公路一级公路	其他公路	高速公路一级公路	其他公路	高速公路一级公路	其他公路	高速公路一级公路	其他公路	高速公路一级公路	其他公路	高速公路一级公路	其他公路	高速公路一级公路	其他公路	高速公路一级公路	其他公路	高速公路一级公路	其他公路	
	压实度(%)	代表值		95	95	93	98	97	96	95		95	95	93		97	96	95		95	95	93	98	97	96	95	98	98	96	96		85	85	83	每200m每车道2处
		极值		91	91	89	94	93	92	91		91	91	91		93	92	91		91	91	89	94	93	92	91	94	94	92	92		82	82	80	
	平整度(mm)			12	12	15	8	12	12	15		12	12	15		12	12	15		12	12	15	8	12	12	15	8	12	12	15		12	12	15	3m直尺:每200m测2处×10尺
	纵断高程(mm)			+5 −15	+5 −15	+5 −20	+5 −10	+5 −15	+5 −15	+5 −20		+5 −15	+5 −15	+5 −20		+5 −15	+5 −15	+5 −20		+5 −15	+5 −15	+5 −20	+5 −10	+5 −15	+5 −15	+5 −20	+5 −10	+5 −15	+5 −15	+5 −20		+5 −15	+5 −15	+5 −20	水准仪:每200m测4个断面
	宽度(mm)		符合设计要求																																尺量:每200m测4个断面
	厚度(mm)	代表值		−10	−10	−12	−8	−10	−10	−12		−10	−10	−12		−10	−10	−12		−10	−10	−12	−8	−10	−10	−12	−8	−10	−10	−12		−10	−10	−12	每200m每车道1点
		合格值		−20	−25	−30	−15	−20	−25	−30		−20	−25	−30		−20	−25	−30		−20	−25	−30	−15	−20	−25	−30	−15	−20	−25	−30		−20	−25	−30	

续上表

	检查项目	规定值或允许偏差																																
		基层		底基层		基层		底基层		基层		底基层		基层		底基层		基层		底基层		基层		底基层		基层		底基层		基层		底基层		
		高速公路一级公路	其他公路	高速公路一级公路	其他公路	高速公路一级公路	其他公路	高速公路一级公路	其他公路	高速公路一级公路	其他公路	高速公路一级公路	其他公路	高速公路一级公路	其他公路	高速公路一级公路	其他公路	高速公路一级公路	其他公路	高速公路一级公路	其他公路	高速公路一级公路	其他公路	高速公路一级公路	其他公路	高速公路一级公路	其他公路	高速公路一级公路	其他公路	高速公路一级公路	其他公路	高速公路一级公路	其他公路	
实测项目	横坡(±%)		0.5	0.3	0.5	0.3	0.5	0.3	0.5		0.5	0.3	0.5		0.5	0.3	0.5		0.5	0.3	0.5	0.3	0.5	0.3	0.5	0.3	0.5	0.3	0.5		0.5	0.3	0.5	水准仪:每200m测4个断面
	强度(MPa)	符合设计要求																																按现行《公路工程质量检验评定标准 第一册 土建工程》(JTG F80/1)
外观鉴定		(1)表面平整密实、无坑洼;(2)施工接茬平整、稳定;(3)无明显离析;(4)边线整齐,无松散																																

注:填隙碎石(矿渣)基层(底基层)实测项目中,用固体体积率代替压实度,用灌砂法检测。

②湿法施工。

a. 开始工序同干法施工的 a ~ g 要求。

b. 集料层表面孔隙全部填满后,宜立即用洒水车洒水,直到饱和。

c. 宜用重型压路机跟在洒水车后碾压。应将湿填隙料及时扫入出现的孔隙中;必要时,宜再添加新的填隙料。

d. 应洒水碾压至填隙料和水形成粉浆,粉浆应填塞全部空隙,并在压路机前轮形成微波纹状。

e. 碾压完成的路段应让水分蒸发一段时间,结构层变干后,应将表面多余的细料及细料覆盖层扫除干净。

f. 需要分层铺筑时,宜待结构层变干后,将已压成的填隙碎石层表面的填隙料扫除一些,使表面集料外露 5 ~ 10mm,然后在其上摊铺第二层粗碎石。

六、基层(底基层)完工验收阶段的质量控制

(1)无机结合料稳定材料应钻取芯样检验其整体性,并应符合下列规定:

①无机结合料稳定细粒材料的芯样直径宜为 100mm,无机结合料稳定中、粗粒材料的芯样直径应为 150mm。

②采用随机取样方式,不得在现场人为挑选位置;否则,评价结果无效。

③芯样顶面、四周应均匀、致密。

④芯样的高度应不小于实际摊铺厚度的 90%。

⑤取不出完整芯样时,应找出实际路段相应的范围,返工处理。

(2)无机结合料稳定材料应在下列规定的龄期内取芯:

①用于基层的水泥稳定中、粗粒材料,龄期 7d。

②用于基层的水泥、粉煤灰稳定的中、粗粒材料,龄期 10 ~ 14d。

③用于底基层的水泥稳定材料、水泥粉煤灰稳定材料,龄期 10 ~ 14d。

④用于基层的石灰粉煤灰稳定材料,龄期 14 ~ 20d。

⑤用于底基层的石灰粉煤灰稳定材料,龄期 20 ~ 28d。

(3)基层(底基层)完工验收阶段的质量控制要求,应符合表 3-30 的规定。

第三节 沥青面层施工质量监理

一、沥青路面概述

1. 沥青混合料的分类

沥青混合料是指由适当比例的粗集料、细集料以及填料与沥青在严格控制条件下拌和而成的符合技术标准的混合料(以 AC 表示)。

1)按密实类型分

(1)密级配沥青混凝土混合料。

按密级配原理设计组成的各种粒径颗粒的矿料,与沥青结合料拌和而成,经马歇尔标准击实成型试件的剩余空隙率为3% ~5%(对重载道路为4% ~6%,对人行道路为2% ~5%)的密实型沥青混凝土混合料。按粒径大小分为砂粒式、细粒式、中粒式、粗粒式、特粗式等。按关键性筛孔通过率的不同又可分为细型密级配、粗型密级配沥青混合料等。

(2)开级配沥青混合料。

矿料级配主要由粗集料嵌挤组成,细集料及填料较少,经高黏度沥青结合料黏结,经马歇尔标准击实成型试件的空隙率通常大于15% ~18%。代表性结构有铺筑于沥青层表面的排水式大孔隙沥青混合料磨耗层,如美国的OGFC、欧洲有的PEM、国内的PAC等;以及铺筑在沥青层底部的排水式沥青稳定基层(ATPB)。

(3)半开级配沥青混合料。

由适当比例的粗集料、细集料及少量填料(或不加填料)与沥青结合料拌和而成,经马歇尔标准击实成型试件的剩余空隙率在8% ~10%以上的半开式沥青碎石混合料,我国的AM型沥青碎石混合料属于此类。

(4)间断级配沥青混合料。

矿料级配组成中缺少1个或几个档次,使部分筛孔上的分计筛余很少,而形成的级配曲线不连续的沥青混合料。根据混合料的空隙率不同,间断级配混合料可以是密级配或非密级配的混合料。密级配间断级配混合料的代表性结构是沥青马蹄脂碎石混合料(SMA)。

(5)沥青稳定碎石混合料(沥青碎石)。

由矿料和沥青组成具有一定级配要求的混合料,按空隙率、集料最大粒径、添加矿粉数量的多少,分为三种类型:

①密级配沥青稳定碎石基层混合料(ATB)。它与沥青混凝土的区别主要是公称最大粒径的不同,实际上相当于用于基层的粗粒式或特粗式沥青混合料,公称最大粒径通常大于26.5mm,其设计空隙率为3% ~6%,不大于8%,粒径大于37.5mm的特粗式沥青稳定碎石混合料也称大粒径沥青混合料。

②开级配排水式沥青稳定基层混合料(ATPB)。公称最大粒径通常大于19mm,铺筑在沥青层底部起排水作用,设计空隙率大于15% ~18%。

③半开级配沥青稳定混合料。设计空隙率在8% ~10%以上,适用于缺乏添加矿粉的沥青拌和设备和人工炒拌(只加少量矿粉或不加矿粉)制造沥青混合料铺筑中低级公路的情况,根据路面的压实层厚度可采用不同的公称最大粒径,通常成为沥青碎石(AM)。

2)按沥青结合料分

(1)普通沥青和改性沥青混合料。

(2)乳化沥青碎石混合料。

采用乳化沥青与矿料在常温状态下拌和而成,压实后剩余空隙率在10%以上的常温沥青混合料。

(3)沥青马蹄脂碎石混合料。

由沥青结合料与少量的纤维稳定剂、细集料以及较多量的填料(矿粉)组成的沥青马蹄脂,填充于间断级配的粗集料骨架的间隙,组成一体形成的沥青混合料,简称SMA。

(4)沥青马𤧛脂。

由沥青结合料与少量的纤维稳定剂、细集料及较多量的填料(矿粉)组成的混合料。

(5)沥青胶浆。

由沥青结合料、矿粉,或掺加部分纤维组成的混合料。

3)按颗粒最大粒径和级配分

(1)砂粒式沥青混合料。

公称最大集料粒径小于或等于4.75mm的沥青混合料,也称为沥青石屑或沥青砂。

(2)细粒式沥青混合料。

公称最大集料粒径为9.5mm或13.2mm的沥青混合料。

(3)中粒式沥青混合料。

公称最大集料粒径为16mm或19mm的沥青混合料。

(4)粗粒式沥青混合料。

公称最大集料粒径为26.5mm或31.5mm的沥青混合料。

(5)特粗式沥青混合料。

公称最大粒径为大于或等于37.5mm的沥青混合料。

4)按沥青生产工艺分

(1)热拌热铺沥青混合料:沥青与矿料在热态下拌和、热态下铺筑的沥青路面混合料。

(2)再生沥青混合料:采用适当的工艺,将已破坏的旧沥青路面混合料进行再生处理,或与新沥青混合料混合得到的沥青混合料。

5)按强度构成原则分

分为按嵌挤原则构成的结构和按密实级配原则构成的结构两类。

按嵌挤原则构成的沥青混合料的结构强度,是以矿料颗粒之间的嵌挤力和内摩阻力为主,沥青结合料的黏附作用为辅而构成的。沥青贯入式路面、沥青表面处治、沥青碎石路面均属此类结构。这一类路面是以颗粒较粗的、尺寸较均匀的矿料构成骨架,沥青混合料填充其空隙,并把矿料黏成一个整体。这种混合料的强度受自然因素(温度、水)的影响较小。

按密实级配原则构成的沥青混合料的结构强度,是以沥青与矿料之间的黏结力为主,矿质颗粒之间的嵌挤力和内摩阻力为辅而构成的。沥青混凝土路面属于此类。这类的沥青混合料的结构强度受温度影响较大。

2. 沥青混合料结构类型

沥青混合料按其结构组成通常可以分成下列三种组成方式:

(1)悬浮密实结构。由连续级配矿料组成的密实混合料,当主集料约为30%~40%时,沥青混合料虽可以形成密实结构,但因为粗集料数量较少,不能形成骨架,而以悬浮状态处于较小颗粒之中,这种沥青混合料表现为黏结力较高,内摩阻力受沥青材料的性质和物理状态的影响较大,稳定性较差,密实、疲劳和低温性能强。

(2)骨架空隙结构。采用连续型级配矿质混合料,当矿质集料中主集料较多,可以形成骨架,但因细集料数量过少,不足以填满空隙时,则形成“骨架-空隙”结构。这种沥青混合料强度主要取决于内摩阻力,黏结力低,其结构强度受沥青的性质和物理状态影响较小,高温稳定性较好,抗水损害、疲劳和低温性能较差。

(3)骨架密实结构。当采用间断型密级配时,混合料中既有一定数量的粗集料形成骨架,同时细集料足以填满骨架的空隙。这种沥青混合料黏结力和内摩阻力均较高,高温稳定性较好,抗水损害、疲劳和低温性能较好。

3. 沥青混合料的使用范围

沥青混合料的种类可以按交通性质、路面结构、现有材料、施工地区的气候条件和施工条件加以选择。

热拌沥青混合料用途最广,适用于任何交通量的道路,可用于路面的上层、下层和整平层,也可以用于修建基层。一般剩余空隙率较大的沥青碎石(砾石),只用于修建路面的下层或整平层,路面上层宜用空隙率较小的沥青混凝土铺筑,粗粒式沥青混合料只用于修建路面的下层,它的粗糙表面有助于与上层牢固结合。中粒式沥青混合料主要用于修建路面上层和单层式面层,这种混合料修筑路面表面非常粗糙,可以保证汽车轮胎与路面之间有可靠的摩擦力。细粒式沥青混合料广泛用于修建路面上层,这种混合料具有较大均匀性、足够的嵌挤能力,可以防止拥包、波浪和其他剪切变形的发生。只要沥青混合料中有足够数量坚硬、耐磨的碎石,就能使路面具有必要的粗糙度。砂粒式沥青混合料仅用于路面的封层和表面处治,由于颗粒过小,该沥青混合料层厚以10mm为宜,过厚容易发生推挤和拥包现象。

在现行技术规范中对沥青混合料的使用提出了要求如下:

(1)热拌沥青混合料的一般规定:

对热拌沥青混合料(HMA)适用于各个等级公路的沥青面层提出了要求。其种类按集料公称最大粒径、矿料级配、空隙率划分,集料规格以方孔筛为准,并按表3-31选用。各类沥青混合料的使用范围应遵循以下规定:

热拌沥青混合料种类 表3-31

混合料类型	密级配			开级配		半开级配	公称最大粒径(mm)	最大粒径(mm)
	连续级配		间断级配	间断级配				
	沥青混凝土	沥青稳定碎石	沥青玛蹄脂碎石	排水式沥青磨耗层	排水式沥青碎石基层	沥青碎石		
特粗式	—	ATB-40	—	—	ATPB-40	—	37.5	53.0
粗粒式	—	ATB-30	—	—	ATPB-30	—	31.5	37.5
	AC-25	ATB-25	—	—	ATPB-25	—	26.5	31.5
中粒式	AC-20	—	SMA-20	—	—	AM-20	19.0	26.5
	AC-16	—	SMA-16	OGFC-16	—	AM-16	16.0	19.0
细粒式	AC-13	—	SMA-13	OGFC-13	—	AM-13	13.2	16.0
	AC-10	—	SMA-10	OGFC-10	—	AM-10	9.5	13.2
砂粒式	AC-5	—	—	—	—	—	4.75	9.5
设计空隙率(%)	3~5	3~6	3~4	>18	>18	6~12	—	—

注:设计空隙率可按配合比设计要求适当调整。

①密级配沥青混凝土混合料(AC)适用于各级公路沥青面层的任何层次。

②沥青马琋脂碎石混合料(SMA)适用于铺筑新建公路的表面层、中面层或旧路面加铺磨耗层使用。

③设计空隙率为6%～12%的半开级配的沥青碎石混合料(AM)仅适用于三级及三级以下公路、乡村公路,且沥青混合料拌和设备缺乏添加矿粉的装置和人工炒拌的情况。

④设计空隙率为3%～6%粗粒式及特粗式的密级配沥青稳定碎石混合料(ATB)适用于基层。

⑤设计空隙率大于18%的粗集料及特粗式排水式沥青稳定碎石混合料(ATPB)适用于基层。

⑥设计空隙率大于18%的细粒式排水式沥青稳定碎石混合料(OGFC、PAC)适用于高速行车、多雨潮湿、不宜被尘土污染、非冰冻地区铺筑排水式沥青路面磨耗层。

(2)选择沥青混合料类型时应注意的事项:

①密级配和间断级配的沥青混凝土适用于各等级公路的各个层次。当采用间断级配沥青混合料时,混合料应不至于在施工过程中发生明显离析。

②为提高沥青混合料的使用性能,或普通沥青混合料不能适用于使用需要时,宜铺筑改性沥青混合料路面,SMA宜同时采用改性沥青。

③开级配排水式沥青混合料磨耗层必须采用具有高黏结性能的特殊改性沥青铺筑,其下的层次应采用空隙率小、密水性好的结构层,并设置封层。工程上必须通过试验,取得成功的经验,并经过论证后使用。

④开级配排水式沥青混合料基层(ATPB)的下卧层应具有排水和抗冲刷的能力。工程必须通过试验,取得成功的经验,并经过论证后使用。

⑤特粗式沥青混合料适用于基层,粗粒式沥青混合料适用于下面层或基层,中粒式沥青混合料适用于中面层和表面层,细粒式沥青混合料适用于表面层和薄面罩面。砂粒式沥青混合料适用于非机动车道或行人道路。对高级公路及一级道路,除沥青稳定碎石基层外,通常宜选用公称最大粒径为13.2～26.5mm的沥青混合料。

(3)沥青面层的混合料类型根据公路等级及所处层位的功能性要求选择,从表3-31中选择适当的结构组合,并应遵循以下原则:

①沥青面层宜采用双层或三层式结构,各层之间应联结成为整体,为此在沥青层下必须浇洒透层沥青,沥青层与沥青层之间必须喷洒黏层沥青。

②沥青路面应满足耐久性、抗车辙、抗裂、密水、抗滑等多方面性能要求,便于施工,并应根据施工机械、工程造价等实际情况选择沥青混合料的种类。

③对高速公路、一级公路,为提高沥青混合料的使用性能和延长沥青路面的使用寿命,或采用普通的道路沥青不能满足使用要求时,宜对上面层或中面层沥青结合料采用改性措施,或采用SMA等特殊的矿料级配。如果需要,二级公路也可采用改性沥青或SMA结构。

④对沥青层较厚的高速公路、一级公路,在选择级配类型,确定矿料级配和最佳沥青用量时,应首先保证各层的组合不致发生早期破坏。并在此基础上优先或侧重考虑各层的服务功能,进而做出选择:

a.表面层应具有良好的表面功能、密水、耐久、抗车辙、抗裂等多方面性能要求,潮湿地区和湿润地区的路面上面层应符合潮湿条件下的抗滑性能,如不符合要求,宜铺筑抗滑磨耗层。在寒冷地区,表面层应考虑抗裂性能的要求。

b. 三层式路面的中面层或双层式路面的下面层应重点满足混合料的高温抗车辙性能。

c. 下面层应在满足高温抗车辙性能基础上,重点考虑抗疲劳性能及抗裂性能的要求。

d. 除排水式沥青混合料外,每一层都应考虑密水性,当上层属渗水性结构层时,层间或下层应采取防渗水或排水措施。

⑤高速公路的紧急停车带(硬路肩)沥青面层宜采用与车行道相同的结构,但表面层宜采用密级配沥青混凝土铺筑。

(4)沥青面层集料的最大粒径宜从上至下逐渐增大,并应与设计厚度相匹配。除行人道路外,沥青层的压实厚度不宜小于集料最大粒径的 2 倍。对高速公路和一级公路,密级配沥青混合料的厚度不宜小于公称最大粒径的 3 倍,SMA 等嵌挤密实型混合料的厚度不宜小于公称最大粒径的 2.5 倍,以减少离析,便于施工和压实。

(5)热拌热铺沥青混合料路面必须采用机械化连续施工。

二、沥青混合料配合比设计

1. 沥青混合料组成及各参数

沥青混合料是具有空间网络结构的分散体系,客观上讲沥青混合料是由沥青、矿质集料和部分空气组成的三相体系,沥青混合料物理力学性质取决于组成材料本身的性质以及它们之间的配比。对沥青混合料进行物理力学性质分析时,常用到下列一些概念。与集料有关的包括:集料毛体积密度、视密度、有效密度和粗集料间隙率;与沥青混合料有关的包括:沥青混合料的最大密度、压实混合料毛体积密度、有效沥青含量、空隙率以及矿料间隙率 VMA 等。定义如下:

(1)集料毛体积密度:在规定温度下单位体积(含集料的实体成分及不吸收水分的闭口孔隙、能吸收水分的开口孔隙等颗粒表面轮廓线所包围的全部毛体积)集料在空气中的质量,以 g/cm^3 表示。表干法测定的毛体积密度,又称饱和面干毛体积密度,是集料在常温条件下的干燥质量与表干状态下的毛体积(指饱和面干状态下的实体体积与闭口孔隙、开口孔隙之和)的比值,它适用于吸水较小的粗集料。

(2)视密度:在规定温度下单位体积(包括封闭空隙)集料在空气中的质量。

(3)有效密度:在规定温度下单位体积(不包括被沥青渗入的空隙)集料在空气中的质量。

(4)沥青混合料的密度:指压实沥青混合料常温条件下单位体积的干燥质量,以 g/cm^3 表示。

(5)沥青混合料的相对密度:同温度条件下压实沥青混合料试件密度与水的密度的比值,单位无量纲。

(6)沥青混合料的理论最大密度:为计算沥青混合料空隙率之需,假设压实沥青混合料试件全部为矿料(包括矿料自身内部的孔隙)及沥青所占有,空隙率为零的理想状态下的最大密度,以 g/cm^3 表示。

(7)沥青混合料的理论最大相对密度:同温度条件下沥青混合料的理论最大密度和水的

密度的比值，单位无量纲。

(8)沥青混合料的表观密度：单位体积（含混合料实体体积与不吸收水分的内部闭口孔隙之和）压实沥青混合料的干质量，又称视密度，由水中重法测定（仅仅适用于几乎不吸水的密实试件），以 g/cm^3 表示。

(9)沥青混合料的表观相对密度：又称视比重，是表观密度和同温度水的密度之比值，单位无量纲。

(10)沥青混合料的毛体积密度：单位体积（含混合料的实体矿物成分及不吸收水分的闭口孔隙、能吸收水分的开口孔隙等颗粒表面轮廓线所包围的全部毛体积）压实沥青混合料的干质量，由表干法、蜡封法或体积法测定，以 g/cm^3 表示。

(11)表干法测定的毛体积密度：又称饱和面干毛体积密度，是压实沥青混合料试件常温条件下的干燥质量与表干状态下的毛体积（指饱和面干状态下的实体体积与闭口孔隙、开口孔隙之和）的比值，它适用于较密实的吸水很少的试件。

(12)蜡封法测定的毛体积密度：是压实沥青混合料试件常温条件的干燥质量与蜡封条件的毛体积（指混合料蜡封状态下实体体积与闭口孔隙、开口孔隙之和，但不计蜡被吸入混合料的部分）的比值，它适用于吸水较多而不能由表干法测定的试件。

(13)体积法测定的毛体积密度，是压实沥青混合料试件的干质量与直接用卡尺测量的试件毛体积（指用卡尺测量的试件名义表面以内包括凹陷在内的全部毛体积）的比值，它适用于吸水严重至完全透水，不能由表干或蜡封法测定的试件。

(14)有效沥青含量 P_{be}：沥青总含量减去被集料吸收的沥青量。

(15)空隙率 VV：压实后的沥青混合料中被沥青包裹的粒料之间的空隙占总体积的百分比。

(16)粗集料松装间隙率：干燥粗集料（通常指4.75mm或2.36mm以上的集料）在标准量筒中经捣实形成的粗集料骨架部分以外的体积占容量筒总体积的百分率，以 VCA_{DRC} 表示。

(17)沥青混合料试件的粗集料间隙率：压实沥青混合料试件内粗集料骨架部分以外的体积占试件总体积的百分率，以 VCA_{mix} 表示。

(18)沥青含量：沥青混合料中沥青质量与沥青混合料总质量的比值，以百分率计。

(19)油石比：沥青混合料中沥青质量与矿料总质量的比值，以百分率计。

2. 沥青混合料各参数的计算

沥青混合料的主要组成参数计算方法如下：

(1)矿料混合料的合成毛体积相对密度 γ_{sb}：对于具有一定级配的集料毛体积相对密度可用式(3-3)计算：

$$\gamma_{sb}=\frac{100}{\frac{P_1}{\gamma_1}+\frac{P_2}{\gamma_2}+\cdots\cdots+\frac{P_n}{\gamma_n}} \tag{3-3}$$

式中：P_1、P_2、$\cdots P_n$——各种矿料成分的配合比，其和为100；

γ_1、γ_2、…γ_n——各种矿料相应的毛体积相对密度,粗集料按T 0304方法测定,机制砂及石屑可按T 0330方法测定,也可以用筛出的2.36~4.75mm部分的毛体积相对密度代替,矿粉(含消石灰、水泥)以表观相对密度代替。

注:沥青混合料配合比设计时,均采用毛体积相对密度(无量纲),不采用毛体积密度,故无须进行密度的水文修正。

生产配合比设计时,当细料仓中的材料混杂各种材料而无法采用筛分替代法时,可将0.075mm部分筛除后以统货实测值计算。

(2)按式(3-4)计算矿料混合料的合成表观相对密度γ_{sa}。

$$\gamma_{sa}=\frac{100}{\frac{P_1}{\gamma_1'}+\frac{P_2}{\gamma_2'}+\cdots\frac{P_n}{\gamma_n'}} \tag{3-4}$$

式中:P_1、P_2、…P_n——各种矿料成分的配合比,其和为100;

γ_1'、γ_2'、…γ_n'——各种矿料按试验规程方法测定的表观相对密度。

(3)确定矿料的有效相对密度。

①对非改性沥青混合料,宜以预估的最佳油石比拌和2组的混合料,采用真空法实测最大相对密度,取平均值。然后由式(3-5)反算合成矿料的有效相对密度γ_{se}。

$$\gamma_{se}=\frac{100-P_b}{\frac{100}{\gamma_t}-\frac{P_b}{\gamma_b}} \tag{3-5}$$

式中:γ_{se}——合成矿料的有效相对密度;

P_b——试验采用的沥青用量(占混合料总量的百分数)(%);

γ_t——试验沥青用量条件下实测得到的最大相对密度(无量纲);

γ_b——沥青的相对密度(25℃/25℃)(无量纲)。

②对改性沥青及SMA等难以分散的混合料,有效相对密度宜直接由矿料的合成毛体积相对密度与合成表观相对密度按式(3-6)计算确定,其中沥青吸收系数C值根据材料的吸水率由式(3-7)求得,材料的合成吸水率按式(3-8)计算:

$$\gamma_{se}=C\times\gamma_{sa}+(1-C)\times\gamma_{sb} \tag{3-6}$$

$$C=0.033\omega_x^2-0.2936\omega_x+0.9339 \tag{3-7}$$

$$\omega_x=\left(\frac{1}{\gamma_{sb}}-\frac{1}{\gamma_{sa}}\right)\times100 \tag{3-8}$$

式中:γ_{se}——合成矿料的有效相对密度;

C——合成矿料的沥青吸收系数,可按矿料的合成吸水率从式(3-7)求取;

ω_x——合成矿料的吸水率,按式(3-8)求取(%);

γ_{sb}——集料的合成毛体积相对密度(无量纲);

γ_{sa}——集料的合成表观相对密度(无量纲)。

(4)确定沥青混合料的最大理论相对密度。

①对非改性沥青的普通沥青混合料,在成型马歇尔试件的同时,按前面的要求用真空法实测各组沥青混合料的最大理论密度γ_{ti}。当只对其中一组油石比测定最大理论相对密度时,也可按式(3-9)计算其他不同油石比时的最大理论相对密度γ_{ti}。

②对改性沥青或SMA混合料宜按式(3-10)计算各个不同沥青用量混合料的最大理论相对密度。

$$\gamma_{ti}=\frac{100+P_{ai}}{\frac{100}{\gamma_{se}}+\frac{P_{ai}}{\gamma_b}} \tag{3-9}$$

$$\gamma_{ti}=\frac{100}{\frac{P_{si}}{\gamma_{se}}+\frac{P_{bi}}{\gamma_b}} \tag{3-10}$$

式中：γ_{ti}——相对于计算沥青用量 P_{bi}时沥青混合料的最大理论相对密度(无量纲)；

P_{ai}——所计算的沥青混合料中的油石比(%)；

P_{bi}——所计算的沥青混合料中的沥青用量，$P_{bi}=P_{ai}/(1+P_{ai})$(%)；

P_{si}——所计算的沥青混合料中的矿料含量，$P_{si}=100-P_{bi}$(%)；

γ_{se}——合成矿料的有效相对密度(无量纲)；

γ_b——沥青的相对密度(25℃/25℃)(无量纲)。

(5)按式(3-11)～式(3-13)计算沥青混合料试件的孔隙率，矿料间隙率VMA，有效沥青的饱和度VFA等体积指标，取1位小数，进行体积组成分析。

$$VV=\left(1-\frac{\gamma_f}{\gamma_t}\right)\times 100 \tag{3-11}$$

$$VMA=\left(1-\frac{\gamma_f}{\gamma_{sb}}\times P_s\right)\times 100 \tag{3-12}$$

$$VFA=\frac{VMA-VV}{VMA}\times 100 \tag{3-13}$$

式中：VV——试件的空隙率(%)；

VMA——试件的矿料间隙(%)；

VFA——试件的有效沥青饱和度(有效沥青含量占VMA的体积比例)(%)；

γ_f——试件的毛体积相对密度(无量纲)；

γ_t——沥青混合料的最大理论相对密度(无量纲)；

P_s——各种矿料占沥青混合料总质量的百分率之和，即 $P_s=100-P_b$(%)；

γ_{sb}——矿料混合料的合成毛体积相对密度。

(6)按式(3-14)、式(3-15)计算沥青结合料被集料吸收的比例及有效沥青含量。

$$P_{ba}=\frac{\gamma_{se}-\gamma_b}{\gamma_{se}\times\gamma_{sb}}\times\gamma_b\times 100 \tag{3-14}$$

$$P_{be}=P_b-\frac{P_{ba}}{100}\times P_s \tag{3-15}$$

式中：P_{ba}——沥青混合料中被集料吸收的沥青结合料比例(%)；

P_{be}——沥青混合料中的有效沥青用量(%)；

γ_{se}——集料的有效相对密度(无量纲)；

γ_{sb}——材料的合成毛体积相对密度(无量纲)；

γ_b——沥青的相对密度(25℃/25℃)(无量纲)；

P_b——沥青含量(%)；

P_s——各种矿料占沥青混合料总质量的百分率之和,即 $P_s = 100 - P_b$(%)。

如果需要,可按式(3-16)、式(3-17)计算有效沥青的体积百分率 V_b 及矿料的体积百分率 V_g。

$$V_b = \frac{\gamma_f \times P_{be}}{\gamma_b} \tag{3-16}$$

$$V_g = 100 - (V_{be} + VV) \tag{3-17}$$

(7)检验最佳沥青用量时的粉胶比和有效沥青膜厚度。

①按式(3-18)计算沥青混合料的粉胶比,宜符合 0.6~1.6 的要求。对常用的公称最大粒径 13.2~19mm 的密级配沥青混合料,粉胶比宜控制在 0.8~1.2 范围内。

$$FB = \frac{P_{0.075}}{P_{be}} \tag{3-18}$$

式中:FB——粉胶比,沥青混合料的矿料中 0.075mm 通过率与有效沥青含量的比值(无量纲);

$P_{0.075}$——矿料级配中 0.075mm 的通过率(水洗法)(%);

P_{be}——有效沥青含量(%)。

②按式(3-19)的方法计算集料的比表面,按式(3-20)估算沥青混合料的沥青膜有效厚度。

$$SA = \sum (P_i \times FA_i) \tag{3-19}$$

$$DA = \frac{P_{be}}{\gamma_b \times SA} \times 10 \tag{3-20}$$

式中:SA——集料的比表面积(m^2/kg);

P_i——各种粒径的通过百分率(%);

FA_i——相应于各种粒径的集料的表面积系数,如表 3-32 所列;

DA——沥青膜有效厚度(μm);

P_{be}——有效沥青含量(%);

γ_b——沥青的相对密度(25℃/25℃)(无量纲)。

注:各种公称最大粒径混合料中大于 4.75mm 尺寸集料的表面积系数 FA 均取 0.0041,且只计算一次,4.75mm以下部分的 FA_i 如表 3-32 所示。表中的 $SA = 6.60m^2/kg$,若混合料的有效沥青含量为 4.65%,沥青的相对密度 1.03,则沥青膜厚度为 $DA = 4.65/(1.03 \times 6.60) \times 10 = 6.83\mu m$。

集料的表面积系数计算算例 表 3-32

筛孔尺寸	19	13.2	4.75	2.36	1.18	0.6	0.3	0.15	0.075	集料比表面总和 SA(m^2/kg)
表面积系数 FA_i	0.0041	—	0.0041	0.0082	0.0164	0.0287	0.0614	0.1229	0.3277	
通过百分率 P_i(%)	100	85	60	42	32	23	16	12	6	
比表面 $FA_i \times P_i$(m^2/kg)	0.41	—	0.25	0.34	0.52	0.66	0.98	1.47	1.97	6.60

关于沥青膜的厚度,在现行《公路沥青路面施工技术规范》(JTG F40)里没提出具体指标,根据国外的资料介绍,通常情况下连续密级配沥青混合料的沥青膜有效厚度宜不小于 6μm,密实式沥青碎石混合料的有效沥青厚度宜不小于 5μm,在进行配合比设计时也可参考这个数值控制。

3. 沥青混合料配合比设计方法

热拌沥青混合料配合比设计采用沥青混合料马歇尔试验方法，包括目标配合比设计、生产配合比设计和生产配合比验证等三个阶段，通过配合比设计决定沥青混合料的材料品种、矿料级配及沥青用量。根据现行《公路沥青路面施工技术规范》(JTG F40)，其设计步骤宜按图3-2进行。

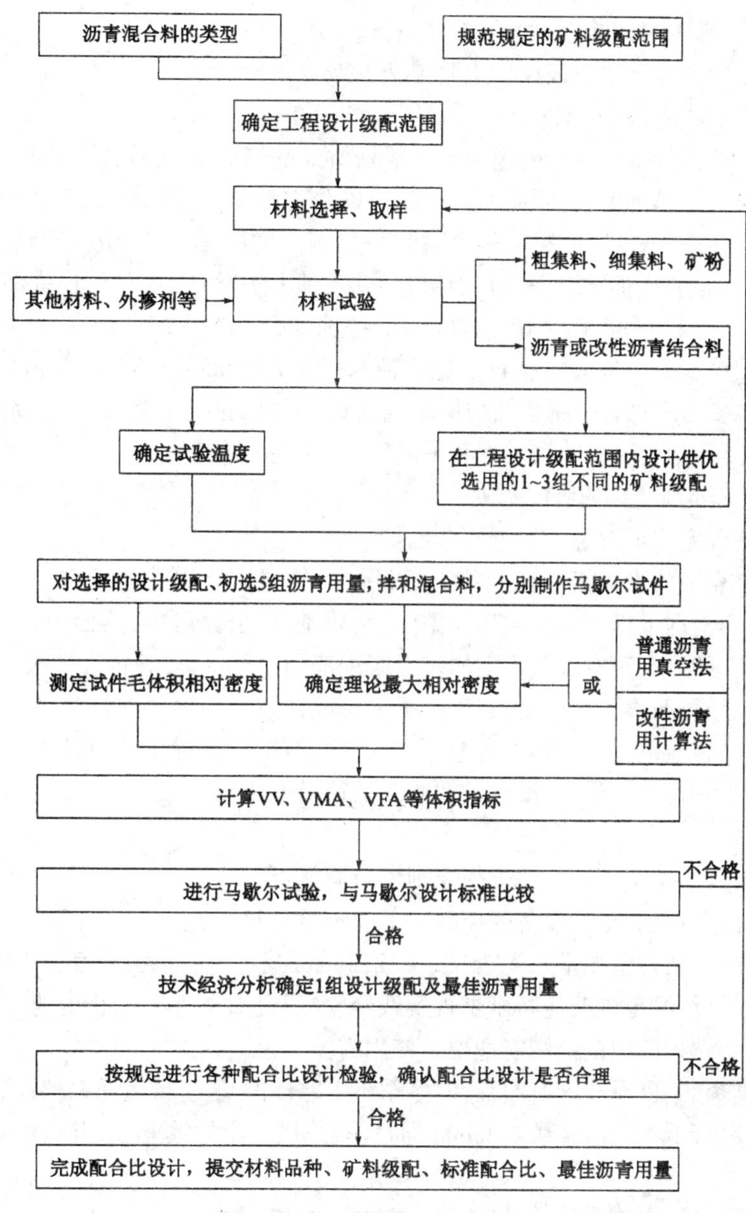

图3-2　沥青混合料配和比设计流程图

1)材料准备

按相关试验规程规定的方法，取足够数量的具有代表性沥青及矿料试样。按现行《公路沥青路面施工技术规范》(JTG F40)材料质量的技术要求试验各项性质，当检验不合格时，不得用于试验。

2)矿质混合料的配合比组成设计

沥青与矿料级配选定之后,如何确定沥青混合料配合比,目前大多数国家仍采用马歇尔法。但是大量实践证明,马歇尔稳定度和流值与沥青路面的长期使用性能关系不显著,并且往往流值合格而高温车辙仍很严重,该法不能很好地反映沥青混合料的高温稳定性。用马歇尔试验方法进行混合料设计存在着片面性,鉴于此,不少公路工程研究者提出了对混合料进行综合设计,作为对马歇尔试验方法的补充和完善。

矿质混合料的配合比组成设计主要包括以下步骤:

(1)确定沥青混合料类型。

沥青混合料类型根据道路等级、路面类型、所处的结构层位和设计厚度综合确定,公称最大粒径根据设计层厚确定,各国对沥青混合料的公称最大粒径(D)同路面结构层最小厚度的关系均有规定,除苏联规定矿料公称最大粒径分别为面层厚度的0.6倍与底基层厚度的0.7倍外,一般均规定为0.5倍以下。我国研究表明:随h/D增大,耐疲劳性提高,但车辙量增大。相反h/D减少,车辙量也减少但耐久性降低,特别是在$h/D<2$时,疲劳耐久性急剧下降。为此建议结构层厚度h与最大粒径D之比应控制在$h/D \geqslant 2.5 \sim 3$,对SMA和OGFC等嵌挤型混合料$h/D \geqslant 2 \sim 2.5$。只有控制了结构层厚度与最大公称粒径之比,才能保证摊铺的沥青混合料拌和均匀,易于达到要求的密实度和平整度,保证施工质量。

(2)确定矿质混合料的级配范围。

级配范围确定主要综合以下方面考虑:

①沥青混合料的设计级配范围按工程设计文件或招标文件的规定执行。当无明确规定时,工程单位应根据工程所在地的气候条件、交通条件、公路等级、路面类型、混合料所处的层次,按照下述②的原则对本规范规定的矿料级配范围进行调整,确定设计级配范围。当发现设计文件规定的级配明显不合理时,有责任提出修改建议。在经实践证明是合理且有成功把握的情况下,设计级配范围容许超出规范规定的级配范围。所确定的设计级配范围必须得到主管部门,包括工程设计单位、建设单位和监理的认可和批准。设计级配范围一经确定,不得随意变更。

②确定设计级配范围时宜按下列原则进行调整:

a. 根据公路等级和施工设备的控制水平确定设计级配范围上限和下限的差值,设计级配范围上下限差值,通常情况下对4.75mm和2.36mm通过率的范围差值宜小于12%。

b. 确定设计级配范围时应特别重视实践经验,通过对条件大体相当的工程使用情况进行调查研究,证明选择的级配范围能适用于使用需要。

c. 对温度炎热、夏季持续时间长,但冬季不太寒冷的地区,或者重载路段,应重视考虑抗车辙能力的需要,降低4.75mm和2.36mm通过率,采用较粗的级配,适当提高VMA,选用较高的设计空隙率。

d. 对温度寒冷、夏季高温持续时间短的北方地区,或者非重载路段,应在保证抗车辙能力的前提下,充分考虑提高低温抗裂性能,适当增大4.75mm和2.36mm通过率,采用较细的级配,适当减少VMA,选用较小设计空隙率。

e. 对我国许多地区,夏季温度炎热,高温持续时间长,冬季又十分寒冷,年温差特别大,且属于重载路段的工程,高温要求和低温要求发生矛盾时,应以提高高温抗车辙能力为主,兼顾提高低温抗裂性能的需要，在减少 4.75mm 和 2.36mm 通过率的同时，适当增加 0.075mm 通过率，使规范级配范围成 S 形，并取中等或偏高水平的设计空隙率。

f. 在潮湿区和湿润区等雨水、冰雪融化水对路面有严重危险的地区，在考虑抗车辙能力的同时还应重视密水性的需要，减少水损害破坏，宜适当减少设计空隙率，应保持良好的雨天抗滑性能。对干旱地区的混合料，受水的影响很小，对密水性及抗滑性能的要求可放宽。

g. 对等级较高的公路，沥青层厚度较厚时，可采用较粗的级配范围；反之，对等级较低的公路，沥青层厚度较薄时，宜采用较细的级配范围。

h. 对重点考虑高抗车辙能力、设计空隙率较高的混合料，细集料宜采用较多的石屑（机制砂）；而对更需要低温抗裂性能、较小设计空隙率的混合料，相对而言，宜采用较多的天然砂作细集料。

i. 确定沥青混合料设计级配范围时应考虑不同层次的功能需要。对沥青面层较厚的三层式面层，表面层应综合考虑满足高温抗车辙能力、低温抗裂性能、抗滑的需要，中面层应考虑高温抗车辙能力，底面层应重点考虑抗疲劳开裂性能、密水性等。对沥青面层较薄时或双层式路面的下面层，底面层应在满足密水性能的同时，提高高温抗车辙能力，并满足抗疲劳开裂性能。

j. 对交通量大、轴载重的道路，宜偏向级配范围的下（粗）限；对中小交通量或人行道路等宜偏向级配范围的上（细）限。可根据实践经验选用连续级配或间断级配，当无成功的经验或不能确保施工中不产生严重的离析时，宜采用通常的连续级配沥青混凝土。在通常情况下，连续级配宜成为 S 形的级配范围，即适当减少公称最大粒径附近的粗集料通过率，减少 0.6mm 以下部分细粉的用量，使中等粒径粗集料（如 5mm、10mm）的材料较多的级配曲线。

（3）级配曲线确定的示例。

按照《公路工程沥青及沥青混合料试验规程》（JTG E20—2011）的方法，采用泰勒曲线的指数 $n=0.45$，横坐标 $y=10^{0.45\lg d_i}$ 计算（表 3-33），纵坐标为普通坐标，利用计算机的电子表格功能或其他文字处理功能绘制，绘制级配曲线图。以图中的原点（零点）与通过集料最大粒径 100% 的点的连线作为最大密度线。在级配曲线图上绘制设计级配范围及中值级配，其示例如图 3-3 所示，图中的级配范围见表 3-34。

泰勒曲线的横坐标　　表 3-33

d_i	0.075	0.15	0.3	0.6	1.18	2.36	4.75
Y	0.312	0.426	0.582	0.795	1.077	1.472	2.016
d_i	9.5	13.2	16	19	26.5	31.5	37.5
Y	2.745	3.193	3.482	3.762	4.370	4.723	5.109

矿料级配范围与级配曲线示例　　表 3-34

级配类型	通过下列筛孔（方孔筛，mm）的质量百分率（%）										
粒径（mm）	19	16	13.2	9.5	4.75	2.36	1.18	0.6	0.3	0.15	0.075
规范级配范围	100	90～100	76～92	60～80	34～62	20～48	13～36	9～26	7～18	5～14	4～8
工程设计级配范围	100	95～100	70～84	59～72	40～54	27～37	16～24	10～18	7～14	6～12	4～8
标准级配曲线	100	97	79	67	44	32	21	14	10	7	6
施工控制级配范围（高速公路，一级公路）	100	97±6	79±6	67±6	44±6	32±5	21±5	14±5	10±5	7±5	6±2

注：其他等级公路的质量要求或允许偏差是 0.075mm 为 ±2%，≤2.36mm 为 ±6%，≥4.75mm 为 ±7%。

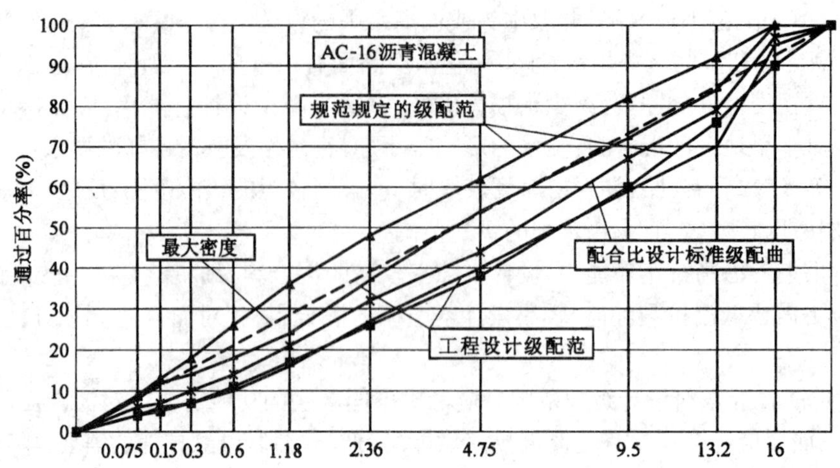

图 3-3 级配曲线标准画法示例(AC-16)确定的示例

根据已确定的沥青混合料类型,查阅推荐(规范或设计)的矿质混合料级配范围。

3)矿质混合料配合比计算

(1)组成材料的原始数据测定。根据现场取样,对粗集料、细集料和矿粉进行水筛,按筛分结果分别绘出各组成材料的筛分曲线,同时测出各组成材料的相对密度,以供计算物理常数备用。

(2)各种矿料的配合比宜采用试配法进行计算,也可用图解法或其他计算进行。设计的合成级配应符合下列要求:

①合成矿料级配必须符合设计级配范围的要求。

②合成的级配曲线,不得有太多的锯齿形交错。当反复调整,仍有两个以上的筛孔超出设计级配范围时,应更换原材料重新设计。

(3)根据需要,可在确定的设计级配范围内,计算 1 ~ 3 组粗细不同的配比,使包括 0.075mm、2.36mm、4.75mm 筛孔在内的较多筛孔的通过量分别接近设计级配范围的上限、中限及下限。但应避免 0.3 ~ 0.6mm 范围内出现驼峰。

(4)在级配曲线上绘制配制的几组设计级配曲线。查看其与最大密度线的接近程度,估计设计级配的 VMA 值。如果过分接近,VMA 可能太小,宜调节设计级配(尤其是 0.075mm、2.36mm、4.75mm 筛孔),使之稍稍偏离最大密度线的两侧,具有适宜的 VMA 值。适宜的 VMA 值按表 3-35 由集料的公称最大粒径确定。

(5)根据当地实践经验选择一个沥青用量,对每一组配比分别进行马歇尔试验,计算 VMA 等体积指标。选择符合要求的级配作为设计级配。但如果有两种以上的级配符合要求,则选择较细的一组为设计级配。通常情况下,择优确定设计级配中小于 4.75mm 的部分宜在最大密度线的下方通过。

(6)矿料级配设计时应符合施工需要,尽量考虑各种材料在供料时各料仓之间的平衡,减少废弃料。

最小 VMA 值 表 3-35

<table>
<tr><td rowspan="7">密级配沥青混凝土混合料马歇尔试验矿料间隙率(VMA)(%),不小于</td><td rowspan="2">设计空隙率(%)</td><td colspan="6">相应于以下公称最大粒径(mm)的最小 VMA 及 VFA 技术要求(%)</td></tr>
<tr><td>26.5</td><td>19</td><td>16</td><td>13.2</td><td>9.5</td><td>4.75</td></tr>
<tr><td>2</td><td>10</td><td>11</td><td>11.5</td><td>12</td><td>13</td><td>15</td></tr>
<tr><td>3</td><td>11</td><td>12</td><td>12.5</td><td>13</td><td>14</td><td>16</td></tr>
<tr><td>4</td><td>12</td><td>13</td><td>13.5</td><td>14</td><td>15</td><td>17</td></tr>
<tr><td>5</td><td>13</td><td>14</td><td>14.5</td><td>15</td><td>16</td><td>18</td></tr>
<tr><td>6</td><td>14</td><td>15</td><td>15.5</td><td>16</td><td>17</td><td>19</td></tr>
<tr><td colspan="2" rowspan="4">沥青稳定碎石混合料马歇尔试验配合比设计密级配基层 ATB 的矿料间隙率(VMA)(%),不小于</td><td>设计空隙率(%)</td><td colspan="2">ATB-40</td><td colspan="2">ATB-30</td><td>ATB-25</td></tr>
<tr><td>4</td><td colspan="2">11</td><td colspan="2">11.5</td><td>12</td></tr>
<tr><td>5</td><td colspan="2">12</td><td colspan="2">12.5</td><td>13</td></tr>
<tr><td>6</td><td colspan="2">13</td><td colspan="2">13.5</td><td>14</td></tr>
<tr><td colspan="4">SMA 混合料马歇尔试验配合比设计矿料间隙率(VMA),不小于</td><td colspan="4">17%</td></tr>
</table>

4)马歇尔试验

(1)配合比设计各阶段都应进行马歇尔试验。经配合比设计得到的沥青混合料应符合规范规定的马歇尔设计技术标准。

(2)沥青混合料的试件的制作温度及试验温度,通常应通过沥青结合料在 135℃及 175℃条件下测定的黏度-温度曲线按表 3-36 的规定确定。缺乏黏温曲线数据时,可按表 3-37 和表 3-38规定的范围选择,但应得到主管部门的批准。

确定沥青混合料拌和及压实温度的适宜温度 表 3-36

黏　　度	适宜于拌和的沥青结合料黏度	适宜于压实的沥青结合料黏度	测 定 方 法
表观黏度	(0.17 ±0.02)P · as	(0.28 ±0.03)Pa · s	T 0625
运动黏度	(170 ±20)mm^2/s	(280 ±30) mm^2/s	T 0619
赛波特黏度	(85 ±10)s	(140 ±15)s	T 0623

热拌沥青混合料的施工温度(℃) 表 3-37

<table>
<tr><td colspan="2" rowspan="2">施 工 工 序</td><td colspan="4">石油沥青的标号</td></tr>
<tr><td>50 号</td><td>70 号</td><td>90 号</td><td>110 号</td></tr>
<tr><td colspan="2">沥青加热温度</td><td>160 ~ 170</td><td>155 ~ 165</td><td>150 ~ 160</td><td>145 ~ 155</td></tr>
<tr><td rowspan="2">矿料加热温度</td><td>间隙式拌和机</td><td colspan="4">集料加热温度比沥青温度高 10 ~ 30</td></tr>
<tr><td>连续式拌和机</td><td colspan="4">矿料加热温度比沥青温度高 5 ~ 10</td></tr>
<tr><td colspan="2">沥青混合料出料温度</td><td>150 ~ 170</td><td>145 ~ 165</td><td>140 ~ 160</td><td>135 ~ 155</td></tr>
<tr><td colspan="2">混合料储料仓储存温度</td><td colspan="4">储料过程中温度降低不超过 10</td></tr>
<tr><td colspan="2">混合料废弃温度,高于</td><td>200</td><td>195</td><td>190</td><td>185</td></tr>
<tr><td colspan="2">运输到现场温度,不低于</td><td>150</td><td>145</td><td>140</td><td>135</td></tr>
<tr><td rowspan="2">混合料摊铺温度,不低于</td><td>正常施工</td><td>140</td><td>135</td><td>130</td><td>125</td></tr>
<tr><td>低温施工</td><td>160</td><td>150</td><td>140</td><td>135</td></tr>
</table>

续上表

施工工序		石油沥青的标号			
		50 号	70 号	90 号	110 号
开始碾压的混合料内部温度,不低于	正常施工	135	130	125	120
	低温施工	150	145	135	130
碾压终了的表面温度,不低于	钢轮压路机	80	70	65	60
	轮胎压路机	85	80	75	70
	振动压路机	75	70	60	55
开放交通的路表温度,不高于		50	50	50	45

聚合物改性沥青混合料的正常施工温度范围(℃) 表 3-38

施工工序	聚合物改性沥青品种		
	SBS 类	SBR 胶乳类	EVA、PE 类
沥青加热温度	160 ~ 165		
改性沥青现场制作温度	165 ~ 170	—	165 ~ 170
成品改性沥青加热温度,不大于	175	—	175
集料加热温度	190 ~ 220	200 ~ 210	185 ~ 195
改性沥青 SMA 混合料出厂温度	170 ~ 185	160 ~ 180	165 ~ 180
混合料最高温度(废弃温度)	195		
混合料储存温度	拌和出料后降低不超过 10		
摊铺温度,不低于	160		
初压开始温度,不低于	150		
碾压终了的表面温度,不低于	90		
开放交通时的路表温度,不高于	50		

注:1. 沥青混合料的施工温度采用具有金属探测针的插入式数显温度计测量。表面温度可采用表面接触式温度计测定。当采用红外线温度计测量表面温度时,应进行标定。

2. 表中未列入的 130 号、160 号及 30 号沥青的施工温度由试验确定。

(3)根据以往工程的实践经验,预估适宜的沥青用量(或油石比)。当工程使用的材料密度不同,原工程矿料的合成相对密度为 D_1,使用的最佳沥青用量为 a_1,新工程矿料的合成相对密度为 D_2 时,预估需要的沥青用量 a_2 可按式(3-21)换算预估。以此沥青用量 a_2 为中值,按 0.5% 间隔,取 5 个不同的沥青用量,每一组的试样数不少于 6 个。其中按规范规定的击实次数和试验温度成型的马歇尔试件不少于 4 个;用于测定理论最大相对密度的试样不少于 2 个。

$$a_2 = \frac{a_1}{\dfrac{100 - a_1}{D_1} \times D_2 + a_2} \tag{3-21}$$

(4)按现行试验规程用真空法测定不同沥青用量的试件的理论最大相对密度,取 2 个以上试样的平均值。对改性沥青混合料和 SMA 混合料,如混合料分散操作难以进行时,可采用按试验规范方法计算最大理论相对密度。

(5)测定试件的毛体积相对密度和吸水率,取 4 个以上试件的平均值。测定方法必须按下列要求进行：

①通常采用表干法测定毛体积相对密度；

②对吸水率小于0.3%的试件，允许采用水中重法测定的表观相对密度代替毛体积相对密度；

③对吸水率大于2%的试件，宜采用蜡封法测定的毛体积相对密度；

④对空隙率大于10%的试件，应采用体积法测定的毛体积相对密度；

⑤当采用其他配合比设计方法及试件成型方法时，测定的毛体积相对密度、空隙率等指标必须通过规范规定的马歇尔试验方法进行校核，并由马歇尔试验得出各项体积设计指标与规范规定的技术标准相比较是否符合要求。

(6)计算各组成的空隙率、矿料间隙率、沥青结合料的体积百分率、沥青饱和度等体积指标，取1位小数，进行体积组成分析。

5)确定沥青最佳用量

以沥青含量为横坐标，沥青混合料的密度、稳定度和流值、空隙率及矿料间隙率为纵坐标，绘制如图3-4所示关系曲线，选择的沥青用量范围应尽可能使密度及稳定度曲线出现峰值。

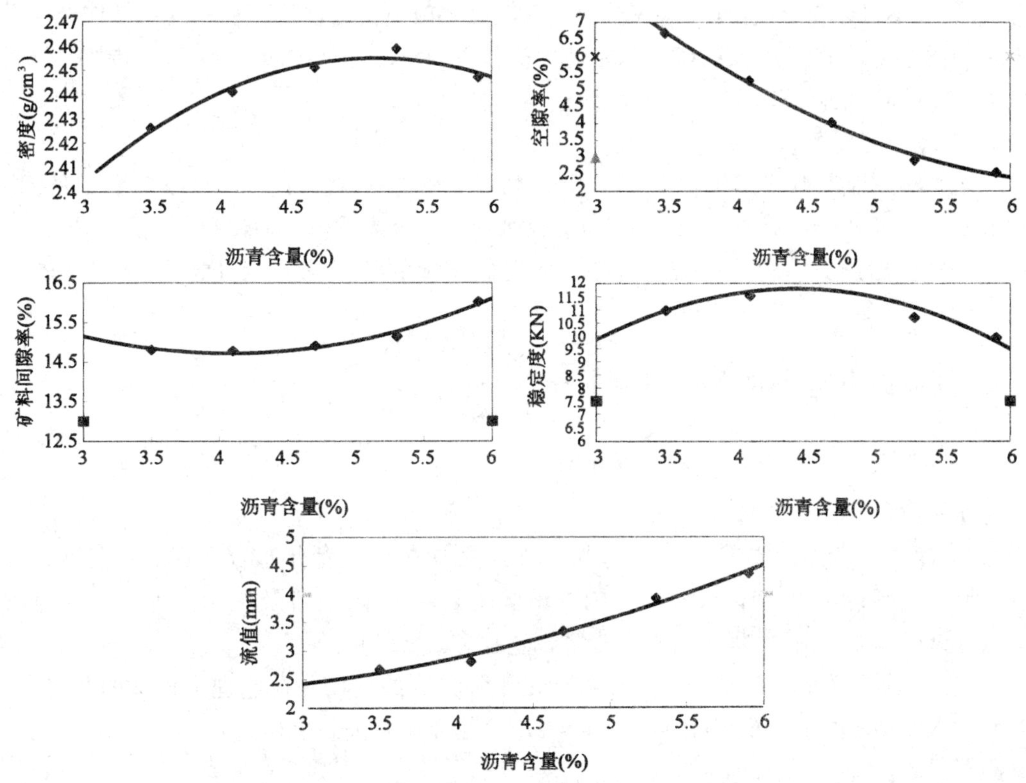

图3-4 沥青混合料技术指标与沥青含量的关系曲线

要求在OAC的基础上减少0.1%~0.2%作为设计沥青用量，或提高设计孔隙率至4%~6%。同时必须要求在施工时加强碾压，提高压实标准，使路面的空隙率达到没有减少沥青用量条件下施工得到的沥青路面的空隙率。对寒区公路、旅游公路，最佳沥青用量可以在中限值

OAC 加 0.1% ~0.3% 作为设计沥青用量,或减少设计孔隙率至 2% ~4%,但不得降低施工压实度。

若所设计的沥青混合料不能满足热拌沥青混合料马歇尔试验技术标准的规定,应进行调整。如果设计的沥青混合料空隙率低于规定值,可通过增大矿质集料中粗集料或细集料的含量,为沥青提供足够的集料空隙。当沥青含量过高时,供集料吸收的沥青有富余,需占据一定的空隙。因而,剔除多余的沥青、降低沥青含量即可提高空隙率。采用上述措施提高空隙率可能降低稳定度;若稳定度不符合要求,应更换集料级配。一般情况下,增大碎石用量可以改善沥青混合料的稳定度、提高空隙率。但有时石英石一类的石料,由于表面光滑,使用太多反而会降低沥青混合料的稳定度。

6)其他性能检验

按照马歇尔试验方法确定最佳沥青用量后,依据规范或设计要求尚需进行水稳定性检验、高温稳定性检验、低温抗裂性能检验和钢渣活性检验。

(1)低温抗裂性能检验

对改性沥青混合料应按最佳沥青用量(OAC)轮碾成型试件,再用切割机锯成规定尺寸的长方体试件,在 -10℃条件下用 50mm/min 加载速率进行低温弯曲试验,检测其破坏应变是否符合要求,如不符合要求应对矿料级配进行调整,必要时更换改性沥青品种。当最佳沥青用量(OAC)与两个初始值(OAC_1、OAC_2)相差甚大时,宜按 OAC 与 OAC_1 或 OAC_2 分别制作试件,进行低温抗裂试验,根据试验结果对 OAC 做适当调整。

(2)钢渣活性检验。

对粗集料或细集料使用钢渣的沥青混合料进行马歇尔试验时,应增加 3 个试件,将在 60℃水浴中浸泡 48h,然后取出冷却至室温,观察有无裂缝或鼓包,测量试件体积,其增大量不得超过 1%,同时还应满足浸水马歇尔和冻融劈裂试验的要求,达不到这些要求的钢渣不得使用。

三、沥青路面施工阶段质量控制

1.热拌沥青混合料面层质量控制要点

1)试验路段

(1)在铺筑试验路段之前 28d,承包人应安装好与本项工程有关的全部试验仪器和设备(包括沥青、石料、混合料等以及多项室内外试验的配套仪器,设备及取芯机等),配备足够数量的熟练试验技术人员,并报请监理工程师审查批准。

(2)在工程开工前 14d,承包人应在监理工程师批准的现场并在监理工程师的监督下,用备齐并投入该项工程的全部机械设备及每种沥青混合料各铺筑一段长约 100 ~200m(单幅)的试验路段。

(3)试验路的目的是为了证实混合料的稳定性以及拌和、摊铺和压实设备的效率和施工方法、施工组织的适应性。

(4)沥青混合料摊铺、压实 12h 以后,应对其厚度、密实度、沥青含量及矿料级配及其他项目进行抽样试验。抽样试验的频度应满足规范要求。

(5)热拌热铺沥青混合料路面试验段铺筑分试拌及试铺两个阶段,应包括下列试验内容:

①检验各种施工机械的类型、数量及组合方式是否匹配。

②通过试拌确定拌和机的操作工艺,考察计算机打印装置的可信度。

③通过试铺确定透层油的喷洒方式和效果、摊铺、压实工艺,确定松铺系数等。

④验证沥青混合料生产配合比设计,提出生产用的标准配合比和最佳沥青用量。

⑤建立用钻孔法与核子密度仪无破损检测路面密度的对比关系。确定压实度的标准检测方法。核子仪等无破损检测在碾压成型后热态测定,取13个测点的平均值为1组数据,一个试验段的数据不得少于3组。钻孔法在第2天或第3天以后测定,钻孔数不少于12个。

⑥检测试验段的渗水系数。

(6)试验段铺筑应由有关各方共同参加,及时商定有关事项,明确试验结论。铺筑结束后,施工单位应就各项试验内容提出完整的试验路施工、检测报告,取得业主或监理的批复。

(7)经监理工程师批准的试验路应成为比较的标准,正式工程应按批准的同一方法和同一标准施工。

(8)批准的试验路应同完成后的工程一起支付。如未能取得监理工程师的批准,承包人应破碎清除该试验路,重新铺筑试验路,并承担其费用。

2)施工设备

(1)拌和及运料设备。

①拌和厂应在其设计、协调配合和操作方面,都能使生产的混合料符合工地配合比设计要求。拌和厂必须配备足够试验设备的试验室,并能及时提供使监理工程师满意的试验资料。

②拌和机应能按用量(以质量计)分批配料,并有装有温度计及示温的成品储料仓和二次除尘设置,拌和设备的产量应和生产进度相匹配,在安装完成后应按批准的配合比进行试拌调试,直到符合要求。

③拌和场地布置应远离居民区,其距离不少于1km。

④运料设备应采用干净、有金属底板的自卸槽斗车辆运送混合料,车槽内不得沾有有机物质。为了防止尘埃污染和热量过分损失,运输车辆应备有覆盖设备,车槽四角应密封坚固。

(2)摊铺及压实设备。

①沥青混合料摊铺机应是自动式摊铺设备,安装有可调的活动整平板或整平组件。整平板在需要时可以加热,能按照规定的典型横断面和图纸所示的厚度在车道宽度内摊铺,并备有修边的套筒,摊铺机应有一套夯板和可调整振幅的振动整平板的组合装置,夯板与振动整平板的频率,应能随意变化,并能各自单独进行调整。

②摊铺混合料时,摊铺机应能按照与摊铺混合料相协调的前进速度运行。

③摊铺机应配备整平板自控装置,其一侧或双侧装有传感器,可通过外面的参考线探出纵坡和整平板的横坡,并能自动发出信号来操纵整平板,使摊铺机能铺筑出理想的纵横坡度。

④压实设备应配有钢轮式、轮胎式及振动压路机,并能按合理的压实工艺进行组合压实。还应备有监理工程师认可的小型振动压(夯)实机具,以用于压路机不便压实的地方。

3)混合料的拌和

(1)粗、细集料应分类堆放和供料,取自不同料源的集料应分开堆放。每个料源的材料应进行抽样试验,并经监理工程师批准。

(2)拌和应将集料包括矿粉充分地烘干。每种规格的集料、矿粉和沥青都必须分别按要求的配合比进行配料。

(3)沥青的加热温度、石料加热温度、混合料的出厂温度、运到施工现场的温度均应满足规范要求。

(4)所有过度加热的混合料,或已经炭化、起泡和含水的混合料都应废弃。拌和后的混合料必须均匀一致,无花白、无粗细料离析和结块现象,否则不得用于工程项目。

(5)材料的规格或配合比发生改变时,都应根据室内试验资料进行试拌。试拌时必须抽样检查混合料的沥青含量、级配组成和有关力学性能,并报请监理工程师批准。

4)混合料的运送

(1)已经离析或结成不能压碎的硬壳、团块或在运料车辆卸料时留于车上的混合料,以及低于规定铺筑温度或被雨水淋湿的混合料都应废弃,不得用于工程项目。

(2)运至铺筑现场的混合料,应在当天或当班完成压实。

5)混合料的摊铺

(1)摊铺混合料之前,必须对下层进行检查,并取得监理工程师的批准,同时必须按规定铺洒沥青透层、黏层或下封层。

(2)在开始摊铺混合料时,应考虑在路面边缘设置路缘石(拦水带)的具体位置、埋设深度,将预制的路缘石块,按图纸要求进行设置,基础及后背填料必须夯实,缝宽均匀线条顺直、顶面平整、砌筑牢固。

(3)为消除纵向接缝,应采用全路摊铺。当采用两台摊铺机组成梯队联合摊铺的方式时,两台摊铺机前后的距离以前面摊铺的混合料尚未冷却为准,一般为10~30m。

(4)沥青混合料的摊铺温度应随沥青的标号及气温的不同通过试验确定,进行调节,沥青混合料的最低摊铺温度见表3-39。

沥青混合料的最低摊铺温度 表3-39

下卧层的表面温度(℃)	相应于下列不同摊铺层厚度的最低摊铺温度(℃)					
	普通沥青混合料			改性沥青混合料或SMA沥青混合料		
	<50mm	50~80mm	>80mm	<50mm	50~80mm	>80mm
<5	不允许	不允许	140	不允许	不允许	不允许
5~10	不允许	140	135	不允许	不允许	不允许
10~15	145	138	132	165	155	150
15~20	140	135	130	158	150	145
20~25	138	132	128	153	147	143
25~30	132	130	126	147	145	141
>30	130	125	124	145	140	139

(5)摊铺机应以均匀的速度行驶。摊铺机的输出量和沥青混合料的运送量相匹配,以保证混合料均匀、不间断地摊铺。摊铺过程中不得随意变换速度,避免中途停顿,影响施工质量。

(6)对外形不规则,路面厚度不同,空间受到限制以及人工构造物接头等摊铺机无法工作的地方,经监理工程师批准可以采用人工铺筑混合料。

6)混合料的压实

(1)混合料完成摊铺和刮平后应立即进行宽度、厚度、平整度、路拱及温度检查,对不合格之处应及时进行调整,随后按试验路确定的压实设备的组合及程序进行充分均匀地压实。

(2)压实分初压、复压和终压。压路机碾压的适应速度如表3-40。

压路机碾压速度(km/h) 表3-40

压路机类型	初压		复压		终压	
	适宜	最大	适宜	最大	适宜	最大
钢筒式压路机	2~3	4	3~5	6	3~6	6
轮胎压路机	2~3	4	3~5	6	4~6	8
振动压路机	2~3 (静压或振动)	3 (静压或振动)	3~4.5 (振动)	5 (振动)	3~6 (静压)	6 (静压)

(3)初压应采用钢轮压路机或振动压路机(静压)。初压后应检查平整度和路拱,必要时应予以修整。复压应采用串联式双轮振动压路机或轮胎压路机。终压应采用光面钢轮压路机或振动压路机(静压)。

(4)碾压作业时混合料的温度,初压温度不应低于120℃。碾压终了的温度,对于钢轮压路机不得低于60℃,对于轮胎压路机不得低于70℃,对于振动压路机不得低于55℃。具体温度详见表3-37和表3-38。

(5)碾压应纵向并由低边向着高边慢速均匀地进行。相邻碾压至少重叠宽度为:双轮30cm,三轮为后轮宽度的1/2。

(6)碾压时,压路机不得中途停留、转向或制动。当压路机来回交替碾压时,前后两次停留地点应相距10m以上,并应驶出压实起始线3m以外。

(7)压路机不得停留在温度高于60℃的已经压过的混合料上。同时,应采取有效措施,防止油料、润滑脂、汽油或其他杂质在压路机操作或停放期间落在路面上。

(8)压实时,如接缝处的混合料温度已不能满足压实温度要求,应采用加热器提高混合料的温度,压实温度达到要求后,再压实到无缝迹为止。否则,必须垂直切割混合料并重新铺筑后立即共同碾压到无缝迹为止。

(9)在压路机压不到的其他地方,应采用振动夯板、手夯或机夯把混合料充分压实。已经完成碾压的路面,不得修补表皮。

(10)当层厚等于或大于40mm时,监理工程师可使用核子密度仪进行现场密实度检验,以代替试验室试样测定。但每读10个核子密度仪读数,必须钻取一个试样送交试验室进行密度试验,以检验核子密度仪的准确性。

7)接缝的处理

(1)铺筑工作的安排应使纵、横向两种接缝都保持在最小数量。接缝的方法及设备,应取得监理工程师批准。在接缝处的密度和表面修补应与其他部分相同。

(2)纵向接缝应采用一种自动控制接缝机装置,以控制相邻行程间的高程,并做到相邻行程间可靠的结合。纵向接缝应是热接缝,并应连续和平行,缝边垂直并形成直线。

(3)纵缝上的混合料,应在摊铺机的后面立即用一台静力钢轮压路机以静力进行碾压。

(4)纵向接缝与横坡变坡线的重合应在15cm以内,与下层接缝应错开15cm以上。

(5)当由于工作中断,摊铺混合料的末端已经冷却,或者在第二天恢复工作时,就应做成一道与铺筑方向大致成直角的横向接缝。横向接缝在相连的层次和相邻的行程间均应至少错开1m。

8)气候条件

(1)沥青混合料的摊铺应避免在雨季进行。当路面滞水时,应暂停施工。

(2)施工气温低于10℃时,应停止摊铺,或摊铺时采取措施,并经监理工程师同意方可继续摊铺。否则在气温还没有上升到10 ℃以上之前,不得开始摊铺,当气温下降到15℃以下时,应控制混合料的最大运距,保证碾压温度在规定的范围以内。

(3)未经压实即遭雨淋的沥青混合料应全部清除,更换新料。所发生的一切费用由承包人负担。

9)取样和试验

(1)沥青混合料应按统计法取样,以测定集料级配、沥青含量、压实度等,集料取样地点应在沥青掺入前的热拌设备旁,沥青含量试验应在摊铺机后面及压路机前面,从已摊铺的混合料中取样。压实度试验应从压好的路面上钻取试样。

(2)混合料的试样,应在施工现场每天进行一次,或拌500t混合料取一次并按规范进行检验。

(3)所有的试验结果均应报监理工程师审批,所发生的一切费用由承包人自理。

2. 沥青表面处治施工质量控制要点

1)一般规定

(1)沥青表面处治宜选择在干燥和较热的季节施工,并在雨季前及日最高气温低于15℃到来之前半个月结束。

(2)沥青表面处治宜采用层铺法施工,厚度不宜大于3cm,可采用沥青洒布机及集料撒铺机联合作业。

(3)施工工序紧密衔接,沥青洒布长度与石料撒铺相配合,避免浇油后等待较长时间才撒铺石料。

2)施工设备

(1)沥青表面处治应采用沥青洒布机喷洒沥青,洒布机应能稳定在控制的速度和确定的用油量,并能在整个洒布宽度内均匀洒布沥青。

(2)应采用一台自行式的集料撒布机,并配有可靠的控制系统,把所需的集料均匀撒铺到沥青材料的整个宽度上。

(3)沥青表面处治宜采用轮胎式光面钢筒压冷机,压路机的吨位应能使集料嵌挤紧密又不致使石料有较多的压碎为准。通常采用6~8t及10~12t压路机进行碾压,乳化沥青表面处治宜采用较轻的压路机进行碾压。

3)表面准备

(1)沥青表面处治层的表面应平整、清洁、无松散,并应符合图纸所示或监理工程师确定的典型断面。

(2)当监理工程师有指示时,应视需要用机动路帚或电鼓风机,并辅以人工扫净表面,清除有害物质。

4)沥青洒布

(1)沥青材料的加热温度应满足规范要求。

(2)沥青应采用压力喷洒机均匀地洒布,洒油量、温度条件及处治面积均应在洒布前获得认可,在洒布沥青之前,集料和集料撒布设备均应运抵施工现场。处治区附近的结构物和树木的表面应加以保护,以免溅上沥青,受到污染。

(3)沥青洒布机应在喷嘴打开的同时按适当的洒布速度向前行驶,除监理工程师同意采用其他材料或方法外,应在每次喷洒开始一端和结束的末端后面足够距离的表面上铺上施工用纸,以使喷嘴洒出来的沥青在开始和结束时都落在纸上,并保证喷嘴在喷洒的整个长度内喷洒正常。

(4)在喷洒交接处洒布沥青时应精心控制,不超过批准的洒油量,应把过量的沥青材料从洒布表面刮掉,漏洒或少洒的地区应补洒纠正。

5)集料撒铺

(1)符合指定级配的集料,应事先清除或减少集料上的浮土,以提高和改进黏着质量。

(2)在沥青洒布后3min内应按确定的用量撒铺集料,撒铺期间,如集料多少不匀,应用补撒集料的方法校正,直至达到均匀的表面结构,撒布机械无法靠近的地方,需用人工撒铺。

(3)在半宽施工情况下,应留下一条15cm宽的接头地带暂不撒布集料,以使沥青材料略微重叠。

6)碾压

(1)碾压应在沥青和集料撒铺后立即进行,并在当日完成。

(2)撒铺一段集料后即用6~8t轮胎或双轮压路机碾压,每层集料应按集料撒铺的全宽初压一遍,并应按需要进行补充碾压以使盖面集料适当就位,碾压时每次轮迹重叠约30cm,从路边逐渐移向路中心,然后再从另一边开始移向路中心,以此作为一遍,一般全宽的碾压不少于3~4遍,以不大于2km/h的速度进行碾压。

7)养护

(1)集料表面应用扫帚轻轻扫过,或用其他方法养护4d,或按指示的天数养护。

(2)表面养护应包括把盖面料撒布到整个沥青表面上,以吸收游离的沥青材料或覆盖集料不足之处。

(3)养护不应使已嵌锁的集料移动位置。

(4)应采用旋转路帚把多余的材料从整个处治表面上清扫出去,面层清扫应在监理工程师指定的时间进行。

8)多层表面处治

(1)多层表面处治是在由准备好的基层上连续洒布的沥青材料和撒铺的盖面集料构成,材料应反复摊铺直至达到所需的层数。

(2)多层表面处治的沥青洒布、集料撒铺等的施工方法和要求与第一层相同,但第二层、第三层的碾压可采用8~10t压路机。

9)稀浆封层、微表处施工质量控制要点

(1)稀浆封层和微表处必须使用专用的摊铺机进行摊铺。

(2)微表处必须采用改性乳化沥青,稀浆封层可采用普通乳化沥青或改性乳化沥青,其品种和质量应符合规范的要求。

(3)稀浆封层和微表处应选择坚硬、粗糙、耐磨、洁净的集料。各项性能应符合前述沥青混合料用粗集料和细集料的技术指标要求。其中稀浆封层用通过4.75mm筛的合成矿料的砂当量不得低于50%。当用于抗滑表层时,还应符合规范中有关磨光值的要求。细集料宜采用碱性石料生产的机制砂或洁净的石屑。对集料中的超粒径颗粒必须筛除。

(4)稀浆封层和微表处的矿料级配根据铺筑厚度、处治目的、公路等级条件可按表3-41选择。

稀浆封层的矿料级配 表3-41

筛孔尺寸(mm)	不同类型通过各筛孔的百分率(%)				
	微表处		稀浆封层		
	MS-2 型	MS-3 型	ES-1 型	ES-2 型	ES-3 型
9.5	100	100	—	100	100
4.75	95~100	70~90	100	95~100	70~90
2.36	65~90	45~70	90~100	65~90	45~70
1.18	45~70	28~50	60~90	45~70	28~50
0.6	30~50	19~34	40~65	30~50	19~34
0.3	18~30	12~25	25~42	18~30	12~25
0.15	10~21	7~18	15~30	10~21	17~18
0.075	5~15	5~15	10~20	5~15	5~15
一层的适宜厚度(mm)	4~7	8~10	2.5~3	4~7	8~10

(5)稀浆封层和微表处的混合料中乳化沥青及改性乳化沥青的用量应通过配合比设计确定。混合料的质量应符合表3-42的技术要求。

稀浆封层和微表处混合料的技术要求 表3-42

项 目	单 位	微 表 处	稀 浆 封 层	试验方法
可拌和时间	s	>120		手工拌和
黏度	cm	—	2~3	T 0751
黏聚力试验 30min(初凝时间) 60min(开放交通时间)	N·m N·m	≥1.2≥2.0 ≥1.2≥2.0	(仅适用于快开放交通的稀浆封层) ≥1.2 ≥2.0	T 0754
负荷轮碾压试验(LWT)粘附砂量轮迹宽度变化率	g/m^2 %	<450 <5	(仅适用于重交通道路表层) <450 —	T 0755
湿轮磨耗试验的磨耗值(WTAT) 浸水1h 浸水6d	g/m^2	<540 <800	<800 —	T 0752

注:负荷轮碾压试验(LWT)的宽度变化率适用于需要修补车辙的情况。

(6)稀浆封层和微表处混合料的配合比设计按下列步骤进行：

①根据选择的级配类型，确定矿料的级配范围。计算各种集料的配合比例，使合成级配在要求的级配范围内。

②根据以往的经验初选乳化沥青、填料、水和外加剂用量，进行拌和试验和黏聚力试验。可拌和时间的试验温度应考虑最高施工温度，黏聚力试验的温度应考虑施工中可能遇到的最低温度。

③根据上述试验结果和稀浆混合料的外观状态，选择1～3个认为合理的混合料配方，规定试验稀浆混合料的性能，如不符合要求，适当调整各种材料的配合比例再试验，直至符合要求为止。

④根据经验在沥青用量的可选范围内选择适宜的沥青用量。

⑤根据以往经验及配合比设计试验结果，在充分考虑气候及交通特点的基础上综合确定混合料配方。

(7)稀浆封层和微表处施工前，应彻底清除原路面的泥土、杂物，修补坑槽、凹陷，较宽的裂缝宜清理灌缝。

(8)稀浆封层和微表处的最低施工温度不得低于10℃，严禁在雨天施工，摊铺后尚未成型的混合料遇雨时应予铲除。

(9)稀浆封层和微表处两幅纵缝搭接宽度不宜超过80cm，横向接缝宜做成对接缝。分两层摊铺时，第一层摊铺后至少应开放交通24h后方可进行第二层摊铺。

(10)稀浆封层和微表处铺筑后的表面不得有超粒径料拖拉的严重划痕，横向接缝和纵向接缝处不得出现余料堆积或缺料现象，用3m直尺测量接缝处的不平整度不得大于6mm。对微表处不得有横向波浪和深度超过6mm的纵向条纹。经养护和初期交通碾压稳定的稀浆封层和微表处，在行车作用下应不飞散且完全密水。

10)透层与黏层施工质量控制要点

(1)透层施工质量控制要点。

①沥青透层的材料要求应符合现行《公路沥青路面施工技术规范》(JTG F40)的规定。

②沥青透层可采用煤油稀释沥青或慢裂的洒布型乳化沥青。乳化沥青透层的规格和质量应符合规范的要求。

③各种透层沥青的品种和用量应根据基层的种类通过试洒确定。

④透层宜在基层表面稍干后浇洒。当基层完工后时间较长、表面过于干燥时，应对基层进行清扫，并在基层表面少量洒水，等表面稍干后浇洒透层沥青。

⑤透层沥青宜采用沥青洒布车喷洒。

⑥喷洒透层沥青应符合下列要求：

a.喷洒透层前，路面应清扫干净，并采取防止污染路缘石及人工构造物的设施。

b.洒布的透层沥青应渗入基层一定深度，不应在表面流淌，且不得形成油膜。

c.如遇大风或即将降雨时不得喷洒透层沥青。

d.气温低于10℃时，不宜喷洒透层沥青。

e.应按沥青用量一次喷洒均匀，当有遗漏时，应采用人工补洒。

f.喷洒透层沥青后，严禁车辆、行人通过。

⑦在铺筑沥青面层前,当局部有多余的透层沥青未渗入基层时,应予清除。

⑧透层洒布后应尽早铺筑沥青面层。当用乳化沥青做透层时,洒布后应待其充分渗透,水分蒸发后方可铺筑沥青面层,其时间间隔不宜少于 24h。

(2)黏层施工质量控制要点。

①高速公路路面工程中在中面层与下面层之间,应浇洒黏层,并在与新铺沥青混合料接触的路缘石、雨水进水口、检查井等的侧面也应洒黏层。

②黏层的沥青材料采用乳化沥青或改性乳化沥青。黏层沥青的规格和质量应符合规范的要求;重交通沥青和改性沥青分别满足相应的技术规范要求。

③各种黏层沥青品种和用量应根据黏结层的种类通过试洒确定,并符合现行《公路沥青路面施工技术规范》(JTG F40)的要求。

④黏层沥青应采用沥青洒布车喷洒,洒布车应符合规范要求。在路缘石、雨水进水口、检查井等局部应用刷子进行人工涂刷。

⑤喷洒黏层沥青应符合下列要求:

a. 施工准备工作。准备喷洒沥青的工作面,应整洁无尘土。路面有脏物时应清除干净。当粘有土块时应用水刷净,待表面干燥后喷洒。

b. 气候条件。洒布沥青材料的气温不应低于 10℃,风速适度。浓雾或下雨路面潮湿时不应施工。

c. 喷洒温度。液体石油沥青和乳化沥青在正常温度下洒布,如气温较低,黏度较大的可适当加热。重交通沥青和改性沥青应在规范要求的温度下喷洒。

d. 喷洒。黏层沥青应均匀洒布或涂刷,喷洒过量处,应予刮除。并按《公路路基路面现场测试规程》(JTG 3450—2019)中有关要求和方法检测洒布量,每次检测不少于 3 处。

沥青洒布设备应配备有适用于不同黏度沥青喷洒用的喷嘴,在沥青洒布机喷洒不到的地方可采用手工洒布。喷洒超量、漏洒或少洒的地方应予纠正。

喷洒黏层油时,喷油管宜与路表面形成约 30°角,并有适当高度,以使路面上喷洒的透层油或黏层油形成重叠。

喷洒区附近的结构物和树木表面应加以保护,以免溅上沥青受到污染。

黏层沥青应在铺筑覆盖层之前 24h 内洒布或涂刷。

e. 养护。喷洒黏层沥青后严禁除沥青混合料运输车外的其他车辆、行人通过。黏层沥青洒布后应紧接铺筑沥青层。当使用乳化沥青作黏层时,应待破乳、水分蒸发完后铺筑。

3. 沥青贯入式路面施工质量控制要点

沥青贯入式路面根据沥青贯入深度的不同,可分深贯式及浅贯式;深贯入式厚 6 ~ 8cm;浅贯入式厚 4 ~ 5cm。

(1)施工准备。

下承层沥青贯入式路面施工前,基层必须清扫干净,贯入式使用乳化沥青时,必须洒透层或黏层沥青。

(2)撒料。

撒主层集料时,应注意撒铺均匀,避免颗粒大小不均,并不断检查松铺厚度和校验路拱。撒布集料后,严禁车辆通行。

(3)碾压。

主层集料撒布后,先用6~8t压路机以2km/h的初碾速度碾压3~4遍,使集料基本稳定,无显著推移为止,然后再用10~12t压路机以3~4km/h的速度进行碾压,直至主层集料嵌挤稳定,无显著轮迹为止,碾压遍数一般为2~4遍,视集料硬度而定。

(4)浇洒第一层沥青。

主层集料碾压完毕后,应立即浇洒第一层沥青。当采用乳化沥青贯入时,为防止乳液下漏过多,可在主层集料碾压稳定后,先撒布一部分上一层嵌缝料,再浇洒主层沥青。

(5)撒布第一层嵌缝料。

主层沥青浇洒后应立即均匀撒布第一层嵌缝料。当使用乳化沥青时,嵌缝料的撒布必须在乳液破乳前完成。

(6)再碾压。

嵌缝料扫匀后立即用8~12t钢筒式压路机碾压4~6遍,直至稳定为止,碾压时随压随扫,使嵌缝料均匀嵌入。

(7)浇洒第二层沥青→撒布第二层嵌缝料→碾压→浇洒第三层沥青→撒布封层料→最后碾压(宜采用6~8t压路机碾压2~4遍)。

(8)交通控制及初期养护。

沥青混凝土面层施工监理流程图如图3-5所示。

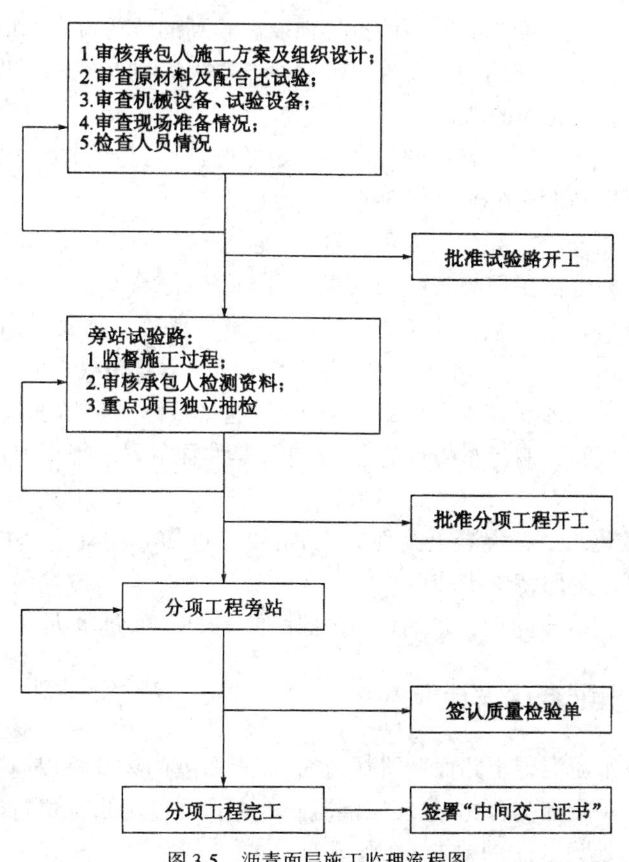

图3-5　沥青面层施工监理流程图

第四节　水泥混凝土路面质量控制

一、水泥混凝土路面概述

水泥混凝土路面俗称白色路面,是一种高级路面,它是以水泥与水拌和成的水泥浆为结合料,以碎(砾)石、砂为集料,再加适当的掺和料及外掺剂,拌和成水泥混凝土混合料而筑成的路面,经过一定时间的养护,达到很高的强度与耐久性。当车轮行驶在路面上,整个水泥混凝土路面会起抵抗作用,不使路面产生较大的弯曲变形,当车轮驶过后,又重新恢复原来的形状。这种性质的路面,又称为刚性路面。

水泥混凝土路面不但具有很高的强度,而且具有汽车运行中所必需的平整度,很好的耐磨性和必要的粗糙度,可以确保汽车的高速安全行驶。

水泥混凝土路面,包括普通混凝土、钢筋混凝土、连续配筋混凝土、预应力混凝土、装配式混凝土和钢纤维混凝土等面层板和基(垫)层所组成的路面。目前采用最广泛的是就地浇筑的普通混凝土路面,简称混凝土路面。

所谓普通混凝土路面,是指除接缝区和局部范围(边缘和角隅)外不配置钢筋的混凝土路面。与其他类型路面相比,混凝土路面具有以下优点:

(1)强度高。混凝土路面具有很高的抗压强度和较高的抗弯拉强度以及抗磨耗能力。

(2)稳定性好。混凝土路面的水稳性、热稳性均较好,特别是它的强度能随着时间的延长而逐渐提高,不存在沥青路面的那种"老化"现象。

(3)耐久性好。由于混凝土路面的强度和稳定性好,所以它经久耐用,一般能使用20~40年,而且它能通行包括履带式车辆等在内的各种运输工具。

(4)有利于夜间行车。混凝土路面色泽鲜明,能见度好,对夜间行车有利。

但是,混凝土路面也存在一些缺点,主要有以下几方面:

(1)对水泥和水的需要量大。修筑0.2m厚、7m宽的混凝土路面,每1000m要耗费水泥约400~500t和水约250t,尚不包括养护用水,这对水泥供应不足和缺水地区带来较大困难。

(2)有接缝。一般混凝土路面要建造许多接缝,这些接缝不但增加施工和养护的复杂性,而且容易引起行车跳动,影响行车的舒适性,接缝又是路面的薄弱点,如处理不当,将导致路面板边和板角处破坏。

(3)开放交通较迟。一般混凝土路面完工后,要经过28d的潮湿养护,才能开放交通,如需提早开放交通,则需采取特殊措施。

(4)修复困难。混凝土路面损坏后,开挖很困难,修补工作量也大,且影响交通。

二、水泥混凝土配合比设计

公路、城市道路水泥混凝土路面和机场道面,面板厚度的计算是以混凝土的弯拉强度为依据,与其相应的路面混凝土配合比,也应以混凝土的弯拉强度为指标进行设计。

(1)混凝土配合比设计总的要求、原则。

路面水泥混凝土应具有设计要求的强度、耐久性，抗磨性好、质量均匀、离散性小，根据这些质量要求，以及便于施工操作的和易性，采用选定的材料，通过试验和必要的调整来确定混凝土单位体积中各种组成材料的用量。

混凝土配合比设计以弯拉强度为指标，各级公路面层水泥混凝土配合比设计宜采用正交试验法；二级及二级以下公路可采用经验公式法。在水泥用量和用水量一定的条件下，根据和易性好，坍落度最大或工作度最小进行砂石用量的优选，同时通过抗折强度试验确定配合比，不同于一般混凝土配合比的设计方法。

水灰比是决定混凝土强度和耐久性的主要因素，选用水灰比不得超过有关规范规定的最大值。在满足和易性的条件下，应力求最小单位用量，既可节约水泥，降低造价，又可减少混凝土路面铺筑时的温度和收缩裂缝。

混凝土应具有与铺筑方法相适应的和易性，以及具有容易达到要求的平整度的易修整性。在施工可能的条件下，尽量采用坍落度小或工作度大的混凝土。

(2)混凝土配制强度的计算确定。

面层水泥混凝土配制 28d 弯拉强度的均值，宜按式(3-22)计算确定：

$$f_c = \frac{f_r}{(1 - 1.04C_v) + ts} \tag{3-22}$$

式中：f_c——面层水泥混凝土配制 28d 弯拉强度均值(MPa)；

f_r——设计弯拉强度标准值(MPa)；

C_v——弯拉强度变异系数；

t——保证率系数；

s——弯拉强度试验样本的标准差(MPa)。

(3)混凝土拌合物的工作性。

不同施工工艺混凝土拌合物的工作性，应符合下列规定：

①碎石混凝土滑模摊铺时的坍落度宜为 10～30mm，卵石混凝土滑模摊铺时的坍落度宜为 5～20mm；

②三辊轴机组摊铺时，拌合物的现场坍落度宜为 20～40mm；

③小型机具摊铺时，拌合物的现场坍落度宜为 5～20mm。

拌和楼出口拌合物坍落度值，应根据不同工艺摊铺时的坍落度值加上运输过程中坍落度的损失值。

(4)面层水泥混凝土应掺加引气剂，以确保其抗冻性，提高其工作性。拌和机出口拌合物含气量均值，用钻芯实测水泥混凝土面层最大气泡间距系数来衡量。

(5)各等级的公路均可使用正交试验法设计面层水泥混凝土配合比，二级及二级以下公路采用经验公式法设计面层水泥混凝土配合比，均应符合《公路水泥混凝土路面施工技术细则》(JTG/T F30—2014)的规定。

三、水泥混凝土路面施工阶段质量控制

根据《公路水泥混凝土路面施工技术细则》(JTG/T F30—2014)的规定，公路水泥混凝土路面的施工工艺分为滑模摊铺机施工工艺、三辊轴机组和小型机具施工工艺。

1. 滑模摊铺机施工

(1)高速公路、一级公路水泥混凝土路面的摊铺必须采用滑模机械摊铺,所采用的摊铺机械性能必须达到监理工程师的要求。基层强度不符合要求者,不得进行路面摊铺。

(2)试验路段铺筑。

①根据《公路水泥混凝土路面施工技术细则》(JTG/T F30—2014)的规定,二级及二级以上公路水泥混凝土路面面层施工前,应铺筑试验路段。试验路段的长度不应短于100m,高速公路、一级公路宜在主线以外进行铺筑。

②拌和楼应通过动态、静态标定检验合格后方可试拌,试拌合格后方可铺筑试验路段。

③铺筑试验路段应达到的目的。确定拌和楼的拌和参数、实际生产能力和配料精度;检验混凝土的施工性能、技术参数和实测强度;检验铺筑机械、工艺参数与拌和能力的匹配情况;检验施工组织方式、质量控制水平和人员配备等。

④铺筑试验路段应确定的内容以及总结报告的内容。应符合《公路水泥混凝土路面施工技术细则》(JTG/T F30—2014)第5.7条的规定。

⑤水泥混凝土路面试验路段应经过建设单位组织的对各项质量指标的复检和验收,合格后经批准,方可投入正式铺筑施工。

(3)钢筋的设置。

①横向缩缝及胀缝设置传力杆时,应与中线及路面表面平行,其偏差不应大于5mm,传力杆应采用监理工程师认可的支承装置,在铺筑路面之前装设好传力杆。

②传力杆长度为杆长的一半再加上5cm,应涂上两层沥青乳液或一层沥青,胀缝处的传力杆尚应在涂沥青的一端加一个预制的盖套,内留30mm的空隙,填以纱头或泡沫塑料。

③拉杆不应露头。拉杆端应切正,横断面积上不应变形,装设拉杆时,不应使其穿过已摊铺好的混凝土顶面,拉杆应在混凝土摊铺前就装设好,或者用一台拉杆振动器把它装入接缝边缘内,或者用混凝土摊铺机上的拉杆自动穿杆器来装设,在已凝固的混凝土内安装拉杆时,应用经监理工程师认可的拉杆穿插装置来进行。

④工程中所用的全部钢筋的设置及绑扎都应先经监理工程师同意后才能浇筑混凝土,承包人至少应在12h以前把浇筑混凝土的意图通知监理工程师,以使监理工程师有足够的时间检查钢筋和采取纠正措施。

⑤钢筋不应沾土、污垢、油脂、油漆、毛刺以及松散的或厚的铁锈,以免损坏钢筋与混凝土之间的黏结。

(4)混凝土拌合物的搅拌和运输。

混凝土的搅拌和运输应符合现行《公路水泥混凝土路面施工技术细则》《JTG/T F30》的要求。

(5)混凝土拌合物的摊铺。

①承包人应提供摊铺的设备和方法,以及摊铺宽度、接缝布置和预计的进度等全部详情和细节报监理工程师审批。

②当蔽阴处的气温低于5℃或高于35℃时,或者正在下雨或估计4h内有雨时,不得铺筑混凝土,工程中铺筑的混凝土的温度不应低于5℃或高于35℃。

③承包人应提供测定保养气温、混凝土温度、相对湿度及风速的设备,并应按照监理工程

师的指示测定和记录这些数据。当蒸发率超过 0.75(kg/m^2)/h,承包人应采取使监理工程师满意的防止水分损失的预防措施,如果监理工程师认为这些预防措施不能令人满意时,可下令停止施工。

④监理工程师应检查和批准所有的模板、基层准备情况、接缝和养护材料的供应情况,备用振捣器的储备情况,以及承包人的全面准备情况,以保证工程的正常进行。

⑤混凝土应采用摊铺机械铺筑。手工摊铺只应局限于小范围或不能用机械摊铺的区域。手工摊铺应在施工前由承包人报经监理工程师审批。

⑥摊铺机应是经批准的自行式机械。铺摊时应以缓慢的速度均匀地进行,以保证摊铺机的连续操作。摊铺机还应有以下特点:

a. 有带传感装置的自动控制系统,以便把线形和高程控制到规定的标准。

b. 有能均匀摊铺混合料及调节混合料流向的振捣器,能捣实混凝土整个深度。

c. 有单独的发动机提供动力的插入式振捣器,能捣实混凝土整个深度。

d. 有可调整的挤压整平板和整型板,并在所有表面上做出要求的修饰。

e. 具有适应混凝土板不同宽度或组合宽度与板厚的摊铺能力,其组合板宽应符合图纸或监理工程师的要求。

⑦摊铺机应具有摊铺、捣实、整型和修饰的功能,使后来只需要最少的手工修饰,并能铺筑成符合规范要求的修饰表面和密实而均质的混凝土。

⑧摊铺机、汽车以及养护、切缝和做纹理的设备行走路线的承力面,应由承包人进行准备及保养,以便能适应操作。

⑨混凝土拌合物摊铺工作一旦开始,不得中断,摊铺机应不致因缺乏混凝土而停工,如停工时间延续超过 30min,则应设置经批准的横向施工缝。距胀缝、缩缝或薄弱面 3m 之内不得出现横向施工缝。如果不能充分供应混凝土,则在至少做成 3m 长的板的工作中断之时,把最后一条缝后面的多余混凝土按指示清除掉。

⑩混凝土均匀浇筑在模板内,不应有离析现象。靠边角应先用插入式振捣器顺序捣实,再用平板振捣器纵横交错全面振捣,然后用振动梁振捣,平行移动往返拖振 2 ~ 3 遍,使表面泛浆,赶出水泡。

(6)终饰。

①混凝土振动梁振动整平后,应保持路拱的准确,并检查平整度,由承包人用长度不小于 3m 的直尺检查新铺混凝土表面,每次用直尺进行检查时,都应与前一次检查面至少重叠 1/2 的直尺长度。

②表面修饰前应做好清边整缝,清除粘浆修补掉边、缺角,表面修整时,严禁在混凝土面板上洒水、撒水泥。

③表面整修宜分二次进行,先找平抹面,等混凝土表面无泌水时,再做第二次抹平,板面应平整密实。

④整修作业应在混凝土保持塑性和具有和易性的时候进行,以确保从路表面上清除水分和浮浆。新铺混凝土表面,平整度检查出来的高处,应用手镘法清除高出的混凝土,低洼处不得填以表面的浮浆,必须用新制混凝土填补与修整。

⑤板面抹平后在混凝土仍具有塑性时,应采用拉槽器、滚动压纹器或其他合适的工具在混

凝土表面沿横向制作纹理,但不得挠动混凝土。表面纹理应符合图纸规定。拉槽时,一般槽口宽度为3~5mm,槽深为3~4mm。

(7)工程防护。

①承包人应提交在下雨干扰工程时拟采用的防护方法及设备的详细建议。防护设备应停放在工地,以便随时可以投入使用。

②应采取预防措施,保证路面铺筑完的头96h期间混凝土的温度不降到5℃以下,当主导温度偏低,或有寒冷气候预报以及新铺混凝土的温度有降到规定极限以下的危险时,承包人应停止摊铺混凝土拌合物作业。如果承包人采取了预防措施,可保证混凝土拌合物的温度能在上述时间内维持在5℃时,施工可继续进行,否则,拒绝验收。

(8)接缝。

①承包人应在开始铺筑路面混凝土之前28d,提交一份整个工程范围的平面图,标示出建议在混凝土路面内设置的全部接缝的部位和布置细节。路面板锚头、桥头搭板及末端板亦均应在平面图中示出。

②横向施工缝。

a.横向施工缝的位置宜改在胀缩缝处,设在缩缝处或非胀、缩缝处时,横向施工缝采用平缝加传力杆,并应垂直于中线和按图纸所示尺寸及其他要求施工。传力杆采用光面钢筋,其长度的一半以上,应涂以沥青,设在胀缝处时,横向施工缝应按胀缝的要求施工,传力杆最外边距接缝或自由边的距离,不应小于15cm。

b.横向施工缝只应在摊铺作业中断时间超过30min时才设置。

c.横向施工缝若与横向缩缝、胀缝分开设置时,其距离不得小于2m,必要时为了保证获得最小间距,监理工程师可授权改变横向缩缝的间距。

d.横向施工缝应在做纹理之前修整出光顺平齐的表面。

③横向缩缝。

a.横向缩缝应横过路面全宽设置。缩缝一般采用假缝形式,且缩缝应做成一条直线,不得有任何中断。图纸规定缩缝处设传力杆时,其要求与施工缝的传力杆相同。

b.除监理工程师另有指示外,横向缩缝(假缝)应采用锯缝,并按图纸规定的尺寸锯成,承包人应负责修建除规定位置外,不得出现任何横向裂缝的路面。在规定部位之外出现裂缝的混凝土路面应拒绝验收。

c.锯缝垂直或水平的边缘剥落,不应超过5mm,边缘剥落长度,在任何1m长的锯缝内不得超过300mm。

d.承包人应采用能适合割锯混凝土硬度的锯刀、设备和控制方法,并应由有经验的操作人员来施工,以确保锯口平直和把边缘剥落控制在规定范围以内。工地上应储备充足的备用锯缝机和锯刀,以供损坏时更换。

e.当混凝土硬化到足以承受锯缝设备时,即可开始锯缝作业,锯缝作业完成后,应立即把所有锯屑和杂物彻底清除干净。

f.混凝土板养护完毕后,用空气压缩机很好地清扫接缝沟槽内的任何杂物,混凝土充分干燥后,用符合图纸规定的填料予以填封。

④胀缝。

a. 胀缝应按图纸所示或监理工程师指示，在桥头搭板端部、路面板的锚头处、沿行车道与交叉道之间以及其他规定处设置，胀缝应采用滑动传力杆，即在传力杆涂沥青的一端加一个盖套，内留 30mm 的空隙，填纱头或泡沫塑料，盖套一端宜在相邻板中交错布置。

b. 胀缝应连续贯通路面全宽，并应垂直于道路中心线以及按图纸所示尺寸设置，胀缝与其他横缝的距离不得小于 2m，必要时，为保证获得最小净距，监理工程师可授权改变横向缩缝的间距。

c. 接缝用的接缝板和填缝料应符合图纸规定。

d. 在设置接缝材料时，胀缝要彻底扫净，缝的侧面均应用接缝材料制造厂商推荐的结合料抹涂。填缝料的顶部低于路面表面不得少于 5mm，也不得多于 7mm。

⑤纵向缩缝。

a. 纵向缩缝应平行于中线或按图纸所示或监理工程师指示的位置设置。拉杆应采用螺纹钢筋。

b. 除监理工程师另有指示外，纵向缩缝采用假缝，用锯缝机按图纸规定的尺寸锯成。

c. 所有纵向缩缝的缝线与平面图所示位置之间的偏差在任何一点上都不得超过 10mm。

⑥纵向施工缝。

纵向施工缝一般采用平缝，并应在板厚中央设置拉杆，拉杆的设置与纵向缩缝拉杆设置相同，接缝应符合规范或图纸规定的填缝料予以填封。

(9)混凝土板养护及模板的拆除。

混凝土板表面修整完毕后，应及时采用湿治养护和塑料薄膜养护 14 ~ 21d。模板的拆除，应符合现行《公路水泥混凝土路面施工技术细则》(JTG/T F30)的规定。

(10)开放交通。

混凝土板达到设计强度时，监理工程师可允许开放交通。当遇特殊情况需要提前开放交通时，则应根据现行《公路工程水泥混凝土试验规程》(JTG 3420)的试验方法测定混凝土试块应达到设计强度 80% 以上，其车辆荷载不得大于设计荷载，在开放交通之前，路面应清扫干净，所有接缝均应封闭好。

(11)取样和试验。

①施工过程中，弯拉强度试验取样频率为：高速公路和一级公路每工作班制作 2 ~ 4 组，日进度大于或等于 1000m 取 4 组，大于或等于 500m 取 3 组，小于 500m 取 2 组；其他公路每工作班制作 1 ~ 3 组，日进度大于或等于 1000m 取 3 组，大于或等于 500m 取 2 组，小于 500m 取 1 组。每组 3 个试件的 28d 强度的平均值作为一个统计数据。

抗压强度试验取样频率为：不同强度等级及不同配合比的混凝土应在浇筑地点或拌和地点分别随机制取试件；浇筑一般体积的结构物时每一单元结构物应制取 2 组；连续浇筑大体积结构物时，每 80 ~ 200m^3或每工作班应制取 2 组。每组 3 个试件的 28d 强度的平均值作为一个统计数据。

如果试件的试验结果表明 28d 混凝土强度达不到规定强度时，监理工程师可允许承包人提交从工程中挖取的试件进行试验，此外监理工程师可选择任何时间从工程中提取样芯以使和按要求制备的试样所取得的测试强度结果进行校验核对。

②摊铺好的混凝土面板厚度应在统计基础上取样，并进行量测，以确定面板厚度是否符合

设计要求。

③所有试验结果均应报监理工程师审批,所发生的一切费用由承包人自理。

(12)混凝土面板的拆除及更换。

①凡不符合规定要求时,任何混凝土面板均应按监理工程师的指示予以拆除及更换,拆除及更换所发生的一切费用均由承包人负担。

②拆除的混凝土板应打碎后再拆除,拆除时不能损坏邻近的混凝土板和基层。

③更换的新板及接缝均应符合新建的规定。

(13)冬季施工和夏季施工。

在冬季或夏季施工时,应按现行《公路水泥混凝土路面施工技术细则》(JTG/T F30)的要求进行施工。

2. 三辊轴机组与小型机具施工

三辊轴机组铺筑工艺可用于二级及二级以下的公路水泥混凝土路面的面层施工、隧道水泥混凝土面层施工、桥面铺装的施工,也可用于高速公路、一级公路的硬路肩、匝道、收费广场边板、封闭式中央分隔带、弯道超高加宽段硬路肩及局部异形面板等处的施工。

小型机具铺筑工艺可用于三级、四级公路水泥混凝土路面的面层施工,不得用于隧道水泥混凝土面层、桥面铺装的施工。

三辊轴机组、小型机具铺筑工艺的混凝土均应采用集中搅拌,严禁人工拌和。铺筑长度不足10m时,可以使用小型搅拌机现场搅拌。

1)模板安装的检查

(1)钢模板的高度应与混凝土板厚度一致。

(2)木模板应选用质地坚实、变形小、无腐朽、扭曲、裂纹的木料。

(3)模板高度的允许误差为±2mm,企口舌部或凹槽的长度允许误差:钢模板为±1mm;木模板为±2mm。

(4)立模的平面位置与高程,应符合设计要求,支立准确并稳固,接头紧密平顺,不得有离缝、前后错茬和高低不平等现象。

(5)混凝土拌合物摊铺前,应对模板的间隔、高度、润滑、支撑稳定情况和基层的平整、润湿情况,以及钢筋的位置和传力杆装置等进行全面检查。

2)混凝土拌合物的搅拌和运输

(1)混凝土拌合物应采用机械搅拌施工,其搅拌站宜根据施工顺序和运输工具设置,搅拌机的容量应根据工程量大小和施工进度配置。施工工地宜有备用的搅拌机和发电机组。

(2)搅拌机每批的拌合物数量,应按混凝土施工配合比和搅拌机容量确定,并应符合下列规定:

①进入拌和机的砂、石料必须准确过秤,磅秤使用前应检查校正;

②散装水泥必须过秤,袋装水泥当以袋计量时,应抽查其重量是否准确;

③严格控制加水量,每班开工前,实测砂、石料的含水率,根据天气变化,由工地试验确定施工配合比。

(3)搅拌第一批混凝土拌合物应先用适量的混凝土拌合物或砂浆搅拌,拌后排弃,然后再按规定的配合比进行搅拌。

(4)混凝土拌合物每批的搅拌时间,应根据搅拌机的性能和拌合物的和易性确定。

(5)混凝土拌合物的运输,宜采用自卸机动车运输。当运距较远时,宜采用搅拌运输车运输。混凝土拌合物自搅拌机出料后,运至铺筑地点进行摊铺、振捣、做面,直至浇筑完毕的允许最长时间,由试验室根据水泥初凝时间及施工气温确定。

(6)装运混凝土拌合物,不得漏浆,并应防止离析。夏季和冬季施工,必需时应有遮盖或保温措施,出料及铺筑时的卸料高度,不应超过 1.5m,当有明显离析时,应在铺筑时重新拌匀。

3)混凝土浇筑施工的质量控制

混凝土拌合物的施工,应符合下列规定:

(1)对厚度不大于 22cm 的混凝土板,靠边角应先用插入式振捣器顺序振捣,再用功率不小于 2.2kW 平板振捣器纵横交错全面振捣。纵横振捣时,应重叠 10 ~ 20cm,然后用振动梁振捣拖平,有钢筋的部位,振捣时应防止钢筋变位。

(2)振捣器在每一位置振捣的持续时间,应以拌合物停止下沉、不再冒气泡为宜。当水灰比小于 0.45 时,不宜少于 30s,用插入式振捣器时,不宜少于 20s。

(3)当采用插入式与平板振捣器配合使用时,应先用插入式振捣器振捣,后用平板式振捣器振捣。分二次摊铺的,振捣上层混凝土拌合物时,插入式振捣器应插入下层混凝土拌合物 5cm,上层混凝土拌合物的振捣必须在下层混凝土拌合物初凝以前完成。插入式振捣器的移动间距不宜大于其作用半径的 0.5 倍,并应避免碰撞模板和钢筋。

(4)振捣时应辅以人工找平,并应随时检查模板,如有下沉、变形或松动,应及时纠正。

(5)干硬性混凝土搅拌时可先增大水灰比,浇筑后采用真空吸水工艺再将水灰比降低,以提高混凝土在未凝结硬化前的表层结合强度。

(6)混凝土拌合物整平时,填补板面应先选用碎(砾)石较细的混凝土拌合物,严禁用纯水泥砂浆填补找平。经用振动梁整平后,可再用铁滚筒进一步整平。设有路拱时,应使用路拱成形板整平。整平时必须保持模板顶面整洁,接缝处板面平整。

(7)混凝土板做面,应符合下列规定:

①做面前,应做好清边整缝,清除粘浆,修补掉边、缺角。做面时严禁在面板混凝土上洒水、撒水泥粉。

②做面宜分二次进行。先找平抹平,待混凝土表面无泌水时,再做第二次抹平。混凝土板面应平整、密实。

③抹平后沿横坡方向拉毛或采用机具压槽。公路和城市道路、厂矿道路的拉毛和压槽深度应为 1 ~ 2mm,高速公路、一级公路一般路段抗滑构造深度(铺砂法)为:0.7 ~ 1.1mm,其他公路为 0.5 ~ 1.0mm。

4)水泥混凝土路面接缝施工

人工及小型机械化施工水泥混凝土路面接缝时,其要求与摊铺机施工水泥混凝土路面接缝相同。

5)混凝土板养护及模板的拆除

混凝土板表面修整完毕后,应及时采用湿治养护或塑料薄膜养护 14 ~ 21d,模板的拆除,应符合《公路水泥混凝土路面施工技术细则》(JTG/T F30—2014)的规定。

四、连续配筋混凝土路面施工质量控制

连续配筋混凝土路面的施工工序可按图3-6实施。

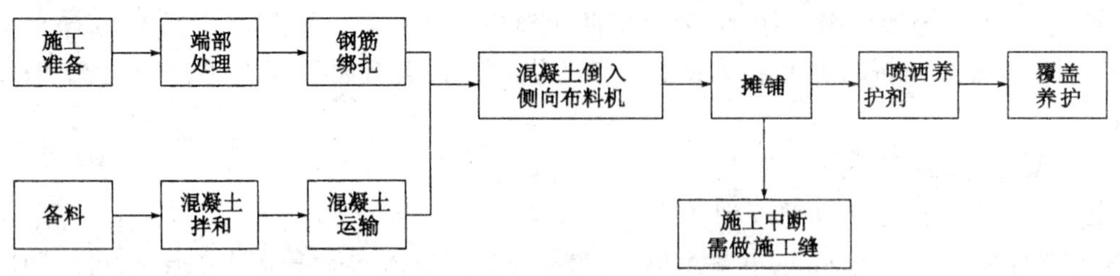

图3-6　连续配筋混凝土路面施工工序简图

1. 配合比设计

(1)承包人应将计划用于铺筑水泥混凝土面层的各种材料,提前通过试验进行混合料组成配合比设计,这些设计应包括材料标准试验、混凝土抗折和抗压强度、集料级配、水灰比、坍落度、水泥用量、质量控制等,承包人应及时提供所有设计、试验报告单和详细说明,报监理工程师批准。混凝土的单位水泥用量,应根据摊铺选用的水灰比和单位用水量进行计算。

(2)为了确定在整个施工过程中,混凝土混合料配合比是否需要调整,承包人可按规定做7d的弯拉强度试验。

(3)混凝土配合比除了应保证设计强度、耐磨、耐久性外,还必须满足摊铺对混凝土拌合物工作性能的要求。

(4)承包人按上述要求提供的试验室理论配比,必须经过试验路段的试拌,试铺检验满足要求后,将确定的配合比资料报监理工程师批准后才能用于施工配比。

(5)已批准的混凝土施工配合比、施工方法和材料,除由于原材料天然含水率变化引起的用水量变化需适量调整外,未经监理工程师的同意不应改变,如需改变时,承包人应重新报送资料,试拌试铺经监理工程师批准后才能使用。

2. 施工准备

1)人员准备

在摊铺开始前,施工单位应对施工、试验、机械、管理等岗位的技术人员和各工种技术工人进行培训,未经培训的人员不得单独上岗操作。

2)材料

(1)施工单位应安排专人负责材料的准备工作,所有材料的供应、储备应不影响摊铺的正常施工。

(2)所有运至工地的材料必须经监理工程师验收。

(3)料场应建在地势较高、排水通畅的位置,其底部应做硬化处理,严禁料堆积水和泥土污染。不同规格的砂石料之间应有隔离设施,严禁混杂。

3)机械设备

施工前,必须对搅拌楼、运输车辆、布料机、滑模摊铺机(或三轴仪)、拉毛、养护机等施工

机械,经纬仪、水准仪或全站仪等测量基准线仪器和人工辅助施工的振捣棒、整平梁、模板等机具、工具及试验仪器进行全面的检查、调试、校核、标定、维修和保养,并试运行正常。对主要设备易损零部件应有适量储备。

4)下卧层

(1)面层施工前,应对下卧层进行评定。必须保证下卧层的平整度、高程等指标符合要求。

(2)摊铺前,必须将下卧层表面清扫干净,并洒水湿润,若下卧层表面被泥土等污染,应用洒水车冲洗干净。

(3)摊铺前,应对基层上的沥青封层进行认真检查,若发现沥青封层损坏,应补洒沥青。

(4)施工前,必须对透层、封层验收合格后,方可进行下一步工作。

5)模板安装

(1)下卧层验收合格后,应进行路面施工段的水准复测和补测以及中线的复测,核对原有中线桩和补测丢失的中桩。

(2)模板应根据测量的高程进行准确安装,应安装稳固、牢靠。模板安装完毕后,应检查其安装准确与否。

(3)模板安装完毕后,禁止扰动,特别是正在摊铺时,严禁碰撞和振动。确保模板的稳定,保持混凝土路面边缘形状与高程准确,保证路面的平整度。

6)基准线设置

(1)基层验收合格后,应进行路面施工段的水准复测和补测以及中线的复测,核对原有中线桩和补测丢失的中桩。

(2)摊铺机导线桩的设置间距为10m,在变坡和弯道段应加密至5m,每个桩要打牢固,应打入基层10~15cm,夹线臂到基层顶面的距离为45~75cm。导线必须拉紧,每根导线上应有100kg的拉力,张紧后准线上的垂直不应大于1mm。其长度最大不超过400m。导线安装完毕后,应检查其安装准确与否。

(3)导线安装完毕后,禁止扰动,特别是正在摊铺时,严禁碰撞和振动。断开的导线连接后可使用,但接头不得大于1cm。大风天气将引起导线振动,若导线振动会引起路面平整度不良,应停止施工。

3.施工

1)设备

(1)路面施工应采用滑模摊铺机为主的大型机械配套施工技术(或人工及小型机械化施工)。混凝土的搅拌、运输、表面整修与纹理制作等设备必须与其相配套,搅拌机的生产率、混凝土运输生产能力必须与摊铺速度合理配套。

(2)混凝土拌和设备。

混凝土拌和机必须采用强制式搅拌机,并有自动供料、自动计量设备,设有集料配料系统、供水系统、外加剂加入装置和水泥及粉煤灰供应系统。

搅拌站的生产能力应保证摊铺均衡地、不停顿地作业,按半幅路面全宽摊铺所需要的水泥混凝土量来决定,其生产能力不宜小于300m^3/h。采用多台搅拌机组合时,必须保证新拌混凝土的质量均衡性。

搅拌站应有备用搅拌机和发电机组,应保证搅拌、清洗、养护用水的供应,并保证水质。

应配备足够的试验设备和人员,以对混凝土的质量进行检验与控制。

(3)新拌混凝土的运输应采用10~20t的大吨位自卸汽车为主,辅以汽车式混凝土搅拌运输车,每台运输车应带有附着式振捣器,以方便卸料。自卸车的车斗要平整、光滑,不渗漏,后挡板应关闭严密,无漏浆,不变形。运料时应加盖,以防水分蒸发,每天应对运输车辆检查清洗。

(4)滑模摊铺机应可以在施工中一次完成主线半幅路面两条行车带(含路缘带)混凝土板的摊铺、振捣、成型、传力杆安置、拉杆插入、抹光等工序。滑模摊铺机应有行驶方向以及摊铺高度两个方向的自动控制功能。

2)钢筋设置

(1)纵向钢筋必须紧密绑扎、安装好且稳固可靠(所有接点必须稳固),搭接点可采用细铁丝绑扎或者点焊,纵向钢筋最小搭接长度为钢筋直径的30倍,搭接位置应错开布置。横向钢筋布置于纵向钢筋之下,一般不应搭接,若有搭接也应错开布置,搭接长度不小于钢筋直径的30倍。纵横向钢筋绑扎的钢筋网必须平直成带片状,至板边的侧距应保持相等。除了临时中断的施工缝以外,钢筋网应保持连续。

(2)支架应按照设计图纸设置,根据监理工程师批准,也可以采用其他可靠的方法。混凝土摊铺和振捣期间,钢筋的排列和间距应保持和控制在正确的位置,且在规定的允许误差范围内,其竖向允许误差为±5mm,钢筋网间距允许误差为±5mm。应将支架牢固地竖立在基层上,以防止支架倾倒或刺入基层。固定装置不应影响混凝土的摊铺和振捣。

(3)施工缝和纵缝处外露的普通钢筋和补强钢筋宜进行防锈处理。

(4)拉杆按规范进行设置,其位置位于纵向钢筋之上。

3)混凝土的搅拌与运输

(1)各种规格的集料应分开堆放和供料,取自不同料源的集料应分开堆放;每个料源的材料要进行抽样试验,并报经监理工程师批准。

(2)搅拌站的计量系统在工地安装之后,应进行检定、校正,经监理工程师验收合格后方可正式投入生产。

(3)混凝土拌合物的拌和时间应根据搅拌机的性能和拌合物的和易性确定。净拌最短时间,即材料全部进入拌和楼起,至拌合物开始出料的连续搅拌时间,对强制式搅拌一般不应小于35~40s。

(4)对搅拌站的大型搅拌机的生产性验证,应根据试验室提供的配合比试拌,进行混凝土和易性、含气量、弯拉强度等三项检验,并从每台搅拌机试拌时的初期、中期和后期分别取样制作试件,以检验各台搅拌机拌制混凝土的均匀性。

(5)每天应对混凝土的生产进行全面的监督,并要求将多台搅拌机的实际配料记录和材料使用统计、机械操作参数以及搅拌混凝土生产时间、数量等记录进行统计,并做定期分析,以提高混凝土生产质量的均匀性。

(6)混凝土拌合物从搅拌机出料后,运至铺筑地点进行摊铺完毕的最长允许时间,由试验室根据水泥初凝时间、施工气温以及坍落度试验结果确定,一般不应大于1.5h,在气温不同的条件下,可采用外掺剂来调节初凝时间。

(7)自卸汽车装运混凝土拌合物时,不得漏浆,并应防止离析。在夏季或冬季施工时,自卸车厢上应加遮盖。混凝土出料时应注意移动自卸汽车,避免离析。出料时的卸料高度不得超过1.5m。

4)混凝土的摊铺

(1)连续配筋混凝土路面宜采用能够一次完成半幅路面滑模摊铺机施工。

(2)摊铺时,宜采用侧向进料方式,可采用经监理工程师同意的侧向布料机或其他侧向进料设备。同时,在布料机械出现故障时,应有相应的应急措施。对布料机上的易损零部件应有储备。如采用人工摊铺时,不应对混合料进行抛掷和耧耙,以防离析。

(3)在摊铺机起步、收机等路段,应采用刚运到的新混凝土拌合物,辅以人工浇筑、捣实,以保证混凝土板的板厚、密实度、平整度及饰面质量。

(4)在滑模摊铺的最初50m之内,应测量校核路面高程、厚度、宽度、中线、横坡等技术参数,并及时通知机手,以便调整滑模摊铺机上传感器、挤压板等设备,保证所铺的路面满足要求。

(5)摊铺机应保持均匀摊铺速度,摊铺时应随时观察新拌混凝土的级配和黏度情况,并根据其稠度调整摊铺的速度和振捣频率。摊铺后的混凝土表面应无麻面,板侧应垂直光洁,无坍边和麻面。如有少量麻面、气泡、边角塌陷等,应及时用人工修整,如缺陷严重,应立即对摊铺机加以调整,经调整后仍不能克服的,应立即停机,查出原因,清除弊端后方可继续工作。

(6)在滑模摊铺机施工过程中,要求供料与摊铺机速度密切协调,尽可能减少停机次数。若出现新拌混凝土供应不上的情况,滑模摊铺机停机等待时间不得超过30min,在30min内,应每隔10min开动振捣棒振动2min;超过30min时,应将滑模摊铺机开出路面摊铺位置,且该处应做施工缝。

(7)施工时要求尽量保证连续施工,以减少横向缝的数量。当遇实际情况不得不中断施工时,其间距不宜小于200m。在施工缝处增加纵向抗剪钢筋,其布置位置保证距两根纵向钢筋的间距相等,钢筋的直径与纵向钢筋相同,且应具有足够的长度,抗剪钢筋应伸入先施工的面板一端至少95cm,后摊铺的面板一端245cm。施工缝端部应平整、光洁、无麻面。

(8)对混合料进行振捣,每一位置的持续时间应以混凝土停止下沉,不再冒气泡并泛出砂浆为准,振捣时间不宜太长。振捣时应辅以人工找平,并随时检查模板有无下沉、变形和松动。

(9)下列情况下不能进行摊铺:准备工作不充分;气温低于5℃或高于35℃;正在下雨或估计4h内有雨;其他监理工程师认为不应摊铺的情况。

5)表面修整

(1)混凝土摊铺、捣实、刮平作业完成后,应用批准的饰面设备进一步整平,使混凝土表面达到要求的坡度和平整度。

(2)饰面作业时,不得在混凝土表面洒水或洒水泥粉,当烈日暴晒或干旱风吹时,宜在遮荫棚下进行。

(3)接缝和路表面不规则处的必要的人工修整作业,应选用较细的碎石混合料,严禁使用纯砂浆找平,并在经监理工程师批准的工作桥上进行,工作桥不得支撑在尚未达到强度要求的混凝土上。

(4)修整作业应在混凝土仍保持塑性和具有和易性的时候进行,以确保从路表面上清除水分和浮浆。表面低洼处不得填以表面的浮浆,而必须用新制混凝土填补与修整。

(5)在混凝土仍具有塑性时,应按照要求纵向拉毛,横坡方向拉槽措施在混凝土表面沿横向做纹理,以保证混凝土路面的抗滑要求,不宜采用刚性刻槽方式,以免损坏混凝土表面开裂处。

6)混凝土养护

(1)混凝土浇筑作业完成后,应开始养护并进行防护。所选择的养护方法应经监理工程师批准。

(2)采用喷洒养护剂的方式进行养护时,应采用专用的养护机喷洒,养护剂的品种和数量应满足规范的要求,并应均匀喷洒两遍,面板两侧也应喷洒。养护剂的喷洒量必须以在混凝土表面形成完全封闭的薄膜为准,然后再用塑料薄膜覆盖或加盖麻袋进行湿治养护。在养护膜未形成前,如遇雨水侵袭,应重新喷洒。覆盖应持续到14d或达到混凝土设计强度的80%。

(3)应控制养护初期的养护温度。养护时间应随混凝土强度的增长情况而定,并经监理工程师同意。

第五节　路面工程常见质量问题

一、沥青路面常见质量问题

沥青路面由于环境因素的不断影响和行车荷载的反复作用,经过一段时间的使用,便会产生破坏而失去原有的使用能力。沥青路面常见的病害类型如下:

1. 龟裂

应按面积计算,损坏程度应按下列标准判断:

(1)轻度应为主要裂缝块度在0.2~0.5m,平均裂缝宽度小于2mm。

(2)中度应为主要裂缝块度小于0.2m,平均裂缝宽度2~5mm。

(3)重度应为主要裂缝块度小于0.2m,平均裂缝宽度大于5mm。

2. 块状裂缝

应按面积计算,损坏程度应按下列标准判断:

(1)轻度应为主要裂缝块度大于1m,平均裂缝宽度1~2mm。

(2)重度应为主要裂缝块度0.5~1m,平均裂缝宽度大于2mm。

3. 纵向裂缝

应是路面上与行车方向基本平行的裂缝,应按长度(m)进行计算。检测结果应用影响宽度0.2m换算成损坏面积。损坏程度应按下列标准判断:

(1)轻度应为主要裂缝宽度小于或等于3mm。

(2)轻度应为主要裂缝宽度大于3mm。

4. 横向裂缝

应是路面上与行车方向基本垂直的裂缝,应按长度(m)计算。检测结果应用影响宽度

0.2m换算成损坏面积。损坏程度应按下列标准判断：

(1)轻度应为主要裂缝宽度小于或等于3mm。

(2)中度应为主要裂缝宽度大于3m。

5. 沉陷

应为路面的局部下沉，应按面积计算。损坏程度应按下列标准判断：

(1)轻度应沉陷深度在10~25mm，行车无明显颠簸感。

(2)重度应为沉陷深度大于25mm，行车有明显颠簸感。

6. 车辙

应按长度(m)计算，检测结果应用影响宽度0.4m换算成损坏面积。损坏程度应按下列标准判断：

(1)轻度应为车辙深度在10~15mm。

(2)重度应为车辙深度大于15mm。

7. 波浪拥包

应按面积计算，损坏程度应按下列标准判断：

(1)轻度应为波峰波谷高差在10~25mm。

(2)重度应为波峰波谷高差大于25mm。

8. 坑槽

应按面积计算，损坏程度应按下列标准判断：

(1)轻度应为坑槽深度小于25mm，或面积小于0.10m^2。

(2)重度应为坑槽深度大于或等于25mm，或面积大于或等于0.10m^2。

9. 松散

应按面积计算，损坏程度应按下列标准：

(1)轻度应为路面表面细集料散失、脱皮、麻面等。

(2)重度应为路面表面粗集料散失、脱皮、麻面、露骨、表面剥落等。

10. 泛油

应为沥青路面表面出现的薄油层，损坏应按面积计算。

11. 修补

应为裂缝、坑槽、松散、沉陷、车辙等损坏的修复。块状修补应按面积计算，条状修补应按长度(m)乘以0.2m影响宽度计算。长度大于5m的整车道修复不计为路面修补损坏。修补范围内的再次损坏，应按新的损坏类型进行计算。

二、水泥混凝土路面常见质量问题

根据病害发生的原因、表现形态、对使用性能的影响、对应的处治措施等因素，并考虑简明实用和避免不必要的烦琐，将水泥路面病害分为11类。

1. 破碎板

应按板块面积计算，损坏程度应按下列标准判断：

(1)轻度应为板块被裂缝分为3块及以上,破碎板未发生松动和沉陷。

(2)重度应为板块被裂缝分为3块及以上,破碎板有松动、沉陷和唧泥等现象。

2. 裂缝

应为板块上只有一条裂缝的情况,应按长度m计算。检测结果应用影响宽度1.0m换算成损坏面积。损坏程度应按下列标准判断:

(1)轻度应为主要裂缝宽度小3mm,一般为未贯通裂缝。

(2)中度应为主要裂缝宽度在3~10mm。

(3)重度应为主要裂缝宽度大于10mm。

3. 板角断裂

应为裂缝与纵横裂缝相交,且交点距板角小于或等于板边长度一半的破坏,应按断裂板角的面积计算。损坏程度应按下列标准判断:

(1)轻度应为主要裂缝宽度小3mm。

(2)中度应为主要裂缝宽度在3~10mm。

(3)重度应为主要裂缝宽度大于10mm。

4. 错台

应为接缝两边出现的高差,应该长度(m)进行计算,检测结果应用影响宽度(1.0m)换算成损坏面积。损坏程度应按下面标准判断:

(1)轻度应为接缝两侧高差在5~10mm。

(2)重度应为主要接缝两侧高差大于10mm。

5. 拱起

应为横缝两侧板体高度大于10mm的抬高,损坏应按拱起涉及板块的面积计算。

6. 边角剥落

为沿接缝方向板边上出现的碎裂和脱落,裂缝面与板面成一定角度,应按长度(m)计算。检测结果应用影响宽度(1.0m)换算成损坏面积。损坏程度应按下列标准判断:

(1)轻度应为板边上的碎裂和脱落。

(2)中度应为板边上的碎裂和脱落,接缝附近水泥混凝土有开裂。

(3)重度应为板边上的碎裂和脱落,接缝附近水泥混凝土多处开裂,开裂深度超过接缝槽底部。

7. 接缝料损坏

应按长度(m)计算,检测结果应用影响宽度(1.0m)换算成损坏面积。损坏程度应按下列标准判断:

(1)轻度应为填料老化、不密水,尚未剥落脱空,未被砂、石、土等填塞。

(2)重度应为1/3以上接缝出现空缝或被砂、石、土填塞。

8. 坑洞

应为板面出现直径大于30mm、深度大于10mm的坑槽,损坏应按坑洞或坑洞群的包络面积计算。

9. 唧泥

应为板块接缝处有基层泥浆涌出，损坏应按长度（m）计算。检测结果应用影响宽度（1.0m）换算成损坏面积。

10. 露骨

应为板块表面细集料散失，粗集料暴露或表层疏松剥落，损坏应按面积计算。

11. 修补

应为裂缝、板角断裂、边角剥落和坑洞等损坏的修复。块状修补应按面积计算，裂缝类的条状修补应按长度（m）乘以0.2m影响宽度计算。长度大于5m的整车道修复不计为路面修补损坏。修补范围内再次发生的损坏，应按新的损坏类型计算。

第四章　桥涵工程质量控制与监理工作

第一节　桥梁工程概述

桥梁,一般指架设在江河湖海上,或跨越某种交通线路障碍物的,使车辆、行人等能顺利通行的建筑物。为适应现代高速发展的交通运输需要,桥梁也引申为跨越山涧、不良地质或满足其他交通运输需要而架设的使通行更加便捷的建筑物。

一、桥梁工程的基本组成及分类

1. 桥梁工程的基本组成

桥梁一般由上部构造、下部结构、支座和附属构造物等四大部分组成。

(1)上部结构又称桥跨结构,是跨越河流、山谷或构筑物等障碍的主要结构,直接承受自重荷载,车辆、人员和其他活载等。

(2)下部结构包括桥台、桥墩和基础,是支撑桥跨结构并将恒载和车辆等活载传至地基的建筑物。它还需承受地震、水流、船舶、车辆等的冲击和撞击,并与路堤相衔接,以抵御路堤土压力,防止路堤填土的滑坡和坍落。

(3)支座为桥跨结构与桥墩或桥台的支承处设置的传力装置。它不仅需要传递上部结构的荷载,并且要保证上部结构按设计要求能产生一定的变位。

(4)附属构造物包括桥面系、伸缩缝、桥台搭板、护坡、护岸、导流工程等,以及交通与机电工程设施等。

2. 桥梁工程的分类

1)按承重构件受力体系情况分

可分为梁式桥、拱桥、刚架桥、吊桥、组合体系桥。

(1)梁式桥:梁式桥是一种在竖向荷载作用下无水平反力的结构。由于外力的作用方向与承重结构的轴线接近垂直,故与同样跨径的其他结构体系相比,梁内产生的弯矩最大,通常用抗弯能力强的材料来建造。这种桥梁结构简单、施工方便。

(2)拱桥:拱桥的主要承重结构是拱圈或拱肋,这种结构在竖向荷载作用下,桥墩或桥台将承受水平推力。同时,这种水平推力将显著抵消荷载所引起的在拱圈内的弯矩。因此,与同跨径的梁相比,拱的弯矩和变形要小很多。鉴于拱桥的承重结构以受压为主,通常就可用抗压能力强的圬工材料和钢筋混凝土等材料来建造。

(3)刚架桥:刚架桥的主要承重结构是梁或板和立柱或竖墙整体结合在一起的钢架结构,梁和柱的连接处具有很大的刚性。

在竖向荷载作用下,梁部主要受弯,而在柱脚处也具有水平反力,其受力状态介于梁桥和拱桥之间。因此,对于同样的跨径,在相同的荷载作用下,刚架桥的跨中正弯矩要比一般梁桥小。根据这一特点,刚架桥跨中的建筑高度可以做得较小。

(4)吊桥:传统的吊桥均用悬挂在两边塔架上的强大缆索作为主要承重结构。在竖向荷载作用下,通过吊杆使缆索承受很大的拉力,通常就需要在两岸桥台的后方修筑非常巨大的锚碇结构。吊桥也是具有水平反力的结构。现代的吊桥上,广泛采用高强度钢丝编制的钢缆,以充分发挥其优异的抗拉性能,因此结构自重较轻,相较于其他桥型,吊桥就能以较小的建筑高度跨越其他任何桥型无法达到的特大跨度。吊桥的另一特点是成卷的钢缆易于运输,结构组成构件较轻,便于无支架悬吊拼装。

(5)组合体系桥:根据结构的受力特点,由几个不同体系的结构组合而成的桥梁称为组合体系桥。组合体系桥实质是梁、拱、吊三者的不同组合,上吊下撑以形成新的结构。

2)按跨径大小和桥梁总长分

分为特大桥、大桥、中桥和小桥,见表4-1。

桥涵工程按总长和跨径分类　　　　表4-1

桥涵分类	特大桥	大桥	中桥	小桥	涵洞
多孔跨径总长 L	$L>1000$	$100\leq L\leq 1000$	$30<L<100$	$8\leq L\leq 30$	—
单孔跨径 L_K(m)	$L_K>150$	$40\leq L_K\leq 150$	$20\leq L_K<40$	$5\leq L_K<20$	$L_K<5$

注:1. 单孔跨径指标准跨径。

2. 梁式桥、板式桥的多孔跨径总长为多孔标准跨径的总长;拱式桥为两岸桥台内起拱线间的距离;其他形式桥梁为桥面系车道长度。

3. 管涵及箱涵不论管径或跨径大小、孔数多少,均称为涵洞。

4. 标准跨径:梁式桥、板式桥以两桥墩中线间距离或桥墩中线与台背前缘间距为准;拱式桥和涵洞以净跨径为准。

3)按使用性质分

分为公路桥、铁路桥、人行桥、拖拉机桥、过水桥及其他专用桥梁等。

4)按主要承重结构所用的材料分

有木桥、圬工桥(砖、石、混凝土)、钢筋混凝土桥、预应力混凝土桥、钢桥及钢混组合桥等。

5)按行车道位置分

可分为上承式桥、中承式桥和下承式桥等。

6)按跨越障碍物的性质分

分为跨河桥、跨海桥、立交桥、高架桥、栈桥等。

3. 与桥梁布置和结构有关的主要尺寸和术语名称

低水位:枯水季节的最低水位。

高水位:洪峰季节河流中的最高水位。

设计洪水位:桥梁设计中按规定的设计洪水频率计算所得的高水位。

净跨径:对于梁式桥,是设计洪水位上相邻两个桥墩(或桥台)之间的净距;对于拱式桥,是每孔拱跨两个拱脚截面最低点之间的水平距离。

计算跨径:对于有支座的桥梁,是指桥跨结构相邻两个支座中心之间的距离;对于拱式桥,是两相邻拱脚截面形心点之间的水平距离。

标准跨径:对于梁式桥,是指两相邻桥墩中线之间的距离,或墩中线至桥台背前缘之间的距离;对于拱桥,则是指净跨径。

总跨径:多孔桥梁中各孔净跨径的总和。

多孔跨径总长:多孔桥梁中各孔标准跨径的总长。

桥梁全长:桥梁两端两个桥台的侧墙或八字墙后端点之间的距离;对于无桥台的桥梁,为桥面系行车道的全长。

桥梁高度:桥面与低水位之间的高差,或为桥面与桥下线路路面之间的距离。

建筑高度:桥上行车道路面高程至桥跨结构最下缘之间的距离。

4. 桥梁工程质量评定单元划分及评定方法

1)桥梁工程质量评定单元划分

桥梁工程根据建设任务、施工管理和质量检验评定的需要,按公路工程质量检验评定标准将建设项目划分为单位工程、分部工程和分项工程。监理单位、施工单位和建设单位应按统一的工程项目划分进行工程质量的监控和管理。

2)桥梁工程质量评定方法

工程质量检验评定以分项工程为单元,采用合格率法进行。在分项工程评定的基础上,逐级计算各相应分部工程、单位工程、合同段和建设项目等级。

工程质量评定等级分为合格与不合格,应按分项工程、分部工程、单位工程、合同段和建设项目逐级评定。

施工单位应对各分项工程按公路工程质量检验评定标准所列基本要求、实测项目和外观质量进行自检,并按标准中“分项工程质量检验评定表”及相关施工技术规范提交真实、完整的自检资料,对工程质量进行评定。

监理单位应按规定要求对工程质量进行独立抽检,对施工单位检评资料进行签认,对工程质量进行评定。监理工程师资料评定从分部工程开始。

二、桥梁工程施工准备

(1)桥梁工程施工前应熟悉设计文件、对结构尺寸和关键施工参数进行核对,且宜由设计单位进行设计交底。项目参建各方均要参与。

(2)应在对工程进行施工调查和现场核对后,根据设计要求、合同条件及现场情况等,施工单位编制实施性施工组织设计,总监理工程师进行审批,并报建设单位及有关单位。

(3)对技术条件复杂或危险性较大的分部分项工程,应进行多方案比选,施工单位编制安全可靠、技术可行、经济合理的专项施工技术方案和专项安全技术方案,监理工程师进行审批,必要时进行专家论证。

(4)对工程施工中所用的临时受力结构和大型临时设施,应进行专项设计和验算,明确质量和安全验收标准,并由施工单位编制安装、使用、维护和拆除的作业方案,并报监理工程师审批。

(5)督促施工单位建立健全质量保证体系和质量管理体系,明确质量方针、质量目标和质量责任;同时应建立质量管理机构、质量检测体系及流程,制定质量管理制度,提出质量保证措施,对工程的施工实施质量控制,监理工程师做好审查。

(6)督促施工单位建立健全安全生产管理体系,落实安全责任,提出安全技术组织措施。对施工中可能存在的各种潜在风险应进行分析、评估,提出防范对策,制订必要的突发事件应急预案,使施工的全过程能安全地进行,监理工程师做好审查。

(7)督促施工单位建立健全环保管理体系,制订保护环境、节能减排和文明施工的实施方案,减少工程施工过程中对环境的污染,监理工程师做好审查。

(8)施工前应建立施工组织机构,施工人员的配备应满足工程施工的需要,并应在进场时对其进行岗前培训和技术、安全交底,监理工程师的配备要满足现场需要和合同要求。

(9)应根据工程的规模和有关规定,监理建立工地试验室,并督促施工单位建立工地试验室。工地试验室配备的试验人员和试验仪器应满足工程施工的需要,且试验仪器应通过国家法定计量机构的检验标定。

(10)水泥、砂、石、外加剂等施工原材料的选择应在工程开工前通过试验确定。各种原材料进场时,应按规范的有关规定进行相应的质量检测和试验工作;进场后,应根据不同的品种、规格及用途分别妥善存放,对容易受潮、锈蚀的材料应有防雨、防潮或防锈的措施。监理工程师要做好平行试验、验证试验、标准试验和抽检试验。

(11)施工单位应结合工程的规模、工期、地形特点等情况,进行标准化施工的策划和实施,合理布置施工场地,所设置的各种临时设施应满足工程施工的需要及安全施工的要求,开工前应完成现场的"四通一平"工作。监理工程师做好审查。

(12)应根据工程施工的需要,施工单位配备足够的机械设备和生产工具,且应在施工前对施工机具进行安装调试。

(13)对拟采用新技术、新工艺、新材料、新设备的工程项目,应提前做好试验研究和论证等工作,保证工程施工能顺利进行。

(14)施工前应根据工程的特点,监理工程师和施工单位制定现场管理的各项规章制度,并应在施工过程中贯彻执行,监理工程师要做好审查。

三、桥梁工程施工测量

(1)桥梁工程施工前应根据其结构形式、跨径及精度要求等编制施工测量方案,选定控制测量等级,确定测量方法,并经监理工程师许可。

(2)施工前应由勘察设计单位对控制性桩点进行现场交桩,并应在复测原控制网的基础上,根据施工需要适当加密、优化,建立施工测量控制网。监理工程师要做好抽检、审查。

(3)对测量控制点,应编号绘于施工总平面图上,并应采取有效措施妥善保护。施工过程中,应对控制网(点)进行不定期的检测和定期复测,定期复测周期不应超过6个月,当发现控制点的稳定性有问题时,应立即进行局部或全面复测。

(4)桥梁工程施工的高程控制测量和平面控制测量应符合《公路桥涵施工技术规范》(JTG/T 3650—2020)的规定:

①各等级平面控制测量,其最弱点点位中误差为±50mm,最弱相邻点间相对点位中误差为±30mm,最弱相邻点边长相对中误差不得大于表4-2的规定。

平面控制测量精度要求

表 4-2

测量等级	最弱相邻点边长相对中误差	测量等级	最弱相邻点边长相对中误差
二等	1/100000	四等	1/35000
三等	1/70000	一级	1/20000

②桥梁工程平面控制测量的等级不得低于表 4-3 的规定,同时桥梁轴线精度尚应符合表 4-4 的规定。对特大跨径及特殊结构桥梁,应根据其施工允许误差,确定控制测量的精度和等级。

平面控制测量等级

表 4-3

多跨桥梁总长 L(m)	单跨桥梁跨径 L_k(m)	其他构造物	测量等级
$L \geqslant 3000$	$L_k \geqslant 500$	—	二等
$2000 \leqslant L < 3000$	$300 \leqslant L_k < 500$	—	三等
$1000 \leqslant L < 2000$	$150 \leqslant L_k < 300$	高架桥	四等
$L < 1000$	$L_k < 150$	—	一级

桥梁轴线相对中误差

表 4-4

测量等级	桥梁轴线相对中误差	测量等级	桥梁轴线相对中误差
二等	≤1/150000	四等	≤1/60000
三等	≤1/100000	一级	≤1/40000

③大桥、特大桥以及特殊结构桥梁的平面控制测量坐标系,其投影长度变形值不应大于 10mm/km,投影分带位置不得选在桥址处。

④当采用独立坐标系、抵偿坐标系时,应确认与国家坐标系的转换关系。

⑤在布设面控制点时,四等及以上平面控制网中相邻点之间的距离不得小于 500m;一级平面控制网中相邻点之间的距离在平原、微丘区不得小于 200m,重丘、山岭区不得小于 100m;最大距离不应大于平均边长的 2 倍。特大桥及特殊结构桥梁的每一端应至少埋设 3 个平面控制点。

⑥平面控制测量应采用卫星定位、导线测量、三角测量或三边测量等方法进行。

(5)桥涵工程施工的高程控制测量应符合下列规定:

①同一工程项目应采用同一高程系统,并应与相邻工程项目的高程系统相衔接。桥位水准点的高程测量应与路线控制高程联测。

②用于跨越水域或深谷的大桥、特大桥的高程控制网最弱点高程中误差为 ±10mm。

③高程控制网每千米观测高差中误差和附合(环线)水准路线长度应小于表 4-5 的规定。

高程控制测量的技术要求

表 4-5

测量等级	每千米高差中数中误差(mm)		附合或环线水准路线长度(km)
	偶然中误差	全中误差 M_W	
二等	±1	±2	100
三等	±3	±6	10
四等	±5	±10	4

注:控制网节点间的长度不应大于表中长度的 0.7 倍。

④桥梁工程的高程控制测量等级不得低于表4-6的规定。

高程控制测量等级　表4-6

多跨桥梁总长L(m)	单跨桥梁跨径L_k(m)	其他构造物	测量等级
$L \geqslant 3000$	$L_k \geqslant 500$	—	二等
$1000 \leqslant L < 3000$	$150 \leqslant L_k < 500$	—	三等
$L < 1000$	$L_k < 150$	高架桥	四等

⑤施工水准网中的各水准点,对于大桥和特大桥应构成连续水准环。大桥和特大桥的每端应至少设置2个水准点,作为水准网的控制点。

⑥对与相邻工程项目接合处的平面位置和高程,应在施工前进行联测,发现问题应查明原因,及时处理。

⑦宽阔水域和海上桥梁工程的施工测量宜采用卫星定位测量,且宜在水域和海上建立专门的测量平台。

⑧宽阔水域和海上桥梁工程的卫星定位测量平面控制网宜分为首级网、首级加密网、一级加密网和二级加密网4个等级,首级和首级加密网宜由勘察设计单位布设,一级和二级加密网宜由施工单位布设。

⑨宽阔水域和海上桥梁工程的高程控制网应采用全桥统一的高程基准。对首级网点、首级加密网点和全桥高程贯通测量,应采用不低于国家二等水准测量的精度进行联测;对一级和二级加密网点,应采用不低于国家三等水准测量的精度进行联测。先行施工桥墩的高程控制宜采用卫星定位测量,其间的其他桥墩、桥塔及上部结构可根据跨海贯通测量的成果,采用常规的高程测量方法进行测量。

⑩采用卫星定位测量实时动态测量系统进行宽阔水域、海上桥梁工程的定测和施工放样测量时,基准站的设置及测量方法宜符合所用产品的相应技术规定,测量精度应满足测量的要求。

⑪桥涵工程施工放样测量时,应对桥涵各墩台的控制性里程桩号、基础坐标、设计高程等数据进行复核计算,确认无误后再施测。

⑫施工放样测量需设置临时控制点时,其精度应符合相应等级的精度要求,并应与相邻控制点闭合。

⑬特大桥以及特殊结构的桥梁,在施工过程中宜对主要墩、台(或索塔、锚碇)的沉降变形、倾斜度等进行监测。

⑭桥涵工程完工后,应配合交(竣)工验收进行交(竣)工测量。

⑮桥涵工程的施工测量除应符合现行《公路桥涵施工技术规范》(JTG/T 3650)的规定外,尚应符合现行《公路勘测规范》(JTG C10)的规定。特大跨径公路桥梁测量应符合现行《特大跨径公路桥梁施工测量规范》(JTG/T 3650-02)的规定。

四、桥梁工程原材料的质量要求及混凝土配合比设计

桥梁工程所用原材料主要有水泥、细集料、粗集料、水、外加剂、石料、钢筋、预应力筋等。钢筋混凝土工程所用的各种原材料,均应符合国家和行业现行有关标准的规定,并应在进场时

对其性能和质量进行检验。

1. 桥梁工程原材料的质量要求

1)水泥

桥梁工程采用的水泥应符合现行《通用硅酸盐水泥》(GB 175)的规定,水泥的品种和强度等级应通过混凝土配合比试验选定,且其特性应不会对混凝土的强度、耐久性和工作性能产生不利影响。当混凝土中采用碱活性集料时,宜选用含碱量不大于0.6%的低碱水泥。

(1)水泥进场时,应附有生产厂的品质试验检验报告等合格证明文件,并应按批次对同一生产厂、同一品种、同一强度等级及同一出厂日期的水泥进行强度、细度、安定性和凝结时间等性能的检验,散装水泥应以每500t为一批,袋装水泥应以每200t为一批,不足500t或200t时,亦按一批计。当对水泥质量有怀疑或受潮或存放时间超过3个月时,应重新取样复验,并应按其复验结果使用。水泥的检验试验方法应符合现行《公路工程水泥及水泥混凝土试验规程》(JTG 3420)的规定。

(2)公路桥涵混凝土工程宜采用散装水泥,散装水泥在工地应采用专用水泥罐储存;采用袋装水泥时,在运输和储存过程中应防止受潮,且不得长时间露天堆放,临时露天堆放时应设支垫并覆盖。不同品种、强度等级和出厂日期的水泥应分别按批存放。

2)细集料

细集料宜采用级配良好、质地坚硬、颗粒洁净的河砂;当河砂不易得到时,可采用符合规定的其他天然砂或人工砂;细集料不得采用海砂。细集料宜按同产地、同规格、连续进场数量不超过400m^3或600t为一验收批,小批量进场的宜以不超过200m^3或300t为一验收批进行检验;当质量稳定且进料量较大时,可以1000t为一验收批。检验内容应包括外观、筛分、细度模数、有机物含量、含泥量、泥块含量及机制砂的石粉含量等;必要时尚应对坚固性、有害物质含量、氯离子含量、碱活性及放射性等指标进行检验。检验试验方法应符合现行《公路工程集料试验规程》(JTG E42)的规定。

3)粗集料

粗集料宜采用质地坚硬、洁净、级配合理、粒形良好、吸水率小的碎石或卵石,粗集料宜根据混凝土最大粒径采用连续两级配或连续多级配。单粒粒级宜组合成满足要求的连续粒级。

(1)粗集料最大粒径宜按混凝土结构情况及施工方法选取,但最大粒径不得超过结构最小边尺寸的1/4和钢筋最小净距的3/4;在两层或多层密布钢筋结构中,最大粒径不得超过钢筋最小净距的1/2,同时不得超过75.0mm。混凝土实心板的粗集料最大粒径不宜超过板厚的1/3且不得超过37.5mm。泵送混凝土时的粗集料最大粒径,除应符合上述规定外,碎石不宜超过输送管径的1/3;卵石不宜超过输送管径的1/2.5。

(2)施工前应对所用的粗集料进行碱活性检验,在条件许可时宜避免采用有碱活性反应的粗集料,必须采用时应采取必要的抑制措施。

(3)粗集料的进场检验组批应符合现行《公路桥涵施工技术规范》(JTG/T 3650)的规定,检验内容应包括外观、颗粒级配、针片状颗粒含量、含泥量、泥块含量、压碎值指标等,检验试验方法应符合现行《公路工程集料试验规程》(JTG E42)的规定。

4)外加剂

公路桥梁工程使用的外加剂,与水泥、矿物掺合料之间应具有良好的相容性。应是经过具备相关资质的检测机构检验并附有检验合格证明的产品，且其质量应符合现行《混凝土外加剂》（GB 8076）的规定。外加剂使用前应进行复验，复验结果满足要求后方可使用。外加剂的品种和掺量应根据使用要求、施工条件、混凝土原材料的变化等通过试验确定。

5）掺合料

掺合料应保证其产品品质稳定，来料均匀；掺合料应由生产单位专门加工，进行产品检验并出具产品合格证书。混凝土中需要掺用粉煤灰、粒化高炉矿渣粉、硅灰等掺合料时，其掺入量应在使用前通过试验确定。掺合料在运输和储存中，应有明显标志。

6）钢筋

桥梁工程中采用钢筋和预应力钢筋各项技术性能、力学性能、化学性能、机械性能和可焊性，必须均符合国家现行标准的规定和设计要求，其他特殊钢筋应符合其相应产品标准的规定。

（1）钢筋应具有出厂质量证明书和试验报告单，进场时除应检查其外观和标志外，尚应按不同的钢种、等级、牌号、规格及生产厂家分批抽取试样进行力学性能检验，检验试验方法应符合国家现行标准的规定。钢筋经进场检验合格后方可使用。

（2）钢筋分批检验时，可由同一牌号、同一炉罐号、同一尺寸的钢筋进行组批，每批的质量不宜大于60t，超过60t的部分，每增加40t（或不足40t的余数）应增加一个拉伸和一个弯曲试验试样；钢筋的进场检验亦可由同一牌号、同一冶炼方法、同一浇筑方法的不同炉罐号组成混合批进行，但各炉罐号的含碳量之差应不大于0.02%，含锰量之差应不大于0.15%。

（3）钢筋在运输过程中应避免锈蚀、污染或被压弯；在工地存放时，应按不同品种、规格，分批分别堆置整齐，不得混杂，并应设立识别标志，存放的时间不宜超过6个月。存放场地应有防水、排水设施，且钢筋不得直接置于地面，应垫高或堆置在台座上，顶部应采用合适的材料予以覆盖，防止水浸和雨淋。

（4）在工程施工过程中，应采取适当的措施，防止钢筋产生锈蚀。对设置在结构或构件中的预留钢筋的外露部分，当外露时间较长且环境湿度较大时，宜采取包裹、涂刷防锈材料或其他有效方式进行临时性防护。

（5）钢筋的级别、种类和直径应按设计规定采用，当需要代换时，应得到设计人员的书面认可。

（6）钢筋加工、连接及绑扎与安装等必须符合现行《公路工程质量检验评定标准　第一册　土建工程》（JTG F80/1）和《公路桥涵施工技术规范》（JTG/T 3650）的要求。

（7）预应力筋一般采用钢丝、钢绞线、螺纹钢筋，其质量和性能应符合国家现行标准的规定。钢丝分批检验时每批质量应不大于60t。检验时应先从每批中抽查5%且不少于5盘，进行表面质量检查，如检查不合格，则应对该批钢丝逐盘检查。在表面质量检查合格的钢丝中抽取5%，但不少于3盘，在每盘钢丝的两端取样进行抗拉强度、弯曲和伸长率的试验。试验结果如有一项不合格时，则不合格盘报废，并从同批未试验过的钢丝盘中取双倍数量的试样进行该不合格项的复验；如仍有一项不合格，则该批钢丝为不合格。

（8）钢绞线分批检验时每批质量应不大于60t，检验时应从每批钢绞线中任取3盘，并从每盘所选的钢绞线端部正常部位截取一组试样进行表面质量、直径偏差和力学性能试验。如每批少于3盘，则应逐盘取样进行上述试验。试验结果如有一项不合格时，则不合格盘报废，并再从该批未试验过的钢绞线中取双倍数量的试样进行该不合格项的复验;如仍有一项不合格,则该批钢绞线为不合格。

(9)螺纹钢筋分批检验时每批质量应不大于100t,对表面质量应逐根目视检查,外观检查合格后在每批中任选2根钢筋截取试件进行拉伸试验。试验结果如有一项不合格时,则应另取双倍数量的试件重做全部各项试验;如仍有一根试件不合格,则该批钢筋为不合格。钢丝的表面质量要求:钢丝表面不得有裂纹、小刺、机械损伤、氧化铁皮及油迹;回火成品表面允许有回火颜色。

7)砌体工程用石料、预制块

(1)石料应符合设计规定的类别和强度,石质应均匀、不易风化、无裂纹。

(2)片石的厚度不应小于150mm(卵形和薄片者不得使用)。用作镶面的片石,应选择表面较平整、尺寸较大者,并应稍加修整。

(3)块石应形状大致方正,上下面大致平整,厚度200~300mm,宽度约为厚度的1.0~1.5倍,长度约为厚度的1.5~3.0倍。如有锋棱锐角,应敲除。块石作镶面时,应由外露面四周向内稍加修凿;后部可不修凿,但应略小于修凿部分。

(4)粗料石应外形方正,成六面体,厚度为200~300mm,宽度为厚度的1.0~1.5倍,长度为厚度的2.5~4.0倍,表面凹陷深度不大于20mm。加工镶面粗料石时,丁石长度应比相邻顺石宽度至少大150mm,修凿面每100mm长须有錾路约4~5条,侧面修凿面应与外露面垂直,正面凹陷深度不应超过15mm,外路面带细凿边缘时,细凿边缘的宽度应为30~50mm。

(5)混凝土预制块的规格、形状和尺寸应统一,表面平整,其强度应符合设计规定。

(6)其他材料,如橡胶伸缩缝,板式橡胶支座、四氟板式橡胶支座、盆式橡胶支座、盆式四氟板式橡胶支座,预应力锚具、夹具、连接器等均应符合设计和规范规定。

2. 混凝土配合比设计要求

(1)混凝土的配合比应以质量比表示,并通过计算和试配选定。试配时应使用施工实际采用的材料,配制的混凝土拌合物应满足和易性、凝结时间等施工技术条件;制成的混凝土应满足强度、耐久性(抗冻、抗渗、抗侵蚀)等质量要求。

(2)普通混凝土的配合比,可按照现行《普通混凝土配合比设计规程》(JGJ 55)的规定进行计算,并应通过试配确定。混凝土的试配强度,应根据设计强度等级,并考虑施工条件的差异和变化以及原材料质量可能的波动,按照现行《公路桥涵施工技术规范》(JTG/T 3650)的要求计算确定。混凝土的坍落度和工作性能宜根据结构物情况和施工工艺要求确定,在满足工艺要求的前提下,宜采用低坍落度的混凝土施工。通过设计和试配确定的配合比,应经监理工程师批准后方可使用,且应在混凝土拌制前将理论配合比换算为施工配合比。监理工程师应根据监理平行或验证试验结果对施工单位配合比报告进行审批。

(3)混凝土进行耐久性设计时,环境类别和作用等级、原材料的选用、配合比设计均应符合现行规范要求。

(4)在混凝土中掺入外加剂时应符合下列规定:

①在钢筋混凝土和预应力混凝土中,均不得掺用氯化钙、氯化钠等氯盐。

②减水剂宜采用聚羧酸类减水剂。

③各种外加剂中的氯离子总含量宜不大于混凝土中胶凝材料总量的0.02%,硫酸钠含量

宜不大于减水剂干重的15%。

④掺入引气剂的混凝土，其含气量应按不同环境类别和作用等级确定。

(5)除应对由各种组成材料带入混凝土中的碱含量进行控制外，尚应控制混凝土的总碱含量。每立方米混凝土的总碱含量，对一般桥涵不宜大于3.0kg/m^3，对特大桥、大桥和重要桥梁不宜大于2.1kg/m^3；当混凝土结构处于受严重侵蚀的环境时，不得使用有碱活性反应的集料。

(6)泵送混凝土的配合比宜符合下列规定：

①胶凝材料的用量宜不少于300kg/m^3。水泥宜选用硅酸盐水泥、普通硅酸盐水泥、矿渣硅酸盐水泥或粉煤灰硅酸盐水泥；细集料宜采用中砂，通过0.3mm筛孔的砂不宜少于15%，砂率宜控制在35%~45%范围内；粗集料宜采用连续级配，其针片状含量不大于10%。

②试配时考虑坍落度经时损失。

③宜通过试验掺加适量的减水剂、泵送剂和掺合料。

(7)大体积混凝土在选用原材料和进行配合比设计时，应按照降低水化热温升的原则进行，并应符合下列规定：

①宜选用低水化热和凝结时间长的水泥品种。粗集料宜采用连续级配，细集料宜采用中砂。宜掺用可降低混凝土早期水化热的外加剂和掺合料，外加剂宜采用缓凝剂、减水剂；掺合料宜采用粉煤灰、矿渣粉等。

②进行配合比设计时，在保证混凝土强度、和易性及坍落度要求的前提下，宜采取改善粗集料级配、提高掺合料和粗集料的含量、降低水胶比等措施，减少单方混凝土的水泥用量。

(8)有抗冻性要求的混凝土，应符合下列规定：

①宜选用硅酸盐水泥或普通硅酸盐水泥，不宜使用火山灰质硅酸盐水泥。粗集料宜选用连续级配，并应进行坚固性试验。

②抗冻混凝土的配合比设计应符合规定，同时应进行抗冻融性能试验。混凝土抗冻性试验方法应符合现行《公路工程水泥及水泥混凝土试验规程》(JTG 3420)的规定。

③位于水位变动区有抗冻要求的混凝土，其抗冻等级指标不应低于表4-7的规定。

水位变动区混凝土抗冻等级选定标准 表4-7

结构物所在地区	海水环境	淡水环境
严重受冻地区(最冷月的月平均气温低于-8℃)	F350	F250
受冻地区(最冷月的月平均气温在-4~-8℃之间)	F300	F200
微冻地区(最冷月的月平均气温在0~-4℃之间)	F250	F150

注：试验过程中试件所接触的介质应与结构物实际接触的介质相近。

(9)有抗冻性要求的混凝土宜掺入适量引气剂，同时宜掺入减水剂，其拌合物的适宜含气量应在表4-8范围内选择。

有抗冻性要求的混凝土拌合物含气量控制范围 表4-8

集料最大粒径(mm)	含气量范围(%)	集料最大粒径(mm)	含气量范围(%)
9.5	5.0~8.0	31.5	3.5~6.5
19.0	4.0~7.0	37.5	3.0~6.0

注：当要求的含气量为某一定值时，其检测结果与要求值的允许偏差范围应为±1.0%；当含气量要求值为某一范围时，检测结果应满足规定范围的要求。

(10)有抗渗性要求的混凝土应符合下列规定:

①混凝土的抗渗等级应符合设计规定。

②水泥宜选用硅酸盐水泥;粗集料宜采用连续级配,其最大粒径不宜大于40mm;细集料宜采用中砂。宜掺用外加剂和矿物掺合料;粉煤灰应采用F类,并不低于二级。

③胶凝材料总量不宜小于320kg/m^3;砂率宜为35%～45%;最大水胶比应符合表4-9的规定。

抗渗混凝土最大水胶比　　表4-9

抗渗等级	最大水胶比	
	C20～C30混凝土	C30以上混凝土
W6	0.60	0.55
W8～W12	0.55	0.50
W12以上	0.50	0.45

④掺引气剂的抗渗混凝土,应做含气量试验,其含气量宜控制在3%～5%之间。

⑤混凝土抗渗性试验方法应符合现行《公路工程水泥及水泥混凝土试验规程》(JTG 3420)的规定。试配时要求的抗渗水压值应比设计值提高0.2MPa。

(11)高强度混凝土原材料的选用应符合下列规定:

①水泥宜选用硅酸盐水泥和普通硅酸盐水泥。

②细集料宜选用质地坚硬、级配良好的中砂,细度模数应为2.6～3.0,含泥量应不大于2.0%;配制C70及以上等级混凝土时,含泥量应不大于1.5%,且不应有泥块存在,必要时应冲洗后使用。

③粗集料宜选用质地坚硬、级配良好、无风化颗粒的碎石。粗集料的最大粒径尚不宜大于25mm,含泥量应不大于0.5%,泥块含量不大于0.2%,针片状颗粒含量不宜大于5%;配制C80及以上等级混凝土时,最大粒径不宜大于20mm。

④所采用的减水剂应为高效减水剂或缓凝高效减水剂,其掺量应根据试验确定。

⑤掺合料可选用粉煤灰、粒化高炉矿渣粉和硅灰等,掺量应根据试验确定。

⑥拌制与养护用水应符合要求。

⑦高强度混凝土的配合比应有利于减少温度收缩、干燥收缩和自身收缩引起的体积变形,避免早期开裂。

(12)高性能混凝土。

①高性能混凝土的原材料和配合比除应符合普通混凝土的有关规定外,还应符合现行《公路工程混凝土结构耐久性设计规范》(JTG/T 3310)的规定。

②配制高性能混凝土时,应选用优质水泥和级配良好的优质集料,同时应掺加与水泥相匹配的高效减水剂及优质掺合料。

③水泥宜选用品质稳定、标准稠度需水量低、强度等级不低于42.5的硅酸盐水泥或普通硅酸盐水泥,不宜采用矿渣硅酸盐水泥、火山灰质硅酸盐水泥及粉煤灰硅酸盐水泥,不宜采用早强水泥。水泥的技术要求除应符合现行《通用硅酸盐水泥》(GB 175)的规定外,尚应符合表4-10的规定。

水泥技术要求 表4-10

项目	技术要求	检验标准
比表面积(m^2/kg)	≤350(硅酸盐水泥、抗硫酸盐硅酸盐水泥)	现行《水泥比表面积测定方法 勃氏法》(GB/T 8074)
游离氧化钙含量(%)	≤1.5	现行《水泥化学分析方法》(GB/T 176)
碱含量(%)	≤0.60	现行《水泥化学分析方法》(GB/T 176)检验后计算求得
熟料中的 C_3A 含量(%)	≤8;海水环境下:≤10	
氯离子含量(%)	≤0.03	现行《水泥原料中氯离子的化学分析方法》(JC/T 420)

④细集料宜选用级配良好、质地均匀坚固、吸水率低、空隙小、细度模数2.6~3.2的洁净天然中粗河砂,或符合要求的机制砂,不得使用山砂和海砂。细集料中有害物质含量的限值尚应符合表4-11的规定。

细集料有害物质含量限值 表4-11

项目	混凝土强度等级		
	<C30	C30~C45	≥C50
	有害物质含量限值		
含泥量(%)	≤3.0	≤2.5	≤2.0
泥块含量(%)	≤0.5		
云母含量(%)	≤0.5		
轻物质含量(%)	≤0.5		
氯离子含量(%)	<0.02		
有机物含量	合格		
硫化物及硫酸盐含量(按 SO_3 质量计)(%)	≤0.5		

注:对可能处于干湿循环、冻融循环下的混凝土,细集料的含泥量应小于1.0%。

⑤粗集料宜选用质地均匀坚硬、粒形良好、级配合理、线胀系数小的洁净碎石或卵石,不宜采用砂岩加工成的碎石,且应采用连续两级配或连续多级配。粗集料的压碎指标应不大于10%;坚固性试验结果失重率对钢筋混凝土结构应小于8%,对预应力混凝土结构应小于5%。吸水率应小于2%,当用于干湿循环、冻融循环下的混凝土时应小于1%。粗集料的最大粒径不宜超过26.5mm(大体积混凝土除外),且不得超过保护层厚度的2/3。粗集料中有害物质含量的限值应符合表4-12的规定。

粗集料有害物质含量限值 表4-12

项目	混凝土强度等级		
	<C30	C30~C45	≥C50
	有害物质含量限值		
含泥量(%)	≤1.0	≤1.0	≤5
泥块含量(%)	≤0.25		

续上表

项　　目	混凝土强度等级		
	< C30	C30 ~ C45	≥C50
	有害物质含量限值		
针片状颗粒含量(%)	≤7		
硫化物及硫酸盐含量(按 SO_3 质量计)(%)	≤0.5		
氯离子含量(%)	<0.02		
有机物含量(比色法)	合格		

⑥外加剂应选用高效减水剂、高性能减水剂或复合减水剂,并应选择减水率高、坍落度损失小、适量引气、与水泥之间具有良好的相容性、能明显改善或提高混凝土耐久性能且质量稳定的产品;引气剂或引气型外加剂应有良好的气泡稳定性。用于提高混凝土抗冻性的引气剂、减水剂和复合外加剂中均不得掺有木质硫酸盐组分,并不得采用含有氯盐的防冻剂。外加剂的性能指标应符合表4-13的规定。

外加剂性能指标　　表4-13

项　　目		指标	检验标准
水泥净浆流动度(mm)		≥240	现行《混凝土外加剂匀质性试验方法》(GB/T 8077)
硫酸钠含量		≤5.0	
氯离子含量(%)		≤0.02	
碱含量($Na_2O + 0.658K_2O$)(%)		≤10.0	
减水率(%)		≥20	现行《混凝土外加剂匀质性试验方法》(GB/T 8077)、《混凝土外加剂》(GB 8076)
含气量(%)	用于配制非抗冻混凝土时	≥3.0	
	用于配制抗冻混凝土时	≥4.5	
坍落度保留值(mm)	30min	≥180	参考《混凝土泵送剂》(JC 473—2001)
	60min	≥150	
常压泌水率比(%)		≤20	现行《混凝土外加剂》(GB 8076)
压力泌水率比(%)		≤90	参考《混凝土泵送剂》(JC 473—2001)
抗压强度比(%)	3d	≥130	现行《混凝土外加剂》(GB 8076)
	7d	≥125	
	28d	≥120	
对钢筋锈蚀作用		无锈蚀	
收缩率比(%)		≤135	
相对耐久性指标(200次)(%)		≥80	

注:表中坍落度保留值、压力泌水率比仅适用于泵送混凝土用外加剂。

⑦矿物掺合料应选用品质稳定、来料均匀的粉煤灰、粒化高炉矿渣粉和硅灰等,应分别符合表4-14～表4-16的规定。

粉煤灰技术要求

表 4-14

项目		技术要求		检验标准
		C50 以下混凝土（二级粉煤灰）	C50 及以上混凝土（一级粉煤灰）	
细度(%)		≤25	≤12	现行《用于水泥和混凝土中的粉煤灰》(GB/T 1596)
需水量比(%)		≤105	≤95	
含水率(%)		≤1.0		
烧失量(%)		≤8.0	≤5.0	现行《水泥化学分析方法》(GB/T 176)
SO_3 含量(%)		≤3.0		
CaO 含量(%)		≤10		
游离 CaO 含量(%)		F 类粉煤灰：≤1.0 C 类粉煤灰：<4.0		
氯离子含量(%)		≤0.06		
安定性(雷氏夹沸煮后增加距离)(mm)		C 类粉煤灰：≤5.0		现行《水泥标准稠度用水量、凝结时间、安定性检验方法》(GB/T 1346)
活性指数	7d	≥75	≥80	现行《水泥化学分析方法》(GB/T 176)
	28d	≥85	≥90	

粒化高炉矿渣粉技术要求

表 4-15

项目	技术要求	检验标准
比表面积(m^2/kg)	350～450	现行《水泥比表面积测定方法 勃氏法》(GB/T 8074)
需水量比(%)	≤100	现行《高强高性能混凝土用矿物外加剂》(GB/T 18736)
含水率(%)	≤1.0	现行《用于水泥、砂浆和混凝土中的粒化高炉矿渣粉》(GB/T 18046)
烧失量(%)	≤3	现行《水泥化学分析方法》(GB/T 176)
SO_3 含量(%)	≤4	
MgO 含量(%)	≤14	
氯离子含量(%)	≤0.06	
28d 活性指数(%)	≥95	现行《用于水泥、砂浆和混凝土中的粒化高炉矿渣粉》(GB/T 18046)

硅灰技术要求

表 4-16

项目		技术要求	检验标准
比表面积(m^2/kg)		≥15000	现行《高强高性能混凝土用矿物外加剂》(GB/T 18736)
需水量比(%)		≤125	
含水率(%)		≤3.0	
烧失量(%)		≤6	现行《水泥化学分析方法》(GB/T 176)
氯离子含量(%)		≤0.02	
SiO_2 含量(%)		≥85	
28d 活性指数(%)	3d	≥90	现行《高强高性能混凝土用矿物外加剂》(GB/T 18736)
	7d	≥95	
	28d	≥115	

⑧高性能混凝土的配合比应根据原材料品质、设计强度等级、耐久性以及施工工艺对工作性能的要求,通过计算、试配和调整等步骤确定。进行配合比设计时应符合下列规定:

a.对不同强度等级混凝土的胶凝材料总量应进行控制,C40以下不宜大于400kg/m^3;C40~C50不宜大于450kg/m^3;C60及以上的非泵送混凝土不宜大于500kg/m^3,泵送混凝土不宜大于530kg/m^3。胶凝材料浆体体积宜不大于混凝土体积的35%。水胶比应根据混凝土的配置强度、抗氯离子渗透性能和抗冻性能等要求确定。

b.混凝土中宜适量掺加优质的粉煤灰、粒化高炉矿渣粉或硅灰等矿物掺合料,用以提高其耐久性,改善其施工性能和抗裂性能,其掺量宜根据混凝土的性能要求通过试验确定,且不宜小于胶凝材料总量的20%。当混凝土中粉煤灰掺量大于30%时,混凝土的水胶比不得大于0.45;在预应力混凝土及处于冻融环境的混凝土中,粉煤灰的掺量不宜大于30%,且粉煤灰的含碳量不宜大于2%。对暴露于空气中的一般构件混凝土,粉煤灰的掺量不宜大于20%,且单方混凝土胶凝材料中的硅酸盐水泥用量不宜小于240kg。

c.对耐久性有较高要求的混凝土结构,试配时应进行混凝土和胶凝材料抗裂性能的对比试验,并从中优选抗裂性能良好的混凝土原材料和配合比。

d.混凝土中宜适量掺加符合表4-13规定的外加剂,且宜选用质量可靠、稳定的多功能复合外加剂。

e.冻融环境下的混凝土宜采用引气混凝土。冻融环境作用等级D级及以上的混凝土必须掺用引气剂;对处于其他环境作用等级的混凝土,亦可通过掺加引气剂(含气量不小于4%)提高其耐久性。混凝土抗冻性的耐久性指数应符合现行《公路工程混凝土结构耐久性设计规范》(JTG/T 3310)的规定。

f.对混凝土中总碱含量的控制,应符合普通混凝土规定。对混凝土中游离氯离子的总含量控制应符合规定。

g.混凝土的坍落度宜根据施工工艺的要求确定,条件允许时宜选用低坍落度的混凝土施工。

3.桥梁结构施工质量要求

(1)钢筋加工应符合现行《公路桥涵施工技术规范》(JTG/T 3650)的要求。

(2)钢筋的连接宜采用焊接头或机械连接接头,绑扎接头仅当钢筋构造复杂、施工困难时方可采用。其相关要求应符合现行《公路桥涵施工技术规范》(JTG/T 3650)的规定。

(3)钢筋骨架和钢筋网的施工和安装应符合规范要求。

(4)预应力筋所采用的钢丝、钢绞线、螺纹钢筋等材料的性能和质量,应符合国家现行标准的规定。

(5)预应力筋施工分为先张法和后张法,其施工方法和程序应符合规定。

(6)预应力张拉一般采用双控,用应力控制方法张拉时,应以伸长值进行校核,实际伸长值与理论伸长值之差应在6%以内。张拉程序和张拉应力要符合设计要求或现行《公路桥涵施工技术规范》(JTG/T 3650)的要求。

(7)混凝土的拌和、运输、浇筑、接缝、养护等处理应符合现行《公路桥涵施工技术规范》(JTG/T 3650)的要求。

五、桥梁工程施工监理工作流程图

桥梁工程施工监理工作流程图如图 4-1 所示。

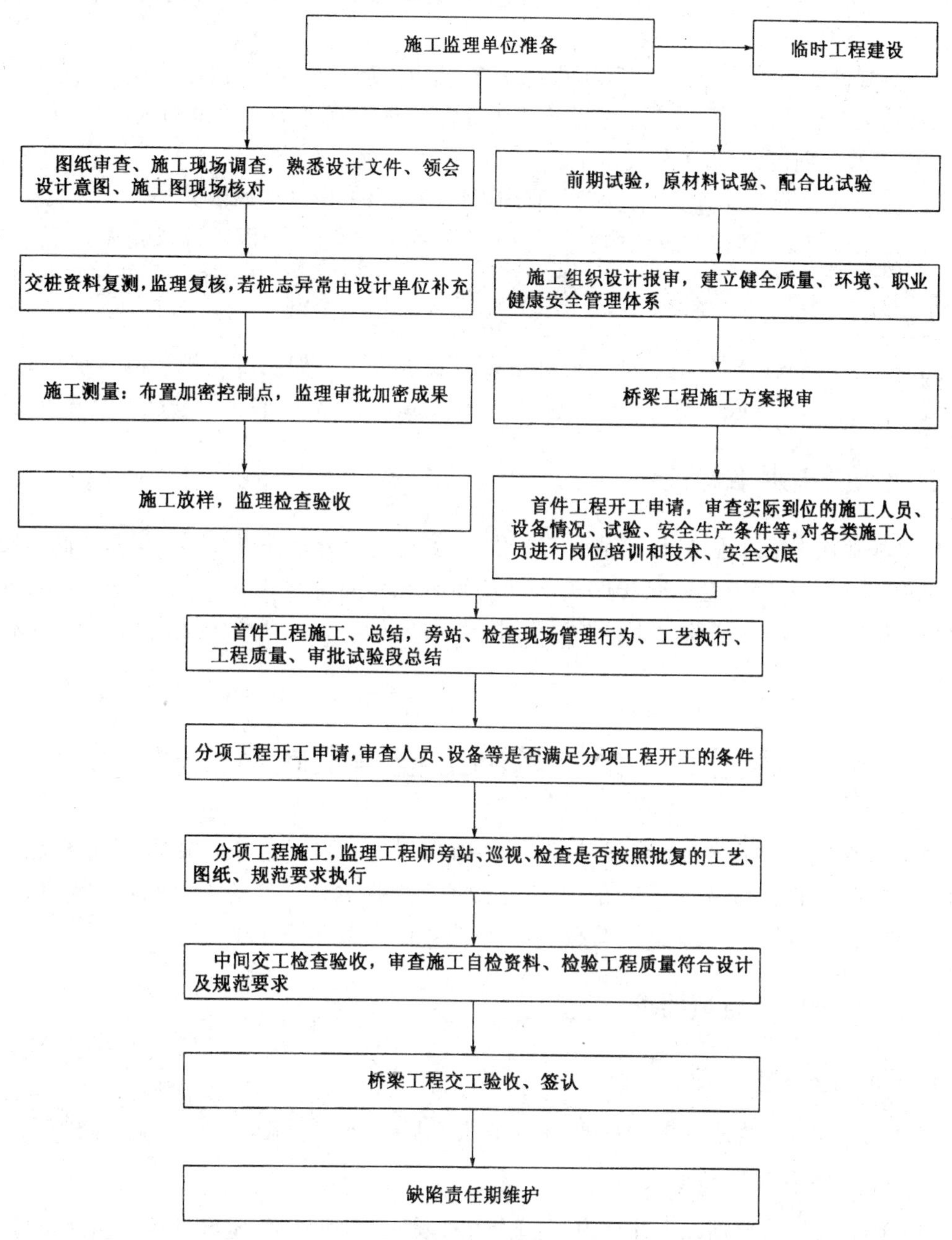

图 4-1　桥梁工程施工监理工作流程图

六、桥梁荷载试验

桥梁荷载试验分为动载试验和静载试验，试验阶段分为试验准备、现场实施、试验结果分析三个阶段。荷载试验应在桥面铺装完成达到设计要求后进行。做荷载试验应保证桥梁结构整体和局部受力安全。

(1)桥梁完工以后,对于特大跨径的桥梁、结构复杂的桥梁和承载力需要验证的桥梁应进行荷载试验,监理工程师应根据合同要求,指示施工单位做荷载试验,要求试验结果应满足设计要求和符合相关技术规范的规定。

(2)荷载试验应委托经监理工程师同意的有相应资质的检测、科研或设计单位承担。

(3)施工单位应在进行荷载试验前至少 14d 向监理工程师提交一份测试设备、方法、步骤及测试要求的计划,报监理工程师批准。

(4)荷载试验完成后,施工单位应向监理工程师提供一份完整的试验报告。

(5)按试验结果,结构物或结构物的任一部分,如由于施工原因不能满足图纸要求时,施工单位应报监理工程师批准后进行重建或补强,其结构安全和使用功能满足设计要求,并得到监理工程师认可。

(6)桥梁荷载测试项目由监理工程师按设计要求指定。如图纸无规定测试项目时,一般动载试验包括冲击、自振频率、动挠度、脉动、动应变试验;静载试验包括静挠度及静应变试验。

七、地质钻探及取样试验

桥梁基础在施工过程中,地质情况有变化,需要进行补充钻探以查明桥梁基础的地质情况时,经报请监理工程师审查批准,施工单位可进行补充地质钻探并取样做必要的试验,据以继续进行基础施工或改变基础设计。改变基础设计时,应报原设计单位同意,并经监理工程师审查批准。

第二节　桥梁基础工程施工质量监理

桥梁基础常用的基础类型有浅基础、桩基础、沉井基础、沉箱等。根据《公路桥涵地基与基础设计规范》(JTG 3363—2019)的规定,基础类型应根据桥址处的工程地质勘测资料,以及水文、地形情况,结合上下部结构、荷载、材料供应和施工条件等合理选用。

一、浅基础施工质量要求

1. 浅基础的分类

浅基础一般可分为刚性扩大基础、单独或联合基础、条形基础、片筏和箱形基础等。

2. 浅基础质量控制的要求

浅基础施工一般包括以下几项内容:基坑、围堰、挖基和排水、基底处理和基底检验、基础施工、回填等。浅基础施工前,应对基坑边坡的稳定性进行验算,并应制订专项施工技术方案和安全技术方案。基坑的开挖如需爆破,爆破作业的安全管理应符合现行《爆破安全规程》(GB 6722)的规定,并经监理工程师批准后方可予以施工。基坑开挖时,应对其边坡的稳定性进行检测。对特大型深基坑,除按照边开挖、边支护的原则进行施工外,尚应建立边坡稳定信息化、动态化的监控系统指导施工。

1)基坑

(1)基坑施工前,应全面了解水文、地质、周边建筑物和地下管线等情况,确定开挖方式,制订专项方案。

(2)基坑施工前,应全面了解水文、地质、周边建筑物和地下管线等因素,验算基坑边坡稳定性,确定对坑壁的支护措施。当基坑深度较小且坑壁土层稳定时,可直接放坡开挖;当坑壁土层不易稳定且有地下水影响,或放坡开挖场地受到限制,或放坡开挖工程量大时,应按设计要求对坑壁进行支护,设计未要求时,应结合实际情况选择适宜的坑壁支护方案。

(3)基坑开挖时,应根据其等级和规模,对基坑结构的受力、变形、稳定性、坑外重要构筑物和地下管线的位移变形等进行监测控制。

(4)基坑开挖所产生的弃土应进行妥善处置,不得阻塞河道,影响泄洪,污染环境。

2)围堰

围堰常采用的形式有土石围堰、土袋围堰、木(竹)笼围堰、竹(铅丝)笼围堰、钢笼围堰、膜袋围堰等。

(1)围堰尺寸要求。

堰顶高度宜高出施工期间可能出现的最高水位(包括浪高)一定高度;围堰外形应符合设计及施工要求,堰内面积应满足基础施工的需要;围堰断面应满足堰身强度和稳定的要求。

(2)围堰要求防水严密,尽量减少渗漏,以减轻排水工作。

3)基坑开挖

(1)施工单位应在基础开挖开始之前通知监理工程师,以便检查、测量基础平面位置和现有地面高程。在未完成检查测量及监理工程师批准之前不得开挖。为便于开挖后的检查校核,基础轴线控制桩应延长至基坑外加以固定。

(2)基坑开挖时,应对基坑边缘顶面的各种荷载严格限制,并应在基坑边缘与荷载之间设置护道,水文地质较差时应采取加固措施。

(3)挖基施工宜安排在枯水或少雨季节。基坑的开挖应连续进行,对有支护的基坑应采取防碰撞的措施;基坑附近有其他结构物时,应有可靠的防护措施。

(4)开挖过程中进行排水时,应不对基坑的安全产生影响;确认基坑坑壁稳定的情况下,方可进行基坑内排水。

(5)采用机械开挖时应避免超挖,宜在挖至基底前预留一定厚度,再由人工开挖至设计高程;如超挖,则应将松动的部分清除,并对基底进行处理。

(6)基坑开挖完成后不得长时间暴露、被水浸泡或被扰动,应及时检验其尺寸、高程、地基承载力,检验合格后应尽快进行基础工程的施工。

4)基坑降排水

(1)所有基础挖方都应始终保持良好的排水,在挖方的整个施工期间都不致遭受水的危害。凡低于已知地下水位的地方进行开挖并构成基础时,施工单位必须提交一份拟准备用于基础的排水方法以及为此而采取的各项措施的报告,并取得监理工程师的批准。

(2)在施工期间,施工单位应维护天然水道并使地面排水畅通。

5)地基处理

(1)符合设计要求的细粒土、特殊土基底,修整妥善后,应尽快修建基础。地基处理应根据地基土的种类、强度和密度,结合现场情况,按照设计图纸和监理工程师要求,采取相应的处理方法;地基处理的范围至少应宽出基础之外0.5m。

(2)对于强度低、稳定性差的细粒土及特殊土地基,如饱和软弱黏土层、粉砂土层及湿陷性黄土、膨胀土和黏土及季节性冻土,强度低,处理时应视该类土的处治深度、含水率等情况,按基底的要求采取固结、换填处理,以满足设计要求。

(3)对于强度和稳定性满足设计要求的粗粒土及巨粒土基底,应将其承重面平整夯实,其范围应满足基础的要求。基底有水不能彻底排干时,应将水引至排水沟,然后在其上修筑基础。

(4)岩层基底的处理。对风化的岩层,应挖至设计高程并满足地基承载力要求后尽快进行封闭,防止其继续风化;在未风化的平整岩层上,基础施工前应先将淤泥、苔藓、松动的石块清除干净,并凿除新鲜岩面;坚硬的倾斜岩层,应将岩层面凿平。倾斜度较大,无法凿平时,则应凿成多级台阶。台阶的宽度宜不小于0.3m。

(5)多年冻土地基的处理。基础不应置于季节性冻融土层上,并不得直接与冻土接触;基础的基底修筑于多年冻土层(即永冻土)上时,基底之上应设置隔温层或保温层材料,且铺筑宽度应在基础外缘加宽1m;按保持冻结的原则设计的明挖基础,其多年平均地温等于或高于-3℃时,应于冬季施工;多年平均地温低于-3℃时,可在其他季节施工,但应避开高温季节。

施工时,明水应在距坑顶10m之外修排水沟。排水沟中水应引流远离坑顶并及时排出融化水。

(6)溶洞地基的处理。影响基底稳定的溶洞,不得堵塞溶洞水路;干溶洞可用砂砾石、碎石、干砌或浆砌片石及灰土等回填密实;基底干溶洞较大,回填处理有困难时,可采用桩基处理,桩基应进行设计,并经监理工程师和设计单位批准。

(7)泉眼地基的处理。可将有螺口的钢管紧紧打入泉眼,盖上螺帽并拧紧,阻止泉水流出,或向泉眼内压注速凝的水泥砂浆,再打入木塞堵眼;堵眼有困难时,可采用引流,将水引流至集水坑排出或在基底下设盲沟引流至集水坑排出,待基础圬工完成后,再向盲沟压注水泥浆堵塞。不论采用何种方法处理,都不应使基底饱水。

6)地基检验

(1)检验内容。监理工程师要对以下内容进行检查:

①基底平面位置、尺寸、基底高程。

②基底地质情况和承载力是否与设计资料相符。

③基底处理和排水情况是否符合要求。

④施工记录及有关试验资料等。

(2)检验方法。按基底大小、地基土质复杂情况(如溶洞、断层、软弱夹层、易溶岩等)及结构对地基有无特殊要求,经监理工程师同意,可采用以下检查方法:

①小桥涵的地基检验:可采用直观或触探方法,必要时可进行土质试验。

②大、中桥和地基土质复杂、结构对地基有特殊要求的地基检验,一般采用触探和钻探(钻深至少4m)取样做土工试验,或按设计的特殊要求进行荷载试验。

(3)基底平面位置和高程允许偏差规定如下:

平面周线位置不小于设计要求。基底高程:土质为±50mm;石质为-200mm~+50mm。

7)基础

(1)浇筑基础混凝土前,应进行地基清理和钢筋模板检查验收。当基底为非黏性土或干土地基时,应将地基润湿,并按设计要求进行垫层施工。地基为淤泥或承载力不足时,应按设计要求处理后,再进行施工。如果是岩石地基,在湿润后,先铺一层不低于基础混凝土强度的水泥砂浆。

(2)一般基础宜在整个平截面范围水平分层进行浇筑,当浇筑量过大或大体积混凝土温控需要时,可分块分层进行浇筑。扩大基础质量标准见表4-17。

扩大基础质量标准 表4-17

检查项目		规定值或允许偏差
混凝土强度(MPa)		在合格标准内
平面尺寸(mm)		±50
基底高程(mm)	土质	±50
	石质	-200~50
基础顶面高程(mm)		±30
轴线偏位(mm)		25

二、桩基础施工质量要求

桩基础根据施工方法不同可分为沉入桩、钻孔桩、挖孔桩等。钻孔桩根据施工机械的不同可分为冲击钻、旋转钻等,旋转钻又分为正循环与反循环。

1.沉入桩基础基本要求

施工单位在沉桩之前,应通知监理工程师,以便检查、测量。

(1)桩位应根据已测定基础的纵横中心线放出,并标记、固定。测定基桩轴线应填写记录。在陆地或静水区,基桩轴线定位允许偏差:

①每根基桩的纵横轴线位置为2cm。

②单排桩的每根基桩轴线位置为1cm。

在流速较大的深水河流中,基桩轴线定位允许偏差在设计允许范围内可适当增大。

(2)桩基轴线的定位点,应设置在不受沉桩影响处。在施工过程中应对桩基轴线做系统的、经常的检查。定位点需移动时,应先检查其正确性,并做好测量记录,各桩位置的正确性,应在沉桩过程中随时检查。

(3)施工单位可根据具体情况选择沉桩的方法,其施工组织方案须报请监理工程师审批。选择沉桩方法应依据桩重、桩型、设计荷载、地质情况、设备条件及对附近建筑物产生的影响等条件而定。附近有重要建筑物时,不宜用射水沉桩或振动沉桩。在城市附近采用锤击或振动沉桩方法时,应采取减小噪声和振动影响的措施。

(4)除一般的中、小桥沉桩工程,有可靠的依据和实践经验可不进行试桩外,其他沉桩工程在施工前应先沉试桩,以确定沉桩工艺和检验桩的承载力。

(5)特大桥和地质复杂的大、中桥,应采用静载试验方法确定单桩允许承载力,一般的大、中桥的试桩,原则上宜采用静载试验法,在条件适合时,可采用可靠的动力振动波法。

(6)施工中,如监理工程师对基桩桩身质量或承载力产生疑问时,应选用可靠的无破损检验方法进行检验。

2. 钻孔灌注桩的基本要求

施工单位应将准备采用的施工方法和施工方案,报送监理工程师批准,其中包括材料和全部设备的说明。任一桥涵钻孔工作开始前,开工报告都应得到监理工程师的书面批准。施工单位应保存每根桩的全部施工记录,当需要时,记录应报送监理工程师作为检查之用。当记录格式由监理工程师统一发放时,应按监理工程师的要求填列记录。当监理工程师要求由施工单位自行拟定记录格式时,记录格式应经监理工程师批准。

(1)水下灌注混凝土(导管灌注混凝土)应符合下列要求:

①水泥的强度等级应不低于42.5MPa,其初凝时间不早于2.5h。

②粗集料应为卵石或级配良好的碎石。

③粗集料最大粒径为37.5mm,且不得大于导管内径的1/8~1/6及钢筋最小净距的1/4。

④混凝土的含砂率宜为40%~50%。

⑤缓凝外掺剂,只有得到监理工程师的批准才能采用。

⑥抗硫水泥应按图纸说明,或按监理工程师的要求采用。

⑦坍落度,当桩孔直径$D<1.5$m时,宜为180~220mm;$D\geqslant1.5$m时,宜为160~200mm,且应充分考虑气温、运距及施工时间的影响导致的坍落度损失。

⑧除非监理工程师另有许可,水泥用量应不少于350kg/m^3。

⑨水灰比宜为0.5~0.6。

(2)钻孔。

①钻机的选型宜根据孔径、孔深、桩位处的水文和地质情况、施工环境条件等因素综合确定,所选用的钻机及钻孔方法应能满足施工质量和施工安全的要求。完成的钻孔,应符合规定的允许偏差。

②钻孔时,应采用长度适应钻孔地基条件的护筒,保证孔口不坍塌及不使地表水进入钻孔,并保持钻孔内泥浆表面高程。护筒应符合以下要求:

a. 护筒宜采用钢板卷制。在陆上或浅水区筑岛处的护筒,其内径应大于桩径至少200mm,壁厚应能使护筒保持圆筒状且不变形;在水中以机械沉设的护筒,其内径和壁厚的大小,应根据护筒的平面、垂直度偏差要求及长度等因素确定;对参与结构受力的护筒,其内径、壁厚及长度应符合设计规定。

b. 护筒在埋设定位时,除设计另有规定外,护筒中心与桩中心的平面位置偏差应不大于50mm,护筒在竖直方向的倾斜度应不大于1%;对深水基础中的护筒,平面位置的偏差可适当放宽,但不应大于80mm,在旱地和筑岛处设置护筒时,可采用挖坑埋设法实测定位,且护筒的底部和外侧四周应采用黏质土回填并分层夯实,使护筒底口处不致漏失泥浆;在水中沉设护筒时,宜采用导向架定位,并应采取有效措施保证其平面位置、倾斜度的准确,以及护筒接长连接处的焊接质量,焊接连接处的内壁应无突出物,且应耐拉、耐压,不漏水。

c. 护筒顶宜高于地面0.3m或水面1.0~2.0m;在有潮汐影响的水域,护筒顶应高出施工期最高潮水位 1.5 ~ 2.0m,并应在施工期间采取稳定孔内水头的措施;当孔内有承压水时,护筒顶应高于稳定后的承压水位 2.0m 以上。

d. 护筒的埋置深度在旱地或筑岛处宜为 2 ~ 4m,在水中或特殊情况下应根据设计要求或桩位的水文、地质情况经计算确定。对有冲刷影响的河床,护筒宜沉入施工期局部冲刷线以下 1.0 ~ 1.5m,且宜采取防止河床在施工期过度冲刷的防护措施。

e. 桩孔钻进过程中,如发生故障,应及时查明原因并予以处理。

(3)固孔。

①施工单位应采用钻孔泥浆,始终支持孔壁,但采用全长护筒除外。

②施工单位可用膨润土悬浮泥浆或合格的黏土悬浮泥浆作为钻孔泥浆,钻孔泥浆不得污染地下水。根据钻孔方法适用性的论证,不加掺加物的清水仅在监理工程师书面同意后才可采用。

③钻孔泥浆应始终高出孔外水位或地下水位 1.0 ~ 1.5m。

④胶泥应用清水彻底拌和成悬浮体,使在灌注混凝土时及至施工完成时保持钻孔的稳定。泥浆的性能指标符合要求,施工时除相对密度和黏度应进行试验外,如果监理工程师要求,其他指标也应予以抽检。

⑤地面或最低冲刷线以下部分护筒宜在灌注混凝土时拔除,图纸另有规定者除外。

(4)钻孔工序。

①桩的钻孔和开挖,应在中距 5m 内的任何桩的混凝土灌注完成后 24h 才能开始,以避免干扰邻桩混凝土的凝固。

②钻孔应连续进行,不得中断,如用抓斗开挖,应注意提升抓斗时,不致下面产生真空。

③软土地段排架桩桥台处的钻孔,应先挖去软土,并回填适当新土,经夯实后再行钻孔。

④钻孔过程应经常对泥浆的性能指标进行检测,并根据检测结果及时调整泥浆指标。

⑤钻孔时须及时填写钻孔记录,在土层变化处捞取渣样,判明土层,以便与地质剖面图进行核对。

(5)清孔。

①钻孔深度达到设计高程后,应对孔径、孔深和孔的倾斜度进行检验。成孔质量符合设计要求或监理工程师要求后,应立即进行清孔。清孔时,应保持孔内水头,以防止钻孔的任何塌陷。

②钻孔底沉淀物厚度:对于摩擦桩,要符合设计规定,设计未规定时,对于直径≤1.5m 的桩应不大于 20mm,对于直径大于 1.5m,或桩长大于 40m 的桩或土质较差时,应不大于 30mm;对于支撑桩,不大于设计规定,没有规定时不大于 5cm。

③清孔后的泥浆指标:相对密度 1.03 ~ 1.20;黏度 17 ~ 20(Pa · s);含砂率 <2%;胶体率 >98%。

(6)钻孔检查及允许偏差。

①钻孔灌注桩在终孔后,应对桩孔的孔位、孔径、孔形、孔深和倾斜度进行检验,清孔后,应对孔底的沉淀厚度进行检验;挖孔桩终孔并对孔底处理后,对桩孔孔位、孔径、孔深、倾斜度及孔底处理情况等进行检验。

②孔径、孔形、倾斜度和孔底沉淀厚度宜采用专用仪器检测,孔深可采用专用测绳检测。

钢筋检孔器仅可用于对中、小桥梁工程桩孔的检测,检孔器的外径应不小于桩孔直径,长度宜为外径的4~6倍;采用钻杆测斜法量测桩的倾斜度时,量测应从钻孔平台顶面至孔底。

③钻(挖)孔允许偏差应符合下列规定:

a. 孔的中心位置:群桩不大于100mm,单排桩不大于50mm。

b. 孔径:不小于桩的设计直径。

c. 倾斜度:钻孔不大于1%;挖孔不大于0.5%。

d. 孔深:对于摩擦桩,不小于设计要求;对于支撑桩,应比设计深度超深不小于50mm。

(7)钢筋笼。

钢筋骨架的制作、运输要求应符合规范的规定。安装钢筋骨架时,应将其吊挂在孔口的钢护筒上,或在孔口地面上设置扩大受力面积的装置进行吊挂,不得直接将钢筋骨架支承在孔底。

(8)声测管。

桩长超过40m桩基内宜布置声测管,一般布置3~4根。

声测管的内径比换能器直径大15~20mm,声测管的长度、重量应符合设计要求。其工艺性能试验如抗弯曲性能、耐压扁性能、密封性能应符合规范及设计要求。

声测管应顺直,弯曲度不大于5mm/m,不允许有裂缝、结疤、折叠、分层、搭接焊缺陷存在,声测管内应保证畅通无异物,管两端应封口处理。可直接固定在钢筋笼内侧上,固定方式可采用焊接或绑扎,固定点距离一般不超过2m。对于无钢筋笼的部位,可用钢筋支架固定。声测管管子之间应基本上保持平行,钢筋笼放入桩孔时应防止扭曲。

(9)灌注混凝土。

①灌注水下混凝土前的准备工作应符合下列规定:

应按水下混凝土灌注数量和灌注速度的要求配齐施工机具设备,设备的能力应满足桩孔在规定时间内灌注完毕的要求,且应保证其完好率,对主要设备应有备用。

水下混凝土宜采用钢导管灌注,导管的内径宜为200~350mm。导管使用前应进行水密承压和接头抗拉试验,严禁采用压气试压。进行水密试验的水压应不小于孔内水深1.3倍的压力,也不应小于导管壁和焊缝可能承受灌注混凝土时最大内压力的1.3倍,P可按下式计算:

$$P = \gamma_c h_c - \gamma_w h_w \tag{4-1}$$

式中:P——导管可能受到的最大内压力(kPa);

γ_c——混凝土拌合物的重度,取24kN/m^3;

h_c——导管内混凝土柱最大高度(m),以导管全长或预计的最大高度计;

γ_w——桩孔内水或泥浆的重度(kN/m^3);

h_w——桩孔内水或泥浆的深度(m)。

②灌注水下混凝土应符合下列规定:

水下混凝土的灌注时间不得超过首批混凝土的初凝时间。混凝土运至灌注地点时,应检查其均匀性和坍落度等,不符合要求时不得使用。

首批灌注混凝土的数量应能满足导管首次埋置深度1.0m以上的需要,所需混凝土数量可根据需要计算。首批混凝土入孔后,混凝土应连续灌注,不得中断。

在灌注过程中，应保持孔内的水头高度；导管的埋置深度宜控制在2～6m，并应随时测探桩孔内混凝土面的位置，及时调整导管埋深；在确保能将导管顺利提升的前提下，方可根据现场的实际情况适当放宽导管的埋深，但最大埋深应不超过9m。应将桩孔内溢出的水或泥浆引流至适当地点处理，不得随意排放。

灌注时应采取措施防止钢筋骨架上浮。当灌注的混凝土顶面距钢筋骨架底部1m左右时，宜降低灌注速度；混凝土顶面上升到骨架底部4m以上时，宜提升导管，使其底口高于骨架底部2m以上后再恢复正常灌注速度。

对变截面桩，应在灌注过程中采取措施，保证变截面处的水下混凝土灌注密实。

采用全护筒钻机施工的桩在灌注水下混凝土时，护筒应随导管的提升逐步上拔，上拔过程中除应保证导管的埋置深度外，同时应使护筒底口始终保持在混凝土面以下。施工时应边灌注、边排水，并应保持护筒内的水位稳定。

混凝土灌注至桩顶部位时，应采取措施保持导管内的混凝土压力，避免桩顶泥浆密度过大而产生泥团或桩顶混凝土不密实、松散等现象；在灌注将近结束时，应核对混凝土的灌入数量，确定所测混凝土的灌注高度是否正确。灌注的桩顶高程应比设计高程高出不小于0.5m，当存在地质较差、孔内泥浆密度过大、桩径较大等情况时，应适当提高其超灌的高度；超灌的多余部分在承台施工前或接桩前应凿除，凿除后的桩头应密实、无松散层。

三、沉井基础施工质量要求

1.沉井基础的分类

沉井基础根据下沉方式的不同可分为浮运沉井、就地制造下沉沉井。根据使用的材料可分为混凝土沉井、钢筋混凝土沉井、竹筋混凝土沉井、钢沉井、砖沉井、木沉井。

根据外观情况可分为圆形、箱形、圆端形三类。

沉井一般由井壁、刃脚、隔墙、井孔、凹槽、封底及盖板等部分组成。

2.沉井基础的施工质量要求

(1)沉井施工前，应根据设计文件提供的工程地质和水文地质资料及现场的实际情况决定是否补充地质钻探，并应对洪汛、凌汛、河床冲淤变化、通航及漂流物等进行调查，制订专项施工方案，并报监理工程师审批。需要在施工中度汛、度凌的沉井，应制定防护措施，保证安全。对水中特大沉井的施工，应在施工前进行河床冲淤变化和防护的数学模型分析计算，必要时应进行物理模型的模拟试验。沉井下沉前，应对周边的堤防、建筑物和施工设备采取有效的防护措施，并应在下沉过程中，对其沉降及位移进行监测。

(2)沉井位于浅水或可能被水淹没的岸滩上时，宜就地筑岛制作。位于无水的陆地时，若地基承载力满足设计要求，可就地整平夯实形成平台制作，地基承载力不足时应对地基采取加固措施。在地下水位较低的岸滩，若土质较好时，可在开挖后的基坑内制作。制作沉井的岛面、平台面和开挖基坑的坑底高程，应比施工期可能的最高水位(包括波浪影响)高出0.5～0.7m。有流冰时，应再适当加高。

(3)钢沉井宜在工厂加工，并应根据设计文件编制制造工艺，绘制加工图和拼装图。钢沉井的分段、分块吊装单元应在胎架上组装、施焊。首节钢沉井应在坚固的台座上或支垫上进行整体拼装,台座表面的高度误差应小于4mm,并应有足够的承载能力,在拼装过程中不得发生不均匀沉降。

(4)沉井的浮运宜在气象和水文条件有利于施工时,以拖轮拖运或绞车牵引进行。对水深和流速大的河流,可在沉井两侧设置导向船增加其稳定性。在浮运、就位的任何时间内,沉井露出水面的高度均不应小于1.5m,并应考虑预留防浪高度或采取防浪措施。

就位前应对所有缆绳、锚链、铺碇和导向设备进行检查调整,使就位施作能顺利进行,并应考虑水位涨落对锚碇的影响。布置锚碇体系时,应使锚绳受力均匀,并应采取适当措施避免导向船和沉井产生过大摆动或折断锚绳。

(5)沉井下沉与着床应根据水文、地质情况和沉井的结构特点确定其下沉的施工方法,并应按照下沉的不同工况进行必要的验算。正常下沉时,应自井孔中间向刃脚处均匀对称除土。沉井下沉过程中,应随时进行纠偏,保证竖直下沉,并做好观测记录,发现偏位或倾斜应及时纠正。

(6)沉井接高时,各节的竖向中轴线与第一节竖向中轴线应重合,接高加重应均匀、对称地进行,并应采取措施防止下沉或在接高过程中发生倾斜。

(7)当沉井下沉至设计高程后,应检查基底情况是否符合设计要求,井壁隔墙及刃脚与封底混凝土接触面处的泥污应清除干净。对下沉至设计高程后的沉井尚应进行沉降观测,沉降稳定且满足设计要求后方可封底。

(8)沉井的水下混凝土封底宜全断面一次连续灌注完成;对特大型沉井,可划分区域进行封底,但任一区域的封底工作均应一次连续灌注完成。

(9)井孔填充时,所采用的材料、数量及填充顺序等应符合设计规定。沉井顶部钢筋混凝土顶板的浇筑施工应符合设计要求及规范规定。

四、地下连续墙基础施工质量要求

地下连续墙基础适用于作为地下挡土墙、挡水围堰,承受竖向和侧向荷载的桥梁基础和平面尺寸大、形状复杂的地下构造物,也适用于在除岩溶和地下承压水很高处以外的其他各类土层中施工。

(1)地下连续墙工程施工前,应具备水文、地质、区域内障碍物和有关试验等资料,必要时应补充地质勘察,并应制订专项施工技术方案,报监理工程师审批。在堤防等水利、防洪设施及其他既有构筑物周边进行地下连续墙工程施工时,应就施工可能导致的不利影响进行评估,必要时应采取有效措施进行保护。

(2)施工平台应坚固、平整,适合于重型设备和运输车辆行走,平面尺寸及高度应满足施工要求。采用泥浆护壁挖槽构成的地下连续墙应先构筑导墙。导墙的材料、平面位置、形式、埋置深度、墙体厚度、顶面高程应符合设计要求。

(3)导墙分段施工时,段落的划分应与地下连续墙划分的节段错开,安装预制导墙块时,应按照设计要求施工,并应保证连接处的质量,防止渗漏。施工过程中,应对导墙的沉降和位移进行监测。导墙平面轴线与地下连续墙平面轴线的偏差不应大于10mm;导墙内墙面应竖直,顶面应水平,墙后填土应与墙顶齐平;两导墙内墙面的距离允许偏差为±5mm,导墙顶面高程的允许偏差为±10mm。

(4)地下连续墙的槽孔施工,应根据水文、地质情况和施工条件选择能满足成槽要求的机械与设备,必要时可选用多种设备组合施工。

①槽壁式地下连续墙的沟槽开挖应符合下列要求:

a. 槽孔宜分段施工,开挖前应按已划分的单元槽段,决定各段开挖的先后次序,相邻槽孔之间留有足够的安全距离。挖槽施工开始后应连续进行,直到槽段完成。

b. 成槽机械开挖一定深度后,应立即输入调制好的泥浆,并宜保持槽内的泥浆面不低于导墙顶面300mm,挖掘的槽壁及接头处应保持竖直,其倾斜率应不大于0.5%。接头处相邻两槽段的挖槽中心线在任一深度的偏差值均不得大于墙厚的1/3。槽底高程不得高于墙底的设计高程。

c. 挖槽时应加强观测,如遇槽壁发生坍塌或槽孔偏斜超过允许偏差时,应查明原因,采取相应措施后方可继续施工。槽段开挖达到槽底设计高程后,应对成槽质量进行检验,合格后方可进行下一工序。

d. 挖槽施工要做好施工记录,应妥善处理废弃泥浆及钻渣,防止污染环境。

②槽孔的清底工作应在吊放接头装置之前进行。清底工序应包括清除槽底沉淀的泥渣和置换槽中的泥浆。清底应符合下列规定:

a. 清底之前应检测槽段的平面位置、横截面和竖面;当槽壁的竖向倾斜、弯曲和宽度超过允许偏差时,应进行修槽工作,使其符合要求。修槽后的槽段接头处应进行清理。

b. 清底的方法宜根据槽孔的形状、尺寸、施工环境条件及设备条件等确定。

c. 清理槽底和置换泥浆工作结束1h后,应进行检验,槽底以上200mm处的泥浆相对密度不应大于1.15,槽底沉淀物厚度应符合设计要求。

③接头的结构形式应符合设计要求。钢筋骨架的制作和吊放应符合下列规定:

a. 钢筋骨架应根据设计图和单元槽段的划分长度制作,并宜在胎架上试装配成型;骨架主筋的接长宜采用机械连接,骨架中间应留出上下贯通的导管位置。

b. 吊放钢筋骨架时,应使其中心对准单元槽段中心。钢筋骨架应竖直、不变形并能顺利地下放插入槽内,下放时不得使骨架发生摆动。

c. 全部钢筋骨架入槽后,应固定在导墙上,并应使骨架顶端高程符合设计要求。

④水下混凝土应采用导管法灌注。单元槽段长度小于4m时,可采用1根导管灌注;单元槽段长度超过4m时,宜采用2或3根导管同时灌注;采用多根导管灌注时,导管间净距不宜大于3m,导管距节段端部不宜大于1.5m;各导管灌注的混凝土表面高差不宜大于0.3m;导管内径不宜小于200mm。

第三节　桥梁工程下部构造施工质量监理

桥墩和桥台,包括墩台身和墩台帽等工程内容,通常称为下部构造。常用的墩台结构形式有实体式墩、台,柱式墩、台,埋置式桥台,空心墩,Y形墩和薄壁墩,以及索塔等。实体式墩、台包括以下两大类:

1. 重力式墩台

这类墩台的主要特点是靠自身重量来平衡外力而保持其稳定。因此,墩、台身比较厚实。

可以不用钢筋,可用天然石材、片石或混凝土砌筑。

2. 轻型墩台

这类墩台的刚度小,受力后允许在一定的范围内发生弹性变形。所用的建筑材料大都以钢筋混凝土和少量配筋的混凝土为主,但也有一些轻型墩台,通过验算后,可以用石料砌筑。

一、浆砌块石及混凝土预制块墩台施工质量要求

1. 一般要求

(1)砌块在使用前必须浇水湿润,表面如有泥土、水锈,应清洗干净。

(2)砌筑基础的第一层砌块时,如基底为岩层或混凝土基础,应先将基底表面清洗、湿润,再坐浆砌筑;如基底为土质,可直接坐浆砌筑。

(3)砌体应分层砌筑,砌体较长时可分段分层砌筑,但两相邻工作段的高差一般不宜超过1.2m;分段位置宜尽量设在沉降缝或伸缩缝处,各段水平砌缝应一致。

(4)各砌层应先砌外圈定位行列,然后砌筑里层,外圈砌块应与里层砌块交错连成一体。砌体外露面镶面种类应符合设计规定,位于流冰或有严重漂流物河中的墩台,宜选用较坚硬的石料或高强度等级混凝土预制块进行镶砌。砌体里层应砌筑整齐,分层应与外圈一致,应先铺一层适当厚度的砂浆再安放砌块和填塞砌缝。砌体外露面应进行勾缝,并应在砌体靠外露面预留深约2cm的空缝备作勾缝之用;砌体隐蔽面砌缝可随砌随刮平,不另勾缝。

(5)各砌层的砌块应安放稳固,砌块间应砂浆饱满,黏结牢固,不得直接贴靠或脱空。砌筑时,底浆应铺满,竖缝砂浆应先在已砌石块侧面铺放一部分,然后在石块放好后填满捣实。用小石子混凝土填塞竖缝时,应充分捣实。

(6)砌筑上层砌块时,应避免振动下层砌块。砌筑工作中断后恢复砌筑时,已砌筑的砌层表面应加以清扫和湿润。

2. 砌筑用砂浆和小石子混凝土

(1)砌体所用砂浆或小石子混凝土的材料配合比,应经试拌试验决定。水灰比不应大于0.65。砂浆应有适当的和易性和稠度,其稠度宜为5~7cm。小石子混凝土的拌合物应具有良好的和易性,对片石砌体其坍落度宜为5~7cm,对块石砌体其坍落度宜为7~10cm。

(2)砌石和勾缝所用的砂浆或小石子混凝土等级应符合设计规定。砂浆可用人工或机械拌和。人工拌和砂浆时,应将砂和水泥在干净、不漏水的槽内彻底拌和,直至拌合物均匀,然后加干净水,其数量应能形成结实的可塑体。机械拌和砂浆应使用监理工程师认可的拌和机进行,其拌和时间宜为3~5min。当气温超过30℃时,砂浆或小石子混凝土拌和后2~3h内应使用完毕,不允许加水使用。

(3)在铺筑砂浆或用作砂浆的小石子混凝土时,应遵守有关气候和温度的规定。

(4)水泥砂浆及小石子混凝土的取样和试验。

除监理工程师另有指示外,重要及主体砌筑物,不同等级及不同配合比的水泥砂浆及小石子混凝土,每工作班分别各制取工作试件(每组试件,水泥砂浆取3个70.7mm×70.7mm×70.7mm的立方体,小石子混凝土取3个150mm×150mm×150mm的立方体)。重要及主要砌筑物,每工作班取两组试件;一般及次要砌筑物,每工作班取一组试件。

一组砂浆试样的强度为该组试样3个试件28d抗压极限强度的平均值。砂浆的抗压强度试验应按规范进行。

砂浆试样强度应符合以下要求：

①同一等级的各组砂浆试样的平均强度应不低于图纸规定的砂浆等级的1.1倍。

②任一组试件的强度应不低于图纸规定的砂浆等级的85%。

3.片石砌体

(1)片石应分层砌筑，宜以2~3层砌块组成一工作层，每一工作层的水平缝应大致找平。各工作层竖缝应相互错开，不得贯通。

(2)外圈定位行列和转角石，应选择形状较为方正及尺寸较大的片石，并长相间地与里层砌块咬接；砌缝宽度一般不大于4cm，用小石子混凝土砌筑时，可为3~7cm。

(3)较大的砌块应使用于下层，安砌时应选取形状及尺寸较为合适的砌块，尖锐突出部分应敲除。竖缝较宽时，应在砂浆中塞以小石块，不得在石块下面用高于砂浆砌缝的小片石支垫。

4.块石砌体

(1)块石砌体应平砌，每层石料高度大致相同。对外圈定位行列和镶面石，应按一丁一顺或一丁二顺砌筑。砂浆砌筑缝宽应不大于3cm，上下竖缝的错开距离不应小于8cm。

(2)砂浆砌筑平缝宽度不应大于3cm，竖缝宽度不应大于4cm；当用小石子混凝土砌筑时，砌缝不大于5cm。

5.浆砌粗料石及混凝土预制块砌体

砌筑时应严格控制平面位置和高度。在铺砌前，应选择石料，使各层在厚度、外观及类别上相匹配。

镶面石应是一丁一顺砌筑，砌缝应横平竖直，缝为竖缝及平缝，粗料石砌缝宽不大于2cm，混凝土预制块缝宽不大于1cm。任何镶面石块应与邻层石块搭接，其搭接长度不小于10cm，同时，在丁石的上层或下层不宜有竖缝。

6.砌体施工质量标准

砌体施工质量标准见表4-18、表4-19。

浆砌片石基础施工质量标准　　表4-18

检查项目	规定值或允许偏差	检查项目		规定值或允许偏差
砂浆强度	在合格标准内	顶面高程(mm)		±30
轴线偏位(mm)	25	基底高程(mm)	土质	±50
平面尺寸(mm)	±50		石质	-200~50

墩台身砌体施工质量标准　　表4-19

检查项目		规定值或允许偏差
砂浆强度		在合格标准内
墩台长、宽(mm)	片石	-10~40
	块石	-10~30
	粗料石	-10~20

续上表

检 查 项 目		规定值或允许偏差
竖直度或坡度(%)	片石	0.5
	块石、粗料石	0.3
顶面高程(mm)		±10
轴线偏位(mm)		20
大面积平整度(mm)	片石	30
	块石	20
	粗料石	10

二、混凝土承台、墩台施工质量要求

墩台主要包括桥墩墩身、桥墩盖梁、系梁、墩帽、桥台台身、台帽及耳背墙、挡块等。

1. 承台施工

(1)承台施工前应进行桩基等隐蔽工程的质量验收,桩基内的取芯孔和声测管预留孔应处理密实。桩顶的混凝土面应按水平施工缝的要求凿毛,桩头预留钢筋上的泥土及鳞锈等应清理干净。承台基底为软弱土层时,应按设计要求采取措施避免在浇筑承台混凝土过程中产生不均匀沉降。

(2)承台的钢筋和混凝土应在无水条件下进行施工,施工时应根据地质、地下水位和基坑内的积水等情况采取防水或排水措施。应采取有效措施,使承台钢筋的混凝土保护层厚度符合设计规定。桩伸入承台的长度以及边桩外侧与承台边缘的净距应不小于设计规定值。承台施工质量标准见表4-20。

承台施工质量标准 表4-20

项 目		规定值或允许偏差
混凝土强度		在合格标准内
轴线偏位(mm)		15
尺寸(mm)	B不大于30m	±30
	B大于30m	±B/1000
顶面高程(mm)		±20

(3)承台施工采用钢围堰作为挡水(土)设施时,应根据承台的结构特点、水文、地质和施工条件等因素确定适宜的围堰形式,并应对围堰进行专项设计,并经监理工程师审批。

2. 墩、台身施工

(1)墩、台身施工前,应对其施工范围内基础顶面的混凝土进行凿毛处理,并应将表面的松散层、石屑等清理干净;对分节段施工的墩、台身,其接缝也应做相同的凿毛和清洁处理。

(2)墩、台身高度超过10m时,可分节段施工,节段的高度宜根据混凝土施工条件和钢筋定尺长度等因素确定。上一节段施工时,已浇节段的混凝土强度应不低于2.5MPa。各阶段浇筑混凝土施工的间歇时间宜控制在7d以内。

(3)在模板安装前,应在基础顶面放出墩、台身的轴线及边缘线;对分节段施工的墩、台身,其首节模板安装的平面位置和垂直度应严格控制。模板在安装过程中应通过测量监控措施保证墩、台身的垂直度,并应有防倾覆的临时措施;对高墩且风力较大地区的墩身模板,应考虑其抗风稳定性。

(4)应采取措施缩短墩、台身与承台之间浇筑混凝土的间隔时间,间歇期不宜大于10d。

(5)桥墩的钢筋可分阶段制作和安装,应保证其精度。有条件的最好整体制作和安装,在制作、存放、运输、安装时应采取有效的保护措施保证其刚度。

(6)浇筑混凝土时,串筒、溜槽等的布置应方便摊铺和振捣,并应明确划分工作区域。混凝土浇筑完成后,应及时进行养护,养护时间不得少于7d。

(7)对于高度大于40m的高墩,施工前应编制专项施工方案,对临时结构和临时设施进行必要的设计计算和验算,并经监理工程师批准。

(8)墩、台高处作业的施工安全应符合规定。

(9)墩、台身施工质量应符合表4-21的规定。

墩、台身施工质量标准 表4-21

项目		规定值或允许偏差
混凝土强度		在合格标准内
竖直度(mm)	$H \leq 30$m	H/1500,且不大于20
	$H > 30$m	H/3000,且不大于30
节段间错台(mm)		5
预埋件位置(mm)		10
断面尺寸(mm)		±20
顶面高程(mm)		±10
轴线偏位(mm)		10
大面积平整度(mm)		5

注:H为墩、台身高度。

3.墩台帽

(1)墩台帽的施工应在墩、台身质量检验合格后进行。

(2)对墩台帽施工所采用的托架、支架或抱箍等临时结构,应进行受力分析、计算与验算。支架宜直接支承在承台顶部,当必须支承在承台以外的软弱地基上时,应对地基进行妥善加固处理,并应对支架进行预压。

(3)在墩台帽与墩身的连接处,模板与墩台身之间应密贴,不得出现漏浆现象。钢筋安装施工时,应避免在钢筋的接头处起弯,并应保证钢筋的混凝土保护层厚度。对支座垫石的预埋钢筋及上部结构所需要的预埋件,其位置应准确。

(4)施工过程中应采取措施防止对墩、台身成品造成损伤和污染。

(5)墩台帽施工质量应符合表4-22的规定。

墩台帽施工质量标准 表4-22

检 查 项 目	规定值或允许偏差	检 查 项 目	规定值或允许偏差
混凝土强度	在合格标准内	顶面高程(mm)	±10
断面尺寸(mm)	±20	预埋件位置(mm)	10
轴线偏位(mm)	10	大面积平整度(mm)	5

4.预制安装墩台身、盖梁

预制安装墩台身和盖梁的施工应制订专项施工方案,其施工方法、施工工艺、临时设施和设备等应根据结构的构造特点和施工环境综合确定,施工中使用受力装置和受力临时结构时应进行专门设计和验算,并经监理工程师审批。

5.片石混凝土

(1)片石混凝土仅适用于较大体积的基础、墩台身等圬工受压结构。

(2)采用片石混凝土时,可在混凝土中掺入不多于该结构体积20%的片石,片石的抗压强度等级应符合设计规定;设计未规定时,小桥涵的墩台、基础应不低于MU30,大、中桥的墩台和基础以及轻型桥台应不低于MU40。

(3)片石混凝土施工时,应使用质地坚硬、密实、耐久、无裂纹和无风化的石料,片石的厚度应为150~300mm。在混凝土中埋放片石时应符合下列规定:

①片石应清洗干净并完全饱水,应在浇筑时埋入混凝土一半左右。

②当气温低于0℃时,不得埋放片石。

③片石应分布均匀,净距应不小于150mm,片石边缘距结构侧面和顶面的净距应不小于150mm,片石不得触及构造钢筋和预埋件。

(4)混凝土应采取分层浇筑的方式,每层混凝土的厚度不应超过300mm,大致水平,分层振捣,边振捣边加片石。

第四节 桥梁工程上部构造施工质量监理

桥梁上部构造常用的有梁板式、拱式等结构形式。梁板式桥的截面形式有板式、肋形梁、箱形梁、组合箱梁和桁架梁等,拱式桥的截面形式有板拱、薄壳拱、肋拱、双曲拱、箱形拱、桁架拱和刚架拱等。中小跨径公路桥梁或城市桥梁大部分是钢筋混凝土或预应力混凝土梁式桥,大跨径桥梁常采用钢箱梁、钢桁架和组合梁等。桥梁上部构造按施工工艺分为现场浇筑施工和预制装配施工。在施工过程中,监理工程师要做好施工质量控制。

一、模板、支架和拱架施工质量要求

模板宜采用钢材、胶合板或其他适宜的材料制作;支架宜采用钢材或常备式定型钢构件等材料制作。模板板面应平整,接缝处应严密、保证不漏浆,符合结构尺寸、线形及外形要求,并且有足够的刚度。拱架和支架应具有足够的强度、刚度和稳定性,应能承受施工过程中所产生的各种荷载。支架的构造应简单、合理,结构受力应明确,安装、拆除应方便。模板应能与混凝

土结构或构件的特征、施工条件和浇筑方法相适应，应保证结构物各部位形状和相互位置的准确。支架应稳定、坚固，应能抵抗在施工过程中可能发生的振动和偶然撞击，支架不得与应急通道相连接。

1. 模板、支架和拱架的设计

（1）施工单位在制作模板、支架和拱架前14d，向监理工程师提交模板、支架和拱架的施工图、内力及预计挠度计算书，经监理工程师批准后才能制作和架设。

（2）验算模板、支架和拱架的刚度应符合下列要求：

结构外露表面的模板，其挠度不应超过1/400跨径，结构隐蔽表面的模板，不应超过1/250跨径。钢模板的面板变形为1.5mm，钢棱和柱箍的变形为$L/500$和$B/500$。验算抗倾覆稳定性时，抗倾覆系数不小于1.3。

（3）施工预拱度设置应考虑因有模板、支架承受施工荷载引起的弹性变形，受载后由于杆件接头的挤压和卸落装置压缩而产生的非弹性变形，支架地基在受载后的沉降变形。

（4）模板、支架和拱架的设计应考虑下列各项荷载：

①模板、支架自重。

②新浇筑混凝土、钢筋、预应力筋或其他圬工结构物的重力。

③施工人员及施工设备、施工材料等荷载。

④振捣混凝土时产生的振动荷载。

⑤新浇筑混凝土对模板侧面的压力。

⑥混凝土入模时产生的水平方向的冲击荷载。

⑦设于水中的支架所承受的水流压力、波浪力、流冰压力、船只及其他漂浮物的撞击力。

⑧其他可能产生的荷载，如风荷载、雪荷载、冬季保温设施荷载等。

（5）模板的构造要求符合以下规定：

①模板背面应设置主肋和次肋作为支撑系统，其布置应根据荷载和刚度要求进行，次肋的配置方向应与模板的长度方向相垂直，应能直接承受模板传递的荷载，主肋应能承受次肋传递的荷载，且能起到加强模板刚度和调整平直度的作用，支架或支撑的着力点应设置在主肋上。

②模板的配板根据配板面的形状、几何尺寸及支撑形式决定。配板宜选用大规格的模板作为主板，配板后的板缝应规则。

③对在墩柱、梁、板的转角处使用的模板及各种板面的交接部分，应采用连接简便、结构牢固，易于拆除的专用模板。

④设置对拉螺杆或其他拉筋，需要在模板上钻孔时，应使钻孔的模板多次周转使用。应采取措施尽量减少在模板上钻孔。

（6）支架和拱架的构造要求符合以下规定：

①宜综合所采用的材料类别、所支撑的结构及其荷载、地形及环境条件、地基情况等因素确定。

②支架的拉杆之间根据受力和结构特点设置水平和斜向等支撑连接杆，增强支架的整体刚度和稳定性。

③托架宜设置成三角形，与预埋件的连接固定方式应可靠。

④采用定型钢管脚手架材料作支架时，其构造应符合相应技术规范的规定。

2. 模板、支架和拱架的制作和安装

(1)模板应按批准的施工图进行制作,成品经检验合格后方可使用。组装前应对零部件的几何尺寸和焊缝进行全面检查,合格后方可进行组装。

(2)模板应按设计要求准确就位,且不宜与脚手架连接。安装侧模板时,支撑应牢固,应防止模板在浇筑混凝土时产生移位。模板在安装过程中,必须设置防倾覆的临时固定设施。模板安装完成后,其尺寸、平面位置和顶部高程等应符合设计要求,节点联系应牢固。梁、板等结构的底模板应设置预拱度。固定在模板上的预埋件和预留孔洞均不得遗漏,安装应牢固,位置应准确。

(3)支架和拱架宜采用标准化、系列化、通用化的钢构件制作拼装。

(4)支架和拱架应按施工图设计的要求进行安装。立柱应垂直,节点连接应可靠。支架在纵桥向和横桥向应加强水平、斜向连接,增强整体稳定。高支架应设置足够的斜向连接、扣件或缆风绳,横向稳定应有保证措施。一般通过预压的方式,消除支架地基的不均匀沉降和支架的非弹性变形并获取弹性变形参数,或检验支架的安全性。预压荷载宜为支架需承受全部荷载的1.05~1.10倍,预压荷载的分布应模拟需承受的结构荷载及施工荷载。对位于刚性地基上的刚度较大,且非弹性变形可确定控制在一定范围内的支架,经过计算确认满足强度、刚度、稳定性等要求时,经过监理工程师审核批准,可不进行预压。

(5)支架在安装完成后,应对其平面位置、顶部高程、节点连接及纵、横向稳定性进行全面检查,符合要求后,方可进行下一工序。

(6)浇筑混凝土时应保证模板内无污物、砂浆及其他杂物。以后要拆除的模板,应在使用前彻底涂以脱模剂。脱模剂或其他相当的代用品,应使其易于脱模,使混凝土不变色。

3. 模板、支架和拱架的拆卸

(1)模板、支架的拆除期限和拆除程序等应严格按施工图设计或施工方案的要求进行,设计未要求时,应根据结构物特点、模板部位和混凝土应达到的强度要求决定,并应经监理工程师同意。

(2)非承重侧模板应在混凝土抗压强度达到2.5MPa,且能保证其表面及棱角不致因拆模而受损坏时,方可拆除。

(3)芯模和预留孔道的内模,应在混凝土强度能保证其表面不发生塌陷或裂缝现象时,方可拆除。

(4)承重模板、拱架和支架,应在混凝土强度能承受其自重荷载及其他可能的叠加荷载时,方可拆除。

(5)对预应力混凝土结构,在混凝土抗压强度达到2.5MPa的条件下,其侧模应在预应力钢束张拉前拆除;底模及支架应在结构建立预应力后方可拆除。

(6)模板、支架的拆除应遵循后支先拆、先支后拆的原则按顺序进行。墩、台的模板宜在其上部结构施工前拆除。

(7)拆除梁、板等结构的承重模板时,在横向应同时卸落、在纵向应对称均衡卸落。简支梁、连续梁结构的模板宜从跨中向支座方向依次循环卸落;悬臂梁结构的模板宜从悬臂端开始顺序卸落。

(8)在低温、干燥或大风环境下拆除模板时,应采取必要措施,防止混凝土表面产生裂纹。

(9)卸落拱架时,应用仪器观测拱圈挠度和墩台变位情况,并做好记录经监理工程师核查。

(10)拆除模板、支架、拱架时,不得损伤混凝土结构。

二、现浇混凝土、钢筋混凝土施工质量要求

1.钢筋混凝土梁在支架上浇筑

(1)浇筑梁体混凝土时,一般宜按梁的全幅横断面斜向分段、水平分层地连续浇筑。上层与下层同时浇筑时,上层与下层前后浇筑距离应不小于1.5m,每层浇筑厚度当用插入式或附着式振捣器振捣时,不宜超过30cm。

若箱梁体不能一次浇筑完成,需分二次浇筑时,第一次和第二次浇筑的时间应间隔至少24h。在第二次浇筑前,应检查脚手架有无收缩和下沉,并打紧各楔块,以保证最小的压缩和沉降。

(2)简支梁桥上部构造的混凝土浇筑,一般应由墩、台两端开始向跨中方向同时进行。如果采用分层浇筑,也可从一端开始。无论采用何种方式,均应一次浇筑完成。

(3)一般跨径的悬臂梁桥混凝土浇筑,应从跨中向两端墩台进行,其邻跨悬臂应从悬臂向墩台进行。

(4)跨径较大的简支梁以及在基底刚性不同的支架上浇筑连续梁或悬臂梁,为防止支架不均匀沉降引起混凝土开裂,可按下列方法之一进行:

①加快浇筑作业,使全梁混凝土在最初浇筑的混凝土初凝前浇筑完毕。

②在支架上预加等于架身重力的荷载,使支架充分变形。预加荷载于混凝土浇筑过程中逐步撤除,预压后的支架高程与设计不符时,应进行调整。

③将梁分成数段,按适当顺序分段浇筑,以消除支架沉降不均匀的影响。

(5)浇筑前,施工单位应向监理工程师送交拟采用的施工工艺和方法的详细内容和说明,包括静力计算和图纸,得到监理工程师批准之后方可开始工作。

2.混凝土、钢筋混凝土拱在支架上浇筑

(1)跨度较少的拱圈或拱肋,应全宽度自两端拱脚向拱顶对称地连续浇筑,并在混凝土初凝前全部完成。跨径较大的拱圈或拱肋,应沿拱跨方向分段对称浇筑。分段的位置,应以拱架受力对称、均匀和变形小为原则,且宜设置在拱顶、1/4跨径、拱脚及拱架节点处;各段的接缝面应与拱轴线垂直,各分段点应预留间隔槽,其宽度宜为0.5~1.0,槽内有钢筋接头时,其宽度应满足钢筋接头的需要。

(2)分段浇筑时,各段混凝土应一次连续浇筑完成,如因故中断,应做垂直于拱轴线的施工缝。间隔槽混凝土,应在分段混凝土强度达到设计和规范要求后浇筑,接合面应按施工缝处理。拱顶及两拱脚的间隔槽混凝土在最后封拱时浇筑。

(3)大跨度拱圈混凝土采用分环分段浇筑时,混凝土浇筑程序应通过计算确定,并得到监理工程师的批准。

(4)拱上建筑混凝土应在封拱间隔槽混凝土强度达到设计要求或设计等级的85%时方可浇筑,浇筑应按施工设计程序进行,一般由拱脚至拱顶,对称、均衡地进行。立柱底座应与拱圈或拱

肋同时浇筑。立柱应从底到顶一次浇筑完成,再浇横梁。两伸缩缝间的桥面板应一次浇筑完成。

3. 质量标准

(1)一般要求:

①除非监理工程师另有批准,混凝土及混凝土材料的试验,均需按规定的试验标准进行。

②所有取样及试验,应征得监理工程师同意或在监理工程师在场的情况下由施工单位进行。

③试验应在监理工程师批准的试验室进行,必要时可送到有相关资质和业绩独立的试验室进行试验。

④混凝土及原材料的取样及试验按《公路工程水泥及水泥混凝土试验规程》(JTG 3420—2020)进行。

(2)结构物的施工质量标准见表4-23、表4-24。

支架上浇筑梁板施工质量标准 表4-23

检 查 项 目		规定值或允许偏差
混凝土强度		在合格标准内
纵轴线偏位(mm)		10
梁板顶面高程(mm)		±10
断面尺寸(mm)	高度	-10~5
	顶宽	±30
	箱梁底宽	±20
	顶、底、腹板或梁肋厚	0~10
长度(mm)		-10~5
与相邻梁段间错台(mm)		≤5
横坡(%)		±0.15
平整度(mm)		≤8

浇筑混凝土拱圈施工质量标准 表4-24

检 查 项 目		规定值或允许偏差
混凝土强度		在合格标准内
轴线偏位(mm)	板拱或箱形拱	10
	肋拱	5
内弧线偏离设计弧线(mm)	跨径≤30m	±20
	跨径>30m	±1/1500(跨径)
断面尺寸(mm)	高度	±5
	顶、底、腹板厚	0~10
拱宽(mm)	板拱或箱形拱	±20
	肋拱	±10
拱肋间距(mm)		±5

三、混凝土、钢筋混凝土预制构件施工质量要求

1. 预制构件

(1)预制场地应平整、坚实、清洁,应做好排水措施,防止场地沉降。

(2)每个预制块件应一次浇筑完成,不得间断。

(3)腹板底部为扩大断面的T形梁或I形梁。应先浇筑其扩大部分并振实,再浇筑其上部腹板。

(4)U形梁式拱肋,宜一次浇筑完成。首先浇筑底板至底板承托的顶面,待上述混凝土沉实后,再浇筑腹板。

(5)连续箱梁梁段的浇筑,应先浇底板,振捣密实后,再行浇筑腹板。腹板浇筑可分段分层进行,也可由一端向另一端逐步推进,并及时振捣。腹板浇筑完毕即可浇筑顶板,顶板也可在腹板浇筑到一定长度后与腹板交叉进行。

(6)小型构件可采用干硬性混凝土,用以下方法进行预制:

①翻转模板法。构件浇筑并振实后,连同模板反转,然后脱去模板,立即进行混凝土表面修抹。

②在移动式底模上或平整的地面上浇筑混凝土,振动时应于表面加压,增加振动时间,然后短时间内拆模,修整混凝土边角。

2. 预制箱涵

与铁路及其他结构物相交而采用顶入法施工的箱涵,在预制钢筋混凝土箱涵时,其技术要求及质量检验标准均应符合有关标准的规定。

3. 预制构件的安装

(1)安装的一般规定。

①预制构件的起吊、运输、装卸和安装时的混凝土强度,应符合设计规定,设计没有规定时,应不低于设计强度的80%。未经监理工程师许可时,不得架设预制构件。

②装卸、运输及储存预制构件时,其位置应正立,顶面朝上。支承点应接近于构件最后放置的位置。

③预制构件的起吊、运输、装卸和安装过程中的内部应力应保证始终小于设计应力。

④在起吊、运输、装卸和安装过程中严禁对任何预制构件的损坏。

⑤分段、分层拼装的预制构件,除图纸有规定外,其接合处混凝土的等级应不低于预制构件的设计等级。

⑥预制构件安装就位,并经监理工程师检查认可后,才允许浇筑接合用的混凝土或焊接。

⑦构件应在正式起吊安装前,进行满载或超载的起吊试验,以检验起吊设备的可靠性,进一步完善操作方法。

(2)简支梁、板的安装。

①安装前应将墩、台支座垫层表面及梁底面清理干净,支座垫石应用符合要求的水泥砂浆抹平,使其顶面高程符合图纸规定,水泥砂浆在预制构件安装前,必须进行养护,并保持清洁。

②板式橡胶支座上的构件安装温度,应符合图纸规定。活动支座上的构件安装温度及相

应的支座上、下部分的纵向错位(如有必要),应符合图纸规定。对于非桥面连续简支梁,当设计未规定安装温度时,一般在5~20℃的温度范围内安装。

③预制梁就位后,应妥善支承和支撑,直到就地浇筑或焊接的横隔梁强度足以承受荷载。支承系统图纸应在架梁开始之前报请监理工程师批准。

④简支架、板的桥面连续设置,应符合设计要求。

⑤预制板的安装直至形成结构整体,各个阶段都不允许板式支座出现脱空现象,并应逐个进行检查。

(3)箱形连续梁的安装。

①箱形梁段的移运、搭设临时支架、安装顺序、浇筑梁段接头混凝土等施工方案,施工单位应至少在安装前28d报监理工程师批准。

②箱形梁段移运时的吊点位置应符合设计规定。如设计无规定时,一般采用两点吊运。对于上、下面有相同配筋的等截面直杆构件,吊点位置可设在距端头0.21L(L为构件长)处,或根据配筋情况经计算确定。

③浇筑梁段接头混凝土搭设的临时支架,应进行认真检查,确保牢固可靠,支架高程应予严格控制。施工过程中,应防止支架下沉,如有发生,应立即采取措施,及时调整。

④两相邻梁段的接头钢筋,焊接后应经监理工程师检查,确认符合焊接要求后,方可浇筑梁段接头混凝土。

⑤接头混凝土的等级不得低于梁段的混凝土等级,通常较梁段混凝土提高一级,待接头混凝土强度达到图纸规定要求后,方可拆除临时支架。

(4)拱肋及拱上建筑的安装。

①拱肋移运、装卸、安装等的施工方案,施工单位应至少在施工前28d报送监理工程师批准。

②拱肋的移运应按设计要求或监理工程师指示,同时应遵守下列各点:

a.拱肋采用两点吊运,吊点位置应使吊点高于构件重心,可设在距拱肋端头0.22L~0.24L(L为吊运的拱肋长度)处。

b.当拱肋较长或曲率较大时,可采用3点或4点吊运,各吊点受力应均匀,吊点位置应符合图纸规定。若图纸无规定,当采用3点吊时,除跨中一点外,其余两吊点可设在距端头0.1L处。当采用4点吊时,第一吊点可设在距拱肋端头0.17L处,第二吊点设在距端头0.37L处,4个吊点左右对称。

③拱肋的安装,可采用少支架或无支架施工方法。

a.少支架施工,支架的架设和拆卸的技术要求,除应满足前述有关规定外,还应符合下列规定:

当拱肋接头混凝土、拱板混凝土及拱肋横向联结构件混凝土的强度达到设计等级的85%或满足图纸规定后,方可开始卸架;为避免一次卸架突然发生较大变形,可在主拱安装完成时(包括拱板浇筑完成时)分两次或多次卸架,使拱圈及台、墩逐次成拱受力。

卸架前,施工单位应对主拱圈混凝土质量、拱轴线的坐标尺寸、卸架设备、气温引起拱圈变化、台后填土等,进行全面检查。卸架时应观测拱圈挠度和墩台变位情况。

施工单位必须在卸架前取得监理工程师的书面批准后,方可卸架。

b. 无支架施工：

拱肋吊装时，除拱顶段外，每段拱肋应各采取一组扣索悬挂。扣索固定在扣架上，扣架设在墩台顶上。扣架底部应固定，其顶部应设置风缆。各段拱肋应设置风缆的，其布置与安装要符合设计和规范规定。

每对风缆与拱肋轴线水平投影的夹角，一般不宜小于50°；拱肋分3段或5段拼装时，至少应保持2根基肋设置固定风缆，拱肋接头处应加横向联结；固定风缆应待全孔合拢、横向联结构件混凝土强度满足图纸要求后或经监理工程师同意后，才可撤除；在河流中设置风缆时，必须采取可靠的防护措施，防止风缆受到碰撞。

④多孔拱桥施工时，应按设计所示的程序自桥台或制动墩起逐孔吊装。施工时桥墩承受的单向推力，应尽量降低至设计规定的允许范围内。

⑤拱肋及拱板的合拢温度应符合设计规定，如设计无规定，宜在气温接近年平均温度（一般在5～15℃）时进行。

⑥拱上建筑的施工要满足要求。拱上构造的立柱或横墙的基座，施工单位在施工前应对其位置和高程进行复测检查。基座与拱的联结应牢固。大跨径拱桥拱上构造的吊装安砌应根据施工验算并结合施工观测进行，使施工过程中的拱轴线与设计拱轴线尽量接近。中、小跨径拱桥拱上构造，一般可由拱脚至拱顶对称吊装、安砌。

⑦拱上腹拱圈施工时，应注意腹拱圈所产生的推力对立柱或横墙的影响；相邻腹拱的施工进度应大致平衡。

（5）预应力混凝土连续梁的顶推安装。

①顶推施工前宜根据主梁长度、设计顶推跨度、桥墩能承受的水平推力、顶推设备和滑动装置等条件，选择单点顶推法或多点顶推法。采用多点顶推法必须确保同步。顶推施工方案及工艺，施工单位应在顶推施工前至少28d报监理工程师批准。

②水平千斤顶的实际总顶推力，不应小于计算顶推力的2倍，墩台顶上水平千斤顶的反力座必须坚固，应能抵抗顶推时的总反力。在顶推过程中，各桥墩的纵向位移值不得超过图纸规定。

③当水平千斤顶顶推一个行程，用竖向千斤顶将梁顶高，以便拉回滑块时，其最大顶升高度不超过图纸规定。如图纸无规定时，不得超过10mm。

④主梁被顶推前进时，如梁的中线偏离较大，应用导梁装置纠偏。

⑤顶推时，若导梁杆件有变形或螺丝松动、导梁与主梁联结处有变形或混凝土开裂等，应立即停止顶推，进行处理。梁段中未压浆的预应力筋的锚具如有松动，也应停止顶推，并将松动的锚具重新张拉、锚固。

⑥顶推时至少应在两个墩上设置保险千斤顶，如遇到滑移故障用千斤顶处理时，起顶的反力值不得大于计算反力的1.1倍，起顶高度不得大于10mm。

⑦全梁顶推到图纸规定位置后，首先应按图纸规定的张拉顺序，对补充的预应力筋进行张拉、锚固、压浆。拆除顶推用的临时预应力筋要按图纸规定的顺序。张拉、拆除作业时应注意安全，防止损坏混凝土和相邻锚具。

⑧落梁前应拆除墩、台上的滑动装置和导梁。拆除时各支点宜均匀顶起，其顶力应按图示支点反力控制，相邻墩各顶点的高差不得大于5mm，同墩两侧梁底顶起高差不得大于1mm。

⑨落梁时,应根据图纸规定的顺序和每次下落量进行,同一墩、台的千斤顶应同步运行。

⑩在整个顶推施工过程中,应注意观测墩台和临时墩在承受荷载时产生的竖直、水平位移,主梁和导梁控制截面的挠度及其变化,滑动装置的静摩擦系数和动摩擦系数,并随时做好记录,整理报告监理工程师。如发现超过规定限值,应分析原因,采取措施纠正。

(6)钢筋混凝土箱涵的顶入。

采用顶入法施工的箱涵,在施工过程中,其施工工艺、技术要求及质量标准等均应符合有关规定。

四、预应力混凝土施工质量要求

1. 后张法预应力混凝土的浇筑

1)一般要求

(1)模板、钢筋、管道、锚具和预应力钢筋经监理工程师检查并批准后,方可浇筑混凝土。

(2)预应力结构混凝土的浇筑及养生应符合下列要求:

①浇筑混凝土时,应保持锚塞、锚圈和垫板位置的准确、稳固。

②在混凝土浇筑和预应力钢筋张拉前,锚具的所有支承表面(如垫板)应保持清洁。

③拌和后超过45min的混凝土不得使用。

④简支梁梁体混凝土应水平分层,一次浇筑完成。箱形梁梁体混凝土,应尽可能一次浇筑完成,梁体较高时,可分二次或三次浇筑完成。

⑤为避免孔道变形,不允许振捣器触及管道。

⑥梁式空心板端部锚固区及预制构件,为了保证混凝土密实,可使用外部振捣器加强振捣。

⑦混凝土强度尚未达到设计及规范要求时,不得拆除模板。

⑧混凝土养生时,对为预应力钢束所留的孔道应加以保护,严禁将水和其他物质灌入孔道,并防止金属管生锈。

2)预应力混凝土梁的悬臂浇筑

(1)如梁体与桥墩非刚性连接,悬臂浇筑梁体混凝土时,应先将墩顶梁段与桥墩临时固定。

(2)悬臂浇筑时桥墩两侧的浇筑进度应尽量做到对称、均衡。桥墩两侧的梁体和施工设备的重量差,以及相应的在桥墩两侧产生的弯矩差,应不超过设计规定。施工单位向监理工程师送一份拟采用的施工方法的说明、图纸、静力及变形计算的资料。

(3)悬臂浇筑用挂篮,在已完成的梁段上前移时,后端应有可靠的稳定措施。浇筑混凝土时,挂篮后端应锚固于已完成的梁段上。挂篮前移及在其上浇筑混凝土时,抗倾覆稳定系数应不小于1.5。

(4)悬臂浇筑开始前,应对挂篮进行质量检查,并做载重试验,以测定各构件变形量,尽可能消除非弹性变形,并为悬臂浇筑的预拱度提供数据。

(5)悬臂浇筑前,待浇筑段的前端底板高程和桥面板高程,应根据挂篮前端垂直挠度,各施工阶段的弹、塑性挠度(包括待浇及后浇各梁段的重量、预应力、混凝土的收缩与徐变、施工设备荷载、桥面系恒载、体系转换引起的挠度)及1/2静活载挠度,设置预拱度。

(6)浇筑梁段混凝土自前端开始向后浇筑,最后浇筑梁段根部与前一浇筑段的接合部。前后两段模板的接缝应紧密接合。

(7)连续梁各跨的合龙,一般自两边跨向中跨进行。自桥端至合龙跨的所有支座均为活动支座。在合龙段合龙时,合龙段的两端应予临时固定并施加必要的预应力,临时固定装置应能承受上述活动支座的摩阻力。

(8)连续刚构合龙段两端的临时固定装置及墩身,应能承受合龙段浇筑时段内的温度变化影响力及截面温差影响力。

(9)合龙段合龙前应在合龙段两端的悬臂上加压,并于浇筑混凝土过程中逐步撤除,使悬臂挠度保持稳定。合龙段的施工,在两端临时固定完成后应尽快在短时间内完成,混凝土浇筑应在一天中最低温度时进行。

(10)合龙段混凝土可掺加必要的早强剂和减水剂。全合龙段混凝土在浇筑完成后应加强养生,在达到图纸要求张拉强度后,尽早张拉预应力筋。

3)预应力混凝土梁在支架上浇筑

(1)在支架上浇筑混凝土时,应根据混凝土及支架的弹性和非弹性变形设置施工预拱度。

(2)全部混凝土宜在最初浇筑的混凝土初凝前浇筑完。若跨径较大,混凝土数量较多,不能在最初浇筑的混凝土初凝前浇筑完,应考虑新浇混凝土对已初凝混凝土的影响或设置工作缝,或按施工顺序分段浇筑。

(3)箱形梁段混凝土若分次浇筑,应先浇筑底板至承托顶部以上30cm,其次浇筑腹板,最后浇筑顶板及翼板。混凝土浇筑完成并初凝后,应开始养生。

(4)除非监理工程师批准,混凝土的强度未达到图纸规定值之前,不得拆除支架。

4)顶推预应力混凝土连续梁的预制

(1)施工单位应于预应力混凝土连续梁预制、顶推作业开始之前28d,将全部施工程序和细节报监理工程师审查批准。

(2)预制场地设在桥台后面桥轴线上的引道或引桥上,其长度应考虑梁段悬出时反压的长度、梁段预制长度、导梁拼装长度和机具设备材料进入预制作业线长度,宽度应考虑梁段两侧施工作业的需要。预制场地上空宜搭设固定或活动作业棚。

(3)预制台座的地基或引桥的强度、刚度和稳定性应符合图纸要求,并做好台座地基的防水、排水设施以防沉降。在荷载作用下,台座顶面最大变形不应大于2mm。

(4)台座轴线应与桥梁轴线的延长线重合,台座的纵坡应与桥梁的纵坡一致。台座的施工允许偏差如下:

①中线偏差不大于5mm。

②相邻两支承点上台座中滑移装置的纵向顶面高程差±2mm。

③同一个支承点上滑移装置的横向顶面高程差±1mm。

④台座(包括滑移装置)和梁段底模板顶面高程差±1mm。

(5)梁段预制时,应严格控制截面尺寸、底面平整度和梁端部的垂直度,严格控制钢筋、预应力筋的孔道位置及预埋件位置和混凝土浇筑质量,采取措施提高混凝土的早期强度,缩短顶推周期。

(6)有关梁段预应力筋的布置及张拉、梁段间预应力筋的连接、临时预应力筋的拆卸等,均应严格按图纸规定、预应力筋及混凝土的施工作业技术要求、规定办理。

2. 先张法预应力的施工

1)一般要求

(1)施工单位在张拉开始前,应向监理工程师提交详细说明、图纸、张拉应力和伸长量的计算,申请审核。

(2)施工单位应选派富有经验的技术人员指导预应力张拉作业。所有操作预应力设备的人员,应通过设备使用的正式训练。

(3)所有设备应最少每间隔两个月进行一次检查和保养。

(4)预应力张拉中,如发现下列任何一种情况,张拉设备应重新进行校验:使用时间超过6个月;张拉次数超过300次;使用过程中千斤顶或压力表出现异常情况;千斤顶检修或更换配件后。

2)施工要求

(1)预制工程的试验工程、首次张拉和现浇混凝土工程的张拉,除非另有书面允许,应在监理工程师在场时进行。

(2)当气温下降到5℃以下且无保温措施时,禁止进行张拉作业。

(3)预应力钢筋在张拉前应做检查,保证它们在管道内移动自由。

(4)最少应有一组浇筑梁体的混凝土试块达到图纸规定的传递预应力的混凝土强度,才允许进行张拉,图纸无规定时,混凝土强度应不低于设计等级的80%,弹性模量不低于设计的80%。张拉力应符合图纸规定。

(5)预应力张拉应从两端同时进行,除非监理工程师同意采用另外的方式。

(6)当仅从一端张拉时,应精确量测另一端的回缩量,并从千斤顶量测的伸长值中适当给予扣除。

(7)控制张拉力为锚固前锚具内侧的拉力。在确定千斤顶的拉力时,应考虑锚具摩阻损失及千斤顶内摩阻损失。

3)张拉步骤

(1)除非图纸有规定或监理工程师另有指示,张拉程序见表4-25。

后张法预应力张拉程序 表4-25

锚具和预应力类别		张拉程序
夹片式等具有自锚性能的锚具	钢绞线束、钢丝束	低松弛力筋:0→初应力→σ_{con}(持荷5min锚固)
其他锚具	钢绞线束	0→初应力→1.05σ_{con}(持荷5min)→σ_{con}(锚固)
	钢丝束	0→初应力→1.05σ_{con}(持荷5min)→0→σ_{con}(锚固)
螺母锚固锚具	螺纹钢筋	0→初应力→σ_{con}(持荷5min)→0→σ_{con}(锚固)

注:1. 表中σ_{con}为张拉时的控制应力,包括预应力损失值。

2. 两端同时张拉时,两端千斤顶升降压、画线、测伸长等工作应基本一致。

3. 超张拉数值超过规定的最大超张拉应力限值时,应按规范规定的限值进行张拉。

(2)预应力筋在张拉控制应力达到稳定后方可锚固。对夹片式锚具,锚固后夹片顶面应平齐,其相互间的错位不宜大于2mm,且露出锚具外的高度不应大于4mm。锚固完毕并经检验确认合格后方可切割端头多余的预应力筋,切割时应采用砂轮锯,严禁采用电弧进行切割,同时不得损伤锚具。

(3)预应力钢筋的断丝、滑丝不得超过表 4-26 的规定。

预应力钢筋断丝、滑丝限制数　　表 4-26

类　别	检查项目	控制数
钢丝束和钢绞线束	每束钢丝断丝或滑丝	1 根
	每束钢绞线断丝或滑丝	1 丝
	每个断面断丝之和不超过该断面钢丝总数的百分比	1%
单根钢筋	断筋或滑移	不允许

注:1. 钢绞线断丝是指单根钢绞线内钢丝的断丝。

2. 超过表列控制数时,原则上应更换,当不能更换时,在许可的条件下,可采取补救措施,如提高其他束预应力值,但须满足设计上各阶段极限状态的要求。

(4)当计算延伸量时,应根据试样或试验证书确定弹性模量。

(5)在张拉完成以后,测得的延伸量与预计延伸量之差应在 6% 以内,否则,监理工程师可指示采取以下的若干步骤或全部步骤检查调整:

①重新校准设备。

②对预应力材料作弹性模量检验。

③放松预应力钢筋重新张拉。

④预应力钢筋用润滑剂以减少摩擦损失。仅水溶性油剂可用于管道系统,且在压浆前清洗掉。

⑤监理工程师可要求按照规范规定进行摩擦损失试验。

4)记录及报告

每次预应力张拉以后,应将张拉记录报监理工程师审查:

(1)每个测力计、压力表、油泵及千斤顶的鉴定号。

(2)测量预应力钢筋延伸量时的初始拉力。

(3)在张拉完成时的最后拉力及测得的延伸量。

(4)千斤顶放松以后的回缩量。

(5)在张拉中间阶段测量的延伸量及相应的拉力。

3. 先张法预应力混凝土的施工

(1)先张法工作开始前,施工单位应向监理工程师提交先张法施工方案,包括拟采用的预应力张拉台、横梁及各项张拉设备。预应力张拉台需要有足够的强度和刚度,抗倾覆系数不小于 1.5,抗滑系数不小于 1.3。横梁需要有足够的刚度,受力后挠度不应大于 2mm。

(2)先张法预应力张拉,除图示或监理工程师另有指示外,张拉程序见表 4-27。

先张法预应力张拉程序　　表 4-27

预应力筋种类		张拉程序
螺纹钢筋		0→初应力→$1.05\sigma_{con}$(持荷 5min)→$0.9\sigma_{con}$→σ_{con}(锚固)
钢丝、钢绞线	夹片式等具有自锚性能的锚具	普通松弛预应力筋:0→初应力→$1.03\sigma_{con}$(锚固) 低松弛预应力筋:0→初应力→σ_{con}(持荷 5min 锚固)
	其他锚具	0→初应力→$1.05\sigma_{con}$(持荷 2min)→0→σ_{con}(锚固)

注:1. 表中 σ_{con} 为张拉时的控制应力值,包括预应力损失值。

2. 超张拉数值超过规定的最大超张拉应力限值时,应按该条规定的限制张拉应力进行张拉。

3. 张拉钢筋时,应在超张拉并持荷 5min 后放张拉至 $0.9\sigma_{con}$ 时再安装模板、普通钢筋及预埋件等。

(3)当用先张法张拉预应力筋的温度低于10℃时,预应力筋延伸量计算应考虑混凝土初凝时温度的增加影响。当测得预应力筋的温度低于5℃时,未得到监理工程师许可,不得施加预应力。

(4)同时张拉多根预应力筋时,应预先调整其单根预应力筋的初应力,使相互间的应力一致,再整体张拉。张拉过程中,应使活动横梁与固定横梁始终保持平行,应抽查预应力钢筋的预应力值,其偏差的绝对值不得超出按一个构件全部预应力筋预应力总值的5%。

(5)当混凝土达到图纸规定强度时,要进行放张,放松荷载的次序应满足设计要求。图纸未作规定时,预应力钢筋放松时混凝土的强度应不低于设计等级的80%。

(6)所有构件应标以不易擦掉的记号,记录制造的生产线,浇筑混凝土的日期及张拉日期。

4.孔道压浆

1)压浆设备

(1)浆液搅拌机的转速应不低于1000r/min,其叶片的线速度宜控制在10~20m/s,且应能满足在规定的时间内搅拌均匀的要求。水泥浆泵采用活塞式压浆泵应可连续操作,对于水平或曲线管道,压浆的压力值为0.5~0.7MPa;对于超长管道,最大压力不超过1.0MPa;对于竖向预应力管道,压浆的压力值宜为0.3~0.4MPa。

(2)采用真空辅助压浆工艺时,在压浆前应对孔道进行抽真空,真空度宜稳定在-0.06~-0.10MPa范围内。真空度稳定后,应立即开启孔道压浆端的阀门,同时启动压浆泵进行连续压浆。

(3)压力表在第一次使用前及规定需要时应加以校准。应及时对压浆设备进行清洗。

2)压浆

(1)浆液应在工地试验室对压浆材料和水进行试配验证,各种材料的称量要准确。经适配的浆液其各项指标均满足《公路桥涵施工技术规范》(JTG/T 3650—2020)的要求后,方可用于正式压浆。

(2)浆液的试配验证需经监理工程师认可。

(3)浆液的拌和应首先将水加入拌和机内,再放入压浆材料。拌和时间应不少于2min,直至达到均匀的稠度为止。

(4)当监理工程师认为必要时,应进行压浆试验。

(5)在压浆前,应对孔道进行清洁处理。对抽拔成型的孔道应冲洗干净并使孔壁完全湿润;金属和塑料管道在必要时也应冲洗清除附着于孔道内壁的有害材料。对孔道内可能存在的油污等,可采用已知对预应力筋和管道无腐蚀作用的中性洗涤剂或皂液,用水稀释后进行冲洗;冲洗后,用吹入无油分的压缩空气将孔道内的所有积水吹出。

(6)压浆时,每一工作班应留取不少于3组试样,标准养生28d,进行抗压强度、抗折强度试验,作为质量评定依据。

(7)管道压浆应尽可能在预应力钢筋张拉完成和监理工程师同意压浆后,尽早进行,一般不得超过48h。

(8)压浆时,对曲线孔道和竖向孔道应自管道的最低点注入;对结构或构件中以上下分层设置的孔道,应按先下层后上层的顺序进行压浆。同一孔道的压浆应连续进行,一次完成。压浆应缓慢均匀进行,不得中断,并应将所有的最高点的排气孔一一打开和关闭,使孔道内排气畅通,水泥浆自出气孔流出。出气孔应在水泥浆的流动方向依次打开和封闭,直到流出的稠度达到注入的稠度。当有几个低点时,监理工程师可指示在各低点注入,使水泥浆不致发生向下流,管道应充满水泥浆。简支梁的管道压浆,应自梁一端注入,在另一端流出,流出的稠度须达到规定的稠度。

(9)压浆完成后,在浆液强度达到规定的强度时方能移运和吊装。

(10)压浆过程及压浆后48h内,结构或构件混凝土温度及环境温度不得低于5℃,否则,按冬期施工要求处理。当白天气温高于35℃时,压浆宜在夜间进行。

(11)在压浆后,应及时检查注入端及出气孔的水泥浆密实情况,需要时进行处理。

(12)施工单位应具有完备的压浆记录,包括每个管道的压浆材料、配合比、压浆日期、搅拌时间、出机时流动度、浆液温度、环境温度、稳压压力、稳压时间、真空度(如有)需要补做的工作。这些记录应在压浆后报送监理工程师。

五、悬索桥施工质量要求

1. 锚碇

(1)重力式锚碇基坑开挖和基础施工除必须按明挖地基有关规定执行外,还必须注意以下问题:

①基坑开挖施工除应符合桥涵基坑开挖一般规定外,基坑应沿等高线自上而下分层开挖,在坑外和坑底要分别设置排水沟和截水沟,防止地面水流入积留在坑内而引起塌方或基底土层破坏。原则上应采用机械开挖,开挖时应在基底高程以上预留150~300mm土层用人工清理,不要破坏基底岩土的原状结构;如采用爆破方法施工,宜使用如预裂爆破等小型爆破法,避免对边坡造成破坏。对于深大基坑边坡处理,应采取边开挖边支护措施保证边坡稳定。支护方法应符合设计规定。

②沉井基础的施工应按照《公路桥涵施工技术规范》(JTG/T 3650—2020)有关规定执行。

③地下连续墙的施工除应符合《公路桥涵施工技术规范》(JTG/T 3650—2020)有关规定外,基坑开挖前对地下连续墙基底的基岩裂隙宜进行压浆封闭,并应减少地下水向基坑的渗透;采用"逆作法"进行基坑开挖和内衬施工时应进行施工监测,监测内容宜包括环境监测、水工监测、地下连续墙体监测、土工监测及内衬监测等。对基坑底板混凝土宜预留地下孔隙水卸压的通道,具体数量宜根据现场实际情况确定。

(2)隧道锚洞室和岩锚的开挖施工除应符合现行《公路隧道施工技术规范》(JTG/T 3660)的有关规定外,尚应符合下列规定:

①开挖施工前,宜根据两侧洞室的开挖方法和步骤,对围岩的侧壁收敛、拱顶下沉和底部隆起等变形进行模拟仿真计算,并应根据其计算分析结果提出开挖施工中变形量控制的标准。

②开挖施工前尚应进行地表排水系统和工作坑的设计,确定防止洞外地表水流入开挖作业面的有效措施。地下水较丰富时,宜在隧洞的侧墙处设排水沟,在开挖作业面的底部设集水

坑,并应采取必要的措施将水引出洞外;在衬砌混凝土的施工缝处应沿隧洞轴线方向预埋止水板。

③在条件许可的情况下,宜在附近选取一地质相似的地方进行爆破监控试验,对爆破施工方案的各种参数进行试验和修正,据此正式确定爆破方案。开挖施工时宜采用光面控制爆破方式,并应严格控制爆破,减少对围岩的扰动。

④洞口处宜设置护拱,并应采取有效措施防止落石等物体进入洞内。

⑤洞室开挖施工时,宜对水平净空收敛、地表及边坡位移、拱顶下沉、底板隆起等进行监控量测,监控量测的断面布置和频率宜根据实际情况或设计确定。

⑥岩锚施工时的钻孔宜采用破碎法施工,在成孔过程中应对钻孔深度和孔空间轴线位置进行检查和记录;达到设计深度后,应采用洁净高压水冲洗孔道并采用有效方法将钻渣掏出。锚索下料时宜采用砂轮机切割,穿束时应设置定位环,保证锚索在孔中位于对中位置,同时应避免锚索扭转,锚索安装完成后应及时对孔道进行压浆。

(3)锚碇锚固体系施工应符合以下规定:

①型钢锚固体系施工除符合钢结构有关规定外还应按下列规定进行:

a. 所有钢构件安装均应按照钢桥要求进行。

b. 锚杆、锚梁制造时必须严格按设计要求进行抛丸除锈、表面涂装和无破损探伤等工作。出厂前应对构件连接进行试拼,其中应包括锚杆拼装、锚杆与锚梁连接、锚支架及其连接系平面试装。

c. 锚杆、锚梁制作及安装精度应符合要求。

②预应力锚固体系的施工除应符合预应力施工有关规定外还应按下列规定进行:

a. 预应力张拉与压浆工艺必须经监理工程师审查,除需严格按照设计与预应力混凝土结构的要求进行外,锚头要安装防护套,并注入保护性油脂。

b. 加工件必须进行超声波和磁粉探伤检查。

c. 预应力锚固系统施工精度应符合要求。

(4)锚碇锚体混凝土施工除应符合普通混凝土有关规定外还应符合以下规定:

①锚碇的基础和锚体应按大体积混凝土的要求组织施工,施工单位应编制专项施工方案,经监理工程师批准后施工。施工过程要采取温控措施。

②隧道式锚碇混凝土施工时,锚塞体混凝土应与岩体结合良好,且宜采用自密实型微膨胀混凝土,保证混凝土与拱顶基岩紧密黏结;浇筑混凝土时洞内应具备排水和通风条件,且宜在锚塞体混凝土的水平施工缝与洞壁交界处设置消除水压力的盲管,并使盲管与锚室的排水管道连通,形成系统。

③锚碇混凝土施工时应保证上部结构施工预埋件的安装质量。

2. 索塔

(1)塔基、混凝土塔身混凝土施工应按规范相关规定进行。

(2)塔顶钢框架的安装必须在索塔上系梁施工完毕后方能进行。

(3)塔完工后,须测定裸塔倾斜度、跨距和塔顶高程,作为主缆线形计算调整的依据。

(4)索塔施工质量标准应符合表4-28的要求。

索塔施工精度要求　　表 4-28

项　　目	规定值或允许偏差	项　　目	规定值或允许偏差
混凝土强度	在合格标准内	塔顶格栅顶面高程(mm)	15,0
塔柱轴线偏位(mm)	≤15,且相对前一阶段≤8	塔顶格栅顶面高程差(mm)	≤2
全高竖直度(mm)	H/3000,且≤30	预埋件位置(mm)	≤5
外轮廓尺寸(mm)	±20	节段间错台(mm)	≤3
壁厚(mm)	±10	平整度(mm)	≤8

3. 施工猫道

(1)猫道形状及各部尺寸应满足主缆工程施工的需要。猫道面层高程到被架设的主缆底面距离沿全长宜保持一致,宜为 1.3 ~ 1.5m;猫道净宽宜为 3 ~ 4m,扶手高宜为 1.2 ~ 1.5m。上、下游猫道间宜设置若干条横向人行通道,以增强抗风稳定性。

(2)猫道承重索可用钢丝绳或钢绞线。设计时充分考虑猫道自重及可能作用其上的其他荷载,承重索的安全系数要符合要求。猫道宜设抗风缆,确保其稳定性。

(3)采用钢丝绳做承重索时,须进行预张拉消除非弹性变形。预张拉荷载不得小于各索破断荷载的 0.5,保持 60min,进行两次。测长和标记在温度稳定的夜间进行。承重索按被指定的长度切断以后,其端部灌铸锚头,锚头顶面须与承重索垂直,并对锚头进行静载检验。

(4)架设时的原则:做到对称施工,边跨与中跨作业平衡,减少对塔的变位的影响,控制裸塔塔顶变位及扭转在设计允许范围内。猫道承重索架设后要进行线形调整,应预留 500mm 以上的可调长度,各根索的跨中高程相对误差宜控制在 ±30mm 之内。承重索在边跨与中跨应连续架设。

(5)猫道面层宜由阻风面积小的两层大、小方格钢丝网组成。

(6)猫道面层从塔顶向跨中、锚碇方向铺设,并且上、下游两幅猫道要对称、平衡的进行。铺设过程中设牵引及反拉系统,防止因面层下滑失控而出现事故或发生卡环与猫道承重索卡死的现象。

(7)中跨、边跨猫道面的架设进度,要以塔的两侧水平力差异不超过设计要求为准。在架设过程中须监测塔的偏移量和承重索的垂度。

(8)抗风缆采用钢丝绳时,使用前应进行预张拉。抗风缆架设时宜按先内侧后外侧的架设顺序进行。架设前须先设置通航标志,保证航道安全。

(9)加劲梁架设前,须将猫道改吊于主缆上,然后解除猫道承重索与塔和锚碇的联结。

(10)主缆防护工程完成以后,可进行猫道拆除工作。拆除时严禁伤及吊索、主缆和桥面。

4. 主缆

(1)索股牵引应符合下列规定:

①牵引过程中应对索股施加反拉力。

②牵引最初几根时,宜压低牵引速度,注意检查牵引系统运转情况,对关键部位进行调整后方能转入正常架设工作。

③牵引过程中发现绑扎带连续两处被切断时,应停机进行修补。监视索股中的着色丝,一旦发生扭转,须采取措施加以纠正。

④牵引到对岸,在卸下锚头前须把索股临时固定,防止滑移。索股后端宜施加反拉力。

⑤索股两端的锚头引入锚固系统前,须将索股理顺,对鼓丝段进行梳理,不许将其留在锚跨内。

⑥索股横移时,须将索股从猫道滚筒上提起,确认全跨径的索股已离开猫道滚筒后,才能横向移到索鞍的正上方。横移时拽拉量不宜过大,任何人不允许站在索股下方。

(2)索股锚头入锚后进行临时锚固。为便于夜间调整线形,应给索股一定的抬高量(一般为200~300mm),并做好编号标志。

(3)索股线形调整应按下列要求执行:

①垂度调整须在夜间温度稳定时进行。温度稳定的条件为:长度方向索股的温差$\Delta t_1 \leqslant 2℃$;横截面索股的温差$\Delta t_2 \leqslant 1℃$。

②绝对垂度调整(即对基准索股高程的调整):应测定基准索股下缘的高程及跨长,塔顶高程及变位,主索鞍预偏量,散索鞍预偏量,主缆垂度和高程、气温、索股温度等值后经计算决定其调整量。基准索股高程必须连续3d在夜间温度稳定时进行测量,三次测出结果误差在允许范围内时,取三次的平均值作为该基准索股的高程。

③相对垂度调整按一定原则进行调整。垂度调整精度标准符合允许误差。索股中跨跨中高程允许误差:

索股中跨跨中$\pm L/20000$(L为跨径);索股边跨跨中$\pm L/10000$(L为跨径);

上下游基准索股的高差应不大于10mm;

一般索股(相对于基准索股)-5mm,10mm。

(4)索力的调整以设计提供的数据为依据,其调整量应根据调整装置中测力计的读数和锚头移动量双控确定。其精度要求为:实际拉力与设计值之间的允许误差为设计锚固力的3%。

(5)紧缆工作须分两步进行,即预紧缆和正式紧缆。

①预紧缆应在温度稳定的夜间进行。预紧缆时宜把主缆全长分为若干区段分别进行。索股上的绑扎带采用边紧缆边拆除的方法,不宜一次全部拆除。预紧缆完成处必须用不锈钢带捆紧,保持主缆的形状,不锈钢带的距离可为5~6m,预紧缆目标空隙率宜为26%~28%。

②正式紧缆宜用专用紧缆机把主缆整成圆形。其作业可以在白天进行。正式紧缆的方向宜从跨中向两侧方向进行。当紧缆点空隙率达到设计要求时,在靠近紧缆机的地方打上两道钢带,其间距可取100mm,带扣放在主缆的侧下方。紧缆点间的距离约1m。

③正式紧缆质量控制:

主缆空隙率须满足设计要求,其误差允许为0,+3%。主缆直径不圆度不宜超过主缆设计直径的5%。

(6)主缆防护。

①主缆防护应在桥面铺装完成后进行。

②防护前必须清除主缆表面灰尘、油污和水分等污物,临时覆盖,待对该处进行涂装及缠丝时再揭开。

③主缆涂装应按涂装设计进行。

④缠丝工作宜在二期恒载作用于主缆之后进行,缠丝材料以选用软质镀锌钢丝为宜。缠

丝工作应由电动缠丝机完成。

⑤钢丝缠绕应密贴，缠丝张力应符合设计要求。

5. 索鞍安装

(1)安装索鞍时必须满足高空吊装重物的安全要求。选择在白天晴朗时连续完成工作。

(2)索鞍安装时应根据设计提供的预偏量就位，加劲梁架设、桥面铺装过程中按设计提供的数据逐渐顶推到永久位置。顶推前应确认滑动面的摩阻系数，严格掌握顶推量，确保施工安全。

(3)索鞍安装精度见表4-29、表4-30。

主索鞍安装质量标准　　表4-29

项　　目	规定值或允许偏差
纵向最终偏差	符合设计要求
横向偏位(mm)	≤10
底板高程(mm)	+20,0
底板四角高差(mm)	≤2
高强螺栓扭矩	±10%

散索鞍安装质量标准　　表4-30

项　　目	规定值或允许偏差
底板纵、横向偏位(mm)	≤5
底板中心高程(mm)	±5
底板高差(mm)	≤2
散索鞍竖向倾斜角	符合设计要求

6. 索夹与吊索

1)索夹安装

(1)索夹安装前，需测定主缆的空缆线形，提交给设计及监控单位，对原设计的索夹位置进行确认。然后在温度稳定时在空缆上放样定出各索夹的具体位置并编号，清除索夹位置处主缆表面的油污及灰尘，涂上防锈漆。

(2)索夹在运输和安装过程中应注意保护，防止碰伤及损坏表面。

(3)索夹安装方法应根据索夹结构形式、施工设备和施工人员经验确定。当索夹在主缆上精确定位后，应立即紧固索夹螺栓。

(4)紧固同一索夹螺栓时，须保证各螺栓受力均匀，并按三个荷载阶段(即索夹安装时、钢箱梁吊装后、桥面铺装后)对索夹螺栓进行紧固，补足轴力。索夹位置要求安装准确，纵向误差不应大于10mm。记录每次紧固的数据存档。

2)吊索安装

(1)运输、安装过程中保证吊索不受损伤。

(2)安装时须采取措施，防止吊索扭结。

7. 加劲梁

(1)加劲钢箱梁制作,应有专业单位加工制造,制造完成后应在厂内进行试拼装和防腐涂装。制造、试拼装、防腐涂装应符合要求。

①全焊加劲钢箱梁的制造,加劲钢桁架梁的制造可按钢桥制造中的有关规定执行。

②零部件加工:

a. 零部件加工精度应符合施工图及施工工艺的要求。

b. 零部件边缘的加工,应优先选用精密切割。

c. 边缘加工后,必须将边缘刺屑清除干净,磨去飞刺、挂渣及波纹,还应将崩坑等缺陷部位磨修匀顺。

d. 零件应根据零件预留加工量及平直度要求,加工端边。已有孔(或锁口)的零件按孔(或锁口)中心线定位加工边缘。

e. 按设计要求需要刨(铣)加工的零件,刨(铣)边时应避免油污污染钢料,加工面的表面粗糙度 R_a 不大于 25μm,顶紧加工面与板面垂直度偏差应小于 0.01t(t 为板厚)且不得大于 0.3mm。

③板件、部件及节段组装:

a. 组装前应熟悉施工图和工艺文件,核对编号及图纸无误后方可组装。板件、部件及节段组装应在专用平台或胎架上进行,使用专用夹具或马板进行固定,并按工艺要求施放余量或补偿量,在确保产品组装精度、控制焊接变形的条件下应尽量使用夹具,减少使用马板的数量。松开马板约束时,必须采用火焰切割的方式进行,并将约束部位修磨匀顺。桥面板、桥底板的纵、横对接焊缝应带产品试板,对产品试板进行拉伸试验及焊缝热影响区低温冲击试验。产品试板数量为桥面板、桥底板纵向对接焊缝每 10 条带 1 块产品试板,横向对接焊缝每 5 条焊缝带 1 块产品试板。组装合格后的板块或部件,应在规定部位打上编号钢印。组装精度应满足设计要求。

b. 焊接的施工和检验应符合钢桥焊接的要求。

c. 钢梁应按拼装图进行厂内试拼装,试拼不少于 3 个节段,按架梁顺序进行试拼装。试拼装前,应认真做好各项准备工作,仔细检查试拼装胎位、工具、仪器及吊具是否完好和安全可靠。依据设计图及工艺核对每个零件、部件、梁段,不允许使用未经检验或不合格的零部件及梁段参加厂内试拼装。每次试拼按有关规定进行检测,其结果应有详细的记录,首次由工厂技术负责主管组织鉴定,其余各次由工厂检验部门检验确认合格后方可进行下道工序。

d. 成品梁段基本尺寸允许偏差应符合设计和规范的要求。钢梁成品应由工厂检验部门进行全面检查、验收,并与业主委派的监理工程师共同确认,合格后方可填发产品合格证。成品移交用户时,工厂应提供产品合格证、完工图、工厂内试拼装记录、焊缝重大修补检验记录。

(2)钢箱梁安装。安装前应制订专项施工方案,根据复杂情况组织专家论证,报监理工程师审查认可后组织实施。

①待索夹、吊索安装完毕并做好以下前期准备工作后方可进行吊装:

a. 对桥下地形及河床进行探测,根据实际情况进行清理。

b. 潮汐河段须掌握桥位区海域水文情况,了解该处潮汐变化规律。

c.确定吊装期间封航和航道运输管理方案。

d.应充分掌握有关气象资料，特别是突发性风情预报，并做好防范措施。

e.起重机安装就位，并完成各项设备安装及检查工作。

②吊装方法可根据以下情况选定：

a.如能将梁段运至吊点位置处，可采用垂直起吊法架设。

b.因河床的限制，梁段不能运至吊点正下方时，可将起重机偏位将梁段垂直起吊，然后纵向牵引箱梁就位。

c.吊装过程必须严格遵守高空作业及水上作业的安全规定。应观察索塔变位情况，根据设计要求和实测塔顶位移量分阶段调整索鞍偏移量，以保证工程质量和施工安全。

③安装前应确定安装顺序，一般可以从中跨跨中对称地向两边进行，安装完一段跨中梁段后，再从两边跨对称地向索塔方向进行。各工作面上，吊装第二节段起须与相邻节段间预偏0.5～0.8m的工作间隙，至高程后，牵拉连接，避免吊装过程与相邻节段发生碰伤，影响吊装工作顺利进行。安装合龙段前，必须根据实际的合龙长度，对合龙段长度进行修正。

④调试和定位。

在节段吊装过程中应对箱梁节段接头进行测试，并随时拧紧定位临时螺栓。当节段吊装超过一定数量时，跨中段的挠度曲线趋于平缓，接近设计要求，此时可对该接头进行定位焊，随节段吊装的增加，其他节段的挠度曲线将逐渐趋于平缓，其他节段接头也将就位，可实施定位焊。

⑤工地焊接。

a.工地焊接应做工艺评定，并严格按工地焊接工艺进行工地焊接。

b.工地焊缝焊接前应用钢丝砂轮进行焊缝除锈，并在除锈后24h内进行工地焊接。焊接前应检查接头坡口、间隙和板面高低差是否符合要求，同时检查环境是否满足工地焊接的环境要求，如不满足应采取措施。接头焊接时，应注意温度变化对接头焊接的影响。安装时须有足够数量的固定点并保证足够的强度。当工地焊缝形成并具有足够的刚度和强度时，方能解除安装固定点，防止焊缝裂纹及接口处错边量超差。为控制变形，应对施焊顺序进行控制，横向施焊顺序宜从桥面中轴线向两侧焊接，并尽量做到对称施焊。

c.工地焊接接头应进行100%的超声波探伤，其中抽30%进行X光探伤拍片检查，当有一片不合格时，则对该焊缝进行100%的X光拍片。

⑥工地涂装。

a.工地焊接后应按防腐设计要求进行表面处理。

b.工地焊接的表面补涂油漆应在表面除锈24h内进行，分层补涂底漆和面漆，并达到设计的漆膜总厚度。

c.根据技术文件的要求，工地焊接完成后，应按涂装工艺文件的要求涂箱外装饰面漆。

(3)钢桁架梁安装可按钢桥的有关规定执行。悬臂吊装时，可先利用塔顶的吊装设备安装好靠塔柱的节段，再在桁梁上安装移动式悬臂起重机，利用移动式悬臂起重机从塔柱往主跨跨中及锚碇方向对称均衡地将桁梁安装到位。对于桁梁节段重量较轻者，也可采用缆索吊装。

(4)钢加劲梁的安装应符合表4-31的要求。

钢加劲梁安装质量标准　　表 4-31

项　　目	规定值或允许偏差
吊点偏位(mm)	≤30
同一梁段两侧对称吊点处梁顶高差(mm)	20
相邻节段匹配高差(mm)	≤2
焊缝尺寸	符合设计要求
焊缝探伤	符合设计要求
高强螺栓扭矩	±10%

六、斜拉桥的施工控制质量要求

1. 一般要求

斜拉桥施工与设计有互补和互反馈关系,施工前施工单位应全面了解设计的要求和意图,编制专项施工方案,斜拉桥梁体的施工方法可视设计要求、桥位条件、施工经验、设备状况及技术经济比较选定。专项施工方案应经监理工程师审批,其主要内容应包括:

(1)基础、墩塔和主梁的施工工艺。

(2)塔、梁施工控制及施工测量方法。

(3)拉索制作、安装、张拉及锚固工艺。

2. 索塔

(1)索塔的施工可视其结构特点、施工环境、施工设备和设计要求综合考虑选用适合的方法。索塔施工,设置必要的起重设备、工作电梯及安全通道。

(2)混凝土索塔施工塔柱施工阶段的划分,宜根据索塔的结构形式、钢筋定尺长度和施工条件等因素确定。

(3)混凝土斜拉桥施工时应避免塔梁交叉施工干扰。必须交叉施工时,施工单位应根据设计和施工方法采取保证塔梁质量和施工安全的措施,并报监理工程师审批。

(4)混凝土索塔横梁施工时应根据其结构、重量及支撑高度设置可靠的模板和支撑系统,考虑弹性和非弹性变形、支承下沉、温差及日照的影响。必要时应设支承千斤顶调控。体积过大的横梁经监理工程师批准可分次浇筑。

(5)混凝土斜塔柱施工时,施工单位必须对各施工阶段塔柱的强度和变形进行计算,计算结果应报监理工程师审查,应分高度设置横撑,使其线形、应力、倾斜度满足设计要求并保证施工安全。

(6)索塔混凝土现浇应选用输送泵施工,超过一台泵的工作高度时,允许接力泵送,但必须做好接力储斗的设置,并尽量降低接力站台高度。

(7)混凝土塔柱和横梁可同步或异步施工,斜塔柱施工时,应对各施工阶段塔柱的强度和变形进行验算,分高度设置主动横撑或拉杆,保证线形、内力和倾斜度满足设计要求和施工期的结构安全。

(8)混凝土索塔横梁和拉索锚固区的预应力混凝土应符合预应力的施工要求,对拉索锚固区曲率半径较小的环向预应力筋，宜按设计要求进行模型试验。

(9)混凝土索塔施工组织设计中必须制定整体和局部的安全措施。

3. 主梁

主梁施工应严格按照预定的程序、方法和措施施工。即对梁体每一施工阶段的结果进行详细的检测分析和验算，以确定下一施工阶段拉索张拉量值和主梁线形、高程及索塔位移控制量值，周而复始直至合龙成桥。施工监控测试内容和方案应报监理工程师审批，除设计图纸或监理工程师另有规定外，一般应包括下列内容：

(1)变形：主梁线形、高程、轴线偏差、索塔的水平位移。

(2)应力：拉索索力、支座力以及梁塔应力在施工过程中的变化。

(3)温度：温度场及指定测量时间内塔、梁、索的变化。

1)混凝土主梁

(1)主梁0号段及其两旁的梁段，在支架和塔下托架上浇筑时，支架系统应进行专门设计，应消除温度、弹性和非弹性变形及支承等因素对变形和施工质量的不良影响。

(2)采用挂篮悬浇主梁时，除应符合梁桥挂篮施工的有关规定外，还应按下列规定执行：

①挂篮的悬臂梁及挂篮全部构件制作后均应进行检验和试拼，合格后再于现场整体组装检验，并按设计荷载及技术要求进行预压，同时测定悬臂梁和挂篮的弹性挠度、调整高程性能及其他技术性能。

②挂篮设计和主梁浇筑时应考虑抗风振的刚度要求。

③拉索张拉时应对称同步进行，以减少其对塔与梁的位移和内力影响。

(3)为防止合龙梁段施工出现的裂缝，应采用以下方法改善受力和施工状况：

①在梁上下底板或两肋端部预埋临时连接钢构件，或设置临时纵向连接预应力索，或用千斤顶调节合龙口的应力和合龙口长度。

②合龙两端高程在设计允许范围内时，可视情况进行适当压重。

③观测合龙前连日的昼夜温度场变化与合龙高程及合龙口长度变化的关系，选定适当的合龙浇筑时间。

(4)主梁采用悬拼时，除应遵守连续梁及斜拉桥主梁悬浇的有关规定外，还应按下列规定施工：

①预制梁段，如设计无规定，可选用长线或短线法台座，亦可采用多段的联线台座，每联宜多于5段，先预制顺序中的1、3、5段，脱模后再在其间浇2、4段，使各端面啮合密贴，端面不应随意修补。

②应在底模上调整主梁分段形体所受竖曲线的影响。拼装中多段积累的超误差，可用湿接缝调整。

③梁段拼合前应试拼，以便及时调整。

④湿接缝拼合面应进行表面凿毛和清扫，干接缝应保持结合面清洁，黏合料应涂刷均匀。

⑤采用垫片调整梁段拼装线形时，每次垫片调整的高程不应大于20mm。

(5)大跨径主梁施工时应缩短双向长悬臂持续时间，尽快使一侧固定，以减少风振的不利影响，必要时应采取临时抗风措施。

2)钢主梁(包括叠合梁和混合梁)

(1)钢主梁应由符合资质要求的专业单位加工制作、试拼,经检验合格后安全运至工地。堆放和运输应无损伤、无变形和无腐蚀。

(2)钢梁制作的材料应符合设计要求。焊接材料的选用、焊接要求、加工成品、涂装等项的标准和检验内容均应按有关规定执行。

(3)应进行钢梁的连日温度变形观测对照,确定适宜的合龙温度及实施程序,并应满足钢梁安装就位时高强螺栓定位所需的时间。

4. 拉索

(1)拉索及其锚具应委托专业单位制作,严格按照国家或行业标准和规定生产,并应进行检测和验收。拉索的运输和堆放应无破损、无变形、无腐蚀。拉索成品、锚具交货时应提供下列资料:

①产品质量保证书、产品批号、设计索号及型号、生产日期、数量、长度、重量等。

②产品出厂检验报告及有关数据。

(2)拉索的安装与张拉。拉索在施工前,应按设计要求及拉索结构编制相应的专项施工方案和施工工艺。

①拉索安装可根据塔高、布索方式、索长、索径、索的刚柔程度、起重设备和施工现场状况等综合选择架设方法。

②安装前应根据索长、索重、斜度和风力等因素计算其安装过程中锚头距索管口不同距离以及满足锚环支撑时的牵引力,以综合选择架设方案和设备。

③施工中不得损伤索体保护层和索端锚头及螺纹,不得堆压弯折索体。

④施工中,拉索抗震的约束环和减振器未安装前,必须确保索管(特别是梁上索管)和锚端的防水、防腐和防污染。

⑤斜拉桥拉索的张拉应按下列各项执行:

a. 张拉施工的设备和方法应根据设计的索型、锚具、布索方式,塔和梁的构造确定。

b. 拉索张拉的顺序、级次数和量值应按设计规定执行。应以振动频率计测定的索力或油压表量值为准,以延伸值作校核,并应视拉索防振圈以及弯曲刚度的状况对测值予以修正。

c. 拉索张拉可在塔端或梁端单端进行,也可顶升索鞍支座进行。平行钢丝拉索宜采用整体张拉,平行钢绞线拉索可用整体或分索张拉,分索张拉应按“分级”“等力”的原则进行,单根张拉后各钢绞线索力的离散误差不宜超过 ±2%,整体张拉完成后,各钢绞线索力的离散误差不宜超过 ±1%。

d. 索塔顺桥向两侧的拉索(组)和桥横向对称的拉索(组)必须对称同步张拉;同步张拉的不同步索力的相差值不得超出设计规定;两侧不对称的或设计拉力不同的拉索,应按设计规定的索力分级同步张拉。

e. 拉索锚固时不宜在锚环与承压板间加垫,需要加垫时,其垫圈材料和强度应符合承压要求,并应设成两个密贴带扣的半圆。

f. 拉索张拉完成后,悬臂施工跨中合龙前后,当梁体内预应力钢筋全部张拉完且桥面及附属设备安装完时,应采用传感器或振动频率测力计检测各拉索索力值,同时应视防振圈及索的弯曲刚度等状况对测值予以修正。每组及每索的拉力误差超过设计规定时应进行调整,调整时可从超过设计索力最大或最小的拉索开始(放或拉),直到调至设计索力。调索时应对塔和相应梁段进行位移检测,并做出存档记录,记录内容包括日期、时间、环境温度、索力、索伸缩量、桥面荷载状况、塔梁的变位量及主要相关控制断面应力等。

5. 质量标准

(1)斜拉桥基础、混凝土、钢筋、预应力筋及钢结构等方面的施工质量标准,应参照规范中的有关规定执行。

(2)斜拉桥索塔和梁的施工质量标准如下。

①钢筋混凝土索塔的施工质量标准见表4-32、表4-33。

钢筋混凝土索塔柱施工质量标准 表4-32

项　目	规定值或允许偏差	项　目	规定值或允许偏差
混凝土强度	在合格标准内	锚固点高程(mm)	±10
塔柱轴线偏位(mm)	≤15,且相对于前一节段≤8	孔道位置(mm)	≤10,且两端同向
全高竖直度(mm)	≤H/3000,且≤30	预埋件位置(mm)	≤5
外轮廓尺寸(mm)	±20	节段间错台(mm)	≤3
壁厚(mm)	±10	平整度(mm)	≤8

钢筋混凝土索塔横梁施工质量标准 表4-33

项　目	规定值或允许偏差	项　目	规定值或允许偏差
混凝土强度	在合格标准内	壁厚(mm)	±10
轴线偏位(mm)	≤10	平整度(mm)	≤8
外轮廓尺寸(mm)	±15		

②悬臂浇筑混凝土梁的施工质量标准见表4-34、表4-35。

主墩上混凝土梁段浇筑施工质量标准 表4-34

项　目		规定值或允许偏差
混凝土强度		在合格标准内
轴线偏位(mm)		≤L/10000
顶面高程(mm)		±10
断面尺寸(mm)	高度	+5,-10
	顶宽	±30
	底宽或肋间宽	±20
	顶、底、腹板厚或肋宽	+10,0
横坡(%)		±0.15
预埋件位置(mm)		≤5
平整度(mm)		≤8

混凝土斜拉桥悬臂浇筑施工质量标准 表4-35

项　　目		规定值或允许偏差
混凝土强度		在合格标准内
轴线偏位(mm)	$L\leq100m$	≤10
	$L>100m$	≤L/10000
断面尺寸(mm)	高度	+5,-10
	顶宽	±30
	底宽或肋间宽	±20
	顶、底、腹板厚或肋宽	+10,0
索力(kN)		满足设计和施工控制要求,且最大偏差≤10%设计值
梁锚固点或梁顶高程(mm)	梁段	满足施工控制要求
	合龙后 $L\leq100m$	±20
	合龙后 $L>100m$	±L/5000
塔顶偏移(mm)		满足设计和施工控制要求
横坡(%)		±0.15
斜拉索面	锚点(mm)	±30
	锚面角度(°)	≤0.5
预埋件位置(mm)		≤5
平整度(mm)		≤8
相邻梁段间错台(mm)		≤5

注:L为跨径。

③混凝土斜拉桥悬臂拼装梁应符合表4-36的要求。

混凝土斜拉桥悬臂拼装梁施工质量 表4-36

项　　目		规定值或允许偏差
合龙段混凝土强度		在合格标准内
轴线偏位(mm)	$L\leq100m$	≤10
	$L>100m$	≤L/10000
索力(kN)		满足设计和施工控制要求,且最大偏差≤10%设计值
锚具轴线与孔道轴线偏位(mm)		5
梁锚固点高程(mm)	梁段	满足施工控制要求
	合龙后 $L\leq100m$	±20
	合龙后 $L>100m$	±L/5000
塔顶偏位(mm)		符合设计和施工控制要求;未要求时,纵向不大于30,横向不大于20
相邻梁段间错台(mm)		≤3

④悬臂施工钢及钢筋混凝土结合梁,应符合表4-37～表4-40的要求。

钢斜拉桥钢箱梁段悬臂拼装施工质量标准 表4-37

项 目		规定值或允许偏差
轴线偏位(mm)	$L \leqslant 200$m	10
	$L > 200$m	$L/20000$
索力		满足设计和施工控制要求,且最大偏差≤10%设计值
梁锚固点或梁顶高程(mm)	梁段	满足施工控制要求
	合龙后 $L \leqslant 100$m	±20
	合龙后 $L > 100$m	$\pm L/5000$
塔顶偏位(mm)		满足设计和施工控制要求
梁顶四角高差(mm)		≤20
相邻节段对接错边(mm)		≤2
焊缝尺寸		符合设计要求
焊缝探伤		符合设计要求
高强螺栓扭矩		±10%

钢斜拉桥钢箱梁段支架安装质量标准 表4-38

项 目	规定值或允许偏差	项 目	规定值或允许偏差
轴线偏位(mm)	≤10	梁顶四角高差(mm)	≤10
相邻节段对接错边(mm)	≤2	焊缝尺寸	符合设计要求
梁段纵向位置(mm)	≤10	焊缝探伤	符合设计要求
梁顶高程(mm)	±10	高强螺栓扭矩	±10%

组合梁斜拉桥钢梁段悬臂拼装质量标准 表4-39

项 目		规定值或允许偏差
轴线偏位(mm)	$L \leqslant 200$m	10
	$L > 200$m	$L/20000$
相邻节段对接错边(mm)		≤2
索力		满足设计和施工控制要求
梁锚固点高程或梁顶高程(mm)	梁段	满足施工控制要求
	合龙后 $L \leqslant 100$m	±20
	合龙后 $L > 100$m	$\pm L/5000$
塔顶偏位(mm)		满足设计和施工控制要求
焊缝尺寸		符合设计要求
焊缝探伤		符合设计要求
高强螺栓扭矩		±10%

组合梁斜拉桥混凝土板安装质量标准　　表 4-40

项　　目		规定值或允许偏差
混凝土强度		在合格标准内
混凝土板断面尺寸(mm)	厚	+10,0
	宽	±30
预制板安装偏位(mm)		±5
索力(kN)		满足设计和施工控制要求,且最大偏差≤10%设计值
高程(mm)	L≤200m	±20
	L>200m	±L/5000
横坡(%)		±0.15

七、拱桥施工质量要求

施工前应根据拱桥的结构特点和受力特性,进行施工设计和施工计算;对各关键工序,应制订专项施工技术方案和安全技术方案,监理工程师批准后方可施工。

(1)大跨度拱桥的施工应进行过程控制,使拱的轴线、内力等满足设计要求;关键工序的施工应避开可能发生的灾害性天气,并应在施工中采取必要的预防措施保证结构安全。

(2)拱架应进行专门设计。拱架设计应遵循安全可靠、结构简单、受力明确、制作和安拆方便的原则。制作拱架所采用材料和质量应符合国家和行业标准。拱架在安装前,应对桥轴线、拱轴线、跨径、高程等进行校核,确认无误后方可进行拼装。拱架应设置施工预拱度和卸落装置。拱架安装完成后,应按设计荷载进行预压;并应对其平面位置、顶部高程、节点连接及纵横向的稳定性进行全面检查。

(3)现浇混凝土拱圈的拱架,其拆除期限应符合设计规定;设计未规定时,应在拱圈混凝土强度达到设计强度的85%后,方可卸落拆除。卸落拱架应按提前拟定的卸落程序进行,且宜分步卸落;在纵向应对称均衡卸落,在横向应同时一起卸落。

(4)现浇混凝土拱圈。

①跨径较小的拱圈或拱肋,应按拱圈的全宽从两端拱脚向拱顶对称地连续浇筑混凝土,并应在拱脚混凝土初凝前全部完成。跨径较大的拱圈或拱肋,应沿拱跨方向分段对称浇筑,分段的位置应以拱架受力对称、均匀和变形小为原则,且宜设置在拱顶、L/4 部位、拱脚及拱架节点等处;各段的接缝面应与拱轴线垂直,各分段点应预留间隔槽,其宽度宜为0.5~1.0m,槽内有钢筋接头时,其宽度尚应满足钢筋接头的需要。

②浇筑拱圈混凝土时,应严格按照预先制定的浇筑程序对称于拱顶进行,并应控制两端的浇筑速度,避免产生过大的偏差。分段浇筑时,各分段内的混凝土宜一次连续浇筑完成,因故中断时,应浇筑成垂直于拱轴线的施工缝;如已浇筑成斜面,应凿成垂直于拱轴线的平面或台阶式结合面。

③间隔槽混凝土的浇筑应符合设计规定。设计未规定时,应在拱圈混凝土的强度达到设计强度的85%后,由拱脚向拱顶对称进行浇筑;拱顶及拱脚间隔槽的混凝土应在最后封拱时浇筑。

④大跨径拱圈采用分环(层)、分段法浇筑混凝土时,纵向钢筋宜分段设置,且其接头应设在最后的几个间隔槽内,待浇筑间隔槽混凝土时再连接。

⑤大跨径钢筋混凝土箱形拱圈采用在拱架上组装部分预制部件然后现浇混凝土的方法进行施工时,组装和现浇均应从两拱脚向拱顶对称进行。箱形拱圈的底板施工时,应按拱架的变形情况设置间隔缝,缝内的混凝土应在底板合龙时浇筑;拱圈的底、腹板混凝土强度达到设计强度的85%后方可安装盖板,铺设钢筋,现浇顶板混凝土。

⑥拱圈合龙的温度应符合设计要求。设计未要求时,宜选择夜间气温较稳定时段的温度。拱圈合龙前如采取千斤顶对两侧拱圈施加压力的方法调整拱圈应力时,拱圈混凝土的强度应达到设计规定的强度。

⑦拱圈在浇筑过程中,应随时监测拱架的变形,如变形量超过计算值,应及时查明原因,并采取加固拱架或调整施加载荷顺序的措施,保证施工安全。

八、钢桥施工质量要求

1. 钢桥施工前监理工程师应检查审核的检查要点

1)钢桥材料的检验

(1)钢桥制造使用的材料必须符合设计要求和现行有关标准的规定,必须有材料质量证明及进行复验;钢材应按同一炉(批)、材质、板厚、状态每10个炉(批)号抽验一组试件,焊接与涂装材料应按有关规定抽样复验,复验合格经监理工程师批准后方可使用。

(2)采用进口钢材时,应按合同规定进行商检,应按现行标准检验其化学成分和力学性能;并应按现行有关标准进行抽查复验和与匹配的焊接材料做焊接试验,不符合要求的钢材不得使用。

(3)当钢材表面有锈蚀、麻点或划痕等缺陷时,其深度不得大于该钢材厚度允许负偏差值的1/2。钢材的锈蚀等级应符合标准。

2)设计文件的审核

钢桥的制作和安装应符合设计图和施工图的要求。当需要修改设计时,应取得原设计单位和监理工程师的同意,并应签署设计变更文件。

(1)钢桥由钢桥制造厂生产时,施工单位提交钢桥制造厂的设计文件应包括:

①钢桥主要受力杆件的应力计算表及杆件断面的选定图表。

②钢桥全部杆件的设计详图、材料明细表、工地螺栓表,制作时应考虑荷载引起的挠度对钉孔的影响。

③特定的设计、施工及安装说明。

④安装构件、附属构件的设计图。

(2)钢桥制造厂提交给施工单位的施工图应包括下列各项:

①按杆件编号绘制的施工图。

②厂内试装简图。

③发送杆件表。

④工地拼装简图。

3)计量器具的检验

钢桥制造和检验所用的量具、仪器、仪表等应经主管部门授权的法定计量技术机构或经监理工程师批准的有资质的检验单位进行校验。大桥工地用尺与工厂用尺应互相校对。

2. 零件制造的要求

1)放样、号料和切割

(1)放样和号料应根据施工图和工艺要求进行,应预留制作和安装时的焊接收缩余量及切割、刨边和铣平等加工余量。

(2)对于形状复杂的零、部件,在图中不易确定的尺寸,应通过放样校对或利用计算机作图校对后确定。

(3)样板、样杆、样条制作的允许偏差应符合要求。

(4)号料前应检查钢料的材质、规格,如发现钢料不平直,有蚀锈、油漆等污物,应矫正清理后再号料。号料外形尺寸允许偏差为 ±1mm。

(5)钢板在下料前应进行除锈、辊平、除尘及涂防锈漆的处理,切割前应将钢料的表面浮锈、污物清除干净。零件宜采用精密切割下料,切割时精密切割面硬度不超过 HV350,切割的垂直度不大于 0.05 倍板厚,且不大于 2.0mm,主要零件的切割边缘表面不应有崩坑,表面粗糙度应不大于 25μm。

2)矫正和弯曲

(1)钢材矫正前,剪切的反口应修平,切割的挂渣应铲净。

(2)零件矫正宜采用冷矫,低合金结构钢在环境温度低于 -12℃时,不得进行冷矫正和冷弯曲。

(3)主要受力零件冷作弯曲时,环境温度不宜低于 -5℃,内侧弯曲半径不得小于板厚的 15 倍,小于者必须热煨,热煨的加热温度、高温停留时间、冷却速率应与加工钢材的性能相适应。冷作弯曲后零件边缘不得产生裂纹。

(4)热矫温度应控制在 600 ~ 800℃,矫正后钢材温度应缓慢冷却,降至室温以前,不得锤击钢料或用水急冷。

(5)矫正后的钢材表面不应有明显的凹痕或损伤。零件矫正后的允许偏差应符合有关规范的规定。

3)零件加工

(1)零件刨(铣)加工深度不应小于 3mm,加工面的表面粗糙度 R_a 不得低于 25μm;顶紧加工面与板面垂直度偏差应小于 0.01 倍板厚,且不得大于 0.3mm。

(2)坡口可采用机加工或精密切割,坡口尺寸及允许偏差应由焊接工艺确定。

(3)零件加工的允许偏差应符合设计及规范规定。

(4)零件应根据预留加工量及平直度要求,两边均匀加工。已有孔的零件应按其中心线找正边缘。

4)制孔

(1)螺栓孔应成正圆柱形,孔壁表面粗糙度 R_a 不应大于 25μm,孔缘无损伤不平,无刺屑。

(2)螺栓孔孔径允许偏差应符合表 4-41 的规定。

螺栓孔孔径允许偏差　　表4-41

项目		允许偏差(mm)	
螺栓直径	螺栓孔径(mm)	孔径	孔壁垂直度
M20	22	+0.7,0	板厚 $t>30$mm 时,不大于0.5mm; 板厚 $t\leq30$mm 时,不大于0.3mm
M22	24	+0.7,0	
M24	26	+0.7,0	
M27	29	+0.7,0	
M30	33	+0.7,0	
>M30	>33	+1.0,0	

(3)螺栓孔距允许偏差应符合表4-42的规定。

螺栓孔距允许偏差　　表4-42

项目		允许偏差(mm)		
		主要杆件		次要杆件
		桁梁杆件	板梁杆件	
两相邻孔距		±0.4	±0.4	±0.4(±1.0)[b]
同一孔群任意两孔距		±0.8	±0.8	±0.8(±1.5)[b]
多组孔群两相邻孔群中心距		±0.8	±1.5	±1.0(±1.5)[b]
两端孔群中心距	$l\leq11$m	±0.8	±4.0[a]	±1.5
	$l>11$m	±1.0	±8.0[a]	±2.0
孔群中心线与构件中心线的横向偏移	腹板不拼接	2.0	2.0	2.0
	腹板拼接	1.0	1.0	—
构件任意两面孔群纵、横向错位		1.0	—	—

注:[a]连接支座孔群中心距的允许偏差。
[b]括号内数值为附属结构的允许偏差。

5)组装

(1)组装前,零件、部件应经监理工程师验收合格。连接接触面和焊缝边缘每边30~50mm范围内的铁锈、毛刺、污垢、冰雪等应清除干净,露出钢材金属光泽。

(2)钢构件的组装应在平台上或胎架上进行。组装时应将焊缝错开。

(3)组装时,应用冲钉使绝大多数孔正确就位,每组孔应打入冲钉不得少于2个,冲钉直径不应小于设计孔径0.1mm。采用预钻小孔组装的杆件,使用的冲钉直径不应小于预钻孔径0.5mm。

(4)组装时,应用螺栓紧固,保证零件、杆件相互密贴,一般在任何方向每隔320mm至少有一个螺栓。组装螺栓的数量不得少于孔眼总数的30%;组装螺栓的螺母下最少应放置一个垫圈,如放置多个垫圈时,其总厚不应超过30mm。

(5)焊接杆件和焊接箱形梁的组装允许偏差应分别符合规定。

(6)卡样钻孔应经常检查钻孔套模的质量情况,如套模松动或磨耗超限时,应及时更换。

6)焊接

(1)在工厂或工地首次焊接工作之前,或材料、工艺在施工过程中有变化,必须分别进行焊接工艺评定试验。

(2)焊工应经过考试,熟悉焊接工艺要求,取得资格证书后方可从事焊接工作。焊工停焊时间超过6个月,应重新考核。

(3)焊接工作宜在室内进行,湿度不宜高于80%。焊接环境温度,低合金高强度结构钢不应低于5℃,普通碳素结构钢不得低于0℃。主要杆件应在组装后24h内焊接。

(4)低合金高强度结构钢厚度为25mm以上时进行定位焊、手弧焊及埋弧焊时应进行预热,预热温度80~120℃,预热范围为焊缝两侧,宽度50~80mm。厚度大于50mm的碳素结构钢焊接前也应进行预热。

(5)焊接材料应通过焊接工艺评定确定,没有生产厂家质量证明书的材料不得使用。对储存期较长的焊接材料,使用前应重新按标准检验。

(6)焊接时应符合下列规定:

①施焊前必须清除焊接区的有害物。

②施焊时母材的非焊接部位严禁焊接引弧。

③多层焊接宜连续施焊,应注意控制层间温度,每一层焊缝焊完后应及时清理检查,清除药皮、熔渣、溢流和其他缺陷后,再焊下一层。

7)焊缝检验

焊接完毕后,监理工程师必须进行检查验收,检验内容如下:

(1)所有焊缝必须进行外观检查,不得有裂纹、未熔合、夹渣、未填满弧坑、漏焊和超出表4-43规定的缺陷。

焊缝外观检查质量标准 表4-43

<table>
<tr><th>项目</th><th colspan="3">质量标准</th></tr>
<tr><td rowspan="3">气孔</td><td>横向对接焊缝</td><td colspan="2">不允许</td></tr>
<tr><td>纵向对接焊接缝、主要角焊缝</td><td>直径小于1.0mm</td><td rowspan="2">每米不多于3个,间距不小于20mm,但焊缝端部10mm之内不允许</td></tr>
<tr><td>其他焊缝</td><td>直径小于1.5mm</td></tr>
<tr><td rowspan="4">咬边</td><td colspan="2">受拉杆件横向对接焊缝、桥面板与U形肋角焊缝及竖加劲肋角焊缝(腹板侧受拉区)</td><td>不允许</td></tr>
<tr><td colspan="2">受压杆件横向对接焊缝及竖加劲肋角焊缝(腹板侧受压区)</td><td>≤0.3mm</td></tr>
<tr><td colspan="2">纵向对接及主要角焊缝</td><td>≤0.5mm</td></tr>
<tr><td colspan="2">其他焊缝</td><td>≤1.0mm</td></tr>
<tr><td rowspan="2">焊脚尺寸</td><td colspan="2">主要角焊缝</td><td>$K_{0}^{+2.0}$</td></tr>
<tr><td colspan="2">其他角焊缝</td><td>$K_{-1.0}^{+2.0}$ [a]</td></tr>
<tr><td>焊波</td><td colspan="2">角焊缝</td><td>任意25mm范围内高低差≤2.0mm</td></tr>
<tr><td rowspan="2">余高</td><td colspan="2" rowspan="2">不铲磨余高的对接焊缝</td><td>焊缝宽 $b>20$mm时,≤3.0mm</td></tr>
<tr><td>焊缝宽 $b\leq20$mm时,≤2.0mm</td></tr>
<tr><td rowspan="3">余高铲磨后表面</td><td colspan="2" rowspan="3">横向对接焊缝</td><td>不高于母材0.5mm</td></tr>
<tr><td>不低于母材0.3mm</td></tr>
<tr><td>粗糙度50μm</td></tr>
</table>

注:[a] 手工角焊缝全长10%区段内允许 $K_{-1.0}^{+3.0}$。

(2)外观检查合格后,零、部(杆)件的焊缝应在24h后进行无损检验。

(3)进行超声波、射线、磁粉等多种方法检验的焊缝,应达到各自的质量要求。其他技术要求可按现行《焊缝无损检测 超声检测 技术、检测等级和评定》(GB/T 11345)执行。

(4)箱形杆件棱角焊缝探伤的最小有效厚度为$\sqrt{2t}$(t为水平板厚度,以mm计)。

8)节点钢枢及枢孔

(1)枢孔直径允许偏差为±0.2mm,拉力杆件两枢孔外缘至外缘,或压力杆件两端枢孔内缘至内缘之距离,除设计文件另有规定外,允许偏差为±0.5mm。枢孔应于杆件焊接矫正后镗(钻)制。

枢接结构中,钢枢设计直径一般较枢孔设计直径小0.4mm,钢枢直径制造允许偏差为±0.1mm。

(2)公路装配式钢桥的枢孔、钢枢直径和杆件两端枢孔距离允许偏差以及其他质量要求应符合设计文件的规定。

(3)公路装配式钢桥的钢枢除设计另有规定外,应采用30铬锰钛(30CrMnTi)合金结构钢制造。

9)涂装

(1)桥梁的钢构件在涂装前,应对其表面进行除锈处理。除锈应采用喷丸或抛丸的方法进行,除锈等级应符合设计规定;设计未规定时,应达到《涂覆涂料前钢材表面处理 表面清洁度的目视评定 第1部分:未涂覆过的钢材表面和全面清除原有涂层后的钢材表面的锈蚀等级和处理等级》(GB/T 8923.1—2011)规定的Sa2.5级,表面粗糙度Ra应达到25~60μm;对高强度螺栓连接面,除锈等级应达到Sa3级,表面粗糙度Ra应达到50~100μm。

(2)适应范围还应与设计采用的涂装及所处环境相适应。

(3)除锈后的连接面宜进行喷铝处理或涂装无机富锌防滑涂料,同时应清除高强度螺栓头部的油污及螺母、垫圈外露部分的皂化膜。

(4)表面除锈质量要求见表4-44。

表面除锈质量要求 表4-44

除锈方法	喷射或抛射除锈	
除锈等级	Sa2.5	Sa3
适用范围	年平均相对湿度在50%以上及有一般大气污染的工业地区	(1)大气含盐雾的沿海地区; (2)大气中SO_2含量大于250mg/m^{3}的工业地区; (3)杆件浸水部分; (4)防腐要求高的钢梁及构件
质量标准	较彻底的喷射、抛射除锈,钢材表面应无可见的油脂和污垢,氧化皮、锈和油漆涂层等附着物,任何残留的痕迹应仅是点状或条纹状的轻微色斑	彻底的喷射、抛射除锈,钢材表面应无可见的油脂和污垢,氧化皮、锈和油漆涂层等附着物,表面应呈现均匀的金属光泽

(5)采用喷射或抛射除锈时回收的钢丸应去除锈屑、锈粉等杂物。

(6)涂装施工时,表面不应有雨水和结露,相对湿度不高于80%,环境温度对环氧类不得低于10℃,对水性无机富硒防锈底漆、聚氨酯漆和氟碳面漆不得低于5℃。在风沙天、雨天、雾天不应进行施工,涂漆后4h内应采取防护措施。

(7)涂装涂层的表面应平整均匀,不应有漏涂、剥落、起泡、裂纹和气孔等缺陷,颜色与比色卡一致;金属涂层的表面应均匀一致,不应有起皮、鼓包、大溶滴、松散粒子、裂纹和掉块等缺陷,每涂完一道应检查干膜厚度,出厂前应检查漆膜厚度。

(8)底漆、面漆的涂装应符合施工工艺要求,面漆的施工宜在桥梁结构安装完成后进行,对在施工中损伤的部位,应进行重涂,其涂料、层数、厚度应与工厂一致。

10)钢梁试拼装

钢梁试拼装前监理工程师应对其杆件进行检查验收,施工单位应提供试拼装方案,经监理工程师审查同意后方可进行。

(1)进行钢梁试拼装应符合下列要求:

①试拼装宜采用具有代表性的局部试拼装法,未经试拼装合格,不得成批生产。

②试拼装应根据试件施工图进行。每拼完一个单元(或节间)应检查并调整好几何尺寸,再继续进行。

③试拼装时螺栓应紧固,使板层紧密。冲钉不得少于孔眼总数的10%,螺栓不得少于螺栓孔总数的20%。

(2)钢梁试拼装的质量标准如下:

①钢梁试拼时,必须用试孔器检查所有螺栓孔。主桁的螺栓孔应能100%自由通过较设计孔径小0.75mm的试孔器;桥面系和连接系的螺栓孔应100%能自由通过较设计孔径小1.0mm的试孔器;板梁的螺栓孔应100%自由通过较设计孔径小1.5mm的试孔器方可认为合格。

②钢梁试拼装的主要尺寸允许偏差应符合要求规定。

3.钢桥验收出厂

钢桥加工完成后,监理工程师应进行检查验收,签认合格后方能出厂安装。其要求如下:

(1)板梁制造尺寸允许偏差应符合表4-45的规定。

板梁制造尺寸允许偏差 表4-45

检查项目		规定值或允许偏差(mm)
梁高	$h \leq 2m$	±2
	$h > 2m$	±4
跨度		±8
全长		±15
纵梁长度		+0.5,-1.5
横梁长度		±1.5
纵梁高度		±1.0
横梁高度		±1.5
纵、横梁旁弯		≤3
主梁拱度		不设拱度+3,0
		设拱度+10,-3

续上表

检 查 项 目		规定值或允许偏差(mm)
两片主梁拱度差		≤4
主梁腹板平面度		≤h/500,且≤8
纵、横梁腹板平面度		≤h/500,且≤5
主梁、纵横梁盖板对腹板的垂直度	有孔部位	盖板宽度≤600mm 时,≤0.5;其他≤1.0
	其余部位	≤1.5
焊缝尺寸		满足设计要求
焊缝探伤		
高强螺栓扭矩		±10%

(2)桁梁杆件尺寸应符合有关钢构件加工精度的要求。

(3)一般箱形梁尺寸允许偏差应符合表4-46的规定。

箱形梁制造尺寸允许偏差　　表4-46

检 查 项 目		允许偏差(mm)
梁高	h≤2m	±2
	h>2m	±4
跨度		±8
全长		±15
腹板中心距		±3
横断面对角线差		4
旁弯		3+L/10000
拱度		+10,-5
腹板平面度		小于h/250,且不大于8
扭曲		每米≤1,且每段≤10
对接错边		≤2
焊缝尺寸		满足设计要求
焊缝探伤		
高强螺栓扭矩		±10%

注:1. 分段分块制造的箱形梁拼接处,梁高及腹板中心距允许偏差按施工文件要求办理。

2. 箱形梁其余各项检查方法可参照板梁检查方法。

(4)钢桥构件出厂时,监理工程师应检查的下列资料:

①产品合格证。

②钢材和其他材料质量证明书或试验报告。

③施工图、拼装简图和设计变更文件,设计变更内容应在施工图中相应部位注明。

④产品试板的试验报告。

⑤焊缝重大修补记录。

⑥高强度螺栓摩擦面抗滑移系数试验报告,焊缝无损检验报告及涂层检测资料。

⑦工厂试拼装记录。

⑧构件发运和包装清单等。

4. 工地安装

1)安装前的准备工作

(1)安装前施工单位应对临时支架、支承、起重机等临时结构和钢桥结构本身在不同受力状态下的强度、刚度及稳定性进行验算。编制实施性施工组织设计,报监理工程师审批。

(2)安装前,应按照构件明细表核对进场的构件、零件,查验产品出厂合格证及材料的质量证明书。

(3)钢桥构件在运输、存放过程中损坏的涂层,应按照规定补涂。

(4)钢梁安装前,施工单位应对桥台、墩顶面高程、中线及各孔跨径进行复测,当误差在允许偏差内,经监理工程师复查签认方可安装。

(5)钢梁安装前,根据跨径大小、河流情况、起吊能力选择安装方法。

2)安装

(1)杆件宜采用预先组拼、栓合或焊接,扩大拼装单元进行安装,对容易变形的构件应进行强度和稳定性验算,必要时应采取加固措施。

(2)杆件组拼前应清除杆件上的附着物,摩擦面应保持干燥、整洁。应根据外界环境和焊接等变形因素的影响,采取措施,保证钢梁的建筑拱度及中心线位置。

(3)在支架上拼装钢梁时,冲钉和粗制螺栓总数不得少于孔眼总数的1/3,其中冲钉不得多于2/3。孔眼较少的部位,冲钉和粗制螺栓总数不少于6个或将全部孔眼插入冲钉或粗制螺栓。

用悬臂或半悬臂法拼装钢梁时,联结处所需冲钉数量应按所承受荷载计算决定,但不得少于孔眼总数的一半,其余孔眼布置精制螺栓。冲钉和精制螺栓应均匀的安放。

高强度螺栓栓合梁拼装时,冲钉数量应符合上述规定,其余孔眼布置高强度螺栓。吊装杆件的吊钩,必须等杆件完全固定后方可卸去。

(4)拼装用的冲钉直径(中段圆柱部分)应较孔眼设计直径小0.2~0.3mm,其长度应大于板束厚度。

拼装用精制螺栓直径应较孔眼设计直径小0.4mm,拼装板束用的粗制螺栓直径应较孔眼直径小1.0mm。冲钉和螺栓可用35号碳素结构钢制造。

(5)钢桥安装过程中,每完成一节间应测量其位置、高程和预拱度,如不符合要求应进行校正。

3)高强度螺栓连接的规定

(1)由制造厂处理的钢桥杆件的摩擦面,安装前应复验所附试件的抗滑移系数,合格后方可安装,并应符合设计要求。

(2)高强度螺栓的设计预拉力、施加预拉力应符合设计及规范要求。

(3)高强度螺栓连接副在运输过程中应轻装轻卸,储存时应分类分批存放,不得混淆,并防止受潮生锈,在使用前应进行外观检查并应在同批内配套使用。

(4)施工前,高强度螺栓连接副应按出厂批号复验扭矩系数,每批号抽验不少于8套,其平均值和标准偏差应符合设计要求。设计无要求时平均值应在0.11~0.15范围内,其标准偏差应小于或等于0.01。测定数据应作为施拧的主要参数。

(5)安装钢梁的高强度螺栓的长度必须与安装图一致。安装时,高强度螺栓应顺畅穿入孔内,不得强行敲入,穿入方向应全桥一致。高强度螺栓不得作为临时安装螺栓。被栓合板束的表面应垂直于螺栓轴线,否则应在螺栓垫圈下面加垫斜坡垫板。

(6)用扭矩法拧紧高强度螺栓连接副时,初拧、复拧和终拧应在同一工作日内完成。初拧扭矩应由试验确定,一般为终拧扭矩的50%。

(7)高强度螺栓终拧完毕应按下列规定进行质量检查:

①检查应由专职质量检查员进行,检查扭矩扳手必须标定,其扭矩误差不得大于使用扭矩的±3%,且应进行扭矩抽查。

②松扣、回扣法检查,先在螺栓与螺母上做标记,然后将螺母退回30°,再用检查扭矩扳手把螺母重新拧至原来位置测定扭矩,该值不小于规定值的10%时为合格。

③对主桁节点及板梁主体及纵、横梁连接处,每栓群以高强螺栓连接副总数的5%抽检,但不得少于2套,其余每个节点不少于1套进行终拧扭矩检查。

④每个栓群或节点检查的螺栓,其不合格者不得超过抽验总数的20%,如超过此值,则应继续抽验,直至累计总数80%的合格率为止。然后对欠拧者补拧,超过者更换后重新补拧。

4)工地焊缝连接和固定

钢桥工地焊缝连接分全焊连接和焊缝与高强度螺栓合用连接两类。工地焊缝连接应进行焊接工艺评定,评定结果应符合相关技术规范的规定,并制定实施性焊接施工工艺,施工前要取得监理工程师的批准,并应符合下列规定:

(1)钢桥杆件工地焊缝连接应按设计规定的顺序进行。设计无规定时,纵向宜从跨中向两端,横向宜从中线向两侧对称进行。

(2)工地焊接应设立防风设施,遮盖全部焊接处。雨天不得焊接(箱形梁内除外)。箱形梁内采用CO_2气体保护焊时,必须使用通风防护安全设施。

5)钢桥构件连接固定后落梁就位时,应符合下列规定

(1)钢梁就位前应清理支座垫石,其高程及平面位置应符合设计要求。

(2)固定支座与活动支座的精确位置应按设计图并考虑施工安装温度、施工误差等确定。

(3)钢梁落梁前后应检查其建筑拱度和平面尺寸,并做记录,校正支座位置。

(4)钢梁安装后的允许偏差见表4-47。

钢梁安装后的允许偏差　　表4-47

项目		规定值或允许偏差(mm)
轴线偏位	钢梁中线	≤10
	两孔相邻横梁中线相对偏差	≤5
梁底高程	墩台处梁底	±10
	两孔相邻横梁相对高差	≤5
固定支座顺桥向偏差	简支梁	≤20
	连续梁	≤10
连接	对接焊缝的对接尺寸、气孔率	符合规范要求
	高强度螺栓扭矩	±10%

续上表

项　　目	规定值或允许偏差(mm)
焊缝尺寸	满足设计要求
焊缝探伤	
高强螺栓扭矩	±10%

6)钢桥验收

钢桥工程的验收应在钢桥全部安装并涂装完成后进行。钢桥安装、涂装的质量和允许偏差应符合本章各节的有关要求,并应符合《公路工程质量检验评定标准　第一册　土建工程》(JTG F80/1—2017)的规定。

九、拓宽改建桥梁拼接施工质量要求

1)梁式桥拓宽改建拼接施工前,监理工程师应督促和审查施工单位做好下列准备工作

(1)应收集既有桥梁的设计图纸、竣工文件及相关资料,或进行必要的勘测和调研,了解既有桥梁的结构形式和现状,尤其要对桥墩轴线、高程进行复核,并将复核成果反馈设计单位,同时报备监理工程师。

(2)应对桥位处地下管线和隐蔽物等的位置、尺寸进行调查,并应采取保护、避让及处理的措施。

(3)应根据现场的具体情况,制订专项施工方案,确定施工顺序和施工工艺,合理配备施工机具设备。专项施工方案需要报监理工程师审查认可。

(4)应在对交通流量调查的基础上,提出交通导流和安全防护的方案,保证施工期间的施工安全和交通安全。

2)对既有桥梁进行部分凿除或拆除时,应采取措施防止对拟保留的部分造成损伤或破坏

(1)拆除施工过程中不宜将大型施工机具置于既有桥梁上进行作业,必须置于其上作业时,应对既有桥梁的承载能力进行验算,验算通过后方可实施,同时必须取得监理工程师的认可。

(2)施工时应采取临时封闭交通等措施,保证安全。

(3)对既有桥梁的沉降及裂缝等情况进行监测,发现异常应及时采取措施进行处理。

3)对新旧混凝土结合面的处理和拼接施工应符合下列规定

(1)凿毛。

①旧混凝土结合面的凿毛应凿至完全露出新鲜密实混凝土的粗集料,并应清洗干净。

②对较大体积的结构混凝土的结合面,应将其凿成台阶式,且阶长宜为阶高的2倍。

③对结合面处外露钢筋表面的锈皮、浮浆等,应采用适宜的工具刷净。

(2)拼接连接。

拼接连接的方式应符合设计规定,设计未规定时:

①对竖向结合面的接缝,可采用新设接头钢筋再浇筑混凝土的方式进行拼接,接头钢筋的直径宜为6~10mm,其所需截面面积宜为梁、板截面面积的0.2%~0.3%,插入长度新旧混凝土均为30倍钢筋直径,且在新混凝土的一端宜设弯钩。

②在既有桥梁的梁、板上按一定的间距钻孔并植入抗剪钢筋，植入的钢筋应采用环氧树脂将其孔洞灌注密实。

(3)拼接施工界面处理。

①浇筑新混凝土前，应采用清水冲洗旧混凝土的表面使其保持湿润。

②需要在旧混凝土的结合面上涂刷界面剂时，应符合设计的规定；设计未规定时，宜通过试验确定。

(4)拼接连接新浇混凝土施工时或强度形成过程中，施工侧应封闭交通，同时严格控制施工区机械停放位置，避免产生震动或造成梁板挠动，影响接缝拼接质量；同时新浇筑混凝土应符合《公路桥涵施工技术规范》(JTG/T 3650—2020)相关规定。

4)桥面铺装施工

(1)拓宽拼接的主体工程结构施工完成后，应先将既有桥梁的桥面铺装层全部凿除并清理干净，再进行全桥桥面铺装层施工。

(2)对既有桥梁原铺装层的结合面应进行处理，凿除原结构表面的浮浆，使集料外露，形成4～6mm 自然凹凸粗糙面或采用机械刻槽形成糙面，并清洗干净；凿除和清理施工时不得损坏原结构混凝土，且不应有局部光滑结合面。

(3)凿除既有桥梁铺装层后，对存在缺陷的部位，应进行修补。对空洞和破损处，应在凿除疏松部分混凝土后，采用高一级强度的细石混凝土填筑密实；当有钢筋锈蚀引起混凝土胀裂时，应先剔除松动开裂的混凝土，再进行钢筋表面的除锈和防护等处理。

(4)桥面铺装新浇混凝土前，对原结构的结合面应充分湿润，但不应有明水。桥面铺装的施工技术要求应符合《公路桥涵施工技术规范》(JTG/T 3650—2020)相关规定，混凝土的养护时间宜不少于14d。

第五节　桥面及附属工程施工质量监理

桥梁工程的桥面系通常包括桥面铺装、桥面防水和排水、伸缩装置、缘石、护杆和灯柱等构造，还包括泄水管、防水层、支座、搭板等。由于桥面部分天然敞露而受气候影响十分敏感，车辆行人来往对美观也至关重要，桥面的施工质量直接影响着桥梁工程的行车安全、舒适和保障。

一、桥面铺装施工质量要求

1.一般要求

(1)预制板或现浇桥面板与桥面铺装混凝土的混凝土龄期相差应尽量缩短，以避免两者之间产生过大的收缩差。

(2)为使桥面铺装与下面的混凝土构件紧密结合，应对桥面铺装下面的混凝土凿毛，并用高压水冲洗干净。

(3)当进行混凝土桥面铺装时，应按图纸所示预留好伸缩缝工作槽。当进行沥青混凝土铺装时，不必为伸缩缝预留工作槽，而在安装伸缩缝前先行切割沥青混凝土铺装所占的伸缩缝的位置。

2. 混凝土桥面铺装

(1)混凝土的铺设要均匀,厚度、材料、铺装层结构、强度、防水层等均应符合设计和规范要求。

(2)混凝土桥面铺装前应保证梁板顶面粗糙,按要求铺设纵向接筋和桥面钢筋网,并应做好梁体的横向连接。

(3)混凝土的施工应符合相关要求,其顶面要做好防滑措施,做面宜两次进行。

3. 沥青混凝土桥面铺装

铺装前应对桥面进行检查,保证桥面平整、干净、粗糙、整洁;铺装前应做黏层沥青。沥青混凝土的配合比设计、铺筑及碾压应符合沥青路面施工技术要求。铺装的层数、厚度做好检查。

4. 钢桥面铺装

钢桥面铺装的结构层、厚度、材料等应符合设计规定,钢桥面铺装施工前应制订专项施工技术方案,并应做好人员培训、材料的调查试验以及机具设备的检查维护等准备工作,钢桥面铺装前要做防锈处理,宜避开雨季施工。

5. 防水层

(1)铺设防水层的桥面板表面应平整、干燥、干净。防水层在横桥向应闭合铺设。防水层通过伸缩缝或沉降缝时,应符合设计要求。防水层施工完成后,没有达到规定时间不得开放交通。

(2)防水层应根据不同材料按制造商推荐的铺设要求进行。

6. 泄水管

(1)在浇筑桥面板时应预留泄水管安装孔,桥面铺装时应避免泄水管预留孔堵塞。

(2)泄水管下端应伸出结构物底面 10~15cm,或按设计图将其引入地下排水设施。

二、桥梁接缝和伸缩装置施工质量要求

(1)伸缩缝的规格、性能应符合图纸规定。所有产品在任何时候都应严格按照生产厂家推荐的方法装卸、放置、装配和安装。

(2)伸缩装置的钢构件外观应光洁、平整,不得扭曲,并进行有效的防腐处理。伸缩装置应在工厂组装,出厂时应附有效的产品质量合格证明文件。

(3)伸缩装置安装预留的槽口尺寸应符合设计规定,锚固筋的位置应准确,安装前应对预留槽口的混凝土进行做毛并清理干净。安装时应使伸缩装置的中心线和桥梁中心线相重合,安装位置和高程应符合要求,应进行临时固定,设置横向水平连接筋,并与预埋钢筋焊接固定。

(4)伸缩装置应在沥青混凝土铺装后,采用反开槽的方式进行安装。安装前,应按现场实际气温调整其安装定位值。

(5)伸缩装置安装固定后,应在其能自由伸缩的开放状态下进行两侧过渡段混凝土的浇筑施工,浇筑时应采取措施防止定位固定的构件移位。

(6)橡胶伸缩装置。

①安装前应检查桥面预留槽口的尺寸及钢筋,采用后嵌式橡胶伸缩体时,应在混凝土干缩完成及徐变大部分完成再进行。

②安装前应将槽口清除干净,并涂防水胶黏材料。应根据气温和缝宽进行调整后,再进行就位,保证安装后处于受压状态。

③应根据安装时的环境温度计算并设置伸缩装置的模板宽度与螺栓间距,将加强钢筋与螺栓焊接就位后,再浇筑过渡段混凝土。

④向伸缩装置螺栓口内灌注防蚀剂后,应及时安装盖帽。

(7)梳齿板式伸缩装置安装时,应采取措施防止产生梳齿不平、扭曲和变形等现象,并应对梳齿间隙的偏差进行控制,在气温最高时,梳齿的横向间隙应不小于5mm,齿板间隙应不小于15mm。

(8)模数式伸缩装置所用的异形钢梁沿长度方向的直线度应满足要求;安装时宜采用专用卡具固定,其顶面位置和顶面高程应符合设计,在桥面横坡定位、焊接固定完成,进行绑扎钢筋和铺设钢筋网。伸缩装置应在工厂进行组装,出厂时应附有效的产品质量合格证明文件;吊装位置应采用明显颜色标明;在运输和存放过程中应避免阳光直接暴晒或雨淋雪浸,并应保持清洁,防止变形。

三、支座

常用的支座有板式橡胶支座、盆式支座、球型支座等类型。

(1)支座进场后,应对其规格数量、产品合格证等进行检查。支座的存放应在干燥通风的库房,不得直接放于地面。支座运输装卸时,应采取措施防止对其碰撞和损坏。

(2)支座安装前,应对支座垫石的混凝土强度、平面位置、顶面高程、预留地脚螺栓和预埋钢板等进行检查,对安装后填灌浆料的支座,其垫石的顶面应预留出足够的厚度。

(3)支座安装时,应分别在垫石和支座上标出纵横向的中心十字线,就位后两者的中心应对准,并采取措施保证支座处于水平状态,与支座的顶面高程相符合。调整支座的顶面高程时,应采用钢垫片,支垫处在安装完成后留下的空隙应采用环氧树脂砂浆填实。

(4)安装双向活动或单向活动支座时,应保证支座滑板的主要滑移方向符合设计要求。在安装活动支座顶板时,宜考虑安装温度与设计要求不符时对位移的影响。

(5)支座安装完成,其顺桥向的中心线应与梁顺桥向的中心线水平投影重合或相平行,且与支座保持水平,不得有脱空、偏斜、不均匀受力的现象。安装完成后及时拆除支座上的各种临时固定构件和装置。

(6)当桥梁体系转换需要切割临时锚固装置,或附近需要焊接作业时,应在支座周围采取有效的隔热措施。

四、桥面防护措施

(1)除非监理工程师另有批准,混凝土护栏(防撞墙)应在该跨拱架或脚手架放松后才能浇筑。混凝土护栏应在桥面的两侧对称进行施工。特别要注意使模板光顺并紧密装配,以能保持其线条及外形,且在拆模时不致损害混凝土。应按施工图制作所有模板以及斜角条,并具有简洁斜角接头。在完成工程中,所有角隅应准确、线条分明、加工光洁,且无裂缝、破裂或其他缺陷。

(2)就地浇筑的防撞护栏,宜在顺桥向每隔5~8m设置一道假缝或断缝,防撞护栏的钢筋应与梁体的预留钢筋可靠连接。

(3)预制栏杆构件应在不漏浆的模板中浇筑。在搬运和安装时应采取适当的保护。存放并装卸预制构件时,应保持边缘及角隅完整和平整。可以采用加湿加温方法和(或)用快硬水泥或减水剂以缩短养生期,其方法应经监理工程师批准。

(4)与预制栏杆柱相连接的就地浇筑栏杆帽及护栏帽,在浇筑并整修混凝土时应防止栏杆及护栏被沾污和变形。

五、桥头搭板

(1)钢筋混凝土搭板及枕梁应采用现浇。

(2)搭板钢筋与其下的垫层间宜设置垫块并交错布置,在上下层钢筋之间应设置支撑,保证位置准确。

(3)浇筑搭板混凝土时应按搭板的坡度由低向高处进行,振捣时避免碰撞钢筋,完成时要保证高程、厚度、宽度符合要求,保证和桥面的平顺。

第六节 桥梁工程常见质量问题

一、钢筋混凝土梁桥

1. 钢筋混凝土梁桥常见质量问题

(1)梁(板)体混凝土的空洞、蜂窝、麻面、漏筋。

(2)钢梁(板)体的横、纵向联结件开裂、断裂、开焊。

(3)钢筋混凝土裂纹、裂缝。

(4)钢筋混凝土表面风化、剥落等。

2. 处理方法

(1)对混凝土的空洞、蜂窝、麻面、表面风化、剥落等应先将松散部分清除,再用高强度等级混凝土、水泥砂浆或其他材料进行修补。新补的混凝土要密实,与原结构应结合牢固、表面平整。新补的混凝土必须进行养生,完成后方可开放交通。

(2)梁体若发现露筋或保护层剥落,应先将松动的保护层凿去,并清除钢筋锈迹,然后修复保护层。如损坏面积不大,可用专用砂浆修补,如损坏面积过大,可用喷射高强度等级水泥砂浆等方法修补。

(3)梁(板)体的横、纵向联结件开裂、断裂、开焊,可采取更换、补焊、帮焊等措施修补。

(4)钢筋混凝土梁桥的裂纹、裂缝处理,当裂缝的宽度大于限值及裂缝分布超出正常范围时，应做处理。当裂缝宽度在限值范围内时，可进行封闭处理，一般涂刷环氧树脂胶或符合要求的修补材料。当裂缝宽度大于限值规定时，应采用压力灌浆法灌注环氧树脂胶或其他灌缝材料。当裂缝发展严重时，应加强观测，查明原因，按照有关规定进行加固处理。

3. 钢筋混凝土桥梁加固方法

(1)浇筑钢筋混凝土加大截面加固法。用于加强构件，应验算在加大截面时，自重也相应增加的受力计算。

(2)增加钢筋加固法。用于加强构件，常与上条方法共同使用。

(3)粘贴钢板加固法。是普遍采用的方法，钢板与原结构必须可靠连接，并作防锈处理。

(4)粘贴碳纤维、特种玻璃纤维加固法。主要用于提高构件抗弯承载力。

(5)预应力加固法。对于提高构件强度、控制裂缝和变形的作用较好。

(6)改变梁体截面形式加固法。一般是将开口的 T 形截面或 H 形截面转换成箱形截面。

(7)增加横隔板加固法。用于无中横隔或少中横隔梁的加固，可增加桥梁整体刚度、调整荷载横向分配。

(8)在桥下净空和墩台基础受力许可的条件下，采用在梁(板)底下加八字支撑加固法。

(9)桥梁结构由简支变连续加固法。

(10)当支座设置不当造成梁体受力恶化时，可采用调整支座高程的加固方法。

(11)更换主梁加固法。

二、预应力混凝土梁桥

1. 预应力混凝土梁桥常见质量问题

(1)混凝土表面空洞、蜂窝、麻面、露筋、剥落，钢筋锈蚀、局部破损等。

(2)预应力钢束应力损失、张拉不足，预应力筋断丝造成的质量问题。

(3)预应力混凝土梁出现裂缝、渗水。全预应力及部分预应力构件正常使用条件下出现超过允许范围的裂缝。裂缝的类型除了同钢筋混凝土梁桥外，还有沿预应力钢束的纵向裂缝，锚固区局部承压的劈裂缝。

2. 处理方法

(1)预应力混凝土梁桥预应力张拉不足、预应力损失的处理，要采取严格正确的张拉工艺，张拉时及时补足张拉力，采用应力和伸长值双控。出现断丝时及时查找原因，及时更换超过规定数量的预应力筋。

(2)其他常见质量问题的处理方法同钢筋混凝土梁桥。对于不允许出现裂缝的桥梁，不论裂缝宽窄，都应查明原因并进行处理或加固。

3. 预应力混凝土梁桥的加固方法

(1)预应力混凝土梁桥的一般加固方法同钢筋混凝土梁桥加固方法。

(2)因为预应力部分失效而进行加固时，若原结构有预留孔，可在预留孔内穿钢束进行张拉；采用无黏结钢束的可对原钢束重新张拉；或增设齿板，增加体外束进行张拉。

(3)腹板抗剪切强度不够时，可采用加竖向预应力进行加固。

三、拱桥

1.拱桥构件表面缺陷及局部损坏的处理方法

(1)圬工砌体的边角压碎、砌块断裂,干砌石拱桥砌缝张口等,可用水泥砂浆修补。若个别块体压碎或脱落,应用新的块体填塞更换,更换时应保证嵌挤或填塞紧密。砌缝砂浆若发生脱离,应凿除后重新用干硬性砂浆或微膨胀砂浆填筑,表面重新勾缝。

(2)钢筋混凝土拱构件的表面缺损与裂缝修补参见钢筋混凝土梁桥有关部分。

(3)钢管混凝土拱钢构件表面的防锈涂层出现涂层脱落、损坏、锈蚀等病害时,首先进行破损面的处理,然后进行重涂。

(4)实腹拱的侧墙若发生较大变形、开裂,应查明原因并做相应处理。若是填料不实或拱腔积水,应挖开拱上填料,修补防排水系统,拆除鼓凸部分侧墙后重新砌筑,重新回填拱上填料及重做路面,也可酌情换用轻质填料或加大侧墙尺寸。若发现侧墙与拱圈之间脱开,或侧墙上有斜向(若是砌体通常沿砌缝成锯齿状)开裂,应检查墩台与主拱的变形。开裂轻微且不再发展的,可作一般修补裂缝处理。若开裂严重或裂缝在发展中,应考虑加固、改造方案。

(5)中、下承式拱桥的吊杆缺陷及局部损坏的修补参见斜拉桥的拉索部分。

(6)系杆拱桥的系杆混凝土裂缝应用环氧砂浆等材料进行处理。系杆采用无混凝土包裹的预应力钢束时,应定期对钢束的防锈保护层进行养护、更换防护油脂等。系杆的支承点如有下沉要及时调整。

2.拱桥其他主要质量问题

(1)主拱圈抗弯强度不够引起拱圈开裂。裂缝主要发生在拱顶区段的拱圈下缘与侧面,拱脚处的拱圈上缘与侧面。

(2)主拱圈抗剪强度不够引起拱圈开裂。裂缝主要发生在拱脚,空腹拱的立柱柱脚。

(3)拱圈材料抗压强度不够,引起劈裂或压碎。

(4)两拱脚墩台不均匀沉降引起拱圈开裂,一般出现在拱顶区段,横桥向贯穿全拱圈,裂缝宽度上下变化不大,且两侧有错动。墩、台基础上、下游不均匀沉降引起拱圈及墩台出现顺桥向裂缝。

(5)墩台沿桥梁纵向发生向后滑动或转动引起拱圈开裂,裂缝主要出现在拱圈下缘与侧面拱脚处的上缘与侧面。当向桥孔方向滑动或转动时,裂缝在拱圈上、下缘的位置与前面相反。

(6)肋拱、刚架拱、桁架拱、双曲拱的肋间横向联结(如横系梁、斜撑)强度不够引起开裂。

(7)拱上排架、梁、柱开裂,短柱的两端开裂,侧墙斜、竖方向开裂,侧墙与拱连接处开裂。开裂的主要原因分别为构造不合理、强度不够、施工质量不好,以及由于拱圈变形和墩、台变位对拱上结构造成不利影响所致。

(8)预制拼装拱桥或分环砌筑的圬工拱桥,沿连接部位或砌缝发生环向裂缝。双曲拱桥的拱肋与拱波连接处开裂。拱肋接头混凝土局部压碎。

(9)双曲拱桥的拱顶纵向开裂,多为肋间横向连接偏弱,采用平板式填平层使拱横截面刚度分配不均,墩台横向不均匀沉降等原因引起。

（10）桁架拱、刚架拱、系杆拱的节点强度不够引起节点及杆件端部开裂。

（11）中、下承式拱的吊杆锚头滑脱或钢丝锈蚀、折断。

（12）拱铰失效或部分失效，引起拱的受力恶化而开裂。

（13）钢管混凝土拱的钢管因厚度不足，或节间过大造成钢管出现压缩状折皱。

（14）桥面板（平板、微弯板、肋腋板等）开裂。引起开裂的原因主要有局部承受车辆荷载强度不够，参与主拱受力后强度不够，肋片发生较大位移，板与肋连接破坏，或在施工中已开裂未予彻底处理等。

3. 加固方法

（1）主拱圈强度不足时，可加大拱圈截面。

从拱腹面加固时可采用下列方法：粘贴钢板；浇筑钢筋混凝土，加大拱肋截面；布设钢筋网，用喷射混凝土或水泥砂浆加大拱圈截面；在拱肋间加底板，变双曲拱截面为箱形截面。条件许可时，也可在腹面做衬拱及相应的下部结构。

从拱背面加固时可在拱脚区段的空腹段背面加大拱圈截面；或拆除拱上建筑，在全拱圈背面加大截面。一般使用混凝土或钢筋混凝土材料。

（2）拱肋、拱上立柱、纵横梁、桁架拱、刚架拱的杆件损坏可用粘钢板或复合纤维片材加固。可全截面粘贴钢板，也可在四角处粘贴角钢。

（3）用粘钢板或复合纤维片材加固桁架拱、刚架拱及拱上框架的节点。

（4）用嵌入剪力键的方法加固拱圈的环向连接。剪力键一般采用钢板或铸件，按一定间隔布置，其间的裂缝用环氧砂浆等处理。

（5）用加大截面的方法加强拱肋之间的横向连接。采用横拉杆的双曲拱，可把拉杆改为系梁。

（6）更换锈蚀、断丝或滑丝的吊杆。若原构造许可，可以用收紧锚头的方法张拉松弛的系杆或吊杆来调整内力。

（7）在钢管混凝土拱肋拱脚区段或其他构件的外面包裹钢筋混凝土。

（8）改变结构体系以改善结构受力，如在桥下通航许可的前提下加设拉杆。

（9）更换拱上建筑，减轻自重，更换实腹拱的拱上填料为轻质填料。

（10）用更换桥面板、增加桥面铺装的钢筋网、加厚桥面铺装、换用钢纤维混凝土等方法维修加固桥面。

（11）因墩、台变位引起拱圈开裂时，应先维修加固墩台，然后修补拱圈。

（12）加固拱桥时，应注意恒载变化对拱压力线的影响及引起的推力变化，对各施工工序应进行检算，并作出详细的施工组织设计，严格按照设计的工序施工。

四、钢桥

1. 钢桥常见的质量问题和病害

（1）高强度钢的焊接裂纹。主要有贴脚处的烘干冷裂纹、对接焊冷裂纹、对接焊变形冷裂纹、对接焊缝热裂纹等。

（2）杆件拼接扭曲，构件起拱不准确。

(3)高强螺栓安装面不准确。

(4)钢梁涂漆流坠、漆膜剥离不符合要求。

(5)钢桥构件的腐蚀和锈蚀。

(6)杆件的裂损和开裂,多数为疲劳裂纹。

2. 问题的处理

(1)施工时如果出现焊缝不符合要求,可采取逐缝检验,找出不合格点,重新焊接或更换构件重焊,焊接时要严格按照施工工艺和方法施焊,焊材和焊具及焊接环境要严格控制。

(2)在施工过程中要加强检查,对不符合要求的螺栓及安装不符合要求的杆件要加强检测,并按要求进行处理或更换。对不符合要求的喷漆或破坏的漆面要进行重涂。

(3)对于杆件的裂缝要及时进行处理,能采取焊接补强的要采取补强措施,不能补强的要更换不合格的杆件或零件。

3. 钢桥的杆件加固法

(1)钢板梁由于穿孔或破裂削弱断面时,可补贴钢板或用钢夹板夹紧并连接来加固,这时钢板的边缘应铿平,使之结合紧密。如钢板受到了较短和较深的创伤,宜用电焊填补。

(2)可采用增设水平加劲肋、竖向加劲肋的方法加固钢板梁。

(3)钢桁梁加固一般用补加新钢板、角钢或槽钢来加大杆件截面。加固可用栓接、铆接或焊接。

(4)加劲杆件,或增强各杆件间的联系。

(5)在结合处用贴板拼接,加设短角钢,加强桁架杆件与节点板的连接。

(6)如桥梁下挠显著增加,销子与销孔有损坏或上下弦强度不足时,应停止通行进行检查修理或更换。

4. 恢复和提高整桥承载力的加固方法及适用范围

(1)增设补充钢梁,可装在原有各梁之间,也可以紧靠在原有各梁的旁边。

(2)用加劲梁装在原主梁的下缘或下弦杆上。加劲梁加固方法,适宜于不通航的桥孔或桥下净空足够的小型桥梁。

(3)用体外预应力加固,预应力施加在下挠后的下弦杆截面上。预应力加固法对桥下净空的影响较小,施工方便,但预应力钢索的防锈工作较困难。

(4)用拱式和架结构装在原主梁的上面,拱脚和原主梁固接或铰接,适宜于下部结构能承受所增加恒载的通航桥孔的加固。

(5)用悬索结构加在原主梁上面,可使被加孔的恒载转移到悬索上,以改善结构的变形。这种方法可在运营状态下进行,适宜于下部结构能承受所增加恒载的通航桥孔的加固。

(6)在不影响排洪和通航的情况下,可在桥孔中间添建桥墩,缩短跨径,减小梁和杆件的内力。为了承受新增支点处的剪应力,在新桥墩墩顶处的上部结构中,必须加置竖杆及必要的斜杆。

(7)对于多孔简支桁架,分联将其转变为连续桁架,可采用体外预应力加固方法,使被连接的主桁上弦杆在墩顶处得以补强。

五、斜拉桥

1. 斜拉桥梁体和索塔部分的主要质量问题及其处治方法

视其结构类型参见钢筋混凝土桥、预应力混凝土桥及钢桥的有关章节。

2. 斜拉桥常见的质量问题

(1)斜拉索张拉不足或超拉,使得拉索与套管和梁体出现超出范围的夹角,与套管和混凝土面或钢梁体出现缝隙,造成内部应力不足或过大,出现裂缝,引起锈蚀。

(2)施工时对索体的保护措施不足对索体造成损伤,或对拉索的PE等保护措施造成刻痕和划伤、破裂,现场对破裂部分的修补能力有限,使得拉索耐久性降低,护套破损造成拉索慢慢侵蚀。

(3)施工中梁体高程控制不准,使得拉索不能紧贴梁体,造成结构内力重分布,结构受力偏离设计。

(4)在使用过程中,发现问题不及时处理,造成有害物质不断对拉索和钢体的损坏,有时会造成永久破坏。

3. 防治措施

(1)为保证高层和现行平顺,必须按规定对各个施工段和节点的测量,对劲性骨架及斜拉索锚固套筒及模板进行精确定位。

(2)在主梁浇筑和拼接过程中,必须进行施工跟踪监控,主要是梁的高程和线形、斜拉索索力和塔柱变形,同时考虑主梁受力体系温差影响引起的高程变化。

(3)在施工过程中要选择完善的施工工艺,对每个环节进行精确的计算、检测,确保施工合理、施工工艺正确,保证桥梁的工程质量及结构安全。

4. 斜拉索的调整和更换

(1)若拉索护套出现开裂、漏水、渗水应及时处理。可剥开已损坏的护套,将潮湿的钢索吹干,对已生锈的钢索做好除锈处理,再涂刷防护漆及防护油,并用玻璃丝布或其他防护材料包扎严密。

(2)对因钢索、锚具损坏而超出安全限值的拉索应及时进行更换。

(3)对索力偏离设计限值的拉索进行索力调整。张拉的顺序、级次和量值应按设计规定进行,并测定索力和延伸值,同时进行控制。

(4)拉索的更换,应对各方案技术经济的合理性进行分析比选,确定安全、简便的施工方案。完工后必须对全桥斜拉索的索力和主梁高程进行测定,检验换索效果,并作为验收的依据。

六、悬索桥

1. 悬索桥梁体和索塔部分的常见质量问题及其处治方法

视其结构类型参见钢筋混凝土桥及钢桥的有关要求。

2. 悬索桥常见的质量问题

(1)在锚具和索体之间施工不到位,造成空隙,长时间后容易发生腐蚀现象,进而使缠丝破坏,导致主缆损伤。

(2)吊索在保护措施损伤和恶劣条件环境下,容易生锈、腐蚀,甚至失效。

(3)锚碇由于体积较大,施工过程时间较长,混凝土内外及昼夜温差较大,容易产生裂缝和其他病害。

(4)索股编束时产生扭转指标不达标,直线性较差、鼓丝、呼啦圈等问题。主要防治措施是在施工工艺上严格按操作规程施工,利用上盘紧缩装置来减少和消除束股扭转等问题。

(5)猫道架设走道倾斜、偏斜和底板不能均匀受力,底板锚具和锚头破损,浇筑合金松动、脱落、裂纹,在装卸和运输过程中受损。施工过程中要严格检查,严格控制承力索的加工精度、控制架设精度。

(6)主缆索股架设的主要问题是索股的扭转、松弛,钢丝的鼓丝、交叉、磨损和包扎带断裂等。施工时要严格进行随时检查整形,保证每一根每一段内无扭转,同时加强保护,出现问题及时纠正和保护。

3. 防治措施

(1)若拉索、吊索护套出现开裂、漏水、渗水应及时处理。对已生锈的钢索做好除锈处理,再涂刷防护漆及防护油,并用专用防护材料或其他防护材料包扎严密。

(2)对因拉索、吊索及锚具损坏而超出安全限值的,应及时进行更换。

(3)在施工过程中要选择完善的施工工艺,对每个工序进行精确的计算、检测,保证桥梁的工程质量及结构安全。

(4)加强基准索、其他索和锚跨张力的调整,一定要按设计和规范要求。对拉索、吊索各阶段施工的顺序、应力应按设计规定进行,并测定索力和线性,同时进行控制。

(5)其他常见质量问题及其处治方法。

①网格式悬索桥,肢杆拉索若发现松弛,可调整端头拉杆螺母使其复位。

②索夹、索鞍、吊杆等的紧固螺栓应保持其原设计受力状态,若发现松动应及时紧固。

③若吊杆有明显摆动、倾斜或检查发现其受力变化,应查明原因。若索夹松动,应使其复位并紧固锚栓;若拉杆螺栓松动,应予拧紧;若吊索锚头出现松动,应予更换。吊杆复位后应进行索力检测。

④未做衬砌的岩石锚室或锚洞,若有表面风化或表面裂纹,应用环氧树脂砂浆或钢丝网水泥砂浆进行处理。

4. 常见病害加固方法及适用范围

1)减少悬索桥竖向变位的加固方法

(1)设置中央构件,把加劲梁与主缆索在跨中联结起来。

(2)把直吊杆(索)改为斜吊杆(索)或交叉斜吊杆(索)。

(3)增加斜拉索改变结构受力体系,斜拉索可设在主跨四分之一跨径区段,并妥善解决斜拉索与加劲梁及索塔的锚固,同时注意解决索塔受力平衡问题。

2)减少悬索桥横向摆动的加固方法

(1)在桥的两岸上、下游对称增设侧风缆,风缆锚固于悬索桥的加劲梁上,锚固位置可选在四分之一跨至跨中之间。

(2)在桥的上、下游各架设一根跨河钢缆,其高度可略低于桥面,用钢丝绳将加劲梁与过河钢缆作多点联结,适当张紧形成抛物面网。

(3)加强加劲梁的水平风撑,加大横向刚度。

3)主缆垂度调整

对采用少量索股的悬索桥,结构条件许可时,才可对主缆的垂度进行调整。先将要调整的主缆一侧的恒载卸载,放松索夹,用卷扬机或其他张拉设备逐股张紧主缆索索股,再用调整索股端头的螺杆固定。

4)索鞍座复位

当索鞍座偏移超出设计允许值时,可用千斤顶将其与辊轴归位。

5)锚旋板及锚室结构开裂、变形

应及时查明原因,进行加固处理。锚旋板开裂,可增补钢筋混凝土锚旋板,支撑开裂或破损可增加型钢支撑;若锚室发生变形、位移,可用增加压重等方法处理。

七、墩台基础

墩台基础的混凝土常见质量问题及处理措施见混凝土的常见质量问题及处理措施,其病害加固方法及适用范围如下:

1.地基承载力不足时可采用的加固措施

1)重力式基础的加固

(1)在刚性实体基础周围浇筑混凝土扩大基础。一般应修筑围堰,抽干水后开挖基坑,再浇筑混凝土。新旧基础(承台)之间可埋置连接钢筋,并将旧基础表面刷洗干净、凿毛,使新旧混凝土连成整体。

(2)当梁式桥桥台基础承载能力不足时,可在台前增加桩基及柱,并浇筑新盖梁、增设支座。这时梁的支点发生变化,应根据结构受力变化对主梁进行检算及加固。

(3)对于拱桥基础,可在桥台两侧加设钢筋混凝土实体耳墙,并将耳墙与原桥台用钢销连接或其他连接起来,增大桥台基础面积,提高桥台承载力。

(4)当桥下净空允许时,可在台前加建新的扩大基础及台身,将主拱改建为变截面拱支承到新基础及台身上。新老基础之间用钢筋或钢销进行连接,有条件时可在台前新基础下增加短桩,以提高承载力。

2)桩基础的加固

(1)可采用加桩加固。可用钻孔桩或打入桩增设基桩,并扩大原承台。对单排架桩式桥墩采用加桩加固时,如原有桩距较大(4~5倍桩径),可在桩间插桩。如原有桩距较小,但通航净空有富裕时,可在原排架两侧增加新桩,变为三排式墩桩。

(2)对钻孔灌注桩桩身损坏,露筋、缩颈等质量问题,可采用灌(压)浆或扩大桩径的方法进行维修加固。

3)其他地基加固

对墩台基础以下的地层,采用注浆、旋喷注浆或深层搅拌等方法,将各种浆液及加固剂注入或搅拌于土层中,通过浆液凝固使原来松散的土固结,成为有足够强度和防渗性能的整体。所采用的材料应通过试验确定。

2. 墩台基础防护加固

墩台基础局部被冲空时,可分情况采取下列加固措施:

(1)水深3m以下,可筑围堰将水抽干,以砌石或混凝土填补冲空部分。桥台基础采用上述方法加固时,还应修整或加筑护坡。

(2)水深3m以上,可在基础四周打板桩或做其他围堰,灌注水下混凝土。也可用编织袋装干硬性混凝土(每袋装量为袋容积的2/3),通过潜水作业将袋装混凝土分层填塞冲空部分,填塞范围比基础边缘宽0.4m以上。

(3)当基础置于风化岩层上,基底外缘已被冲空时,应先清除岩层严重风化部分,再用混凝土填补。对基础周围的风化岩层还应用水泥砂浆进行封闭。

(4)当河床不稳定,基础埋置较浅,冲刷范围较大时,可采用平面防护加固,其范围要覆盖全部冲刷坑。方法是打梅花桩,桩间用块、片石砌平卡紧;用块、片石防护或用水泥混凝土板、水泥混凝土预制块防护;用铁丝笼、竹笼等柔性结构防护。

(5)墩台周围河床冲刷严重,危及基础安全时,除分别采用上述方法进行防护加固外,在洪水期过后,采取必需的调治构造物防护措施。

3. 桥台滑移

桥台发生滑移和倾斜时,应分析原因,根据不同情况采用下列加固方案:

(1)梁式桥或陡拱因台背土压力过大,造成桥台向桥孔方向位移,可采取下列方法进行加固:

①挖除台背填土,改用轻质材料回填,减轻台后土压力,以使桥台稳定。拱桥在换填材料时,应维持与拱推力的平衡,如在桥孔设临时拉杆或在后台设临时支撑。挖去台背填土,加厚台身。

②对于单跨的小跨径梁式桥,可在两桥台基础之间增设钢筋混凝土支撑梁或浆砌片石支撑板,支撑顶面应不高于河床。埋置式桥台可采用挡墙、支撑杆或挡块等进行加固。

(2)拱桥桥台产生向台后方向位移,可根据不同情况采用下列加固方法:

①在U形桥台两侧加厚翼墙。翼墙与原桥台应牢固结合,增大桥台断面和自重,以抵抗水平位移。若为一字形桥台,可增设翼墙变为U形桥台。

②当桥台的位移尚未稳定时,可在台后增设小跨引桥和摩擦板,以阻止桥台继续位移。

③当桥下净空许可时,可在墩台之间设置拉杆承受推力,限制水平位移。对于多孔拱桥,要注意各孔之间的推力平衡。

4. 墩台基础沉降的加固

若桥梁墩台发生了较明显的沉降、位移,除按本节前述的方法加固外,还可采用下述方法使上部结构复位:

(1)梁式桥上部结构状况基本完好,桥面没有损坏,下部地基较好时,可对上部结构整体或单孔顶升，然后加设垫块、调整支座。

（2）梁式桥上部结构状况基本完好，但桥面损坏严重时，可凿除桥面及主梁之间的连接，将主梁逐一移位，加厚盖梁，重新安装主梁，并重新铺装桥面。

（3）拱桥桥台发生位移，使拱轴线变形较大、承载能力不足时，可采用顶推方法调整拱轴线，恢复其承载能力。

第五章　隧道工程质量监理

第一节　隧道工程施工准备

一、概述

1. 隧道工程的功能与作用

隧道是修建在地层中的工程建筑物，广泛用于公路、铁路、矿山、水利、市政和国防等方面。在高等级公路建设中，为了满足技术标准，克服地形和高程上的障碍，改善公路的平面线形、提高车速、减少对植被的破坏、保护生态环境，避免山区公路的各种病害（如落石、塌方、雪崩、泥石流等），常常需修建隧道。修建隧道既能保证线路平顺，行车安全，提高舒适性和节省运费，又能增加隐蔽性，提高防护能力和不受气候影响。

隧道工程施工，是一个复杂的系统工程，其特点是除洞口和洞门是在露天施工外，其余各项工程都在地下进行施工作业。由于它空间有限，工作面狭小，光线暗，劳动条件差，施工难度较大。

2. 隧道工程的分类

公路隧道一般可分为三大类：一类是修建在岩层中的，称为岩石隧道；一类是修建在土层中的，称为软土隧道；一类是修建于江、河、湖、海、洋下的，称为海底隧道。公路隧道按长度（两端洞口衬砌端面与隧道轴线在路面顶交点的距离）分类见表 5-1。

公路隧道按长度分类　　表 5-1

分类	特长隧道	长隧道	中隧道	短隧道
长度 L(m)	$L>3000$	$1000<L\leqslant3000$	$500<L\leqslant1000$	$L\leqslant500$

3. 隧道内轮廓及几何尺寸拟定

隧道衬砌是一种超静定结构，所以按超静定结构设计，一般是根据工程类比和设计者的经验首先假定断面尺寸，然后经分析计算、检算，修正假定尺寸，并反复这个过程，最终确定合理的断面形式和尺寸。

设计衬砌断面主要解决内轮廓线、轴线和厚度三个问题。

衬砌的内轮廓线应尽可能地接近建筑界限，力求开挖和衬砌的数量最小。衬砌内表面力求平顺（受力条件有利），还应考虑衬砌施工的简便。

衬砌断面的轴线应当尽量与断面压力曲线重合，使各截面主要承受压应力。为此，当衬砌受径向分布的水压时，轴线以圆形最好；主要承受竖向压力或同时承受不大的水平侧压力时，可采用三心圆拱和直墙式衬砌；当承受竖向压力和较大侧压力时，宜采用五心圆曲墙式衬砌；当有沉陷可能和受底压力时，宜采用加设仰拱的曲墙式衬砌。

衬砌各截面厚度随所处地质条件和水文地质条件不同而有较大变化，并且与隧道的跨径、荷载大小、衬砌材料以及施工条件等有关。根据以往经验，拱圈可以采取等截面，也可采取在拱脚部分加厚20% ~50%的变截面。仰拱厚度一般略小于拱顶厚度。

但从施工和衬砌质量要求出发，不应小于《公路隧道设计规范　第一册　土建工程》(JTG 3370.1—2018)规定的最小厚度，其值列于表5-2。

截面最小厚度(mm)　　表5-2

建筑材料种类	隧道和明洞衬砌			洞门端墙、翼墙和洞口挡土墙
	拱圈	边墙	仰拱	
混凝土	200	200	200	300
片石混凝土	—	—	—	500

4. 隧道围岩工程性质、分级

隧道围岩是指隧道(坑道)周围一定范围内，对隧道(坑道)稳定性能产生影响的岩(土)体。隧道周围的地层可以是软硬不一的岩石，也可以是松散的土，我们把土视为一种特殊的(风化破碎严重的)岩石，所以隧道周围的地层，不管是土体还是岩体，统称为围岩。

从力学分析的角度来看，围岩的边界应划在因开挖隧道而引起的应力变化可以忽略不计的地方，或者说在围岩的边界上因开挖隧道而产生的位移应该为零，这个范围在横断面上约为6 ~10倍的洞径。当然，若从区域地质构造的观点来研究围岩，其范围要比上述数字大得多。

围岩的工程性质，一般包括三个方面：物理性质、水理性质和力学性质。而对围岩稳定性最有影响的则是力学性质，即围岩抵抗变形和破坏的性能。

经过长期的隧道工程实践，以铁路隧道围岩分级的标准为基础，参考国内外有关围岩分级的成果，我国提出了适合我国公路隧道实情的围岩分级标准。下面介绍围岩分级的出发点和依据。

1)公路隧道围岩分级的出发点

隧道围岩分级是对隧道开挖后围岩稳定程度的分级和评价。构成围岩分级的前提是大量的隧道工程实践，在归纳、统计分析类似地质条件的基础上，通过定量和定性确定影响隧道围岩稳定性的因素，就得到隧道围岩的分级。因此，围岩分级的因素，也就是影响隧道围岩稳定性的因素。

主要考虑了以下几点：

(1)强调岩体的地质特征的完整性和稳定性，避免单一的岩石强度指标分级的方法；

(2)分级指标应采用定性和定量指标相结合的方式；

(3)明确工程目的和内容，并提出相应的措施；

(4)分级应简明，便于使用；

(5)应考虑吸收其他围岩分级的优点，并尽量和我国其他工程分级一致。

2)分级需考虑的指标和因素

主要考虑了以下几类影响围岩稳定性的指标和因素。

(1)岩体的结构特征与完整性。

岩体结构的完整状态是影响围岩稳定性的主要因素,目前主要是根据表5-3进行划分的,当风化作用使岩体结构发生变化,松散、破碎、软硬不一时,应结合因风化作用造成的各种状况,综合考虑确定围岩的结构完整状态;地质构造影响程度按表5-4确定。

岩体完整程度的定性划分 表5-3

名称	结构面发育程度		主要结构面的结合程度	主要结构面(节理)的类型	相应结构类型
	组数	平均间距(m)			
完整	1~2	>1.0	好或一般	节理、裂隙、层面为原生型或构造型密闭	整体状或巨厚层结构
较完整	1~2	>1.0	差	节理、裂隙、层面呈X形,较规则,以构造型为主,多数为密闭部分微张,少有充填物	块状或厚层状结构
	2~3	0.4~1.0	好或一般		块状结构
较破碎	2~3	0.4~1.0	差	节理、裂隙、层面、小断层不规则,呈X形或米字形;以构造型或风化型为主,大部分张开,部分有充填物	裂隙块状或中厚层结构
	≥3	0.2~0.4	好		镶嵌碎裂结构
			一般		中、薄层状结构
破碎	≥3	0.2~0.4	差	各种类型结构面以风化型和构造型为主,微张或张开,均有充填物	裂隙块状结构
		≤0.2	一般或差		破裂状结构
极破碎	无序	—	很差	—	散体状结构

围岩受地质构造影响程度等级划分表 表5-4

等级	地质构造作用特征
轻微	围岩地质构造变动小,无断裂(层);层状岩一般呈单斜构造;节理不发育
较重	围岩地质构造变动较大,位于断裂(层)或褶曲轴的邻近地段,可有小断层,节理较发育
严重	围岩地质构造变动强烈,位于褶曲轴部或断裂影响带内;软岩多见扭曲及拖拉现象;节理发育
很严重	位于断裂破碎带内,节理很发育;岩体破碎呈碎石、角砾状,有的甚至呈粉末、土状

(2)岩石强度。

将岩浆岩、沉积岩、变质岩按岩性、物理力学参数、耐风化能力和作为建筑材料的要求划分为硬质岩石及软质岩石二级,依饱和抗压极限强度 R_c 与工程的关系分为四种,其标准及代表性岩石见表5-5;当风化作用使岩石成分改变、强度降低时,应按风化后之强度确定岩石等级。

岩石等级划分表 表5-5

岩石等级		饱和抗压极限强度 R_c(MPa)	耐风化能力		代表性岩石
			程度	现象	
硬质岩石	坚硬岩	>60	强	暴露后1、2年尚不易风化	1. 花岗岩、闪长岩、玄武岩等岩浆岩类; 2. 硅质、铁质胶结的砾岩及砂岩、石灰岩、白云岩等沉积岩类; 3. 片麻岩、石英岩、大理岩、板岩、片岩等变质岩类
	较坚硬岩	60~30			

续上表

岩石等级		饱和抗压极限强度 R_c(MPa)	耐风化能力		代表性岩石
			程度	现象	
软质岩石	较软岩	30~15	弱	暴露后数日至数月即出现风化壳	1. 凝灰岩等喷出岩类; 2. 泥砾岩、泥质砂岩、泥质页岩、灰质页岩、泥灰岩、泥岩、劣煤等沉积岩类; 3. 云母片岩和千枚岩等变质岩类
	软岩	15~5			
	极软岩	<5			

(3)围岩基本质量指标 BQ。

根据上述岩石坚硬程度和岩体完整程度两个基本因素的定性、定量特征,根据式(5-1)确定围岩基本质量指标 BQ,并由此对围岩进行初步分级。其中,岩体完整程度的定量指标用岩体完整系数 K_v 表达。K_v 一般用弹性波探测值,如无探测值时,可根据岩体体积节理数 J_v、按表 5-6 确定对应的 K_v。此外,K_v 与定性划分岩体完整程度的对应关系可按表 5-7 确定。

J_v 与 K_v 对照表 表 5-6

J_v(条/m^3)	<3	3~10	10~20	20~35	≥35
K_v	>0.75	0.75~0.55	0.55~0.35	0.35~0.15	≤0.15

K_v 与定性划分岩体完整程度的对应关系 表 5-7

K_v	>0.75	0.75~0.55	0.55~0.35	0.35~0.15	<0.15
完整程度	完整	较完整	较破碎	破碎	极破碎

(4)地下水等影响因素。

在早期的围岩分级中,主要考虑地下水因素对围岩分级的影响。遇有地下水时,根据围岩等级,一般采用降级处理的方法。比如,在Ⅰ级围岩或属于Ⅱ级的硬质岩石中,可不考虑降低;在Ⅰ级围岩或属于Ⅱ级的软质岩石中,应根据地下水的性质、水量大小和危害程度调整围岩级别,当地下水影响围岩稳定产生局部坍塌或软化软弱面时,可酌情降低 1 级;Ⅳ级、Ⅴ级围岩已成碎石状松散结构,裂隙中有黏性土充填物,地下水对围岩稳定性影响较大,可根据地下水的性质、水量大小、渗流条件、动水和静水压力等情况,判断其对围岩的危害程度,可变差 1~2 级;在Ⅵ级围岩中,分级中已考虑了一般含水地质情况的影响,在特殊含水地层,需另作处理。

《公路隧道设计规范 第一册 土建工程》(JTG 3370.1—2018)对围岩分级时,不仅考虑了水的影响,还考虑了软弱结构面和初始高地应力的因素,并对前述岩体基本质量指标 BQ 进行修正,得到围岩基本质量指标 BQ 的修正值[BQ],如式(5-1)所示:

$$[BQ] = BQ - 100(K_1 + K_2 + K_3) \tag{5-1}$$

式中:[BQ]——岩体修正质量指标;

K_1——地下水影响修正系数;

K_2——主要软弱结构面产状影响修正系数;

K_3——初始应力状态影响修正系数。

3)公路隧道围岩分级

根据调查、勘探、试验等资料,并对以上指标和因素进行分析,公路隧道围岩分级将围岩分为六级,表 5-8 给出了各级围岩的主要定性特征和围岩基本质量指标 BQ 或修正值[BQ]。

各级围岩的主要定性特征和围岩基本质量指标　　表 5-8

围岩级别	围岩或土体主要定性特征	围岩基本质量指标 BQ 或围岩修正质量指标[BQ]
Ⅰ	坚硬岩(饱和抗压极限强度 R_b >60MPa),岩体完整,巨块状或巨厚层状整体结构	>550
Ⅱ	坚硬岩(R_b >30MPa),岩体较完整,块状或厚层状结构较坚硬岩,岩体完整,块状整体结构	451 ~550
Ⅲ	坚硬岩,岩体较破碎,巨块(石)碎(石)状镶嵌结构较坚硬岩或较软硬质岩,岩体较完整,块状体或中厚层状结构	351 ~450
Ⅳ	坚硬岩,岩体破碎,碎裂(石)结构较坚硬岩,岩体较破碎~破碎,镶嵌碎裂结构较软岩或软硬岩互层,且以软岩为主,岩体较完整~较破碎,中薄层状结构	251 ~350
	土体:1. 压密或成岩作用的黏性土及砂性土 2. 黄土(Q_1,Q_2) 3. 一般钙质,铁质胶结的碎、卵石土,大块石土	—
Ⅴ	较软岩,岩体破碎软岩,岩体较破碎~破碎及全部极软岩和全部极破碎岩	≤250
	一般第四系的半干硬至硬塑的黏性土及稍湿至潮湿的一般碎、卵石土,圆砾,角砾土及黄土(Q_3、Q_4)。非黏性土呈松散结构,黏性土及黄土呈松软结构	—
Ⅵ	软塑状黏性土及潮湿、饱和粉细砂层、软土等	—

公路隧道围岩分级表中“围岩级别”和“围岩主要定性特征”栏,不包括特殊地质条件的围岩,如膨胀性围岩、多年冻土等。层状岩层的层厚划分为:

厚层:大于 0.5m;

中层:0.1 ~0.5m;

薄层:小于 0.1m。

4)隧道施工围岩分级

围岩分级的重要发展趋势是加强施工阶段围岩级别的判定。只有施工阶段的判定才是最直接、最可靠的判定,由于施工后的隧道地质状态已充分暴露,这给围岩级别的判定创造了极好的条件。因此,施工阶段围岩级别的判定是一个重要而现实的问题。

施工阶段围岩分级的评定因素采用围岩坚硬程度、围岩完整程度和地下水状态 3 项因素,细分为 13 个子因素,见图 5-1。

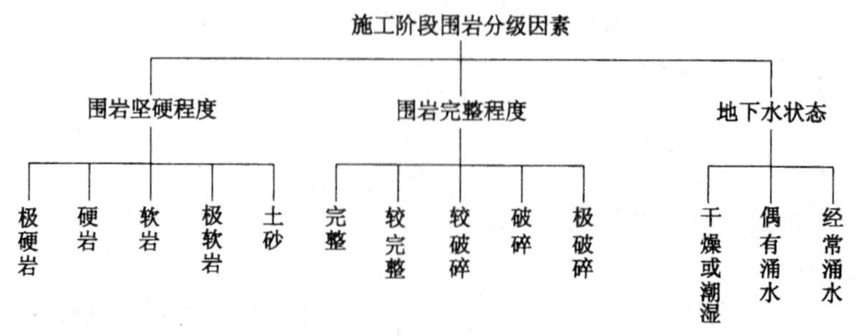

图 5-1　施工阶段围岩分级的评定因素

采用数据评价围岩的完整程度。由于隧道开挖,掌子面的地质状态暴露无遗,为评定掌子面的稳定性提供了充分的基础。根据对国内外施工阶段围岩分级的调查,应采用多种方法对围岩完整程度进行分级,采用定性和定量相结合的方法,如可采用图5-2的指标,对围岩完整程度进行划分。

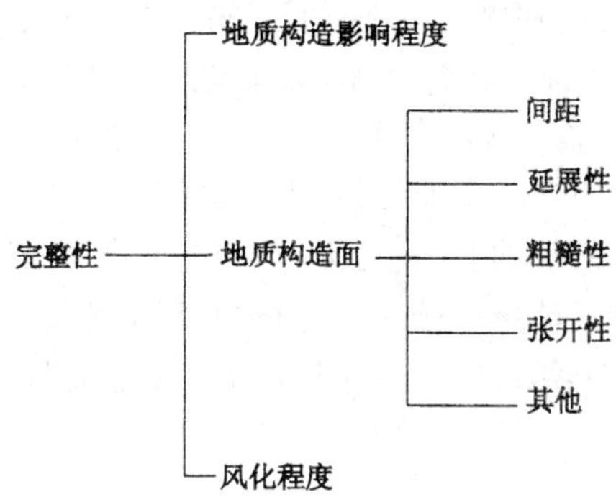

图5-2　施工阶段围岩分级完整程度的分级指标

二、施工组织

1. 施工准备

施工准备是整个工程建设的序幕和整个工程按预期开工的重要保证。施工准备一般是分阶段进行的,在开工前的准备工作比较集中,开工以后随着施工的进展,各工种施工之前也都有相应的准备工作。因此施工准备工作又是经常性的,需要适应施工中经常变化的客观因素的影响。

隧道工程项目施工准备工作按其性质及内容通常包括技术准备、物资准备、劳动组织准备、施工现场准备和施工场外准备。

1)技术准备

技术准备是施工准备最重要的内容。任何技术的差错或隐患都可能危及人身安全和引起质量事故,造成巨大的损失。认真地做好技术准备工作,是工程顺利进行的保证,具体有以下内容:

(1)熟悉、审查施工图纸及有关设计资料。

①了解设计意图,对工程性质,平、纵布置,结构形式都要认真研究掌握。

②相关设计文件及说明是否符合国家有关技术规范;设计图纸及说明是否完整,图中的尺寸是否正确,图纸之间是否有矛盾。

③对工程作业难易程度作出判断,明确工程的工期要求。

④工程使用的材料、配件、构件等采购供应是否有问题,能否满足设计要求。

(2)调查工程所在地区自然条件(地形、地质、水文、气象等)的勘查资料和施工技术资料。

①自然条件调查。地形情况调查内容包括地形地貌、河流、交通、工程区域附近建筑物情况的调查。地质调查内容包括地层地质构造、性质、围岩类别和抗震级别的调查。水文地质调查内容包括附近河流流量、水质、最高洪水位、枯水期水位,地下水的质量、含水层厚度、流向、

流量、流速、最高及最低水位等的调查。气象资料调查内容包括气温情况、季节风情况、雨量、积雪、冻结深度、雨季及冬季期限的调查。地下障碍物调查内容包括各种地下管线、地下防空洞、附近建筑物基础、文物等的调查。

②技术经济条件调查。调查内容包括工地附近可能利用的场地、需要拆迁的建筑、可以租用的民房等;当地可利用的地方材料和供应量;交通运输能力及当地可能提供的交通运输工具,已经修建为施工服务的临时运输道路、桥梁、码头等的可能性与条件;水、电、通信情况,当地可能支援的劳动力的数量及技术水平,以及医疗卫生、文化教育、消防治安等机构的供应和支持能力。

(3)根据获得的工程控制测量的基准资料,进行复核和校核,确定工程的测量网。

(4)在调查获得的新资料的基础上,确定施工方案,补充和修改施工设计。

(5)编制施工图预算和施工预算。按照确定的施工方案和修改的施工图设计,根据有关的定额和标准,编制工程造价的经济文件。施工预算按照施工图预算,根据施工组织设计和施工定额进行编制。

2)物资准备

隧道工程施工的物资准备工作,主要包括现场的基本条件和所需的材料和设备。

开工前必须准备的基本条件有:施工道路,施工所用的水、电、气、通信设施;施工场地的平整和布置;修建施工的临时用房(机械修理房、木材加工房、炸药库房、生活用房、办公室、会计室、调度室等);搭建工程用房(压缩空气房、配电房、水泥搅拌房、材料检测房等)。

所需的材料和设备主要有:建筑材料、构件加工设备、工程施工设备(施工机具和设备、运输车辆)、安装设备等。

根据施工设计、施工预算和施工进度的计划,按各阶段施工需求量,计划组织货源和安排。

3)劳动组织准备

(1)工程项目的组织机构。根据工程项目的规模、结构特点和复杂程度,按照因事设职、因职选人、密切协作相结合的原则,组建工程项目的组织机构。

(2)工程项目的施工队伍。施工队伍的组建应根据该工程的劳动力需要量计划,考虑专业、工种的合理搭配,强化技术骨干的主导作用,技工、普工的比例要满足合理的劳动组织,符合流水施工组织方式的要求。

(3)建立健全各项管理制度。建立、健全工地的各项管理制度,是工程顺利进行的保证。内容一般有:工程质量检查与验收制度、工程技术档案管理制度、建筑材料(构件、配件、制品)的检查验收制度、技术责任制度、施工图纸学习与会审制度、技术交底制度、工地及班组经济核算制度、材料出入库制度、安全操作制度、劳动制度和机具使用保养制度等。

施工准备的各项工作相互关联,互为补充和配合。要保证施工准备工作的责任和检查制度,应加强与业主、设计单位和当地政府的协调工作,健全施工准备工作的责任和检查制度,在施工全过程中,有组织、有计划地进行。

2.隧道工程施工准备阶段的质量监理

1)深入工地现场,做好调查工作

(1)预测隧道施工对地表和地下已建结构物的影响。

(2)了解施工现场布置与洞口的相邻工程、弃渣方案、农田水利、征地等的关系。

(3)了解周围建筑物、道路工程、水利工程和电信、电力线等设施的拆迁情况和数量。

(4)调查和测试水源、水质并拟定供水方案。

2)熟悉设计文件来源

(1)了解隧道方案的选定及设计经过,掌握工程的难点和重点。

(2)重点复查对隧道施工和环境保护影响较大的地形、地貌、工程地质及水文地质条件是否符合实际。

(3)核对隧道平面、纵断面设计,了解隧道与所在区段的总平面、纵断面设计的关系。

(4)核对洞门位置、式样、衬砌类型是否与洞口周围环境相适应。

(5)核对设计文件中确定的施工方法、技术措施与施工实际条件是否相符合。

(6)核对洞外排水系统和设施的布置是否与地形、地貌、水文、气象等条件相适应。

3)审核、检查承包人的准备工作

(1)检查施工机械设备的类型、数量、维修和存放地场地;各类施工人员是否进场;施工临时设施的搭建情况。

(2)检查施工总平面布置:运输便道、场区道路、材料堆放场地和临时排水设施等应合理布局,形成网络。

(3)审核承包人的施工方案及施工组织设计。

①施工方案中所安排的工程进度计划的可行性和可靠性;

②隧道各分项工程所采用的施工方案是否合理可行,并且能满足工程质量的要求;

③在隧道施工过程中,质量控制手段和措施是否有效可行;

④施工支护方式是否符合围岩的实际情况,安全防护措施是否能在整个施工过程中得到保证;在施工过程中出现地质情况发生较大变化时,是否已考虑了应变的措施。

(4)复查测量用的基准点及水准点,审核承包人的测量方案,检查承包人测量的精度是否满足要求。

(5)各种原材料(水泥、钢材、砂石料)的产地、数量、质量,供应方案及存储条件。

(6)承包人的质量保证体系是否建立、健全。

3. 控制测量检查

隧道施工测量是隧道工程修建中不可缺少的一环,它必须保证隧道开挖按规定的精度贯通,使衬砌内轮廓线符合设计要求。因此,施工单位必须重视控制点、基准点、水准点的交接和复核工作,并通过三角网或精密导线网对各点进行校核,以确保隧道施工精度。

隧道测量一般要求精度较高,其控制桩点必须稳定可靠。因为公路隧道在施工过程中很难用其他方法检验其结果,而且测量进行是否正确无误并达到必要的精度,只有在隧道贯通时才知道。因此,隧道施工测量必须以规定的精度认真慎重地进行,避免产生严重后果,造成浪费和返工。

(1)承包人应按《公路勘测规范》(JTG C10—2007)洞外控制测量的有关规定进行一切必要的测量和计算工作,并将测量工作计划和采用的方法,报监理工程师批准。

(2)承包人应根据设计文件,会同设计单位交接和复查测量隧道同线桩平面控制导线网或三角网控制点,以及施工测量用的基准点和水准点,并将复测成果报监理工程师复查。

(3)隧道每个洞口应设立中线桩点及两个以上的后视点桩,并设立两个水准点,作为进洞的依据。需进行联测,核对其是否达到精度的要求。

(4)监理工程师应对承包人的测量成果进行检查,隧道平面控制测量的精度、洞内导线测角、量距的精度以及洞口水准点间往返测高差误差值,均应符合现行《公路勘测规范》(JTG C10)的规定。

4. 隧道施工组织设计

1)施工组织设计的分类

(1)按设计阶段分类。

施工组织设计的编制一般同设计阶段相配合。

①设计为两个阶段。施工组织设计分施工组织总设计(扩大初步施工组织设计)和单位工程施工组织设计两种。

②设计为三个阶段。施工组织设计分为施工组织设计大纲(初步施工组织条件设计)、施工组织总设计和单位工程施工组织设计三种。

(2)按编制对象范围分类。

按编制对象范围不同可分为施工组织总设计、单位工程施工组织设计、分部分项工程施工组织设计三种。

①施工组织总设计。施工组织总设计是以隧道为编制对象,以指导整个隧道施工全过程的各项施工活动的综合性文件。一般在初步或扩大初步设计被批准后,在企业的总工程师领导下进行编制。

②单位工程施工组织设计。单位工程施工组织设计是以一个单位工程为编制对象,指导其施工全过程的各项施工活动的综合性文件。一般在施工图设计完成后,在工程开工之前,在工程处的技术负责人领导下进行编制。

③分部分项工程施工组织设计。分部分项工程施工组织设计是以分项工程为编制对象,具体实施施工全过程的各项施工活动的综合性文件。一般同单位工程施工组织设计的编制同时进行,并由单位工程的技术人员负责编制。

施工组织总设计是对整个建设项目的全局性战略部署,其内容和范围比较概括;单位工程施工组织设计是在施工组织总设计的控制下,以施工组织总设计和企业施工计划为依据编制的,针对具体的单位工程,把施工组织总设计的内容具体化;分部分项工程施工组织设计是以施工组织总设计、单位工程施工组织设计和企业施工计划为依据编制的,针对具体的分部分项工程,把单位工程施工组织设计进一步具体化,它是专业工程具体的施工组织设计。

(3)按编制内容复杂程度分类。

施工组织设计按编制内容复杂程度可分为完整的施工组织设计和简单的施工组织设计两种。

①完整的施工组织设计。对于规模大、结构复杂、技术要求高,采用新结构、新技术、新材料和新工艺的新建工程项目,必须编制内容详尽的完整施工组织设计;

②简单的施工组织设计。对于工程规模小、结构简单、技术要求和工艺方法不复杂的拟建工程项目,可以编制仅包括施工方案、施工进度计划和施工总平面布置图等简单的施工组织设计。

2)隧道施工组织设计的内容

(1)隧道工程施工组织总设计的内容。

①编制的依据和原则;

②建设项目工程概况(项目用途、工期、经费来源、自然条件、环境条件、勘探资料)；
③施工计划及主要施工方案(正常施工、特殊施工)；
④施工准备工作计划(任务划分、工序安排、劳动力组织、经济安排、临时设施)；
⑤施工总进度和季(月)计划；
⑥资源需要量计划(材料、水、电、气、设备、人员)；
⑦施工总平面图；
⑧主要施工技术措施(包括采用新技术、新工艺)；
⑨质量、安全、节约的技术措施；
⑩技术经济指标。
(2)施工组织设计主要图表。
①施工工序图、施工网络图、施工组织进度图；
②工班劳动力的组织循环图及劳动力需求表；
③年度材料需求计划表；
④人员组织结构图；
⑤施工场地布置详图；
⑥给水、排水、电力、通信设计图；
⑦通风设计图；
⑧交通运输图；
⑨弃渣平面图；
⑩钻爆施工图。
3)施工组织设计的编制

施工组织设计由中标的施工企业编制,编制的依据是合同书要求条款、设计文件、业主和施工会议确定的有关文件要求,对结构复杂、地质条件差、施工难度大或采用新工艺、新技术的项目,要进行专业性研究,通过专家审定,报业主审批后采用。

在编制过程中,要充分发挥各职能部门的作用,共同来编制施工组织设计。特别注意的是遵守合同条款要求,保证工程质量和施工安全;做到统筹计划、科学合理、经济实用。

第二节　隧道开挖施工质量监理

一、隧道洞口、明洞与浅埋段工程

隧道洞口工程一般包括洞外土石方开挖、边仰坡护砌、截水沟修砌、明洞及洞门修筑等工程。洞口工程施工除了要给洞内施工创造条件外,还要稳固因隧道施工可能引起的坡面失稳现象。尤其是洞口坡面存在较大规模滑动、坍塌、落石可能时,监理工程师应预先提醒承包人采取施工措施,或要求承包人按设计文件及时施作工程设施,以避免产生严重的工程事故。

1. 隧道洞口开挖

1)开挖作业内容及要求

开挖洞口土石方、清刷洞口边仰坡及进洞开挖方法、挖掘洞外截水沟等是洞外开挖的主要

工程。各项工程及互有影响的桥涵与路基支挡等结构,应综合考虑,妥善安排,尽早完成。开挖作业应符合下列规定:

(1)确定合理开挖步骤和循环进尺,保持各开挖工序相互衔接,均衡施工。

(2)应采用有效的测量手段控制开挖轮廓线,开挖宜预留变形量。

(3)监控量测应及时进行,地质变化处和重要地段,应有相应照片或文字描述记载。

(4)开挖作业必须保证安全,宜减少对围岩的扰动。

2)开挖方法

开挖方法主要有全断面法、台阶法,以及环形开挖留核心土法、中隔壁法、双侧壁导坑法及中导洞法等其他施工方法。应根据隧道长度、断面大小、结构形式、工期要求、机械设备、地质条件等,选择适宜的开挖方案,并具有较大适应性。变换开挖方法时,应有过渡措施。

(1)全断面法可用于Ⅰ~Ⅲ级围岩的中小跨径隧道,Ⅳ级围岩中跨径隧道和Ⅲ级围岩大跨径隧道在采用了有效的预加固措施后,也可采用全断面法开挖。对于邻近有建筑物、需要控制爆破振动速度的隧道,用全断面开挖时,可以选择导洞超前再全断面扩挖的方法施工,但应控制导洞超前距离。

(2)台阶法可用Ⅲ~Ⅳ级围岩的中小跨径隧道,Ⅴ级围岩的中小跨径隧道在采用了有效的预加固措施后亦可采用台阶法开挖。采用台阶法施工时应符合下列规定:

①上台阶高度宜为2.5m,装渣机械应紧跟开挖面,减少扒渣距离。

②控制上台阶钢架下沉和变形,可采用扩大拱脚和加强锁脚锚杆、加设临时仰拱等措施。

③当岩体不稳定时,应缩短进尺,先施工边墙支护,后开挖中间土体,左右错开或拉中槽后再挖边墙,并及时施工仰拱。

3)开挖质量要求

洞外开挖质量有如下要求:

(1)路槽开挖技术要求详见表5-9。

路槽开挖实测项目允许偏差 表5-9

检 查 项 目	允许偏差或允许值	检查频率要求
路基顶面高程(mm)	+0,-30	每100m用水准仪测3点
中线偏位(mm)	±50,-50	每100m用经纬仪测3点
路基宽度(mm)	+100,-0	每100m用尺测3处
横坡度(%)	±0.3	每100m测3处
路基平整度(mm)	20~30	每100m用3m直尺测2处
边仰坡坡度	不陡于设计值	每100m测2处

外观鉴定:

①路基表面平整,边线顺直。

②坡面平顺稳定、曲线圆滑、无松石垮坡。

③边沟排水顺畅。

(2)截水沟、排水沟开挖技术要求详见表5-10。

截水沟、排水沟开挖实测项目允许偏差 表 5-10

检 查 项 目	允许偏差或允许值	检查频率要求
沟底纵坡	符合设计要求	每 200mm 用水准仪测 4 点
断面尺寸	不小于设计值	每 200m 用尺量 2 处
边坡坡度	不陡于设计值	每 200m 检查 2 处
边棱直顺度(mm)	±50	每 200m 拉线检查 2 处

外观鉴定:沟底有无阻水现象。

2. 隧道洞口边坡防护监理要点

坡面防护是指防止边仰坡开挖面因受水、风、温度和其他作用而恶化的措施,包括喷射混凝土锚杆加固、砌石护面、铺种草皮,也包括支撑侧向土压力、防止土坡坍塌、保证边坡稳定的挡土墙。洞口边仰坡的防护措施,应按图纸的要求办理,如情况有变化或设计文件未作规定,应按监理工程师的指示办理。

对于岩石坡面,采用喷射混凝土封闭表面,使用锚杆深层锚固稳定坡面,防止岩土表面风化。锚杆、钢筋网、喷射混凝土是喷锚加固坡面常采用的组合构造。也可单独使用锚杆或喷射混凝土防止坡面落石,或岩块松动;采用预应力锚索稳定坡体防止坡面滑动;采用喷射混凝土封闭土体坡面,可起到避免雨水冲刷、浸湿软化的作用。施工时,监理工程师应根据锚喷加固的目的,注意以下几方面:

(1)锚喷加固应按坡面开挖顺序由上至下分段实施,一般为先锚后喷,或挂网后再喷。

(2)喷射混凝土前,应清除松动的和已经风化的岩石与浮土,最好能将坡面修整平整。

(3)对于有地表水流经的地段,或有地下水出露处,要先设置排水设施或埋设排水管等进行引排后,方可喷射混凝土;对于软弱岩体或土体的坡面,如喷射混凝土封闭后会因水位升高、地下水压力增大而引起坡面失稳,则需事先埋入透水排水网管,并不得让混凝土堵塞管口。

(4)坡面锚固系统锚杆,一般要求垂直坡面安置,但还应根据坡体的结构面组合,并对其方向做适当调整,尽量使锚杆能加固多的岩石层面。

(5)局部锚固锚杆的设置要根据岩块滑落或坠落趋势确定锚固方向,根据岩块尺寸和滑落力确定锚杆长度及根数。

(6)钢筋网铺设应与第一次喷射混凝土层密贴,并与锚杆连接牢靠,后续喷射混凝土层应覆盖钢筋网,不得裸露在外。

坡面防护质量有如下要求:

(1)浆砌片(块)石护面墙技术要求详见表 5-11。

浆砌片(块)石护面墙的实测项目 表 5-11

检 查 项 目	允许偏差或容许值	检查频率及要求
砂浆强度	在合格标准内	试件强度
表面平整度(mm)	50(20)	每 20m 用 2m 直尺检查 5 处
顶面高程(mm)	±20(±15)	每 20m 用水准仪测 3 处
垂直度(成坡度)(%)	0.5(0.3)	每 20m 检查 3 处
断面尺寸(mm)	±50(±30)	每 20m 检查 2 处

外观鉴定:

①砌体直顺圆滑,表面平整清洁,砂浆饱满,无空洞现象。

②勾缝平顺,无脱落现象。

(2)干砌片(块)石护面墙技术要求详见表5-12。

干砌片(块)石护面墙的实测项目　表5-12

检查项目	允许偏差或允许值	检查频率及要求
强度	在合格标准内	试件强度
表面平整度(mm)	5	2m靠尺测量:拱部不少于2处,墙身不少于4处
外形尺寸	不小于设计值	每边不少于4处

外观鉴定:

①砌体应顺适,表面平整、美观。

②石块应嵌挤紧密、不松动。

(3)浆砌片(块)石挡土墙技术要求详见表5-13。

浆砌片(块)石挡土墙的实测项目　表5-13

检查项目	允许偏差或允许值	检查频率及要求
砂浆强度	满足设计要求	试件强度
平面位置(mm)	50	仪器测量:每边不少于4处;2m靠尺测量:拱部不少于2处,墙身不少于4处
顶面高程(mm)	±20	
断面尺寸	不小于设计值	
平整度(mm)	块石:20;料石:30;混凝土块料石:10	拱部不少于2处,墙身不少于4处;2m靠尺测量
垂直度(或坡度)(%)	0.5	每边不少于4处,吊垂线测量

外观鉴定:

①墙直、弯顺、砌筑面平整。

②砌体无空洞、勾缝平顺、无脱落现象。

③泄水孔坡度向外、无堵水现象。

④沉降、收缩缝整齐竖直、上下贯通。

3.隧道洞口建筑及监理要点

隧道洞门结构起到稳定洞口边仰坡、防避洞口上方塌方落石的作用,通常采用浆砌块石或现浇混凝土支挡构造;隧道洞门还有美化洞口的作用。洞门形式除考虑受力条件外,还应与环境及相邻建筑的自然景观相协调,所以要特别重视洞门的施工质量。

1)隧道洞门

隧道洞门的形式多种多样,归结起来,可以说都是基本形式的变化,以适合洞口实际的地形、地质条件和自然环境。隧道洞门应在隧道开挖的初期完成,并应符合下列规定:

(1)基础必须置于稳固的地基上,废渣、杂物、风化软层和水泥必须清除干净。

(2)洞门端墙的砌筑与回填应两侧对称进行,不得对衬砌产生偏压。

(3)端墙施工应保证其位置准确和墙面坡度满足设计要求。

(4)洞门衬砌完成后,其上方仰坡脚受破坏时,应及时处理。

(5)洞门的排水设施应与洞门工程配合施工,同步完成,

(6)洞门的排水沟砌筑在填土上时,填土必须夯实。

2)隧道洞门基本形式

(1)环框式洞门。

洞口地形陡峭,岩层坚硬整体性好,节理不发育、不易风化,开挖后具有稳定的仰坡,且无较大的坡面排水,这样可以采用与洞口衬砌同种混凝土整体灌注的环框作为洞门。环框式洞门的变化形式有削竹式洞门,即将洞口衬砌适量地向外延伸,并以较缓坡度修筑洞门环框,适用于地质条件较差、地形缓坦的洞口。

(2)端墙式洞门。

适用于洞口地形开阔、岩质基本稳定、洞顶排水条件稍差的坡面。洞门为镶套在洞口衬砌上的圬工挡墙或混凝土挡墙。其变化形式有柱式洞门和台阶式洞门,分别适合于地形较陡、地质条件差、洞门较窄和傍山洞门地面横坡较陡的洞门条件。

(3)翼墙式洞门。

当洞口地质情况差,地形等高线与线路近于正交需开挖路堑,山体纵面推力较大或有一定的路堑侧压力时,适宜使用翼墙式洞门。

3)洞门质量要求

洞门端墙、翼墙、挡土墙模板安装质量标准见表5-14,砌石缝允许偏差详见表5-15。

洞门端墙、翼墙、挡土墙模板安装质量标准 表5-14

检 查 项 目	允许偏差或允许值	检查频率及要求
基础边缘位置(mm)	±15,0	测量:每边不少于4处
基础顶面高程(mm)	±10	
边墙边缘位置(mm)	±10,0	
边墙拱脚、端翼墙面顶面高程(mm)	±10	
模板表面平整度(mm)	5	2m靠尺测量最大间隙,每10m每侧连续检查2处
模板表面错台(mm)	2	尺量,不少于4次
预留孔洞(mm)	±10,0	尺量,不少于4次

砌石缝允许偏差表 表5-15

项 目	表面灰缝宽度	两层间竖向错缝	三块石料相接处的空隙	每找平一次的高度	检查频率及要求
浆砌片石(mm)	<40	>80	<70	<1200	不少于7个点,观察、尺量
	<20	>80	—	700~1200	
浆砌塑料石、混凝土预制块(mm)	15~20	>100丁石上下只能一面有竖缝	—	每层找平	不少于7个点,观察、尺量

4. 明洞施工监理要点

拱形明洞一般适用于洞顶覆盖较薄,难于采用暗挖法修建隧道的地段,或受塌方、落石、泥石流等威胁的隧道洞口或路堑地段。拱形明洞净空与隧道一致,可采用与隧道相同的拱架和模板施工。现浇混凝土或钢筋混凝土明洞,结构整体性较好,能承受较大的垂直力和侧压力,但内外墙基础相对位移对内力会产生较大影响,因而对地基要求较高。明洞施工工序繁杂,如开挖、临时防护、绑扎钢筋、模板就位、浇筑混凝土、铺设防水层、隔水层、回填土等都是施工监理的重点。

1)拱形明洞的一般结构形式

(1)路堑对称型。适用于洞顶地面平缓、两侧路堑地质条件基本相同,边坡有落石、坍塌等不良现象,或洞顶覆盖较薄,难以用暗挖法修建隧道的情况。结构形式为对称型高拱。

(2)路堑偏压型。当洞顶地面倾斜,路堑边坡一侧较低,明洞边墙顶以下部分为挖方,有坍塌、落石、泥石流等不良地质现象时应采用此种形式明洞。由于荷载不对称结构也为非对称结构。

(3)半路堑偏压型。适用于外侧地面开敞、稳定,填土坡面线能与地面相交,另一侧边坡或山坡有坍塌、落石或泥石流等不良现象处。这种非对称结构外侧常用刚性边墙以抵抗较大的偏压荷载。

(4)半路堑单压型。适合于外侧地形陡峻,无法填土,另一侧边坡或山坡有坍塌、落石、泥石流等不良现象的地段。这类非对称结构外侧刚性边墙上带有耳墙,以承受回填土侧压力。

2)明洞施工方法

明洞施工方法的选择,应根据地形、地质条件、明洞类型等因素确定。常用的施工方法有:

(1)拱墙整体灌注法。适用于浅埋地段,或地质条件较好、开挖后边坡能够稳定的地段。开挖时,先自上而下开挖,然后拱墙整体灌注。该方法需要配套足够的施工机具。

(2)先墙后拱法。适用于开挖后边坡能够稳定的地段,而施工机具不足以供拱墙整体灌注时,施工顺序应为:先自上而下开挖,然后灌注两侧边墙,最后灌注两侧边墙。

(3)先拱后墙法。适用于岩层破碎,路堑边坡较高,全部明挖可能引起坍塌,但拱脚岩层承载力较好,且能保证拱圈稳定的地段。施工程序为:起拱线以上部分采用拉槽开挖临时边仰坡,当临时边仰坡不够稳定时,采用喷锚网临时加固。先做好拱圈,然后开挖下部断面,再做边墙,如明洞较长,边坡不够稳定时,则采用分段拉槽较为安全。

(4)墙拱交替法。适用于半路堑式明洞,且内侧地质松软,不能采用先拱后墙法,或路堑式明洞拱脚处地层松软,不能采用先拱后墙法的地段。施工顺序为,对于半路堑式明洞,先灌注外侧边墙,开挖内侧拱脚以上土石方,再灌注拱圈,然后开挖内侧拱脚以下部分,最后灌注内侧边墙。对于路堑式明洞,先开挖起拱线以上部分,然后采用跳槽挖井法灌注两侧部分边墙,再灌注拱圈,最后做其余边墙。

3)明洞边墙基础施工

明洞边墙基础应设置在稳固的地基上,这是总的要求。偏压和单压明洞墙基应考虑其抗滑力。明洞基础开挖至设计高程后,如地基承载力不符合设计要求,应及时做变更设计,可采取夯填一定厚度的碎石或加深或扩大基础等措施,以达到设计要求。明洞边墙基础施工应符合下列规定:

(1)基础开挖应核对地质条件,检测地基承载力,当地基不满足设计要求时,应及时上报监理、设计单位,并按设计单位提供的处理方案施工。

(2)偏压和单压明洞外边墙的基底,在垂直路线方向应按设计要求挖成一定坡度的斜坡,提高边墙抗滑力。

(3)基础混凝土灌注前必须排除坑内积水,边墙基础完成后应及时回填。

4)明洞回填施工

明洞回填分墙背回填和拱背回填两个部位,由于其作用不同,工艺的要求也不同。

(1)墙背回填的作用主要是使边墙与围岩密贴,当围岩较稳定时,一般自墙顶起坡,墙背可挖垂直或较陡的坡度;当围岩稳定性较差时,采用先拱后墙法施工,边墙采用开挖马口法灌注,两者的墙背空隙都不大,可用与边墙相同的材料同时灌注或用浆砌片石。

(2)拱背回填主要是缓和边坡落石和坍塌的冲击及排除坡面水的作用。根据不同类型的明洞和棚洞,设计各有具体规定。不宜过早采用机械回填是为了保证拱圈质量和安全。

明洞回填施工应符合下列规定:

①墙背回填应两侧对称进行。底部应铺填0.5~1.0m厚的碎石并夯实,然后向上回填。石质地层中墙背与岩壁空隙不大时,可采用与墙身同级的混凝土回填;空隙较大时采用片石混凝土或浆砌片石回填密实。土质地层应将墙背坡面开凿成台阶状,用干砌片石分层码砌,缝隙要填塞紧密,不得任意抛填土石。

②墙后有排水设施时,应与回填同时施工。

③拱背回填应对称分层夯实,每层厚度不得大于0.3m,两侧回填高差不得大于0.5m,回填至拱顶后应分层满铺填筑。

5)明洞防水层施工

路堑式和偏压式明洞防水层所使用的材料、敷设层数和厚度等均按照设计办理。若为单压式明洞,因外侧有耳墙,不设排水盲沟,应将耳墙与拱圈中间空隙先用浆砌片石回填至与拱顶齐平,再铺防水层。黏土隔水层应能防止地表水下渗,以免影响回填土的稳定。明洞防水层施工应符合下列规定:

(1)防水层施工前应用水泥砂浆将衬砌外表涂抹平顺。

(2)防水卷材应与拱背粘贴紧密,接头搭接长度不小于100mm,铺设应自下而上进行,上下层接缝宜错开,不得有通缝。

(3)回填拱背的黏土隔水层应与边坡、仰坡搭接良好,封闭严密。

(4)靠山侧边墙顶或边墙墙后,应设置纵向和竖向盲管(沟),将水引至边墙泄水孔排出。

6)明洞衬砌施工要求

明洞衬砌有两种形式:一是拱形明洞,二是棚洞。

拱形明洞与隧道整体式衬砌基本相似,由拱圈、边墙、铺底或仰拱组成。衬砌施工一般要求除参照整体式衬砌办理外,在衬砌端部与拱、墙首轮环节处都要设置挡头板。为控制拱圈厚度,在拱部加设外模并架设骨肋连接固定。应先做一侧边墙,随即灌注拱圈时,若另一侧的拱脚基岩松软,可在拱脚下横铺木垫板,加大承载面积或夯填碎石,以增加拱脚承载力。

棚洞主要由盖板、内边墙和外侧支承建筑物组成,钢筋混凝土盖板最好预制,既可短期施工又能早期回填,有利于承受落石及塌方的冲击,保证安全。墙顶支座槽应用水泥砂浆填塞紧密,可使盖板安装平稳,最大限度地承受荷载。

7)明洞开挖监理事项

路堑设置明洞大多是为了防止边仰坡塌方和落石,其地质条件一般是较差的。若明洞较长,宜分段施工,开挖一段做一段,石质地段开挖应放小炮,必要时可用预裂爆破。如必须在雨季施工时,应先将边仰坡上的排水系统做好。对裂隙和凹地,应设置标志随时检查或观测有无移动,以分析判断山坡的稳定性。

(1)开挖前及施工中,根据中线、高程并结合施工方法,测定和检查建筑物各部分开挖尺寸。

(2)施工前应先做好洞顶排水设施,防止地表水冲刷边坡造成塌方落石。

(3)开挖的边坡、仰坡应力求在施工时间内不致坍塌,否则可适当放缓坡率或采用锚喷支护、防护栅栏、棚架等措施。

(4)开挖方式应先外后内,从上至下,严禁掏底开挖和上下重叠施工。在地质不良、边仰坡较高地段,应指定专人检查、看守,确保施工安全。

(5)开挖的土石,应弃在指定处,不得影响边坡及其他建筑物的稳定和行车安全。

8)明洞基础施工监理事项

(1)明洞边墙基础必须置于稳固的地基上,遇有地下水须将水引离边墙基础;松软基底可用桩基或加固地层等方法处理,提高基底的抗滑力和承载力;半路堑单压式明洞的外墙岩石基础应埋置在风化层以下0.25m,若岩层有裂隙不易清除,可采取压浆加固处理;位于陡坡坚硬完整岩石的明洞外墙基础,可将岩石切割成台阶,台阶宽度不得小于0.5m,最低一层基础宽度不得小于2m,且台阶平均坡度一般不陡于1:0.5。

(2)在边墙基础施作前,应核对地基承载力是否与设计要求相符。

(3)施工秩序应本着先难后易的原则,先做外侧边墙,后做内侧边墙,对于凹形地段或外墙深基部分,要先开挖、修筑最低凹处,再逐步向两端进行。

(4)挖孔桩作为明洞基础时,开挖井孔应分区跳槽开挖。桩孔井口应做锁口,锁口的施工应与边墙承台梁的施工综合考虑,在保证施工安全的情况下,尽量减少拆除量。挖孔桩开挖要分节进行,挖一节立即支护一节,不应在土石层变化处和滑动面以及断层带处分节。下节在上节护壁混凝土终凝以后进行。挖至孔底高程清除浮渣后,经测量无误,方可下钢筋笼浇筑混凝土。

5.明洞拱墙施工监理事项

(1)砌筑前应复测中线、高程,边墙、拱圈放样立模时要预留施工误差,以保证衬砌不侵入建筑限界。

(2)明洞拱圈按断面要求制作定型挡头板和外模,随着灌注逐步向上安设。为不使外模板因振捣及混凝土挤压而移动变形,除临时支顶外,还应将外模板拉紧固定。拱架如架设在立柱上,立柱基底应坚实,否则应铺设纵向卧木并将各立柱纵向连接成整体。

(3)边墙模板必须支撑牢固,有外模者在内外模间设钢筋拉杆及临时支撑,使之成为整体;无外模者采用预埋钢筋或数股铁丝来做灌浆锚杆,将模板支撑拉住。

(4)灌注拱圈混凝土时,应从两侧拱脚对称不间断地灌注到拱顶。先做一侧边墙随即灌注拱圈时,要加强对另一侧拱脚的基底处理,如超深过挖,应打纵梁、砌垫块、加设锚杆以使拱圈与岩壁连接牢固,防止拱脚基底松软沉落。采用跳槽边墙灌注拱圈时,拱圈分节处所设钢筋应预留接头,使拱节连成整体。

(5)明洞内墙灌注前,墙背空洞应先砌回填片石,回填量不大时可用干砌片石,灌注边墙时应做好纵向盲沟和泄水孔。

(6)明洞伸缩缝一般在土质地层每20m设置一道,石质地层为30m,但不得设在侧洞范围内,通常距侧洞边缘不小于2m。气温变化较大地区,应根据实际情况设置伸缩缝,但采用先拱后墙法施工的明洞,在与隧道相接处不宜设置伸缩缝。任何形式明洞的基础,在地质软硬变化处均须设置沉降缝。

(7)明洞拱圈混凝上达到设计强度的70%,并且拱顶填土厚度达0.7m以上时,才能拆除拱架,如采用土石方机械填筑时,须待拱顶回填完成后方能拆除拱架。

6. 防水层及回填施工监理事项

(1)一般在拱墙达到设计强度25%时,方可拆除外模做防水层。在防水层铺设前,必须将拱墙背的灰尘污垢和积水清除干净,用砂浆抹平,不得有钢筋头露出。

(2)对于甲种、乙种、丙种防水层,根据地区气温不同分别选用油-60、油-30、油-10的石油沥青,所用麻布要求干燥清洁,易于吸透沥青。

(3)铺设时气温不得低于5℃,雨雪天不宜施工,夏季最好在夜间进行。沥青或沥青胶砂铺设的温度应在160℃左右,先铺在拱正中然后向两侧抹平。沥青防水层每层厚度为2mm、沥青胶砂每层厚度约2cm。沥青麻布或油毛毡应从两侧拱脚自下而上向拱顶方向铺设,并在先涂一层2cm厚热沥青后,立即粘贴,每次铺设面积宜大于0.5m^2,以免沥青冷却粘贴不紧。

(4)麻布或油毛毡的接头应彼此搭接10cm,各层接头直错开其宽度的1/3。铺好的防水层下面不得留有气泡、鼓包。最后一层防水层铺好冷却后方可实施保护层和回填土。

(5)在拱墙背做好防水层,待混凝土达到设计强度的70%时,即可进行回填。

(6)墙后排水设施应在回填时同时施工,并保证能使渗漏水排出。墙背石质地层超挖较小时,应用与边墙相同的材料整体砌筑,超挖较大时,可用浆砌片石回填,当墙后回填数量较大时,应按设计要求办理。土质地层,墙背开挖的坡面应凿成宽0.5m的台阶,用砌片石分层码砌。

(7)拱部回填土与边坡接触处,应挖成不小于0.5m的台阶,并用粗糙透水材料填塞,增加摩擦力以保持稳定。拱脚如没有纵向盲沟应在回填前做好。拱部回填应对称分层夯实,每层厚度不宜大于0.3m,其两侧回填的土面高差不得大于0.5m,回填至拱顶齐平后,成满铺分层向上填筑至要求高度,或先由人工填至拱顶以上0.7m厚,再用机械填筑。

(8)明洞回填土密实度要满足图纸要求。拱背黏土隔水层应与边坡、仰坡搭接良好,封闭紧密,以防地表水下渗。

7. 明洞结构物施工监理事项

明洞结构物有拱式明洞和棚式明洞等形式,一般钢筋混凝土结构需要与明洞地段土石方开挖配合进行,监理应控制各施工环节的质量。

明洞施工准备阶段的监理工作:

(1)监理要熟悉设计文件、技术规范和施工地段的地形地质情况、技术要求和质量控制要点。

(2)监理要审核承包人的分项开工报告。重点要审核施工方法,具体应根据地形、地质条件、明洞类型等因素确定。

8.隧道浅埋段

根据大量隧道工程的施工资料调查,上部覆盖层厚度不足毛洞洞跨2倍的隧道或区段属于浅埋隧道,同时,浅埋段工程包括隧道洞跨加强段。

《公路隧道设计细则》(JTG/T D70—2010)对浅埋隧道的定义为:作用在支护结构之上的土压力与隧道埋置深度、地形条件及地表环境基本无关的隧道。

《公路隧道设计规范 第一册 土建工程》(JTG 3370.1—2018)浅埋与深埋的分界,按荷载等效高度值,并结合地质条件施工方法等因素综合判定。按荷载等效高度的判定公式为 $H_p=(2-2.5)h_q$,H_p 为浅埋隧道分界深度,h_q 为荷载等效高度。

基本工艺要点:短进尺,少扰动,强支护,早封闭,勤观测。

二、隧道开挖

隧道掘进包括隧道内的施工测量放线、洞身开挖、弃渣运输等工序。隧道掘进质量会直接关系到隧道整体线形质量、结构受力状态以及工程量的大小。监理工作的要点是把握每项工序的质量,使其对后续工作的不利影响降到最低程度,从而使隧道的整体质量达到规范和设计文件要求。

1.隧道开挖监理事项

1)开挖方法

隧道施工前,在决定开挖方法时,应对断面尺寸及形式、围岩条件、工区长度、工期、当地条件等综合考虑后,最大限度利用围岩自身具有的支承能力,在不使围岩松动的情况下,尽可能使用开挖断面大的开挖方法。通常采用的开挖方法大体可按全断面法、台阶法、导坑超前法划分。

(1)全断面法适用于地质稳定的地层中,在大断面隧道施工中,开挖和支护衬砌能够使用大型机械,能实现机械化快速施工,且开挖一次完成,不存在多次扰动围岩的情况。由于掌子面集中于一处,便于工程管理和质量控制,但对围岩条件变化的适应性差,施工过程中遇有问题时,要改变施工方式往往非常困难。

(2)台阶法一般指上半断面与下半断面同时并进的开挖方法。在围岩条件或施工机械不适合全断面法施工时可采用这种开挖方法。围岩是否稳定直接关系到台阶的长短,在膨胀性地层或在土砂地层中,通过断面支护尽快使衬砌早期闭合,以使掌子面稳定,要求台阶长度尽可能短。多台阶法是在一般台阶法不能保证掌子面自立的情形下采用的,由于分段多,闭合时间晚,坑道变形会增大。与全断面法比较,台阶法使用的机械设备数目增多,且易出现各工序间的干扰,对工程管理和质量控制带来一定困难。

(3)导坑超前法包括侧导坑超前、下导坑超前、上导坑超前等。其中侧导坑超前是在断面较大,围岩支承力不够的情形下,以及限制覆盖层薄地表下沉的地段使用这种开挖方法,由于其开挖、支护施工较为复杂,因此要仔细研究各阶段的掌子面及支撑的稳定、坑道的变形动态、对下阶段开挖的影响、支护构件的接连等问题。

2）开挖方式

隧道开挖方式有爆破、机械及人工开挖几种。决定开挖方式要考虑施工可能性及经济合理性，并力图使围岩不致松动。所以必须考虑隧道长度，断面尺寸及形状，围岩地质条件，隧道涌水，开挖方案及邻近构造物，对附近居民的振动、噪声干扰等因素选定开挖方式。

（1）爆破开挖是利用炸药的化学能破碎岩石，是目前隧道开挖使用最多的开挖方式之一。在使用中应注意尽可能地减少围岩松弛和断面挖超及对附近建筑的振动损坏。

（2）机械开挖是利用机械能压碎或切削岩石，是噪声及振动均小的有利于环境保护的开挖方式，但机械开挖常受施工工区长度、断面尺寸及形状、基岩强度、涌水条件等的限制。

（3）人工开挖在施工效率、安全性等方面都很差，一般仅在其他开挖方式不宜使用，或围岩极不稳定、不得不用小断面开挖、未固结围岩中应用。

3）稳定措施

（1）隧道开挖的前提条件为：开挖后至支护完毕这段时间内开挖面应能够自稳，否则必须采取能稳定掌子面的措施。选择稳定掌子面的方法有：环形开挖留核心土、缩短进尺及支撑间距、及早形成闭合支护等。

（2）土砂围岩、破碎围岩及膨胀性围岩中稳定掌子面的辅助方法有：超前管棚、预注浆固结、插钢板支护等。

（3）特殊地层中稳定掌子面的特殊方法有：帷幕注浆、井点降水、冻结法等。

4）超挖注意事项

考虑变形富余量后，其开挖轮廓线以外的超挖应尽量减少，不仅是因为超挖会增加出渣量和衬砌数量，而且是由于局部挖掉围岩会产生应力集中，不利于隧道结构的受力。

（1）采用爆破法开挖时，要充分考虑围岩的岩质、裂隙、风化程度，实施爆破时应尽量减少剧烈振动，以免造成掉块形成超挖。

（2）提高钻孔精度，确保光面爆破效果，减少超挖量。

（3）严格控制插管、插板方向，在自立性差的围岩中，采用管棚法、插板法以使超挖降低到最小。

5）排水措施

从隧道开挖时起，就必须设置洞内排水设施。洞内排水不良会使路面泥泞降低作业效率，底板积水可能导致漏电致死人命。特别是像泥岩、凝灰岩、土砂等遇水软化的地层，洞室基脚遇水会下沉变形，将对结构产生极不利的影响。

（1）施工中能自流排水的施工段应保持排水沟的畅通，软弱地层的排水沟应离开边墙脚并用砂浆等材料封闭，不使水沿沟下渗。

（2）需用水泵排洞内水的施工段，水泵的扬程、容量要有充分的富余，并有备用水泵。

（3）斜井、竖井应准备充足能力的排水泵等设备，并要考虑停电的对策。

6）小净距隧道

小净距隧道的中间岩柱宽度介于连拱隧道和分离隧道之间，一般小于1.5倍隧道开挖断面的宽度。

（1）工法特点。

如何确保开挖过程中围岩的稳定性,减小因隧道间距小引起的围岩变形、爆破振动等不利因素,满足小净距隧道中夹岩特有的加固要求,关键是保证中夹岩的稳定,有效地减少对中夹岩的扰动。相对于分离式隧道,小净距隧道施工对工序控制更加严格,必须正确安排双洞的开挖、支护的间隔和顺序。

(2)工艺原理。

小净距双洞隧道施工的难点、重点是控制爆破作业,必须确保隧道开挖过程围岩的稳定,减小两隧道之间由于净距较小引起的围岩变形、爆破振动等不利因素。小净距隧道施工的关键是中间岩柱的加固和稳定,由于围岩自稳性和支护结构的受力较一般隧道复杂,必须充分利用隧道围岩的自承、自稳能力,通过围岩加固措施使隧道修建达到经济、合理的目的。

(3)小净距隧道施工时要注意以下六点:

①先行洞和后行洞开挖方法;

②先行洞和后行洞爆破设计和爆破振动控制;

③先行洞和后行洞开挖错开距离;

④先行洞衬砌和后行洞开挖错开距离;

⑤中岩墙保护方法;

⑥非小净距隧道施工方案中的其他内容。

7)隧道支护几个特殊问题

(1)初期支护要遵循“短进尺,早封闭”原则,必须一炮一支,防止围岩暴露太长而引起的塌方。

(2)隧道内的超前支护,注浆锚杆,在加固围岩的同时,也起一定的堵水作用。

(3)中导洞断面的选择。

(4)中隔墙的水平推力平衡。

(5)中隔墙防水。

(6)在开挖施工过程中及时做好洞内排水系统,严禁洞内积水,排水沟不能沿边墙设置,避免软化边墙基底围岩使其强度降低造成隧道坍塌。

(7)由于连拱隧道跨径大,即使在围岩好的情况下也要坚持“短进尺、弱爆破、强支护、早闭合”的开挖施工原则,以减少或杜绝塌方。

(8)仰拱最好在二次衬砌之前施工,使支护体系尽早形成封闭系统。

(9)由于连拱隧道跨径大、洞口一般偏压严重,洞口刷坡后极易造成山体松动下滑,进而失稳,从开挖到支护时间间隔不能太长,同时加强边仰坡的变形观测。

(10)中导洞的开挖施工对正洞来说是最好的、最准确的超前地质预报,因而在开挖过程中要对围岩进行详细、准确的记录,指导正洞施工。

8)隧道开挖质量监理要点

(1)审查承包人的爆破方案。

①方案中单位用药量是否符合地质条件、开挖方法和隧道断面积,是否会因用药过量对周边围岩产生严重扰动及对附近建筑物产生振动损坏。

②掏槽炮、扩大炮、周边炮、翻底炮的设计参数取值是否合适,是否影响到开挖面质量和形状,爆渣堆形状和爆渣尺寸是否便于装载运输或后续工程利用。

③所用爆破材料、器材是否适合地层条件，能否保证顺利、安全地进行爆破。如涌水地层、高温地层、含瓦斯地层所选用的炸药品种是否合适；光面爆破选用的毫秒差雷管段数是否可行等。

④炮眼设计深度是否考虑到掌子面的自立性。

(2)审查承包人确保钻眼质量的措施。

①布孔方法及布孔后的检查方法；

②凿岩机、钻孔台车的钻杆抵位和插角确定及钻孔深度控制的保证措施。

(3)检查爆破的安全措施。

①含瓦斯地层中，着重检查机电设备防爆及沼气自动检测报警断电装置；

②采用电雷管起爆的隧道，要检查起爆主线绝缘情况，工作面是否有动力电、照明电的电流导入。

(4)爆破效果检查。

①炮眼痕迹保存率，硬岩80%、中硬岩70%、软岩50%，最小允许炮眼痕迹率不小于规定值的60%；

②两茬炮衔接台阶的最大尺寸不得超过15cm。

(5)开挖质量检查。

①整体式衬砌开挖形状、尺寸应符合设计要求。拱墙脚以上1m内断面应无欠挖。其他部位，在岩层完整、抗压强度大于30MPa时，个别突出部分(每平方米内不大于0.1m²)侵入衬砌断面不大于5cm。隧道断面允许超挖值见表5-16。

隧道断面允许超挖值(cm) 表5-16

开挖部位	围岩条件			检查数量	检查方法
	硬岩、相当于Ⅰ级围岩	中硬岩、软岩，相当于Ⅱ、Ⅳ级围岩	破碎松散岩石及土质，相当于Ⅴ、Ⅵ级围岩，一般不需爆破作业开挖		
拱部	平均100mm 最大200mm	平均150mm 最大250mm	平均100mm 最大150mm	每20m一个断面	全站仪或断面仪
边墙	每侧：+100mm,0mm 全宽：+200mm,0mm			每20m检查1处	尺量
仰拱、隧底	平均100mm，最大250mm			每20m检查3处	水准仪

②锚喷衬砌断面开挖形状、尺寸应符合设计要求，在坚硬岩层中局部断面岩石突出部分每(平方米内不大于0.1m²)侵入断面不大于3cm。锚喷衬砌断面允许超挖值见表5-17。

锚喷衬砌断面允许超挖值 表5-17

围岩	项目		检查数量	检查方法
	平均线性超挖(cm)	最大超挖(cm)		
硬岩	<10	<20	每5~10m检查一次	测绘周边轮廓断面，核对设计断面图
中硬岩	<13	<25		

注：平均线性超挖=超挖面积/开挖断面周长。

③开挖断面除考虑施工误差和位移量外，再预留必要的补强加固量。

④复合式衬砌断面开挖的允许超欠挖值与锚喷衬砌断面开挖的允许超欠挖值相同，检查

频率与方法也一样。复合衬砌开挖断面应按设计要求预留变形量,当无规定时,预留变形量可参考表5-18取值。

开挖轮廓预留变形量参考值(mm)　　表5-18

围岩类别	两车道隧道	三车道隧道
Ⅰ	—	—
Ⅱ	—	10~30
Ⅲ	20~50	30~80
Ⅳ	50~80	60~120
Ⅴ	80~120	100~150
Ⅵ	现场测量确定	

注:1. 围岩软弱、破碎取大值;围岩完整取小值。
2. 四车道隧道应通过工程类比和计算分析确定。

(6)爆破振动、噪声的限制。

①爆破或其他作业所引起的地面振动不得损坏地面现有建筑物,对现有建筑物振动的最大质点速度应小于2.5cm/s。对于新灌注混凝土,振速不应超过表5-19中的值。

混凝土的振速限值表　　表5-19

混凝土龄期(h)	振速限值(cm/s)	混凝土龄期(h)	振速限值(cm/s)
12~24	0.625	48~120	2.5
24~48	1.25	—	—

②在最邻近爆破点的现有建筑物所量测的爆破冲击噪声不得超过130dB。

2. 隧道开挖中的地质预报

隧道开挖施工中的地质预报,主要报告已开挖的隧道地段的地质调查和各种探测方法取得的资料,用地质推断法预测掌子面前方一定距离范围内围岩的工程地质和水文地质条件,为预防突发事件、修改施工方案、变更隧道设计提供地质依据。

1)施工地质调查

(1)开挖面的地质素描。

一般只作掌子面和一侧边墙的地质素描,对于地质条件复杂或重点地段,除进行掌子面地质素描外,还应作隧道地质展示图。地质素描图的内容应包括:

①岩性、地成时代、岩层产状、软弱夹层、岩脉穿插情况;

②主要节理裂隙的产状、规模、相互切割关系;

③断层及破碎带的形态、产状及充填物特征;

④地下水出水点、出露水量;

⑤岩溶位置、规模;

⑥不稳定块体的位置、范围。

(2)岩体结构面调查。

该调查是为查明岩体结构类型、结构面形态及结构面的组合关系。调查时按不同的岩组或岩段、不同构造部位,选择有代表性的边墙岩面进行观测。测量范围一般为4~10m^2。观测内容有：

①结构面产状，力学属性；

②节理裂隙性态，包括延伸性、粗糙程度、张开度；

③结构面充填特征、含水情况。

(3)洞内涌水观测。

除观测其水温、水质、颜色、气味等，最重要的是观测其涌水量及变化情况，尤其对较大的股流时应进行定期观测。涌水量观测方法有：

①股状涌水和钻孔集中涌水可用容器直接量测；

②呈降雨状的面状涌水，可按涌水面积与接水容器口面积比来推算涌水量；

③围岩的隧道内涌水，可用三角堰或梯形堰测定。

2)施工地质探测

(1)在长大或地质条件复杂的隧道中，导坑探测常采用超前导坑、平行导坑超前或专用的探测坑道进行。根据导坑开挖揭露的围岩地质情况，能比较清楚地了解隧道开挖工作面前方相应地段围岩的工程地质和水文地质条件。

(2)超前水平岩芯钻孔，可看作是隧道中微型导坑超前。通过钻孔可以探测掌子面前方几百米范围内的围岩情况。

(3)掌子面上的浅孔钻探是利用隧道工作面上的炮眼或探水孔、声波探测孔的钻进情况来探测前方几米至几十米范围的地质情况。如遇卡钻时说明岩体破碎；遇跳钻时可能有空洞或溶洞；在遇到断层泥时，钻进时间短、钻进速度快、钻孔冲洗液浑浊。

3)施工地质预测

施工地质预测是根据施工地质调查和施工地质探测的结果，对隧道开挖面前方一定范围内的围岩地质条件作出推断和评估。

(1)围岩工程地质特征的预测方法。

①前推法：根据隧道掌子面及其附近的地质情况推断、预测掌子面前方围岩的工程地质特征。首先按1:200或1:100比例尺做出开挖面附近及开挖面前方一定长度的隧道设计尺寸展开图，并标清拱脚线、墙脚线、洞轴线，展开图被这些线分划出拱部和墙部，然后逐一将开挖面或其附近边墙的岩性、断层界线、节理轨迹线等描绘在图上，按其产状展绘到展开图上，即得到用于地质预报的隧道预测平面图。

②平推法：根据超前导坑揭露的地质界线向两侧或一侧推断、预测未开挖地段隧道围岩的地质情况。首先按比例做出超前导坑底板平面图和隧道未施工地段的展开图，然后将超前导坑底板平面图的地质界线，逐一沿其走向延伸到隧道两边墙脚，再按其视倾向和视倾角延伸到边墙上，即得到隧道预测地质展示图。

(2)围岩塌方的预测

围岩的变形破坏、失稳塌方有一个从量变到质变的过程，在这个过程中必然会表现出一些征兆，根据这些征兆可以预测围岩失稳塌方。

①遇断层、破碎带、滑动层、溶洞、陷穴、堆积体、流沙、淤泥、松散地层等稳定性差的围岩极易产生塌方。

②出现突然出水，水量突然增大，水质由清变浊等都是即将发生塌方的前兆。

③由小断层或软弱结构面构成不稳定块体的出露处,是局部塌方的部位。

④拱顶不断掉下小石块,较大的石块相继掉落,预示即将发生塌方。

⑤裂缝旁出现岩粉或洞内无故出现岩粉飞扬,裂缝逐步扩大,可能即将发生塌方。

⑥支撑变形,甚至发生声响,喷射混凝土出现大量明显裂纹,可能出现失稳塌方。

4)地质预报中监理事项

(1)及时了解、确认承包人通过地质素描对隧道开挖面上的地质特征的记录;仔细分析经整理、加工绘制成的地质展开图,对照设计文件对该地段地质的描述,找出差异和需要改善设计、施工的方面,提请有关方面注意。

(2)详细记录、分析与坍塌变形有关的地质情况,评价其对继续掘进的影响;根据对隧道围岩的直接观察,判定坑道的稳定性,核定岩层构造、岩性及地下水情;当发现设计文件与实际情况不相符,可能危及隧道施工安全时,应及时修改支护参数。

(3)在临近设计文件中圈定的大的断层破碎带或岩溶发育段时,必须督促采取超前钻探,以利于采取措施预防大规模坍塌、涌水和突发性泥石流的发生。

3.不良地质地段、特殊地段的施工

1)不良地质地段、特殊地段的概念

不良地质地段是指滑坡、崩塌、岩堆、偏压地层、岩溶、高应力、高强度地层、松散地层、软土地段等不利于隧道工程施工的不良地质环境;特殊地质地段是指膨胀地层,软弱黄土地层,含水未固结围岩,溶洞、断层、岩爆、流沙等地段以及瓦斯和有害气体溢出地层等。

膨胀土,是指土中黏土矿物成分主要由亲水性矿物组成,同时具有吸水显著膨胀软化和失水收缩硬裂两种特性,且具有湿胀干缩往复变形的高塑性黏性土。决定膨胀性的亲水矿物主要是蒙脱石黏土矿物。

黄土,是在干燥气候条件下形成的一种具有褐黄、灰黄或黄褐等颜色,并有针状大孔、垂直节理发育的特殊性土。黄土在我国分布较广。黄河中游的河南西部、山西南部、陕西和甘肃的大部分地区为我国黄土和湿陷性黄土的主要分布区。这些地区的黄土分布厚度大、地层全而连续,发育亦较典型。

溶洞,是在岩溶水的溶蚀作用下,间有潜蚀和机械塌陷作用而造成的基本呈水平方向延伸的通道。溶洞是岩溶现象的一种。

岩爆,是岩体中聚集的高弹性应变能,因隧道开挖而发生的一种应力释放现象。它的形成需要两个条件:

(1)地层的岩性条件。岩爆只发生于结构完整或基本完整的脆性硬岩地层中。多见于石英岩、花岗岩、正长岩、闪长岩、花岗闪长岩、大理岩、花斑状大理岩、片麻岩等岩体。

(2)地应力条件。岩爆多发生于埋深大的隧道中,因只有埋深大才足以形成高地应力,在高地应力作用下,地层中才能积聚很高的弹性应变能。

瓦斯,是隧道内有害气体的总称,其成分以沼气(甲烷)为主。当隧道中的瓦斯浓度达到爆炸限度时,一旦与火源接触,就会引起爆炸。

松散地层,指漂卵石地层、极度风化破碎岩石的松散体、砂夹砾石和含有少量黏土的土层、无胶结松散的干沙等。这类地层的胶结性弱、稳定性差,在隧道施工中极易发生坍塌。

流沙,是沙土或粉质黏土在水的作用下丧失其内聚力后形成的,多呈糊浆状,所到之处,围岩失稳坍塌、支护结构变形,危害极大。

2)工艺设计和控制要求

(1)技术要求。

①必须进行施工监控量测,及时以量测数据反馈指导施工。在特殊地质地段中开挖隧道,辅助施工措施是关键,各种预支护和预加固手段必须严格按设计要求到位;

②爆破设计按围岩实际情况进行,原则是尽量少扰动围岩,必要时可选择不爆破而采用机械或人工挖掘。

(2)材料质量要求。

①水泥、砂、石、水及外掺剂的质量和规格必须符合设计和规范要求,按规定的配合比施工;

②钢筋、钢管的加工、接头、焊接和安装以及混凝土的拌制、运输、浇筑、养护、拆模均须符合设计和规范要求;

③寒冷地区混凝土集料应按有关规定进行抗冻试验,结果应符合规范要求。

(3)职业健康安全要求。

①施工过程中隧道内的氧气含量按体积计不应小于20%,隧道内气温不宜高于28℃。

②有害气体浓度控制:一氧化碳一般情况下不大于30mg/m^3。特殊情况下,施工人员必须进入工作面时,可为100mg/m^3,但工作时间不得超过30min。二氧化碳按体积计不得大于0.5%。氮氧化物在5mg/m^{3}以下。甲烷按体积计不得大于0.5%。

③粉尘浓度控制:含10%以上游离二氧化硅的粉尘,每立方米空气中不得大于2mg;含10%以下游离二氧化硅的矿物性粉尘,每立方米空气中不得大于4mg。

④噪声不宜大于80dB。

⑤隧道施工必须采用机械通风。通风方式应根据隧道长度、施工方法和设备条件等确定。长隧道应优先考虑混合通风方式。当主机通风不能保证隧道施工通风要求时,应设置局部通风系统、风机间隔串联或加设另一路风管增大风量。如有辅助坑道,应尽量利用坑道通风。瓦斯地段通风,应将新鲜空气送至开挖面,将开挖面附近的瓦斯含量稀释到0.5%以下;并用排风管将瓦斯气体排到洞外,不允许瓦斯气体流入隧道后方内。

⑥隧道施工应定期测试粉尘和有害气体的浓度。

(4)环境要求。

①当采用注浆措施时,应尽量避免注浆材料的洒漏,对进入排水系统中的有害物质应作净化处理,避免流入当地水系破坏环境。

②合理选择弃渣场地,并按规范要求施作弃渣排水设计。如隧道通过的岩层含有放射性元素,应经严格测定后,依据含量浓度确定堆渣场地位置,并按规范要求做好处理措施。

第三节　隧道支护施工质量监理

一、支护方式及适用范围

支护是指隧道开挖后,用于控制围岩变形、防止坍塌所及时施作的支护。其类型有锚杆支护、喷射混凝土支护、喷射混凝土与钢筋网联合支护、喷射混凝土与锚杆及钢筋网联合支护、喷钢纤维混凝土支护、喷钢纤维混凝土锚杆联合支护,以及上述几种类型加设钢架而成的联合支护。初期支护的类型及参数应根据围岩的性质及状态、地下水情况、隧道净空尺寸及其埋深等条件确定。其支护方式及使用范围见表5-20。

隧道支护方式及使用范围　　表5-20

支护方式	适用范围	备注
不支护	Ⅵ类围岩	—
局部喷混凝土或局部锚杆	Ⅴ类围岩	为防止岩爆和局部落石可局部加挂钢筋网
锚杆、锚杆挂网、喷混凝土或锚喷联合支护	Ⅳ～Ⅲ类围岩	Ⅲ类围岩必要时可加设钢架
锚喷挂网联合支护,并可结合辅助施工方法进行施工支护	Ⅱ～Ⅰ类围岩	地质条件差、围岩不稳定时,可用构件支撑

二、锚杆种类

锚杆由锚固器、杆身、垫板组成。根据锚固方式、杆身受力状态,可将锚杆分为低预应力、非预应力、预应力锚杆,其主要种类见表5-21。

锚杆主要种类　　表5-21

种类	锚固方式	锚固装置	基本型	适用范围
低预应力锚杆	端头集中锚固	机械锚固	楔缝式、胀壳式	在比较坚硬的围岩中,起串联岩石的效果
非预应力锚杆	全长锚固	机械锚固	开缝管式	适用于硬岩、中硬岩、软岩、土砂,膨胀性围岩,锚杆全长上约束围岩
		黏结锚固	树脂式、水泥砂浆式	
预应力锚杆	端头集中和全长锚固	机械和黏结锚固,全长黏结锚固	楔缝式、树脂式、水泥、砂浆式、早强水泥砂浆式	在膨胀性围岩,或需施加预应力的情况中有效

三、锚杆材料

1. 抗拉强度

锚杆在工作时主要承受拉力,所以检查材质时首先应检测其抗拉强度。方法是从原材料中或成品锚杆上截取试样,在拉力试验机上拉伸,测试材料的力学特性,确定其是否满足工程要求。

2. 延展性与弹性

有些隧道的围岩变形量较大,这就要求锚杆材质具有一定的延展性,过脆可能导致锚杆中途断裂失效,必要时应对材料的延展性进行试验。另外,对管缝式锚杆,要求原材料具有一定的弹性,使锚杆安装后管壁和孔壁紧密接触。检查时,可采用现场弯折或锤击,观察其塑性变形情况。

锚杆材料基本要求情况见表5-22。

锚杆材料基本要求 表 5-22

材料类型	基本要求
钢筋	主要为 Q235 级钢筋和 20Mnsi 钢。杆体直径一般为 16～22mm
砂浆	普通水泥砂浆：强度等级不低于 C20，配合比一般为：水泥：砂：水 = 1：(1～15)：(0.4～0.5)；早强水泥砂浆：在砂浆中掺入一定比例的早强剂，砂浆灌注后 2～8h 内，锚杆抗拔力大于 50kN；快硬水泥卷锚固剂：由硫铝酸盐水泥和双快型水泥配制而成
树脂	以环氧树脂为主要成分，其成分(质量比)：环氧树脂 100，填料(石英砂)300，固化剂(聚乙烯聚酰胺)25～30。另由 115 松香封端不饱和聚酯树脂制成的树脂药卷锚固剂
垫板	一般用厚 6～10mm 的钢板或铸铁制成，规格为 150mm×150mm 或 200mm×200mm

四、喷射混凝土材料质量要求及喷射方式

1. 质量检验指标

喷射混凝土是指将水泥、砂、石子、外加剂和水按一定的配合比和水灰比拌和而成的混合物，以压缩空气为动力快速喷至岩体表面而形成的人造石材。喷射混凝土的质量检验指标主要有喷射混凝土的强度和喷射混凝土的厚度。此外，还应采取措施减少喷射混凝土粉尘、回弹率。

喷射混凝土强度包括抗压强度、抗拉强度、抗剪强度、疲劳强度、黏结强度等。因此，喷射混凝土强度应是这些强度指标的综合结果。又因为这些强度之间存在着一定的内在联系，从而有可能在具体试验中只检测喷射混凝土的某一种强度，并由此推知混凝土的其他强度。其中，喷射混凝土抗压强度是表示其物理力学性能及耐久性的一个综合指标，所以工程实际往往把它作为检测喷射混凝土质量的重要指标。

喷射混凝土厚度是指混凝土喷层表面至隧道围岩接触界面间的距离。达到前述喷射混凝土支护的作用原理和效果的关键是，要确保混凝土支护的施工质量。在施工中保证喷射混凝土厚度是确保喷射混凝土质量的前提。所以，喷射混凝土厚度也是喷射混凝土质量检验的一个重要指标。

喷射混凝土施工过程中，部分混凝土由隧道岩壁跌落到底板的现象称为喷射混凝土的回弹。回弹下来的混凝土数量与混凝土总数量之比，就是喷射混凝土的回弹率。喷射混凝土施工过程中，回弹率也是检验喷射混凝土施工质量的一项检测指标。

喷射混凝土支护工程质量必须做到内坚外美。外观上无漏喷、离鼓、裂缝、钢筋网(或金属网)外露现象，做到混凝土表面平整密实，断面轮廓符合要求；从内部看，喷射混凝土抗压强度和厚度必须达到设计要求。

2. 喷射混凝土材料质量要求

喷射混凝土原材料主要包括水泥、砂、石子、速凝剂等。提供能满足质量要求的原材料是保证喷射混凝土强度的前提。喷射混凝土材料质量要求见表 5-23。

3. 喷射方式

根据混凝土搅拌方式及压送方式不同，大体分为干式与湿式两种。干式是将水泥及集料干拌后加速凝剂，用压缩空气压送至喷嘴，在喷嘴处加水喷出；湿式是将水泥和集料加水搅拌

成混凝土,用压缩空气或泵压送,在喷嘴处加入速凝剂而喷出;为了在干式中吸收湿式的优点,在到达喷嘴前数米处加水,这种方式称为潮式。干式喷射混凝土的质量受喷射工的熟练程度和能力影响,与干式比较,湿式喷射混凝土质量容易管理,但不适合长距离压送。二者有各自的优缺点,要结合现场的规模、状况、喷射量等条件选用。

喷射混凝土材料质量要求 表5-23

材料类型	基本要求
水泥	喷射混凝土应优先选用普通硅酸盐水泥,水泥强度等级不应低于42.5级
砂	应采用洁净的中、粗砂,细度模数大于2.5,含水率为5%~7%,使用前应一律过筛
石料	采用坚硬耐久的碎石或卵石,粒径不宜大于12mm。钢纤维喷射混凝土的粒径不应大于10mm,且级配良好。当使用碱性速凝剂时,石料不得含活性二氧化硅
速凝剂	必须采用合格产品。应根据水泥品种、水灰比等,通过试验确定速凝剂的掺量。使用前应做速凝效果试验,初凝不超过5min,终凝不超过10min
钢纤维	直径宜为0.3~0.5mm,长度20~25mm,抗拉强度不得低于380MPa,不得有油渍及明显的锈蚀。钢纤维含量宜为混合料质量的3%~6%
水	水质应符合工程用水有关标准,水中不得含影响水泥正常凝结与硬化的有害物质
钢筋网	一般为ϕ6~ϕ12mm的HPB300热轧光圆钢筋,网孔一般为150mm×150mm~300mm×300mm

五、相关检测仪器的原理

根据隧道的结构特点,在隧道外观检查的基础上,根据病害特征对一些重点部位采用专门技术和检测设备进行深入而细致的监测,可以更加全面准确地掌握隧道的技术状况,为隧道质量评定提供可靠的根据。相关检测仪器的原理见表5-24。

相关检测仪器的原理 表5-24

检测项目	仪器设备	原理
锚杆拉拔力测试	拉拔仪(千斤顶、油压泵、读数表)	将锚杆外端与千斤机内缸固定在一起,油压泵加压将锚杆向外拉,通过读数表可读出锚杆承受的拉拔力和位移
砂浆锚杆注满度检测	锚杆质量检测器	通过超声波脉在锚杆体中传播的反射波振幅大小来判定水泥砂浆的饱满度
端锚式锚杆施工质量无损检测	扭力扳手(力臂、刻度盘、指示杆和套筒)	对于带螺栓和托板的端锚式锚杆来说,拉力的大小与螺母的拧紧程度有关,继而又与加在螺母上的力矩有关。利用锚杆拉力与扭力扳手所加力矩之间的关系,可间接确定锚杆的锚固质量
喷射混凝土厚度检测	激光断面仪	喷射混凝土的前后分别用断面仪测出2个周边轮廓,然后相减,即可检测出厚度
可现场实测的喷射混凝土与围岩黏结强度的方法	带有丝扣及加力板的拉杆	在围岩表面预先设置带有丝扣和加力板的拉杆,用10cm厚的喷射混凝土将加力板埋入,经养护后进行拉拔试验

六、普通水泥砂浆锚杆的施工要点

普通水泥砂浆锚杆的施工要点见表5-25。

普通水泥砂浆锚杆的施工要点 表5-25

要　点	要　求
配合比	砂浆强度等级不低于C20,砂浆配合比一般为水泥:砂:水=1:(1~15):(0.45~0.50),砂的粒径不宜大于3~15mm
钻孔	钻孔方向尽量与岩层主要结构面垂直,钻孔完成后用高压水将孔冲洗干净
锚杆	锚杆及黏结剂材料制作应符合设计要求
砂浆	砂浆应拌和均匀,随拌随用,一次拌和的砂浆应在初凝前用完
灌浆作业	灌浆作业应遵守以下规定: (1)注浆开始或中途暂停超过30min时,应用水润滑灌浆罐及其管路; (2)注浆孔口压力不得大于0.4Mpa; (3)注浆管应插至距孔底5~10cm处,随水泥砂浆的注入缓慢匀速拔出,随即迅速将杆体插入,杆体插入孔内的长度不得短于设计长度的95%。若孔口无砂浆流出,应将杆体拔出重新注浆; (4)杆体到位后,要用木楔或小石头在孔口卡住杆体。锚杆安设后不得随意敲击,其端部3d内不得悬挂重物

七、早强水泥砂浆锚杆的施工要点

早强水泥砂浆锚杆的施工要点见表5-26。

早强水泥砂浆锚杆的施工要点 表5-26

要　点	要　求
与普通砂浆锚杆相同点	施工重点与普通砂浆锚杆施工重点基本相同
早强水泥	要采用硫铝酸盐早强水泥并掺早强剂
注浆作业	注浆开始或中途停止超过30min时,应测定砂浆坍落度,其值小于10mm时,不得注入罐内使用

八、喷射混凝土施工要点

(1)审批进场喷射混凝土的施工设备,不得使用干喷设备。

(2)审批喷射混凝土所用的进场原材料,包括水泥品种、强度等级、出厂批号及质量,石子、砂的级配、细度模数等,检查水泥、外掺剂、砂石的存放条件。

(3)审批喷射混凝土配合比设计,承包人提出的配合比设计应使喷射混凝土具有必要的强度、耐久性、防水性、附着性以及良好的施工性。当喷射混凝土所用材料不为同一批号,或品种改变,或产地不同时,承包人应提供新的配合比设计,供监理审批。

(4)每次喷射作业前或作业期间,检查水泥品种、强度等级、用量,检查砂石的含水率。

(5)检查喷射机械配套情况和实际功效,进行必要的试喷。

(6)检查喷射作业面是否存在欠挖、浮石,如有应清除;要求用高压水或高压气清除岩面浮土;检查钢筋网、钢拱架是否安装牢靠密贴,位置是否正确。

(7)检查喷射拌料是否均匀,人工干拌料不少于3遍,掺有钢纤维的拌料不得有团块存在;拌料应及时喷射,放置时间不应超过30min;喷射回弹料不得再次使用。

(8)检查喷层厚度,最简单易行的方法是标桩法,采用轮廓仪测定更可靠。喷射混凝土厚度一般按断面中的最小厚度计,但对于中硬岩以上围岩,开挖面凹凸较大时也可按断面的平均厚度计。

(9)检查喷射混凝土表观和强度试验值,如发现喷射混凝土出现非收缩开裂、脱落或强度不足需返工补强时,分析原因后批准补强措施。喷射混凝土补强一般采用增设钢筋网、添加钢纤维来加强喷射混凝土构件,也有用钢拱支撑配合使用的。在附着比较差的软岩和砂土条件下,细网目的金属网能够提高喷射混凝土的施工性能;对于膨胀性围岩,金属网可防止脱落,提高混凝土的韧性;在硬岩中节理裂隙发育处,金属网能提高喷射混凝土的抗剪强度。

(10)检查涌水点处理措施,因为涌水会冲洗喷射混凝土,成为剥落、削弱附着力的原因。一般针对涌水量和出水面积大小采用带孔集水管集水、半管导排的方法,将涌水归拢后再施喷射混凝土。

(11)检查喷射混凝土施工环境,当喷射区的气温低于5℃时或在层面结冰处不得喷射混凝土。混凝土强度未达到6MPa前,不得受冻。

(12)检查喷射混凝土的养护,喷射混凝土终凝后2h起,开始洒水养护,洒水次数以能保持混凝土足够的湿润状态为度,养护期不应少于7d。黄土和其他土质隧道,混凝土以喷雾养护为宜。

喷射混凝土的施工要点可见表5-27。

喷射混凝土的施工要点 表5-27

重　点	内　容
喷前检查准备	检查开挖面尺寸,清除松动危石,清洗受喷面,做好排水引流,埋设喷层厚度检查标志,调试各机械设备,进行材料质量的检测,控制砂石含水率
速凝剂掺量和水灰比	掌握规定的速凝剂掺量,添加均匀。应严格控制水灰比,使喷层表面平整光滑
检查喷嘴压力	未上拌合料之前,先开高压风和水,如喷嘴风压正常,喷出物呈雾状;如风压不足(一般应为0.1~0.15MPa),或喷嘴不出风,有可能出料口堵塞,或输料管堵塞,需排除故障。待喷机运转正常后才能投料、搅拌和喷射
喷射作业顺序	喷射作业应分段、分层由下而上进行,每段长度不超过6m,以减少混凝土因重力作用而滑动或脱落的现象。喷射移动可采用螺旋形或S形移动前进
一次喷射厚度	喷射作业应分层进行,一次喷射厚度应根据设计厚度和喷射部位确定,初喷厚度不得小于4~6cm,岩面有较大凹洼时,应结合初喷找平
分层喷射的间隔时间	后一层喷射应在前一层混凝土终凝后进行,若终凝后间隔1h以上且初喷表面已蒙粉尘时,应用高压气体、水清洗干净受喷面
控制回弹率	掌握好喷嘴与受喷面的距离和角度,调节好风压和水压,保证回弹率小且喷射质量好。回弹率在拱部不超过40%,在边墙处不超过30%,挂网后,回弹率限制可放宽5%。回弹物不得重新用作喷射混凝土材料
养护	喷射混凝土终凝2h后,应喷水养护,养护时间一般不应少于7d

钢筋网铺设要点可见表5-28。

钢筋网铺设要点 表5-28

要点	内容
清除锈蚀	钢筋使用前应清除锈蚀
铺设	钢筋网应随受喷面的起伏铺设，与初喷混凝土面的最大间隙不宜大于50mm，成品钢筋网的搭接长度大于200mm，采用双层钢筋网时，第二层网应在第一层网被混凝土覆盖后再铺设
固定	钢筋网应与锚杆或其他固定装置连接牢固，并尽可能多点连接，在喷射混凝土时不得晃动

九、喷射混凝土及钢纤维混凝土原料与配合比要求

喷射钢纤维混凝土是在普通混凝土中掺入分布均匀且离散的钢纤维，依靠压缩空气将钢纤维混凝土高速喷射到结构的表面，快速凝固后形成支护壳体。钢纤维的掺入，能显著改善混凝土的抗裂性、延性、韧性和抗冲击性能。喷射混凝土及钢纤维混凝土原料与配合比要求见表5-29。

喷射混凝土及钢纤维混凝土原料与配合比要求 表5-29

材料	配合比要求
水泥与砂石	质量比一般为1:4～1:4.5；$1m^3$干集料中，水泥用量约为375～400kg/m^3
含砂率	一般为45%～55%。宜用中砂或中粗混合砂，砂含水率应控制在5%～7%（按质量计）
水灰比	一般以0.4～0.45为宜
速凝剂	一般为水泥质量的2%～4%，应通过试验确定最佳掺量
钢纤维	掺量一般为混合料质量的3%～6%，也可按$1m^3$混凝土70～80kg加入

十、锚喷支护的质量要求

锚喷支护的质量要求见表5-30。

锚喷支护的质量要求 表5-30

检查项目	规定值或允许偏差	检查方法和频率	备注
喷射混凝土强度（MPa）	同批试块的抗压强度平均值不小于设计强度或C20。任一组试块抗压强度平均值不小于0.8倍的设计强度。同批试块为3～5组时，低于设计强度的不得多于1组；试块为6～16组时，不得多于2组	每10m，至少在拱脚部和边墙各取一组试样，材料和配合比变更时另取一组，每组至少取3个试样进行抗压试验	若不合格要查明原因，并立即采取措施
喷层厚度（mm）	平均厚度不小于设计厚度，60%的检查点不小于设计厚度，最小厚度不小于0.5倍的设计厚度，且不小于50mm，不宜大于300mm	凿孔法或激光断面仪：每10cm检查一个断面，每个断面从拱顶中线起每3m检查1点，也可在施工过程中设标志检查	发现喷射混凝土表面有裂纹等情况，应予以修补整治
锚杆拔力（kN）	28d拔力平均值不小于设计值，最小拔力不小于0.9倍的设计值	按锚杆数1%，且至少3根做拔力试验	—

十一、钢筋网和锚杆检查方法与技术要求

钢筋网和锚杆检查方法与技术要求见表5-31。

钢筋网和锚杆检查方法与技术要求 表5-31

材　料	检查项目	规定值或允许偏差	检查方法和频率
钢筋网	网格尺寸(mm)	±10	尺量:每50m^2检查2个网眼
	钢筋保护层厚度(mm)	≥20	凿孔检查:纵向每20m在拱顶、边墙、仰拱检查3点
	与受喷岩面的间隙(mm)	≤50	尺量:每20m检查10点
	网的长宽(mm)	±10	尺量
	基本要求	(1)所用材料质量规格应符合设计要求; (2)采用双层钢筋网时,第二层钢筋网应在第一层钢筋网被混凝土覆盖后铺设	
	外观鉴定	钢筋网与锚杆或其他固定装置连接牢固,喷混凝土时不得晃动	
锚杆	锚杆数量(根)	不少于设计值	按分项工程统计
	锚杆拔力(kN)	28d拔力平均值不小于设计值,最小拔力不小于0.9倍的设计值	按锚杆数1%,且不小于3根做拔力试验
	孔位(mm)	±150	尺寸:检查锚杆数的10%
	钻孔深度(mm)	±50	尺寸:检查锚杆数的10%
	孔径(mm)	锚杆钻孔直径应大于锚杆杆体直径加15mm	尺寸:检查锚杆数的10%
	外观鉴定	钻孔应尽量与围岩和岩层结构面垂直,锚杆垫板与岩面紧贴	
	基本要求	(1)锚杆材质、类型、质量、规格、数量和性能必须符合设计和规范的要求; (2)锚杆插入孔内的长度不得短于设计长度的95%; (3)砂浆和注浆锚杆的灌浆强度应大于设计规范要求,锚杆孔内灌浆密实饱满; (4)锚杆垫板满足设计要求,垫板应紧贴围岩,围岩不平时,要用M10砂浆填平; (5)锚杆应垂直于开挖轮廓线布设,对沉积岩锚杆应尽量垂直岩层面	

十二、钢架施工要点

1. 钢拱架制作质量

拱架制作所用材料、规格应符合设计文件要求,材质应具有良好的焊接性和弯曲冷加工性;拱架加工成形,其形状尺寸要符合设计文件要求;拱的轴线应在同一平面内,不得弯曲;所有焊接缝应饱满,不得有砂眼或漏焊处;焊缝药皮应清除干净;钢拱架安置前应清除油污、铁锈和泥土。

2. 检查钢拱架安设质量

拱架安设间隔应符合设计图纸要求,并要放在与隧道轴线垂直的平面内;拱架脚应置于坚实的地层上,能提供足够的支承力,否则要采取增加接触面积或其他措施加以确保;拱架拼装接头处应连接牢靠,可采用螺栓连接和拼接板骑缝焊接并举的方法;拱架与岩面空隙用钢斜楔楔紧,楔得越紧,钢拱架提供的支撑力越大,支撑效果越好;钢楔块应沿拱架大致均匀布置,间距不宜过大;钢拱架之间应用纵向拉杆联系,拱顶与拱脚处必须设置纵向拉杆,其余部位可间隔1m左右增设;在钢拱支撑较少地段,洞口附近或可能产生偏压地段,还应加设纵向斜撑杆;如有锚杆、钢筋网构件时,钢拱架需与之焊连。

3. 检查喷射混凝土覆盖钢拱架

拱架背后与岩面的间隔应用喷射凝泥土填充密实,钢拱架表面喷射混凝土保护层不应小于40mm。

十三、隧道监控量测项目、量测方法与频率

1. 必测和选测项目

施工监测项目分必测和选测项目。必测项目是用以判断围岩的变化情况和支护结构工作状态的经常性量测;选测项目是用以判断围岩松动状态、喷锚支护效果的量测。各类围岩量测项目见表5-32。

各类围岩量测项目　　表5-32

量测类别	量 测 项 目	硬岩(断层等破碎带除外)	软岩(发生强大塑性地压)	极软岩(发生强大塑性地压)	土、砂
必测	洞内观察	* * *	* * *	* * *	* * *
	围边收敛	* * *	* * *	* * *	* * *
	拱顶下沉	* * *	* * *	* * *	* * *
选测	地表沉降	*	*	*	* * *
	围岩位移	*	*	* * *	* *
	锚杆轴力	*	*	* * *	*
	衬砌应力	*	*	* *	*
	锚杆拉拔试验	*	*	*	* *
	围岩试件试验	*	*	* *	* * *
	洞内弹性波	*	*	*	*

注:* * *表示必须进行项目;* *表示应进行项目;*表示必要时进行项目。

2. 量测方法与频率

监控量测各项目的量测方法及量测频率见表5-33。

隧道监控量测各项目的方法及频率　　表 5-33

项目名称	方法及工具	布　　置	量测间隔时间			
			1～18d	16d～1 个月	1～3 个月	3 个月以后
洞内观察	地质锤、尺子	开挖后及初期支护后进行	每次开挖后进行量测			
周边位移	各种类型收敛计,全站仪或其他非接触测量仪	每 5～100m 一个断面,围岩变化处增加一个断面,每断面 2～3 个对测点	1～2 次/d	1 次/2d	1～2 次/周	1～3 次/月
拱顶下沉	高精度水准仪钢尺,全站仪或其他非接触测量仪	每 5～100m 一个断面,围岩变化处增加一个断面,每断面一个对测点	1～2 次/d	1 次/2d	1～2 次/周	1～3 次/月
地表沉降	水平仪水准尺	洞口段、浅埋段($h \leq 2.5b$)布置不少于 2 个断面,每个断面不少于 3 个测点	(1)开挖面距离量测断面前后 < 2 倍的坑道宽,1～2 次/d; (2)开挖面距离量测断面前后 < 5 倍的坑道宽,1 次/2～3d; (3)开挖面距离量测断面前后≥5 倍的坑道宽,1 次/3～7d			
围岩内部位移(地表设点)	地面钻孔中安设各类位移计	每代表性地段 1～2 个断面,每断面 3～5 个钻孔	(1)开挖面距离量测断面前后 < 2 倍的坑道宽,1～2 次/d; (2)开挖面距离量测断面前后 < 5 倍的坑道宽,1 次/2～3d; (3)开挖面距离量测断面前后≥5 倍的坑道宽,1 次/3～7d			
围岩内部位移(洞内设点)	洞内钻孔中安设单点、多点杆式或钢丝式位移计	每代表性地段 1～2 个断面,每断面 3～7 个钻孔	1～2 次/d	1 次/2d	1～2 次/周	1～3 次/月
围岩压力及两层支护间压力	各种类型压力盒	每代表性地段 1～2 个断面,每断面宜为 3～7 个测点	1 次/d	1 次/2d	1～2 次/周	1～3 次/月
钢支撑内力及外力	支柱压力计或其他测力计	每代表性地段 1～2 个断面,每断面钢架内力为 3～7 个测点,或外力 1 对测力计	1 次/d	1 次/2d	1～2 次/周	1～3 次/周
支护、衬砌内应、表面应力及裂缝量测	各类混凝土内应力计、变交计、测缝计及表面应力解除法	每代表性地段 1～2 个断面,每断面宜为 3～7 个测点	1 次/d	1 次/2d	1～2 次/周	1～3 次/月
锚杆内力及抗拔力	各类电测锚杆,锚杆测力计及拉拔器	必要时进行	—	—	—	—
围岩弹性波测试	各种声波仪、配套探头	在代表性地段设置	—	—	—	—

十四、周边位移与拱顶下沉测试基本原理

周边收敛量测和拱顶下沉应在同一断面上进行量测，其测试基本原理见表5-34。

周边位移与拱顶下沉测试基本原理　　表5-34

项　目	仪器设备	基本原理
周边位移	收敛计	隧道内壁面两点连线方向的位移之和称为收敛。在开挖后的洞壁上及时安设测点，用收敛计量测两测点间的距离，两次测定的距离之差为该时段的收敛值（周边位移值）。根据洞壁收敛值或位移速率，可判断围岩与支护是否稳定
拱顶下沉	高精度水准仪、悬吊钢尺、收敛计	隧道拱顶内壁点垂直方向的绝对位移值称为拱顶下沉量。在开挖后的拱顶壁面上及时安设测点，通过已知的高程水准点（通常借用隧道高程控制点），用悬吊钢尺和水准仪测量读出测点高程，两次测定的高程之差即为拱顶下沉量，根据拱顶下沉量和下沉速率，可判断围岩的稳定状态和支护效果。也可用收敛计测出拱顶相对于隧道某点（边墙或隧底）的位移

十五、洞内、外观察重点

隧道洞内外观察的内容有洞内掌子面观察、已施工区间观察和洞外观察。

1. 掌子面观察

掌子面观察主要以目视调查来了解开挖工作面的工程地质和水文地质条件。主要包括以下内容：岩石种类和产状；岩性特征：岩石的颜色、成分、结构、构造；地层时代归属及产状；节理性质、组数、间距、规模，节理裂隙的发育程度和方向性，断面状态特征，充填物的类型和产状等；断层的性质、产状，破碎带宽度、特征；地下水类型，涌水量大小，涌水位置，涌水压力，水的化学成分等；开挖工作面的稳定状态，顶板有无剥落现象。

将观察到的有关情况和现象详细记录，并需绘制掌子面素描图等相应的图册。

2. 已施工区间观察

已施工区间观察主要以目视调查来了解支护状态。主要内容包括：渗漏水情况（位置、状态、水量等）；喷层表面的观察以及裂缝状况（位置、种类、宽度、长度及发展）的描述和记录；喷射混凝土与围岩接触状况，是否产生裂隙或剥离，要特别注意喷射混凝土是否发生剪切；有无锚杆被拉坏或垫板陷入围岩内部的现象；有无锚杆和混凝土施工质量问题；钢拱架有无压屈现象；二次衬砌表面的观察以及裂缝状况（位置、种类、宽度、长度及发展）的描述和记录。

观察中，如果发现异常现象要详细记录发现时间、距开挖工作面的距离以及附近测点的各项量测数据。

3. 洞外观察

洞外观察是浅埋隧道和隧道洞口段特别重要的量测。为了确认地表面下沉对隧道及周边围岩稳定性和地上结构物的影响，要积极地利用洞外观察。

隧道洞口段附近及一般埋深在20m以下的埋深小的隧道施工时，开挖影响会波及地表面而使地表面下沉，因此，已施工区间的观察就是要观察隧道上部地表面的状况。在地表面应对

以下项目进行观察:

地表面开裂的分布、树木的破损以及移动、水系状况等。

根据洞外(地表面)观察配合洞内观察到的隧道开挖后的围岩变化,就有可能掌握围岩的动态。

4. 观察时间

每次隧道开挖工作面爆破后立即观察,按要求及时记录和整理。

十六、量测数据的处理方法

量测原始记录应呈表格形式,注明断面编号、测点设置时间,列出量测内容并填写具体量测值,表中应留备注栏以便记录施工情况。每次量测后,需将原始记录及时整理成正式记录。量测数据的处理方法见表5-35。

量测数据的处理方法 表5-35

项　目	数据处理方法
地质和支护状况观察	围岩和支护稳定状态观察与分析,作地质素描,地质断面展示图或纵、横剖面图
周边位移、拱顶下沉、地表下沉	根据记录绘制位移 u 与时间 t 的关系曲线,绘制位移 u 与开挖面距离 L 的关系曲线;绘制位移速度 v 与时间 t 的关系曲线,以上关系曲线也可以列表
锚杆轴力测试	绘制不同时间锚杆轴力(应力 σ)与深度 L 的关系,各测点轴力(应力 σ)与时间的关系曲线
岩体内位移	绘制孔内各测点位移与时间的关系曲线,不同时间位移与深度(测点位置)的关系曲线
围岩与支护界面上的接触压力	整理支护内应力及支护与围岩界面上接触压力分布图,绘制应力与时间的关系曲线
围岩弹性波测试	绘制各测孔弹性波传播速度与孔深的关系曲线

十七、利用量测资料指导施工并且修正设计参数

开挖后观察到的地质情况与开挖前勘测结果有很大不同时,则应根据观察的情况重新修正方案。设计参数修正应注意事项及可修正的内容见表5-36。

设计参数修正应注意事项及可修正的内容 表5-36

要　点	注意事项及可修正的内容
一个断面量测信息的适用范围	根据一个断面的量测信息结果,进行设计参数修正,只适用于该断面前后不大于5m的同类围岩地段
修正依据需充分,修正后参数需验证	隧道较长地段同类围岩设计参数的修正,特别是降低设计参数,必须以不少于3个断面的量测信息为依据。按修正后的设计参数进行开挖的地段,其设计参数的正确性和合理性仍根据量测信息分析予以验证
可修正的内容	(1)修正支护参数,如锚杆数量和长度、喷层厚度、钢架的增减和间距等。 (2)修正施作时间,如二次衬砌施作时间、仰拱的封底时间。 (3)调整开挖方法,如缩短台阶长度、修改爆破参数、加固开挖面等

十八、直观评价已暴露围岩稳定状态

对于已暴露的围岩，应对其开挖后的稳定状态进行直观的评价分析，见表5-37。

直观评价已暴露围岩稳定状态　　表5-37

类　别	围岩开挖后的稳定状态
Ⅵ	围岩稳定、无坍塌、可能产生岩爆
Ⅴ	长时间会出现局部小坍塌，侧壁稳定。层间结合差的平缓岩层顶板易坍落
Ⅳ	拱部无支撑时可产生小坍塌，侧壁基本稳定。爆破振动过大、易坍塌
Ⅲ	拱部无支撑时可产生较大的坍塌。侧壁有时失去稳定
Ⅱ	围岩易坍塌，处理不当会出现大坍塌，侧壁经常小坍塌，浅埋时易出现地表下沉(陷)或塌至地表
Ⅰ	围岩极易坍塌变形，有水时土砂常与水一起涌出，浅埋时易塌至地表

十九、根据量测资料对围岩进行稳定性判别及决定应采取的应对措施

通过分析、处理监测结果，对监测数据及时进行处理和反馈，预测围岩及结构和支护状态的稳定性，提出施工应对措施，确保工程的顺利施工。见表5-38。

对围岩进行稳定性判别及应对措施　　表5-38

量 测 项 目	反馈的信息	稳定性判别	应 对 措 施
周边位移拱顶下沉	变形速度无明显下降，实测相对位移值已接近允许相对位移值	可能失稳	立即采用补强措施并改变施工方法或设计参数
围岩内位移和声波测试	根据位移-时间关系、位移-深度关系曲线，以及声波速度与孔深的关系曲线综合分析出松动圈半径超过允许值	可能失稳	加强支护或改变施工方法，以控制松动范围
锚杆轴力量测	锚杆极限抗压强度与锚杆压力的比值 k 小于1	锚杆受力较大，可与其他测试信息综合分析、高度关注	可考虑改用高强度钢材的锚杆，或增加锚杆数量
围岩压力	围岩压力小，变形位移大	不稳定	立即停止开挖加强支护并采取相应辅助施工措施
	围岩压力很大，位移很大	可能失稳	加强支护，限制围岩变形并控制围岩压力的增长
喷层压力	喷层压力大，有裂损、剥落现象	可能失稳	适当增加喷层厚度，锚杆加长、加粗，加强量测监控
浅埋隧道地表下沉	地表下沉量大或下沉速度增加	可能失稳	加强支护，调整施工措施

第四节　隧道洞内防排水

施工隧道防排水应采取“堵、排、防结合,因地制宜,综合治理”的原则,以达到衬砌不漏水、隧底不涌水、路面不积水的效果,从而达到保证隧道结构和设备正常使用,地下水环境也受到保护的要求。地层注浆堵水可起到封堵裂隙、隔离水源、堵塞水点,以减少洞内涌水量,防止地下水大量泄漏的作用,同时也能改善围岩条件,为后续的开挖、衬砌创造好的施工环境;通过一次支护和二次衬砌背后的排水系统,将进入隧道开挖范围内的地下水引到隧底的排水沟中,进而排出隧道,可以改善隧道结构受力状态,减少地下水对结构材料的溶蚀;采用防水卷材或涂料设置衬砌防水层,采用止水带等处理衬砌的施工缝、沉降缝、伸缩缝,采用防水混凝土做衬砌,都是为防止地下水渗入隧道净空内,以获得良好的使用条件。水是无孔不入的,隧道防排水施工中任何一点疏忽都会导致防排水失效,因此这项工作的监理应该严格细致,力求使施工质量达到堵得住、排得顺、防得严。

一、注浆堵水施工监理事项

开挖后的注浆是为了控制涌水量在允许排放量以内,同时可以保证初期支护的质量,有径向注浆和局部注浆、回填注浆等方式;初期支护背后的注浆一是充填背后的空隙,二是控制渗漏水量,三是利于二次衬砌的施工。

1.注浆材料

(1)注浆材料的分类:注浆材料的分类(图5-3)。

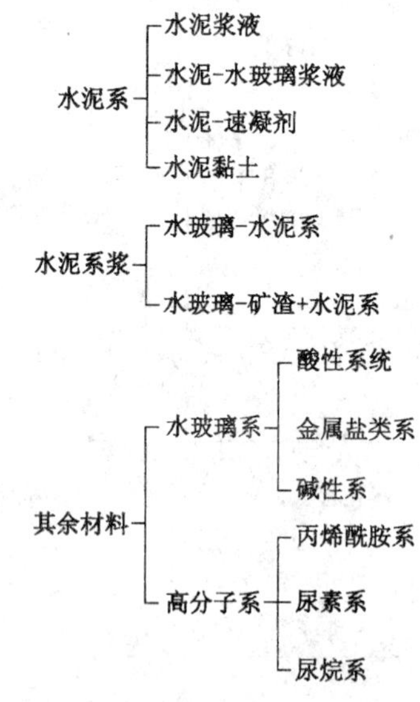

图5-3　注浆材料的分类

(2)材料基本成分及适用范围(表5-39)。

注浆材料的基本成分及适用范围　　表 5-39

浆液名称	主要成分	适用范围	注入方式	扩散半径(mm)
单液水泥浆	水泥、其他附加剂	基岩裂隙预注浆	单液	200～300
水泥水玻璃	水泥、水玻璃	基岩裂隙预注浆、墙特大涌水等	双液	200～300
铬木素类	亚硫酸盐纸浆液、重铬酸钠、过硫酸铵、其他	冲积层注浆	单液或双液	300～400
丙烯酰胺	丙烯酰胺、过硫酸铵、NN-亚甲基双丙烯酰胺、ρ-二甲基丙磺酸	冲积层堵水防渗	双液	500～600
PM 型浆液	甲苯二异氰酸酯、聚醚树脂、溶剂催化剂、表面活性剂	冲积层或裂隙中堵水	单液	400～500
水玻璃类	水玻璃、其他外加剂	冲积层注浆	双液	300～400
糠醛树脂类	糠醛树脂、脲素、硫酸等	冲积层或小裂隙堵水	双液	500～600
脲醛树脂	脲醛树脂、脲素甲醛、酸性盐等	冲积层注浆	单液或双液	300～400

(3)根据地层条件选择注浆材料(表 5-40)。

不同地质工程下的注浆材料　　表 5-40

<table>
<tr><td colspan="3" rowspan="2">地质工程条件</td><td colspan="4">施工目的</td><td rowspan="2">备注</td></tr>
<tr><td>堵水</td><td>加固</td><td>充填</td><td>防渗</td></tr>
<tr><td colspan="2" rowspan="2">岩石层</td><td>裂隙</td><td>水泥浆水泥-水玻璃浆</td><td colspan="3" rowspan="2">—</td><td>细小裂缝用化学浆</td></tr>
<tr><td>空隙</td><td>MG-646 铬木素</td><td>MG-646 折算丙烯脘胺类浆液</td></tr>
<tr><td colspan="3">松散砂层</td><td colspan="2">MG-646、铬木素、水玻璃、脲醛树脂、聚氨酯、糠醛树脂</td><td>—</td><td>MG-646</td><td>砾石、卵石层可用水浆液</td></tr>
<tr><td colspan="3">特殊地层</td><td colspan="3">集料＋水泥浆
集料＋水泥-水玻璃浆
集料＋水泥黏土浆</td><td>—</td><td>根据地层内有无充填物及空洞大小选择集料</td></tr>
<tr><td rowspan="3">混凝土衬砌</td><td colspan="2">衬砌体内</td><td colspan="2">水泥-水玻璃浆、MG-646、铬木素、聚氨酯、水泥浆</td><td>—</td><td rowspan="3">MG-646</td><td>小裂缝用化学浆、大裂缝用水泥浆</td></tr>
<tr><td rowspan="2">衬砌背后</td><td>岩石层</td><td colspan="3">水泥浆、水泥砂浆、水泥-水玻璃浆</td><td>填充注浆可加黏土、炉渣</td></tr>
<tr><td>砂层</td><td colspan="2">MG-646、铬木素、聚氨酯、脲醛树脂</td><td>—</td><td>—</td></tr>
</table>

①在断层破碎带和砂卵石地层，当裂隙宽度(或粒径)大于 1mm，或渗透系数 $K \geqslant 5 \times 10^{-4}$ m/s 时，选用料源广、价格便宜的单液水泥浆和水泥-水玻璃浆液。

②在断层地带，当裂隙宽度(或粒径)小于 1mm，或渗透系数 $K \geqslant 5 \times 10^{-4}$ m/s 时，优先选用

水玻璃类注浆材料。

③在中、细、粉砂层及细小裂隙岩层,断层泥段堵水压浆宜选用渗透性好、低毒、遇水膨胀的化学浆液,如聚胺酯类。对于颗粒更小的黏土层,采用水泥浆、水泥-水玻璃类注浆材料。

④在岩溶地段突泥、突水和裂隙较大的地质构造中,为堵塞突泥、涌水通道,在适应压浆设备条件下,可用劈裂法代替渗透注浆。此法对注浆材料种类、黏度、颗粒性要求没有静压渗透注浆严格。

(4)浆液的一般要求。

①浆液在受压浆的岩层中具有良好的渗入性,即在一定的压力下能渗到一定宽度的裂隙或空洞中去。

②浆液凝胶时间可调节。

③浆液须具有良好的流动性,以增大浆液的扩散范围。

④浆液具有良好的稳定性,以免过早地产生沉淀,影响浆液的压注。

⑤凝结成石后,应具有一定的强度和抗渗性、耐久性。

⑥无毒或低毒,对环境污染小。

2. 注浆堵水施工

1)注浆堵水方法

(1)地表预注浆。

在隧道两侧地表钻孔注浆,以形成隔水帷幕。一般适用于覆盖展较薄的地段,此法的主要优点是工作条件好,全部作业在地面进行,可以采用多台钻机同时作业,压浆不受洞内掘进限制。钻孔一般在离隧道中线7~10m两侧交错排列梅花形布置,或根据涌水方向决定,钻孔间距由浆液扩散半径确定,孔深超过隧底约2m。可垂直钻孔也可钻斜孔,以增加揭露裂隙的几率。

(2)掌子面预注浆。

在隧道工作面朝掘进方向钻孔注浆,其注浆孔长短结合,并呈伞形辐射状,以形成隔水帷幕。适用于深埋隧道或采用地表钻孔工作量过大,且钻孔不易钻到突水层处。绝大多数钻孔的终止位置在隧道外轮廓线处2m以上,终孔间距5m左右,以沿隧道轮廓形成封闭帷幕。洞内工作面预注浆是分段进行的,一次注浆段长度,在极破碎岩层为5~10m,在破碎岩层中为10~15m,在裂隙岩层中为15~30m,重复注浆可取30~50m。掘进长度为注浆长度的70%~80%,每段预留20%~30%作为下段注浆的止浆盘。

(3)对开挖面进行预注浆。

开挖前,若开挖面(即掌子面)处涌水量大,且围岩软弱破碎,可在开挖前对开挖面进行预注浆处理。预注浆不仅能够堵水,还能对开挖面处的围岩预先加固,便于爆破开挖作业。

(4)洞身围岩注浆。

开挖后的洞身有渗漏水时,可对围岩进行注浆堵水。

(5)对衬砌背后注浆。

衬砌完成后,如果有渗漏水现象,可向衬砌背后的间隙或围岩注浆防水。设置有防水层的复合式衬砌，不宜采用衬砌背后注浆作业，防止损坏防水层。

(6)对衬砌体内注浆。

如果采取各种防、排水措施后，衬砌表面仍有渗漏水现象，则可对衬砌体内注浆堵水。

2)注浆孔布置的一般注意事项

(1)在水流方向及岩层倾斜上方，钻孔可距隧道远些，孔适当密些。

(2)布孔应先稀后密、先外后内，根据情况再增加钻孔，如先钻一般溶裂地层的孔，再集中于大的溶裂、溶洞层。

(3)裂隙越密小，孔数应增加；反之减少。

(4)注浆泵压力低，孔数应适当增多。

3)注浆钻孔的要求

(1)按设计要求准确定孔位，开孔时要轻加压、慢速、大水量，防止把孔开斜，钻错方向。

(2)为防止串浆，钻孔顺序应按上、中、下、左、右孔错开，长短孔错开。

(3)钻孔结构要力求简单，不宜过多改变钻孔直径，一般为先用大于开孔直径的钻头钻进一定深度，安装孔口管，再用开孔直径钻进一定深度，改用较小直径钻头钻至终孔。

(4)钻深孔应防止压弯钻具甩打孔壁，造成塌孔或断杆事故；如遇破碎带时停止钻进，先行压浆，再继续钻进。

(5)详细做好钻孔记录，如钻进进尺、起止深度、钻具尺寸、变径位置、岩石名称、裂隙发育程度及分布位置、出水量、出水位置、处理事故和时间、终孔深度等。

4)注浆要求事项

(1)注浆前，进行试泵与注水试验，安装注浆管路和止浆塞。

(2)用1.5~2倍于注浆终压对注浆管路系统进行吸水试验检查，以查明管路系统能否耐压、有无漏水、连接是否正确，检查设备、机械状况是否正常。试运转的时间一般为20min。

(3)注浆顺序一般为先压注内圈孔，后压注外圈孔；先压注无水孔，后压注有水孔；先拱顶后边墙顺序向下压注；如遇串浆跑浆，则间隔一个孔或几个孔灌压。

(4)压注过程中注意对注浆压力、浆液配比、凝胶时间的控制。

3. 注浆效果检查

监理工程师在注浆段的注浆孔全部注完后，要进行注浆效果检查和评定，不合格者应补钻孔注浆。

(1)对注浆过程中的各种记录资料综合分析，注浆压力和注浆量变化是否合理、是否达到设计要求。

(2)设检查孔，工作面预注浆每段设2~3个检查孔，地面预注浆每10~15m设1个检查孔。

①检查孔取岩芯，观察浆液充填情况；

②检查孔内涌水量，严重破碎带应小于0.2L/min，且某一处漏水小于10L/min；一般地段应小于0.2L/min，且某一处漏水小于10L/min；或进行压水检查，在1.0MPa压力下，进水量小于2L/min。

二、隧道排水结构施工监理事项

1. 衬砌背后排水

(1)衬砌背后排水设施类型(表5-41)。

排水设施类型　表5-41

名称	断曲形式	适用范围	制作与施工	说明
暗沟	矩形或半圆形	主要环向、竖向及纵向沟	常用乙烯制成Ω形半管,其内夹有钢丝,可以任意弯曲,根据岩面、喷射混凝土面涌水现象,将半管沿环向铺设,将出水点、缝盖住,后用砂浆或喷混凝土覆盖	也有用薄铁皮弯成Ω形,用法相同;在一次支护中可多层铺设,形成暗沟;当大面积渗水时,可采用集水孔集水后,用暗沟导排到边沟
暗管	圆形	主要纵向沟和竖向沟	常用渗水塑料管或渗水软管,外裹土工布或其他材料,置于防水层内面或衬砌内,汇集导排较大水量	常与环向暗沟、暗管接通,也有用钢管作纵向沟
盲沟	矩形	水流较小的竖向沟	衬砌厚度以外,挖出竖向矩形沟,其内用片石或卵石干砌,顺线路方向的前后面作反滤层,下端与水平盲沟相通	根据围岩岩质,做好反滤层,防止岩屑、砂、土填塞盲沟空隙,使盲沟失效

(2)衬砌背后排水设施施工注意事项。

①衬砌背后的排水设施应配合支护衬砌同时施工。

②排水设施的设置应视洞内渗漏水情况确定。出水点多处应多设置,相反应少设置;渗水面较大时宜先钻集水孔集水,后设沟管引排;拱部出水常做环形沟管,边墙出水应从上向下引流到竖向沟管,多处渗漏水可设纵向沟管,最终都应引流到排水沟中。

③有排水设施的地段如需要衬砌背后压浆时,沟管四周圬工更应密实,衬砌完成后应将背后的排水设施做出明显标志,以便钻孔和压浆时能避开排水设施位置,严防浆液流入沟管堵塞水流。

④严寒地区的排水设施要注意防冻保温层的施作,务使排水设施内的水流受衬砌表面低温的影响而造成冻害。

2. 隧底排水

(1)排水沟类型(表5-42)。

排水沟类型表　表5-42

名称	断面形式	适用范围	施工	说明
边沟	多为矩形	纵向排水,常温下或寒冷地区	与衬砌铺底同时浇筑,也有预制成形现场安装,或与隧道公共管共用的	寒冷地区可在边沟内设保温层
中心沟	矩形或圆形	纵向排水,有仰拱处或寒冷地区	在仰拱施作前或施作后,多为预制件安装就位	山干埋深较大,在寒冷地区可不用保温材料
泄水沟	多为拱形	纵向汇水排水,用于严寒地区	类似于平行导坑,位于隧道底部岩层中,可起到探查地质、降低水位的作用,主要靠埋深防冻	一般洞顶距隧底3m厚岩层,并用泄水钻孔收集衬砌背后水

(2)施工注意事项。

①排水沟纵向坡度应与线路纵坡一致,沟内不应有集水段,尤其是不能出现反坡段。

②对于预制安装的排水沟,在铺底时要严格禁止灰浆流入沟内堵塞沟道。

③侧沟位置应在开挖边墙基脚时一次挖好,以免做好边墙后进行爆破,损坏圬工。

④防冻排水边沟深度超过边墙基础很多,可能会影响边墙稳定,宜采用分段间隔施工,一段不能开挖过长。

⑤防冻水沟的出口、汇水坑、检查坑都应采取防冻设施。

⑥排水沟洞施工应根据隧道中线桩放样,以保证水沟洞的平纵位置。

3. 排水设施监理工作

(1)观察衬砌背后沟管布设及施作过程,及时纠正沟管布设中存在的问题,通过查看沟管排水情况,确认施工质量。

(2)通过量测,检查洞内水沟、泄水洞等的结构尺寸、设置位置、纵向坡度等是否符合设计要求。

(3)具有保温要求的结构须检查其结构形式、建筑材料、回填材料是否符合设计和保温技术要求。

(4)盲沟须检查过滤层级配和回填质量。盲沟、暗沟、排水孔等有无堵塞现象,水流是否畅通。

(5)水沟盖板的尺寸、边缘平顺、铺设平稳也应抽检。

(6)检查路面水排向边沟或地下水排向泄水洞的集水孔、排水孔和水管是否符合设计要求。

三、隧道防水设施施工监理事项

1. 防水层铺设

(1)铺设防水塑料板的机具。

①工作台车长度必须大于塑料板幅宽 3 ~ 4m,并设有栏杆和专用电源插座。

②热焊机应包括用于洞外大幅塑料板焊接的壁夹式热焊,及用于洞内塑料板合龙焊接的鹤颈式热焊机及普通电烙铁。

③手提式电锤或冲击电钻和射钉枪。

(2)铺设塑料防水板应在初支护变形基本稳定和在二次衬砌灌注前进行。施作点距爆破面应大于 150m,距灌注二次衬砌处应大于 20m。要求开挖用光面爆破,喷层厚度应不小于 50mm,喷面基本平顺,锚杆尾部外露长度应小于 1cm,并用砂浆抹平。

(3)隧道中因塌方掉块造成的坑洼或岩溶洞穴,必须回填处理,并待其稳固后再行铺设塑料板。

(4)铺设塑料板时应环向进行,一般应按实测洞壁周长增加 40cm 剪裁下料,铺挂时不可绷得过紧,以松些为宜,以免灌注混凝土时将薄板胀破。

(5)塑料板焊接应以机械热焊为主,手工焊接仅用于零星修补。洞内环向塑料板搭接宽度10cm左右,焊缝为2cm,不得小于1cm。严格掌握热焊温度,保证不焊穿、烤焦,且完全黏合成一体。如有漏焊或焊接不佳处,立即补焊。

(6)塑料板固定可用射钉锚固、塑料膨胀螺栓锚固和用胶黏剂黏接,所有用锚固钉、栓刺穿处必须用20cm×20cm的塑料板做好补丁块。拱部固定点间距0.5~1.0m,边墙固定点间距1.0~1.5m,固定点距塑料板边缘应不小于5cm。

(7)特殊情况下的处理:

①对断面内坑洼、坍塌回填较困难部位,可用单幅调料板贴在坑洼处,进行铺焊,后与隧道塑料板焊接一起,且不可悬空铺挂。

②在浇筑混凝土过程中,若发现防水板铺设绷得过紧,可将该处塑料板破开,在破口内插入一块塑料板使其紧贴岩壁,然后将新旧两块塑料板焊成整体。

③在大面积漏水处应加设排水板,有流水处应加设排水管将水引排后再铺挂防水板。

(8)施工注意事项:

①防水卷材存放库房应整洁、干燥、无火源,自然通风要好,库房温度不高于40℃,存放时应立放,不得倒放堆码。

②洞外拼接塑料板,工作人员必须穿清洁的软底鞋,搬运时严禁沿地面拖拉;塑料板上不得搁置焊枪,不得扔弃烟头及火柴梗等。

③塑料板施焊表面必须保证洁净、无灰尘和油脂等污物。如有油脂应用丙酮洗净。

④立拱架、安模板、浇筑混凝土时应防止撞碰和刮破防水板;挡头板的支撑物在接触塑料板处必须加橡皮垫层;预埋的管件与塑料板的间距不应小于5cm;绑扎钢筋和浇筑混凝土时,应有专人跟班观察,若发现防水板损伤立即修补。

(9)塑料板作业质量检查:

①在灌注混凝土衬砌前,必须检查防水层质量,做好记录,并处理出现的问题。

②目测检验,用手将已固定好的塑料板上托或挤压,检查其是否与喷射混凝土层密贴;检查塑料板有无破损、断裂、小孔;锚固点是否牢固,外露点是否用塑料片补疤;焊缝有无烤焦、焊穿、假焊和漏焊;焊缝宽度是否达到设计要求,焊缝表面是否平整光滑。

③试验检查,每10~15m制作一组焊接试件,对焊缝强度、密实性、抗渗性进行检查。焊缝的强度值不得小于受高温焊接过的塑料板的断裂强度;密实性检查用压缩空气法进行,其原理为:检查方法是将5号注射针与压力表相连接,用打气筒进行充气,当压力表达到0.25MPa时停止充气。保持15min,压力下降在10%以内,说明焊缝合格。如压力下降过快说明有渗漏,用肥皂水涂在焊缝上,有气泡的地方重新补焊。

2.喷涂防水层

(1)喷涂防水材料。

现阶段普遍认为,喷涂的防水材料中阳离子乳化沥青胶乳效果较好,其性能见表5-43。

阳离子乳化沥青胶乳防水层主要性能 表5-43

成膜厚度(mm)	黏结强度(MPa)	抗渗压力(MPa)	延伸率(%)	抗裂性(mm)	温度适应性(℃)
1.5~2.0	>0.5	>1.5	600~1000	>10	-30~0

(2)对前施工面的要求。

①施工地段和开挖面应有一定距离,防止因爆破而损坏防水层。

②喷锚支护变形基本稳定之后才能施喷防水层。喷混凝土层要平顺,外露的钢筋、锚杆应截掉。

③有大面积漏水处,最好喷一层防水水泥砂浆层,并加强养护,使基面暂不渗漏,以便于沥青胶乳膜成型。如有大股流水应先引流之后再喷涂防水层。

(3)喷涂防水层施工注意事项。

①严格掌握配料比例,拌和要均匀,小范围可用人工涂抹,大范围要用机械喷涂。

②喷涂应由下而上,喷涂方向应逆向进行,喷嘴离壁面距离一般为0.5~0.8m,喷射压力应不小于0.3MPa。

③喷涂应注意细致均匀,每次喷厚宜为1~2mm,一般需喷3~4次,两次喷涂间隔时间一般要大于4h。

④喷涂中及时处理漏水点,当确认防水层不漏水时,再喷水泥砂浆保护层。

⑤喷涂防水层作业完成后与模筑混凝土施工之间,应有5~10d间隔时间,以便于对防水层进行观察和补漏处理。

⑥模筑混凝土衬砌应注意切勿损伤防水层。

⑦进行防水层喷涂施工时,应采取必要的防火措施,并做好操作人员的防护工作。

3.衬砌缝隙防水

(1)施工缝类型及防水适用条件(表5-44)。

施工缝类型及防水适用条件　　表5-44

类　型	方　法	优　点	缺　点	适用条件
混凝土表面刷毛	施工缝的处理在混凝土灌注后4~12h内,用钢丝刷将接缝处的混凝土面刷毛,或用高压水冲洗,直至露出表面石子。再次浇筑前,先刷水泥浆两遍,再铺设1cm厚砂浆(同原混凝土配合比,除去粗集料),过0.5h再灌注混凝土	施工方便	防水效果欠佳	仅有少量地下水的混凝土衬砌
L形施工缝		防水性较好	施工较复杂	地下水压力不高,厚度小于40cm的防水混凝土衬砌
企口式施工缝		防水性能较好	施工较复杂	地下水压不高,厚度大于40cm的防水混凝土衬砌
钢板施工缝	在施工缝处预埋入2mm厚并涂刷防锈剂的钢板,防水要求高的拱部可用塑料止水带代替钢板,接缝混凝土处理同上所述	防水性能好,施工质量易保证	需用钢材,造价较高,耐久性较差	地下水压较高,防水要求较严的防水混凝土衬砌

(2)变形缝主要类型及防水适用条件(表5-45)。

变形缝主要类型及防水适用条件　　表5-45

类　型	优　点	缺　点	适用条件
沥青木丝板(沥青木板)变形缝	施工方便,材料来源容易	防水性能差	仅有少量地下水的地层
沥青麻筋变形缝	防水性能一般,材料来源容易	施工使用难	有外贴式防水层的明洞沉降缝,或明洞与隧道衔接缝
塑料止水带	质量可靠,抗渗性能好;能承受较大的相对变形;施工较方便;材料来源容易,价格较低	不宜用于冻害区段	一般用于防水要求严格的衬砌,在高于0℃、低于50℃或无油类、强氧化剂侵蚀的环境下均可使用
橡胶止水带或遇水膨胀橡胶止水带	质量可靠,抗渗性能好,可达0.8MPa;能承受较大的相对变形;施工较方便,可用于冻害区段	价格较贵	在-40~40℃温度条件下,用于防水要求严格的补衬,不适用于温度超过50℃及受强氧化剂或油类侵蚀的环境

第五节　隧道工程常见质量问题

近年来,随着我国交通建设的发展,公路隧道的数量也迅猛增加,加之公路隧道具有断面面积大、防水要求高、所处自然环境一般均较复杂等特点,目前由于设计、施工等方面的原因,国内已建和在建的部分公路隧道都不同程度地出现了质量问题,有些甚至出现了严重的质量问题,因此,对其进行检查、养护和维修变得日益重要,也成为隧道界关注的焦点。本节介绍了隧道工程中最常见的几个问题。

一、洞口坍塌

1. 质量问题及现象

在隧道施工过程中,洞口部位经常出现滑坡坍塌,导致洞口堵塞,干扰洞内正常施工,延误工期,甚至会出现人员伤亡事故。

2. 原因分析

多数隧道洞口部位地质条件不良,土质松散,稳定性差,开挖隧道又破坏了原有的土体平衡状态,开挖不好,特别在雨水的作用下易产生坍塌现象。

3. 预防措施

(1)隧道开挖进洞前应尽早完成洞口排水系统,按设计要求进行边坡仰坡放线,自上而下逐段开挖,不得掏底开挖或上下重叠开挖。

(2)清除洞口上方可能滑塌的表土、树木及危石等;石质地段爆破后,应及时清除松动石块,土质地段开挖后应及时夯实整平边(仰)坡。

(3)不得采用深眼大爆破开挖边(仰)坡,开挖的土石方不得弃在危害边仰坡稳定的地点,洞口支挡工程应结合土石方开挖一并完成。

二、洞口段洞顶出现偏压

1. 质量问题及现象

当隧道洞口位于山坡不稳定、地形条件较差处，且隧道顶两侧土体严重不一致，即为偏压现象，如果处治不当，可能会出现隧道开裂，严重时发生坍塌事故。

2. 原因分析

当隧道单侧压力过大，隧道结构受力不均，局部应力集中，变形过大，可能会使隧道结构遭到剪切破坏。

3. 预防措施

(1)平衡压重填土，即对地形较低侧进行填土夯实，增加侧压力，当填土达到一定高度后，两侧压力基本平衡时再开挖洞口。

(2)隧道边墙基础应座在稳固的岩层上，否则应设混凝土基础。

(3)隧道拱圈应采用钢筋混凝土结构，且外墙尺寸加厚，必要时应加设仰拱，以增强隧道结构的整体抗变形能力。

三、塌方及冒顶事故

1. 质量问题及现象

出现大量超挖，增大出渣量和填塞量，造成人员伤亡、机械设备损坏，影响工期，增大投资。

2. 原因分析

(1)隧道开挖中，围岩性质及地质条件发生变化，岩质由硬变软，或出现断层、破碎带、梯形软弱带等不利地质情况而未及时改变开挖方法、支护方式。

(2)未严格按钻爆设计要求钻孔、装药；孔间距不符合要求或过量装药，爆破后使洞壁围岩过于破碎，裂缝深大而坍落；或爆破振动过大，造成局部围岩失稳而塌方、冒顶。

(3)施工组织管理不善、工序衔接不当，支护不及时，采用支护方式不妥，衬砌未及时跟进。

(4)忽视对开挖面和未衬砌面、未支护段围岩变化情况的监测检查，或对已发现的险情未及时处理。

3. 预防措施

(1)隧道开挖中，如发现围岩性质、地质情况发生变化，应及时对所用的掘进方法、支护方式做相应调整，以适应新的围岩条件，确保安全施工。

(2)施工操作人员应严格按钻爆设计要求钻孔、装药、爆破，严格禁止超量装药，爆破工必须经培训合格方能上岗，避免人为因素造成塌方冒顶。

(3)加强施工组织管理，严格按施工组织设计施工，各工序应有序跟进，相互衔接；如因施工组织设计中开挖、支护方式与实际开挖围岩情况不相适应，应及时作出调整。

(4)加强对开挖面、未支护及未衬砌面围岩变化情况的监测和检查，如有塌方、冒顶征兆要及时做强支护处理;对已支护地段亦要经常检查有无变形或破坏,锚杆是否松动,喷射混凝土是否开裂、掉落等;一经发现应立即补救,采取适当方式加固处理。

四、喷射混凝土质量问题

1. 质量问题及现象

混凝土开裂、剥落、离层、厚度不够。

2. 原因分析

(1)受喷面粉尘、杂物未清除或清除不彻底,松动危石未清除,松动石块存在较大空隙,混凝土受遮挡无法喷入。

(2)喷射混凝土所用的材料不合格或混凝土配比不合适,养生不及时或养生时间不足。

(3)开挖爆破距喷射混凝土作业完成时间间隔过短,受爆破冲击、振动,受喷面平整度太差,高低起伏过大或钢筋网钢筋过粗。

3. 预防措施

(1)喷射混凝土作业前应对上喷面用高压风或水彻底清除,对松动石块、危石或遮挡物用人工彻底清除。

(2)喷射混凝土所用的各种材料必须合格,宜采用普通硅酸盐早强水泥,等级不低于32.5级,混凝土配合比应通过试验确定,拌制的混凝土有良好的流动性、和易性并满足设计强度和喷射工艺要求;为减少回弹量,喷射混凝土应均匀、分层进行施工,直至达到设计厚度。

(3)混凝土终凝2h后应喷水养生,经常保持其表面湿润,养生不得少于7d。

(4)严格控制开挖爆破距喷射混凝土作业完成时间间隔,对于受喷面高低起伏过大的,应事先对低洼处用喷射混凝土作找平处理,个别突出的地方应予凿除。

五、衬砌混凝土开裂、拱顶下沉

1. 质量问题及现象

开裂损害外观形象,出现渗漏水病害,严重的会使衬砌垮塌;拱顶下沉会影响隧道的净空高度。

2. 原因分析

(1)设计方面的原因。隧道设计时,因围岩级别划分不准、衬砌类型选择不当,造成衬砌结构与围岩实际荷载不相适应,引发裂损病害。例如:

①对一些具有膨胀性围岩地段,未采取曲墙加仰拱衬砌。

②偏压地段未采用偏压衬砌。

③断层破碎带、褶皱区等局部围岩松散压力或构造应力较大地段,衬砌结构未能相应采取加强措施。

④对基底软弱和易风化泥化地段,未设可靠防排水设施,混凝土铺底厚度及强度不足。

(2)施工方面的原因。施工时,受技术条件限制,方法不当,管理不善,造成工程质量不良。如:

①先拱后墙法施工时,拱架支撑变形下沉,造成拱部衬砌产生不均匀下沉,拱腰和拱顶发生施工早期裂缝。对Ⅲ级以下的围岩,过去通常采用先拱后墙(上下导坑)施工方法,由于工序配合不当、衬砌成环不及时、落中槽挖马口时拱部衬砌悬空地段过长、拱架支撑变形下沉等原因,都容易造成拱部衬砌产生不均匀下沉,导致拱腰和拱顶衬砌发生施工早期裂缝。

②拱顶与围岩不密贴,在"马鞍形"受力作用下,拱腰内移张裂,相应拱顶上移,内缘受挤压。模筑混凝土衬砌拱背部位常出现拱顶衬砌与围岩不密贴的空隙,由于不及时压浆回填密实,就形成拱腰承受围岩较大荷载,而拱顶一定范围空载,这种常见的与设计拱部荷载不相符、对拱部衬砌不利的"马鞍形"受力状态,正是导致拱腰内移张裂、相应拱顶上移、内缘受挤压等常见病害产生的荷载条件。

③由于施工测量放线发生差错、欠挖、模板拱架支撑变形、塌方等原因,而在施工中未能妥善处理,造成局部衬砌厚度偏薄。

④过早拆除模板支撑,使衬砌承受超容许的荷载,易发生裂损。

⑤施工质量管理不善,混凝土材料检验不力,施工配合比控制不严,水灰比过大,混凝土捣实质量不佳,拱部浇筑间歇施工形成水平状工作缝等,造成衬砌质量不良,降低承载能力。

3. 预防措施

(1)加强地质勘探工作,为隧道衬砌结构设计提供准确的工程地质与水文地质资料。采用地质雷达探测、开挖面超前钻探等方法进行超前地质预报,加强施工中的地质复查核实工作,正确选择施工方法和衬砌断面。对不良地质地段衬砌,应贯彻"宁强勿弱,宁曲勿直,加强衬砌过渡段,宁长勿短"的设计原则。例如,衡广复线某隧道原设计 200 多米长的Ⅲ级围岩地段,开挖后发现绝大部分只能算作Ⅵ级围岩,出入甚大,因而设计所选用的衬砌类型也就无法符合实际地层情况,这是施工现场经常遇到的问题。为了弥补设计上的缺陷,作为现场施工技术人员,要对开挖暴露后的围岩情况及时与设计图纸进行核对,如有不符之处不可盲目照图施工,而应立即会同现场设计人员协商作出相应的变更。

(2)采用先进的施工技术设备,尽量减少施工对围岩的扰动,提高衬砌质量。大力推广光面爆破,锚喷支护,提高喷射混凝土永久性衬砌的抗裂、抗渗性能。采用模板台车进行模筑混凝土,进行壁后压浆提高混凝土衬砌与围岩之间的密实性。

六、衬砌后隧道洞顶、洞壁渗水及路面冒水

1. 质量问题及现象

在渗漏水的长期作用下,隧道的衬砌和设备会受到浸蚀,在寒冷地区因冻融的反复循环,加快衬砌和设备的损坏,路面冒水造成行车环境恶化,降低车轮与路面的摩擦力,影响行车安全。

2. 原因分析

地表水渗透到衬砌中,地下水上冒到隧道路面或衬砌中,围岩中的水渗透到衬砌中。

3. 预防措施

(1)衬砌后设置排水管沟时,应根据隧道的渗水部位及开挖情况适当选择好位置,并配合衬砌进行施工,注意防止排水管沟堵塞。

(2)在初期支护与二次衬砌间铺设防水板,宜选用耐老化、耐细菌腐蚀、易操作、强度及延伸率较好的塑料板材。

(3)采用防水混凝土作隧道衬砌,必须严格按混凝土防水要求进行施工。

(4)为防止路面冒水,可在路面底部每隔10~20m设置一道横向碎石盲沟,并使其与纵向排水沟相连。

(5)洞外排水要根据当地的地形、地质、气候条件因地制宜在洞顶设置防排水设施,可将地表填平、铺砌、抹面、喷射混凝土等,将坑穴或钻探堵死、封闭,达到防渗、抗渗的目的。

七、隧道冻害

1. 质量问题及现象

隧道冻害会导致衬砌冻胀开裂,甚至疏松剥落,造成隧道衬砌结构的失稳破坏,降低衬砌结构的安全可靠性,严重影响运输的安全和正常运行。

2. 原因分析

1)寒冷气温的作用

隧道冻害与所在地区气温(低于0℃或正负交替)直接相关,气温变化冻融交替是主因。

2)季节冻结圈的形成

季节性冻害隧道中,衬砌周围冬季冻结、夏季融化范围的围岩,沿衬砌周围各最大冻结深度连成的圈叫季节冻结圈,当衬砌周围超挖尺寸不等,超挖回填用料不当及回填密实不够产生积水,形成冻结圈。修建在多年冻土中的隧道,衬砌周围夏季融化范围的围岩,称为融化圈。

在严寒冬季,较长的隧道两端各有一段会形成冻结圈,称为季节冻结段。中部的一段不会形成季节冻结圈,成为不冻结段。隧道两端冻结段长度不一定相等。同一座隧道内,季节冻结段的长度恒小于洞内季节负温段的长度。

隧道的排水设备如埋在冻结圈内,冬季易发生冰塞。

3)围岩的岩性对冻胀的影响

在隧道的季节冻结圈内如果是非冻胀性土,不会发生冻胀性病害。因此,如果季节性结圈内是冻胀性土,更换为非冻胀性土是有效的整治措施。

4)隧道设计和施工的影响

隧道在设计和施工时,对防冻问题没有考虑或考虑不周,造成衬砌防水能力不足,洞内排水设施埋深不够、治水措施不当,施工有缺陷,都会造成和加重运营阶段隧道的冻害。

3. 预防措施

1)综合治水

隧道冻害的根本原因就是围岩地下水的冻结,如果能将水排除在冻结圈以外,杜绝水进入冻结圈,就能达到防止冻害的目的,因此,综合治水是防治冻害的最基本措施。

综合治水要在查明冻害地段隧道漏水及衬砌背后围岩含水情况后,采取“防、排、堵、截”综合治水措施,消除隧道漏水和衬砌背后积水,具体措施包括:

(1)加强接缝防水,防水材料要有一定抗冻性,以消除接缝漏水。

(2)完善冻害段隧道的防、排水系统,消除衬砌背后积水,并防止冻结圈外的地下水向冻结圈内迁移。

2)更换或改造土壤

将冻结圈内的围岩更换或改造,将冻胀土变为非冻胀土、透水性强的粗粒土或保温隔热材料,从而达到防治冻害的目的。更换土壤一般是将砂黏土、粉砂、细砂更换为碎、卵石或炉渣,换土厚为多年冻深的0.85~1.0倍,同时加强排水,防止换土区积水。

改造土壤就是采用压浆固结方法,在砂类土及砾卵石等容易压浆的岩土中注入水泥-水玻璃或其他化学浆固结冻结圈内岩土,消除冻胀性。

改造土壤的另一种方法就是在冻结圈注入憎水性填充材料,使之堵塞所有孔隙、裂隙,阻止土中水分迁移和聚冰作用。

3)保温防冻

保温防冻通过控制湿度,使围岩中水分达不到冰点,以达到防冻目的,方法主要有保温、供热、降低水的冰点。

(1)加设保温衬层。

在消除隧道渗、漏水的基础上,隧道衬砌加筑一层保温层,净空富余地段修建在原衬砌的内侧,改建衬砌段可设在衬砌外侧。适用于隧道的内衬保温材料有:加气混凝土,膨胀珍珠岩(膨胀岩石、漂石)混凝土,多孔烧黏土陶粒混凝土。这些材料可制成预制块砌筑,以便施工和更换,也可喷射混凝土。

(2)降低水的冰点。

向围岩中注入丙二醇、氯化钙、氯化钠,使水的冰点降低,从而降低围岩的起始冻结温度,达到防冻目的。

(3)采暖防冻。

在浅埋侧沟洞口段上下层水沟间铺设暖气管道,冬季每天以锅炉供热汽三次,保持气温+3~+4℃,不发生冰塞,或夏季白天机械送热风融化泄水洞内的结冰。

4)结构加强

(1)防水混凝土曲墙加仰拱衬砌。

冻结圈或融化圈内的岩土,经受强烈频繁的冻融破坏,岩土性质改变,冻胀性由弱变强,冻害逐步发展,需要采用加强衬砌,一般宜采用半圆形拱圈、曲边墙加仰拱衬砌形式,这适用于Ⅳ~Ⅵ级围岩和风化破碎、裂隙发育的Ⅲ级围岩地段。

(2)防水钢筋混凝土衬砌。

为了减少开挖和衬砌圬工,可采用加设单层或双层钢筋网的防水钢筋混凝土衬砌,适用于Ⅲ级以上局部冻胀性围岩地段。

(3)网喷混凝土加固。

加设抗冻胀锚杆有锚固条件的Ⅳ级以上围岩,局部冻胀性硬岩地段,对既有冻胀裂损衬砌,可应用喷锚加固技术,但需满足限界要求。

5)防止融坍

隧道洞内要防止基础融沉,可采用加深边墙至冻土上限以下或冻而不胀层;防止道床春融翻浆可采用加强底部排水、疏干底部围岩含水或采用换土法。

也可采用:①加大侧向拱度,使拱轴线能更好地抵抗侧向冻胀;②拱部衬砌厚度增加,一般加厚 10cm 左右;(3)提高衬砌混凝土标号或采用钢筋混凝土;(4)隧底增设混凝土支撑。

八、衬砌腐蚀

1. 质量问题及现象

铁路、公路线分布广,隧道所接触的地质条件千差万别。其中有些地区富含腐蚀性介质。衬砌背后的腐蚀性环境水,容易沿衬砌的毛细孔、工作缝、变形缝及其他孔洞渗流到衬砌内侧,成为隧道渗漏水,对衬砌混凝土和砌石、灰缝产生物理性或化学性的侵蚀作用,造成衬砌腐蚀。

2. 原因分析

(1)隧道在寒冷和严寒地区衬砌混凝土充水部位冻融交替冻胀性裂损。

(2)隧道周围有含石膏、芒硝和岩盐的环境水,干湿交替盐类结晶性胀裂损坏。

(3)硫酸盐侵蚀、镁盐侵蚀、软水溶出性侵蚀、碳酸性侵蚀、一般酸性侵蚀。

3. 预防措施

1)提高衬砌的密实度和整体性

这是提高混凝土抗侵蚀性能最主要的,也是最重要的措施。因为不管是混凝土或砌块、砂浆遭受化学侵蚀,还是冻融交替或是干湿交替作用,甚至几种情况同时存在的最不利情况,共同的必要条件是衬砌的透水性。由于水及其中侵蚀介质能渗透到衬砌内部,才会发生一系列物理、化学变化,致使衬砌混凝土或砌块、灰缝产生腐蚀损坏。如果在修建隧道衬砌时,采用了防水混凝土(或防水砂浆砌不受侵蚀的石料)作衬砌,提高了衬砌的密实度和整体性,外界侵蚀性水就不易渗入混凝土内部,从而阻止了环境水的侵蚀速度,就可以提高衬砌的耐久性,降低侵蚀的影响。

一般用集料级配法和掺外加剂法配制防水混凝土,来提高隧道衬砌的密实性和防水性,由于隧道衬砌是现场浇筑,在有地下水活动的地段,往往很难保证防水混凝土的质量,从而影响防水性,因此要采取相应措施。

2)外掺加料法

由于腐蚀主要是由于混凝土中游离的 $Ca(OH)_2$ 等引起的,可以采取降低混凝土中 $Ca(OH)_2$ 浓度的措施来达到抗侵蚀的目的。比如:掺加粉煤灰可以除去游离的 $Ca(OH)_2$,且给予铝相以不活泼性。也可以掺加硅粉,但由于硅粉颗粒细。施工时污染严重,对环境有害,影响其使用。

3)选用耐侵蚀水泥

合理选择水泥品种,尽量改善混凝土受侵蚀的内因(如:对抗硫酸盐侵蚀的水泥要限制 C_3A 含量 $\leqslant 5\%$,在严寒地区不宜选用火山灰质水泥等),但目前尚没有完全可以消除腐蚀的水泥品种。将合理选择水泥品种与优选粗细集料及级配、掺外加剂、减少用水量等措施结合起来,最大限度地提高衬砌的抗蚀性和密实度,配制成防腐蚀混凝土,效果就更好。

目前隧道工程常用的防腐蚀水泥有抗硫酸盐水泥、高抗硫酸盐水泥、低碱高抗硫酸盐水泥、矾土水泥、石膏矿渣水泥等。

4)加强衬砌外排水措施

将侵蚀性环境水排离隧道周围,减少侵蚀性地下水与衬砌的接触。目前,在地下水丰富地区,用泄水导洞法将地下水引至导洞内,减少地下水对主体隧道的影响,一般泄水导洞应根据地下水的活动规律和流向,设在主洞的上游,拦截住地下水。地下水不发育地区,在隧道背后做盲沟,将地下水排入盲沟,从而减少对隧道衬砌的腐蚀。

5)使用密实的与混凝土不起化学作用的材料,在衬砌外表面做隔离防水层

国内常用的防水卷材有 EVA,ECB,PE,PVC 等,这些材料的耐酸碱性能稳定,作为隔离防水层,是较理想的材料。

6)采用与侵蚀性环境水不起化学反应的天然石料砌筑衬砌

这种方法适用地质条件较好的隧道。

7)向衬砌背后压注防蚀浆液

这种方法一般适用于隧道。目前,常用材料有阳离子乳化沥青、沥青水泥浆液等沥青类的乳液,高抗硫酸盐、抗硫酸盐水泥类浆液。

在衬砌表面涂抹防水防蚀涂料,常用的有阳离子乳化沥青胶乳涂料、编织乙烯共聚涂料,近几年又使用了焦油聚氨醋涂料、RG 防水涂料等。

8)防腐蚀混凝土

防腐蚀混凝土是针对环境水侵蚀性介质不同,选用相应抗侵蚀性能较好的水泥品种,通过调整配合比、掺减水剂、引气剂,并采用机械拌和、机械振捣生产的一种密实性和整体性较高的抗腐蚀的防水混凝土。

《公路工程混凝土结构耐久性设计规范》(JTG/T 3310—2019)规定了耐腐蚀混凝土的等级划分及相应的防护允许值。

对寒冷和严寒地区受冻部位的隧道耐腐蚀混凝土,宜选用 1 级或 2 级。温和地区设计耐腐蚀混凝土的等级,应通过环境水检验。按相应的侵蚀性介质的允许值来确定。

提高混凝土的密实性和整体性,是提高混凝土抗侵蚀能力最重要的措施,因为混凝土内部结构均匀密实,外界侵蚀性环境水就不容易渗入混凝土内部,$Ca(OH)_2$也不易被水析出。

防腐蚀混凝土的制作,除了严格控制水灰比和最小水泥用量及按上表对水泥类型选择之外,还应满足以下要求:

(1)抗硫酸盐水泥的矿物成分:

$3CaO \cdot Al_2O_3$即 C_3A 应≤5%;

$3CaO \cdot SiO_2$即 C_3S 应≤50%;

$4CaO \cdot Al_2O_3 \cdot Fe_2O_3 + C_3A$ 应≤22%。

(2)防腐蚀混凝土原材料

防腐蚀混凝土用的各种材料应按《公路工程混凝土结构耐久性设计规范》(JTG/T 3310—2019)执行。粗集料应符合《公路桥涵施工技术规范》(JTG/T 3650—2020)有关技术要求,最大粒径≤37.5mm,最低耐冻循环次数不得低于 10 次(硫酸钠法)。应选用坚硬洁净的中(粗)砂;特细砂不得配制防腐蚀混凝土。

(3)施工与养护。

防腐蚀混凝土必须采用拌和机捣。养护:使用 AP、BP、CP 类水泥,不得少于 14d;使用 AS、BS、CS 类水泥,不得少于 21d。

防腐蚀混凝土结构物外露面边缘、棱角、沟槽应为圆弧形;钢筋混凝土钢筋的保护层不得

小于5cm。对于既有线隧道的普通混凝土衬砌产生的腐蚀病害,应查明病害原因,结合隧道裂损、漏水病害,综合考虑衬砌加固和改善防、排水条件。对于拱部质量较差的衬砌(有裂损、漏水、厚度不足和腐蚀等病害),一般应同时考虑衬砌背后压浆后,对衬砌圬工仍存在的局部渗漏采用排堵结合整治,并采用喷射混凝土补强堵漏。成昆线既有隧道裂损、漏水、腐蚀病害综合整治取得的大量成功经验证明:压浆与喷射混凝土是综合整治隧道裂损、漏水、腐蚀三种病害的有效措施。对不需要补强的大面积渗漏水地段,也可采用喷涂阳离子乳化沥青胶乳或喷射防水砂浆,做成内贴式防水、防蚀层。在凿毛冲洗干净的圬工面上,喷射混凝土和防水砂浆均具有黏结性好、密实度高(满足抗渗标号 > B8)、质量耐久可靠等突出优点,应优先考虑采用。

九、通风、照明不良

1. 质量问题及现象

在部分运营隧道中有害气体浓度超限,洞内照明昏暗,影响司乘人员健康,威胁行车安全。

2. 原因分析

造成隧道通风与照明不良的原因有以下三个方面:

(1)设计欠妥。

(2)器材质量存在问题。

(3)运营管理不当。

3. 预防措施

(1)鉴于设计方向的问题,应从加强理论与试验研究着手,不断总结经验,提高设计水平来加以解决。

(2)对于器材,应在安装前对其性能指标加以检测,不符合要求者不予采用。

(3)目前造成隧道通风与照明不良的主要原因是隧道管理部门资金不足、管理不善、风机与灯具开启强度不足。为了不降低隧道的使用标准,确保安全运营,应定期对隧道的有关通风、照明指标进行抽检。

第六章　公路交通安全设施施工质量监理

第一节　公路交通安全设施概述

公路交通安全设施是高等级公路的重要组成部分，是最基本的信息提供和安全保障系统。为满足公路使用者安全行车的需要，公路安全设施具有四类使用功能，分别为主动引导、被动防护、全时保障、隔离封闭。其中主动引导、全时保障、隔离封闭设施可以起到事故预防作用，有效避免交通事故的发生，而被动防护设施的合理设置可以有效降低事故的严重程度，为安全、便捷、舒适的出行提供多方面的支持和保障。

主动引导设施包括交通标志、交通标线、视线诱导设施等，为车辆驾驶人员提供公路轮廓和路网信息，使车辆保持在行车道以内行驶；被动防护设施包括护栏、避险车道等，为失控车辆提供逃生通道；全时保障设施除主动引导设施外，还包括防眩设施等；隔离封闭设施包括隔离栅、防落网等，以保障公路的运行畅通。

同一种交通安全设施往往具有多重功能，如反光交通标志、标线不但是主动引导设施，也是有效的保障设施。

公路交通安全设施的设置规模，应根据确定的设计目标，综合考虑所在路网规划、公路功能、技术等级、交通量、车型组成和环境等因素，科学论证并合理确定。

公路交通安全设施为公路使用者提供系统和完善的指令、指路、警告、禁令等信息，公路交通安全设施配置交通标志、交通标线（含突起路标）、护栏、视线诱导设施、隔离栅、防落网、防眩设施、百米桩、里程碑、避险车道等。

1. 交通标志

公路交通标志用于提供道路交通信息、组织疏导交通流并贯彻执行交通法规。按使用功能，交通标志可分为警告、禁令、指路和指示四大类；按交通标志板面形状可分为方形、圆形、三角形和菱形标志；按交通标志结构形式可分为单柱支撑式、双柱支撑式、单悬臂（F 形）、双悬臂（T 形）、门架式和附着式六大类。

公路交通标志是为车辆驾驶人员提供信息服务的，公路交通标志要具备 5 个基本特点：

（1）满足驾驶人的信息需求；

（2）充分引起注意；

（3）清晰、简洁传递信息；

（4）尊重驾驶人的行为特征；

（5）给驾驶人提供充足的反应时间。

因此公路交通标志应是便于车辆驾驶人员清晰辨识、正确理解、快速反应的，应做到“易见、易认、易懂、易辨、易记”，使驾驶人能够“看得见、看得清、看得懂、辨得准、记得住”。

交通标志设置在车辆行进方向上易于看到的地方,在选择交通标志的设置地点时,要考虑车辆驾驶人员的反应能力、车辆的运行速度、道路宽度等因素,以保证交通标志的信息具有足够的视认性,顺利和完整地向公路使用者传递信息。

交通标志底板可采用铝合金板、铝合金型材、合成树脂、木板等材料,标志面可采用反光材料、反光膜、照明或主动发光设施及胶黏剂、透明涂料及边缘填缝等附属材料制造,交通标志立柱、横梁等可采用钢管、H 形钢、槽钢、合成材料及钢筋混凝土等材料制作。

提高交通标志夜间的视认性,根本是要提高交通标志的亮度,目前有许多可用于交通标志的逆反射材料和提高亮度的方法,用逆反射材料制作标志板面和安装照明设施是提高交通标志视认性的主要途径。

同时近年来随着新材料、新方法的不断涌现,特别是高度发光二极管(LED)等器材的发展,主动发光技术也越来越多地应用在交通标志上,可以有效地弥补逆反射材料在曲线段光源干扰,逆光条件、雨雾等恶劣天气下的视认不足,因此在受线形、视觉环境、日照、气象条件等因素影响视认性的路段,交通标志可采用主动发光形式,安装照明设施或者采用其他的新方法。

反光膜是目前最广泛使用的交通标志逆反射材料,公路交通标志使用的反光膜的光度性能、结构符合现行《道路交通反光膜》(GB/T 18833)的要求。

2. 交通标线

公路交通标线是由施划或安装于公路上的各种线条、箭头、文字、图案及立面标记、实体标记、突起路标等所构成的交通设施,其分类、定义及颜色等应符合现行《道路交通标志和标线》(GB 5768)的有关规定,它的作用是向公路作用者传递有关公路交通的规则、警告、指引的信息。

公路交通标线是重要的交通控制设施,合理设置的交通标线对于保障公路交通流的平稳有序运行、保障公路交通的安全和效率,明确并保护各方交通参与者的通行权具有重要的意义。

高速公路的交通标线分道路纵向标线(车道分界线和车道边缘线)、横向标线(车距确认标线、匝道出入口),其他标线和立面标线(收费岛头标线和可能的标志柱上、上跨桥边梁侧面等处的标线)。公路交通标线分为油漆标线和热塑标线两种,一般油漆标线用于行车道边缘处和收费广场标线;热塑标线用于永久性的车道分界线、横向标线、人字、斑马纹导流标线、出入口标线和车道导向箭头。

3. 公路护栏

公路护栏设置于道路两侧或中央分隔带,用以降低交通事故的严重程度,保护人车安全。按护栏在公路道路的安装部位可分为路基护栏、桥梁护栏、中央分隔带及其开口护栏。公路护栏标准段、护栏过渡段、中央分隔带及其开口护栏、防撞端头及防撞垫的防护等级及性能应满足现行《公路护栏安全性能评价标准》(JTG B05-01)的规定。公路两侧边护栏可防止高速行驶的车辆意外地驶出路外发生严重事故;中央护栏可防止车辆超过中央分隔带闯入对面车道造成严重事故;车辆与护栏冲撞后,可减轻车上乘客、驾驶人的伤害程度;车辆与护栏碰撞时,可使失控的车辆回复到原来的行驶方向,而不影响其他车道的正常行驶的车辆,对行驶车辆有视线诱导效果。根据碰撞后变形的程度,公路护栏可分为刚性护栏、半刚性护栏和柔性护栏,其主要代表形式分别为混凝土护栏、波形梁护栏和缆索护栏。刚性护栏几乎不变形,但当车辆与护栏的碰撞角度较大时,对于车辆和驾乘人员的伤害较大;半刚性护栏刚柔相兼,具有较强的吸收碰撞能量的能力,对车辆和驾乘人员的伤害相对较小;柔性护栏在受到碰撞后,由于变形较大,因此对车辆和驾乘人员的伤害最小。

4. 隔离栅及防落网

公路隔离栅是用于阻止人和动物随意进入或横穿高等级公路,防止非法占用公路用地的公路基础设施。它可有效地排除横向干扰,避免由此产生的交通延误或交通事故,保障公路的通行安全和效益的发挥。按网片形式,隔离栅分为钢板网、编织网、电焊网和刺钢丝网。公路防落网指设置于上跨公路主线的分离式立交或人行天桥两侧,以防止坠物危及公路主线行车的防护设施,其形式比较简单。

5. 防眩设施

公路防眩设施的设置可防止对向车辆前照灯使驾驶人产生炫目,改善夜间行车条件,消除驾驶人夜间行车的紧张感,可减少交通事故。良好的防眩设施还可改善高速公路的景观。高速公路上的防眩设施主要有防眩板、防眩网和绿植防眩等。防眩设施既要有效地遮挡对向车辆前照灯的眩光,也要满足横向通视好、能看到斜前方、对驾驶人心理影响小的要求。

6. 视线诱导设施

视线诱导设施主要包括轮廓标、合流诱导标、线形诱导标、隧道轮廓带、示警桩、示警墩、道口标桩等设施,公路视线诱导设施属于主动引导设施,对提高夜间的行车安全水平有重要作用。

1)轮廓标

轮廓标以指示公路的前进方向和边缘轮廓为主要目的,设置于道路边缘。当路边无构造物时,轮廓标为柱体,独立设置于路边土路肩中,一般称为柱式轮廓标;当路边有护栏、桥梁栏杆等构造物时,轮廓标可附着于构造物的适当位置上,一般称为附着式轮廓标。

高速公路、一级公路的主线及其互通式立体交叉、服务区、停车区等处的进出匝道和连接道及避险车道应全线连续设置轮廓标,中央分隔带开口路段应连续设置轮廓标,隧道侧壁应设置双向轮廓标。轮廓标应在公路前进方向左右侧对称设置。高速公路、一级公路按行车方向配置白色反射体的轮廓标安装在公路右侧,配置黄色反射体的轮廓标安装在中央分隔带。避险车道轮廓标颜色为红色。轮廓标反射体面向交通流安装。

2)合流诱导标、线形诱导标

合流诱导标、线形诱导标分别属于警告标志和指路标志。

3)隧道轮廓带

隧道轮廓带近年来在特长隧道、长隧道应用较多,主要用于指示隧道横断面轮廓。

4)示警桩、示警墩

对于三、四级公路,达不到护栏设置标准但存在一定危险因素的路段,设置示警桩、示警墩。

5)道口标桩

道口标桩设置在公路沿线较小交叉路口两侧。

7. 突起路标

公路突起路标是固定于路面上起标线作用的突起标记块,可用来标记对向行车道分界线,同向行车道分界线,行车道边缘线等,也可用来标记弯道、进出口匝道、导流标线、公路变窄、路面障碍物等危险路段。公路突起路标配合标线使用,以一定间隔设置于标线上。突起路标亮度较高,标线在夜间能更好地发挥作用,也可以作为标线单独使用。

8. 里程碑及百米桩

公路里程碑表示的是高速公路的里程数,用水泥混凝土或单柱式反光标志制作,每公里设置一块。每两块里程碑之间,每间隔 100m 设置一块百米桩,显示每百米的距离,通常为附着于护栏上的反光标志或单柱式反光标志。

9. 避险车道

公路避险车道是指在长陡下坡路段行车道外侧增设的供速度失控(或制动失灵)车辆驶离正线安全减速的专用车道。

第二节　公路交通安全设施施工监理基本要求与要点

一、公路交通安全设施施工质量监理基本要求

(1)公路交通标志、护栏、隔离设施的立柱应有足够的强度,安装位置正确、牢固可靠。

(2)公路交通标志、路面标线及视线诱导设施应当清晰、醒目,反光膜效果良好。

(3)金属材料必须做防锈处理或采取相应的防锈措施,依据标准为现行《高速公路交通工程钢构件防腐技术条件》(GB/T 18226)。

(4)各种构件的安装应符合设计和标准的要求。

(5)公路交通安全设施施工过程应有真实、准确、齐全、完整的施工原始记录、试验检测数据、质量检验结果等质量保证资料。质量保证资料应包括下列内容:

①材料和产品报验资料,包括产品出厂检验合格证明和有资质的检测机构出具的合格检测报告;

②所用主要原材料、产品的现场抽查质量检验结果,包括施工单位的委托送样及监理单位的抽检委托送样的检验报告;

③隐蔽工程验收记录及施工影像资料;

④施工过程中的检查检验记录,包括施工单位的自检记录和施工监理的抽检记录;

⑤其他应具备的资料,包括施工过程中遇到的非正常情况记录、根据工程实际情况必须具备的相关行业检测验收文件等。

二、公路交通安全设施施工监理要点

(1)对工程项目购置的公路安全设施的材料或半成品进行工厂检验(根据合同约定或施工进程情况决定)。可根据合同约定、现场工程情况或建设单位要求,对工程项目购置的安全

设施的材料或半成品进行工厂检验。

(2)对进场的材料或半成品进行检验。对于现场具备检测能力的进场材料或半成品进行检验;现场不具备检测能力的部分进场材料或半成品,可送有资质的检测机构进行检验。

(3)试验段工程。公路交通安全设施工程正式施工前,应先进行试验段的安装;试验段工程的开工、进程、质量检验应按工程建设程序进行;试验段工程安装完工,应进行试验段工程质量检验,确认试验段施工符合设计及标准规范要求后才能正式进行安全设施项目工程施工。

(4)放样定位。公路交通安全设施施工前应首先进行放样定位,部分安全设施的设计桩号,可能和公路上其他构造物、设施发生冲突或阻挡,此时,施工单位应上报相关部门修改其设置位置,在得到批准后才能进行施工。

(5)施工及施工过程、工艺的质量控制。施工过程中,应按照现行《公路交通安全设施施工技术规范》(JTG F71)等施工标准规范进行施工。

(6)施工后的质量控制。公路交通安全设施施工结束后,应按照现行《公路工程质量检验评定标准　第一册　土建工程》(JTG F80/1)进行公路交通安全设施工程质量检验评定。

第三节　公路交通安全设施施工质量监理

公路交通安全设施施工划分的分项工程有交通标志、标线、护栏、隔离栅、防落物网、防眩板、轮廓标、突起路标、里程碑、百米桩和避险车道等。

1. 交通标志

公路交通标志从结构上可分为单柱、双柱、悬臂、门式几种形式。除门式标志以外,其他均设在公路路侧。

(1)监理要点。

①交通标志支撑结构都应按施工图设计所给的尺寸建造,所有钢构件应进行防腐处理,应符合现行《道路交通标志和标线》(GB 5768)、《道路交通标志板及支撑件》(GB/T 23827)、《高速公路交通工程钢构件防腐技术条件》(GB/T 18226)及《道路交通反光膜》(GB/T 18833)的规定。

②标志基础所用的钢筋、水泥、细集料、粗集料、拌和用水、外加剂等材料,应符合现行《公路桥涵施工技术规范》(JTG/T 3650)的要求。

③交通标志的形状、图案、颜色及文字应符合《道路交通标志和标线》(GB 5768)的规定。

④标志面反光膜逆反射系数($cd \cdot lx^{-1} \cdot m^{-2}$)应符合设计要求。

⑤定向反光标识膜应使用设计中要求的定向反光膜。定向反光膜应采用压合胶结剂粘贴。

⑥对运到现场交通标志的粘贴反光标识膜的标志,要进行抽检,抽检内容包括外观尺寸、材质、底板厚度、字符尺寸等;反光膜逆反射系数、气泡及拼接等,标志立柱、横梁等钢构件,应进行焊接及防腐层的检查;检查结果符合设计要求。

⑦交通标志面平整完好,无起皱、开裂、缺损或凸凹变形。

⑧所有钢构件防腐层应均匀、颜色一致,不得有流挂、滴瘤或多余结块,镀件表面无漏镀等缺陷。

⑨交通标志的安装位置符合设计要求。

⑩交通标志基础的地基承载力和规格、强度符合设计要求。

⑪交通标志安装施工符合施工技术规范的规定,交通标志及支撑件安装牢固。

⑫安装交通标志立柱时,检查确认立柱竖直度符合规定要求后固定。

⑬交通标志的竖向和侧向净空符合现行《道路交通标志和标线》(GB 5768)的要求,在安装过程中,检查确认标志板面与水平轴或垂直轴的旋转角度以及板面下沿与道路路面的净空高度符合设计要求。

⑭交通标志在安装过程中,要求施工单位对已完工程进行保护,同时标志处的路缘石、路面等要用保护物进行覆盖。

⑮交通标志分项工程隐蔽工程验收记录,有效的产品、材料检验合格报告或证书资料等工程质量保证资料齐全。

(2)工程质量要求。

交通标志分项工程质量检查项目与质量标准见表6-1。

交通标志质量检查项目与质量标准 表6-1

项次	检查项目	规定值或允许偏差
1	标志面反光膜逆反射系数($cd \cdot lx^{-1} \cdot m^{-2}$)	满足设计要求
2	标志板下缘至路面净空高度(mm)	+100,0
3	柱式标志板、悬臂式和门架式标志立柱的内边缘距土路肩边缘线距离(mm)	≥250
4	立柱竖直度(mm/m)	3
5	基础顶面平整度	4
6	标志基础尺寸(mm)	+100,-50

(3)外观质量。

交通标志外观质量的要求是:交通标志安装后标志面及金属构件涂层应无损伤。

2. 交通标线

公路交通标线分为雨夜标线和非雨夜标线两种,其使用的材料为热熔型、双组分型和溶剂型(水性涂料)涂料。按标线设置方式可分为纵向标线、横向标线和其他标线。

(1)监理要点。

①交通标线用涂料产品应符合现行《路面标线涂料》(JT/T 280)、《路面标线用玻璃珠》(GB/T 24722)的规定,防滑涂料应符合现行《路面防滑涂料》(JT/T 712)的规定,同时,也应符合现行《道路交通标线质量要求和检测方法》(GB/T 16311)的规定。

②交通标线的颜色、形状和规格应符合现行《道路交通标志和标线》(GB 5768)的规定并符合设计要求。

③交通标线拟用的涂料样品、施工方法符合设计、标准规范的要求。涂料样品一般采用外委试验的方法进行检测,应喷涂实验标线段,以此检验涂料配方是否满足施工图设计的要求,施工机具和工艺是否合适。

④交通标线的设置位置和标线划法应符合设计文件的规定。

⑤交通标线位置应以道路横纵断面图为基准进行放样,经检查符合设计要求后,方可开始施工。

⑥确认交通标线施划前路面清洁、干燥、无起灰现象。喷涂标线底漆前,道路表面上的污物、松散的石子和其他杂物应予以清除。施划时,道路表面应干净和干燥,严禁在阴雨天气施划。在有风天气施划时,应采取防风措施。

⑦热熔型标线的施划,要检查材料的加热温度。

⑧正式施划前应进行试划,以检验划线车的行驶速度、线宽、标线厚度、玻璃珠撒布量等能否满足要求。调试合格后才能开始正式施工。

⑨交通标线的线段长度、宽度、厚度符合设计要求;在施工完成后,要对其进行保护,防止污染和破坏。

⑩反光标线玻璃珠撒布均匀,附着牢固,反光均匀。

⑪交通标线线形流畅,与公路线形相协调,曲线圆滑。

⑫交通标线的逆反射亮度系数 R_L($mcd \cdot m^{-2} \cdot lx^{-1}$)满足规定值。

⑬抗滑标线和彩色抗滑标线的抗滑值(BPN)满足规定或设计要求。

⑭交通标线表面不应出现网状裂缝、断裂裂缝、起泡、变色、剥落、纵向有长的起筋或拉槽等现象。

⑮交通标线分项工程有效的材料检验合格报告或证书资料等工程质量保证资料齐全。

(2)工程质量要求。

交通标线分项工程质量检查项目与质量标准见表6-2。

交通标线质量检查项目与质量标准 表6-2

项次	检查项目			规定值或允许偏差
1	标线线段长度(mm)	6000		±30
		4000		±20
		3000		±15
		2000		±10
		1000		±10
2	标线宽度(mm)			+5,0
3	标线厚度(干膜,mm)	溶剂型		不小于设计值
		热熔型		+0.50,-0.10
		水性		不小于设计值
		双组分		不小于设计值
		预成型标线带		不小于设计值
		突起型	突起高度	不小于设计值
			基线厚度	不小于设计值
4	标线横向偏位(mm)			≤30
5	标线纵向间距(mm)	9000		±45
		6000		±30
		4000		±20
		3000		±15

续上表

项次	检查项目				规定值或允许偏差
6	逆反射亮度系数 R_L ($mcd \cdot m^{-2}lx^{-1}$)	非雨夜反光标线	Ⅰ	白色	≥150
				黄色	≥100
			Ⅱ	白色	≥250
				黄色	≥125
			Ⅲ	白色	≥350
				黄色	≥150
		雨夜反光标线	Ⅳ	白色	≥450
				黄色	≥175
			干燥	白色	≥350
				黄色	≥200
			潮湿	白色	≥175
				黄色	≥100
			连续降雨	白色	≥75
				黄色	≥75
		立面反光标记	干燥	白色	≥400
				黄色	≥350
			潮湿	白色	≥200
				黄色	≥175
			连续降雨	白色	≥100
				黄色	≥100
7	抗滑值(BPN)	抗滑标线			≥45
		彩色防滑路面			满足设计要求

(3)外观质量。

交通标线外观质量应符合下列要求:

①交通标线应具有光洁、均匀及整齐的外观。

②交通标线线形不得出现设计要求以外的弯折。

3. 公路护栏

公路护栏有半刚性护栏、刚性护栏及柔性护栏,其代表形式为波形梁护栏、混凝土护栏和缆索护栏3种形式。缆索护栏施工质量监理可参照现行《缆索护栏》(JT/T 895)的规定进行,以下介绍目前广泛使用的波形梁护栏和混凝土护栏施工质量监理。

1)波形梁护栏

(1)监理要点。

①波形梁钢护栏产品,包括波形梁、端头、立柱、横隔梁、防阻块等护栏部件的质量要求,应符合现行《波形梁钢护栏》(GB/T 31439)的规定。

②波形梁护栏产品的检验包括外观检查、外观尺寸、定尺长度、螺孔尺寸及长度检查,立柱

截面尺寸、定尺长度及螺孔定位，端头、防阻块、托架的外形尺寸检查，以及防腐层质量检查。其采用的钢材力学性能和工艺应符合相应标准的规定，通常此项检查采用外委试验。

③对到场材料进行严格检查，要检查热浸镀锌外观及防腐层厚度，防腐层厚度可采用涂层测厚仪，按批量进行抽检，防腐处理满足现行《高速公路交通工程钢构件防腐技术条件》(GB/T 18226)的规定。

④对立柱的放线进行检查，以桥梁、通道、涵洞、中央分隔带开口、立交、平交等作为控制点，特别要对桥梁、构造物处的放线进行重点检查。

⑤检查混凝土基础的定位、浇筑及预埋件的安装。

⑥在中央分隔带上设置的波形梁护栏有分设型和组合型两种，其构造特征及埋设方式也不同，应按施工设计图及现行《公路交通安全设施施工技术规范》(JTG F71)的要求和规定进行施工。

⑦波形梁护栏的路基土压实度符合设计文件的要求。

⑧安装波形梁护栏立柱可采用打入法、挖埋法或钻孔法施工。立柱高程符合设计要求，不得损坏立柱端部。

⑨钢立柱应采用打桩机打入已压实的路基上。在石方区或不具备打入条件的路段，立柱应采用混凝土基础进行固定，基础尺寸符合设计要求，混凝土质量符合现行《公路工程水泥及水泥混凝土试验规程》(JTG E30)的要求。

⑩在沙石回填地段打入立柱时，要注意防止立柱变形、扭曲现象，保证立柱四周的土不被扰动。

⑪护栏立柱因施工现场原因，无法打入设计要求的深度时，可以采用混凝土基础固定立柱，需要履行报批手续，严禁对立柱进行切割。

⑫护栏立柱间距不规则时，可利用调节板、梁进行调节，严禁切割护栏板。

⑬护栏横梁中心高度、立柱中距、立柱竖直度、立柱埋置深度应符合设计要求或规定值。

⑭护栏各构件表面无漏镀、露铁、擦痕。施工过程中如有损伤波形梁护栏的防腐层，应在24h之内予以修补。

⑮护栏的端头处理及护栏过渡段的处理符合设计要求。

⑯波形梁板搭接方向应正确，搭接平顺，垫圈齐备，螺栓紧固。

⑰护栏防阻块、托架、横隔梁、端头的安装符合设计要求，安装到位，不得有明显变形、扭转、倾斜。

⑱护栏立柱及柱帽安装牢固，其顶部无明显塌边、变形、开裂等缺陷。

⑲护栏板在安装初期，拼接螺栓和连接螺栓不宜拧得过紧，以便在安装过程中充分利用护栏板上的长螺孔进行调整，使护栏线形顺直。

⑳直线段护栏不得有明显的凹凸、起伏现象；曲线段护栏应圆滑顺畅，与线形协调一致；中央分隔带开口端头护栏的线形应与设计文件相符。

㉑中央分隔带开口护栏的安装及与中央分隔带护栏过渡段处理，应符合设计要求，并符合施工技术规范的规定。

㉒ 中央分隔带开口护栏应易开启，移动方便。

㉓波形梁护栏分项工程有效的产品、材料检验合格报告或证书资料等工程质量保证料齐全。

(2)工程质量要求。

波型梁护栏分项工程质量检查项目与质量标准见表6-3。

波形梁护栏质量检查项目与质量标准　　表6-3

项次	检查项目	规定值或允许偏差
1	波形梁板基底金属厚度(mm)	符合现行《波形梁钢护栏》(GB/ T 31439)的规定
2	立柱基底金属壁厚(mm)	符合现行《波形梁钢护栏》(GB/ T 31439)的规定
3	横梁中心高度(mm)	±20
4	立柱中距(mm)	±20
5	立柱竖直度(mm/m)	±10
6	立柱外边缘距土路肩边线距离(mm)	≥250或不小于设计要求
7	立柱埋置深度(mm)	不小于设计要求
8	螺栓终拧扭矩	±10%
9	中央分隔带开口护栏高度(mm)	±20
10	中央分隔带开口护栏涂层厚度(μm)	满足设计要求

(3)外观质量。

波形梁护栏外观质量应符合下列要求:

①护栏各构件表面应无漏镀、露铁、擦痕。

②护栏线形应无凹凸、起伏现象。

2)混凝土护栏

(1)监理要点。

①除设计文件另行规定外,钢管桩应符合现行《碳素结构钢》(GB/T 700)标准中Q235钢的性能要求。

②配制混凝土所用的水泥、细集料、粗集料、拌和用水、外加剂以及钢筋等材料,应符合现行《公路桥涵施工技术规范》(JTG/T 3650)的规定。

③公路混凝土护栏用材料的质量,应按现行《公路工程水泥及水泥混凝土试验规程》(JTG E30)的规定进行检验。

④对公路混凝土护栏的中心位置、高程、起止位置进行检查核对。控制好混凝土护栏的长度,定好控制点,以便根据公路沿线构造物的实际情况合理布置。

⑤注意检查混凝土护栏模板的制作安装,模板应有足够的刚度和稳定性,能可靠地承受施工过程中可能产生的各项荷载,保证构件的形状、尺寸准确。

⑥检查钢筋质量及配筋符合设计要求,确认安装合格后,才允许浇筑混凝土。

⑦施工用商品混凝土检验合格,并符合设计要求。

⑧混凝土浇筑完成后,要进行养护,养护时间符合规范要求。

⑨采用预制型混凝土护栏时,在安装前,按设计要求做好基层,在基层夯实、整平并确认高

程和平面位置无误后，才可开始安装护栏。

⑩混凝土护栏的基础处理、地基承载力符合设计要求。

⑪混凝土护栏块件标准段、混凝土护栏起终点的几何尺寸符合设计要求。

⑫混凝土护栏预制块件在吊装、运输、安装过程中，不得损坏混凝土护栏构件的边角、不得断裂。

⑬混凝土护栏的安装应从一端逐步向前推进，护栏的线形应与公路的平、纵线形相协调。

⑭混凝土护栏块件之间、护栏与基础之间的连接符合设计要求。

⑮混凝土护栏的埋入深度、配筋方式及数量符合设计要求。

⑯混凝土护栏的端头处理及护栏过渡段的处理符合设计要求。

⑰混凝土护栏表面的蜂窝、麻面、裂缝、脱皮等缺陷面积不得超过设计和相关标准的限制要求。

⑱混凝土护栏块件的损边、掉角长度不得超过设计和相关标准的限制要求。

⑲混凝土护栏外观、色泽应均匀一致，争取不出现漏石、蜂窝、麻面、裂缝、脱皮、啃边、掉角以及印痕等现象。

⑳混凝土护栏的线形应与公路线形相一致，直线段不得出现明显的凸凹，曲线段应圆滑顺畅。

㉑混凝土护栏的强度等级、端部处理及纵向连接等达到设计要求。

㉒混凝土护栏分项工程隐蔽工程验收记录，有效的产品、材料检验合格报告或证书资料等工程质量保证资料齐全。

(2)工程质量要求。

混凝土护栏分项工程质量检查项目与质量标准见表6-4。

混凝土护栏质量检查项目与质量标准　　表6-4

项次	检查项目		规定值或允许偏差
1	护栏断面尺寸(mm)	高度	±10
		顶宽	±5
		底宽	±5
2	钢筋骨架尺寸(mm)		满足设计要求
3	横向偏位(mm)		±20或满足设计要求
4	基础厚度(mm)		±10% H
5	护栏混凝土强度(MPa)		满足设计要求
6	混凝土护栏块件之间的错位(mm)		≤5

(3)外观质量。

混凝土护栏外观质量应符合下列要求：

①混凝土护栏表面的蜂窝、麻面、裂缝、脱皮等缺陷面积不得超过该面面积的0.5%；深度不得超过10mm。

②混凝土护栏块件的损边、掉角长度每处不得超过20mm。

③护栏线形应无凹凸、起伏现象。

4. 隔离栅及防落物网

公路隔离设施包括隔离栅和防落物网,网面材料通常使用编织网、焊接网、钢板网和刺钢丝网。

(1)监理要点。

①公路隔离栅产品应符合现行《隔离栅》(GB/T 26941)的规定,防落物网应符合设计要求。

②钢构件防腐处理应满足现行《公路交通工程钢构件防腐技术条件》(GB/T 18226)的规定。

③产品质量检验包括外观检查、尺寸检查、基底钢材的抗拉强度、屈服强度、延伸率和防腐层厚度测试。

④分批检验检查隔离栅立柱、斜撑、连接件和网片等材料质量及防腐层质量。

⑤放样时,应按照公路的红线图进行,为了与地形协调,施工前应根据现场情况设计纵断面曲线,确定每个立柱的设计高程。

⑥检查基础开挖,保证基础几何尺寸符合设计要求。

⑦立柱应根据施工图设计文件设置在现浇混凝土基础或预制混凝土基础内。

⑧预制混凝土立柱和基础在运输及装卸时应避免折断或损坏边角。

⑨混凝土立柱和基础的强度等级符合设计要求。

⑩立柱要保证安装牢固,基础不得有松动。

⑪立柱埋深、立柱竖直度、立柱中距、网面高度符合设计或规定要求。

⑫混凝土立柱应密实平整,无裂缝、翘曲、蜂窝、麻面等缺陷。

⑬各构件的安装符合设计要求并符合施工技术规范的规定。

⑭编织网隔离栅纵向连接铺设,边铺边拉紧,并尽可能在立柱挂钩上扣牢。编织网要求卷网自如,弯钩时保证不变形。隔离栅安装完毕后,网面要平整,在任何方向均不得有明显的倾斜。各类隔离栅网片安装完毕后,立柱基础均应进行压实处理。

⑮施工完成后,要检查隔离栅整体的稳定性和平整度。

⑯防落物网网孔应均匀,结构牢固,围封严实。

⑰隔离栅起终点端头围封符合设计要求。

⑱隔离栅和防落物网的封闭应严密、牢固,不应出现缺口。

⑲隔离栅应与公路线形走向一致,顺直、流畅,纵坡起伏自然、美观。

⑳ 镀锌层表面应均匀完整、颜色一致,无气泡、裂纹、疤痕、折叠等缺陷。

㉑安装完成的金属网片不得有明显变形,电焊网不得脱焊、虚焊。

㉒公路隔离栅及防落物网分项工程有效的产品、材料检验合格报告或证书资料等工程质量保证料齐全。

(2)工程质量要求。

公路隔离栅及防落物网分项工程质量检查项目与质量标准见表6-5。

公路隔离栅及防落物网质量检查项目与质量标准 表6-5

项次	检查项目		规定值或允许偏差
1	高度(mm)		±15
2	刺钢丝的中心垂度(mm)		≤15
3	立柱中距(mm)	焊接网	±30
		钢板网	±30
		刺钢丝网	±60
		编织网	± 60
4	立柱竖直度(mm/m)		±10
5	立柱埋置深度		不小于设计要求

(3)外观质量。

隔离栅和防落物网外观质量的要求是:混凝土立柱表面无裂缝、蜂窝。

5. 防眩设施

高速公路一般采用防眩板、防眩网及绿植防眩,防眩板或防眩网可采用钢材、塑料或其他不易变形的材料,绿植防眩可参考绿化工程相关标准。

(1)监理要点。

①公路防眩板产品应符合现行《防眩板》(GB/T 24718)的规定,其他防眩设施符合设计要求并符合施工技术规范的规定。

②独立设置的混凝土基础所用的钢筋、水泥、细集料、粗集料、拌和用水、外加剂等材料,应符合现行《公路桥涵施工技术规范》(JTG/T 3650)的规定。

③所有钢构件均应进行防腐处理。除设计文件另行规定外,防腐处理均应满足现行《公路交通工程钢构件防腐技术条件》(GB/T 18226)的规定。

④施工前检查施工场地清洁、放样定位符合设计要求。

⑤桥梁段或混凝土护栏上设置防眩板、防眩网时,应对预埋件的设置位置、强度和腐蚀程度进行检查,不符合要求的应整改。

⑥防眩板的安装高度、设置间距、竖直度与防眩网网孔尺寸应符合设计要求或规定值。

⑦防眩板单独埋设立柱时,应在基础达到设计强度后,安装上部构件。

⑧防眩板或防眩网安装在护栏上时,不得削弱护栏的原有功能。

⑨金属材料的防眩产品,施工前应检查防腐层厚度,施工过程中不得损坏防腐层。

⑩立柱施工时,不得破坏地下管线和排水设施。

⑪防眩板或防眩网安装完成后,其设置路段、防眩高度、遮光角符合设计要求。

⑫防眩板或防眩网整体应与公路线形一致,不得有明显的扭曲或凹凸不平。

⑬防眩板或防眩网外观不应有划痕、颜色不均等缺陷。防腐层不得有气泡、裂纹、疤痕、端面分层、毛刺等缺陷。

⑭公路防眩设施分项工程有效的产品、材料检验合格报告或证书资料等工程质量保证资料齐全。

(2)工程质量要求。

公路防眩设施分项工程质量检查项目与质量标准见表6-6。

公路防眩设施质量检查项目与质量标准 表6-6

项次	检查项目	规定值或允许偏差
1	安装高度(mm)	±10
2	防眩板设置间距(mm)	±10
3	竖直度(mm/m)	±5
4	防眩网网孔尺寸	满足设计要求

6.轮廓标

公路视线诱导设施有轮廓标(柱式及附着式),分流、合流诱导标,指示性线形诱导标,警告性线形诱导标;除轮廓标外,其他设施可参照交通标志分项工程施工质量监理。

(1)监理要点。

①轮廓标的反射器亮度、颜色应满足现行《轮廓标》(GB/T 24970)及《道路交通标志和标线》(GB 5768)的规定。

②混凝土基础所用的钢筋、水泥、细集料、粗集料、拌和用水、外加剂等材料,应符合现行《公路桥涵施工技术规范》(JTG/T 3650)的要求。

③所有钢构件均应进行防腐处理。除设计文件另行规定外,防腐处理均应满足现行《公路交通工程钢构件防腐技术条件》(GB/T 18226)的规定。

④轮廓标的外形尺寸符合设计文件的规定。

⑤钢构件表面防腐处理符合设计要求。

⑥轮廓标应按施工设计图放样定位。

⑦柱式轮廓标在安装前,应对全线埋设条件、位置、数量进行核查,确认符合设计要求。

⑧柱式轮廓标的形状尺寸应符合设计要求,柱式轮廓标柱体表面不应有明显的划痕、气泡、裂纹及颜色不均等缺陷。

⑨柱式轮廓标的混凝土基础尺寸符合设计要求。

⑩柱式轮廓标混凝土基础浇筑完成后应采取正常的养护措施,直到混凝土达到规定的强度。

⑪柱式轮廓标安装柱体应垂直于水平面,三角形柱体的顶角平分线应垂直于公路中心线。

⑫附着于构造物上的轮廓标,其连接方式应符合设计要求。

⑬附着于梁柱式护栏上的轮廓标可按立柱间距定位,附着于混凝土护栏和隧道侧墙上的轮廓标应量距定位。

⑭附着式轮廓标安装牢固、角度准确、高度一致,反射器的安装角度符合设计要求。

⑮轮廓标的布设符合设计要求,安装符合施工技术规范的规定。

⑯轮廓标安装牢固,色度性能和光度性能符合设计要求。

⑰轮廓标安装完成后应与公路线形协调一致,夜间反光明亮、线条流畅。

⑱公路轮廓标分项工程有效的产品、材料检验合格报告或证书资料等工程质量保证资料齐全。

(2)工程质量要求。

公路轮廓标分项工程质量检查项目与质量标准见表6-7。

公路轮廓标质量检查项目与质量标准　　表6-7

项次	检查项目	规定值或允许偏差
1	安装角度(°)	0~5
2	反射器中心高度(mm)	±20
3	柱式轮廓标竖直度(mm/m)	±10

(3)外观质量。

轮廓标表面应无污损。

7. 突起路标

突起路标一般配合公路标线使用,以一定间隔设置于标线上或标线侧。

(1)监理要点。

①突起路标产品的形状尺寸、反射器的亮度、颜色应符合现行《突起路标》(GB/T 24725)、《太阳能突起路标》(GB/T 19813)的规定。

②突起路标的布设及其颜色应符合现行《道路交通标志和标线》(GB 5768)的规定并满足设计要求。

③根据施工用设计的要求确定突起路标的设置位置,放样定位准确。

④突起路标施工前,路面应清洁、干燥。

⑤突起路标反射体应面向行车方向安装。

⑥突起路标和路面黏结后用橡皮锤敲击突起路标上表面,从而保证黏结牢固。

⑦突起路标安装角度、纵向间距及横向偏位符合设计要求。

⑧突起路标线形应流畅,与公路线形相协调,曲线圆滑。

⑨公路突起路标分项工程有效的产品、材料检验合格报告或证书资料等工程质量保证资料齐全。

(2)工程质量要求。

公路突起路标分项工程质量检查项目与质量标准见表6-8。

公路突起路标质量检查项目与质量标准　　表6-8

项次	检查项目	规定值或允许偏差
1	安装角度(°)	±5
2	纵向间距(mm)	±50
3	横向偏位(mm)	±30

(3)外观质量。

突起路标外观质量的要求是:突起路标表面无污损。

8. 里程碑和百米桩

公路里程碑采用水泥混凝土或单柱式反光标志制作,百米桩通常为附着于公路护栏上的反光标志或单柱式反光标志;标志式的里程碑和百米桩可参照交通标志分项工程质量监理,混凝土制作的里程碑和百米桩可参照相关混凝土规范监理。

(1)监理要点。

①公路里程碑及百米桩形式、尺寸、颜色及字体应符合现行《道路交通标志和标线》(GB 5768)的规定。

②里程碑、百米桩等所用的钢筋、水泥、细集料、粗集料、拌和用水、外加剂等材料,应符合现行《公路桥涵施工技术规范》(JTG/T 3650)的要求。

③里程碑及百米桩按公路实际里程准确定位和设置,安装牢固。

④里程碑及百米桩在运输和安装过程中不得断裂破损。

⑤里程碑及百米桩制作和刷漆符合现行《道路交通标志和标线》(GB 5768)的规定。

(2)工程质量要求。

公路里程碑及百米桩分项工程质量检查项目与质量标准见表6-9。

公路里程碑及百米桩质量检查项目与质量标准 表6-9

项次	检查项目		规定值或允许偏差
1	外形尺寸(mm)	高度	±10
		宽度	±5
		厚度	±5
2	字体及尺寸(mm)		满足设计要求
3	里程碑竖直度(mm/m)		±10

(3)外观质量。

里程碑和百米桩外观质量要求是:里程碑和百米桩表面无裂缝、蜂窝和破损。

9. 避险车道

公路避险车道的施工质量监理要点:

(1)避险车道的车道基床、排水应符合现行《公路工程质量检验评定标准　第一册　土建工程》(JTG F80/1)的规定。

(2)避险车道制动床铺材料与级配符合设计要求。

(3)避险车道宽度、制动床长度、制动床集料厚度及坡度符合设计要求。

(4)公路避险车道分项工程质量检查项目与质量标准见表6-10。

公路避险车道质量检查项目与质量标准 表6-10

项次	检查项目	规定值或允许偏差
1	避险车道宽度(m)	满足设计要求
2	制动床长度(m)	满足设计要求
3	制动床集料厚度(m)	满足设计要求
4	坡度(%)	满足设计要求

第七章　公路机电工程施工质量监理

第一节　公路机电工程监理

一、公路机电工程概述

公路机电工程包括公路监控设施、通信设施、收费设施、供配电设施、照明设施和隧道机电设施等工程项目。

1. 监控设施

公路监控设施主要是实时收集公路道路状况、交通流信息、气象信息及相关设备工作状态,控制与调节交通流,疏导交通,减少交通事故,保证公路行车安全。

公路监控设施构成一个闭环系统,由信息采集系统、信息处理系统及信息发布系统三大部分组成。信息采集系统采集的公路信息反映道路上车辆运行情况的交通参数和交通状况,经信息处理系统分析、处理、判断后,可发出指令,控制道路信息发布系统,改变其显示内容,实现对交通流进行调节和控制。

2. 通信设施

公路通信设施主要由传送网(干线传送网和路段接入网)系统、业务网(数据通信网、语音业务网、呼叫服务系统、广播系统等)系统、支撑网(同步网、公共信令网、网络管理网)系统、通信光电缆、通信电源系统、通信管道等组成。

3. 收费设施

公路收费设施是指从车辆进入收费道路、交纳通行费直到费款安全进入存储点的过程以及为完成车辆过路缴费所采用的所有系统、设备的集合。

目前,我国高速公路采用全自动收费(ETC)为主,人工半自动收费(MTC)为辅的收费制式。公路收费设施支持现金支付和非现金支付方式,也支持移动支付等多种非现金支付方式。

公路各级收费系统可以实现监控下级的收费操作过程,实时监测收费站出、入口车道的设备状态;各级收费系统可以自动统计交通量和收费款项、金额,实现对通行费、通行券(卡)、票据以及设备等的严格管理。

4. 供配电设施

公路供配电设施是指将国家输电网提供的电能经输电线路(10kV 或 35kV)输送到公路变电所,经由变压器将电压降为公路机电设备使用的电压(380V/220V)或由专用的自备柴油发电机发电,经由低压线路直接为公路沿线设施(包括监控、通信、收费系统设备、养护服务设施及道路照明设备、隧道机电设备、沿线收费站、路段中心、服务区等用电设施设备)提供符合标准的电能;是保证公路安全、通畅、经济、快速和舒适通行的电力保障;是实现公路运营管理现代化的基础与保证。

5. 照明设施

公路照明设施是为保证公路交通安全视认性以及视觉效果的舒适性,在公路按路段、互通立交、收费广场及收费天棚、特大桥、隧道、平面交叉路口等区段设置的照明设施,以满足公路上通行的机动车安全行驶与交通管理的需要。

6. 隧道机电设施

公路隧道机电设施是在公路隧道这一特殊路段上根据交通工程学原理和方法,为使车辆快速、安全、舒适通过而设置。完善的隧道机电设施可以改善隧道洞内环境、减少污染、减少事故,增强隧道的通行能力,延长隧道的使用期限,保证隧道的安全运营,给车辆驾乘人员提供一个顺畅、安全、舒适的行车环境。

二、公路机电工程施工质量监理

(一)机电工程施工质量监理规范

根据现行《公路工程施工监理规范》(JTG G10)的规定,公路工程监理根据工程管理过程划分为三个阶段,即:施工准备阶段、施工阶段和验收与缺陷责任期阶段。将公路机电工程的试运行期划入施工阶段的后期,但公路机电工程试运行依然是机电工程建设过程中一个十分重要的阶段。

1. 施工准备阶段的质量监理

1)监理机构的准备工作

(1)编制监理计划。依据公路机电工程项目的组成、规模、技术特点、施工环境、施工条件,按监理规范要求、合同约定编制监理计划,针对性地制订公路机电工程质量监理工作方案,并明确巡视、旁站、抽检和验收等具体计划。

(2)编制监理细则。针对技术复杂、专业性较强、危险性较大的分部、分项工程以及采用新技术、新材料、新工艺或在特殊季节施工的具体情况,按监理规范要求,结合已批准的监理计划编制专项监理细则,并应与总监办批准的机电工程建设项目施工组织设计相呼应,保证监理细则具有较强的针对性和操作性。

巡视、旁站、抽检和验收的重点包括公路机电工程主要设施、设备安装、调试,主要技术指标、功能检验和隐蔽工程施工、验收等;监理细则应明确巡视、旁站和抽检的项目、部位、人员与时间。

(3)熟悉工程资料。监理人员需熟悉工程资料,包括公路机电工程建设项目有关的技术标准、合同文件[监理合同、施工合同、采购合同(如有)等]、监理计划和工程设计文件(施工图设计、技术规格书等),为做好监理工作奠定基础。

(4)了解、核查施工环境和条件。监理工程师需了解、核查工程项目施工现场环境和条件,根据合同约定的机电工程与公路其他工程的界面,了解、核查公路主体工程为机电工程建设、预留、预埋的房屋、设备基础、孔洞、沟槽、管路等的位置、规格、质量、进度是否满足机电工程施工需要，了解、掌握施工单位驻地建设、施工准备条件是否完成与达到的程度。

(5)监理检测仪器、仪表。按合同要求，监理机构应配备机电工程监理的常规检测器具、仪器、仪表，并制订检测器具、仪器、仪表的进场计划。

2)主要监理工作

(1)审批施工组织设计。公路机电工程的总监组织机电监理工程师对施工单位报审的施工组织设计进行审批。

(2)审核分项工程划分。按《公路工程质量检验评定标准　第二册　机电工程》(JTG 2182—2020)附录A机电工程分项工程划分表的规定，对施工单位提交的机电工程分项工程划分表进行审核，并将审核意见及确定的划分结果报建设单位。

(3)审核施工单位的工程质量责任登记表。按《关于严格落实公路工程质量责任制的若干意见》的要求，审查施工单位的工程质量责任登记表，工程质量责任登记表中的责任人所承担的质量责任内容应能够覆盖整个机电工程工程建设。人员信息、岗位职责、到岗情况真实全面，不得缺漏，保证工程质量责任登记表内容符合要求。

(4)核查施工单位的试验、检测仪器设备。监理工程师按照施工合同约定核查施工单位为建设机电工程项目准备或提供的试验检测的仪器设备数量及型号。仪器设备的功能、准确度和技术指标均应符合建设公路机电工程试验检测项目技术指标的需求或符合现行规范规程的要求，即试验检测人员、仪器设备和试验检测能力应满足施工合同约定的能力与公路机电工程施工建设需要。

(5)参加设计交底。总监(驻地监理工程师)及相关监理工程师参加设计交底会，掌握公路机电工程设计意图、设计标准和要点；详细了解对施工质量、安全和环保控制的要求；对施工图设计文件有一个系统的、全面的、详细的、清楚的理解和认知；对公路机电工程项目构成的完整性、适用标准的准确性，设计文件与施工图之间的一致性等有一个基本的、明确的了解；对建设规模、设计特点、技术标准、施工工艺、关键检验项目等质量要求有一个全面的、深入的认知。监理工程师根据研读施工图设计文件、技术标准规范，结合机电工程建设特点、环境，澄清设计文件的有关问题。

(6)参加设备安装位置确认。监理工程师参加由建设单位、施工单位人员、设计代表一起进行的公路机电工程设备安装位置的确认，特别是外场设备，需与标志、照明以及自然环境条件相协调、配合，保证公路机电设施能够最大程度地发挥其设计的功能、效能。

(7)召开监理交底会。总监应在机电工程开工前主持召开监理交底会，监理交底会由施工单位项目经理和技术、质量、安全负责人，试验检测人员，其他主要管理人员及主要监理人员等参加。

会议主要介绍监理计划的相关内容，以及最新发布的政策、法规、规程及标准。介绍监理工作方法(如巡视为主、精简旁站等)、监理计划的内容及要求，施工单位应给予的配合。强调确保机电工程监理工作顺利进行的其他有关注意事项，如地下管线、电力、电信等施工时应采取有效的保护，确保安全；强调不同季节施工的措施等。会议讨论公路机电工程开工前需要解决的问题。

(8)签发合同工程开工令。总监办应审核施工单位提交的机电工程开工申请，具备开工条件的，总监理工程师应签发工程开工令，并报建设单位。

2. 施工阶段的质量监理

1)一般规定

(1)审查分部及主要分项工程开工申请。总监办应审查施工单位提交的分部、主要分项工程开工申请,在规定的期限内批复。

(2)监督检查施工单位。在施工过程中,监理机构定期或不定期地对施工单位主体责任落实情况、施工合同执行情况和质量安全等保证体系运行情况进行监督检查。

(3)巡视。监理工程师采取以巡视为主的方式进行施工现场监理,按计划定期或不定期巡视施工现场,对施工的主要工程每天不少于1次,按监理规范规定的格式要求填写巡视记录。

(4)旁站、检测见证。监理人员应对公路机电工程各主要分项工程首件施工及重要工程施工进行旁站监理,对于机电工程中的隐蔽工程和完工后检测质量难度较大或返工后会造成较大损失的工程施工,按施工单位的要求也应进行旁站。旁站监理人员应重点对旁站项目的工艺过程进行监督,对发现的问题应责令施工单位立即改正;当可能危及工程质量、安全时,应予以制止并及时向总监理工程师报告。

监理人员应按监理规范规定的要求填写旁站记录。

2)工程质量监理

(1)确认安装位置。监理工程师应审查施工单位按照施工设计图明确的设备安装位置(内、外场),管道与光、电缆敷设线路,外场设备基础位置,电缆桥架位置等,尤其是外场监控摄像机、情报板、可变标志等设施设备应避免与交通标志、照明设施相冲突,保证机电工程设施功能效益。与建设单位代表、设计代表、施工单位技术负责人及工程师一起共同确认机电工程设施设备、构件、线缆的安装位置。

(2)检验进场设备、材料及软件。监理工程师应检查施工单位根据合同采购进场的设备、材料是否符合合同要求,是否具有产品检验合格证、质量检验单和出厂合格证;进口设备、材料还应提交商检部门的检验合格证书;进场的计算机平台软件应具有软件复制、说明书和最终的授权文件。

经监理工程师检验不合格的设备、材料、软件,必须清退出场,不得在公路机电工程中使用。

(3)抽检。监理工程师对施工单位报验的进场设备、材料采取抽检的方式进行检验,监理工程师抽检的条件是施工单位自检合格。抽检的比例视报验设备、材料的构成、品牌、数量确定,通常情况是主要设备、干线光、电缆抽检比例高,但最少不低于15%;当设备数量少于或等于3台(件)时,全部检验。检验参数应选择设备、材料的主要技术指标以及在工程检验评定标准中要求的实测项目指标。

(4)厂验。对施工现场不具备检测条件或无法进行现场检测的主要设备、材料,监理工程师应到生产厂家监督检测,监督检测频率不得低于15%;当设备数量少于或等于3台(件)时,宜全部逐台检测。

(5)隐蔽工程验收。监理工程师应检查验收施工单位报验的隐蔽工程,留存施工单位报验的隐蔽工程施工过程影像资料和监理工程师检查验收的影像资料。

监理工程师对隐蔽工程使用的材料、施工方案、施工工艺、施工效果进行检查,经检查验收合格的,应在检查验收记录上签字后施工单位才能进行覆盖。对于检查验收不合格的,要求施工单位进行修复、整改,并重新履行隐蔽工程检查验收程序。未经监理工程师验收或验收不合格的隐蔽工程,施工单位不得进行下道工序施工。

(6)安装验收。监理工程师应对施工单位安装完工并自检合格的分部或分项工程进行检查验收,安装验收的主要内容是分部或分项工程的设备、构件、线缆安装的位置、工艺、质量、数量。经监理工程师验收合格的分项工程由总监签发安装验收合格证书(类似于监理规范的《分项工程(中间)交工证书》);未经安装验收或验收不合格的工程,不得进行加电调试工序。

(7)工程质量评定。监理机构应及时对已完工的分项工程、分部工程、合同段工程进行质量检验评定,公路机电工程检验评定按现行《公路工程质量检验评定标准　第二册　机电工程》(JTG 2182)执行。

(8)不符合事项处理。监理机构在监理的过程中发现施工不符合法律法规、技术标准及施工合同约定的,应要求施工单位整改。

监理机构处理施工质量问题应遵循的规定:①质量不合格的设备、材料、构件不得在工程上使用。②检查发现工程质量缺陷,监理机构应签发监理指令单,要求施工单位整改。③检查发现质量不合格工程,监理机构应签发监理指令单,要求施工单位返工处理。④对可能危及安全或存在重大隐患的质量问题,应签发停工令并向建设单位报告。⑤当发生质量事故时,监理机构应依法按有关规定报告和处理。

当发生可由监理机构处理的质量缺陷、质量隐患时,监理工程师应立即向施工单位发出工程暂时停工指令,并要求其立即书面报告质量缺陷、质量隐患的发生时间、部位、原因及已采取的措施和进一步处理方案;监理工程师应对处理方案进行审核后报建设单位批准,对处理方案的实施进行监理并予以验收,处理合格、隐患消除的可发出复工指令。

监理机构应建立专门台账,记录质量事故发生、处理和返工验收的过程和结果。

(9)应用软件开发监理。监理工程师应审批施工单位提交的公路机电工程应用软件的需求分析、概要设计、详细设计。使机电工程应用软件开发质量、进度受控;应用软件开发完成后,需经测试合格才允许在公路机电工程中安装运行。应用软件测试须经国家认可的软件机构测试合格或已在类似公路机电工程实际使用并证明软件工作功能满足合同要求、工作性能稳定。

监理工程师应审核施工单位提交的开发应用软件测试大纲,施工单位按审核通过的测试大纲进行测试,并提交测试报告。监理工程师重点审核应用软件测试大纲的测试方案(测试目标、测试项目清单、测试标准、测试方法、测试环境、测试人员、测试计划等)的完整性、符合性及可行性;主要审查应用软件测试报告的差异、测试充分性和软件评价,经监理工程师审核合格的应用软件才可安装上线运行。

(10)系统测试监理。监理工程师应按合同约定、设计文件要求的系统功能、技术指标等内容和现行《公路工程质量检验评定标准　第二册　机电工程》(JTG 2182)规定的检测项目审核施工单位提交的公路机电工程系统测试大纲。施工单位按监理工程师审核批准的系统测试大纲进行系统测试并提交自测报告。监理工程师审查施工单位的自测报告认为符合公路机电工程建设项目的设计要求后,由监理工程主持系统检验测试,并对机电工程质量做出评定。

公路机电工程系统测试包括公路监控、收费、通信、供配电、照明、隧道机电设施分部工程各系统等的测试。

监理工程师现场主持系统检验测试的条件是施工单位完成机电工程系统测试,并提交系统测试报告,经监理工程师审查通过,即监理工程师审查认为施工单位的系统测试项目完整,各项功能、指标满足合同要求。

监理工程师现场主持系统检验测试也是按监理工程师审核通过的系统测试大纲进行,测试内容包括功能测试(包括软件测试)与技术指标测试。

公路机电工程现场检验测试应按现行《公路工程质量检验评定标准　第二册　机电工程》(JTG 2182)执行,还应坚持检验测试系统的功能、技术性能要求必须符合合同要求,否则检验测试系统不合格。机电工程分部工程所属各系统检验测试合格,分部工程设施系统才合格。监理工程师应对测试系统是否合格做出评定,检验测试不合格的系统要求施工单位重新调试,调试合格后再进行检验测试。

(11)系统试运行监理。机电工程试运行主要考查系统设备、软件的运行稳定性、可靠性。公路机电工程建设项目可以整体全部同一时间投入试运行,也可以根据建设工期的具体情况按设施分部分时投入试运行。监理工程师应定期巡视检查各系统设备的运行工作情况,巡视发现的功能、设备故障等问题应详细记录,并要求施工单位及时排除故障、调整系统参数等,以保证投入试运行的设施系统、设备工作正常、运行稳定、性能良好。

监理工程师在试运行期间发现公路机电工程各设施、系统使用功能、设备运行有问题时,还要判断发生问题的性质、原因,如果发生问题是属于设备质量原因,则要求施工单位及时更换,更换设备的试运行期从更换设备投入试运行时重新开始计算。

公路机电工程试运行后,监理工程师应按照进场设备的检验方法对施工单位按合同约定提供的专用工具、备品、备件进行核查、检验,保证专用工具及备品、备件的品牌、规格、型号、产地、数量、配置等符合合同要求。

3. 验收与缺陷责任期阶段质量监理

1)审核竣工图

监理机构应按规定审核施工单位编制的公路机电工程竣工图,施工单位编制的竣工图与合同工程项目内容一致,竣工图与交工工程实体一致,竣工图绘制符合相关标准,内容完整。监理工程师确认交工的公路机电工程合同段项目竣工图翔实、准确、标准。

2)工程质量评定、归集整理工程监理资料

监理机构依据公路机电工程施工合同,按工程验收办法、现行《公路工程质量检验评定标准　第二册　机电工程》(JTG 2182)对完成合同段工程进行质量评估或质量评定,工程质量评定应客观、公正,评定资料应完整、规范、标准;依据合同文件和《公路工程竣工文件材料立卷归档管理办法》,参考现行《公路工程施工监理规范》(JTG G10)第九章监理资料编写监理工作总结、归集整理机电工程监理资料,并提交建设单位。

3)检查遗留问题的整改、工程质量缺陷修复

监理机构督促施工单位完成公路机电工程交工遗留问题的整改或完成剩余工程的实施,施工单位按批准的整改方案完成整改或剩余工程实施后,监理工程师按程序进行检查、检测、

验收。

缺陷责任期内,监理工程师应巡视检查已交工的工程质量,记录发生的工程缺陷,并要求施工单位及时进行修复,监理工程师对修复过程采用巡视、旁站、检测见证等方式进行监理,保证修复工程质量符合合同与标准的要求。

监理机构应调查分析造成工程质量缺陷的原因是否属于施工单位的原因。由施工单位的原因造成的工程质量缺陷,应由施工单位承担工程缺陷修复费用;非施工单位的原因造成的工程质量缺陷,由建设单位向施工单位支付工程缺陷修复费用。

由于工程质量缺陷整改、修复、更换的设备应从监理工程师检验合格之日起重新起计质保期限。

(二)公路机电工程施工质量监理要点

(1)保证公路机电工程建设项目进场设备、设施、材料或构件质量,符合公路机电工程建设项目合同要求或标准规定。

(2)保证公路机电工程建设项目的机电设备、设施、线缆安装位置准确,符合施工图设计要求。

(3)保证公路机电工程建设项目的施工工艺符合相关技术规范要求,使机电工程施工质量符合设计与标准要求。

(4)保证公路机电工程建设项目合同要求的设备、材料全部安装到位,且符合规范、标准要求。

(5)保证公路机电工程系统测试大纲包括机电工程建设项目设计的全部设施、系统与技术指标、功能。

(6)保证公路机电工程调试程序严谨、安全,调试工作全面系统,各系统调试顺序先空载、后负载,先单机、后联机。

(7)确认施工单位按监理工程师批准的公路机电工程测试大纲完成机电工程建设项目的各设施、系统测试,且测试指标、功能符合设计要求。

(8)保证公路机电建设项目按设计要求全部实现技术指标、功能与性能要求。

(9)保证公路机电工程外观质量符合标准要求。

(10)公路机电工程施工安装就位的设施、设备应方便操作与维护、维修。

(11)公路机电工程应有真实、准确、齐全、完整的施工原始记录、试验检测数据、质量检验结果等质量保证资料。

质量保证资料应包括下列内容:①设备和材料报验资料,包括产品出厂检验合格证明和有资质的检测机构出具的合格检测报告;②所用主要原材料、设备的现场抽查质量检验结果,包括施工单位的委托送样及监理单位的抽检委托送样的检验报告;③设备和软件安装调试记录;④隐蔽工程验收记录及施工影像资料;⑤施工过程中的检验测试记录,包括施工单位的自检记录和监理单位的抽检记录;⑥施工结束后的检验测试记录;⑦其他应具备的资料,包括施工过程中遇到的非正常情况记录、根据工程实际情况必须具备的相关行业检测验收文件等。

(三)机电工程质量检验评定标准

监理工程师按照现行《公路工程质量检验评定标准　第二册　机电工程》(JTG 2182)的规定对公路机电工程进行质量检验评定,公路机电工程建设项目工程质量检验评定合格。

公路机电工程的分项工程质量检验按基本要求、实测项目、外观质量和质量保证资料等检验项目分别检查。

第二节　监控设施施工质量监理

一、监控设施概述

公路监控设施的用途是保证道路行车安全和道路畅通,提高公路使用效率和服务水平,实现公路交通高效、舒适和环保等。公路监控设施根据公路功能、通行能力、交通量等因素,从公路服务水平、交通安全、运营管理、异常事件应急处置需求等方面拟定监控目标。公路监控设施应具备信息采集、信息处理和监控策略实施等功能。

省域高速公路监控管理体系架构包括省级监控中心、路段监控分中心和基层监控单元(隧道管理站、桥梁管理站等)。省域高速公路一般采用“省级监控中心—路段监控分中心—基层监控单元”3 级监控管理架构。

伴随着全国高速公路信息通信联网工程的实施,公路监控管理体系架构从全国层面可分为“国家路网监控中心—省级监控中心—路段监控分中心—基层监控单元”4 级管理。我国部分省份还设置区域监控中心,在一部分区域实际存在 5 级公路监控管理架构形式。

省监控中心主要负责全省(自治区、直辖市)公路网的综合监控和管理。省监控中心接收各路段监控分中心上传的有关数据、图像,实现全省(自治区、直辖市)公路交通状况的监视、数据汇总、统计,协调路段监控分中心之间的管理和应急处置工作,在应急事件情况下,下发事件处置指令,实现对公众信息服务。省监控中心除与省路网中心、路段监控分中心联网外,还与上级管理部门、省级公路其他运营管理部门进行信息交换。省域内高速公路监控系统时间同步源由省监控中心从省通信中心获取信号。

路段监控分中心主要负责所辖区域或路段的管理工作,应能够收集、分析所辖区域或路段管理各部门有关资料与数据,随时掌握公路状况和交通情况,实现对公路运行和信息的监视和控制。路段监控中心管理范围内的隧道、桥梁,如设置有管理站,则路段监控中心接收管理站上传的视频、数据信息;如隧道、桥梁直接由路段监控中心管理,则路段监控中心功能应增加该部分管理监控功能。同时,路段监控中心应与相邻路段监控中心进行信息交换。

基层监控单元是高速公路监控系统最基层的监控管理单元,包括隧道管理站(分为有人值守隧道管理站和无人值守隧道管理站)、桥梁管理站等。无人值守隧道管理站主要功能是将隧道内的数据、图像传至路段监控中心,同时进行现场指挥、调试、维护操作。桥梁管理站、有人值守隧道管理站系统功能主要包括信息采集、信息处理、视频管理、交通管理与应急处置、系统自诊断和系统安全功能等。

二、公路监控设施的构成

公路监控设施由省级监控中心设施、路段监控分中心设施、基层监控单元设施以及监控外场设备构成。

1. 省级监控中心设施

(1)计算机系统:由监控数据服务器、磁盘阵列等数据存储设备、各类应用服务器、核心交换机、各类监控业务工作站和打印机等构成,能够实现全省公路路网交通综合监控及各类数据信息的存储、查询和应用。

(2)闭路电视监视系统:由视频管理服务器、视频查询服务器、视频交换机、网络视频解码器、视频监控工作站网络视频存储设备、组合式监视器墙、视频查询工作站和桌面监视器等构成,能实现全省公路路网视频图像的综合监控。

(3)大屏幕显示系统:由显示屏、多屏拼接控制器和多屏控制工作站等构成,能实现全省公路路网视频、数据信息的综合显示。

(4)交通地理信息系统:由 GIS(地理信息系统)数据库服务器、应用服务器、工作站和打印机等构成,能实现全省公路路网交通地理信息数据库的建立、查询、检索及其他各类综合应用功能。

(5)公众信息服务系统:由数据服务器、各类应用服务器和工作站构成,能实现公路路网面向公众的综合信息对外发布。

(6)应急救援指挥系统:由前端设备(包括视频、语音、数据)、车载系统、传输系统、管理终端等构成,能实现对重大交通事件的应急救援和指挥。

(7)网络安全与管理系统:由网络管理服务器、安全管理服务器以及相应管理工作站等构成,能实现省级监控中心的网络管理和安全管理。

(8)数据交换系统:由接入控制系统、软件和安全认证系统构成,能实现与部、其他省级公路路网中心的数据交换。

(9)附属设施:主要由 UPS(不间断电源)系统、精密空调系统、机房配电系统、防雷接地系统、综合控制台构成。

2. 路段监控分中心设施

(1)监控计算机系统:由监控服务器、以太网交换机、各类监控业务工作站、网络安全工作站、打印机等构成。能实现所辖公路路段交通综合监控及各类数据信息的存储。

(2)闭路电视监视系统:由视频切换控制设备,视频管理服务器,视频交换机,网络视频编、解码器,视频监控工作站,硬盘录像机,视频存储设备,组合式监视器墙,桌面监视器等构成。能实现所辖公路路段所有视频图像的综合监控。

(3)大屏幕显示系统:由显示屏、多屏拼接控制器和多屏控制工作站等构成。能实现所辖公路路段的视频、数据信息的综合显示。

(4)附属设施:由 UPS 电源系统、机房配电系统、防雷接地系统、综合控制台等构成。

3. 基层监控单元设施

(1)计算机系统:由监控服务器、以太网交换机、各类监控业务工作站和打印机等构成。

能实现所辖公路区段交通综合监控及各类信息数据的存储。

(2)闭路电视监视系统:由视频切换控制设备,视频管理服务器,视频交换机,网络视频编、解码器,视频监控工作站,硬盘录像机,视频存储设备,组合式监视器墙,桌面监视器等构成。能实现所辖公路路段所有视频图像的综合监控。

(3)附属设施:由 UPS 电源系统、机房配电系统、防雷接地系统、综合控制台等构成。

4. 监控外场设备

公路监控外场设备主要包括信息采集设备、信息发布设备以及其他设备。信息采集设备主要包括车辆检测器、能见度检测器、气象检测器、事件检测设备、交通情况调查设备和沿线外场摄像机以及隧道、桥梁、高边坡的健康信息采集设备等;信息发布设备主要包括天棚式、门架式等大型可变信息标志,立柱式、悬臂式等小型可变信息标志以及路侧广播。

三、监控设施施工质量监理

公路监控设施施工划分的分项工程包括车辆检测器、气象检测器、闭路电视监视系统、可变标志、道路视频交通事件检测系统、交通情况调查设施、监控(分)中心设备及软件、大屏幕显示系统和监控系统计算机网络。

1. 车辆检测器

(1)监理要点。

①线圈车辆检测器、微波车辆检测器、超声波车辆检测器、红外线车辆检测器、视频车辆检测器等车辆检测器设备及配件的型号规格、数量应符合合同要求,部件完整,检验合格。

②车辆检测器设备根据类型应符合现行《环形线圈车辆检测器》(GB/T 26942)、《地磁车辆检测器》(GB/T 35548)、《交通信息采集　微波交通流检测器》(GB/T 20609)、《交通信息采集　视频车辆检测器》(GB/T 24726)等相关标准的规定。

③车辆检测器安装位置符合设计要求,结构稳定,机箱外部完整。

④环形线圈不得跨伸缩缝安装,埋设位置应避开金属物体;切缝应干燥、清洁。

⑤馈线与环形线圈为完整电缆;环形线圈电感量符合车辆检测器工作要求。

⑥微波车辆检测器探头波束投影范围与侦测车道方向垂直,水平轴不得倾斜。

⑦摄像机云台的水平、垂直转动角度符合设计要求。

⑧摄像机引出的电缆留有余量,不影响摄像机的转动。

⑨电源、地线、通信线缆按施工图设计要求连接到位,通电调试完成,检测器正常工作,技术要求检测合格。

⑩机箱的出线管与箱体连接处良好密封。

⑪车辆检测器传感器检测区域符合设计要求。

⑫车辆检测器功能与检测精度符合设计要求。

⑬车辆检测器分项工程隐蔽工程验收记录、自检和设备调试记录、有效的设备检验合格报告或证书资料齐全。

(2)技术要求。

车辆检测器分项工程质量检查项目与质量标准见表 7-1。

车辆检测器质量检查项目与质量标准 表 7-1

项次	检查项目	技术要求
1	基础尺寸	符合设计要求,允许偏差:(-50, +100)mm
2	机箱、立柱防腐涂层厚度	符合设计要求,无要求时符合现行《公路交通工程钢构件防腐技术条件》(GB/T 18226)的规定
3	立柱竖直度(微波、视频、超声波车辆检测器)	≤5mm/m
4△	绝缘电阻	强电端子对机壳≥50MΩ
5△	保护接地电阻	≤4Ω
6△	防雷接地电阻(微波、视频、超声波车辆检测器)	≤10Ω
7△	共用接地电阻	如外场设备的保护接地体和防雷接地体未分开设置,则共用接地电阻≤1Ω
8△	车流量相对误差	线圈、地磁: ≤2%; 微波、视频、超声波: ≤5%
9	车速相对误差	≤5%
10△	传输性能	24h 观察时间内失步现象≤1 次或 BER≤10^{-8};以太网传输丢包率≤0.1%
11△	自检功能	自动检测设备运行状态,故障时实时上传故障信息
12△	复原功能	加电后,设备能自动恢复到正常通信状态,并被上位机或控制系统识别,断电或故障前存储数据保持不变
13	本地操作与维护功能	能够与便携机连接进行检测和维护

注:分项工程中对设备安全、耐久性和主要使用功能起决定性作用的检查项目用△标识,全书同。

(3)外观质量。

车辆检测器分项工程外观质量按本章第八节机电工程外观质量监理要求监理,不存在表 7-54 中的机电工程外观质量限制缺陷。

2. 气象检测器

(1)监理要点。

①风速风向传感器、能见度传感器、雨量传感器、温湿度传感器及路面检测单元等气象检测器设备及配件的型号规格、数量应符合合同要求,部件完整,检验合格。

②气象检测器设备符合现行《公路交通气象监测设施技术要求》(GB/T 33697)等相关标准的规定。

③气象检测器安装位置符合设计要求,安装结构应稳定,主机箱外部完整,门锁开闭灵活。

④气象检测设备定位应避开影响风速、风向等数据采集的高大建筑、树木、山丘等。

⑤探头安装高度、方位和尺寸符合设计要求。

⑥机箱的出线管与箱体连接处良好密封。

⑦电源电缆、地线、通信线缆按施工图设计要求连接到位,全部设备安装调试完成,气象检

测器正常工作,技术要求检测合格。

⑧气象检测器分项工程隐蔽工程验收记录、自检和设备调试记录、有效的设备检验合格报告或证书资料齐全。

(2)技术要求。

气象检测器分项工程质量检查项目与质量标准见表7-2。

气象检测器质量检查项目与质量标准 表7-2

项次	检查项目	技术要求	
1	基础尺寸	符合设计要求,允许偏差:(-50,+100)mm	
2	机箱、立柱防腐涂层厚度	符合设计要求,无要求时符合现行《公路交通工程钢构件防腐技术条件》(GB/T 18226)的规定	
3	立柱竖直度	≤5mm/m	
4△	绝缘电阻	强电端子对机壳≥50MΩ	
5△	保护接地电阻	≤4Ω	
6△	防雷接地电阻	≤10Ω	
7△	共用接地电阻	如外场设备的保护接地体和防雷接地体未分开设置,则共用接地电阻≤1Ω	
8△	环境检测性能	8.1 温度检测器测量误差	±1.0℃
		8.2 湿度检测器测量误差	±5% R. H.
		8.3 能见度检测器测量误差	±10%或符合设计要求
		8.4 风速检测器测量误差	±5%或符合设计要求
9△	数据传输性能	24h观察时间内失步现象≤1次或BER≤10^{-8};以太网传输丢包率≤0.1%	
10	降雨检测功能	能检测到降水量	
11	路面状况检测功能	能检测路面干燥、潮湿、积水、积雪、结冰等状况	
12△	自检功能	自动检测设备运行状态,故障时实时上传故障信息	
13△	复原功能	加电后,设备能自动恢复到正常通信状态,并被上位机或控制系统识别,断电或故障前存储数据保持不变	
14	本地操作与维护功能	能够与便携机连接进行检测和维护	

(3)外观质量。

气象检测器分项工程外观质量按本章第八节机电工程外观质量监理要求监理,不存在表7-54中的机电工程外观质量限制缺陷。

3. 闭路电视监视系统

(1)监理要点。

①闭路电视监视系统的设备及配件型号规格、数量符合合同要求,部件完整,检验合格。

②闭路电视监视系统设备应符合现行《视频矩阵》(JT/T 897)等相关标准的规定。

③外场摄像机基础安装位置符合设计要求,摄像机安装结构稳定,摄像机立柱安装竖直、牢固。

④摄像机(云台)安装方位、高度符合设计要求。

⑤防雷部件安装到位,电源电缆、地线、控制线缆以及视频传输线缆连接符合施工图设计要求。

⑥控制机箱外部完整,门锁开闭灵活。

⑦摄像机云台防护罩和机箱的出线管与箱体连接处良好密封。

⑧全部闭路电视监视系统设备安装、通电调试完成,闭路电视监视系统能够正常工作运行,技术要求检测合格。

⑨闭路电视监视系统分项工程隐蔽工程验收记录、分项工程自检和设备调试记录、有效的设备检验合格报告或证书资料齐全。

(2)技术要求。

闭路电视监视系统分项工程质量检查项目与质量标准见表7-3。

闭路电视监视系统质量检查项目与质量标准　　表7-3

项次	检查项目		技术要求
1	基础尺寸		符合设计要求,允许偏差:(-50,+100)mm
2	机箱、立柱防腐涂层厚度		符合设计要求,无要求时符合现行《公路交通工程钢构件防腐技术条件》(GB/T 18226)的规定
3	立柱竖直度		≤5mm/m
4△	绝缘电阻		强电端子对机壳≥50MΩ
5△	保护接地电阻		≤4Ω
6△	防雷接地电阻		≤10Ω
7△	共用接地电阻		如外场设备的保护接地体和防雷接地体未分开设置,则共用接地电阻≤1Ω
8　传输通道指标	8.1　标清模拟复合视频信号	△8.1.1　视频电平	(700±30)mV
		△8.1.2　同步脉冲幅度	(300±20)mV
		△8.1.3　回波E	<7%
		8.1.4　亮度非线性	≤5%
		8.1.5　色度/亮度增益不等	±5%
		8.1.6　色度/亮度时延差	≤100ns
		8.1.7　微分增益	≤10%
		8.1.8　微分相位	≤10°
		△8.1.9　幅频特性(5.8MHz带宽内)	±2dB
		△8.1.10　视频信噪比(加权)	≥56dB
	8.2　高清Y、$C_R(P_R)$、$C_B(P_B)$视频信号	△8.2.1　Y信号输出量化误差	-10%～+10%
		△8.2.2　$C_R(P_R)$信号输出量化误差	-10%～+10%

续上表

项次	检查项目		技术要求
8 传输通道指标	8.2 高清 Y、C_R(P_R)、C_B(P_B)视频信号	△8.2.3 C_B(P_B)信号输出量化误差	-10% ~ +10%
		△8.2.4 Y信号幅频特性	30MHz 带宽内 ±3dB
		8.2.5 Y、C_B(P_B)、C_R(P_R)信号的非线性失真	≤5%
		△8.2.6 亮度通道的线性响应(Y信号的K系数)	≤3%
		8.2.7 Y/C_B(Y/P_B)、Y/C_R(Y/ P_R)信号时延差	±10ns
		△8.2.8 Y、C_B(P_B)、C_R(P_R)信号的信噪比(加权)	≥56dB
	8.3 高清 G、B、R 视频信号	△8.3.1 G信号输出量化误差	-10% ~ +10%
		△8.3.2 B信号输出量化误差	-10% ~ +10%
		△8.3.3 R信号输出量化误差	-10% ~ +10%
		△8.3.4 G/B/R信号幅频特性	30MHz 带宽内 ±3dB
		8.3.5 G、B、R信号的非线性失真	≤5%
		△8.3.6 亮度通道的线性响应(G、B、R信号的K系数)	≤3%
		8.3.7 G/B、G/R、B/R信号时延差	±10ns
		△8.3.8 G、B、R信号的信噪比	≥56dB
9 监视器画面指标△	9.1 标清模拟复合视频信号	9.1.1 雪花	≥4 分
		9.1.2 网纹	≥4 分
		9.1.3 黑白滚道	≥4 分
		9.1.4 跳动	≥4 分
	9.2 高清视频信号	9.2.1 失真	≥4 分
		9.2.2 拖尾	≥4 分
		9.2.3 跳帧	≥4 分
		9.2.4 抖动	≥4 分
		9.2.5 马赛克	≥4 分
10△	数据传输性能	10.1 IP网络吞吐率	满足设计文件中编码器最大码流要求,无要求时符合现行《基于以太网技术的局域网(LAN)系统验收测试方法》(GB/T 21671)的规定(1518 帧长≥99%)
		10.2 IP网络传输时延	符合设计要求,无要求时:≤10ms
		10.3 IP网络丢包率	不大于 70% 流量负荷时:≤0.1%
11△	云台水平转动角度		水平≥350°
12△	云台垂直转动角度		上仰≥15°,下俯≥90°
13△	监视范围		符合设计要求

续上表

项次	检查项目	技术要求
14△	外场摄像机安装稳定性	受大风影响或接受变焦、转动等操控时,画面动作平滑、无抖动
15	自动光圈调节	自动调节
16	调焦功能	快速自动聚焦
17	变倍功能	可对摄像机镜头的放大倍数进行调整
18△	切换功能	监控终端可切换系统内任何摄像机
19	录像功能	可录像,且录像回放清晰
20△	复原功能	加电后,设备能自动恢复到正常通信状态,能与上位机或控制系统连接,并可靠工作

(3)外观质量。

闭路电视监视系统分项工程外观质量按本章第八节机电工程外观质量监理要求监理,不存在表7-54中的机电工程外观质量限制缺陷。

4. 可变标志

(1)监理要点。

①可变信息标志、可变限速标志、道路交通信号灯、车道控制标志设备及配件的型号规格、数量应符合合同要求,部件完整,检验合格。

②可变标志设备根据类型应符合现行《高速公路LED可变信息标志》(GB/T 3828)、《高速公路LED可变限速标志》(GB 23826)、《道路交通信号灯》(GB 14887)、《LED车道控制标志》(JT/T 597)等相关标准的规定。

③可变标志基础安装位置符合设计要求,安装结构稳定,立柱安装竖直、牢固。

④可变标志板面安装方位、角度、高度符合设计要求,可变标志门架的形式和结构符合设计要求。

⑤防雷部件安装到位、连接符合施工图设计要求。

⑥显示屏、控制机箱的出线管与箱体连接处密封良好。

⑦显示屏、控制机箱内电力线、信号线布线平直、整齐、固定可靠、标识清晰,插头牢固。

⑧控制机箱外部完整,门锁灵活。

⑨电源电缆、地线、信息线缆按施工图设计要求连接到位,可变标志设备加电调试完成,设备正常工作,技术要求检测合格。

⑩显示屏发光单元处于受控状态,失效率符合产品标准要求。

⑪可变标志色度、亮度、响应时间、显示内容完整性符合设计要求。

⑫可变标志分项工程隐蔽工程验收记录、自检和设备调试记录、有效的设备检验合格报告或证书资料齐全。

(2)技术要求。

可变标志分项工程质量检查项目与质量标准见表7-4。

可变标志质量检查项目与质量标准　　表7-4

项次	检查项目	技术要求
1	基础尺寸	符合设计要求,允许偏差:(-50,+100)mm
2	机箱、立柱防腐涂层厚度	符合设计要求,无要求时符合现行《公路交通工程钢构件防腐技术条件》(GB/T 18226)的规定
3	立柱竖直度	≤5mm/m
4△	绝缘电阻	强电端子对机壳≥50MΩ
5△	保护接地电阻	≤4Ω
6△	防雷接地电阻	≤10Ω
7△	共用接地电阻	如外场设备的保护接地体和防雷接地体未分开设置,则共用接地电阻≤1Ω
8△	视认距离	车辆以最大限速速度行驶时应不小于行车视距
9	发光单元色度坐标(x,y)	符合相应产品标准的规定
10	显示屏平均亮度	亮度符合设计要求。无要求时,外场可变信息标志、可变限速标志最大亮度≥8000cd/m²,隧道内可变信息标志最大亮度≥5000cd/m²,LED车道控制标志、交通信号灯最大亮度≥1500cd/m²
11△	数据传输性能	24h观察时间内失步现象≤1次或BER≤10^{-8};以太网传输丢包率≤0.1%
12△	显示内容	及时、正确地显示监控中心计算机发送的内容
13△	亮度调节功能	可变信息标志、可变限速标志能根据环境亮度自动调节显示屏的亮度
14△	自检功能	能够向监控中心计算机提供显示内容的确认信息及本机工作状态自检信息
15△	复原功能	加电后,设备能自动恢复到正常通信状态,并被上位机或控制系统识别,断电或故障前存储数据保持不变
16	本地操作与维护功能	能够与便携机连接进行检测和维护

(3)外观质量。

可变标志分项工程外观质量按本章第八节机电工程外观质量监理要求监理,不存在表7-54中的机电工程外观质量限制缺陷。

5.道路视频交通事件检测系统

(1)监理要点。

①道路视频交通事件检测系统设备及配件的型号规格、数量应符合合同要求,部件完整,检验合格。

②道路视频交通事件检测系统设备应符合现行《视频交通事件检测器》(GB/T 28789)等相关标准的规定。

③摄像机安装位置符合设计要求,摄像机镜头视场无遮挡监控区域的障碍物。

④摄像机立柱安装竖直、稳固。

⑤电源电缆、地线、通信线缆按施工图设计要求连接到位,全部设备安装调试完毕,道路视频交通事件检测能够正常工作,技术要求检测合格。

⑥摄像机镜头视场应覆盖设计要求的监控区域。

⑦事件检测功能和精度符合设计要求。

⑧道路视频交通事件检测系统分项工程隐蔽工程验收记录、自检和设备调试记录、有效的设备检验合格报告或证书资料齐全。

(2)技术要求。

道路视频交通事件检测系统分项工程质量检查项目与质量标准见表7-5。

道路视频交通事件检测系统质量检查项目与质量标准 表7-5

项次	检查项目	技术要求
1	中心设备接地连接	保护地、防雷地的接地连接线可靠连接到接地汇流排上
2	事件检测率	符合设计要求,无要求时:有效检测范围内≥90%
3	交通参数检测相对误差	符合设计要求,无要求时:车流量≤10%,车速≤15%
4	有效检测范围	符合设计要求,无要求时停止事件:≥300m;逆行事件:≥200 m;行人事件:≥100m;抛洒物事件:≥100m;机动车驶离事件:≥200m
5△	典型事件检测功能	具备停止、逆行、行人、抛洒物、机动车驶离等事件检测功能;具有交通参数检测功能的系统能进行车流量、车速等交通参数检测
6	自动录像功能	系统自动捕获并存储交通事件发生过程的影像,能按要求设定记录时间
7	自诊断和报警功能	视频信号丢失、系统设备故障、网络通信故障等情况发生时,系统能自诊断、记录并告警
8	时钟同步功能	与监控系统或通信系统主时钟同步

(3)外观质量。

道路视频交通事件检测系统分项工程外观质量按本章第八节机电工程外观质量监理要求监理,不存在表7-54中的机电工程外观质量限制缺陷。

6. 交通情况调查设施

(1)监理要点。

①交通情况调查设施设备及配件的型号规格、数量应符合合同要求,部件完整,检验合格。

②交通情况调查设施设备应符合现行《公路交通情况调查设备》(JT/T 1008)等相关标准的规定。

③交通情况调查设施设备安装位置符合设计要求,结构稳定。

④传感器安装符合设计要求,检测区域正确。

⑤电源电缆、地线、通信线缆按施工图设计要求连接到位,全部设备安装、通电调试完成,交通情况调查设施正常工作,技术要求检测合格。

⑥交通情况调查设施分项工程隐蔽工程验收记录、自检和设备调试记录、有效的设备检验合格报告或证书资料齐全。

(2)技术要求。

交通情况调查设施分项工程质量检查项目与质量标准见表7-6。

交通情况调查设施质量检查项目与质量标准　表 7-6

项次	检查项目	技术要求
1	基础尺寸	符合设计要求,允许偏差:(-50,+100)mm
2	机箱、立柱防腐涂层厚度	符合设计要求,无要求时符合现行《公路交通工程钢构件防腐技术条件》(GB/T 18226)的规定
3	立柱竖直度(微波、视频、超声波设备)	≤5mm/m
4△	绝缘电阻	强电端子对机壳≥50MΩ
5△	保护接地电阻	≤4Ω
6△	防雷接地电阻(微波、视频、超声波交通情况调查设施)	≤10Ω
7△	共用接地电阻	如外场设备的保护接地体和防雷接地体未分开设置,则共用接地电阻≤1Ω
8△	机动车分类或分型误差	符合设计要求,无要求时:≤10%
9△	车流量相对误差	符合设计要求,无要求时:≤5%
10△	车速相对误差	符合设计要求,无要求时:≤8%
11△	传输性能	24h 观察时间内失步现象≤1 次或 BER≤10^{-8};以太网传输丢包率≤0.1%
12△	自检功能	自动检测设备运行状态,故障时实时上传故障信息
13△	复原功能	加电后,设备能自动恢复到正常通信状态,并被上位机或控制系统识别,断电或故障前存储数据保持不变
14	本地操作与维护功能	能够与便携机连接进行检测和维护

(3)外观质量。

交通情况调查设施分项工程外观质量按本章第八节机电工程外观质量监理要求监理,不存在表 7-54 中的机电工程外观质量限制缺陷。

7. 监控(分)中心设备及软件

(1)监理要点。

①监控(分)中心机房整洁,通风、照明、环境温湿度条件良好。

②监控(分)中心设备及配件的型号规格、数量符合合同要求,部件完整。

③监控(分)中心软件符合现行《高速公路监控系统软件测试方法》(JT/T 965)等相关标准的规定。

④监控中心电源线缆与通信电线分开敷设,连接到位,防静电地板、设备机柜、设备接地线与机房接地线汇流排可靠连接。

⑤监控(分)中心全部设备按设计要求安装完成。

⑥应用软件适应监控(分)中心计算机的运行环境,实现监控设施的全部设计功能,系统正常工作,技术要求检测合格。

⑦监控(分)中心功能、性能指标全部调试实现,并符合设计要求。

⑧监控软件包括系统软件与应用软件,系统软件应合法授权、提交正式的授权使用证书,应用软件应提供软件开发、测试文件。

⑨监控(分)中心设备及软件分项工程自检和设备调试记录、有效的设备检验合格报告或证书资料齐全。

(2)技术要求。

监控(分)中心设备及软件分项工程质量检查项目与质量标准见表7-7。

监控(分)中心设备及软件质量检查项目与质量标准 表7-7

项次	检查项目	技术要求
1	监控室内温度	18~28℃
2	监控室内湿度	30%~70% RH
3	监控室内防尘措施	B级(一周内,设备上无明显尘土)
4	监控室内噪声	≤70 dB(A)
5	监控室内工作环境照度	5~200lx可调
6△	绝缘电阻	强电端子对机壳≥50MΩ
7△	监控中心共用接地电阻	≤1Ω
8	中心设备接地连接	保护地、防雷地的接地连接线可靠连接到接地汇流排上
9	与外场设备的通信轮询周期	符合设计要求
10△	与下端设备数据交换	按设定的系统轮询周期,及时准确地与车辆检测器、气象检测器、可变标志等交换数据
11△	图像监视功能	能够监视路段的运行状况
12	系统工作状况监视功能	系统外场设备的工作状态在计算机或大屏幕上正确显示
13	信息发布功能	指令信息通过系统正确地传送到可变信息标志、交通信号灯、车道控制标志等设备
14	统计、查询、打印报表功能	迅速、正确地统计、查询指令、设备状况、系统故障、交通参数等数据,并打印相关报表
15△	数据备份、存储功能	具有数据备份、存储功能,并带时间记录
16	加电自诊断功能	可循环检测所有监控(分)中心内、外场设备运行状况,正确及时显示故障位置、类型
17	监控系统应急预案	符合设计要求

(3)外观质量。

监控(分)中心设备外观质量符合下列要求:

①按本章第八节机电工程外观质量监理要求监理,不存在表7-54中的机电工程外观质量限制缺陷。

②控制台上设备布局符合施工图设计要求,安装稳固、横竖端正、标识清楚。

③CCTV监视器布局符合施工图设计要求,屏幕拼接完整,安装稳固、横竖端正、标识清楚。

④控制台、CCTV电视墙内以及各设备之间布线整齐、美观,编号标识清楚、正确;信号和电源线缆及其接头插座应明确区分,预留长度适当。

8. 大屏幕显示系统

(1)监理要点。

①大屏幕显示系统设备及配件型号、数量符合合同要求,部件完整,检验合格。

②大屏幕外观完整无损伤、屏幕平整整洁。

③屏幕安装方位、角度、高度符合设计要求,安装牢固。

④电源电缆、地线、通信线缆按施工图设计要求连接到位,全部设备安装、通电调试完成,大屏幕显示系统正常工作,技术要求检测合格。

⑤大屏幕显示系统分项工程自检和设备调试记录、有效的设备检验合格证或证书等资料齐全。

(2)技术要求。

大屏幕显示系统分项工程质量检查项目与质量标准见表7-8。

大屏幕显示系统质量检查项目与质量标准 表7-8

项次	检查项目	技术要求
1	拼接缝	符合设计要求,无要求时:≤2mm
2△	亮度	达到白色平衡时的亮度符合设计要求,无要求时:大屏幕投影屏幕≥150 cd/m^2,液晶显示屏、LED显示屏≥450 cd/m^2
3	亮度不均匀度	达到白色平衡时的亮度不均匀度符合设计要求,无要求时:≤10%
4	显示功能	正确显示切换的图像及其他信息
5△	窗口缩放	可对所选择的窗口随意缩放控制
6△	多视窗显示	同时显示多个监视断面的窗口

(3)外观质量。

大屏幕显示系统外观质量符合下列要求:

①大屏幕外观完整无损伤、镜头洁净,屏幕平整整洁、色彩均匀。

②图像清晰、稳定、无抖动。

③图像明亮、色泽鲜艳可调。

9. 监控系统计算机网络

(1)监理要点。

①网线、插座、连接线、网卡、集线器、交换机、路由器、调制解调器、服务器等网络设备的型号规格、数量符合合同要求,部件完整,检验合格。

②插座、双绞线接头的压接形式(线对分配)符合现行EIA/TIA 568A或568B的规定,且在一个系统中只能选用一种压接形式,不混用。

③全部监控系统计算机网络设备按设计要求安装完成,电源电缆、地线、通信线缆按施工图设计要求可靠连接到位。

④系统设备加电调试完毕,监控系统计算机网络正常工作,技术要求检测合格。

⑤监控系统计算机网络分项工程自检和设备调试记录、有效的设备检验合格证或证书等资料齐全。

(2)技术要求。

监控系统计算机网络分项工程质量检查项目与质量标准见表7-9。

监控系统计算机网络质量检查项目与质量标准　　表 7-9

项次	检查项目		技术要求
1△	接线图		符合现行《综合布线系统工程验收规范》(GB/T 50312)的规定
2	长度		符合现行《综合布线系统工程验收规范》(GB/T 50312)的规定
3△	回波损耗		符合现行《综合布线系统工程验收规范》(GB/T 50312)的规定
4	插入损耗		符合现行《综合布线系统工程验收规范》(GB/T 50312)的规定
5△	近端串音		符合现行《综合布线系统工程验收规范》(GB/T 50312)的规定
6	近端串音功率和		符合现行《综合布线系统工程验收规范》(GB/T 50312)的规定
7	衰减远端串音比		符合现行《综合布线系统工程验收规范》(GB/T 50312)的规定
8	衰减远端串音比功率和		符合现行《综合布线系统工程验收规范》(GB/T 50312)的规定
9	衰减近端串音比		符合现行《综合布线系统工程验收规范》(GB/T 50312)的规定
10	衰减近端串音比功率和		符合现行《综合布线系统工程验收规范》(GB/T 50312)的规定
11	环路电阻		符合现行《综合布线系统工程验收规范》(GB/T 50312)的规定
12	时延		符合现行《综合布线系统工程验收规范》(GB/T 50312)的规定
13	时延偏差		符合现行《综合布线系统工程验收规范》(GB/T 50312)的规定
14△	以太网系统性能要求	14.1　链路传输速率	符合设计要求，无要求时符合 10Mbps、100Mbps、1000Mbps 的规定
		14.2　吞吐率	符合设计要求，无要求时 1518 帧长≥99%
		14.3　传输时延	符合设计要求，无要求时：≤10ms
		14.4　丢包率	不大于 70% 流量负荷时：≤0.1%
15△	以太网链路层健康状况	链路利用率	≤70%
		15.1　错误率及各类错误	≤1%
		15.2　广播帧及组播帧	≤50fps
		15.3　冲突(碰撞)率	≤1%

(3)外观质量。

监控系统计算机网络分项工程外观质量符合下列要求：

①网络设备、网线线槽、信息线缆插座布放整齐美观，安装牢固、标识清楚、标识正确。

②线缆布放路由正确、绑扎牢固、端头连接规范、标识清楚，线缆弯曲半径和预留长度符合设计或现行《综合布线系统工程验收规范》(GB/T 50312)的规定。

第三节　通信设施施工质量监理

一、通信设施概述

公路通信设施提供服务业务的形式包括语音、数据、视频图像和多媒体等。

(1)语音主要包括业务电话、指令电话、对讲电话、呼叫电话等业务，也包括 G3 类传真。

(2)图像主要包括用于高等级公路营运管理的监控、收费业务的静态或动态图像，也包括公路路政、运输、稽查、建设管理及救援等所需的其他图像信息,分为数字图像及模拟图像两种类型。

(3)数据包括公路营运管理的监控、收费业务数据和政务信息、安全信息等数据。

二、通信设施的构成

通信设施为公路管理业务提供大容量的网络传输平台和高质量的语音、数据、图像等信息交换服务。

通信设施由传输网系统、业务网系统、支撑网系统、通信光电缆、通信电源系统、通信管道等组成。

(1)传输网系统:干线及接入网的网络制式、网络结构、网络配置、网络系统等。

(2)业务网系统:语音业务网、数据传输网、图像传输网、会议电视网、呼叫服务中心。

(3)支撑网系统:同步系统、信令系统、网管系统。

(4)通信光、电缆:构成、选型、芯数要求、敷设。

(5)通信电源系统:交流供电系统、直流供电系统、防雷接地系统、电源管理系统,功能、配置、性能。

(6)通信管道:构成、设置原则、路由、材料、人(手)孔、埋深、段长与弯曲。

1. 数字程控交换系统

公路通信网的数字程控交换系统是语音业务网的核心设备,主要由数字程控交换机、话务台、维护终端、计费终端、调度指令电话总机以及语音用户终端(话机)设备组成。根据公路通信网的需要,可以由一台及多台数字程控交换机组成。

2. SDH 数字光纤通信系统

SDH 数字光纤设备是数据传输网的核心设备,公路数字光纤传输系统分为干线传输系统和路段综合业务接入网系统两部分。干线传输系统由设在通信中心的 SDH 光同步传输设备(ADM、终端 TM)、再生器 REG、光缆和网管设备等组成。干线传输各方向光群路接口板和光纤一般为 1+1 方式配置(4 芯光纤),形成链状保护。路段综合业务接入网系统由设在通信分中心的光纤线路终端(OLT)、沿线各站点的光纤网络单元(ONU)、光缆和网管设备等组成。

3. 呼叫服务中心系统

公路呼叫服务中心应采用省级呼叫服务中心、路段呼叫服务(分)中心两级架构。省级中心设置呼叫服务中心,配置排队机(ACD)/用户交换机(PBX)或软交换服务器;路段呼叫服务(分)中心设置远端座席,通过 10/100M 以太网传输通道接入省级呼叫服务中心。

根据实际需要,路段(分)中心也可设置独立的呼叫服务(分)中心、配置排队机(ACD)/用户交换机(PBX)或软交换服务器,并应能与省级呼叫服务中心协同工作。

4. 支撑网系统

公路通信网支撑网系统包括同步网系统、公共信令网系统和网络管理网系统。

1)同步网

(1)公路数字同步网应采用分布式多基准时钟控制的组网方式,同步区原则上按照省(自治区、直辖市)来划分,各同步区内采用主从同步方式。

(2)可设置全国基准时钟(PRC),为省际公路通信网提供同步源;在省内设置区域基准时钟(LPR),为省内公路通信网提供同步源,构成省内定时平台;在路段通信(分)中心设置同步供给单元(SSU),为路段内接入同步源,构成本地定时平台;路段内通信网从本地定时平台上获取同步信号。

2)公共信令网

(1)公共信令网应采用我国 No.7 信令方式,由信令转接点(STP)、信令点(SP)和信令链路组成。

(2)公共信令网的信令转接点(STP)宜采用与交换系统(SP)合设在一起的综合式信令转接设备。

3)网络管理网

(1)路段通信(分)中心设置网元级管理系统,对所辖的程控交换机、光传输网、综合业务接入网、通信电源、紧急电话、有线广播、会议电视、呼叫服务中心设备等网元进行管理。由工作台、打印机、数据通信设备(如交换机、调制解调器等设备)等组成。

(2)省级通信中心设置子网级管理(网络级综合管理)系统,与网元级管理系统互联,对省内同厂家设备组成的语音业务网、光传输网、通信电源、时钟同步网络、会议电视、呼叫服务中心设备及网管系统进行管理,由服务器、工作站、打印机、数据通信设备(如交换机、调制解调器等设备)等组成。

5.通信光、电缆线路

(1)光缆线路是指通信站内光缆终端设备到相邻通信站的光缆终端设备之间的光缆路径以及由外场设备至通信站的光缆路径,由光缆、光纤连接和分歧设备及其保护设施设备构成。

(2)电缆线路主要指通信网设备之间的连接电缆的路径,由电缆连接和分歧设备及其保护设施设备构成。

6.通信电源系统

通信电源设施由交流供电系统、直流供电系统、防雷接地系统、电源管理系统、蓄电池和电力电缆等构成。

7.通信管道

公路通信管道主要为保护公路机电工程设施、交通信息化系统敷设的传输光缆、电缆,由主干管道、分歧管道、人(手)孔及其他辅助性构件、材料组成。

通信管道材料应符合国家或行业标准规定,并经具有相关资质的检测机构检测合格后方可在公路通信管道建设中使用。公路上使用的通信管道材料有:

(1)水泥管块。

(2)聚氯乙烯和聚乙烯材料管道。

(3)硬聚氯乙烯和高密度聚乙烯材料管道。

(4)高密度聚乙烯 HDPE 硅芯管。

(5)COD 管。

(6)镀锌钢管。

三、通信设施施工质量监理

公路通信设施施工划分的分项工程包括通信管道工程、通信光、电缆线路工程、同步数字体系(SDH)光纤传输系统、IP网络系统、波分复用(WDM)光纤传输系统、固定电话交换系统和通信电源系统。

1. 通信管道工程

(1)监理要点。

①通信管道型号规格、数量符合合同要求,辅材配套完整,检验合格。

②通信管道路由与位置、管群断面组合符合施工图设计要求。

③通信管道施工工艺符合设计要求,管顶至路面的埋设深度符合设计及相关技术规范要求。

④通过桥梁或其他构造物时采用的管箱、引上和引下工程采用的管道符合设计要求。

⑤人(手)孔位置准确、预埋件安装牢固、防水措施得当。

⑥塑料管铺管及接续时,施工环境温度不宜低于-5℃。

⑦硅芯管在敷设前,应将硅芯管端口用密封堵头堵塞。

⑧硅芯管在沟底应平整、顺直,沟坎及转角处应平缓铺设。

⑨遇有石质沟底,应在硅芯管上下方各铺100mm厚的碎土或沙土。

⑩硅芯管布放完后应尽快连接密封,对引入手孔的硅芯管应及时对端口封堵。

⑪多根硅芯管在同一地段敷设时,排列方式、绑扎规定及硅芯管间距应符合设计要求。

⑫硅芯管敷设转弯半径应满足管道的最小曲率半径。

⑬使用放出机械、吊放设备或人工将硅芯管或微管缆铺放在沟底部。硅芯管或微管缆在沟内平整、顺直。

⑭管道连接时,管孔(口)对接严密;管道接续过渡圆滑、密封良好,弯曲半径应符合设计要求。

⑮气吹管道的接口断面应平直、无毛刺,并应采用配套的密封接头件接续。接头件外面做防水处理。气吹管道布放前应使用专用堵头将管道两端封闭。

⑯金属管道及管道的金属结构件的防腐处理等应符合设计要求。

⑰金属管通过构筑物敷设时,螺纹连接或套管焊接的钢管两端宜采用专用接地卡固定保护联结导体,两卡间采用截面积不小于$4mm^2$的多股铜芯软导线连接。

⑱明配线管应横平竖直、排列整齐;线管应设管卡固定,管卡应安装牢固。

⑲管道的包封、段落、混凝土强度等级应符合设计要求。

⑳桥架、线槽与支架间及与连接板的固定螺栓紧固无遗漏,螺母应位于桥架、线槽外侧;铝合金桥架、线槽与钢支架固定设有相互间绝缘的防电化腐蚀措施。

㉑桥架、线槽的所有非导电部分的铁件均应相互连接和跨接,使之成为一连续导体,并做好整体接地。

㉒人手孔的地基处理应符合设计要求,天然地基应按设计要求的高程进行夯实、找平。

㉓人(手)孔材质和尺寸应符合设计要求,净空应满足光电缆铺设要求。

㉔管道进入人(手)孔、通道的窗口位置符合设计要求,管道窗口外侧应填充密实。

㉕管道进入人(手)孔处的管堵头应符合设计要求,密封良好。

㉖人(手)孔井盖的荷载与强度符合设计要求。

㉗通信管道试通合格,牵引线布放、管口封堵符合设计或相关规范要求。

㉘通信管道分项工程隐蔽工程验收记录、自检和管道检验合格报告或资料齐全。

(2)技术要求。

通信管道分项工程质量检查项目与质量标准见表7-10。

通信管道分项工程质量检查项目与质量标准 表7-10

项次	检查项目	技术要求
1	管道地基	符合设计要求
2	管道铺设	符合设计要求
3	回土夯实	符合设计要求
4	人(手)孔、管道掩埋	符合设计要求
5	人(手)孔的位置	符合设计要求
6	分歧形式及内部尺寸	符合设计要求
7	通信管道的横向位置	符合设计要求
8△	主管道管孔试通试验	畅通
9△	通信管道工程用塑料管孔试通试验	畅通
10	通信管道工程用塑料管(箱)规格尺寸	符合设计要求
11	管孔封堵	符合设计要求

(3)外观质量。

通信管道分项工程外观质量符合下列要求:

①管道进入建筑物或人(手)孔处的管堵头符合设计要求,密封良好。

②通过桥梁或其他构造物时采用的通信管道安装牢固、排列整齐有序,管道接续过渡圆滑、密封良好。

2. 通信光缆、电缆线路工程

(1)监理要点。

①通信光缆、电缆的型号规格、数量符合合同及相关技术规范的要求,检验合格。

②通信光缆、电缆线路路由、位置符合施工图设计要求。

③光缆、电缆的敷设、接续、预留及成端等符合相关技术规范的要求。

④调查管道与试通、人(手)孔布置、引入位置及室内沟、槽建筑情况,发现问题及时提出并尽快解决。确认敷设光缆、电缆的管道疏通,管道内部无积水,无杂物堵塞。

⑤审查施工单位的光(电)缆配盘,检查单盘线缆检验测试的传输特性符合设计要求。

⑥旁站监理首段管道光(电)缆敷设过程;检查光(电)缆所占用的管孔位置符合施工图设计要求。

⑦检查人(手)孔内光(电)缆的盘留、保护和识别标志符合设计要求。

⑧掌握光电缆接续施工情况,特别是光缆接续人员要求持证上岗,OTDR(光时域反射仪)检测正确。

⑨测试光电缆传输段、光中继段的衰减特性、电缆使用段的电特性指标,符合设计要求。

⑩光缆、电缆敷设的最小弯曲半径符合设计要求或规范规定。

⑪管道敷设光缆电缆时,不得损伤保护层,可采用无腐蚀性的润滑剂或粉。

⑫光缆在各类管材中穿放时,管材的内径应不小于光缆外径的1.5倍。

⑬人手孔内光缆、电缆预留长度符合设计要求,光缆在人手孔内排列整齐牢固。

⑭光缆、电缆占用的子管、硅芯管等管口封堵良好。

⑮直埋铺设光缆、电缆绑扎牢靠,松紧适度、紧密,绑扎线扣均匀、整齐、一致。敷设后应进行绝缘测试,符合设计要求。

⑯槽道、托架内光缆、电缆应顺直,无明显扭绞和交叉,不溢出槽道,不侧翻;拐弯适度;进出槽道、托架应绑扎整齐。

⑰管内线缆间不应拧绞,不得有接头。

⑱槽道、托架可靠接地连接。

⑲光纤连接线在槽道内加套管或线槽保护,无保护部分宜用活扣扎带绑扎。

⑳光缆接续应使用专用的接续材料,接头处每侧宜预留5~8m的长度。

㉑光缆接续完毕,接头应有保护措施,接头盒应固定,具有良好的密封防水性能。

㉒在光缆接头处,两侧的金属构件不应做电气连通,但通信站或设备间内的光缆金属构件应相互连通,并接到接地汇流线上。

㉓光缆中继段接续完成后,在两端的光纤配线架间,测试光纤的线路衰耗和每个接头的接续损耗,符合设计要求。

㉔光纤连接线的规格型号、技术指标应符合设计要求。

㉕光纤成端应按纤序规定与尾纤熔接,成端后光纤序号有明显的标识。

㉖预留在光纤配线架盘纤盒中的光纤及尾纤有足够的盘绕半径,并盘放稳固、不应松动。

㉗电缆敷设时,电缆应从盘的上端引出,不允许电缆在支架上及地面摩擦拖拉。

㉘电缆应自然平直布放,不得产生扭绞、打圈、接头等现象,不得受外力挤压和损伤。

㉙通信电缆与电源电缆宜分开敷设,避免绑扎在同一线束内。

㉚桥架、线槽内线缆应排列整齐,不得拧绞;在线缆进出桥架、线槽部位、转弯处应绑扎固定;垂直桥架、线槽内线缆绑扎固定点间隔不宜大于1.5m。

㉛电缆接线按标识进行连接,接线排列整齐、美观,导线绝缘良好、无损伤。

㉜电缆终端和接头应采取加强绝缘、密封防潮、机械保护等措施。

㉝线缆两端应有防水、耐摩擦的永久性标签,标签书写应清晰、准确。

㉞电缆接头制作完成后,应测试其的绝缘电阻和相关性能指标,并符合设计要求。

㉟通信光缆、电缆布放断面图、接线图、隐蔽工程记录、光缆电缆检验报告等资料等齐全。

(2)技术要求。

通信光缆、电缆线路分项工程质量检查项目与质量标准见表7-11。

通信光缆、电缆线路分项工程质量检查项目与质量标准 表 7-11

项次	检查项目	技术要求
1	光缆护层绝缘电阻	≥1000MΩ·km
2△	单模光纤接头损耗平均值	≤0.1dB
3	单模光纤接头损耗最大值	≤0.18dB
4△	多模光纤接头损耗平均值	≤0.08dB
5	多模光纤接头损耗最大值	≤0.14dB
6△	中继段单模光纤总衰耗	符合设计要求
7△	中继段多模光纤总衰耗	符合设计要求
8△	音频电缆绝缘电阻	≥1000MΩ·km
9	音频电缆串音衰减	符合设计要求
10	音频电缆直流环阻	符合设计要求
11△	接线图(网线)	符合现行 GB/T 50312 的规定
12	长度(网线)	符合现行 GB/T 50312 的规定
13△	回波损耗(网线)	符合现行 GB/T 50312 的规定
14	插入损耗(网线)	符合现行 GB/T 50312 的规定
15△	近端串音(网线)	符合现行 GB/T 50312 的规定
16	近端串音功率和(网线)	符合现行 GB/T 50312 的规定
17	衰减远端串音比(网线)	符合现行 GB/T 50312 的规定
18	衰减远端串音比功率和(网线)	符合现行 GB/T 50312 的规定
19	衰减近端串音比(网线)	符合现行 GB/T 50312 的规定
20	衰减近端串音比功率和(网线)	符合现行 GB/T 50312 的规定
21	环路电阻(网线)	符合现行 GB/T 50312 的规定
22	时延(网线)	符合现行 GB/T 50312 的规定
23	时延偏差(网线)	符合现行 GB/T 50312 的规定

(3)外观质量。

通信光缆、电缆线路分项工程外观质量符合下列要求:

①光缆、电缆配线箱(架)安装端正、稳固,配件齐全;光缆、电缆接续箱(盒)安装牢固,密封良好。

②光缆、电缆线路缆线路由正确、保护措施得当、排列整齐、绑扎牢固、预留长度符合规定,标识正确清楚。

3. 同步数字体系(SDH)光纤传输系统

(1)监理要点。

①监督施工单位确认通信机房位置、面积、净空高度、防静电地板及线缆引入走向(地槽、支线架等)、温度、湿度、供电照明及接地汇流排满足通信设备安装施工要求。同步数字体系(SDH)光纤传输系统设备机房符合现行《通信局(站)机房环境条件要求与检测方法》(YD/T 1821)中二类通信机房的规定。

②同步数字体系(SDH)光纤传输系统设备应取得电信设备进网许可证,其型号规格、数量、配置应符合合同要求,部件完整,检验合格。

③通信设备的配置及在机房内的平面布置符合施工图设计要求,必要时在技术规范允许的情况下,调整个别通信设备的平面布置,以达到布局配线合理,操作、维护方便。

④通信设备的安装及配线应符合现行《通信设备安装工程施工监理规范》(YD 5125)的技术要求,设备机架要安装固定在机房的混凝土面层上,其垂直度和水平度的偏差要控制在允许范围之内。设备配线要走向合理,绑扎顺直,标识清楚、室内配线不允许中间接头。

⑤安装工具符合防静电要求,单盘卡拆包装、插拔符合防静电操作规范。

⑥同步数字体系(SDH)光纤传输系统设备安装位置符合施工图设计要求,安装牢固。

⑦同步数字体系(SDH)光纤传输系统设备电源缆线与通信电缆分开敷设,防静电地板、设备机柜、设备接地线与机房地线汇流排可靠连接。

⑧电源电缆、地线、通信线缆按施工图设计要求连接到位,过墙、板、地下通道处安装保护套管,缆线留有适当余量。

⑨确认全部同步数字体系(SDH)光纤传输系统设备安装完成,施工工艺符合设计与相关技术规范要求。

⑩通信设备的通电调试遵循先单机、再系统的顺序进行,以确保设备安全。将通信设备按设计要求进行设置、调试使其达到最佳工作状态。

⑪通信设施各系统的调测应先调试、再测试,保证通信设施的系统功能、技术指标符合设计要求。调测时做好测试记录。

⑫按现行《同步数字体系(SDH)光纤传输系统工程验收规范》(YD 5044)测试 SDH 光纤数字传输设备。

⑬同步数字体系(SDH)光纤传输系统分项工程设备安装、自检和调试记录、有效的设备检验合格报告或证书资料齐全。

(2)技术要求。

同步数字体系(SDH)光纤传输系统分项工程质量检查项目与质量标准见表 7-12。

同步数字体系(SDH)光纤传输系统分项工程质量检查项目与质量标准 表 7-12

项次	检查项目	技术要求
1△	系统设备安装连接的可靠性	系统设备安装连接可靠,经振动试验后系统无告警、无误码
2	接地连接	保护地、防雷地的接地连接线可靠连接到接地汇流排上
3△	系统接收光功率	$P_1 \geq P_R + M_c + M_e$*
4△	平均发送光功率	符合设计要求或出厂检验指标参数
5△	光接收灵敏度	符合设计要求或出厂检验指标参数
6△	误码指标(2M 电口)	$BER \leq 1 \times 10^{-11}$
		$ESR \leq 1.1 \times 10^{-5}$
		$SESR \leq 5.5 \times 10^{-7}$
		$BBER \leq 5.5 \times 10^{-8}$
7	电接口允许比特容差	符合现行 YD/T 5095 的规定

续上表

项次	检查项目	技术要求
8	输入抖动容限	符合现行 YD/T 5095 的规定
9	输出抖动	符合现行 YD/T 5095 的规定
10	2M 支路口漂移指标	a. MTIE≤18μs(24h) b. 40h 滑动≤1 次
11	管理授权功能	未经授权不能进入网管系统
12△	自动保护倒换功能	工作环路故障或大误码时,自动倒换到备用线路
13△	远端接入功能	能通过网管添加或删除远端模块
14△	配置功能	能对网元部件进行增加或删除,并以图形方式显示当前配置
15	网络性能监视功能	能实时采集分析网络误码等性能参数
16	激光器自动关断功能	无输入光信号时能自动关断
17△	故障定位功能	发生故障时能显示故障位置
18	信号丢失告警(LOS)	产生告警
19△	电源故障告警	产生告警
20△	帧失步告警(LOF)	产生告警
21△	AIS 告警	产生告警
22△	参考时钟丢失告警	产生告警
23	指针丢失告警	产生告警
24	远端接收失效(FERF)	产生告警
25	远端接收误码(FEBE)	产生告警
26	电接口复帧丢失(LOM)	产生告警
27	信号劣化(BER > 1×10^{-6})	产生告警
28	信号大误码(BER > 1×10^{-3})	产生告警
29	机盘失效告警	能自动倒换,产生告警

注:* P_1:接收端实测系统接收光功率;P_R:接收器的接收灵敏度;M_c:光缆富余度;M_e:设备富余度。

(3)外观质量。

同步数字体系(SDH)光纤传输系统分项工程外观质量符合下列要求:

①槽道、机架(包括子架、DDF、ODF)及设备布局合理、安装稳固。

②机架横竖端正、排列整齐;拼装螺丝紧固、余留长度一致。

③配线架上布线整齐、美观,长度适当;绑扎牢固、成端符合规范要求;标识正确清楚。

④设备连接用连接线、跳线(纤)符合设计要求,长度适当、标识正确清楚。

⑤机房设备安装竖直、稳固,排列整齐。

4. IP 网络系统

(1)监理要点。

①IP 网络系统设备机房应整洁,通风、照明良好,环境温、湿度符合现行《通信局(站)机房环境条件要求与检测方法》(YD/T 1821)中二类通信机房的规定。

②IP 网络系统设备取得电信设备进网许可证,其型号规格、数量、配置符合合同要求,部件完整,检验合格。

③IP 网络系统设备电源线缆与通信电缆分开敷设,防静电地板、设备机柜、设备接地线与机房地线汇流排可靠连接。

④通信设备的配置及在机房内的平面布置符合施工图设计要求,必要时在技术规范允许的情况下,调整个别通信设备的平面布置,以达到布局配线合理,操作、维护方便。

⑤通信设备的安装及配线应符合现行《通信设备安装工程施工监理规范》(YD 5125)的技术要求,设备机架要安装固定在机房的混凝土面层上,其垂直度和水平度的偏差要控制在允许范围之内。设备配线要走向合理,绑扎顺直,标识清楚、室内配线不允许设中间接头。

⑥安装工具符合防静电要求,单盘卡拆包装、插拔符合防静电操作规范。

⑦电源电缆、地线、通信线缆按施工图设计要求连接到位,过墙、板、地下通道处安装保护套管,缆线留有适当余量。

⑧全部 IP 网络系统设备安装完成,施工工艺符合设计与相关技术规范要求。

⑨通信设备的通电调试遵循先单机、再系统的顺序进行,以确保设备安全。将通信设备按设计要求进行设置、调试使其达到最佳工作状态。

⑩通信设施各系统的调测应先调试、再测试,保证通信设施的系统功能、技术指标符合设计要求。调测时做好测试记录。

⑪IP 网络系统分项工程设备安装、自检和调试记录、有效的设备检验合格报告或证书资料齐全。

(2)技术要求。

IP 网络系统分项工程质量检查项目与质量标准见表 7-13。

IP 网络系统分项工程质量检查项目与质量标准 表 7-13

项次	检查项目	技术要求
1△	系统设备安装连接的可靠性	系统设备安装连接应可靠,经振动试验后系统无告警、无误码
2	接地连接	保护地、防雷地的接地连接线可靠连接到接地汇流排上
3△	IP 网络接口平均发送光功率	符合设计要求,无要求时符合:-11.5dBm ≤ 光功率 ≤ -3dBm(1000BASE-LX) -9.5dBm≤光功率≤-4dBm(1000BASE-SX)
4△	IP 网络接口接收光功率	$P_1 \geq P_R + M_c + M_e$*
5△	IP 网络接口接收灵敏度	符合设计要求,无要求时符合: ≤-19dBm(1000BASE-LX) ≤-17dBm(1000BASE-SX)
6△	IP 网络吞吐率	符合设计要求,无要求时 1518 帧长≥99%
7△	IP 网络时延	符合设计要求,无要求时:≤100ms
8△	IP 网络丢包率	不大于 70% 流量负荷时:≤0.1%
9	网络性能监视功能	能实时采集分析网络误码等性能参数
10△	自动保护倒换功能	工作环路故障或大误码时,自动倒换到备用线路
11	IP 网络接口半双工、全双工自动协商	自动协商

续上表

项次	检查项目	技术要求
12△	IP网络流量控制功能	网络流量超出端口流量时，具有流量控制功能
13	IP网络故障告警管理功能	发生故障时网管系统有提示
14	IP网络管理授权功能	未经授权不能进入网管系统
15	IP网络端口使能或禁止功能	从网管系统能够使能或禁止某端口
16	IP网络网管查询和配置功能	从网管系统能够查询和配置相关业务
17	IP网络主、备系统处理器切换功能	主系统处理器出现故障时能够自动启用备用系统处理器
18△	IP网络故障诊断与定位功能	网管系统能够显示板卡、通信端口的故障位置和信息
19△	IP网络VLAN功能	能够按端口划分VLAN

注：* P_1：接收端实测系统接收光功率；P_R：接收器的接收灵敏度；M_c：光缆富余度；M_e：设备富余度。

(3)外观质量。

IP网络系统分项工程外观质量符合下列要求：

①槽道、机架(包括子架、DDF、ODF)及设备布局合理、安装稳固；机架横竖端正、排列整齐；拼装螺丝紧固、余留长度一致。

②配线架上布线整齐、美观，长度适当；绑扎牢固、成端符合规范要求；标识正确清楚。

③设备连接用连接线、跳线(纤)符合设计要求，长度适当、标识正确清楚。

5. 波分复用(WDM)光纤传输系统

(1)监理要点。

①传输系统设备机房应整洁，通风、照明良好，环境温、湿度应符合现行《通信局(站)机房环境条件要求与检测方法》(YD/T 1821)中二类通信机房的规定。

②传输系统设备应取得电信设备进网许可证，其型号规格、数量、配置应符合合同要求，部件完整，检验合格。

③通信设备的配置及在机房内的平面布置符合设计要求，必要时在技术规范允许的情况下，调整个别通信设备的平面布置，以达到布局配线合理，操作、维护方便。

④电源线缆与通信电线分开敷设，防静电地板、设备机柜、设备接地线与机房地线汇流排可靠连接。

⑤安装工具符合防静电要求，单盘卡拆包装、插拔符合防静电操作规范。

⑥通信设备的安装及配线应符合现行《通信设备安装工程施工监理规范》(YD 5125)的技术要求，设备机架要安装固定在机房的混凝土面层上，其垂直度和水平度的偏差要控制在允许范围之内。设备配线要走向合理，绑扎顺直，标识清楚、室内配线不允许中间接头。

⑦电源电缆、地线、通信线缆按施工图设计要求连接到位，过墙、板、地下通道处安装保护套管，缆线留有适当余量。

⑧全部波分复用(WDM)光纤传输系统设备安装完成，施工工艺符合设计与相关技术规范要求。

⑨通信设备的通电调试遵循先单机、再系统的顺序进行，以确保设备安全。将通信设备按设计要求进行设置、调试使其达到最佳工作状态。

⑩通信设施各系统的调测应先调试、再测试,保证通信设施的系统功能、技术指标符合设计要求。调测时做好测试记录。

⑪波分复用(WDM)光纤传输系统分项工程设备安装、自检和调试记录、有效的设备检验合格报告或证书资料齐全。

(2)技术要求。

波分复用(WDM)光纤传输系统分项工程质量检查项目与质量标准见表7-14。

IP 波分复用(WDM)光纤传输系统分项工程质量检查项目与质量标准 表7-14

项次	检查项目	技术要求
1△	系统设备安装连接的可靠性	系统设备安装连接可靠,经振动试验后系统无告警、无误码
2	接地连接	保护地、防雷地的接地连接线可靠连接到接地汇流排上
3△	线路侧接收、发送参考点中心波长	符合现行 YD/T 1143 的规定
4△	线路侧接收、发送参考点中心频率偏移	±12.5GHz
5	信号功率	符合设计要求或出厂检验指标
6△	光信噪比(OSNR)	>25dB
7	噪声	< -21dBm
8	-20dB 带宽	<0.3nm
9	OCh 中心波长	符合现行 YD/T 1143 的规定
10△	OCh 最小边模抑制比	>25dB
11	分波器中心波长	符合现行 YD/T 1143 的规定
12△	分波器插入损耗	<10dB
13	分波器插入损耗的最大差异	<2dB
14△	分波器相邻通道隔离度	>22dB
15	合波器中心波长	符合现行 YD/T 1143 的规定
16△	合波器插入损耗	<8dB
17	合波器插入插损的最大差异	<2dB
18△	合波器相邻通道隔离度	>22dB
19△	MPI-SM ~ MPI-RM 残余色散	符合现行 YD/T 1143 的规定
20△	MPI-SM ~ MPI-RM 偏振模色散	符合现行 YD/T 1143 的规定
21	网络性能	符合现行 YD/T 2148 的规定
22△	自动保护倒换功能	工作环路故障或大误码时,自动倒换到备用线路
23	网管功能	符合现行 YD/T 2148 的规定
24	激光器自动关断功能	无输入光信号时能自动关断
25	信号丢失告警(LOS)	产生告警
26△	电源故障告警	产生告警
27	机盘失效告警	能自动倒换,产生告警

(3)外观质量。

波分复用(WDM)光纤传输系统分项工程外观质量符合下列要求:

①槽道、机架(包括子架、DDF、ODF)及设备布局合理、安装稳固;机架横竖端正、排列整齐;拼装螺丝紧固、余留长度一致。

②配线架上布线整齐、美观,长度适当;绑扎牢固、成端符合规范要求;标识正确清楚。

③设备连接用连接线、跳线(纤)符合设计要求,长度适当、标识正确清楚。

6. 固定电话交换系统

(1)基本要求。

①固定电话交换系统设备机房整洁,通风、照明良好,环境温、湿度符合现行《通信局(站)机房环境条件要求与检测方法》(YD/T 1821)中二类通信机房的规定。

②固定电话交换系统设备取得电信设备进网许可证,其交换设备、辅助设备、控制台及各种电路板的型号规格、数量符合合同要求,部件完整,检验合格。

③通信机柜机架、各种配线架安装位置符合施工图设计要求,安装牢固。

④安装工具符合防静电要求,单盘拆包装、插拔符合防静电操作规范。

⑤各种电路盘卡按设计要求安装在指定机柜机架、槽位,安装牢固。

⑥设备的各种选择开关置于指定位置。

⑦设备的各级熔丝规格符合设计要求。

⑧设备内部的电源布线无接地现象。

⑨电源电缆与通信电缆分开敷设,防静电地板、设备机柜、设备接地线与机房地线汇流排可靠连接。

⑩电源电缆、地线、通信线缆按施工图设计要求连接到位,过墙、板、地下通道处安装保护套管,缆线留有适当余量。

⑪全部固定电话交换系统设备安装完成,施工工艺符合设计与相关技术规范要求。

⑫确认机房主电源输入端子电源电压符合设计供电要求。

⑬所有变换器的输出电压均应符合设计要求,各种外围终端自测正常,风扇应运行良好。

⑭交换机、配线架等各级可闻、可见告警装置工作正常,告警准确。

⑮交换机系统配置的时钟同步装置工作正常。时钟等级和性能参数符合相关的标准。

⑯通过人机命令或自检,对设备进行测试检查,确认系统无故障。

⑰核对分配电话数量符合设计要求。

⑱电话语音质量应清晰,无杂音、无干扰。

⑲确认话务台、维护终端、计费终端、调度指令电话总机以及总配线架间传输连接正确,传输通道畅通。

⑳本局呼叫,出入局呼叫,汇接呼叫等电话交换功能、热线功能、会议功能、114 查询、故障受理等功能符合设计要求。

㉑设备和线路故障自检等符合设计要求。

㉒固定电话交换系统分项工程设备安装、自检和调试记录、有效的设备检验合格报告或证书资料齐全。

(2)技术要求。

固定电话交换系统分项工程质量检查项目与质量标准见表 7-15。

固定电话交换系统分项工程质量检查项目与质量标准 表 7-15

项次	检查项目	技术要求
1	接地连接	保护地、防雷地的接地连接线可靠连接到接地汇流排上
2△	工作电压	-57 ~ -40V
3	局内障碍率	$\leq 3.4\times10^{-4}$
4△	接通率	≥99.96%
5△	软交换 IP 承载网的丢包率	≤0.1%
6	软交换 IP 承载网的网络抖动	≤10ms
7	软交换 IP 承载网的时延	≤100ms
8	软交换 IP 承载网的包差错率	$\leq 1\times10^{-4}$
9	软交换网内端到端语音服务质量	网络丢包率≤0.1%时,语音主观评分≥4.0,或语音客观评价 PSQM(语音质量感知测量)平均值≤1.5 或 PESQ(语音质量感知测量)≥3.3
10	管理授权功能	未经授权不能进入管理系统
11	系统再启动功能	系统紧急关机后启动或做系统倒换后,系统能恢复正常运行
12△	修改用户号码功能	通过网管修改用户号码后不影响原话机的通信功能
13△	修改单个用户级别功能	通过网管修改用户级别后,修改后的用户对应新级别的业务权限
14	呼叫限制功能	通过网管对用户的长途呼叫进行限制
15	计费功能	能修改费率,并能打印显示费额和通话记录
16	话务管理	自动记录话务信息
17△	故障诊断、告警	产生告警
18	系统交换功能	具备本局呼叫、出入局呼叫、新业务等功能
19	多方呼叫控制功能	能够建立一点对多点的快速通话功能

(3)外观质量。

固定电话交换系统分项工程外观质量符合下列要求:

①槽道、机架及设备布局合理、安装稳固;机架横竖端正、排列整齐;拼装螺丝紧固、余留长度一致。

②配线架上布线整齐、美观,长度适当;绑扎牢固、成端符合规范要求;标识正确清楚。

③设备连接用连接线、跳线(纤)符合设计要求,长度适当、标识正确清楚。

7. 通信电源系统

(1)监理要点。

①通信电源设备及配件的型号规格、数量应符合合同要求,部件完整,检验合格。

②电池架(柜)及附件防腐处理符合设计要求。

③通信电源安装位置符合施工图设计要求,安装牢固、稳定。

④蓄电池的连接线缆(条)、螺栓、螺母连接可靠。

⑤电源电缆、地线、通信线缆按施工图设计要求连接到位,过墙、板、地下通道处安装保护套管,缆线留有适当余量。

⑥通信电源正极、设备机柜、设备接地线与机房综合接地线可靠连接。

⑦全部通信电源系统设备安装完成,施工工艺符合设计与相关技术规范要求。

⑧通信电源系统输出交流和直流供电指标符合设计要求。

⑨电源网管系统工作功能、性能符合设计要求。

⑩整流器向蓄电池浮充或均充工作正常稳定。

⑪主备用电源自动切换,两路电源同时供电的互锁功能正确无误。

⑫按现行《通信电源设备安装工程验收规范》(GB 51199)测试通信电源设备,性能及指标符合设计要求。

⑬通信电源系统分项工程设备安装、自检和调试记录、有效的设备检验合格报告或证书资料齐全。

(2)技术要求。

通信电源系统分项工程质量检查项目与质量标准见表7-16。

通信电源系统分项工程质量检查项目与质量标准　　表7-16

项次	检查项目	技术要求
1	通信电源系统防雷	符合设计要求
2	通信电源系统接地	符合设计要求
3	交流电路和直流电路对地、交流电路对直流电路的绝缘电阻	≥2MΩ
4△	开关电源的主输出电压	-57.6~-43.2V或21.6~28.8V
5	系统杂音电压	直流输出端的电话衡重杂音电压应≤2mV
		直流输出端在0~20MHz频带内峰-峰值杂音电压≤200mV
6	蓄电池管理功能	能对蓄电池的放电、均浮充等操作进行切换
7△	电源系统报警功能	系统处于不正常状态时,机房内可视、可听报警信息
8	远端维护管理功能	可实现远端遥测、遥控和遥信的集中管理

(3)外观质量。

通信电源系统分项工程外观质量符合下列要求:

①电源设备布局合理、安装稳固、横竖端正、排列整齐。

②电源系统输出配电线缆布放整齐,路由和位置正确。

③设备间连接线线缆整齐、美观、长度适当、绑扎牢固,接线端头焊(压)接牢固、平滑;标识正确清楚。

第四节　收费设施施工质量监理

一、收费设施概述

全国联网收费系统架构由交通运输部路网监测与应急处置中心收费公路联网结算管理中心(以下简称“部联网中心”)、省(自治区、直辖市)联网结算管理中心(以下简称“省联网收费结算中心")、省内区域/路段中心(路公司)、ETC门架、收费站、ETC专用车道、ETC/MTC混合车道等组成。

高速公路采用公路全自动收费(ETC,电子不停车收费)方式为主,人工半自动收费(MTC)方式为辅的收费制式。

1. 收费公路联网结算管理中心

收费公路联网结算管理中心(部联网中心)承担跨省通行费清分结算,承担全国联网收费运营规则制定、收费系统运行参数管理、通行介质管理(含跨省CPC卡调拨管理)、联网收费区域路段费率汇总及辅助跨省车辆特情处理、发行认证和监管、数据汇聚和用户服务、系统运行监测、联网收费稽查和信用管理,以及协调和处理跨省争议交易、投诉,向各省级联网运营与服务机构提供收费稽查等查询服务。

2. 省联网收费结算中心

省联网收费结算中心是全省高速公路的统一收费管理机构,主要职责是协调和指挥全省各条高速公路的收费管理,对收取的高速公路通行费进行拆分和结算。

3. 区域/路段收费分中心

区域/路段收费分中心(简称"收费分中心")是指各独立运行管理公路路段的收费管理机构,直接对公路路段所辖的各收费站进行调度、管理,并监督各收费站的业务。

4. 收费站

收费站是公路联网收费管理的最基层的管理单位,对所辖公路收费车道实施实时管理,包括对收费数据、收费金额、收费员操作、收费车道事件的管理等。

5. ETC门架系统

原则上在高速公路每个互通立交、入/出口之间均设立ETC门架系统,实现ETC车辆和MTC车辆分段计费,并及时将相关信息上传省联网中心和部联网中心。

6. 收费车道

适应ETC用户的快速发展,收费车道以ETC车道为主、ETC/MTC混合车道为辅的设置模式。

7. 在线密钥管理与服务系统

部级在线密钥管理与服务平台实现在线管理和分配密码资源,提供统一的密码应用接口供省级在线密钥管理系统调用。省级在线密钥管理系统接入部级平台,申请密码访问权限,实现省级密钥管理,为业务系统提供在线发行、充值、TAC校验、PSAM授权等接口。

在线密钥管理与服务系统分为部级在线密钥管理与服务平台和省级在线密钥管理与服务系统两级。部级在线密钥管理与服务平台由省级密钥管理、PSAM在线授权服务、发行密钥服务、客服密钥服务、在线消费密钥服务、业务监测和质量评价等功能模块组成。

部级在线密钥管理与服务平台实现在线管理和分配密码资源,提供统一的密码应用接口供省级在线密钥管理系统调用,同时为部联网中心开展系统运行监测和发行认证监管提供支撑。

省级在线密钥管理系统接入部级平台,申请密码访问权限,实现省级密钥管理。

二、收费设施的构成

公路收费设施主要由收费公路联网结算管理中心、省联网收费结算中心、区域/路段收费分中心、收费站、ETC门架系统、收费车道设施组成。各级收费设施分别由计算机系统、收费视频监视系统、内部对讲系统、紧急报警系统、计重系统、超限检测系统、车牌自动识别系统、电源系统与线缆等组成。

三、收费设施施工质量监理

根据高速公路收费设施的建设现状,公路收费设施施工划分的分项工程有入口混合车道设备及软件、出口混合车道设备及软件、ETC专用车道设备及软件、收费站设备及软件、收费分中心设备及软件、联网收费管理中心(收费中心)设备及软件、内部有线对讲及紧急报警系统、超限检测系统、闭路电视监视系统、收费站区光缆、电缆线路工程和收费系统计算机网络。

1.入口混合车道设备及软件

(1)监理要点。

①电动(手动)栏杆、天线、车道控制机、显示终端、专用键盘、复合读写器、专用费额信息显示屏、车道信息指示屏、车辆检测器、车牌识别设备、车道摄像机等设备符合国家和行业相关标准的规定。

②入口混合车道设备及配件的型号规格、数量符合合同要求,部件完整,检验合格。

③入口车道设备安装位置符合设计要求,安装结构稳定。

④ETC门架左右两侧基础预埋件安装水平,门架立柱、自动栏杆机安装牢固、竖直,地脚螺栓防腐措施得当。

⑤ETC天线安装角度符合设计要求。

⑥ETC可变信息标志安装位置符合施工图设计要求,安装牢固,受控制器控制正确显示信息。

⑦通行信号灯安装角度根据现场实际情况调整,保证驾驶人员的可视效果。

⑧收费亭内操作台、座椅、设备等布置整齐、有序、安装牢固。

⑨电源电缆、信号线缆与接地线按施工图设计要求连接到位,过墙、板、地下通道处安装保护套管,缆线留有适当余量。

⑩设备之间的连接线缆、插头等部件连接可靠、紧密、到位准确;布线整齐、余留规整、标志清楚、正确;固定螺栓(钉)等固定紧固,无松动。

⑪防雷接地和安全接地应分开设置,接地焊接牢固,焊缝饱满并做防腐处理,接地极引出线防腐措施得当。

⑫收费车道系统设备机箱的出线管孔与箱体连接密封良好,金属机箱与安全保护地可靠连接。

⑬收费站多车道同种设备安装应保持线性顺畅美观。

⑭全部入口混合车道设备安装、通电调试完成,车道设备及软件正常工作,技术要求检测合格。

⑮ETC天线控制器与OBU单元通信正常,覆盖区域合理,无邻道干扰现象。

⑯费额显示器能按要求显示相应内容,语音播报清晰。

⑰车道设备与车道控制机通信连接正常,并能按照收费软件要求动作正常,反馈信号正确。

⑱ETC/MTC 混用车道同时支持 ETC 车道和 MTC 车道系统功能。

⑲入口混合车道软件包括系统软件与应用软件,系统软件合法授权、提供正式的授权使用证书,应用软件提供软件开发、测试文件。

⑳入口混合车道设备及软件分项工程隐蔽工程验收记录、自检和设备调试记录、有效的设备检验合格报告或证书资料齐全。

(2)技术要求。

收费入口混合车道设备及软件分项工程质量检查项目与质量标准见表 7-17。

收费入口混合车道设备及软件分项工程质量检查项目与质量标准 表 7-17

项次	检查项目	技术要求
1△	车道设备绝缘电阻	强电端子对机壳≥50MΩ
2△	车道设备共用接地电阻	≤1Ω
3	天线安装高度	符合设计要求,无要求时:≥5.5m
4	天线立柱防腐涂层厚度	符合设计要求,无要求时:≥85μm
5	车道信息指示屏的色度和亮度	色度符合现行 GB/T 23828 的规定,亮度符合设计要求,无要求时:亮度≥5000cd/m^2
6△	车道信息指示屏控制与显示	切换控制正常,显示信息正确
7	收费天棚车道控制标志的色度和亮度	色度符合现行 JT/T 597 的规定,夜间亮度≥1000cd/m^2
8△	收费天棚车道控制标志控制和显示	可按设计要求控制,显示正确
9△	收费车道通行信号灯控制和显示	可按设计要求控制,显示正确
10	车道专用费额信息显示屏色度和亮度	色度符合现行 GB/T 23828 的规定,亮度符合设计要求,无要求时:≥1500cd/m^2
11△	车道专用费额信息显示屏信息显示	通过车辆时、能够及时正确显示设定信息
12△	闪光报警器	能按设定要求触发,正确响应
13	电动栏杆起/落时间	符合设计要求,无要求时:≤1.0s
14	电动栏杆机壳防腐涂层厚度	符合设计要求,无要求时:≥76μm
15	电动栏杆机功能	能按设定操作流程动作,且具有防砸车和水平回转功能
16	环形线圈电感量	符合设计要求,无要求时满足 50~1000μH
17	专用键盘	操作灵活,响应准确
18	复合读写器	正确读写通行卡,满足国密要求
19△	车道图像抓拍	车辆进入车道时能启动图像抓拍功能,抓拍信息符合设计要求,并能按规定格式存储转发
20△	车道摄像机	可对车道设定区域实时录像,图像清晰
21	字符叠加	车道摄像机、车道抓拍图像信息叠加清晰、正确
22	车牌自动识别功能	对采集的车辆图像进行处理、识别,并保存识别结果,识别结果应包含车牌号、识别时间、车牌颜色等

续上表

项次	检 查 项 目	技 术 要 求
23	车牌识别准确率	≥95%
24△	RSU 通信区域	宽度≤3.3m
25△	车道初始状态	车道信息指示屏显示车道关闭，车道栏杆处于水平关闭状态，收费亭内显示器显示内容符合设计要求，并具有防止恶意登录功能
26△	车道打开状态	成功登录后能打开车道，系统进入工作状态
27	车道软件系统登录与退出	启动车道软件后，能可靠登录与退出
28	车道设备工作状态监测及故障报警	能监测天线、电动栏杆、车道控制标志等车道设备的工作状态，设备故障时输出报警提示信息
29	记录日志查询	能查询通行车辆交易流程日志信息
30△	车道收费数据上传功能	车辆交易数据正确上传至上级收费系统
31	时钟同步功能	车道系统时钟与上级收费系统时钟同步一致
32△	数据传输	车道与上级收费系统间能准确传输收费数据
33	车道维修和复位操作处理	维护菜单允许授权维护员进行车道维护和复位操作
34	支持双片式 OBU、单片式 OBU 交易	同时支持双片式 OBU、单片式 OBU 交易，并可在 OBU(或 ETC 卡)内写入入口信息
35	支持 CPC 卡交易	支持 CPC 卡交易，写入规定的入口信息
36	车辆信息采集	自动检测识别通行车辆的车牌、车型等信息，支持人工校核、修正自动识别的车辆信息
37	收费参数接收与更新	具备接收、更新收费参数(状态名单、信用黑名单、大件运输车辆名单、省内通行费优化减免名单、“两客一危”车辆名单等)功能，并将特情车辆信息写入交易记录中
38	接收入口称重检测数据	能够接收入口称重检测数据，并按相关规定判定、处置
39	承载 ETC 门架功能	具备接收、更新省联网中心下发的本站收费费率，可在 OBU(CPU 用户卡)、CPC 卡内正确写入入口信息并计费，形成 ETC 或 CPC 卡通行记录，储值卡用户余额不足时，能按运营规则处置
40	信息自动匹配	ETC 交易记录、CPC 卡通行记录应与车辆抓拍图片进行自动匹配，并实时上传至收费站系统
41	货车超载拦截	根据入口称重检测数据进行判定，具备自动拦截超载车辆功能
42	CPC 卡电量判定	应具备 CPC 卡电量判定功能，电量低于 8% 时不得在车道发放
43△	断网复原功能	断开车道控制机与收费站的通信链路，车道工作状态正常，通信链路恢复后数据无丢失
44	特情车辆处理	对标签拆卸、标签失效、状态名单、信用黑名单、未插用户卡、卡签不一致等特情车辆，符合设定的处理流程，费额信息显示屏显示特情提示信息与现实情况一致
45	ETC 车辆交易成功后持 CPC 卡通行	正常 ETC 车辆交易成功后，换取 CPC 卡交易通行，符合规定的处理流程

续上表

项次	检查项目	技术要求
46△	正常 ETC 客车通行交易流程	客 1、客 2、客 3、客 4 分别通行,交易处理和计费正确(兼具 ETC 门架功能),费额信息显示屏信息显示及时正确
47△	正常 ETC 货车通行交易流程	货 1、货 2、货 3、货 4、货 5、货 6 分别通行,交易处理和计费正确(兼具 ETC 门架功能),费额信息显示屏信息显示及时正确
48△	正常 ETC 专项作业车通行交易流程	专项 1、专项 2、专项 3、专项 4、专项 5、专项 6 分别通行,交易处理和计费正确(兼具 ETC 门架功能),费额信息显示屏信息显示及时正确
49△	MTC 客车通行交易流程	客 1、客 2、客 3、客 4 分别通行,交易处理和计费正确(兼具 ETC 门架功能),费额信息显示屏信息显示及时正确
50△	MTC 货车通行交易流程	货 1、货 2、货 3、货 4、货 5、货 6 分别通行,交易处理和计费正确(兼具 ETC 门架功能),费额信息显示屏信息显示及时正确
51△	MTC 专项作业车通行交易流程	专项 1、专项 2、专项 3、专项 4、专项 5、专项 6 分别通行,交易处理和计费正确(兼具 ETC 门架功能),费额信息显示屏信息显示及时正确
52	跟车干扰交易流程	电子标签正常车辆跟随电子标签异常或无电子标签车辆进入入口混合车道,能正确完成交易与放行

(3)外观质量。

收费入口混合车道设备及软件分项工程外观质量符合下列要求:

①按机电工程外观质量监理要求监理,不存在表 7-54 中的机电工程外观质量限制缺陷。

②电动(手动)栏杆挡杆上反光标记应完整醒目。

2. 出口混合车道设备及软件

(1)监理要点。

出口混合车道设备及软件分项工程监理要点按本节入口混合车道设备及软件分项工程监理要点监理。

(2)技术要求。

收费出口混合车道设备及软件分项工程质量检查项目与质量标准见表 7-18。

收费出口混合车道设备及软件分项工程质量检查项目与质量标准 表 7-18

项次	检查项目	技术要求
1△	车道设备绝缘电阻	强电端子对机壳≥50MΩ
2△	车道设备共用接地电阻	≤1Ω
3	天线安装高度	符合设计要求,无要求时:≥5.5m
4	天线立柱防腐涂层厚度	符合设计要求,无要求时:≥85μm
5	车道信息指示屏的色度和亮度	色度符合现行 GB/T 23828 的规定,亮度符合设计要求,无要求时亮度≥5000cd/m^2
6△	车道信息指示屏控制与显示	切换控制正常,显示信息正确
7	收费天棚车道控制标志的色度和亮度	色度符合现行 JT/T 597 的规定,夜间亮度≥1000cd/m^2
8△	收费天棚车道控制标志控制和显示	可按设计要求控制,显示正确

续上表

项次	检查项目	技术要求
9△	收费车道通行信号灯控制和显示	可按设计要求控制，显示正确
10	车道专用费额信息显示屏色度和亮度	色度符合现行 GB/T 23828 的规定，亮度符合设计要求，无要求时：≥1500cd/m^2
11△	车道专用费额信息显示屏信息显示	通过车辆时，能够及时正确显示设定信息
12△	闪光报警器	能按设定要求触发，正确响应
13	电动栏杆起/落时间	符合设计要求，无要求时：≤1.0s
14	电动栏杆机壳防腐涂层厚度	符合设计要求，无要求时：≥76μm
15	电动栏杆机功能	能按设定操作流程动作，且具有防砸车和水平回转功能
16	环形线圈电感量	符合设计要求，无要求时满足 50～1000μH
17	专用键盘	操作灵活，响应准确
18	复合读写器	正确读写通行卡，满足国密要求
19△	票据打印机	快速正确打印票据
20△	车道图像抓拍	车辆进入车道时能启动图像抓拍功能，抓拍信息符合设计要求，并能按规定格式存储转发
21△	车道摄像机	可对车道设定区域实时录像，图像清晰
22	字符叠加	车道摄像机、车道抓拍图像信息叠加清晰、正确
23	车牌自动识别功能	对采集的车辆图像进行处理、识别，并保存识别结果，识别结果应包含车牌号、识别时间、车牌颜色等
24	车牌识别准确率	≥95%
25△	RSU 通信区域	宽度≤3.3m
26△	车道初始状态	车道信息指示屏显示车道关闭，车道栏杆处于水平关闭状态，收费亭内显示器显示内容符合设计要求，并具有防止恶意登录功能
27△	车道打开状态	成功登录后能打开车道，系统进入工作状态
28	车道软件系统登录与退出	启动车道软件后，能可靠登录与退出
29	车道设备工作状态监测及故障报警	能监测天线、电动栏杆、车道控制标志等车道设备的工作状态，设备故障时输出报警提示信息
30	记录日志查询	能查询通行车辆交易流程日志信息
31△	车道收费数据上传功能	车辆交易数据正确上传至上级收费系统
32	时钟同步功能	车道系统时钟与上级收费系统时钟同步一致
33△	数据传输	车道与上级收费系统间能准确传输收费数据
34	车道维修和复位操作处理	维护菜单允许授权维护员进行车道维护和复位操作
35	支持双片式 OBU、单片式 OBU 交易	同时支持双片式 OBU、单片式 OBU 交易，并可在 OBU(或 ETC 卡)内清除入口信息
36	支持 CPC 卡交易	支持 CPC 卡交易，清除卡内过站信息和计费信息
37	车辆信息采集	自动检测识别通行车辆的车牌、车型等信息，支持人工校核、修正自动识别的车辆信息

续上表

项次	检查项目	技术要求
38	收费参数接收与更新	具备接收、更新收费参数(通行费率、状态名单、信用黑名单、大件运输车辆名单、省内通行费优化减免名单、"两客一危"车辆名单等)功能,并将特情车辆信息写入交易记录中
39	接收出口称重检测数据	能够接收出口称重检测数据,并按相关规定判定、处置
40	承载ETC门架功能	具备接收、更新省联网中心下发的本站收费费率并计算通行费,完成计费、收费后清除入口信息、过站信息及计费信息,形成通行交易记录
41	信息自动匹配	ETC交易记录、CPC卡通行记录应与车辆抓拍图片进行自动匹配,并实时上传至收费站系统
42△	断网复原功能	断开车道控制机与收费站的通信链路,车道工作状态正常,通信链路恢复后数据无丢失
43	同时有OBU、CPC卡车情处理	按CPC卡车辆处置
44	无CPC卡、坏卡车辆处理	按通行车辆车牌号、车型、入口信息计算通行费,按《收费公路联网收费运营和服务规则》处理
45	CPC卡内无入口信息或实际车型、车牌与卡内信息不符	按通行车辆车牌号、车型信息计算通行费,按《收费公路联网收费运营和服务规则》处理
46	ETC车辆特情处理	对标签拆卸、标签失效、状态名单、信用黑名单、未插用户卡、卡签不一致等特情车辆,符合设定的处理流程,费额信息显示屏显示特情提示信息与现实情况一致
47	货车超限超载车辆处理	符合设定的操作流程,具备拦截超限超载车辆功能
48△	正常ETC客车通行交易流程	客1、客2、客3、客4分别通行,交易处理和扣费正确,费额信息显示屏及时正确显示全程通行费金额及相关信息
49△	正常ETC货车通行交易流程	货1、货2、货3、货4、货5、货6分别通行,交易处理和扣费正确,费额信息显示屏及时正确显示全程通行费金额及相关信息
50△	正常ETC专项作业车通行交易流程	专项1、专项2、专项3、专项4、专项5、专项6分别通行,交易处理和扣费正确,费额信息显示屏及时正确显示全程通行费金额及相关信息
51△	MTC客车通行交易流程	客1、客2、客3、客4分别通行,交易处理和计费正确,费额信息显示屏及时正确显示全程通行费金额及相关信息
52△	MTC货车通行交易流程	货1、货2、货3、货4、货5、货6分别通行,交易处理和计费正确,费额信息显示屏及时正确显示全程通行费金额及相关信息
53△	MTC专项作业车通行交易流程	专项1、专项2、专项3、专项4、专项5、专项6分别通行,交易处理和计费正确,费额信息显示屏及时正确显示全程通行费金额及相关信息
54	跟车干扰交易流程	电子标签正常车辆跟随电子标签异常或无电子标签车辆进入出口混合车道,能正确完成交易与放行

(3)外观质量。

收费出口混合车道设备及软件分项工程外观质量按本节收费入口混合车道设备及软件分项工程外观质量要求监理。

3. ETC 专用车道设备及软件

(1)监理要点。

①电动(手动)栏杆、天线、车道控制机、显示终端、专用键盘、专用费额信息显示屏、车辆检测器、摄像机等设备应符合国家和行业相关标准的规定。

②ETC 专用车道设备及配件的型号规格、数量符合合同要求,部件完整,检验合格。

③ETC 专用车道设备安装位置符合施工图设计要求,安装结构稳定。

④ETC 门架左右两侧基础预埋件安装水平,门架立柱、自动栏杆机安装牢固、竖直,地脚螺栓防腐措施得当。

⑤ETC 天线安装角度符合设计要求。

⑥ETC 可变信息标志安装位置符合施工图设计要求,安装牢固,受控制器控制正确显示信息。

⑦通行信号灯安装角度根据现场实际情况调整,保证驾驶人员的可视效果。

⑧电源电缆、信号线缆与接地线按施工图设计要求连接到位,过墙、板、地下通道处安装保护套管,缆线留有适当余量。

⑨设备之间的连接线缆、插头等部件连接可靠、紧密、到位准确;布线整齐、余留规整、标志清楚、正确;固定螺栓(钉)等固定紧固,无松动。

⑩设备机箱、立柱可靠接地。

⑪车道设备保护接地及工作接地与地线汇流排可靠连接。

⑫收费站多车道同种设备安装应保持线性顺畅美观。

⑬全部 ETC 专用车道设备安装、通电调试完成,车道设备及软件正常工作,技术要求检测合格。

⑭ETC 天线控制器与 OBU 单元通信正常,覆盖区域符合设计要求,无邻道干扰现象。

⑮费额显示器能按要求显示相应内容,语音播报清晰。

⑯车道设备与车道控制机通信连接正常,并能按照收费软件要求动作正常,反馈信号正确。

⑰ETC 专用车道软件包括系统软件与应用软件,系统软件合法授权、提供正式的授权使用证书,应用软件提供软件开发、测试文件。

⑱ETC 专用车道设备及软件分项工程隐蔽工程验收记录、分项工程自检和设备调试记录、有效的设备检验合格报告或证书资料齐全。

(2)技术要求。

收费 ETC 专用车道设备及软件分项工程质量检查项目与质量标准见表 7-19。

收费 ETC 专用车道设备及软件分项工程质量检查项目与质量标准　　表 7-19

项次	检 查 项 目	技 术 要 求
1△	车道设备绝缘电阻	强电端子对机壳≥50MΩ
2△	车道设备共用接地电阻	≤1Ω
3	天线安装高度	符合设计要求,无要求时:≥5.5m
4	天线立柱防腐涂层厚度	符合设计要求,无要求时:≥85μm
5	车道信息指示屏的色度和亮度	色度符合现行 GB/T 23828 的规定,亮度符合设计要求,无要求时亮度≥5000cd/m²

续上表

项次	检 查 项 目	技 术 要 求
6△	车道信息指示屏控制与显示	切换控制正常,显示信息正确
7	收费天棚车道控制标志的色度和亮度	色度符合现行 JT/T 597 的规定,夜间亮度≥1000cd/m^2
8△	收费天棚车道控制标志控制和显示	可按设计要求控制,显示正确
9△	收费车道通行信号灯控制和显示	可按设计要求控制,显示正确
10	车道专用费额信息显示屏色度和亮度	色度符合现行 GB/T 23828 的规定,亮度符合设计要求,无要求时:≥1500cd/m^2
11△	车道专用费额信息显示屏信息显示	通过车辆时,能够正确显示全程通行费金额及其他设定的信息
12△	闪光报警器	能按设定要求触发,正确响应
13	电动栏杆起/落时间	符合设计要求,无要求时:≤1.0s
14	电动栏杆机壳防腐涂层厚度	符合设计要求,无要求时:≥76μm
15△	电动栏杆机功能	能按规定操作流程动作,且具有防砸车和水平回转功能
16	环形线圈电感量	符合设计要求,无要求时满足 50~1000μH
17	专用键盘	操作灵活,响应准确
18△	车道图像抓拍	车辆进入车道时能启动图像抓拍功能,抓拍信息符合设计要求,并能按规定格式存储转发
19△	车道摄像机	可对车道设定区域实时录像,图像清晰
20	字符叠加	车道摄像机、车道抓拍图像信息叠加清晰、正确
21	车牌自动识别功能	对采集的车辆图像进行处理、识别,并保存识别结果,识别结果应包含车牌号、识别时间、车牌颜色等
22	车牌识别正确率	≥95%
23△	RSU 通信区域	宽度≤3.3m
24△	车道初始状态	车道信息指示屏显示车道关闭,车道栏杆处于水平关闭状态,收费亭内显示器显示内容符合设计要求,并具有防止恶意登录功能
25△	车道打开状态	成功登录后能打开车道,系统进入工作状态
26	车道软件系统登录与退出	启动车道软件后,能可靠登录与退出
27	车道设备工作状态监测及故障报警	能监测天线、电动栏杆、车道控制标志等车道设备的工作状态,设备故障时输出报警提示信息
28	记录日志查询	能查询通行车辆交易流程日志信息
29△	车道收费数据上传功能	车辆交易数据正确上传至上级收费系统
30	时钟同步功能	车道系统时钟与上级收费系统时钟同步一致
31△	数据传输	车道与上级收费系统间能准确传输收费数据
32	车道维修和复位操作处理	维护菜单允许授权维护员进行车道维护和复位操作
33	支持双片式 OBU、单片式 OBU 交易	同时支持双片式 OBU、单片式 OBU 交易,并可在 OBU(或 ETC 卡)内写入入口信息
34	收费参数接收与更新	具备接收、更新收费参数(通行费率、状态名单、信用黑名单、大件运输车辆名单、省内通行费优化减免名单、“两客一危”车辆名单等)功能,并将特情车辆信息写入交易记录中

续上表

项次	检查项目	技术要求
35	承载 ETC 门架功能	具备接收、更新省联网中心下发的本站收费费率并计算通行费，形成通行交易记录
36△	断网复原功能	断开车道控制机与收费站的通信链路，车道工作状态正常，通信链路恢复后数据无丢失
37	特情车辆处理	对标签拆卸、标签失效、状态名单、信用黑名单、未插用户卡、卡签不一致等特情车辆，符合设定的处理流程，费额信息显示屏显示特情提示信息与现实情况一致
38	超限超载车辆处理	符合设定的操作流程，具备拦截超限超载车辆功能
39△	正常 ETC 客车通行交易流程	客 1、客 2、客 3、客 4 分别通行，交易正确，费额信息显示屏信息显示及时正确
40△	正常 ETC 货车通行交易流程	货 1、货 2、货 3、货 4、货 5、货 6 分别通行，交易正确，费额信息显示屏信息显示及时正确
41△	正常 ETC 专项作业车通行交易流程	专项 1、专项 2、专项 3、专项 4、专项 5、专项 6 分别通行，交易正确，费额信息显示屏信息显示及时正确
42	跟车干扰交易流程	电子标签异常车辆跟随电子标签正常车辆进入 ETC 车道，跟车距离≥2m 时，能正确完成交易与放行
		电子标签正常车辆跟随电子标签异常车辆进入 ETC 车道，跟车距离≥2m 时，能正确完成交易与放行

(3)外观质量。

收费 ETC 专用车道设备及软件分项工程外观质量按本节收费入口混合车道设备及软件分项工程外观质量要求监理。

4. ETC 门架收费系统

(1)监理要点。

①车道控制机、天线、车牌识别设备、摄像机、交换机、供配电设备、标志、标线、护栏等应符合国家和行业相关标准的规定。

②ETC 门架收费系统设备及配件的型号规格、数量符合合同要求，部件完整，检验合格。

③ETC 门架与 ETC 门架收费系统设备安装位置符合施工图设计要求。

④门架基础结构、强度符合设计要求，门架安装结构稳定、牢固可靠，门架净空不小于 6m。

⑤RSU 正对车道中心线位置，安装位置、角度符合设计要求，安装牢固。通信区域调整在本车道行车范围内，对 OBU 的通信区域纵向距离宜为 30 ~ 40m，不得对相邻车道形成信号干扰。

⑥车牌识别设备及补光设备安装位置、角度符合工作需要，安装牢固。

⑦ETC 门架收费系统供电稳定可靠，保证 ETC 门架收费系统 24h 不间断工作。

⑧电源电缆与信息线缆分管布放，中间不得有电缆接头。

⑨电源、通信线缆与接地线按施工图设计要求连接到位，全部 ETC 门架收费系统设备安

装、通电调试完成,ETC门架收费系统设备正常工作,技术要求检测合格。

⑩ETC门架收费系统软件包括系统软件与应用软件,系统软件合法授权、提供正式的授权使用证书,应用软件提供软件开发、测试文件。

⑪ETC门架收费系统分项工程隐蔽工程验收记录、自检和设备调试记录、有效的设备检验合格报告或证书资料齐全。

(2)技术要求。

ETC门架收费系统分项工程质量检查项目与质量标准如表7-20。

ETC门架收费系统分项工程质量检查项目与质量标准 表7-20

项次	检查项目	技术要求
1	基础尺寸	符合设计要求,允许偏差:(-50,+100)mm
2	机箱、立柱防腐涂层厚度	符合设计要求,无要求时符合现行GB/T 18226的规定
3△	保护接地电阻	≤4Ω
4△	防雷接地电阻	≤10Ω
5△	共用接地电阻	如外场设备的保护接地体和防雷接地体未分开设置,则共用接地电阻≤1Ω
6	设备状态监测功能	可按设计要求对车道控制器、RSU、车牌识别设备、机柜环境、供电、通信网络等工作状态进行远程监测监控
7△	ETC分段计费	实行ETC分段计费,形成ETC通行记录
8△	CPC卡分段计费	实行CPC卡分段计费,形成CPC卡通行记录
9	车辆图像抓拍与车牌自动识别	前置、后置摄像机能够对通行车辆进行图像抓拍,抓拍图片清晰完整,并输出车牌自动识别结果
10	车牌识别正确率	≥95%
11△	记录生成、存储、查询	按设计要求生成、存储ETC通行记录、CPC卡通行记录、车辆图像记录以及状态监测记录等,并在收费稽核系统中能够查询有关记录
12	设备远程控制	对关键设备(天线、车牌识别设备、车道控制器等)允许远程授权登陆,调整更新关键设备参数,获取ETC门架日志、备份车辆通行记录和图片等,支持系统在线升级
13△	主备天线系统切换	具备主、备天线系统联网运行工作能力,当主天线系统运行异常时,应及时自动切换到备用天线系统,确保天线系统不间断工作
14	参数管理	应能正确接收上级系统下发的运行参数,更新运行参数后系统能正常运行
15	数据存储重传	网络故障时,系统可离线运行,并存储车辆通行记录信息。网络恢复后,自动将存储的车辆通行记录数据上传
16	通行记录匹配	ETC通行记录、CPC卡通行记录与车辆图像抓拍记录进行自动匹配,匹配结果正确且无重复记录
17△	时钟同步	与北斗授时时钟同步
18	数据传输	ETC通行记录、CPC卡通行记录、抓拍的车辆图像等数据正确上传至上级收费系统
19	主备通信链路切换	现有收费主通信链路运行异常时,应及时自动切换到备用通信链路

续上表

项次	检查项目		技术要求
20	通信区域		区域应满足车辆通行正确交易的需求
21	RSU 工作信号强度		不低于 OBU、CPC 卡接收灵敏度，或满足 ETC 车辆和 CPC 卡车辆通行时的数据交互要求
22△	RSU 工作频率		信道 1:5.830GHz 信道 2:5.840GHz
23△	RSU 占用带宽		≤5MHz
24	RSU 前导码		16 位"1"加 16 位"0"
25△	RSU 通信流程		符合最新规定的 RSU 与 OBU、RSU 与 CPC 卡的 DSRC 通信流程
26	一体化机柜	26.1　安装条件	具备 10U 以上 19 英寸机架的安装空间
		26.2　户外空调	支持柜内温度自动调整，可根据各地区环境温度差异设定柜内温度
		26.3　动环监测	可监测烟雾、水浸、温湿度、门禁等状态
		26.4　防盗和防破坏	安装防盗锁，柜体无裸露可拆卸部件
		26.5　门禁控制	门禁能远程控制，并可对开、关状态进行监测
		26.6　柜内照明	照明灯具工作正常
		26.7　火灾报警	可探测火灾并报警
		26.8　移动发电机接入功能	能在需要时接入移动发电机
27	供配电设备	27.1　输入输出电压	符合 220V、380V 等标准电压等级要求，偏差 ±7% 以内
		27.2　远程控制与监测	能远程控制电源输入、输出通断，并对供电情况进行实时监测
		27.3　自动报警和保护	过欠压、过流、过载时供电系统能自动报警，并启动保护
		27.4　电源冗余运行	主、备电源并机冗余运行，当正常供电或备用电源任一路发生故障时，另一路能够零时间切换为设备供电
		27.5　电源切换	主、备电源可进行零时间切换，保证设备工作不间断

(3)外观质量。

ETC 门架收费系统分项工程外观质量按本章第八节机电工程外观质量监理要求监理，不存在表 7-54 中的机电工程外观质量限制缺陷。

5. 收费站设备及软件

(1)监理要点。

①收费站机房装修符合现行《数据中心设计规范》(GB 50174)的要求。

②收费站内设备及配件的型号规格、数量符合合同要求，服务器、多层交换机、客户机(收费管理、车道运行监控、财务工作站)、打印机、数据备份设备和 UPS 电源等部件完整，检验合格。

③收费站设备安装位置符合施工图设计要求，安装结构稳定、牢固。

④机柜前后空间分配合理，与整个机房通风良好。

⑤收费站操作台与电视墙应符合人机学原理要求。

⑥收费站设备连接线缆按强电线槽和弱电线槽分开布放。

⑦电源、通信线缆与接地线按施工图设计要求连接到位,设备之间的连接、插头等部件连接可靠、紧密;布线整齐、余留规整、标志清楚、正确,过墙、地板处有保护套管,并留有适当余量。

⑧设备、屏蔽线缆的屏蔽层、防静电地板与机房接地母线可靠连接。

⑨全部收费站设备安装、通电调试完成,收费站设备及软件正常工作,技术要求检测合格。

⑩正确配置收费站各计算机与服务器和收费车道控制机的网络地址。

⑪收费站软件包括系统软件与应用软件,系统软件合法授权、提交正式的授权使用证书,应用软件提供软件开发、测试文件。

⑫收费站设备及软件分项工程设备安装、自检和调试记录、有效的设备检验合格报告或证书资料齐全。

(2)技术要求。

收费站设备及软件分项工程质量检查项目与质量标准见表7-21。

收费站设备及软件分项工程质量检查项目与质量标准 表7-21

项次	检查项目	技术要求
1△	收费站共用接地电阻	≤1Ω
2△	对车道设备的实时监视功能	收费站监视计算机可实时监视、显示车道设备的状态及操作情况
3	原始数据查询统计功能	通过专用服务器和收费管理计算机可查询、统计原始数据
4△	图像稽查功能	能稽查所有出入口车道通行车辆图像
5	报表生成打印功能	能通过收费管理计算机打印各种报表
6	费率表查看功能	能通过收费管理计算机查看费率表
7	与车道控制机的数据通信功能	专用服务器在不同模式下可和车道控制机实现规定数据的通信
8△	数据备份功能	依据所指定的备份策略,对收费数据和部分重要文件进行备份,并且在系统出现故障时,可根据需要对收费数据或文件进行恢复
9	字符叠加功能	在监视器上可观察到叠加的信息
10	与收费分中心的数据交换功能	按设计要求与收费分中心交换规定的数据
11	断网数据上传功能	与收费中心计算机通信故障时,数据可在本地存储,并能在通信恢复后上传至收费中心计算机
12△	图像切换功能	监视计算机能切换显示各车道及收费亭内摄像机图像
13	查看特殊事件功能	能查看入口、出口车道特殊事件处理明细
14	系统恢复功能	系统崩溃或电源故障修复或排除后,重新启动系统,系统能自动恢复至正常工作状态

(3)外观质量。

收费站设备及软件分项工程外观质量符合下列要求:

①按本章第八节机电工程外观质量监理要求监理,不存在表7-54中的机电工程外观质量限制缺陷。

②控制台上设备布局符合设计要求,安装稳固、横竖端正、标识清楚。

③CCTV监视器布局合理,屏幕拼接完整,无明显歪斜,安装稳固、横竖端正、标识正确清楚。

6. 收费分中心设备及软件

(1)监理要点。

①收费分中心机房装修符合现行《数据中心设计规范》(GB 50174)的要求。

②收费分中心设备及配件的型号规格、数量应符合合同要求,部件完整,检验合格。

③收费分中心设备安装位置符合施工图设计要求,安装结构稳定、牢固。

④机柜前后空间分配合理,与整个机房通风良好。

⑤收费分中心操作台上设备布置合理、方便操作符合人机学原理要求。

⑥收费分中心设备连接线缆按强电线槽和弱电线槽分开布放。

⑦电源、通信线缆与接地线按施工图设计要求连接到位,设备之间的连接、插头等部件连接可靠、紧密;布线整齐、余留规整、标志清楚、正确,过墙、地板处有保护套管,并留有适当余量。

⑧设备、屏蔽线缆的屏蔽层、防静电地板与机房接地母线可靠连接。

⑨全部收费分中心设备安装、通电调试完成,收费分中心设备及软件正常工作,技术要求检测合格。

⑩正确配置收费分中心各计算机与服务器和外围设备的网络地址。

⑪收费分中心软件包括系统软件与应用软件,系统软件合法授权、提交正式的授权使用证书,应用软件提供软件开发、测试文件。

⑫收费分中心设备与软件分项工程设备安装、自检和调试记录、有效的设备检验合格报告或证书资料齐全。

(2)技术要求。

收费分中心设备及软件分项工程质量检查项目与质量标准见表7-22。

收费分中心设备及软件质量检查项目与质量标准　　表7-22

项次	检查项目	技术要求
1△	收费分中心共用接地电阻	≤1Ω
2△	与收费站的数据传输功能	定时或实时查询、采集各收费站的数据
3△	图像稽查功能	能稽查所有出入口车道"有问题"车辆图像
4	通行卡管理功能	能进行通行卡发放和调拨管理
5	报表统计管理及打印功能	收费分中心计算机能打印报表
6	对各站及车道CCTV图像切换及控制功能	能切换、控制各收费站、车道的CCTV图像
7△	数据备份功能	依据所指定的备份策略,对收费数据和部分重要文件进行备份,并且在系统出现故障时,能根据需要对收费数据或文件进行恢复
8	系统恢复功能	系统崩溃或电源故障修复或排除后,重新启动系统,系统能自动恢复至正常工作状态

(3)外观质量。

收费分中心设备及软件分项工程外观质量按本节收费站设备及软件分项工程外观质量要求监理。

7. 联网收费管理中心(收费中心)设备及软件

(1)监理要点。

①联网收费管理中心(收费中心)机房装修符合现行《数据中心设计规范》(GB 50174)的

要求。

②联网收费管理中心(收费中心)设备及配件的型号规格、数量应符合合同要求,部件完整,检验合格。

③联网收费管理中心(收费中心)设备安装位置符合施工图设计要求,安装稳定、牢固。

④设备机柜前后空间分配合理,与整个机房通风良好。

⑤联网收费管理中心(收费中心)操作台上设备布置合理、方便操作符合人机学原理要求。

⑥联网收费管理中心(收费中心)设备连接线缆按强电线槽和弱电线槽分开布放。

⑦电源电缆、通信线缆与接地线按施工图设计要求连接到位,设备之间的连接、插头等部件连接可靠、紧密;布线整齐、余留规整、标志清楚、正确,过墙、地板处有保护套管,并留有适当余量。

⑧设备、屏蔽线缆的屏蔽层、防静电地板与机房接地母线可靠连接。

⑨全部联网收费管理中心(收费中心)设备安装加电调试完成,联网收费管理中心(收费中心)设备及软件正常工作,技术要求检测合格。

⑩正确配置联网收费管理中心(收费中心)各计算机与服务器和外围设备的网络地址。

⑪联网收费管理中心(收费中心)软件包括系统软件与应用软件,系统软件合法授权、提交正式的授权使用证书,应用软件提供软件开发、测试文件。

⑫联网收费管理中心(收费中心)软件分项工程设备安装、自检和调试记录、有效的设备检验合格报告或证书资料齐全。

(2)技术要求。

联网收费管理中心(收费中心)设备及软件分项工程质量检查项目与质量标准见表7-23。

联网收费管理中心(收费中心)设备及软件分项工程质量检查项目与质量标准 表7-23

项次	检查项目	技术要求
1△	联网收费管理中心共用接地电阻	≤1Ω
2△	费率表、车型分类参数的设置与变更	能设置、变更费率表、车型分类参数,并下传到收费站
3△	时钟同步功能	能对收费系统的时钟进行统一校准
4	通行卡管理功能	通过授权正确制作通行卡、公务卡、身份卡,并能记录、统计、查询本中心发行卡的信息
5	票证管理功能	能完成票证的入库、发放、核销和调拨等管理功能
6	通行费拆分	能按规定自动或手动完成通行费的正确拆分
7△	数据备份功能	依据所指定的备份策略,对收费数据和部分重要文件进行备份,并且在系统出现故障时,能根据需要对收费数据或文件进行恢复
8△	参数下发	黑名单、费率等参数下发符合设计要求
9△	报表生成及打印	符合设计要求
10△	通行费清分记账	符合设计要求
11△	通行费拆账划拨	符合设计要求
12△	通行费结算	符合设计要求
13△	黑名单管理	符合设计要求

续上表

项次	检 查 项 目	技 术 要 求
14	基础数据管理	能完成查询、增加、删除、修改现有收费路网的联网收费系统运行参数,无须修改软件源程序代码
15	数据传输	能按设计要求实现收费数据的自动接收或手动重传,能与下级收费系统实现数据交换
16	系统恢复功能	系统崩溃或电源故障修复或排除后,重新启动系统,系统能自动恢复至正常工作状态
17	软件性能	系统在正常运行稳定后,能满足设计要求的性能

(3)外观质量。

联网收费管理中心(收费中心)设备及软件分项工程外观质量按本章第八节机电工程外观质量监理要求监理,不存在表7-54中的机电工程外观质量限制缺陷。

8. 内部有线对讲及紧急报警系统

(1)监理要点。

①内部有线对讲及紧急报警系统设备及配件的型号规格、数量符合合同要求,对讲主机、对讲分机、报警主机、报警开关、报警器部件完整,检验合格。

②内部有线对讲及紧急报警系统设备安装位置符合施工图设计要求。

③对讲分机接线牢固,留有余量,对讲分机位置可调整。

④报警开关的安装位置隐蔽,方便触发。

⑤电源、通信线缆与接地线按施工图设计要求连接到位,全部内部有线对讲及紧急报警系统设备安装、通电调试完成,内部有线对讲及紧急报警系统设备正常工作,技术要求检测合格。

⑥报警开关触发后,相应车道黄闪报警器及报警主机应产生声光报警。

⑦报警主机应具备自检功能,发生故障时产生报警。

⑧内部有线对讲及紧急报警系统分项工程设备安装、自检和调试记录、有效的设备检验合格报告或证书资料齐全。

(2)技术要求。

内部有线对讲及紧急报警系统分项工程质量检查项目与质量标准见表7-24。

内部有线对讲及紧急报警系统分项工程质量检查项目与质量标准 表7-24

项次	检 查 项 目	技 术 要 求
1△	主机全呼分机	主机能同时向所有分机广播
2△	主机单呼某个分机	主机能呼叫系统内任一个分机
3△	分机呼叫主机	分机能呼叫主机
4△	分机之间的串音	分机之间不能相互通话
5	扬声器音量调节	音量可调
6	话音质量	话音清晰,音量适中,无噪声、断字等缺陷
7	按钮状态指示灯	主机上有可视信号显示呼叫的分机号码

续上表

项次	检查项目	技术要求
8	语音电话系统	主机与各分机间能呼叫通话,话音清晰,音量适中,无噪声、断字等缺陷
9	语音侦听功能	可实现收费操作过程中的语音录制及侦听
10△	手动/脚踏报警功能	按动报警开关可驱动报警器
11	报警信号输出功能	触发报警时,闭路电视监视系统可自动切换到相应摄像机图像

(3)外观质量。

内部有线对讲及紧急报警系统分项工程外观质量按本章第八节机电工程外观质量监理要求监理,不存在表7-54中的机电工程外观质量限制缺陷。

9. 超限检测系统

(1)监理要点。

①电动栏杆、车道控制机、车辆分离器、轮胎识别器、显示终端、车牌自动识别设备、车辆检测器、摄像机等设备符合国家和行业相关标准的规定。

②超限检测系统设备及配件的型号规格、数量符合合同要求,部件完整,检验合格。

③超限检测系统设备安装位置符合施工图设计要求,安装稳定、牢固。

④摄像机、显示终端、轮廓检测传感器等设备的安装固定牢靠,安装角度、方向符合设计要求。

⑤计算机、服务器等安装水平稳固、接线牢固可靠。

⑥电源电缆、通信线缆与接地线按施工图设计要求连接到位,设备之间的连接、插头等部件连接可靠、紧密;布线整齐、余留规整、标志清楚、正确,过墙、地板处有保护套管,并留有适当余量。

⑦设备机箱、立柱可靠接地。

⑧全部超限检测系统设备安装、通电调试完成,超限检测系统设备正常工作,技术要求检测合格。

⑨触发线圈、光栅分离器和轮轴识别器时,数据采集器应正确采集相关信息并作出正确反应。

⑩摄像机取景角度、监视范围达到设计要求。

⑪软件功能符合设计要求。

⑫软件界面简洁美观。车辆重量、车牌、车辆图片、视频数据的采集、对应、存储等符合设计要求。

⑬超限检测系统中使用的计重承载器应通过相关部门型式评价(定型鉴定)的检测,取得“计量器具制造许可证”;并通过省级计量部门的检定,取得相应证书且在有效期内。

⑭超限检测系统分项工程设备安装、自检和调试记录、有效的设备检验合格报告或证书资料齐全。

(2)技术要求。

超限检测系统分项工程质量检查项目与质量标准见表7-25。

超限检测系统分项工程质量检查项目与质量标准 表 7-25

项次	检 查 项 目	技 术 要 求
1△	车道设备绝缘电阻	强电端子对机壳≥50MΩ
2	接地连接	保护地、防雷地的接地连接线可靠连接到接地汇流排上
3△	设备共用接地电阻	≤1Ω
4	电动栏杆机壳防腐涂层厚度	符合设计要求,无要求时≥76μm
5△	电动栏杆功能	可按设定操作流程动作,且具有防砸车和水平回转功能
6	车道通行信号灯控制和显示	可按设计要求控制,显示正确
7△	图像抓拍	车辆进入车道时能启动图像抓拍功能,抓拍信息符合设计要求,并能按规定格式存储转发
8	车道摄像机	可对车道设定区域实时录像,图像清晰
9	字符叠加	车道摄像机、车道抓拍图像信息叠加清晰、正确
10	车牌自动识别功能	对采集的图像进行处理、识别,并保存识别结果,识别结果应包含车牌号、识别时间、车牌颜色等
11△	闪光报警器	能按设定要求触发,正确响应
12	车辆分离器功能	工作稳定,输出结果正确
13	轴型识别器功能	工作稳定,输出结果正确
14	线圈电感量	符合设计要求,无要求时满足 50~1000μH
15△	计重控制处理器功能	能对计重车辆车型分类识别;能将实测单轴数据或整车数据及时传至超限检测系统
16△	计重精度	符合设计要求
17	计重校准功能	可设置系统到校准工作模式,并通过仪表面板上的按钮或者厂商提供的设定工具,对计重设备进行校准
18	视频监视功能	可对超限检测站区全覆盖监视并录像
19	系统登录与退出	启动超限检测系统后,能可靠登录与退出
20	信息输出与显示	按设计要求输出与显示车辆载重等信息
21	超限信息显示屏色亮度	色度符合现行 GB/T 23828 的规定,亮度符合设计要求,无要求时≥1500cd/m^2
22△	超限报警与处理功能	通过车辆被检测到超限时,系统可自动报警,并按设计要求启动超限处理程序
23	数据查询与统计	超限检测管理计算机能查询、统计超限检测数据,并按设计要求输出统计报表
24	数据传输	断开超限检测系统与上级系统的通信链路后,系统能正常工作,恢复通信链路后,系统可完整传输检测数据

(3)外观质量。

超限检测系统分项工程外观质量按本章第八节机电工程外观质量监理要求监理,不存在表 7-54 中的机电工程外观质量限制缺陷。

10. 收费闭路电视监视系统

(1)监理要点。

①收费闭路电视监视系统设备应符合现行《视频矩阵》(JT/T 897)等相关标准的规定。

②收费广场摄像机、车道摄像机、亭内摄像机、字符叠加器、传输设备、视频切换器、图像记录和图像显示设备及配件的型号规格、数量符合合同要求,部件完整,检验合格。

③收费闭路电视监视系统设备安装位置符合施工图设计要求。

④收费广场、车道摄像机基础安装结构稳定,立柱安装竖直、牢固。

⑤摄像机安装方位、高度符合施工图设计要求。

⑥摄像机云台防护罩和机箱的出线管与箱体连接处良好密封。

⑦控制机箱外部完整,门锁开闭灵活。

⑧电源电缆、通信线缆与接地线按施工图设计要求可靠连接。全部收费闭路电视监视系统设备安装、通电调试完成,收费闭路电视监视系统正常工作,技术要求检测合格。

⑨收费闭路电视监视系统分项工程隐蔽工程验收记录、设备安装、自检和调试记录、有效的设备检验合格报告或证书资料齐全。

(2)技术要求。

收费闭路电视监视系统分项工程质量检查项目与质量标准见表7-26。

收费闭路电视监视系统分项工程质量检查项目与质量标准 表7-26

项次	检查项目		技术要求
1	基础尺寸		符合设计要求,允许偏差:(-50,+100)mm
2	机箱、立柱防腐涂层厚度		符合设计要求,无要求时符合现行GB/T 18226的规定
3	立柱竖直度		≤5mm/m
4△	绝缘电阻		强电端子对机壳≥50MΩ
5△	保护接地电阻		≤4Ω
6△	防雷接地电阻		≤10Ω
7△	共用接地电阻		如外场设备的保护接地体和防雷接地体未分开设置,则共用接地电阻≤1Ω
8 传输通道指标	8.1 标清模拟复合视频信号	△8.1.1 视频电平	(700±30)mV
		△8.1.2 同步脉冲幅度	(300±20)mV
		△8.1.3 回波E	<7%
		8.1.4 亮度非线性	≤5%
		8.1.5 色度/亮度增益不等	±5%
		8.1.6 色度/亮度时延差	≤100ns
		8.1.7 微分增益	≤10%
		8.1.8 微分相位	≤10°
		△8.1.9 幅频特性(5.8MHz带宽内)	±2dB
		△8.1.10 视频信噪比(加权)	≥56dB

续上表

项次	检查项目		技术要求
8 传输通道指标	8.2　高清 Y、C_R（P_R）、C_B（P_B）视频信号	△8.2.1　Y 信号输出量化误差	-10% ~ 10%
		△8.2.2　C_R（P_R）信号输出量化误差	-10% ~ 10%
		△8.2.3　C_B（P_B）信号输出量化误差	-10% ~ 10%
		△8.2.4　Y 信号幅频特性	30MHz 带宽内 ±3dB
		8.2.5　Y、C_B（P_B）、C_R（P_R）信号的非线性失真，%	≤5
		△8.2.6　亮度通道的线性响应（Y 信号的 K 系数）	≤3%
		8.2.7　Y/C_B（Y/P_B）、Y/C_R（Y/P_R）信号时延差	±10ns
		△8.2.8　Y、C_B（P_B）、C_R（P_R）信号的信噪比（加权）	≥56dB
	8.3　高清 G、B、R 视频信号	△8.3.1　G 信号输出量化误差	-10% ~ 10%
		△8.3.2　B 信号输出量化误差	-10% ~ 10%
		△8.3.3　R 信号输出量化误差	-10% ~ 10%
		△8.3.4　G/B/R 信号幅频特性	30MHz 带宽内 ±3dB
		8.3.5　G、B、R 信号的非线性失真	≤5%
		△8.3.6　亮度通道的线性响应（G、B、R 信号的 K 系数）	≤3%
		8.3.7　G/B、G/R、B/R 信号时延差	±10ns
		△8.3.8　G、B、R 信号的信噪比	≥56dB
9 监视器画面指标△	9.1　标清模拟复合视频信号	9.1.1　雪花	≥4 分
		9.1.2　网纹	≥4 分
		9.1.3　黑白滚道	≥4 分
		9.1.4　跳动	≥4 分
	9.2　高清视频信号	9.2.1　失真	≥4 分
		9.2.2　拖尾	≥4 分
		9.2.3　跳帧	≥4 分
		9.2.4　抖动	≥4 分
		9.2.5　马赛克	≥4 分
10△	数据传输性能	10.1　IP 网络吞吐量	满足设计文件中编码器最大码流要求，无要求时 1518 帧长≥99%
		10.2　IP 网络时延	符合设计要求，无要求时：≤10ms
		10.3　IP 网络丢包率	不大于 70% 流量负荷时：≤0.1%

续上表

项次	检 查 项 目	技 术 要 求
11△	云台水平转动角度	水平:≥350°
12△	云台垂直转动角度	上仰≥15°,下俯≥90°
13△	监视内容	监控员能清楚识别车型、车牌等信息
14△	外场摄像机安装稳定性	受大风影响或接受变焦、转动等操控时,画面动作平滑、无抖动
15	自动光圈调节	自动调节
16	调焦功能	快速自动聚焦
17	变倍功能	可对摄像机镜头的放大倍数进行调整
18△	切换功能	监控终端可切换系统内任何摄像机
19△	录像功能	可录像,且录像回放清晰
20	信息叠加功能	能将时间、位置(车道号、收费亭号)等信息叠加到图像上,且显示清楚
21△	复原功能	加电后,设备能自动恢复到正常通信状态,能与上位机或控制系统连接,并可靠工作

(3)外观质量。

收费闭路电视监视系统分项工程外观质量按本章第八节机电工程外观质量监理要求监理,不存在表7-54中的机电工程外观质量限制缺陷。

11. 收费站区光缆、电缆线路工程

(1)监理要点。

①收费站区内各种光缆、电缆的型号规格、数量符合合同要求,电缆导通、光缆单盘检验测试合格。

②电缆桥架、支架、线槽、缆线管道完备、通顺、通畅。

③金属线槽、托架可靠接地连接,不可作为设备的接地导体。

④强、弱电线缆分别敷设于机电设施机房,安装于静电地板下分开设置的线槽内。

⑤设备机柜和线缆间应作密封防潮处理。

⑥电缆敷设时不可有中间接头;电缆接头应放入人井或电缆沟内,严禁在导管内接头。

⑦电缆中间接头采用热塑型电缆接头,热塑接头规格尺寸应与电缆规格匹配;电缆中间接头或分岔也可采用电缆穿刺器进行连接;接头的制作应使得芯线间连接良好、绝缘可靠、密封良好。

⑧线缆应排列整齐有序,绑扎牢固,标识正确、清晰;预留长度应符合设计要求。

⑨电缆始末端、分岔处、拐弯处、接头处、隧道口、桥架的出入口、电缆井等处挂设标志牌。标志牌应写明电缆编号、型号、规格、起止点、长度。标志牌规格宜统一,能防腐,字迹清晰,不易脱落。

⑩铠装电缆采用直埋敷设,力求路径最短。

⑪光缆敷设的曲率半径不得小于光缆外径的20倍。

⑫人孔内光缆应挂标志牌。标志牌内容应包括编号、型号、规格、起止方向，标志牌字迹应清晰，不易褪色。

⑬光缆接续应使用专用的接续材料，光缆接头应安装牢固，有清晰标识及编号。

⑭光缆接续完毕，接头应有保护措施，接头盒应具有良好的密封防水性能。

⑮电缆、光缆敷设时严禁产生绞拧、铠装压扁、护层断裂和表面严重划伤等缺陷。

⑯收费车道设备与收费车道控制机之间连线不允许中间接头。

⑰槽道、托架内光缆、电缆应敷设顺直，无明显扭绞和交叉，不溢出槽道、托架，不侧翻；拐弯适度；进出槽道、托架绑扎整齐。

⑱光缆、电缆的敷设、接续、预留及成端等符合相关技术规范要求。

⑲光缆、电缆绑扎牢靠，松紧适度、紧密，绑扎线扣均匀、整齐、一致。

⑳收费站区光缆、电缆线路施工完成，线路区段测试符合设计要求。

㉑收费站区光缆、电缆线路工程分项工程光电缆安装、自检和测试记录、有效的线缆检验合格报告或证书资料齐全。

(2)技术要求。

收费站区光缆、电缆线路分项工程质量检查项目与质量标准见表7-27。

收费站区光缆、电缆线路分项工程质量检查项目与质量标准　　表7-27

项次	检查项目	技术要求	检查方法
1	单模光纤总衰耗	符合设计要求	光时域反射计或光源、光功率计测量
2	多模光纤总衰耗	符合设计要求	光时域反射计或光源、光功率计测量
3△	电力电缆绝缘电阻	≥2MΩ	500V绝缘电阻测试仪测量
4	光缆、电缆埋深	符合设计要求	查隐蔽工程记录，必要时实操检验

(3)外观质量。

收费站区光缆、电缆线路分项工程外观质量符合下列要求：

①光缆、电缆配线箱(架)安装端正、稳固，配件齐全；光缆、电缆接续箱(盒)安装牢固，密封良好。

②光缆、电缆线路路由正确、缆线保护措施得当、排列整齐、绑扎牢固、预留长度符合规定，标识正确清楚。

12. 收费系统计算机网络

(1)监理要点。

①网线、插座、连接头、网卡、集线器、交换机、路由器、调制解调器、服务器等网络设备的型号规格、数量符合合同要求，部件完整，检验合格。

②插座、双绞线接头的压接形式(线对分配)应符合现行EIA/TIA 568A或586B的规定，且在一个系统中只能选用一种压接形式，不得混用。

③收费系统计算机网络设备安装位置符合施工图设计要求。

④机柜安装牢固，与机房地线可靠连接。

⑤电源电缆与信号和控制电缆分开线槽道布放。

⑥电源电缆、通信线缆与接地线按施工图设计要求连接到位，设备之间的连接、插头等

部件连接可靠、紧密;布线整齐、余留规整、标志清楚、正确,过墙、地板处有保护套管,并留有适当余量。

⑦全部收费系统计算机网络设备安装、通电调试完成,收费系统计算机网络设备正常工作,技术要求检测合格。

⑧收费系统计算机网络分项工程设备安装、自检和调试记录、有效的设备检验合格报告或证书资料齐全。

(2)技术要求。

收费系统计算机网络分项工程质量检查项目与质量标准见表7-28。

收费系统计算机网络分项工程质量检查项目与质量标准 表7-28

项次	检查项目		技术要求
1△	接线图		符合现行GB/T 50312的规定
2	长度		符合现行GB/T 50312的规定
3△	回波损耗		符合现行GB/T 50312的规定
4	插入损耗		符合现行GB/T 50312的规定
5△	近端串音		符合现行GB/T 50312的规定
6	近端串音功率和		符合现行GB/T 50312的规定
7	衰减远端串音比		符合现行GB/T 50312的规定
8	衰减远端串音比功率和		符合现行GB/T 50312的规定
9	衰减近端串音比		符合现行GB/T 50312的规定
10	衰减近端串音比功率和		符合现行GB/T 50312的规定
11	环路电阻		符合现行GB/T 50312的规定
12	时延		符合现行GB/T 50312的规定
13	时延偏差		符合现行GB/T 50312的规定
14△	以太网系统性能要求	14.1 链路传输速率	符合设计要求,无要求时符合10Mbps、100Mbps、1000Mpbs的规定
		14.2 吞吐率	符合设计要求,无要求时符合1518帧长≥99%
		14.3 传输时延	符合设计要求,无要求时:≤10ms
		14.4 丢包率	不大于70%流量负荷时:≤0.1%
15△	以太网链路层健康状况	链路利用率	≤70%
		15.1 错误率及各类错误	≤1%
		15.2 广播帧及组播帧	≤50fps
		15.3 冲突(碰撞)率	≤1%
16△	网络安全性能		符合设计要求

(3)外观质量。

收费系统计算机网络分项工程外观质量符合下列要求:

①网络设备、网线线槽、信息插座布放整齐美观,安装牢固、标识清楚。

②线缆布放路由正确、绑扎牢固、端头连接规范、标识正确清楚,线缆弯曲半径和预留长度符合现行《综合布线系统工程验收规范》(GB/T 50312)的规定。

第五节 供配电设施施工质量监理

一、供配电设施概述

公路供配电设施将国家电网提供的电能(10kV 或 35kV),转换为公路机电设备使用的电能(380V/220V),并提供给公路沿线设施(包括监控、通信、收费设施、养护服务设施及道路照明、隧道机电设施、沿线收费站、路段中心、服务区等用电设备),是保证公路安全、通畅、经济、快速和舒适等特性的重要设施;是实现公路运营管理现代化的重要保证。

公路线路长且用电设施分散在公路沿线、数量多、负荷小,用电设施为低压单相设备;公路沿线机电设施(如车辆检测器、气象检测器、监视器等)对电磁干扰有严格的要求,需采取防干扰措施;部分机电设备需要直流电源供电;公路机电设施对供电质量的可靠性要求较高,绝大部分设备都是一级、二级负荷。为保证公路供电的可靠性,一般从国家电网不同的变电所引接两路相互独立的高压供电线路,两路电源互为备用。

公路对配电的要求是安全、可靠、优质、经济,同时要求供电接线简单,操作安全、检修方便,还需合理处理近期与远期的关系,既要满足近期用电负荷的要求,又要适应远期的发展需要。

二、供配电设施的构成

公路供配电设施主要由供配电设施、电力线路、防雷与接地系统,供配电监控系统等构成。

(一)供配电设施

公路供配电设施一般由高压供电系统、变压器、低压配电系统、备用电源系统(柴油发电机、UPS)和接地系统等组成。

1. 变配电所

公路变配电所的任务是接受电能、变换电压和分配电能。变电所内包括高压配电系统、变压器、有载调压分接开关、低压配电系统和发电机组,并配有值班室。

公路变电所一般设置在公路管理中心、收费站、服务区及养护工区内;隧道变电所通常设置在隧道口外行车道旁,对于中、短隧道,设置在隧道口一侧;对于长隧道,通常在隧道口两侧分别设置变电所;对于特长隧道,必要时设置洞内变电所;对于隧道群,则对几条隧道统一考虑设置变电所。

变电所提供的电能质量指标有:电压质量、波形质量(谐波)和频率质量(频率偏差)。电压质量指标有:电压偏差、电压波动、电压闪变、不对称(不平衡)等。

公路变电所由变压器、断路器、负荷开关柜、计量柜、低压进线柜、低压馈线柜、双电源切换柜、柴油发电机、不间断电源、电力电缆、控制电缆等组成。

变电所采用电力电容器进行无功补偿提高公路供电效率。

2. 高压供电系统

除特长隧道外,高压供电电压一般采用10kV供电系统。高压供电装置是由一组10kV交流金属封闭型开关柜组成。

3. 变压器

变压器的总容量不小于用电设备的总负荷;一般情况下只选择1～2台变压器;对于一级、二级负荷较多的变电所,为了满足供电可靠性要求,宜采用两台变压器,并应尽量考虑变压器型号一致;变压器单台容量一般不应超过1250kV·A,并以800kV·A及以下为宜;适当考虑发展需求,变压器室的建筑应按安装大一级的变压器容量设计。

4. 低压配电系统

低压配电装置由组合式抽屉柜或封闭式低压开关柜组成,设置在变电所内。低压配电电压一般均采用380V/220V。低压供配电由380V/220V低压配电柜引出电缆到用电设备,引出电缆的方式有放射式、树干式和二者兼用的混合式以及链式四种供配电方式。

(1)放射式。放射式低压配电方式的干线由变电所低压侧引出,接至用电设备或主配电箱,再以支干线引到分配电箱后接到用电设备上,由配电箱接至用电设备的线路称为支线。

(2)树干式。树干式配电方式不需要在变电所低压侧设置配电盘,从变电所二次侧的引出线经过空气开关或隔离开关直接引至用电负荷,这种配电方式使变压器低压侧结构简化,减少电气设备需要量。

(3)混合式。纯树干式极少单独使用,往往采用的是树干式与放射式的混合方式。变压器-干线式便是一种常用的配电方式,变电所变压器二次侧经低压断路器将干线引至不同的用电区域,通过支干线,由支线引至用电设备。

(4)链式。链式线路只用于相互距离近、容量又很小的用电设备。只设置一组总的断路器,可靠性较低。

低压带电导体包括相线和中性线(N线及PEN线),但不包括PE线。低压配电常见的接线形式有:单相二线制、两相三线制、三相三线制、三相四线制及三相五线制。

5. 备用电源系统(柴油发电机、UPS)

10kV电源停电后,柴油发电机立即自行启动,维持向重要负荷供电;当10kV电源恢复供电后,发电机自动停机,两种供电电源自动切换;柴油发电机组应与10kV电源之间有互锁关系,不得并联运行;柴油发电机配备手动切换装置。

柴油发电机组主要由柴油机、发电机和控制屏三部分组成;有移动式和固定式两种安装形式。

在变配电所或监控室内设置的UPS不间断电源作为在两种电源切换过程中向重要负荷不间断供电电源。UPS电源按其输出波形可分为方波输出和正弦波输出两大类,按其工作方式又可分为离线后备式和在线式UPS电源两种。在交流电压波动较大的地区,通常在UPS电源前连接交流稳压器,以确保公路一级负荷的电源供给。

不间断电源(UPS)一般由整流器、蓄电池、逆变器、静态开关和控制系统组成。

6. 接地系统

公路供配电装置的工作接地和保护接地通常共用一个接地系统,采用TN-S系统。

(二)电力线路

(1)电力线路按电压高低分为高压线路(1kV 以上)和低压线路(1kV 以下);按线路结构可分为架空线路和电缆线路。

目前,公路 10kV 及以上的高压供电线路普遍采用架空线路。公路的低压供电线路已全部采用电缆供电线路。

(2)公路供配电线路主要采用电缆线路,其敷设方式主要有直接埋地敷设、电缆沟内敷设、电缆桥架内敷设和架空敷设等。

(三)防雷与接地系统

1. 防雷系统

防雷系统是通过拦截、疏导,最后将电流导入地下的一体化系统,是以防止由直击雷、雷电侵入波或雷电电磁脉冲对建筑物本身或设备造成伤害的防护技术。

防雷系统通常由闪接器(避雷针、避雷带、避雷线和避雷网)、引下线、接地装置(包括接地极和接地体)组成。

2. 接地系统

接地是将电气回路中的某一节点通过导体与大地相连,使该节点与大地保持等电位(零电位)。从工作性质上可分为保护接地(如防雷接地、防静电接地、设备接地等)、工作接地(如电力设施的发、送、配电接地等)两大类,此外,尚有进一步保证保护接地安全可靠的重复接地。

1)接地系统分类

(1)工作接地。为保证电力设施实现正常工作要求而进行的接地,称为工作接地。如供电系统中电源中性点接地、高压消弧线圈接地和设备防雷采取的接地等,不同的工作接地有各自不同的功能。

(2)保护接地。保护接地是为保障人身安全,防止间接触电而将设备外壳进行接地,称为保护接地。

保护接地的形式有两种,一种是把设备金属外壳经各自的 PE 线分别直接接地;另一种是将设备金属外壳部分经公共的 PE 线与供电线路的中性线做金属连接,这种连接称保护接零。

供配电系统按保护接地的形式有:

①TN 系统:TN 系统的电源中性点直接接地,并引出有 N 线,属三相四线制系统。

②TT 系统:TT 系统的电源中性点直接接地,并引出有 N 线,属三相四线制系统,只是设备的金属导电外壳可经各自的 PE 线分别接地。

③IT 系统:IT 系统的电源中性点不接地或是经一定的阻抗(约 1000Ω)接地,且该系统通常不引出 N 线,属三相三线制系统。

(3)重复接地。在 TN 系统中,为确保公共 PE 线的安全可靠,除需要在电源中性点进行工作接地外,还需在 PE 线的下列地方进行必要的重复接地:在架空线路的干线和分支线的终端及沿线每 1km 处;在电缆和架空线引入建筑物处。

2)接地电阻

常见的四种接地形式的接地电阻要求如下：

(1)工作(系统)接地：接地电阻值为0.5～10Ω；计算机工作场地的接地电阻要求不大于4Ω；在采用联合接地(将防雷接地、电器保护接地和交、直流工作接地采用共同接地的方法统一为一个接地装置)时，应不大于1Ω。

(2)保护接地：1～10Ω。

(3)防雷电接地：1～30Ω。

(4)防静电接地：≤30Ω。

(四)电力监控系统

公路供电设施的变电所建设比较分散，尤其是隧道变电所远离城镇，位于群山之中，随着特长隧道和隧道群的出现，隧道变电所数量也越来越多，同时也由洞外延伸进洞内；为提高供电设施的管理水平、减少人员投入、降低运营成本，对公路供配电变电所各设备增设监控设施，实现无人值守已成为发展的必然。

1. 电力监控系统的组成

公路电力监控系统的主要组成部分有：间隔层、变电站现场通信网络、变电站管理层、通信通道、调度中心局域网系统等。

2. 电力监控系统的设备配置

1)控制中心系统

控制中心系统由网络通信系统和计算机系统两大部分组成，其设备的配置根据用户的需求可有多种形式。一个具备基本SCADA功能的控制中心系统由实时服务器(可冗余配置)、历史服务器(可冗余配置)、调度操作员工作站、系统维护工作站、控制中心局域网络、大屏幕显示系统及其控制器、打印机等外围设备构成。

2)变电所自动化系统

变电所自动化系统应当包括间隔层设备(保护、测控装置)、网络层和管理层三个部分，间隔层可分为高压交流系统(10kV或35kV保护测控装置)、低压交流系统(0.4kV保护测控装置)和其他系统(如电源屏控制机、变压器保护测控装置等)。

变电所综合自动化系统由站级管理层、网络通信层、间隔设备层三部分组成。

站级管理层由控制信号屏以及设置在其内的通信控制器、显示设备、音响报警装置等设备组成。

变电所自动化系统的控制方式采用远动控制、所内集中控制、设备本体控制三级控制，正常运行时采用远动控制，当设备检修时采用所内集中控制或设备本体控制。三种控制方式相互闭锁，以达到安全控制的目的。

三、供电设施施工质量监理

公路供配电设施施工划分的分项工程是中压配电设备、中压设备电力电缆、中心(站)内低压配电设备、低压设备电力电缆、风/光供电系统和电力监控系统。

1. 中压配电设备

(1)监理要点。

①电力变压器、电抗器以及消弧线圈、互感器、真空断路器、六氟化硫断路器、六氟化硫封闭式组合电器、隔离开关、负荷开关及高压熔断器、套管、电容器、避雷器等设备应符合现行《3.6kV ~40.5kV 交流金属封闭开关设备和控制设备》(GB 3906)等相关标准的规定。

②中压配电设备及配件的型号规格、数量符合合同要求,部件完整,检验合格。

③变配电所变电设备安装位置符合施工图设计要求,安装牢固、稳定。

④变配电所列架位置符合施工图设计要求,布局合理、安装稳固、无剧烈震动和爆炸危险介质。

⑤变配电所变电设备安装净距符合现行《电气装置安装工程母线装置施工及验收规范》(GB 50149)的规定。

⑥电气设备外露可导电部分与接地装置可靠连接;成排的配电装置的两端均与接地线可靠相连。

⑦基础型钢、变压器箱体、干式变压器的支架或外壳、配电柜可靠接地。

⑧变压器的低压侧中性点与机房接地干线直接框可靠连接。

⑨母线支架和封闭式母线、插接式母线的外壳接地或接零良好。

⑩母线与电器接线端子连接,保证电器的接线端子不受其他外力。

⑪盘、柜、箱内的电缆芯线,按垂直或水平的方向整齐排列,不得任意歪斜交叉连接;备用芯线长度留有适当余量。

⑫所有主回路、接地回路及辅助回路接点应牢固、准确。

⑬变配电所配电装置各回路的相序排列一致,硬导体涂刷相色油漆或相色标志。

⑭变压器的中、低压门宜与中压开关柜进行电气联锁。

⑮操作机构、开关等可动元件灵活、可靠、准确。

⑯所有主回路、接地回路及辅助回路接点应牢固、准确;低压每个输出回路标记清晰,回路名称准确。

⑰变压器、中(低)压开关柜及所有的电器元件设备安装螺栓应紧固。

⑱辅助回路的电器整定值应准确,仪表与互感器的变比及接线极性正确,所有电器元件无异常。

⑲变压器室、配电室、电容器室设置防止雨、雪和蛇、鼠类小动物从采光窗、通风窗、门、电缆沟等进入室内的设施。

⑳全部中压配电设备安装调试完成,变电所变配电电设备正常工作,技术要求检测合格。

㉑中压配电设备分项工程安装和非安装设备及附(备)件清单、安装设备自检和调试记录、有效的设备检验合格报告或证书等资料齐全。

(2)技术要求。

中压配电设备分项工程质量检查项目与质量标准见表 7-29。

(3)外观质量。

中压配电设备分项工程外观质量符合下列要求:

①按本章第八节机电工程外观质量监理要求监理,不存在表 7-54 中的机电工程外观质量限制缺陷。

中压配电设备分项工程质量检查项目与质量标准　　表 7-29

项次			检查项目	技术要求
1	电力变压器		1.1 绝缘油或 SF6 气体	符合 GB 50150—2016 中 8.0.3 条的规定
			1.2 绕组连同套管的直流电阻	符合 GB 50150—2016 中 8.0.4 条的规定
			1.3 分接头电压比	符合 GB 50150—2016 中 8.0.5 条的规定
			1.4 变压器三相接线组别和单相变压器引出线极性	符合 GB 50150—2016 中 8.0.6 条的规定
			1.5 铁心及夹件的绝缘电阻	符合 GB 50150—2016 中 8.0.7 条的规定
			1.6 非纯瓷套管	符合 GB 50150—2016 中 8.0.8 条的规定
			1.7 有载调压切换装置的检查和试验	符合 GB 50150—2016 中 8.0.9 条的规定
			1.8 绕组连同套管的绝缘电阻、吸收比或极化指数	符合 GB 50150—2016 中 8.0.10 条的规定
			1.9 绕组连同套管的交流耐压	符合 GB 50150—2016 中 8.0.13 条的规定
			1.10 额定电压下的冲击合闸	符合 GB 50150—2016 中 8.0.15 条的规定
			1.11 相位	符合 GB 50150—2016 中 8.0.16 条的规定
2	电抗器以及消弧线圈	干式电抗器	2.1 绕组连同套管的直流电阻	符合 GB 50150—2016 中 9.0.3 条的规定
			2.2 绕组连同套管的绝缘电阻、吸收比或极化指数	符合 GB 50150—2016 中 9.0.4 条的规定
			2.3 绕组连同套管的交流耐压	符合 GB 50150—2016 中 9.0.6 条的规定
			2.4 额定电压下冲击合闸	符合 GB 50150—2016 中 9.0.10 条的规定
		消弧线圈	2.5 绕组连同套管的直流电阻	符合 GB 50150—2016 中 9.0.3 条的规定
			2.6 绕组连同套管的绝缘电阻、吸收比或极化指数	符合 GB 50150—2016 中 9.0.4 条的规定
			2.7 绕组连同套管的交流耐压	符合 GB 50150—2016 中 9.0.6 条的规定
			2.8 与铁心绝缘的各紧固件的绝缘电阻	符合 GB 50150—2016 中 9.0.7 条的规定
		油浸式电抗器	2.9 绕组连同套管的直流电阻	符合 GB 50150—2016 中 9.0.3 条的规定
			2.10 绕组连同套管的绝缘电阻、吸收比或极化指数	符合 GB 50150—2016 中 9.0.4 条的规定
			2.11 绕组连同套管的交流耐压	符合 GB 50150—2016 中 9.0.6 条的规定
			2.12 与铁心绝缘的各紧固件的绝缘电阻	符合 GB 50150—2016 中 9.0.7 条的规定
			2.13 绝缘油	符合 GB 50150—2016 中 9.0.8 条的规定
			2.14 额定电压下冲击合闸	符合 GB 50150—2016 中 9.0.10 条的规定
3	互感器		3.1 绕组的绝缘电阻	符合 GB 50150—2016 中 10.0.3 条的规定
			3.2 局部放电	符合 GB 50150—2016 中 10.0.5 条的规定
			3.3 交流耐压	符合 GB 50150—2016 中 10.0.6 条的规定
			3.4 绝缘介质性能	符合 GB 50150—2016 中 10.0.7 条的规定
			3.5 绕组的直流电阻	符合 GB 50150—2016 中 10.0.8 条的规定
			3.6 接线组别和极性	符合 GB 50150—2016 中 10.0.9 条的规定

续上表

项次		检查项目	技术要求
3	互感器	3.7　误差	符合 GB 50150—2016 中 10.0.10 条的规定
		3.8　电流互感器的励磁特性曲线	符合 GB 50150—2016 中 10.0.11 条的规定
		3.9　电磁式电压互感器的励磁特性	符合 GB 50150—2016 中 10.0.12 条的规定
		3.10　电容式电压互感器(CVT)	符合 GB 50150—2016 中 10.0.13 条的规定
		3.11　密封性能	符合 GB 50150—2016 中 10.0.14 条的规定
4	真空断路器	4.1　绝缘电阻	符合 GB 50150—2016 中 11.0.2 条的规定
		4.2　每相导电回路的电阻	符合 GB 50150—2016 中 11.0.3 条的规定
		4.3　交流耐压	符合 GB 50150—2016 中 11.0.4 条的规定
		4.4　断路器主触头的分、合闸时间，分、合闸的同期性，合闸时触头的弹跳时间	符合 GB 50150—2016 中 11.0.5 条的规定
		4.5　分、合闸线圈及合闸接触器线圈的绝缘电阻和直流电阻	符合 GB 50150—2016 中 11.0.6 条的规定
		4.6　断路器操动机构	符合 GB 50150—2016 中 11.0.7 条的规定
5	六氟化硫断路器	5.1　绝缘电阻	符合 GB 50150—2016 中 12.0.2 条的规定
		5.2　每相导电回路的电阻	符合 GB 50150—2016 中 12.0.3 条的规定
		5.3　交流耐压	符合 GB 50150—2016 中 12.0.4 条的规定
		5.4　断路器均压电容器	符合 GB 50150—2016 中 12.0.5 条的规定
		5.5　断路器的分、合闸时间	符合 GB 50150—2016 中 12.0.6 条的规定
		5.6　断路器的分、合闸速度	符合 GB 50150—2016 中 12.0.7 条的规定
		5.7　断路器主、辅触头分、合闸的同期性及配合时间	符合 GB 50150—2016 中 12.0.8 条的规定
		5.8　断路器合闸电阻的投入时间及电阻值	符合 GB 50150—2016 中 12.0.9 条的规定
		5.9　断路器分、合闸线圈绝缘电阻及直流电阻	符合 GB 50150—2016 中 12.0.10 条的规定
		5.10　断路器操动机构	符合 GB 50150—2016 中 12.0.11 条的规定
		5.11　套管式电流互感器	符合 GB 50150—2016 中 12.0.12 条的规定
		5.12　断路器内 SF6 气体的含水量	符合 GB 50150—2016 中 12.0.13 条的规定
		5.13　密封性试验	符合 GB 50150—2016 中 12.0.14 条的规定
		5.14　气体密度继电器、压力表和压力动作阀	符合 GB 50150—2016 中 12.0.15 条的规定
6	六氟化硫封闭式组合电器	6.1　主回路的导电电阻	符合 GB 50150—2016 中 13.0.2 条的规定
		6.2　封闭式组合电器内各元件	符合 GB 50150—2016 中 13.0.3 条的规定
		6.3　密封性	符合 GB 50150—2016 中 13.0.4 条的规定
		6.4　六氟化硫气体含水量	符合 GB 50150—2016 中 13.0.5 条的规定
		6.5　交流耐压	符合 GB 50150—2016 中 13.0.6 条的规定
		6.6　组合电器的操动	符合 GB 50150—2016 中 13.0.7 条的规定
		6.7　气体密度继电器、压力表和压力动作阀	符合 GB 50150—2016 中 13.0.8 条的规定

续上表

项次		检查项目	技术要求
7	隔离开关、负荷开关及高压熔断器	7.1 绝缘电阻	符合 GB 50150—2016 中 14.0.2 条的规定
		7.2 高压限流熔丝管熔丝的直流电阻	符合 GB 50150—2016 中 14.0.3 条的规定
		7.3 负荷开关导电回路的电阻	符合 GB 50150—2016 中 14.0.4 条的规定
		7.4 交流耐压	符合 GB 50150—2016 中 14.0.5 条的规定
		7.5 操动机构线圈的最低动作电压	符合 GB 50150—2016 中 14.0.6 条的规定
		7.6 操动机构	符合 GB 50150—2016 中 14.0.7 条的规定
8	套管	8.1 绝缘电阻	符合 GB 50150—2016 中 15.0.2 条的规定
		8.2 交流耐压	符合 GB 50150—2016 中 15.0.4 条的规定
		8.3 绝缘油(有机复合绝缘套管除外)	符合 GB 50150—2016 中 15.0.5 条的规定
		8.4 SF6 套管气体	符合 GB 50150—2016 中 15.0.6 条的规定
9	悬式绝缘子和支柱绝缘子	9.1 绝缘电阻	符合 GB 50150—2016 中 16.0.2 条的规定
		9.2 交流耐压	符合 GB 50150—2016 中 16.0.3 条的规定
10	电容器	10.1 绝缘电阻	符合 GB 50150—2016 中 18.0.2 条的规定
		10.2 耦合电容器、断路器电容器的介质损耗角正切值 tanδ 及电容值	符合 GB 50150—2016 中 18.0.3 条的规定
		10.3 电容值	符合 GB 50150—2016 中 18.0.4 条的规定
		10.4 并联电容器交流耐压	符合 GB 50150—2016 中 18.0.5 条的规定
		10.5 冲击合闸	符合 GB 50150—2016 中 18.0.6 条的规定
11	避雷器	11.1 金属氧化物避雷器及基座绝缘电阻	符合 GB 50150—2016 中 20.0.3 条的规定
		11.2 金属氧化物避雷器的工频参考电压和持续电流	符合 GB 50150—2016 中 20.0.4 条的规定
		11.3 金属氧化物避雷器直流参考电压和 0.75 倍直流参考电压下的泄漏电流	符合 GB 50150—2016 中 20.0.5 条的规定
		11.4 放电计数器动作情况及监视电流表指示	符合 GB 50150—2016 中 20.0.6 条的规定
		11.5 工频放电电压	符合 GB 50150—2016 中 20.0.7 条的规定
12	二次回路	12.1 绝缘电阻	符合 GB 50150—2016 中 22.0.2 条的规定
		12.2 交流耐压	符合 GB 50150—2016 中 22.0.3 条的规定
13	接地装置	13.1 接地网电气完整性	符合 GB 50150—2016 中 25.0.2 条的规定
		13.2 接地电阻	符合 GB 50150—2016 中 25.0.3 条的规定
14	微机综合保护装置的定值		对微机综合保护装置的定值进行试验、对整组项目试验、对联动项目试验。检验是否与设计要求一致

②中压设备排列整齐、布局合理。

③母线表面光洁平整,无裂纹、褶皱、夹杂物及变形和扭曲现象

④中压配电设备高压警示标识正确清楚。

2. 中压设备电力电缆

(1)监理要点。

①中压设备电力电缆应符合现行《额定电压 1kV(U_m=1.2kV)到 35kV(U_m=40.5kV)挤

包绝缘电力电缆及附件　第2部分:额定电压6kV(U_m=7.2kV)到30kV(U_m=36kV)电缆》(GB/T 12706.2)、《额定电压1kV(U_m=1.2kV)到35kV(U_m=40.5kV)挤包绝缘电力电缆及附件　第3部分:额定电压35kV(U_m=40.5kV)电缆》(GB/T 12706.3)和《额定电压1kV(U_m=1.2kV)到35kV(U_m=40.5kV)挤包绝缘电力电缆及附件　第4部分:额定电压6kV(U_m=7.2kV)到35kV(U_m=40.5kV)电力电缆附件试验要求》(GB/T 12706.4)等相关标准的规定。

②中压配电电力电缆及配件的型号规格、数量符合合同要求,部件完整,检验合格。

③电缆敷设路径符合施工图设计要求,施工工艺符合相关规范要求。

④电缆敷设时,电缆应从盘的上端引出,不应使电缆在支架上及地面摩擦拖拉。

⑤三芯电力电缆在电缆中间接头处,其电缆铠装、金属屏蔽层应各自有良好的电气连接并相互绝缘;在电缆终端头处,电缆铠装、金属屏蔽层用接地线分别引出,并可靠接地。

⑥电缆终端和接头绝缘电阻和相关性能指标符合设计要求,绝缘、密封防潮、机械保护措施得当。

⑦接线采用防锈金属或具有防锈措施,并配套防松装置,连接时应拧紧,拧紧力矩值符合相关标准或产品技术文件的要求。

⑧穿入管内的电源线不得有接头,穿线管在穿线后按设计要求将管口良好密封。

⑨电力电缆和控制电缆分层敷设;高低压电力电缆,强、弱电电缆按顺序分层配置。

⑩电缆进入电缆沟、隧道、竖井、建筑物、盘柜以及穿入管道时,出入口和管口封闭良好。

⑪电缆的最小弯曲半径应符合设计要求。

⑫直埋电缆埋深符合施工图设计要求,电缆两端铠装层接地处理措施应得当,埋设电缆标识符合设计要求。

⑬全部中压设备电力电缆敷设安装、检验测试完成,符合设计要求。

⑭中压设备电力电缆分项工程隐蔽工程验收记录、自检和设备调试记录、有效的设备检验合格报告或证书资料齐全。

(2)技术要求。

中压设备电力电缆分项工程质量检查项目与质量标准如表7-30。

中压设备电力电缆分项工程质量检查项目与质量标准　　表7-30

项次	检查项目		技术要求
1	电力电缆线路	1.1　绝缘电阻	符合GB 50150—2016中17.0.3条的规定
		1.2　直流耐压试验及泄漏电流	符合GB 50150—2016中17.0.4条的规定
		1.3　交流耐压	符合GB 50150—2016中17.0.5条的规定
		1.4　电缆线路两端的相位	符合GB 50150—2016中17.0.6条的规定
		1.5　交叉互联	符合GB 50150—2016中17.0.8条的规定
2	1kV以上架空电力电缆	2.1　绝缘子和线路的绝缘电阻	符合GB 50150—2016中24.0.2条的规定
		2.2　相位	符合GB 50150—2016中24.0.4条的规定
		2.3　冲击合闸	符合GB 50150—2016中24.0.5条的规定
		2.4　杆塔接地电阻	符合GB 50150—2016中24.0.6条的规定

(3)外观质量。

中压设备电力电缆分项工程外观质量符合下列要求:

①按本章第八节机电工程外观质量监理要求监理,不存在表7-54中的机电工程外观质量限制缺陷。

②电缆成端沿电缆井引入时,电缆排列整齐有序、绑扎牢固。

③进入墙壁有保护套管,预留长度满足相关技术规范要求。

④中压配电设备高压警示标识正确清楚。

3. 中心(站)内低压配电设备

(1)监理要点。

①中心(站)内低压配电设备应符合现行《低压成套开关设备和控制设备》(GB 7251)等相关标准的规定。

②中心(站)内低压配电设备及配件的型号规格、数量符合合同要求,部件完整,检验合格。

③变配电所、发电机组室通过安全、消防验收。

④低压成套开关设备应具有CCC认证标志。

⑤确认柴油发电机组安装基础强度、隔震措施、地脚螺栓符合设计要求。

⑥中心(站)内低压配电设备安装位置符合施工图设计要求,设备列架布局合理、安装稳固、无剧烈震动和无爆炸危险介质。

⑦变配电所内市电油机发电转换屏(柜)、交直流配电、动力开关柜、UPS、室外配电箱、发电机组控制柜等设备安装稳固,位置、方位正确。设备、列架排列整齐、有序,标志清楚、牢固。

⑧设备、列架内以及设备之间的连接布线符合施工图设计、规范要求。所有进出线标记正确清晰,并附有配电简图。

⑨电气设备外露可导电部分,与接地装置有可靠的电气连接。成排的配电装置的两端均与接地线可靠连接。

⑩进入配电(箱)柜的所有电缆接头按规范要求开剥、焊接、镀锡、绑扎、密封和热塑封合防潮处理。

⑪配电室设置防止雨、雪和蛇、鼠类小动物从采光窗、通风窗、门、电缆沟等进入室内的设施。

⑫发电机的中性点接地连接方式及接地电阻值符合设计要求,接地螺栓防松零件齐全,且有标识。

⑬发电机本体和机械部分的可接近裸露导体可靠接地或接零,且有接地标识。

⑭发电机及控制箱接线连接可靠,馈电出线的相序与电网供电系统的相序一致。

⑮蓄电池安装平稳、排列整齐、间距均匀;接线准确,连接时使电池抽头不受额外应力。

⑯蓄电池组的连接条、螺栓、螺母连接可靠,防腐措施得当。

⑰蓄电池在常温下的放电容量不低于设计放电容量。

⑱UPS或EPS输出端的中性线,与接地装置直接引来的接地干线相连接,做重复接地。

⑲操作机构、开关等可动元件应灵活、可靠、准确。

⑳所有主回路、接地回路及辅助回路接点应牢固、准确;低压每个输出回路标记清晰,回路

名称准确。

㉑全部设备安装调试完成，中心（站）内低压配电设备能够正常工作，技术要求检测合格。

㉒中心（站）内低压配电设备分项工程隐蔽工程验收记录、自检和设备调试记录、有效的设备检验合格报告或证书资料齐全。

（2）技术要求。

中心（站）内低压配电设备分项工程质量检查项目与质量标准见表7-31。

中心（站）内低压配电设备分项工程质量检查项目与质量标准　　表7-31

<table>
<tr><th>项次</th><th colspan="2">检查项目</th><th colspan="2">技术要求</th></tr>
<tr><td>1</td><td colspan="2">设备安装的水平度</td><td colspan="2">≤3mm/m</td></tr>
<tr><td>2</td><td colspan="2">设备安装的垂直度</td><td colspan="2">≤3mm/m</td></tr>
<tr><td rowspan="4">3</td><td colspan="2" rowspan="4">室内设备、列架的绝缘电阻</td><td>交流配电箱（柜）</td><td rowspan="4">符合设计要求，无要求时：≥2MΩ</td></tr>
<tr><td>直流配电箱（柜）</td></tr>
<tr><td>交流稳压器</td></tr>
<tr><td>不间断电源</td></tr>
<tr><td>4</td><td colspan="2">共用接地电阻</td><td colspan="2">≤1Ω</td></tr>
<tr><td>5</td><td colspan="2">发电机组控制柜绝缘电阻</td><td colspan="2">≥2MΩ</td></tr>
<tr><td>6</td><td colspan="2">发电机组启动及启动时间</td><td colspan="2">符合设计要求，无要求时：≤30s</td></tr>
<tr><td>7</td><td colspan="2">发电机组相序</td><td colspan="2">与机组输出标志一致</td></tr>
<tr><td>8</td><td colspan="2">发电机组输出电压稳定性</td><td colspan="2">符合设计要求</td></tr>
<tr><td>9</td><td colspan="2">自动发电机组自启动转换功能</td><td colspan="2">切断市电供电后，发电机组能自动启动，稳定后送入规定的线路，可手动优先切换</td></tr>
<tr><td>10</td><td colspan="2">发电机组供电切换对机电系统的影响</td><td colspan="2">机电系统所有设备不因受到发电机组电源切换而出现工作异常</td></tr>
<tr><td>11</td><td colspan="2">柴油发电机蓄电池</td><td colspan="2">蓄电池工作正常</td></tr>
<tr><td>12</td><td colspan="2">电源室接地装置的施工质量</td><td colspan="2">接地体的材质和尺寸、安装位置及埋深、接地体引入线与接地体的连接以及防腐处理等符合设计要求</td></tr>
<tr><td rowspan="3">13</td><td rowspan="3">1kV及以下电压等级配电装置和馈电线路（三级配电系统中的第一级）</td><td>13.1　绝缘电阻</td><td colspan="2">符合GB 50150—2016中23.0.2条的规定</td></tr>
<tr><td>13.2　动力配电装置的交流耐压试验</td><td colspan="2">符合GB 50150—2016中23.0.3条的规定</td></tr>
<tr><td>13.3　配电装置内不同电源的馈线间或馈线两侧的相位</td><td colspan="2">符合GB 50150—2016中23.0.4条的规定</td></tr>
<tr><td rowspan="4">14</td><td rowspan="4">低压电器（三级配电系统中的第一级）</td><td>14.1　低压电器连同所连接电缆及二次回路的绝缘电阻</td><td colspan="2">符合GB 50150—2016中26.0.3条的规定</td></tr>
<tr><td>14.2　电压线圈动作值校验</td><td colspan="2">符合GB 50150—2016中26.0.4条的规定</td></tr>
<tr><td>14.3　低压电器采用的脱扣器的整定</td><td colspan="2">符合GB 50150—2016中26.0.6条的规定</td></tr>
<tr><td>14.4　低压电器连同所连接电缆及二次回路的交流耐压</td><td colspan="2">符合GB 50150—2016中26.0.8条的规定</td></tr>
</table>

续上有

项次	检查项目		技术要求
15	低压配电系统功率因数		≥0.90
16	N线电流		≤三相相电流中相电流最小值的25%
17	电能质量	17.1 供电电压偏差	三相供电电压偏差为标称电压的±7%
		17.2 三相电压不平衡	供电电压负序不平衡测量值的10min方均根值的95%概率值≤2%
		17.3 电力系统频率偏差	频率偏差限值为±0.2Hz
		17.4 公用电网谐波(电网标称电压380V)	电压总谐波畸变率≤5.0%,奇次谐波电压含有率≤4.0%,偶次谐波电压含有率≤2.0%
			谐波电流允许值符合《电能质量公用电网谐波》(GB 14549—1993)中表2注入公共连接点的谐波电流允许值的规定
18	UPS和EPS功能及性能	18.1 输出电压	UPS输出电压偏差为标称电压的±5%;EPS逆变应急输出电压偏差为标称电压的±10%
		18.2 输出频率	频率偏差限值为±0.5Hz
		18.3 总谐波畸变率	UPS输出和EPS逆变应急输出总谐波畸变率≤5%
		18.4 市电与备用电源切换时间	符合设计要求
		18.5 显示功能	符合设计要求
19	参数稳压电源	19.1 输出电压	输出电压偏差为标称电压的±5%
		19.2 输出频率	频率偏差限值为±0.5Hz
		19.3 总谐波畸变率	总谐波畸变率≤5%

(3)外观质量。

中心(站)内低压配电设备分项工程外观质量按本章第八节机电工程外观质量监理要求监理,不存在表7-54中的机电工程外观质量限制缺陷。

4.低压设备电力电缆

(1)基本要求。

①低压设备电力电缆应符合《额定电压1kV(Um=1.2kV)到35kV(U_m=40.5kV)挤包绝缘电力电缆及附件 第1部分:额定电压1kV(U_m=1.2kV)和3kV(U_m=3.6kV)电缆》(GB/T 12706.1)等相关标准的规定。

②低压配电电力电缆及配电箱的型号规格、数量符合合同要求,部件完整,检验合格。

③电缆敷设路径、配电箱安装位置符合施工图设计要求,施工工艺符合相关规范要求。

④室内外配电(柜)箱等设备安装稳固,位置、方位正确,标识清楚、牢固。

⑤设备、列架内以及设备之间的布线连接符合施工图设计、规范要求。所有进出线标记正确清晰,并附有配电简图。

⑥进入配电(箱)柜的所有电缆接头都按规范开剥、焊接、镀锡、绑扎、密封处理,并进行热塑封合防潮处理。

⑦电缆敷设时，电缆应从缆盘的上端引出，不应使电缆在支架上及地面摩擦拖拉。

⑧电缆终端和接头绝缘电阻和相关性能指标符合设计要求，绝缘、密封防潮、机械保护措施得当。

⑨穿入管内的电源线不得有接头，穿线管在穿线后按设计要求将管口良好密封。

⑩电缆进入电缆沟、隧道、竖井、建筑物、盘柜以及穿入管道时，出入口和管口封闭良好。

⑪电缆的最小弯曲半径应符合设计要求。

⑫直埋电缆埋深符合施工图设计要求，电缆两端铠装层接地处理措施得当，埋设电缆标识符合设计要求。

⑬全部低压设备电力电缆安装敷设检验测试完成，符合设计要求。

⑭低压设备电力电缆分项工程隐蔽工程验收记录、自检和设备调试记录、有效的设备检验合格报告或证书资料齐全。

(2)技术要求。

低压设备电力电缆分项工程质量检查项目与质量标准见表7-32。

低压设备电力电缆分项工程质量检查项目与质量标准　　表7-32

项次	检查项目	技术要求
1	配电箱基础尺寸及高程	符合设计要求
2	电缆埋深或穿管敷设	符合设计要求
3	配电箱涂层厚度	符合设计要求，无要求时符合现行GB/T 18226的规定
4	相线对绝缘护套的绝缘电阻	≥2MΩ(全程)
5	配线架对配电箱绝缘电阻	≥10MΩ
6	电源箱、配电箱保护接地电阻	≤4Ω
7△	通风照明设施主干电缆和分支电缆型号规格	符合设计要求

(3)外观质量。

低压设备电力电缆分项工程外观质量符合下列要求：

①按本章第八节机电工程外观质量监理要求监理，不存在表7-54中的机电工程外观质量限制缺陷。

②电缆成端沿电缆井引入时，电缆排列整齐有序、绑扎牢固。

③进入墙壁有保护套管，预留长度满足使用要求。

5. 风/光供电系统

(1)监理要点。

①风/光供电系统设备应符合《公路沿线设施太阳能供电系统通用技术规范》(GB/T 24716)等相关标准的规定。

②风/光供电系统设备及配件的型号规格、数量符合合同要求，部件完整，检验合格。

③风/光设备基础位置、强度和接地线施工符合施工图设计要求。

④太阳能板安装角度应确保产生最佳光能转换效果，太阳能板不得侵占建筑界限。

⑤蓄电池安装符合施工图设计要求，确认电池连接可靠。

⑥电源电缆、控制电缆按施工图设计要求接线到位，连接可靠，施工工艺符合规范要求。

⑦电力电缆、控制电缆的屏蔽护套接地连接可靠,与接地干线就近可靠连接,紧固件齐全。

⑧风/光供电系统设备安装调试完成,风/光供电系统正常工作,技术要求检测合格。

⑨风/光供电系统分项工程隐蔽工程验收记录、自检和设备调试记录、有效的设备检验合格报告或证书资料齐全。

(2)技术要求。

风/光供电系统分项工程质量检查项目与质量标准见表7-33。

风/光供电系统分项工程质量检查项目与质量标准 表7-33

项次	检查项目	技术要求
1	立柱竖直度	≤5 mm/m
2△	绝缘电阻	交流220V强电端子对地的绝缘电阻≥50MΩ
3△	保护接地电阻	≤4Ω
4△	防雷接地电阻	≤10Ω
5△	共用接地电阻	如风光供电系统的保护接地体和防雷接地体未分开设置,则共用接地电阻≤1Ω
6	6.1 直流输出电压	符合设计要求
	6.2 交流输出电压	符合设计要求
	6.3 输出电流	符合设计要求
7	监控功能	实时监视供电系统工作状态,采集和存储供电系统运行参数,按照监控中心的命令对供电系统进行控制
8	蓄电池管理功能	控制器能对蓄电池进行温度补偿和限流充电,能对蓄电池进行均充和浮充,具备手动或自动转换功能
9	保护功能	控制器具有短路自动保护功能,防止蓄电池通过太阳能电池组件产生逆电流的保护功能,过、欠电压保护功能
10	状态监测功能	能监测蓄电池电压,蓄电池充放电电流,风力发电机组输入电压/电流,光伏方阵输入电压/电流,负荷电流等参数

(3)外观质量。

风/光供电系统分项工程外观质量按本章第八节机电工程外观质量监理要求监理,不存在表7-54中的机电工程外观质量限制缺陷。

6. 电力监控系统

(1)监理要点。

①电力监控机房整洁,通风、照明良好。

②电力监控系统所有设备及配件的型号规格、数量符合合同要求,部件完整,检验合格。

③电力监控系统设备安装位置符合施工图设计要求。

④电力监控工作站主机、通信管理机、服务器机柜、配电盘(箱)、打印机、UPS机柜等安装牢固,可靠接地和接零。

⑤电源电缆、通信电缆(屏蔽双绞线)或光缆按施工图设计要求连接到位。串口总线通信电缆采用并接入端子,机柜内并联,屏蔽层可靠接地。

⑥全部电力监控中心所有设备安装调试完成，符合设计要求，电力监控系统能够正常工作，技术要求检测合格。

⑦电力监控软件包括系统软件与应用软件，系统软件合法授权、提供正式的授权使用证书，应用软件提供软件开发、测试文件。

⑧电力监控系统分项工程自检和设备调试记录、有效的设备检验合格报告或证书资料齐全。

(2)技术要求。

电力监控系统分项工程质量检查项目与质量标准见表7-34。

电力监控系统分项工程质量检查项目与质量标准 表7-34

<table>
<tr><th>项次</th><th colspan="2">检查项目</th><th>技术要求</th></tr>
<tr><td>1</td><td colspan="2">通信管理</td><td>监视网络上各节点的运行工况，通信故障时产生报警并自动复位</td></tr>
<tr><td rowspan="6">2</td><td rowspan="6">遥测功能</td><td>2.1 10kV回路遥测功能</td><td>能遥测10kV回路三相电压、电流、有功功率、无功功率、功率因数、频率等参数</td></tr>
<tr><td>2.2 低压总开关回路遥测功能</td><td>能遥测低压总开关回路三相电压、电流、有功功率、无功功率、功率因数、频率、用电量等参数</td></tr>
<tr><td>2.3 变压器遥测功能</td><td>能遥测变压器温度、配电柜内温度等参数</td></tr>
<tr><td>2.4 馈线遥测功能</td><td>能遥测0.4kV馈线电流</td></tr>
<tr><td>2.5 UPS和EPS遥测功能</td><td>能遥测UPS和EPS的输入电压、输出电压、输入电流、输出电流，输出频率，充电电流，蓄电池电压等参数</td></tr>
<tr><td>2.6 发电机遥测功能</td><td>能遥测发电机电压、电流和频率等参数</td></tr>
<tr><td rowspan="5">3</td><td rowspan="5">遥信功能</td><td>3.1 10kV回路遥信功能</td><td>能遥信10kV进线、出线开关位置状态与故障报警</td></tr>
<tr><td>3.2 变压器遥信功能</td><td>能遥信变压器出线总开关状态，熔丝熔断信号，接地状态，变压器温度，风机启动信号</td></tr>
<tr><td>3.3 开关状态、接触器、断路器遥信功能</td><td>能遥信0.4kV出线手/自动转换开关状态、接触器、断路器运行状态及故障报警</td></tr>
<tr><td>3.4 无功补偿遥信功能</td><td>能遥信无功补偿状态信号及刀熔开关和断路器接通信号</td></tr>
<tr><td>3.5 UPS和EPS遥信功能</td><td>能遥信UPS和EPS交流/逆变供电，过载，蓄电池放电后电压过低，逆变器或变换器故障</td></tr>
<tr><td rowspan="4">4</td><td rowspan="4">遥控功能</td><td>4.1 高、低压母线遥控功能</td><td>能遥控高、低压母线的分合闸</td></tr>
<tr><td>4.2 无功补偿装置遥控功能</td><td>能遥控无功补偿装置投切</td></tr>
<tr><td>4.3 照明柜、风机柜遥控功能</td><td>能遥控照明柜、风机柜等的分合闸</td></tr>
<tr><td>4.4 发电机遥控功能</td><td>能遥控市电/发电机供电转换、机组开机、机组关机</td></tr>
<tr><td>5</td><td colspan="2">配电室环境监控</td><td>具备入侵自动报警功能，温、湿度监测功能，烟雾监测功能</td></tr>
<tr><td>6</td><td colspan="2">报表管理功能</td><td>能查询设计文件要求的各类报表</td></tr>
</table>

(3)外观质量。

电力监控系统分项工程外观质量符合下列要求：

①按本章第八节机电工程外观质量监理要求监理,不存在表7-54中的机电工程外观质量限制缺陷。

②控制台上设备布局合理,安装稳固、横竖端正、标识正确清楚。

第六节　照明设施施工质量监理

一、照明设施概述

根据公路照明设施设置区域不同公路照明设施可分为道路照明、管理业务及服务照明和景观照明等。道路照明包括公路主线照明、互通立交照明、桥梁照明和隧道照明等;公路管理业务及服务照明分布于公路沿线设施场所(包括公路收费广场照明、收费雨棚照明、服务区照明超限检测站与避险车道照明等);景观照明主要适用于服务区、大中城市收费站和大型桥梁等。

根据公路沿线设施对照明范围、亮度的需求,公路照明形式主要有高杆照明、中杆照明、低杆照明、庭院照明等。

公路常规照明布灯的基本方式有单侧布置、交错布置、对称布置、悬索式布置和中心对称布置等。

公路照明设施主要是由照明光源、灯具与电器附件等装置、配电与控制设施、安全防护设备、电缆等组成。

二、照明设施施工质量监理

公路照明设施施工划分的分项工程是路段照明设施、收费广场照明设施、服务区照明设施和收费天棚照明设施。

1. 路段照明设施

(1)监理要点。

①路段照明灯具设备根据类型应符合现行《升降式高杆照明装置》(GB/T 26943)和《公路LED照明灯具》(JT/T 939)等相关标准的规定。

②路段照明设备及配件的型号规格、数量符合合同要求,部件完整,检验合格。

③照明灯杆、灯具安装支架的结构尺寸、预埋件、安装方位、安装间距等符合施工图设计要求。

④灯杆、灯臂、抱箍、螺栓、压板等金属构件防腐处理符合设计要求。

⑤照明灯杆立柱安装位置、灯杆高度、灯臂悬挑长度、仰角符合施工图设计要求。

⑥立柱安装竖直、稳固,校正完成后对基础螺杆和杆件底座法兰包封。

⑦灯具安装整齐美观、牢固可靠、线形流畅,灯具的安装角度符合设计要求。

⑧灯具接线牢固、排列整齐,灯具进出线孔密封,灯臂、灯盘、灯杆内的导线不得有接头。

⑨照明设施电源电缆、地线、控制线缆连接符合施工图设计要求,接线极性和相序正确。

⑩灯具外壳、杆体、配电箱(柜)、桥架和线缆屏蔽层可靠接地。

⑪电气设备的外露可导电部分应单独与保护导体相连接，不得串联连接，连接导体的材质、截面积符合设计要求。

⑫灯杆、配电箱(柜)、桥架、照明电缆标识正确、清晰。

⑬全部路段照明灯具设备安装、通电调试完成，路段照明设施正常工作，技术要求检测合格。

⑭路段照明设施分项工程隐蔽工程验收记录、自检和设备调试记录、有效的设备检验合格报告或证书资料齐全。

(2)技术要求。

路段照明设施分项工程质量检查项目与质量标准见表7-35。

路段照明设施分项工程质量检查项目与质量标准　　表7-35

项次	检查项目	技术要求
1	灯杆基础尺寸	符合设计要求，允许偏差：(-50，+100)mm
2△	灯杆壁厚	符合设计要求
3	金属灯杆防腐涂层厚度	符合设计要求，无要求时符合现行GB/T 18226的规定
4	灯杆垂直度	≤3mm/m
5△	照明设备控制装置的保护接地电阻	≤4Ω
6△	灯杆防雷接地电阻	≤10Ω
7△	路面平均亮度	符合设计要求，无要求时：≥2cd/m^2
8△	路面亮度总均匀度	符合设计要求，无要求时：≥0.4
9△	路面亮度纵向均匀度	符合设计要求，无要求时：≥0.7
10	照明控制方式	具有自动、手动两种控制方式或符合设计要求
11	高杆灯灯盘升降功能	符合设计要求
12	亮度传感器与照明灯具的联动功能	符合设计要求
13	定时控制功能	可控

(3)外观质量。

路段照明设施分项工程外观质量按本章第八节机电工程外观质量监理要求监理，不存在表7-54中的机电工程外观质量限制缺陷。

2. 收费广场照明设施

(1)监理要点。

①收费广场照明灯具设备根据类型应符合现行《升降式高杆照明装置》(GB/T 26943)和《公路LED照明灯具》(JT/T 939)等相关标准的规定。

②收费广场照明设备及配件的型号规格、数量符合合同要求，部件完整，检验合格。

③高杆灯的灯杆、灯具、灯盘、配线、升降机构等符合现行《高杆照明设施技术条件》(CJ/T 457)的规定。

④反光器表面清洁，已进行抛光氧化或镀膜处理，表面无明显划痕。

⑤照明灯杆安装竖直、稳固,位置、方位、间距符合施工图设计要求。

⑥立柱安装竖直、稳固,校正完成后对基础螺杆和杆件底座法兰包封。

⑦灯具安装整齐美观、牢固可靠,安装角度符合施工图设计要求。

⑧灯具接线牢固、排列整齐,灯具进出线孔应密封,灯臂、灯盘、灯杆内的导线不得有接头。

⑨照明设施防雷部件安装,电源电缆、地线、控制线缆连接符合施工图设计要求,接线极性和相序正确。

⑩灯具外壳、杆体、配电箱(柜)、桥架和线缆屏蔽层可靠接地。

⑪灯杆、配电箱(柜)、桥架、照明电缆标识正确、清晰。

⑫高杆灯灯盘升降测试无异常现象。

⑬收费广场照明设备安装、通电调试完成,收费广场照明设施正常工作,技术要求检测合格。

⑭手动控制、时间控制、亮度检测自动控制等控制功能符合设计要求。

⑮收费广场照明设施分项工程隐蔽工程验收记录、自检和设备调试记录、有效的设备检验合格报告或证书资料齐全。

(2)技术要求。

收费广场照明设施分项工程质量检查项目与质量标准见表7-36。

收费广场照明设施分项工程质量检查项目与质量标准 表7-36

项次	检查项目	技术要求
1	灯杆基础尺寸	符合设计要求,允许偏差:(-50,+100)mm
2△	灯杆壁厚	符合设计要求
3	金属灯杆防腐涂层厚度	符合设计要求,无要求时符合现行GB/T 18226的规定
4	灯杆竖直度	≤3mm/m
5△	照明设备控制装置的接地电阻	≤4Ω
6△	灯杆防雷接地电阻	≤10Ω
7△	收费广场路面平均照度	符合设计要求,无要求时≥20lx
8△	收费广场路面照度总均匀度	符合设计要求,无要求时≥0.4
9	照明控制方式	具有自动、手动两种控制方式或符合设计要求
10	高杆灯灯盘升降功能	符合设计要求
11	亮度传感器与照明灯具的联动功能	符合设计要求
12	定时控制功能	可控

(3)外观质量。

收费广场照明设施分项工程外观质量按本章第八节机电工程外观质量监理要求监理,不存在表7-54中的机电工程外观质量限制缺陷。

3. 服务区照明设施

(1)监理要点。

服务区照明设施分项工程监理要点按本节收费广场照明设施分项工程监理要点实施监理。

(2)技术要求。

服务区照明设施分项工程质量检查项目与质量标准如表7-37。

服务区照明设施分项工程质量检查项目与质量标准　　表 7-37

项次	检查项目	技术要求
1	灯杆基础尺寸	符合设计要求，允许偏差：(−50，+100)mm
2△	灯杆壁厚	符合设计要求
3	金属灯杆防腐涂层厚度	符合设计要求，无要求时符合现行 GB/T 18226 的规定
4	灯杆竖直度	≤3mm/m
5△	照明设备控制装置的接地电阻	≤4Ω
6△	灯杆防雷接地电阻	≤10Ω
7	服务区路面平均照度	符合设计要求，无要求时：≥10lx
8	服务区路面照度总均匀度	符合设计要求，无要求时：≥0.3
9	照明控制方式	具有自动、手动两种控制方式或符合设计要求
10	高杆灯灯盘升降功能	符合设计要求
11	亮度传感器与照明灯具的联动功能	符合设计要求
12	定时控制功能	可控

(3)外观质量。

服务区照明设施分项工程外观质量按本章第八节机电工程外观质量监理要求监理，不存在表 7-54 中的机电工程外观质量限制缺陷。

4. 收费天棚照明设施

(1)监理要点。

①收费天棚照明设备及配件的型号规格、数量符合合同要求，部件完整，检验合格。

②照明灯具安装位置符合施工图设计要求，安装牢固可靠。

③封闭灯具的灯头引线应采用耐热绝缘管保护，灯罩与尾座的连接紧密。

④照明电源电缆敷设安装符合施工图设计要求，保护措施得当。

⑤灯具外壳、配电箱(柜)、金属管道外壳和线缆屏蔽层可靠接地。

⑥配电箱(柜)、照明电缆标识正确、清晰。

⑦全部收费天棚照明设施设备安装、通电调试完成，收费天棚照明设施能够正常工作，技术要求检测合格。

⑧收费天棚照明设施分项工程自检和设备调试记录、有效的设备检验合格报告或证书资料齐全。

(2)技术要求。

收费天棚照明设施分项工程质量检查项目与质量标准见表 7-38。

收费天棚照明设施分项工程质量检查项目与质量标准　　表 7-38

项次	检查项目	技术要求
1△	照明设备控制装置的接地电阻	≤4Ω
2△	收费车道路面平均照度	符合设计要求，无要求时：≥50lx
3△	收费车道路面照度总均匀度	符合设计要求，无要求时：≥0.6

续上表

项次	检查项目	技术要求
4△	收费车道路面平均亮度	符合设计要求,无要求时:≥3.5cd/m^2
5	收费车道路面亮度总均匀度	符合设计要求,无要求时:≥0.5
6	收费车道路面亮度纵向均匀度	符合设计要求,无要求时:≥0.8
7	显色指数	符合设计要求,无要求时:≥70
8	照明控制方式	具有自动、手动两种控制方式或符合设计要求
9	定时控制功能	可控

(3)外观质量。

收费天棚照明设施分项工程外观质量按本章第八节机电工程外观质量监理要求监理,不存在表7-54中的机电工程外观质量限制缺陷。

第七节　隧道机电设施施工质量监理

一、隧道机电设施概述

公路隧道机电设施由信息采集系统、通风系统、照明系统、交通控制系统、闭路电视监视系统、火灾报警与消防系统以及中央控制系统等组成。

隧道通风系统根据隧道信息采集系统上传的数据,决策生成并下发控制策略,由本地控制器对风机进行启动、停机以及正转、反转的控制。隧道照明系统根据洞外亮度对隧道照明回路进行控制,实现亮度调节。隧道交通控制系统用于隧道正常交通、火灾、交通事故、维护施工等各种工况时的交通管控。火灾报警与消防系统用于探测、收集隧道火灾信息,经操作员进行确认,由监控中心监控计算机采取相应的控制方案,以便快速、有序地疏导隧道内的车辆和人员。闭路电视监视系统在公路隧道处于正常运行期间用于掌握交通状况,在发生交通事故或火灾等意外情况时用于确认现场情况,指挥救援及事故处理等系列活动。中央控制系统主要由监控计算机及辅助设备构成,是公路隧道监控系统的核心部分,通过对上述系统控制与管理,实现保障公路隧道安全运行的目的。

二、隧道机电设施的构成

公路隧道机电设施的包括通风设施、照明设施、交通监控设施、紧急呼叫设施、火灾探测报警设施、消防设施、供配电设施、中央控制管理系统、接地与防雷设施、线缆及相关设施。

1.通风设施

(1)隧道通风设施的构成需综合考虑公路等级、隧道长度、设计速度、设计交通量、车道数、平纵线形、地形地质、隧道海拔高程、隧址区域自然条件等因素。隧道通风设施由通风机(射流、轴流风机、排烟风机)、通风环境检测设施(能见度检测器、CO浓度检测器、风速风向检测器、NO_2检测器)、通风区域控制器、配电箱(柜)、通风控制计算机(设在中央控制室)等组成。

(2)隧道通风的控制方式主要有直接控制、间接控制。采用机械通风的隧道风机均应具备手动、自动控制功能。

自动控制采用下列三种控制方法之一或组合:①经计算处理检测隧道内的能见度、NO_2浓度、CO浓度和风速风向等数据后,控制风机运转。②根据检测的交通量数据,实时了解隧道内交通量、行车速度、车辆构成等,通过交通流状况分析并计算出车辆烟雾和CO、NO_2的排放量,控制风机运转。③按时间区间预先编制程序控制风机运转。

2. 隧道照明设施

隧道照明沿隧道分段划分为入口段照明、过渡段照明、中间段照明、出口段照明,隧道照明还包括公路隧道紧急停车带和横通道照明、隧道应急照明和隧道引道照明。

隧道照明设施由隧道灯具、照明配电箱、电力电缆、控制光(电)缆、光检测器、区域控制器、照明控制计算机(设在中央控制室)等组成。

公路隧道照明控制以自动控制为主,手动控制为辅。

3. 交通监控设施

隧道交通监控设施包括交通监测、交通控制及诱导设施等。

(1)交通监测设施。公路隧道交通监测设施由车辆检测器、视频事件检测器、摄像机(隧道外摄像机、隧道内摄像机)、视频监视控制设备(设在中央控制室的视频事件检测计算机、交通控制计算机、监视器、视频切换矩阵、视频分配器、录像机等)等组成。

(2)交通控制及诱导设施。公路隧道交通控制及诱导设施具备收集和处理交通信息的功能,并传送给中央控制室计算机,同时接收中央控制室计算机传来的有关信息或指令,实施交通控制与诱导功能。隧道交通控制及诱导设施由交通信号灯、车道指示器、可变信息标志、可变限速标志和交通区域控制器、交通控制计算机(设在中央控制室)、图形计算机(设在中央控制室)等组成。

4. 紧急呼叫设施

公路隧道紧急呼叫设施包括紧急电话设施和隧道广播设施。

(1)隧道紧急电话设施。

隧道紧急电话设施由紧急电话机、紧急电话主机和光(电)缆等组成。

隧道紧急电话系统具有主机与分机全双向通话功能,分机报警功能、系统自动检测功能、自动录音及回放功能、查询统计及打印功能等。

(2)隧道广播分为有线广播和无线广播。

公路隧道广播设施由扬声器、广播控制器(设在中央控制室)、电缆等组成。

隧道有线广播系统具有全呼及分组群呼广播功能、自动故障检测功能。

隧道内采用无线广播方式时,应在隧道进口前设置醒目标志告知司乘人员隧道无线广播频道。

5. 火灾探测报警设施

(1)隧道火灾探测报警设施设计内容包括报警区域和探测区域的划分,火灾探测器、手动报警按钮、火灾报警控制器、火灾声光警报器等设施的位置。

(2)隧道火灾探测报警设施由火灾探测器(点型火焰探测器、线型感温火灾探测器、图像型火灾探测器)、手动报警按钮、火灾报警控制器、火灾声光警报器、火灾报警计算机(设在中央控制室)、光(电)缆等组成。

(3)火灾探测器能够自动检测隧道、平行通道、隧道监控站、风机房、变配电所等的火灾,探测范围能覆盖所有报警区域,无探测盲区。

(4)设置有火灾探测器且未设置有线广播的隧道,应设置火灾声光警报器;同时设置火灾声光警报器和有线广播的隧道宜设置火灾声光报警器。

(5)火灾探测报警系统应设有交流电源和蓄电池备用电源。火灾探测报警系统的隧道现场信息传输网络采用独立传输网络;路段全线火灾探测报警系统的信息传输网络使用公路专用通信网络。

6. 消防设施

(1)隧道消防设施即隧道消防灭火设施。

(2)隧道消防设施设计内容应针对灭火器、消火栓、固定式水成膜泡沫灭火装置、隧道消防给水设施及其他设施等。

(3)隧道消防设施由灭火器、消火栓(成组安装在消防箱内)、固定式水成膜泡沫灭火装置、隧道消防给水系统、消防水池、消防给水管道(热镀锌钢管、无缝钢管或内外涂塑钢管)、消防水泵、水位检测装置、消防控制计算机(设在中央控制室)、电力电缆、控制电缆等组成。

7. 供配电设施

(1)隧道供配电设施设计内容应包括供电设施和配电设施。

(2)隧道重要电力负荷分级规定见表 7-39。

隧道重要电力负荷分级 表 7-39

序号	电力负荷名称	负荷等级
1	应急照明设施	一级[a]
	电光标志	
	交通监控设施	
	通风及照明控制设施	
	紧急呼叫设施	
	火灾检测与报警设施	
	中央控制设施	
2	消防水泵[b]	一级
	排烟风机	
3	非应急照明设施	二级
	通风风机[c]	
	消防补水水泵[d]	
4	其余隧道电力负荷	三级

注:[a]该一级负荷为特别重要负荷。

[b]指为消防管道维持正常水压的加压水泵。

[c]指除作为一级负荷以外的其他通风风机。

[d]指为高、低位水池补水的给水泵。

(3)隧道电力监控系统继电保护和自动装置设计应符合现行《电力装置的继电保护和自动装置设计规范》(GB/T 50062)的规定,保护装置按表7-40配置。

隧道电力监控系统保护装置配置　　表7-40

名　　称		保护配置
10kV配电线路		电流速断、过电流、低电压
10/0.4kV配电变压器	干式变压器	电流速断、过电流、过负荷、温度、零序过流、单相接地
	油浸式变压器	电流速断、过电流、过负荷、温度、瓦斯
低压配电线路		短路、过负荷、电流速断

8.中央控制管理系统

(1)公路隧道中央控制管理系统设计内容包括管理系统功能与控制方式、中央控制室设施及软件等。

(2)隧道中央控制系统由交通控制计算机、通风及照明控制计算机、紧急呼叫计算机、火灾报警及消防控制计算机、电力监控计算机、视频事件检测计算机、图形计算机、专用服务器(具有计算机网络管理、数据信息存储功能等)、管理计算机、信息显示设备、中央控制计算机、计算机外设及网络设备、中央控制管理软件组成。

(3)中央控制管理软件包括系统软件和应用软件。

9.接地与防雷设施

(1)隧道接地与防雷设施设计内容包括接地设施和防雷设施两部分。

(2)隧道接地与防雷设施的构成参见本章第四节供配电设施的相关内容。

(3)隧道洞内接地设施的规定如下:

①隧道接地装置宜利用隧道支护内锚杆、钢筋网等自然接地体。

②在隧道两侧电缆沟内分别设置一条贯穿隧道的接地干线,接地干线宜与隧道自然接地体重复接地,其重复接地间距不宜大于200m。

③在隧道两端洞口附近应各设置一组接地装置。有监控设施的隧道,洞口接地装置接地电阻不应大于1Ω;无监控设施的隧道,洞口接地装置接地电阻不应大于4Ω;该接地装置应与隧道洞内的接地干线可靠连接。

④接地极焊接要牢固,焊缝要饱满,焊后清渣并作防腐处理。

10.线缆及相关设施

(1)隧道线缆及相关设施包括电缆桥架、支架、线槽、线缆管道、线缆选型及敷设等。

(2)隧道使用的桥架、支架、线槽采用金属或非金属材料。钢制电缆桥架、支架、线槽以及其他钢制安装部件应采用热镀锌防腐措施。

(3)隧道内线缆路由宜采用镀锌钢管、可挠金属管或塑料管等预埋暗敷。

(4)线缆选型。

①隧道内桥架上敷设的消防设施、监控设施、应急疏散照明、电光标志回路所用的电缆应选用耐火电缆,桥架上敷设的其他线缆宜选用阻燃电缆。

②变配电所低压配电屏至隧道内配电箱的低压配电干线宜采用交联聚乙烯绝缘铜芯

电缆。

三、隧道机电设施施工质量监理

公路隧道机电设施施工划分的分项工程有车辆检测器、闭路电视监视系统、紧急电话与有线广播系统、环境检测设备、手动火灾报警系统、自动火灾报警系统、电光标志、发光诱导设施、可变标志、隧道视频交通事件检测系统、射流风机、轴流风机、照明设施、消防设施、本地控制器、隧道管理站设备及软件、隧道管理站计算机网络和供配电设施。

1. 车辆检测器

隧道车辆检测器分项工程施工质量监理按本章第二节监控设施车辆检测器分项工程施工质量要求监理。

2. 闭路电视监视系统

隧道闭路电视监视系统分项工程施工质量监理按本章第二节监控设施闭路电视监视系统分项工程施工质量要求监理。

3. 紧急电话与有线广播系统

(1)监理要点。

①紧急电话与有线广播系统设备应符合现行《高速公路有线紧急电话系统》(GB/T 19516)等相关标准的规定。

②紧急电话与有线广播系统设备及配件的型号规格、数量符合合同要求,部件完整,检验合格。

③紧急电话分机安装位置符合施工图设计要求,安装结构稳定,机箱外部完整,门锁开闭灵活。

④紧急电话分机上的标志符合现行《道路交通标志和标线》(GB 5768)的规定。

⑤紧急电话分机接地线与隧道接地干线可靠连接。

⑥隧道内分机洞室应有防潮、防尘措施;壁挂式分机的安装孔和进线孔应密封。

⑦有线广播扬声器音圈阻抗应符合设计要求。

⑧有线广播扬声器的安装位置、高度、方向、间隔等符合施工图设计要求。

⑨紧急电话中心控制台及外围打印机、电话终端设备和有线广播控制器安装符合机房平面布置要求,机柜安装竖直平稳,台面排列整齐。

⑩缆线按施工图设计要求接线到位,连接可靠。

⑪全部紧急电话与有线广播系统设备安装、通电调试完成,系统设备正常工作,技术要求检测合格。

⑫紧急电话与有线广播系统分项工程自检和设备调试记录、有效的设备检验合格报告或证书资料齐全。

(2)技术要求。

紧急电话与有线广播系统分项工程质量检查项目与质量标准见表7-41。

紧急电话与有线广播系统分项工程质量检查项目与质量标准　表7-41

项次	检查项目	技术要求
1	接地连接	机箱接地线可靠连接到隧道接地汇流排上
2△	隧道共用接地电阻	≤1Ω
3	麦克风距基础平台的高度	符合设计要求
4△	分机音量	≥90dB(A)
5△	分机话音质量	话音清晰,无明显断字缺陷
6△	呼叫响应性能	响应灵敏
7	按键提示	按键提示信息简明易懂
8	噪声抑制	话机通话和广播播放及静态时,要求无嗡嗡声、沙沙声,及振鸣、啸叫等杂音
9△	通话呼叫功能	按下通话按键,可呼叫控制台主机
10△	地址码显示功能	控制台能显示呼叫位置信息
11△	振铃响应	呼叫在控制台有振铃响应
12	语音提示功能	呼叫后,话机有等待信号或提示音
13	录音功能	控制台可自动录音
14	故障报告功能	中心可自动立即显示故障信息
15	取消呼叫功能	控制台可取消呼叫
16	报告生成、打印功能	系统能自动生成事件、故障、值班记录等报告,并可查询、打印
17	定时自检功能	系统能按设定的周期自动检测线路连接、电池、设备的工作状态
18△	手动自检功能	系统能手动设置实时检测线路连接、电池、设备的工作状态
19	加电自恢复功能	加电后,系统能自动恢复到工作状态
20	广播喇叭高度	符合设计要求
21	广播音量	≥110dB(A)
22	广播声音质量	环境噪声≤90dB时,话音清晰,隧道中能听清广播内容
23△	音区切换功能	具有音区多路切换选择广播功能,可进行单音区、多音区广播
24	广播节目源选择功能	监控员能实时广播,也可播放已录制的节目
25	音量调节功能	可对广播音量的大小进行调节
26	循环广播功能	可对指定的节目源循环播放

(3)外观质量。

紧急电话与有线广播系统分项工程外观质量按本章第八节机电工程外观质量监理要求监理,不存在表7-54中的机电工程外观质量限制缺陷。

4. 环境检测设备

(1)监理要点。

①环境检测设备应符合现行《隧道环境检测设备》(GB/T 26944)等相关标准的规定。

②环境检测器及其配置的CO传感器、烟雾传感器、照度传感器、风向风速传感器设备及配件的型号规格、数量符合合同要求,部件完整,检验合格。

③环境检测设备及其配置的传感器安装位置正确,符合施工图设计要求。

④按施工图设计要求连接环境检测器及其传感器的保护线、信号线、电源线,排列规整、标识清楚、无交叉拧绞。

⑤控制箱内电力线、信号线、接地线分列明确,布线整齐、绑扎牢固,接线端头焊(压)接牢固、平滑;编号标识正确、清楚,余留长度适当、规整。

⑥控制箱门开关灵活、出线孔分列正确、密封措施得当。

⑦全部环境检测设备安装、通电调试完成,环境检测设备正常工作,技术要求检测合格。

⑧环境检测设备分项工程自检和设备调试记录、有效的设备检验合格报告或证书资料齐全。

(2)技术要求。

环境检测设备分项工程质量检查项目与质量标准见表7-42。

环境检测设备质量检查项目与质量标准 表7-42

项次	检查项目	技术要求
1	控制机箱接地连接	机箱接地线可靠连接到隧道接地汇流排上
2△	隧道共用接地电阻	≤1Ω
3	3.1 CO传感器测量误差	$\pm 1\times10^{-6}$或符合设计要求
	3.2 烟雾传感器测量误差	$\pm 0.0002m^{-1}$或符合设计要求
	3.3 照度传感器测量误差	±2%或符合设计要求
	3.4 风速传感器测量误差	±0.2m/s或符合设计要求
	3.5 风向传感器测量误差	正、反向方向正确或符合设计要求
4△	数据采集功能	具有采集CO、烟雾、照度、风速、风向等数据的功能
5△	数据上传周期	符合设计要求
6	与风机、照明等设备的联动功能	符合设计要求

(3)外观质量。

环境检测设备分项工程外观质量按本章第八节机电工程外观质量监理要求监理,不存在表7-54中的机电工程外观质量限制缺陷。

5.手动火灾报警系统

(1)监理要点。

①手动火灾报警系统设备及配件的型号规格、数量符合合同要求,部件完整,检验合格。

②手动火灾报警系统设备安装位置正确,符合施工图设计要求。

③缆线按施工图设计要求连接到位,排列整齐,无交叉,安装牢固。

④火灾报警控制器的主电源引入线,与消防电源直接连接,严禁使用电源插头;消防主电源有明显标识。

⑤控制器与接地线可靠连接,进线管孔封堵良好。

⑥隧道内手动火灾报警按钮防护等级不应低于IP65。

⑦手动火灾报警按钮有醒目标识。

⑧全部手动火灾报警系统设备安装、通电调试完成,系统设备正常工作,技术要求检测合格。

⑨手动火灾报警按钮和火灾报警控制器应逐个进行试验，其性能符合设计要求，动作准确无误。

⑩手动火灾报警系统分项工程自检和设备调试记录、有效的设备检验合格报告或证书资料齐全。

(2)技术要求。

手动火灾报警系统分项工程质量检查项目与质量标准见表7-43。

手动火灾报警系统分项工程质量检查项目与质量标准　　表7-43

项次	检查项目	技术要求
1	火灾报警主机接地连接	机箱接地线可靠连接到隧道接地汇流排上
2△	隧道共用接地电阻	≤1Ω
3	隧道管理站警报器音量	90~120dB(A)或符合设计要求
4	报警信号输出	能将报警器位置信息传送到隧道管理站
5△	报警按钮与警报器的联动功能	按下报警按钮后能触发警报器启动

(3)外观质量。

手动火灾报警系统分项工程外观质量按本章第八节机电工程外观质量监理要求监理，不存在表7-54中的机电工程外观质量限制缺陷。

6. 自动火灾报警系统

(1)监理要点。

①火灾探测器、火灾报警器等设备应符合国家或行业相关标准的规定。

②自动火灾报警系统设备及配件的型号规格、数量符合合同要求，部件完整，检验合格。

③自动火灾报警系统设备安装位置正确，符合施工图设计要求，安装牢固。

④火灾报警系统传输线路应采用铜芯绝缘导线或铜芯电缆。50V以下供电的控制线路，其电压等级不应低于交流250V；交流220/380V的供电和控制线路，其电压等级不应低于交流500V。

⑤点型火灾探测器应根据设计要求确定探测器安装位置、高度、间距和角度，探测器的检测范围应覆盖整个检测区域，探测器周围0.5m范围内不应有遮挡物，探测器的确认灯应设置在便于检修人员观察的位置。

⑥线型火灾探测器安装托架、钢索吊架间距符合施工图设计要求，托架、吊架固定可靠，承受拉力满足规范要求，与探测器应用阻燃卡具固定。

⑦线型火灾探测器安装时，牵引力不应超过探测器允许张力的80%，瞬时最大牵引力不得大于探测器允许的张力。安装时不得损伤探测器护套。

⑧线型火灾探测器安装弯曲半径不应小于探测器允许的最小弯曲半径，探测器不应扭曲。

⑨火灾报警系统导线连接必须可靠压接或焊接，当采用焊接时不得使用带腐蚀性的助焊剂，缆线按施工图设计要求连接到位，排列整齐，无交叉。

⑩火灾报警控制器的主电源引入线，与消防电源直接连接，严禁使用电源插头；消防主电源有明显标识。

⑪控制器与接地线可靠连接，进线管孔封堵良好。

⑫隧道火灾探测器防护等级符合设计要求。

⑬全部自动火灾报警系统设备安装、通电调试完成,系统设备正常工作,技术要求检测合格。

⑭自动火灾探测器和火灾报警控制器应逐个进行试验,其性能符合设计要求,动作应准确无误。

⑮系统调试正常后,连续运行120h无故障。

⑯自动火灾报警功能调试应在隧道中实施模拟点火试验,试验应按照现行《公路隧道火灾报警系统技术条件》(JT/T 610)进行。

⑰自动火灾报警系统分项工程自检和设备调试记录、有效的设备检验合格报告或证书资料齐全。

(2)技术要求。

自动火灾报警系统分项工程质量检查项目与质量标准见表7-44。

自动火灾报警系统分项工程质量检查项目与质量标准 表7-44

项次	检查项目	技术要求
1	火灾报警主机接地连接	机箱接地线可靠连接到隧道接地汇流排上
2△	隧道共用接地电阻	≤1Ω
3△	火灾探测器自动报警响应时间	≤60s
4△	火灾探测器灵敏度	可靠探测火灾,不漏报。并能将探测数据传送到火灾控制器和上端计算机
5	故障报警功能	火灾探测器、通信链路断路或火灾报警主机电源断电时,上端计算机能够报警

(3)外观质量。

自动火灾报警系统分项工程外观质量按本章第八节机电工程外观质量监理要求监理,不存在表7-54中的机电工程外观质量限制缺陷。

7.电光标志

(1)监理要点。

①电光标志设备及配件的型号规格、数量符合合同要求,部件完整,检验合格。

②电光标志设备安装位置正确、牢固,符合施工图设计要求。

③全部电光标志设备安装、通电调试完成,电光标志正常工作,技术要求检测合格。

④电光标志防护等级不低于IP65。

⑤电光标志分项工程自检和设备调试记录、有效的设备检验合格报告或证书资料齐全。

(2)技术要求。

电光标志分项工程质量检查项目与质量标准见表7-45。

电光标志分项工程质量检查项目与质量标准 表7-45

项次	检查项目	技术要求
1	控制机箱接地连接	机箱接地线可靠连接到隧道接地汇流排上
2△	隧道共用接地电阻	≤1Ω
3	电光标志的亮度	疏散指示标志为5~300cd/m^2,其他电光标志的白色部分为150~300cd/m^2

(3)外观质量。

电光标志分项工程外观质量按本章第八节机电工程外观质量监理要求监理,不存在表7-54中的机电工程外观质量限制缺陷。

8. 发光诱导设施

(1)监理要点。

①发光诱导设施设备应符合现行《公路隧道发光型诱导设施》(JT/T 820)等相关标准的规定。

②发光诱导设施设备及配件的型号规格、数量符合合同要求,部件完整,检验合格。

③发光诱导设施设备安装位置正确、牢固,符合施工图设计要求。

④电源电缆、控制电缆按施工图设计要求连接到位,全部发光诱导设施设备安装、通电调试完成,发光诱导设施正常工作,技术要求检测合格。

⑤交通信号灯和车道指标器显示图案正确、清晰,动态视认距离不小于200m。

⑥可变限速标志和可变信息标志版面亮度符合设计要求,版面亮度根据环境亮度能够自动调节,无眩光现象,动态视认距离不小于200m。

⑦发光诱导设施分项工程自检和设备调试记录、有效的设备检验合格报告或证书资料齐全。

(2)技术要求。

发光诱导设施分项工程质量检查项目与质量标准见表7-46。

发光诱导设施分项工程质量检查项目与质量标准 表7-46

项次	检查项目	技术要求
1△	绝缘电阻	强电端子对机壳≥50MΩ
2	控制机箱接地连接	机箱接地线可靠连接到隧道接地汇流排上
3△	隧道共用接地电阻	≤1Ω
4△	控制功能	可手动控制诱导设施的启动、停止

(3)外观质量。

发光诱导设施分项工程外观质量按本章第八节机电工程外观质量监理要求监理,不存在表7-54中的机电工程外观质量限制缺陷。

9. 可变标志

可变标志分项工程施工质量监理按本章第二节监控设施可变标志分项工程施工质量要求监理。

10. 隧道视频交通事件检测系统

(1)监理要点。

①隧道视频交通事件检测系统设备应符合现行《视频交通事件检测器》(GB/T 28789)等相关标准的规定。

②隧道视频交通事件检测系统设备及配件的型号规格、数量符合合同要求,部件完整,检验合格。

③系统设备安装位置符合施工图设计要求,安装牢固。

④全部隧道视频交通事件检测系统设备安装、通电调试完成,视频交通事件检测系统正常工作。

⑤摄像机镜头视场符合设计要求。

⑥视频交通事件检测系统自检功能和事件检测精度符合设计要求。

⑦隧道视频交通事件检测系统分项工程自检和设备调试记录、有效的设备检验合格报告或证书资料齐全。

(2)技术要求。

隧道视频交通事件检测系统分项工程质量检查项目与质量标准见表7-47。

隧道视频交通事件检测系统分项工程质量检查项目与质量标准 表7-47

项次	检查项目	技术要求
1	中心设备接地连接	保护地、防雷地的接地连接线可靠连接到接地汇流排上
2	事件检测率	符合设计要求,无要求时:在隧道照明设施正常开启条件下≥90%
3△	典型事件检测功能	具备停止、逆行、行人、抛撒物、烟雾等事件检测功能,系统自动进行检测并输出检测数据,有报警信息提示
4	自动录像功能	系统自动捕获并存储交通事件发生过程的影像,能按要求设定记录时间
5	自诊断和报警功能	视频信号丢失、系统设备故障、网络通信故障等情况发生时,系统能自诊断、记录并告警
6	时钟同步功能	与监控系统或通信系统主时钟进行同步

(3)外观质量。

隧道视频交通事件检测系统分项工程外观质量按本章第八节机电工程外观质量监理要求监理,不存在表7-54中的机电工程外观质量限制缺陷。

11. 射流风机

(1)监理要点。

①射流风机设备及配件的型号规格、数量符合合同要求,部件完整,检验合格。

②悬挂安装的射流风机预埋件应进行荷载试验。荷载试验的试验负荷应为风机重力与风机支架重力之和的15倍;试验时间宜为5min;抽检数量为100%。

③射流风机安装支架的结构尺寸、安装方位、安装间距等符合施工图设计要求。

④射流风机安装连接螺栓的强度等级符合设计要求;螺栓必须紧固,并有防松动和减震装置。

⑤风机和控制柜壳体与接地干线可靠连接。

⑥射流风机安装牢固,风机中心线与隧道中心线平行度允许偏差不应大于100mm。

⑦风机安装完成后,检查确认安装过程未损伤风机、无异物进入风机内、风机和安装附件的防腐层与风机防护罩完好。

⑧风机通电前检查确认风机叶轮转动正常。

⑨电源、控制缆线按施工图设计要求连接到位,射流风机安装、通电调试完成,风机正常工

作，技术要求检测合格。

⑩风机试运转时间不应少于2h。

⑪风机试运转后，检查确认紧固件无松动。

⑫射流风机分项工程自检和设备调试记录、有效的设备检验合格报告或证书资料齐全。

(2)技术要求。

射流风机分项工程质量检查项目与质量标准见表7-48。

射流风机分项工程质量检查项目与质量标准　表7-48

项次	检查项目	技术要求
1△	净空高度	符合设计要求
2△	控制柜防腐涂层厚度	符合设计要求，无要求时符合现行GB/T 18226的规定
3△	绝缘电阻	强电端子对机壳≥50MΩ
4	控制机箱接地连接	机箱接地线可靠连接到隧道接地汇流排上
5△	隧道共用接地电阻	≤1Ω
6△	风机运转时隧道断面平均风速	符合设计要求
7	风机全速运转时隧道噪声	符合设计要求
8	响应时间	发送控制命令后至风机启动带动叶轮开始转动时的时间≤5s，或符合设计要求
9	方向可控性	能手动、自动控制风机改变送风方向
10	运行方式	风机具有手动、自动两种运行方式
11	远程控制模式	自动运行方式下，通过标准串口，接收本地控制器或隧道管理站的信息，控制风机启动、停止和送风方向

(3)外观质量。

射流风机分项工程外观质量按本章第八节机电工程外观质量监理要求监理，不存在表7-54中的机电工程外观质量限制缺陷。

12. 轴流风机

(1)监理要点。

①轴流风机设备及配件的型号规格、数量符合合同要求，部件完整，检验合格。

② 检查确认轴流风机安装基础位置，外形尺寸，强度，地脚螺栓规格、位置符合施工图设计要求。

③各叶片的安装角度应按设备技术文件的规定进行复查和校正，允许偏差不大于2°。

④可调叶片在关闭状态下与机壳间的径向间隙符合设备技术文件的规定。

⑤机壳(主风筒)连接时不得产生导致叶顶间隙改变的变形。

⑥机组各部件与其安装底座紧密接触，紧固件受力应均匀。

⑦风机安装的水平偏差和垂直偏差不大于1mm/m。

⑧风机的进气、排气管路和其他管路的安装，应符合现行《工业金属管道工程施工规范》(GB 50235)的规定。

⑨风机的进气、排气系统的管路、大型阀件、调节装置、冷却装置和润滑油系统等管路均有

单独的支撑,并与基础或其他建筑物连接牢固。

⑩与风机进气口和排气口法兰相连的直管段上,不得有阻碍热胀冷缩的固定支撑。

⑪管路与机壳连接时,机壳不应承受外力;连接后,复测机组的安装水平程度和主要间隙,确认符合设备技术要求。

⑫风道与周围土建结构间应无漏风、漏水的间隙。

⑬消声器内所用吸消声材料应充填密实,厚薄均匀,无空隙,不脱落。

⑭轴流风机消声器各部位拼装贴合紧密。

⑮金属壳体式消声器应与结构壁面安装结合牢固可靠,在额定风量下不得出现松动或震颤现象。

⑯风机安装完成后,检查确认安装过程未损伤风机、无异物进入风机内、风机和安装附件的防腐层完好。

⑰进出线孔应采取防水措施。不用的电缆引入孔应安置堵板。

⑱风机和控制柜壳体与接地干线可靠连接。

⑲风机通电前应检查确认叶轮转动正常。

⑳电源、控制缆线按施工图设计要求连接到位,轴流风机、风机控制柜通电调试完成,风机正常工作。

㉑风机通电后进行双向点动检查确认风机运转正常,且风机启动电流不大于规定值。

㉒风机试运行时间不应少于2h。风机试运行时的工作电压、电流,轴承温度、温升与振动速率等各项技术参数满足风机技术要求。

㉓轴流风机分项工程自检和设备调试记录、有效的设备检验合格报告或证书资料齐全。

(2)技术要求。

轴流风机分项工程质量检查项目与质量标准见表7-49。

轴流风机分项工程质量检查项目与质量标准 表7-49

项次	检查项目	技术要求
1△	控制柜防腐涂层厚度	符合设计要求,无要求时符合现行GB/T 18226的规定
2△	绝缘电阻	强电端子对机壳≥50MΩ
3	控制机箱接地连接	机箱接地线可靠连接到隧道接地汇流排上
4△	隧道共用接地电阻	≤1Ω
5△	风机运转时隧道断面平均风速	符合设计要求
6	风机机房环境噪声	符合设计要求
7	响应时间	发送控制命令后至风机启动带动叶轮开始转动时的时间≤5s,或符合设计要求
8	风阀启闭功能	符合设计要求
9	运行方式	风机具有手动、自动两种运行方式
10	远程控制模式	自动运行方式下,通过标准串口,接收本地控制器或隧道管理站的信息,控制风机启动、停止和送、排风方向
11	风速调节功能	接收手动、自动控制信号调节通风量
12	叶片角度调节和控制功能	风机静止时,叶片角度可以进行调节和控制,能显示叶片的实际角度
13	风道开闭功能	风道应设有开关装置,能对风道进行全开、全闭

(3)外观质量。

轴流风机分项工程外观质量按本章第八节机电工程外观质量监理要求监理,不存在表7-54中的机电工程外观质量限制缺陷。

13. 照明设施

(1)基本要求。

①隧道内照明灯具、照明接线箱、照明检测与控制设备及配件的型号规格、数量符合合同要求,配件齐全,部件完整,检验合格。

②照明灯具安装支架的结构尺寸、预埋件、安装方位、安装间距等符合施工图设计要求。

③确认灯具底座的调节范围、灯具支撑系统材质、承载能力满足设计要求。

④确认隧道混凝土墙面具体的隧道照明设施安装条件。

⑤灯具的安装符合施工图设计要求,灯具安装牢固可靠、线形流畅,安装轴线与车道中心线平行。

⑥隧道灯具安装位置纵向偏差宜不大于30mm,横向偏差宜不大于20mm,高度偏差宜不大于10mm。

⑦照明接线箱、控制柜内接线应稳固、排列整齐、标识清晰,进出线孔密封良好。

⑧外置电源固定牢固、美观,方便散热,防护等级符合设计要求。

⑨调光或调色温LED灯具的控制线缆极性连接正确,线缆屏蔽端头可靠接地。

⑩照明接线箱箱体、灯具和照明控制柜外壳可靠接地。

⑪照明检测设备立柱、安装支架的材质、结构、防腐处理符合设计要求。

⑫照明检测设备的检测探头方向符合设计要求;立柱结构满足设计抗风要求。

⑬电源、控制缆线按施工图设计要求连接到位,接线牢固、排列整齐、标识清晰。

⑭全部照明设施设备安装、通电调试完成,隧道照明设施正常工作,技术要求检测合格。

⑮手动控制、时间控制、亮度检测、自动控制等控制功能符合设计要求。

⑯照明设施分项工程自检和设备调试记录、有效的设备检验合格报告或证书资料齐全。

(2)技术要求。

照明设施分项工程质量检查项目与质量标准见表7-50。

照明设施分项工程质量检查项目与质量标准　　表7-50

项次	检查项目	技术要求
1△	绝缘电阻	强电端子对机壳≥50MΩ
2	控制机箱接地连接	机箱接地线可靠连接到隧道接地汇流排上
3△	隧道共用接地电阻	≤1Ω
4△	路面平均亮度(入口段、过渡段、中间段、出口段)	符合设计要求
5△	紧急停车带路面平均亮度	符合设计要求
6	紧急停车带显色指数	符合设计要求,无要求时≥80
7△	路面亮度总均匀度	符合设计要求,无要求时≥0.3
8	路面亮度纵向均匀度	符合设计要求,无要求时≥0.5
9	照明相关色温	符合设计要求,无要求时≤6500K
10	基本照明折减50%(20%)的情况下,照明显色指数	≥65

续上表

项次	检查项目	技术要求
11	路墙亮度比	路面左、右两侧墙面2m高范围内的平均亮度不小于路面平均亮度的60%
12	灯具开闭可调	各照明回路组的启动时间、间隔可调
13△	照明控制方式	具有自动、手动两种控制方式或符合设计要求
14△	应急照明	主供电回路断电时,应急照明灯能自动开启
15	照明灯具调光功能	采用LED灯、无极荧光灯做照明灯具的隧道,具有手动或自动调节灯具发光亮度的功能

(3)外观质量。

照明设施分项工程外观质量符合下列要求:

①按本章第八节机电工程外观质量监理要求监理,不存在表7-54中的机电工程外观质量限制缺陷。

②照明灯具安装稳固、位置正确,灯具轮廓线形与隧道协调、美观。

14. 消防设施

(1)监理要点。

①消防设施的消防控制器、消火栓、灭火器、加压设施、供水设施及消防专用连接线缆、管道、配(附)件等设备应符合国家或行业相关标准的规定。

②需强制性认证或型式认可的产品尚应有认证(认可)证书和认证(认可)标识。

③消防设施设备及配件的型号规格、数量符合合同要求,部件完整,检验合格。

④消防设施设备的安装支架、预埋锚固件、预埋管线、在隧道内安装孔位、安装间距等符合施工图设计要求。

⑤火灾探测器、消防控制器、火灾报警器、消火栓、灭火器、消防控制器安装位置符合施工图设计要求。

⑥消火栓箱安装牢固、平整、不变形,箱门开启应灵活,箱体底部与地面距离符合设计要求。

⑦消防水泵安装符合现行《机械设备安装工程施工及验收通用规范》(GB 50231)和《风机、压缩机、泵安装工程施工及验收规范》(GB 50275)的规定。

⑧消防水池的容量、尺寸及高程符合设计要求,施工符合现行《给水排水构筑物工程施工及验收规范》(GB 50141)的规定。

⑨水位检测器按设备技术文件要求进行安装,其供电及信号电缆有屏蔽保护措施。

⑩管网所用钢管经防腐处理,并采用螺纹、沟槽式管件或法兰连接。

⑪管道支架(支墩)的强度符合设计要求,管道固定牢固。

⑫管网安装完成后,强度试验、冲洗和严密性试验合格。

⑬全部消防设施施工完成,检验合格,全部设备安装到位,方位正确、不侵入公路建筑限界,符合设计要求。

⑭消防设施调试完成,工作正常,技术要求检测合格。

⑮消防设施分项工程隐蔽工程验收记录、自检和设备调试记录、有效的设备检验合格报告或证书资料齐全。

(2)技术要求。

消防设施分项工程质量检查项目与质量标准见表7-51。

消防设施分项工程质量检查项目与质量标准　　表7-51

项次	检查项目	技术要求
1	加压设施气压	符合设计要求
2	供水设施水压	符合设计要求
3	消防水池的有效容量	符合设计要求
4	消防水池的水位显示功能	设置本地水位显示装置,并能将水位信息传送到隧道管理站计算机系统
5	消火栓的功能	打开阀门后在规定的时间内达到规定的流量
6	水成膜泡沫灭火装置的功能	符合设计要求
7	电伴热的功能	符合设计要求
8	人行横通道防火门的功能	正常情况为关闭状态,开启方向为疏散方向,能在门两侧开启,且具有自动关闭功能
9	车行横通道防火卷帘的功能	能现场和远程控制卷帘的开闭,隧道管理站可监视卷帘的开闭状态
10	火灾探测器与自动灭火设施的联动功能	符合设计要求

(3)外观质量。

消防设施分项工程外观质量符合下列要求:

①按本章第八节机电工程外观质量监理要求监理,不存在表7-54中的机电工程外观质量限制缺陷。

②消防水池注水到位,管路畅通,管路、管件防腐处理合格。

③水流指示器、自动排气阀、减压阀、止回阀、水泵结合器及水位、压力、阀门限位等自动监测装置的铭牌清晰、安全操作指示标志明显;水流指示器、减压阀、止回阀的水流方向的永久性标识清晰。

15. 本地控制器

(1)监理要点。

①本地控制器设备及配件的型号规格、数量符合合同要求,部件完整,检验合格。

②本地控制器安装位置正确、稳固,符合施工图设计要求,不侵入公路建筑限界。

③明装的线缆保护措施符合设计要求。

④本地控制器至控制中心以及隧道内下端设备的保护线、信号线、电力线的连接符合施工图设计要求,线缆排列规整、无交叉拧绞,标识完整、正确、清楚。

⑤控制箱内布线应牢固、整齐、标识清晰。

⑥箱门开关灵活、出线孔密封措施得当。

⑦全部本地控制器设备安装、通电调试完成,本地控制器正常工作,技术要求检测合格。

⑧本地控制器分项工程自检和设备调试记录、有效的设备检验合格报告或证书资料齐全。

(2)技术要求。

本地控制器分项工程质量检查项目与质量标准见表7-52。

本地控制器分项工程质量检查项目与质量标准　表7-52

项次	检查项目	技术要求
1	安装水平度、竖直度	水平:±3mm/m;垂直:±3mm/m
2△	机箱防腐涂层厚度	符合设计要求,无要求时符合现行GB/T 18226的规定
3△	绝缘电阻	强电端子对机壳≥50MΩ
4	机箱接地连接	机箱接地线可靠连接到隧道接地汇流排上
5△	隧道共用接地电阻	≤1Ω
6	IP网络吞吐量	符合设计要求,无要求时1518帧长≥99%
7	IP网络时延	符合设计要求,无要求时:≤10ms
8	IP网络丢包率	不大于70%流量负荷时:≤0.1%
9△	与计算机通信功能	能与隧道管理站计算机正常通信
10△	对所辖区域内下端设备控制功能	按设计周期或由隧道管理站控制采集、处理各下端设备的数据
11△	本地控制功能	隧道管理站计算机或通信链路故障时,可控制所辖区域内下端设备正常工作
12	断电时恢复功能	加电或系统重启动后可自动运行原预设控制方案

(3)外观质量。

本地控制器分项工程外观质量按本章第八节机电工程外观质量监理要求监理,不存在表7-54中的机电工程外观质量限制缺陷。

16. 隧道管理站设备及软件

(1)监理要点。

①控制台、机柜、信息显示设备、计算机及网络设备及配件的型号规格、数量符合合同要求,部件完整,检验合格。

②确认隧道管理站的防雷、供电、消防等辅助设施安装调试完成,并正常运行。

③确认隧道管理站机房整洁,通风、照明、环境温湿度条件符合隧道机电设施设计要求。

④控制台设备、机柜安装位置符合施工图设计要求,安装稳固,布局合理。

⑤信息显示设备安装方位、角度、高度应符合施工图设计要求。

⑥机柜内设备、部件应安装牢固;接插件安装牢固,接触可靠。

⑦控制台的连接线缆应由下部引入,线缆两端留有余量,并有永久性标识。

⑧线缆布放整齐,成端规范,预留长度适当,标识正确、清晰。

⑨设备地线与隧道管理站的等电位接地端子板可靠连接。

⑩全部隧道管理站设备安装、通电调试完成,隧道管理站设备及软件正常运行工作,技术要求检测合格。

⑪隧道管理站软件包括系统软件与应用软件,系统软件合法授权,提交正式的授权使用证书,应用软件提供软件开发、测试文件。

⑫隧道管理站分项工程自检和设备调试记录、有效的设备检验合格报告或证书资料齐全。

(2)技术要求。

隧道管理站设备及软件分项工程质量检查项目与质量标准见表7-53。

隧道管理站设备及软件分项工程质量检查项目与质量标准　　表7-53

项次	检查项目	技术要求
1△	绝缘电阻	强电端子对机壳≥50MΩ
2△	系统设备安装连接的可靠性	系统设备安装连接应可靠,经振动试验后系统无告警、错误动作
3	接地连接	保护地、防雷地的接地连接线可靠连接到接地汇流排上
4△	共用接地电阻	≤1Ω
5	与本地控制器的通信功能	能与本地控制器正常通信
6	与监控中心计算机通信功能	数据传输准确
7	服务器功能	完成网管、数据备份、资源共享及设计要求的其他功能
8	中央管理计算机功能	按设计要求协调和管理其他计算机
9	交通控制计算机功能	接收下端车辆检测器传送的信息,执行设计制订的控制预案
10	通风照明计算机功能	接收下端环境检测设备传送的信息,执行设计制订的控制预案
11	火灾报警控制计算机功能	接收下端火灾报警控制器传送的信息,执行设计制订的控制预案
12	图像控制计算机的功能	能切换、控制CCTV图像,并在大屏幕上显示
13	紧急电话控制台功能	能对下端分机的呼叫进行应答
14△	报表统计管理及打印功能	隧道管理站计算机系统可迅速、正确的查询、统计、打印设定的各种报表
15	隧道应急预案	符合设计要求

(3)外观质量。

隧道管理站设备分项工程外观质量符合下列要求:

①按本章第八节机电工程外观质量监理要求监理,不存在表7-54中的机电工程外观质量限制缺陷。

② 管理站内操作台、座椅、设备等整齐、有序,标识正确清楚。

17. 隧道管理站计算机网络

隧道管理站计算机网络分项工程按本章第二节监控设施监控系统计算机网络分项工程施工质量要求监理。

18. 供配电设施

隧道供配电设施分项工程按本章第五节公路供配电设施施工质量要求监理。

第八节　机电工程外观质量监理

1. 机电工程外观质量监理要求

(1)各部件表面光泽一致、无划伤、无刻痕、无剥落、无锈蚀。

(2)立柱、外场设备基础混凝土表面的蜂窝、麻面、裂缝等缺陷面积不超过该面面积的1%

或深度不超过10mm,损边、掉角长度不超过20mm。

(3)立柱、外场设备基础地脚螺栓、接地极引出线防锈措施得当,裸露金属基体锈蚀不大于$1cm^2$。

(4)立柱、机箱安装端正,金属机箱与接地线良好连接,机箱的出线管与箱体连接处密封良好。

(5)机箱、立柱表面光泽一致,涂层剥落、表面锈蚀单处面积不大于$1cm^2$或总面积不大于$5cm^2$,单个划痕长度不大于5cm或划痕总长度不大于10cm。

(6)机箱内部元器件固定牢靠,线缆布设平顺、整齐,标识正确、清楚,设有永久性接线图,机箱内无杂物、积水、尘土、霉变。

(7)室内外设备及布线规范,机柜内无杂物,光、电缆排列整齐、绑扎牢固,进出线管口封堵良好,电源线、信号(控制)线分开布设、保护处理措施得当,标识正确、清楚。

2.机电工程外观质量的限制缺陷见表7-54。

机电工程外观质量限制缺陷 表7-54

项次	名　称	限制缺陷
1	外场设备基础	表面的蜂窝、麻面、裂缝等缺陷面积超过该面面积的1%或深度超过10mm,长度超过20mm的损边、掉角,裸露金属基体大于$1cm^2$的锈蚀
2	外场机箱外部连接线	金属机箱与接地线未连接,进出线管与箱体连接处未做密封
3	机箱、立柱表面	涂层剥落、表面锈蚀单处面积大于$1cm^2$或总面积大于$5cm^2$,单个划痕长度大于5cm或划痕总长度大于10cm
4	机箱内部	元器件未固定或固定不牢靠,线缆无标识,无永久性接线图,机箱内有杂物、积水
5	室内外设备及布线	机柜内有杂物,光、电缆排列不整齐、绑扎不牢固,进出线管口未封堵,无标识,电源线、信号线未分开布设、未做保护处理

参考文献

[1] 中华人民共和国行业标准. 公路工程技术标准:JTG B01—2014[S]. 北京:人民交通出版社,2014.

[2] 中华人民共和国行业标准. 公路工程名词术语:JTJ 002—87[S]. 北京:人民交通出版社,1987.

[3] 中华人民共和国行业标准. 公路建设项目环境影响评价规范:JTG B03—2006[S]. 北京:人民交通出版社,2006.

[4] 中华人民共和国行业标准. 公路环境保护设计规范:JTG B04—2010[S]. 北京:人民交通出版社,2010.

[5] 中华人民共和国行业标准. 公路路线设计规范:JTG D20—2017[S]. 北京:人民交通出版社股份有限公司,2017.

[6] 中华人民共和国行业标准. 公路排水设计规范:JTG/T D33—2012[S]. 北京:人民交通出版社,2012.

[7] 中华人民共和国行业标准. 公路桥涵设计通用规范:JTG D60—2015[S]. 北京:人民交通出版社股份有限公司,2015.

[8] 中华人民共和国行业标准. 公路桥涵地基与基础设计规范:JTG 3363—2019[S]. 北京:人民交通出版社股份有限公司,2019.

[9] 中华人民共和国行业标准. 公路隧道设计规范　第一册　土建工程:JTG 3370.1—2018[S]. 北京:人民交通出版社股份有限公司,2018.

[10] 中华人民共和国行业标准. 公路路基设计规范:JTG D30—2015[S]. 北京:人民交通出版社股份有限公司,2015.

[11] 中华人民共和国行业标准. 公路沥青路面设计规范:JTG D50—2017[S]. 北京:人民交通出版社股份有限公司,2017.

[12] 中华人民共和国行业标准. 公路水泥混凝土路面设计规范:JTG D40—2011[S]. 北京:人民交通出版社,2011.

[13] 中华人民共和国行业标准. 公路路基施工技术规范:JTG 3610—2019[S]. 北京:人民交通出版社股份有限公司,2019.

[14] 中华人民共和国行业标准. 公路路面基层施工技术细则:JTG/T F20—2015[S]. 北京:人民交通出版社股份有限公司,2015.

[15] 中华人民共和国行业标准. 公路沥青路面施工技术规范:JTG F40—2004[S]. 北京:人民交通出版社,2004.

[16] 中华人民共和国行业标准. 公路水泥混凝土路面施工技术细则:JTG F30—2014[S]. 北京:人民交通出版社,2014.

[17] 中华人民共和国行业标准. 公路工程沥青及沥青混合料试验细则:JTG E20—2011[S].

北京:人民交通出版社,2011.

[18] 中华人民共和国行业标准.公路养护技术规范:JTG H10—2009[S].北京:人民交通出版社,2009.

[19] 中华人民共和国行业标准.公路沥青路面养护技术规范:JTG 5142—2019[S].北京:人民交通出版社股份有限公司,2019.

[20] 中华人民共和国行业标准.公路水泥混凝土路面养护技术规范:JTJ 073.1—2001[S].北京:人民交通出版社,2001.

[21] 中华人民共和国行业标准.公路工程施工监理规范:JTG G10—2016[S].北京:人民交通出版社股份有限公司,2016.

[22] 中华人民共和国行业标准.公路隧道照明设计细则:JTG/T D70/2-01—2014[S].北京:人民交通出版社,2014.

[23] 中华人民共和国行业标准.公路隧道通风设计细则:JTG/T D70/2-02—2014[S].北京:人民交通出版社,2014.

[24] 中华人民共和国行业标准.公路隧道设计规范　第二册　交通工程与附属设施:JTG D70/2—2014[S].北京:人民交通出版社,2014.

[25] 中华人民共和国国家标准.电气装置安装工程　电气设备交接试验标准:GB 50150—2016[S].北京:中国计划出版社,2016.

[26] 中华人民共和国行业标准.公路工程质量检验评定标准　第一册　土建工程:JTG F80/1—2017[S].北京:人民交通出版股份有限公司,2017.

[27] 中华人民共和国行业标准.公路工程质量检验评定标准　第二册　机电工程:JTG F80/2—2004[S].北京:人民交通出版社,2004.

[28] 中华人民共和国国家标准.火灾自动报警系统施工及验收标准:GB 50166—2019[S].北京:中国计划出版社,2019.

[29] 中华人民共和国国家标准.公路交通工程钢构件防腐技术条件:GB/T 18226—2015[S].北京:中国标准出版社,2015.

[30] 李宇峙,秦仁杰.工程质量监理[M]第三版.北京:人民交通出版社,2013.

[31] 盛安莲.路基路面检测技术[M].北京:人民交通出版社,1997.

[32] 李宇峙,邵腊庚.路基路面工程检测技术[M].北京:人民交通出版社,2003.

[33] 赵忠杰.公路隧道机电工程[M].北京:人民交通出版社,2007.

[34] 邓学钧.路基路面工程[M].北京:人民交通出版社,2000.

[35] 邓学钧.路面设计原理与方法[M].北京:人民交通出版社,2001.

[36] 习应祥.道路工程材料质量控制与检测[M].长沙:湖南地图出版社,1989.

[37] 沙庆林.公路压实与压实标准[M].北京:人民交通出版社,1999.

[38] 张学维,朱维益.质量检测员手册[M].北京:中国建筑工业出版社,1995.

[39] 盛骤.概率论与数理统计[M]第四版.高等教育出版社,2008.

[40] 杨惠连.误差理论与数据处理[M].天津:天津大学出版社,1992.

[41] 谢式千,盛骤.概率论与数理统计[M].北京:高等教育出版社,1989.

[42] 沈同.常用综合性基础指标指要(一)[M].北京:中国统计出版社,1993.

[43] 丁汉哲.试验技术[M].北京:机械工业出版社,1983.
[44] 饶鸿雁.数理统计在道路工程中的应用[M].北京:人民交通出版社,1983.
[45] 赵特伟.试验数据的整理与分析[M].北京:中国铁道出版社,1991.
[46] 邓学钧,陈荣生.刚性路面设计[M].北京:人民交通出版社,1992.
[47] 姚祖康.道路路基和路面工程[M].上海:同济大学出版社,1994.
[48] 黄晓明,张晓冰.公路工程检测手册[M].北京:人民交通出版社,2006.
[49] 袁聚云.土工试验与原理[M].上海:同济大学出版社,2003.
[50] 孟高头.土体工程勘察原位测试及其工程应用[M].北京:地质出版社,1992.
[51] 胡长顺,黄辉华,王秉纲.高等级公路路基路面施工技术[M].北京:人民交通出版社,1994.
[52] 李生林,王正宏.土质分类及其工程应用[M].北京:水利水电出版社,1998.
[53] 黄仰贤.路面设计与分析[M].齐诚,邓学钧,译.北京:人民交通出版社,1998.
[54] 般岳江.公路沥青路面施工[M].北京:人民交通出版社,2000.
[55] 汤林新.高等级公路路面耐久性[M].北京:人民交通出版社,1997.
[56] 张登良.沥青路面[M].北京:人民交通出版社,1999.
[57] 茅梅芳.路基路面工程质量检测[M].南京:东南大学出版社,1998.
[58] 日本道路协会.日本沥青路面规范[M].北京:人民交通出版社,1983.
[59] 奥本大学国家沥青技术中心.热拌沥青混合料材料、混合料设计与施工[M]余叔藩,译.1991.
[60] 卢照辉.动力触探测试及应用[J].焦作工学院学报,2003.
[61] 袁钟,李思源.标准贯入试验的应用及贯入击数的影响因素[J].港工技术,2002.
[62] 王钟琦.我国的静力触探的发展前景[J].岩土工程学报,2000.
[63] 张志祥,孙文州.沥青混凝土路面车辙病害原因的调查分析与评价[J].公路,2004.